백제 불교 사원의 성립과 전개

백제 불교 사원의 성립과 전개

韓國考古美術研究所
東垣學術叢書
02

이병호

사회평론아카데미

동원학술총서 02

백제 불교 사원의 성립과 전개

2014년 8월 13일 초판 1쇄 인쇄
2021년 3월 15일 초판 4쇄 발행

지은이 이병호
펴낸이 윤철호
책임편집 김천희
디자인 김진운
마케팅 김현주

펴낸곳 (주)사회평론아카데미
등록번호 2013-000247(2013년 8월 23일)
전화 02-326-1545
팩스 02-326-1626
주소 03993 서울시 마포구 월드컵북로6길 56
이메일 academy@sapyoung.com
홈페이지 www.sapyoung.com

ISBN 979-11-85617-13-8 93910

차례

서론 9

문제의 설정과 연구 방법 9

연구 동향과 문제점 11

연구 방법과 관점 20

본문의 구성 22

I 백제의 불교 수용과 초기 사원 27

들어가는 말 28

1. 한성시기 백제의 불교 수용 28

1) 침류왕대 불교 수용과 사원의 건립 28

2) 한성시기의 불교 관련 자료 38

2. 웅진시기 사원과 와당 48

나오는 말 62

II 사비 천도와 백제식 사원의 성립, 정림사지 65

들어가는 말 66

1. 정림사지 출토 소조상과 가람배치의 특징 70

1) 소조상의 봉안장소, 제작 시기, 계통 70

2) 정림사식 가람배치의 성립 95

2. 도성의 랜드마크로서 정림사지 104

1) 정림사지의 창건 목적과 배경 104

2) 사비 도성 내 정림사지의 위상 112
(1) 도성 내 도로 유적에 대한 재검토 / (2) 사비시기의 왕궁 구역과 정림사지
나오는 말 135

III 왕릉과 결합된 사원, 능산리사지 139

들어가는 말 140
1. 능산리 출토 목간의 성격 143
1) 목간 출토 상황과 출토 위치 143
2) 배수시설과 주요 건물의 정비 과정 153
3) 목간의 폐기 시기와 성격 161
4) 2002-1호 4면목간의 분석 169
2. 능산리사지 출토 와당의 분류와 수급 체계 181
1) 출토 와당의 재검토 181
2) 출토 와당의 형식 분류 186
3) 출토 와당의 상대편년과 수급 체계 199
3. 부여 능산리사지의 가람 중심부의 변천과 그 의미 209
1) 와당의 분포 양상과 건물의 건립 순서 209
2) 초기 건물군의 성격 217
3) 사원의 변천 과정과 그 의의 233
나오는 말 241

IV 사비시기 백제 사원의 여러 양상 245

들어가는 말 246
1. 정림사식 가람배치의 전개 과정 247
1) 주요 사원의 가람배치 247

(1) 부여 정림사지 / (2) 부여 능산리사지 / (3) 부여 군수리사지 / (4) 부여 왕흥사지 / (5) 부여 동남리사지 / (7) 익산 미륵사지 / (8) 부여 은산 금강사지 / (9) 부여 부소산폐사지

2) 정림사식 가람배치의 변천 266

2. 사비시기 소조상의 전개 과정 274

1) 소조상의 출토 상황 274

(1) 부여 정림사지 / (2) 부여 능산리사지 / (3) 부여 구아리사지 / (4) 부여 임강사지 / (5) 청양 왕진리 요지 / (6) 청양 본의리 요지 / (7) 익산 제석사지와 폐기장 유적 / (8) 익산 미륵사지 / (9) 부여 은산 금강사지 / (10) 부여 구교리사지 / (11) 부여 부소산폐사지 / (12) 익산 왕궁리 유적

2) 소조상의 변천과 특징 293

(1) 소조상의 제작 시기 / (2) 제작기법의 변화 / (3) 봉안장소 / (4) 소조상의 계통

3) 주변 국가 소조상과의 관계 304

3. 문화 교류의 관점에서 본 백제 사원의 위상 314

1) 출토 유물에 관한 검토: 기와와 소조상 314

2) 유적과 유구에 관한 검토: 가람배치와 사리 안치 방식 323

나오는 말 334

결론 336

후기 343

참고문헌 349

초출 일람 372

도면·도판 출전 373

영문초록 378

찾아보기 386

서론

문제의 설정과 연구 방법

인도에서 기원한 불교는 중국으로 전래된 이후 유교나 도교 같은 중국 사상을 섭취하고 동아시아 최대 선진 문명인 중국의 한자, 회화, 조각, 공예, 건축, 토목, 주조 기술 등과 융합하여 인도의 불교와 같으면서도 다른 독자적인 중국적인 불교로 변신한다. 이러한 중국의 불교는 커다란 종합 문명과 같은 것이었다. 따라서 고대 한반도의 삼국과 일본 등지에서 중국의 불교를 수용하는 것은 당시 동아시아의 선진 문명을 도입하는 것이었다.[1] 하지만 중국의 선진 문화는 자연스럽게 주변 국가들로 확산된 것이 아니라 주변 국가들이 처한 상황과 필요에 따라 선택적으로 그리고 변형되어 수용되었다.[2] 불교라는 새로운 사상 체계와 그에 따른 다양한 기술 문명의 확산 과정은 더욱 그럴 수밖에 없었을 것이다.

이 책은 고대 동아시아의 불교 전파 과정에서 하나의 축을 이룬 백제를 중심으로 하여 특히 불교 사원의 성립과 전개 과정, 그 문화 계통을 검토하고 백제 불교 사원의 조영 기술이 내재화되는 과정과 백제적인 특성을 파악하는 것을 과제로 한다.

4세기 후반 불교를 수용한 백제에서는 6세기에 들어와 본격적으로 사원이

1 大橋一章, 2009, 「中國佛敎美術の受容」, 『奈良美術成立史論』, 中央公論美術出版.

2 李成市, 2000, 『東アジア文化圈の形成』, 山川出版社; 李成市, 2001, 「동아시아 문화권의 형성」, 「만들어진 고대」, 삼인.

건립되고 불교 교학에 관한 연구가 이루어지는 등 불교 문화가 급속하게 발전한다. 6세기 전반과 중반에 각각 불교를 공인한 신라와 일본에서는 그 후 불교가 급속하게 보급되어 사회의 주류적인 사조가 되었다.

이러한 6세기대 동아시아의 불교 확산 과정에서 중국 남조, 특히 양(梁) 무제(武帝)의 역할이 매우 중요하다.[3] 웅진시기 말과 사비시기 초에 백제는 양 무제와의 교류를 통해 국가 발전을 이룰 수 있었는데 그 과정에서 불교는 중요한 매개체 역할을 했다. 6세기대 백제가 신라나 일본에 적극적으로 불교를 소개하거나 공전(公傳)한 것은 고도의 사상체계를 가진 종교로서의 불교를 전달한 것일 뿐만 아니라 양 무제의 환심을 사기 위한 외교 전략으로 '불교적 조공'이라는 측면을 가지고 있었다는 지적은 그런 점에서 주목할 필요가 있다.[4]

백제는 무령왕대와 성왕대에 양 무제의 지원과 협력 속에 적극적으로 문물을 수입하는 등 긴밀한 관계를 유지하면서 정치적 안정과 문화적 발전을 이룰 수 있었다. 백제는 이렇게 습득한 선진 문물을 주변의 신라나 일본과의 외교 관계를 강화하고 그들의 협력을 끌어내기 위한 자산으로 활용했다. 그런 점에서 6~7세기대 신라와 일본의 불교 수용 및 정착 과정에서 백제가 수행한 역할은 매우 주체적이었으며, 백제적인 불교문화를 주변 국가에 전수했다는 측면에서 재조명할 필요가 있다.[5] 백제는 단순히 중국 문화의 전달자나 경유지가 아니라 신라나 일본의 초기 사원 건설에 기술자를 파견하여 지원하는 등 동아시아 불교문화의 확산을 실질적으로 주도했기 때문이다.

3 양 무제의 崇佛 활동에 대해서는 다음 논문을 참고. 森三樹三郎, 1956, 『梁武帝 - 佛教王朝の悲劇』, 平樂寺書店; 諏訪義純, 1997, 『中國南朝佛教史の研究』, 法藏館; 梁銀景, 2009, 「梁武帝時期 佛教寺刹, 佛教彫刻과 社會變化」, 『美術史學』 23; 蘇鉉淑, 2010, 「梁武帝와 同泰寺」, 『佛教學報』 54.

4 河上麻由子, 2011, 『古代アジア世界の對外交涉と佛教』, 山川出版社.

5 백제가 일본뿐 아니라 신라의 초기 불교에 영향을 미쳤다는 연구는 다음 논문을 참고. 薗田香融, 1989, 「東アジアにおける佛教の傳來と受容」, 『關西大學東西學術研究所紀要』 22; 최연식, 2011, 「6세기 동아시아 지역의 불교 확산 과정에 대한 재검토」, 『충청학과 충청문화』 13.

연구 동향과 문제점

백제의 불교나 불교 사원에 관한 연구는 발굴 조사의 전개 양상이나 주요 연구 동향을 중심으로 크게 네 시기로 구분할 수 있다. 제1기는 식민지 시기 일본인 연구자들에 의해 백제 고지의 폐사지에 관한 지표 조사나 발굴이 처음으로 이루어지는 시기, 제2기는 1945년부터 1970년대 후반까지 한국인 연구자들을 중심으로 지표 조사나 부분적인 발굴이 이루어지지만 연구가 다소 침체한 시기, 제3기는 1970년대 말부터 1990년대 초반까지로 부여·공주·익산 지역의 폐사지에 관한 광범위한 조사가 이루어지는 시기, 제4기는 1990년대 중반부터 현재까지로 부여와 익산 지역의 폐사지 발굴이나 이미 발굴된 폐사지의 재발굴이 이루어지면서 연구가 본격화되는 시기이다. 각 단계별 주요 연구 성과와 문제점을 살펴보면 다음과 같다.

제1기는 부여와 익산 지역에 대한 폐사지의 지표 조사와 발굴 조사가 이루어진 식민지 시기이다. 백제 고지에 대한 고적 조사 활동은 1909년부터 1915년까지 세키노 타다시(關野貞) 일행에 의해 진행되었다.[6] 초기에는 백제의 도성지로 비정되는 서울(당시는 광주군), 부여, 공주, 익산 등에 관한 지표 조사가 중심을 이루었고, 특히 고분에 대한 관심이 높았다. 이러한 고적 조사 사업을 주도했던 세키노 타다시는 그 후 "아스카데라(飛鳥寺), 호류지(法隆寺) 등의 경내에서 조선의 부여에서 출토된 것과 형식과 수법(手法)이 완전히 일치하는 것을 발견했다"고 하면서 기와를 중심으로 백제와 일본의 관계를 처음으로 제시하기도 했다.[7] 이 시기에 후지시마 가이지로(藤島亥治郎)는 조선총독부의 고적 조사 활동과는 별개로 익산 미륵사지에 관한 지표 조사를 실시하여 미륵사가 서탑원(西塔院)과 동탑원(東塔院)의 후방에 대규모의 가람[中塔院]이 위치하는 품(品)자형 가람배치를 하고 있다는 견해를 제시하기도 했다.[8]

6 이순자, 2009, 『일제강점기 고적조사사업 연구』, 경인문화사.

7 關野貞, 1928, 『瓦』(考古學講座), 雄山閣.

8 藤島亥治郎, 1930, 「朝鮮建築史論 其三」, 『建築雜誌』 2: 1969, 『朝鮮建築史論』.

1935년부터 이시다 모사쿠(石田茂作) 등은 조선고적연구회(朝鮮古蹟研究會)의 재정 지원을 받아 군수리사지, 외리사지, 동남리사지 등 부여 지역의 주요 폐사지에 대한 본격적인 발굴을 실시했다. 그중 부여 군수리사지에 관한 조사는 한반도의 '폐사지'에 관한 최초의 발굴 조사로, 그 이전의 경주나 평양의 '고분'을 중심으로 한 발굴과는 성격을 달리한다. 조사 결과 백제의 가람배치가 일본의 시텐노지식(四天王寺式) 가람배치와 일치한다는 것과 더불어 그 출토 유물이 아스카(飛鳥) 문화와 직접 연관된다는 것을 확인한 것은 큰 성과였다.[9] 하지만 부여 지역 폐사지에 관한 발굴은 당시 일본학계의 관심이었던 아스카 문화의 원류에 관한 해명이나 '호류지 재건 비재건' 논쟁을 해결하기 위한 수단이 되어 부여와 아스카 양 지역 사원의 공통성을 지나치게 강조함으로써 조선총독부의 식민지 지배 논리를 정당화하는 도구로 활용되었던 것은 큰 문제라 할 수 있다.[10]

한편 세키노 타다시를 비롯한 일본 관학자들은 아스카-백제-남조의 교섭에 주목하면서도 백제에서 내재화된 남조의 문화가 일본에 전해진 것이 아니라 남조의 문화가 백제를 경유해 곧바로 일본으로 전해진 것으로 이해했다.[11] 당시 부여 지역 고적 조사에 직접 참여했던 후지사와 가즈오(藤澤一夫)는 전후에 아스카 시대 와당에 대해 남양백제양식(南梁百濟樣式), 고구려백제양식(高句麗百濟樣式)이라는 두 계통을 설정하여 백제 양식 자체도 중국 남양이나 고구려와의 문화 교섭 속에서 성립되었다는 견해를 제시했다.[12] 이와 같이 백제의 불교문화를 동아시아 교류사 속에서 파악하려는 것은 바람직하지만, 백제 문화의 실체를 부정하고 남조 문화가 아스카 문화에 직접 전래된 것으로 오인될 우려가 있어 경계할 필요가 있다. 이처럼 식민지 시기의 부여 지역에 관한 폐사지의 조사나 출토 유물에 관한 연구는 어디까지나 타자의 시각에서 실시되었기 때문에 문제가 크다고 할 수 있다.

제2기는 1945년부터 1970년대 후반까지로 백제의 폐사지에 관한 소규모 발

9 石田茂作, 1953, 「百濟寺院と法隆寺」, 『朝鮮學報』 5: 1969, 『法隆寺雜記帖』, 學生社.

10 李炳鎬, 2011, 「日帝强占期 百濟 故地에 대한 古蹟調査事業」, 『韓國古代史研究』 61.

11 關野貞, 1934.9, 「塼から見たる百濟と支那南北朝特に梁との文化關係」, 『寶雲』 10: 1941, 『朝鮮の建築と藝術』, 岩波書店, 489~490쪽.

12 藤澤一夫, 1961, 「日鮮古代屋瓦の系譜」, 『世界美術全集』 2, 角川書店.

굴이 이루어지고 그동안 알려지지 않았던 유물이 소개되는 시기이다. 1950년대 말 서산 마애삼존불과 태안 마애삼존불의 발견, 1964년 은산 금강사지와 부여 임강사지의 발굴, 1970년대 공주 서혈사지와 미륵사지 동탑지, 보령 성주사지의 발굴 조사가 주목할 만하다.[13] 1970년대까지의 백제 사원지에 관한 조사 내용은 진홍섭과 김정기, 오카와 키요시(大川淸), 기타노 코헤이(北野耕平) 등이 정리했다. 식민지 시기에 발굴되었지만 그동안 알려지지 않았던 백제 사원에 관한 조사 내용도 후지사와 가즈오에 의해 이때 처음으로 공개되었다.[14]

진홍섭은 백제 사원을 산중턱 경사면에 석굴(石窟)을 수반해 건립된 사원, 평지에 남북 또는 동서를 주축으로 하는 일탑식(一塔式) 가람, 남북을 주축으로 가람을 배치하되 탑을 건립하지 않은 사원 등 세 가지 형식으로 구분했다. 백제에서 석굴을 수반한 사원이 건립되었다고 본 것은 서혈사지 등 공주 지역의 '혈사(穴寺)'라는 이름을 가진 사원지를 염두에 두었기 때문이다. 하지만 공주 지역에서 지금까지 백제의 폐사지로 알려진 유적에서는 소수의 지표 수집품 이외에는 백제 당시의 것으로 볼 수 있는 유물이 발굴되지 않아 통일신라시대에 조영된 사원으로 보아야 한다는 견해가 유력하다.[15] 또한 후지시마 가이지로 이래로 한국 학계에서 답습되었던 당탑(堂塔) 위주의 배치형식론에서 벗어나지 못한 한계가 있다. 김정기는 당탑의 배치형식론 입장에서 고대 사원 유적을 정리하면서 군수리사지나 정림사지에서 보듯이 강당 좌우에 별도의 건물지가 있는 것은 백제 사원의 변형이 아닐까 하는 점을 지적했는데,[16] 현재 이 부분이 주요한 논점인 것을 감안하면 매우 선구적인 견해라 할 수 있다.

기타노 코헤이는 1970년대까지 알려진 부여·공주·익산 지역의 사원은 물론

13 1990년대 이전 사원지에 관한 발굴조사 연표는 다음에 정리된 것을 참고. 張慶浩, 1993, 「韓國古代寺院跡の發掘」, 『佛敎藝術』 207, 31~42쪽.

14 秦弘燮, 1971 「百濟寺院의 伽藍制度」, 『百濟硏究』 2; 藤澤一夫, 1971, 「古代寺院の遺構に見る韓日の關係」, 『アジア文化』 8-2; 金正基, 1971, 「韓國の寺院遺跡について」, 『佛敎藝術』 83; 大川淸 編, 1972, 『百濟の考古學』, 雄山閣; 北野耕平, 1978, 「百濟時代寺院址の分布と立地」, 『百濟文化と飛鳥文化』(黃壽永·田村圓澄 編), 吉川弘文館.

15 趙源昌, 1999, 「公州地域 寺址 硏究-傳百濟寺址를 中心으로」, 『百濟文化』 28.

16 金正基, 1971, 「韓國の寺院遺跡について」, 84쪽.

백제 당시의 불상이나 연화문와당이 수집된 지역을 포함하여 총 54개 사원지의 분포도를 작성하고 백제 사원지의 분포와 입지적 특성을 정리했다. 그는 부여와 그 주변의 사원지를 3개 군으로 분류한 다음 지방의 사원들은 중요한 교통로에 입지하고 있으며, 백제 중앙의 영향력이 점차 지방으로 확대되는 모습을 보여준다고 주장했다. 이러한 견해는 당탑을 중심으로 한 배치형식론에서 벗어나 고대 사원의 입지나 경관을 새롭게 조명한 점에서 중요한 의의가 있다. 하지만 백제 고지에서 확인된 폐사지를 모두 백제 당시의 것으로 파악한 것은 한계라고 할 수 있는데, 이는 당시의 연구 자료가 갖는 근본적인 문제이기도 하다.

한편 이 시기에는 백제 지역에서 수집된 와당을 집대성해 분류하는 작업과[17] 부여 가탑리 출토 일광삼존불(一光三尊佛)이나 익산 연동리 석조여래좌상 등에 관한 도상 분석 등도 이루어졌다.[18] 그 밖에 1971년 공주 무령왕릉에서 출토된 왕비의 두침(頭枕) 표면에 묘사된 도상이 남조계의 천인탄생도(天人誕生圖)에 해당하기 때문에, 적어도 무령왕릉을 축조하는 단계에는 남조에서 창안된 불교 도상이 직접 백제에 전해졌을 것이라는 중요한 연구가 나오기도 했다.[19]

제3기는 1970년대 말부터 1990년대 초반까지로 부여·공주·익산 지역에 관한 발굴 조사가 급증해 새로운 자료가 확보되는 시기이다. 경주 지역의 주요 고분과 사원에 대한 정비 사업의 영향을 받아 1970년대 후반에는 서울·공주·부여·익산 지역에 대한 백제문화권 개발 사업이 입안되어[20] 백제 고도에 관한 발굴이 본격적으로 실시되었다. 그리고 1979년에는 부여 정림사지를 시작으로 부소산성, 관북리 추정왕궁지, 부소산폐사지를 비롯해 공주 공산성, 익산 미륵사지와 왕궁리 유적 등에 관한 장기 발굴이 시작되었다.

그중 익산 미륵사지와 부여 정림사지의 발굴은 가장 중요한 성과이다. 이를 계

17 朴容塡, 1976, 「百濟瓦當의 體系的 分流 - 수막새를 중심으로」, 『百濟文化』 9.

18 大西修也, 1976, 「百濟の石佛坐像 - 蓮洞里石造如來像をめぐって-」, 『佛敎藝術』 107; 大西修也, 1977, 「百濟佛立像と一光三尊形式」, 『MUSEUM』 315. 두 편 모두 2002 『日韓古代彫刻史論』, 中國書店에 재수록.

19 吉村怜, 1977, 「百濟武寧王妃木枕に書かれた佛敎圖像について」, 『美術史硏究』 14: 1983, 『中國佛敎圖像の硏究』, 東方書店.

20 文化財管理局, 1979, 『百濟古都文化圈文化遺蹟整備計劃(案)』.

기로 익산 미륵사지의 삼원병렬식(三院竝列式) 가람배치가 처음으로 밝혀졌고, 부여 정림사지의 가람배치나 출토 유물에 관한 새로운 정보를 많이 얻게 되었다.[21]

그런데 당시 학계에서 이례적으로 발굴 조사 결과에 관한 논쟁이 벌어졌다. 즉, 미륵사지 석탑과 정림사지 석탑의 선후 문제와 관련된 논쟁이다. 1979년부터 정림사지의 발굴을 전담했던 윤무병은 정림사지 오층석탑의 기단부에 대한 조사를 근거로 그곳에 창건기부터 석탑이 세워졌다고 주장했다.[22] 이에 대해 건축사가인 김정기는 미륵사지 석탑이 정림사지 석탑보다 목탑의 양식을 충실하게 따랐고, 특히 석탑의 기단부에 보이는 판축토층의 존재는 그곳에 원래 목탑이 있었다는 것을 반증한다는 반론을 제기했다.[23] 그 후 연구자들의 입장에 따라 다양한 견해가 개진되었지만 뚜렷한 결론을 내리지 못했다. 필자는 이곳에서 출토된 소조상들이 창건기 목탑 안에 봉안되었던 소위 탑내소상(塔內塑像)으로 볼 수 있다는 새로운 견해를 제기한 바 있다.[24] 이것은 그간의 논쟁이 석탑 자체의 양식 문제에만 매몰되어 유적 전체에서 함께 출토된 공반 유물을 등한시했다는 반성의 의미를 갖는 것이기도 하다.

이 시기에는 부여 부소산폐사지를 비롯해 예산 사면석불과 그 주변 유적, 정읍 보화리 석불입상과 그 주변 유적, 부여 금성산 와적기단 건물지, 용정리사지, 구아리사지, 보령 성주사지, 청양 본의리 도제불상대좌, 부여 정암리 요지 등에 관한 발굴 조사가 지속적으로 실시되어 백제의 불교 사원이나 이와 관련한 자료가 다수 확보되었다.[25] 하지만 새로운 자료의 증가에도 불구하고 이 시기 백제 사원에 관한 주목되는 연구 성과는 그다지 보이지 않았다. 이는 발굴 보고서가 간행되기

21 당시의 조사 성과는 1990년대 초반에 다음의 논고를 통해 일본에 소개되었다. 張慶浩, 1993, 「彌勒寺跡の發掘」, 『佛教藝術』 207; 申光燮· 洪性彬, 1993, 「扶蘇山廢寺跡の發掘」, 『佛教藝術』 207; 崔孟植· 尹根一, 1993, 「王宮里廢寺跡の發掘」, 『佛教藝術』 207; 金正基, 1993 「韓國から見た日本古代寺院跡」, 『佛教藝術』 209.

22 尹武炳, 1981, 『定林寺 - 定林寺址發掘調査報告書』, 충남대박물관, 68쪽.

23 金正基, 1984, 「彌勒寺塔과 定林寺塔 - 建立時期의 先後에 관하여 -」, 『考古美術』 164, 2~8쪽.

24 李炳鎬, 2005, 「扶餘 定林寺址 出土 塑造像의 製作技法과 奉安場所」, 『美術資料』 72·73합집; 李炳鎬, 2006, 「扶餘 定林寺址 出土 塑造像의 製作時期와 系統」, 『美術資料』 74.

25 國立文化財硏究所, 2001, 『全局文化遺蹟發掘調査年表 - 增補版II』 참조.

이전에 중요한 발굴 성과를 학술대회 등에서 발표하거나 학술지에 게재하지만 본 보고서가 출간되고 나면 더 이상 재론하지 않는 우리 학계의 약간 이상한 풍토와 관련 있는 것은 아닌지 모르겠다. 어쨌든 이 시기에 발굴된 유적은 현 단계의 백제 사원이나 관련 유물을 연구할 때 중요한 분석 대상이 되므로 반드시 함께 검토할 필요가 있다.

기와에 대해서는 국립부여박물관 등에 수집되어 보관 중인 백제 와당을 집대성해 와당의 형식 분류와 상대편년, 제작기법 등을 규명한 가메다 슈이치(龜田修一)의 연구와 암키와와 수키와의 문양과 명문 내용, 제작기법 등을 통사적으로 정리한 서오선의 연구는 이 분야 연구의 중요한 지표가 되었다.[26] 또 불교 조각 분야에서는 부여 지역에서 다수 발견된 봉보주보살상(捧寶珠菩薩像)의 도상 연구를 바탕으로 남조-백제-일본의 불교문화 전파 과정을 해명하고자 한 논고와 반가사유상(半跏思惟像) 등에 관한 연구를 눈여겨볼 필요가 있다.[27]

제4기는 1990년대 중반부터 현재까지로 부여 능산리사지의 발굴이 중요한 전환점이 되었다고 생각한다. 부여 능산리사지는 원래 능산리 고분군의 관람을 위해 주차장을 마련하려는 구제 발굴의 성격을 띠었지만, 그곳에서 출토된 백제 금동대향로와 창왕명 석조사리감, 목간 등의 유물은 백제 불교에 관한 기존의 인식을 바꾸는 중요한 계기가 되었다. 그 후 국립부여문화재연구소에서는 기존의 성과이나 고분 위주의 발굴에서 점차 도성이나 사원에 관한 발굴로 방향을 바꾼다.

이 시기에 조사된 주요 유적으로는 부여 관북리 추정 왕궁지를 비롯하여 능산리사지, 동남리사지, 군수리사지, 정림사지, 왕흥사지와 익산 왕궁리 유적, 미륵사지, 제석사지 등이 대표적이다.[28] 특히 최근에 발굴된 왕흥사지와 미륵사지 사리기

26 龜田修一, 1981, 「百濟古瓦考」, 『百濟硏究』 12: 2006, 『日韓古代瓦の硏究』, 吉川弘文館; 徐五善, 1985, 「韓國平瓦文樣의 時代的 變遷에 對한 硏究」, 충남대 석사학위논문.

27 金理那, 1985, 「三國時代의 捧持寶珠形菩薩立像硏究」, 『美術資料』 37: 1989, 『韓國古代佛教彫刻史硏究』, 一潮閣; 大西修也, 1985 「百濟半跏像の系譜について」, 『佛教藝術』 158: 2002, 『日韓古代彫刻史論』, 中國書店.

28 부여 지역을 중심으로 한 백제 폐사지에 관한 기초자료는 다음에서 정리된 것을 참고. 국립부여문화재연구소, 2008, 『百濟廢寺址-학술조사보고서』, 국립부여문화재연구소, 2009, 『한중일고대사지비교연구(I)』, 국립부여문화재연구소, 2010, 『한중일고대사지비교연구(II)』, 국립부여문화재연구소, 2012, 『한

는 지금까지 단편적인 문헌기록으로만 전해져 그 실체를 알 수 없었던 백제 불교 문화의 우수성을 실물로 확인시켜 주어 일반인뿐만 아니라 국내외 학계의 시각을 바꾸는 중요한 전기가 되었다.

이에 따라 다양한 분야에서 백제 불교나 사원을 재조명하는 작업이 시도되고 있다. 고고학이나 건축사 분야에서는 건축 기단이나 초석, 건축 도구, 조영 기술에 관한 연구 등으로 주제가 확대·심화되고 있다.[29] 특히 부여 정림사지의 재발굴을 계기로 기존에 당탑을 위주로 한 가람배치론에서 벗어나 점차 사원의 부속시설이나 공간 구성으로 관심 영역이 확장되었다.[30] 하지만 식민지 시기에 조사된 유구 도면이나 출토 유물이 공개되지 않은 상태에서 새롭게 발굴된 자료에만 몰두해 논지를 전개하는 것은 매우 우려스러운 일이다. 정림사지나 군수리사지 등 부여 지역의 중요 사원들은 식민지 시기에 이미 발굴된 유적이기 때문에 현재 국립박물관이나 일본의 여러 기관에 산재한 유물이나 관련 정보를 종합적으로 취합해 정리할 필요가 있다.

미술사 분야에서는 부여 관북리 금동광배나 쌍북리 금동보살입상의 제작 시기와 계통에 관해 연구가 진행되었다.[31] 하지만 백제 불상의 수가 극히 적고 국적 또한 명확하지 않아 양식이나 계통, 편년의 설정 등은 여전히 쉽지 않은 난제이다.

능산리사지나 왕흥사지의 목탑지에서 출토된 사리기와 금속공예품, 익산 미

중일고대사지비교연구(III)』; 국립부여문화재연구소, 2013, 『백제 사찰 연구』.

29 李王基, 2006, 『百濟 寺刹建築의 造形과 技術』, 주류성; 韓郁, 2008, 「遺構를 통한 6·7세기 百濟伽藍建物의 復原的 硏究」, 홍익대 박사학위논문; 卓京柏, 2010, 「百濟 泗沘期 佛塔의 造形技術硏究」, 명지대 박사학위논문; 趙恩慶, 2011, 「彌勒寺址 石塔의 構造體系와 築造解析」, 홍익대 박사학위논문.

30 鄭子英, 2010, 「6~7세기 百濟 寺刹 內 講堂 左右 建物址의 變遷過程 考察」, 『건축역사연구』 73; 金洛中, 2011, 「百濟泗沘期 寺刹의 伽藍配置와 造營의 特徵」, 『韓國上古史學報』 74; 閔庚仙, 2011, 「百濟 泗沘期 寺刹의 伽藍配置 變化 樣相에 대한 一考察」, 『古文化』 78; 鄭子英, 2012, 「扶餘 定林寺址 伽藍配置와 編年的 檢討」, 『韓國上古史學報』 76; 金洛中, 2012, 「百濟 定林寺의 創建年代」, 『文化財』 45-4; 한나래, 2012, 「백제 사찰 부속건물지의 유형과 성격」, 『古文化』 80; 한나래, 2012, 「신라 사찰 강당 좌우 건물지의 유형과 성격-백제와의 비교를 중심으로」, 『韓國古代史探究』 12.

31 郭東錫, 2005, 「百濟 泗沘期 불상의 특징과 日本 飛鳥彫刻과의 關係」, 『百濟 泗沘期 文化의 再照明』, 국립부여문화재연구소; 金理那, 2007, 「7세기 百濟의 佛敎彫刻」, 『百濟의 美術』(백제문화사대계14), 충남역사문화원.

륵사지 서석탑에서 발견된 사리봉안기를 비롯한 화려한 금속공예품, 익산 왕궁리 유적의 공방 유구에서 출토된 다양한 공방 폐기물들은 금속공예나 유리 등의 연구에 활력소가 되고 있다.[32] 하지만 지금까지의 금속공예품에 관한 연구는 출토품 자체에 대한 현상 파악이나 명문의 석독과 해석, 사리의 안치방식 등에 한정된 느낌이 없지 않다. 고분이나 공방 출토 유물과의 비교, 와당을 비롯한 공반 유물과의 관계, 중국이나 일본 등과의 비교 연구와 같은 좀 더 거시적이고 종합적인 검토가 따라야 할 것이다.

백제의 불교사상이나 신앙에 관한 연구도 심화되었다. 백제 불교신앙에서 중요한 법화신앙, 미륵신앙, 관음신앙 등에 대한 연구와 더불어 불교와 정치적 동향에 관해서 심도 있는 검토가 있었다.[33] 최근에는 성왕대에서 무왕대에 이르는 시기의 불교 교학사상과 미륵신앙의 검토를 바탕으로 양나라 불교학의 주류적 흐름이었던 성실열반학(成實涅槃學)이 백제 후기 불교학의 바탕을 이루었고, 570년경 중국에 유학 갔던 현광(玄光)을 통해 혜사(慧思)의 미륵신앙이 수용되면서 더욱 활발해졌으며, 7세기에는 다시 삼론학(三論學)이 수용되면서 미륵신앙을 삼론학의 입장에서 철학적으로 해석하려는 흐름이 나타나 삼론학과 미륵신앙이 결합된 백제의 독특한 미륵사상을 형성했다는 지적이 나왔다.[34] 특히 『대승사론현의기(大乘四論玄義記)』라는 삼론학 문헌이 7세기 초 무렵에 백제에서 찬술된 것이 확인되면서 삼론학을 비롯한 당시 백제 불교계의 교학 연구 상황에 대해서도 어느 정도의 이해가 가능하게 되었다.[35] 하지만 이러한 불교사상이나 신앙이 새롭게 드러난 발굴

32 國立扶餘文化財硏究所, 2008, 『扶餘 王興寺址 出土 舍利器의 意味』; 國立扶餘博物館, 2008, 『古代 동아시아상의 百濟金屬工藝 - 향로 발굴 15주년 기념 국제학술심포지엄』; 鈴木靜民 編, 2010, 『古代東アジアの佛教と王權 - 王興寺から飛鳥寺へ』, 勉誠出版; 國立文化財硏究所, 2010, 『百濟佛敎文化의 寶庫, 彌勒寺』, 국제학술심포지엄논문집; 新川登龜男 編, 2013, 『佛教文明の東方移動 - 百濟彌勒寺西塔の舍利莊嚴』, 汲古書院; 국립문화재연구소, 2013, 『미륵사지 석탑 사리장엄』, 전라북도.

33 趙景徹, 2006, 「百濟佛敎史의 展開와 政治變動」, 한국학중앙연구원 박사학위논문; 吉基泰, 2006, 『百濟泗沘時代의 佛敎信仰 硏究』, 서경; 忠淸南道歷史文化硏究院 編, 2007, 『百濟의 祭儀와 宗敎』(백제문화사대계13).

34 崔鈆植, 2011, 「百濟 後期 彌勒思想의 展開過程과 特性」, 『韓國思想史學』 37.

35 崔鈆植, 2007, 「百濟 撰述文獻으로서의 『大乘四論玄義記』」, 『韓國史硏究』 136; 崔鈆植, 2007, 「『大乘四

상황이나 출토 유물과 어떤 관련성을 갖는지에 대해서도 좀 더 적극적인 해석이 있어야 할 것이다.

최근에는 백제 사비시기의 와당뿐만 아니라 평기와에 관한 연구도 상당하게 진척되었다. 그에 따라 와당의 문양과 제작기법에 관한 연구, 동범품의 추정을 통한 생산과 유통의 문제, 기와 제작의 계통에 관한 문제, 개별 사원의 사례 분석 등으로 논의가 확대되고 있다.[36] 시미즈 아키히로(淸水昭博)는 공주 대통사지에서 출토된 와당의 문양과 제작기법에 주목해 그것이 남조에서 연원했으며 사비시기 초반과 일본 최초의 사원인 아스카데라의 성조(星組) 계열 와당의 원류가 되었다는 것을 논증하고, 나아가 백제의 조와(造瓦) 기술뿐만 아니라 기와 생산체제가 일본에 영향을 미쳤다는 것을 밝히는 등 이 분야 연구를 심화시켰다.[37]

이러한 연구는 한국 학계에도 영향을 미쳐 부여 지역의 어떤 유적에서 제작·사용하던 기와들이 아스카데라 창건와(創建瓦)의 원류에 해당하는지에 대한 관심을 불러일으켰다.[38] 하지만 이러한 시각은 일본 초기 사원의 조와술의 원류나 계통을 밝히는 데는 적절할지 모르지만 그러한 기술의 전파 과정이 백제사를 이해하는 데 어떤 의미로 해석될 수 있는지에 대해서는 관심이 미치지 못했다. 백제의 기와 제작기술의 전수 과정을 비교사적인 측면에서 맥락적으로 설명하려는 시각이 함께 필요할 것이다.

論玄義記』 百濟撰述 再論」, 『韓國史硏究』 138.

36 成正鏞, 1998, 「기와」, 『聖住寺』, 충남대박물관; 崔孟植, 1999, 『百濟 평기와 新硏究』, 학연문화사; 金鍾萬, 2000, 「扶餘陵山里寺址出土瓦當文樣の形式と年代觀」, 『帝塚山大學考古學硏究所硏究報告』II; 龜田修一, 2006, 『日韓古代瓦の硏究』, 吉川弘文館; 국립부여문화재연구소, 2010 · 2011 · 2012 · 2013, 『백제 사비기 기와 연구II · III · IV · V』.

37 淸水昭博, 2012, 『古代日韓造瓦技術の交流史』, 淸文堂; 淸水昭博, 2013, 『古代朝鮮の造瓦と佛敎』, 帝塚山大學出版會.

38 趙源昌, 2004, 『百濟 建築技術의 對日傳播』, 서경; 李다운, 2004, 「百濟 瓦博士考」, 『湖南考古學報』 20.

연구 방법과 관점

식민지 시기 일본인 연구자들에 의해 촉발된 백제 사원에 관한 연구는 1945년 이후 한동안 침체기를 맞았다. 그러다 1990년대 이후 부여 능산리사지와 왕흥사지, 익산 미륵사지 등의 폐사지에 관한 발굴이 중요한 전기가 되어 발굴 조사가 증가하면서 백제 사원에 관한 연구가 다시 활발해지고 있다. 1930년대 군수리사지의 발굴 조사 이후 부여 지역 폐사지들이 세간의 이목을 집중시킨 것과도 같은 맥락이다. 즉, 고고학적 발굴 결과 드러난 새로운 자료가 이 분야 연구를 추동하는 기폭제가 되었다.

이 책은 발굴 조사를 통해 새롭게 알려진 유구나 유물에 일차적인 관심을 가지고 있다. 하지만 폐사지에 관한 발굴 조사 내용의 분석은 고고학적인 시각이나 방법론만으로는 해결될 수 없다. 고대 동아시아 불교 사원에 관한 연구는 불교 교리나 사상의 전파에 수반하는 다양한 인적·물적 자원의 교류를 포함하기 때문에 역사학이나 건축사, 미술사, 불교사 등 다방면의 협력 없이는 불가능하기 때문이다. 이에 이 책에서는 백제 사원의 특성이나 그 영향을 잘 보여준다고 생각되는 소재들을 선정하고 이를 좀 더 적극적으로 가공하여 새로운 역사자료로서의 활용 가능성을 모색하면서 백제 사원이나 백제사의 맥락에서 해석해 보았다.

기존의 백제 사원에 대한 검토에서는 구체적인 자료나 근거를 제시하지 않는 경향이 없지 않다. 이 책에서는 학문적 패러다임에 따라 분석하는 소재가 제한될 수 있다는 선입견을 배제하고 그간 그다지 주목받지 못한 유물, 유적과 유물의 관계, 유적 긴의 관계 등에 너욱 주목했다. 예를 들어 미술사 연구에서 지금까지 도외시되었던, 파편화되어 형태조차 알 수 없는 소조상에 대해서 그 제작기법을 재검토하고 다른 유적의 사례와 비교하여 그것이 봉안된 장소를 추정해 보았다. 또한 단순히 판독 문제에 매달려 있던 목간과 같은 문자자료에 대해 그것이 발견된 출토 맥락을 중시했다. 즉, 목간의 기재 내용뿐만 아니라 함께 출토된 유물의 양상이나 유적 전체의 상황을 종합적으로 고려했다. 특히 그동안 문양의 형식 분류에 매몰되었던 와당에 대해 제작기법이나 건물지별 분포 양상, 수급 관계, 계통 관계

등에 주목해 새로운 역사자료로서의 활용 가능성을 모색했다.

이와 더불어 백제 사원의 가람배치에 대해서도 동아시아 각국의 자료를 폭넓게 활용해 사원의 경관이나 각 건물의 기능을 새롭게 해석해 보았다. 도성 내·외부에 산재하는 주요 사원들은 국왕이 거주하는 도성을 수식하는 중요한 시설물의 하나였기 때문에 도성 계획이나 경관이라는 측면에서 주목할 필요가 있다. 대형 고총고분의 소멸과 불교 사원의 시작을 등치시킬 수 없지만,[39] 양자가 일정하게 공존하다가 점차 사원이 고분을 대체하는 상징이 되었던 것은 고대 동아시아 삼국에서 거의 공통된 흐름이다. 따라서 사원 건축의 부재인 기와를 분석하면서 그것이 사용된 건물들의 건립 순서나 각 건물의 성격, 그러한 사원이 도성 내에서 차지하는 위상이나 상징성에 주목했다. 국왕이 거주하는 도성 안에서 기와를 얹은 대형 건물들이 정연하게 배치된 사원은 왕궁이나 관청과 더불어 왕권을 상징하는 가장 중요한 기념비적 시설물이었기 때문이다.[40]

백제 불교 사원의 전개 과정이나 특성은 동아시아의 문화 교류사라는 큰 흐름 속에서 파악해야만 제대로 조명될 수 있다. 따라서 백제 불교의 수용과 전개, 새로운 문화 요소의 등장과 전파 과정에 대해 중국뿐만 아니라 고구려나 신라, 일본의 비교 자료들을 적극적으로 활용했다. 다만 불교나 불교 사원의 교류라는 것이 단순한 '물건'의 이동이 아니라 '사람'이나 '정보'의 이동을 수반하며 상호 호혜적인 것이었기 때문에 그것을 수수하는 사람들의 정치적 입장이나 기술 수준의 차이에 따라 수용 과정에서 변형이 이루어질 수 있다는 점에도 주의했다.

이 책은 고대 사원에 관한 문헌사료뿐만 아니라 발굴 조사를 통해 드러난 물질 자료를 함께 검토하면서 백제 사원의 전개 과정과 특성, 그것이 주변국가에 미친 영향을 검토했다. 시기적으로는 백제에서 처음 불교를 수용한 한성시기부터 멸

39 白石太一郎, 2007, 「古墳の終末と寺院造營の始まり」, 『河內古代寺院巡禮』, 大阪府立近つ飛鳥博物館, 84~91쪽.

40 일본의 아스카데라나 고대 사원의 건립 배경에 관해 지배자의 권력과 재력을 보여주는 시각적인 상징물이라는 측면, 대륙에서 전해진 광범위한 지식이나 기술이 집적된 문화라는 측면, 사원 건립이나 불교 신앙이 왕권에 충성을 서약하는 행위였다는 측면 등이 검토될 수 있다는 지적이 있어 참고된다(川尻秋生, 2014, 「飛鳥·白鳳文化」, 『岩波講座 日本歷史』 2, 岩波書店, 190~191쪽).

망기까지를 검토 대상으로 했지만 538년 사비 천도를 전후해 전개된 불교 사원의 양상과 이후의 변화 과정에 많은 비중을 할애했다. 6세기대 동아시아 지역의 불교 확산 과정에서 백제는 매우 중요한 역할을 수행했다. 백제 불교 사원의 전개 과정을 검토하는 이 책의 내용은 백제적인 사원의 특성을 파악하고 그것이 신라나 일본 등 주변 국가에 어떻게 파급되었는가를 추정할 수 있는 중요한 기초자료가 될 것이다.[41]

본문의 구성

이 책에서는 한성시기의 불교 수용에서부터 멸망기까지 백제 사원의 전개 과정을 검토하여 백제적인 불교 사원의 특성이 형성되는 과정과 전개 과정을 다음과 같이 정리했다.

제I부에서는 한성시기와 웅진시기의 불교 수용 과정과 불교 관련 유물을 검토하여 초기 사원의 모습을 살펴보았다. 제1장에서는 한성시기의 불교 수용과 관련된 문헌사료와 불교 관련 유물을 검토하여 한성시기 불교 전래설의 수용 가능성을 밝혔다. 제2장에서는 사원의 중요한 건축 부재인 와당을 중심으로 웅진시기 사원의 단면을 엿보고 계통 문제를 함께 검토했다. 백제의 본격적인 가람이라 할 수 있는 대통사(大通寺)를 건립하면서 성립된 대통사식(大通寺式) 와당은 양나라의 영향을 받아 성립된 것으로 사비 천도(538년) 이후 가장 중요한 와범형(瓦笵型)이다. 이러한 대통사식 와당의 성립에는 백제의 관영 조와 공방 성립 과정과 연관되어 있음을 함께 언급했다.

41 백제 불교사원이 신라나 일본에 끼친 영향에 관해서는 다음의 논고를 함께 참고. 李炳鎬, 2013, 「百濟寺院과 日本 飛鳥寺 三金堂의 源流」, 『百濟研究』 57; 李炳鎬, 2013, 「경주 출토 백제계 기와 제작기술의 도입과정」, 『韓國古代史研究』 69; 李炳鎬, 2013, 「飛鳥寺에 派遣된 百濟 瓦博士의 性格」, 『韓國上古史學報』 81.

제II부에서는 사비 도성의 한가운데 건립된 정림사지에서 출토된 유물과 가람배치의 특징을 분석하여 백제식 사원의 성립 과정과 사비 도성에서 정림사지가 갖는 위상을 분석했다. 제1장에서는 그곳에서 출토된 소조상의 제작기법과 제작 시기, 봉안장소, 계통 문제 등을 소조상 자체의 분석은 물론 공반 유물이나 문헌 기록, 다른 나라의 유사 사례와 비교했다. 또 최근의 발굴 조사를 통해 새롭게 알려진 건물지의 유구 배치 상황을 재검토했는데, 사비 천도 이후 처음으로 건립된 정림사지의 가람배치가 갖는 특징을 추출하고 백제식 사원의 성립 과정을 설명했다. 제2장에서는 사비 도성 내부에서 발견된 도로 유적의 개설시기, 목간이나 문자 자료 및 지적도 등을 분석하여 사비시기의 왕궁 구역을 설정한 다음, 사비시기의 왕궁과 정림사지가 매우 유기적인 관계에서 의도적으로 배치되었을 가능성을 제시함으로써 도성 내 중심 사원으로서 정림사지의 위상을 확인하고 사비 천도 이후 새로운 도성의 랜드마크가 되었음을 지적했다.

제III부에서는 사비시기의 왕릉군인 부여 능산리 고분군에 연접해 건립된 능산리사지의 성격을 분석했다. 능산리사지의 중문지 남쪽에서 다량의 목간이 출토되었는데, 그 성격에 대해 약간의 논란이 있다. 이에 제1장에서는 목간의 기재내용뿐만 아니라 출토 맥락을 재검토하여 능산리 목간의 사용 및 폐기 시점을 파악하고 그 성격에 대해 새롭게 접근해 보았다. 이를 통해 능산리 목간은 북쪽에 있던 사원의 조영이나 운영과 밀접한 관련을 가지고 있음을 확인할 수 있을 것이다. 제2장과 제3장에서는 가람 중심부에서 출토된 500여 점의 와당에 관한 형식 분류와 상대편년, 분포 양상의 분석을 실시하여 주요 건물들의 건립 순서를 좀 더 상세하게 추정해 보았다. 능산리사지는 초기 단계에 강당지를 중심으로 한 초기 건물군이 목탑이나 금당보다 먼저 건립되는 특이한 현상을 보인다. 이러한 가람 중심부의 변천 과정을 제1장에서 분석한 능산리 목간의 기재 내용과 연관해 보면 초기의 건물군이 기능하던 단계와 목탑 등이 건립되어 사원으로서 기능하던 단계의 성격이 달랐을 가능성이 있다. 중국이나 고구려의 사례를 참고하여 그 성격이나 기능의 문제에 대해서 검토했다.

제IV부에서는 사비 천도 이후 전개된 백제 사원의 여러 양상을 가람배치와 소조상을 중심으로 검토하고, 백제 사원이 동아시아의 문화 교류에서 차지하는 위상을 검토했다. 제1장에서는 사비 천도 이후 처음으로 조영된 정림사식 가람배치가 6세기 후반의 군수리사지나 왕흥사지, 7세기 전반의 미륵사지 건립에서 어떤 변화상이 보이는지 파악하고, 그러한 변화 양상의 영향 관계를 살펴보았다. 제2장에서는 백제 고지의 사원이나 가마터에서 출토된 소조상들을 집대성하여 제작기법과 봉안장소, 기술 계통을 분석하고, 그것이 고구려나 신라 및 일본에서 출토된 소조상들과 어떤 관련성을 갖는지 살펴보았다. 제3장에서는 이 책에서 검토한 백제 사찰의 유물과 유구를 중심으로 주변국 사원과의 비교라는 관점에서 백제 사원이 갖는 역사적 위치를 논하였다.

백제의 불교 사원은 중국의 남조나 북조뿐만 아니라 고구려의 영향을 함께 받았고 백제는 그것을 일본뿐만 아니라 신라에 전수했다. 신라는 백제뿐만 아니라 고구려를 통해서 불교를 적극 수용했다. 이처럼 6세기대 한반도는 '불교'를 매개로 하나의 문화공동체를 형성해 갔다고 볼 수 있다. 고구려·백제·신라는 정치적·군사적 대결 구도 속에서도 다양한 방면의 문화 교류를 통해 중국이나 일본과 다른 정체성을 확립해 나갔다. 그 과정에서 불교나 불교 사원은 사상체계뿐만 아니라 기술 문명의 공유라는 측면에서 크게 기여했다.[42] 그리고 백제 멸망 이후에는 대다수의 주민이 통일신라의 체제 안에 흡수되어 통일신라의 문화를 형성하는 데 기여했다. 따라서 백제 불교 사원의 연구는 동아시아 교류사라는 측면뿐만 아니라 그 자체로 한국 고대사 연구에서 중요한 의미를 갖는다.

하지만 이 책에서는 이 모든 문제를 상세하게 검토하지는 못했다. 이 책이 백제의 불교 사원을 이해하는 데 조금이나마 기여하기를 바라지만 오히려 혼동을 일

42 7세기대 중국의 역사서에서는 삼국을 三韓이라 지칭하고 있는데 이것은 한반도의 삼국이 중국이나 일본과 다르다는 인식을 반영하는 것이다. 6~7세기대 고구려와 백제, 신라의 불교를 통한 문화 교류는 그런 점에서 한반도의 고대 국가들이 중국이나 일본과 다른 공동체라는 인식을 공유하고, 인식시키는 데 큰 의미를 가진다. 이러한 문제의식은 다음 논고에 잘 정리되어 있다. 盧泰敦, 1982, 「三韓에 대한 認識의 變遷」, 『韓國史研究』 38: 1998, 『한국사를 통해 본 우리와 세계에 대한 인식』, 풀빛.

으키는 것은 아닌지 걱정이 앞선다. 이 책이 백제 불교 사원에 관한 논쟁점을 부각시키고 학제 간 연구나 비교사적 연구가 확산되는 데 작은 단초가 되기를 바란다.

I

백제의 불교 수용과 초기 사원

들어가는 말

백제 불교 사원 연구에서 가장 중요한 대상은 사비시기의 유적들이다. 한성·웅진시기에 불교 사원이 존재했을 가능성은 인정되지만 지금까지 확인된 유적이 전무하기 때문에 실태를 알 수 없는 실정이다. 이런 사정으로 인해 침류왕대의 불교 전래설을 부정하는 견해가 제기되기도 한다. 하지만 한국 학계에서는 그것을 인정하는 견해가 더욱 우세하다. 필자도 이 입장에서 침류왕대의 불교 수용 양상과 이후의 추이를 검토하고자 한다.

제1장에서는 침류왕대의 불교 수용과 불교 사원의 건립에 대한 문헌 기록, 한성시기의 백제 지역에서 출토된 불교적 요소가 보이는 유물들을 정리할 것이다. 제2장에서는 웅진시기의 사원 중에서 본격적인 불교 사원이라 할 수 있는 공주 대통사지를 중심으로 그 창건을 전후한 웅진시기 와당의 양상과 계통을 함께 검토함으로써 웅진시기 사원의 한 측면을 살펴볼 것이다.

1. 한성시기 백제의 불교 수용

1) 침류왕대 불교 수용과 사원의 건립

백제에 불교가 처음 전해진 것은 침류왕 원년(384)으로, 관련 기록은 다음과 같다.

(384년) 7월에 사신을 진(晉)에 보내어 조공(朝貢)했다. 9월에 호승(胡僧) 마라난타(摩羅難陀)가 진에서 들어옴에 왕이 그를 맞이하여 궁내(宮內)에 두고 예경(禮敬)하

니 불법(佛法)이 이로부터 비롯했다.[1]

2년(385) 2월에 한산(漢山)에 불사(佛寺)를 세우고 10인의 도승(度僧)을 두었다.[2]

「백제본기(百濟本紀)」에 이런 말이 있다. 제15대(승전[僧傳]에서는 제14대라 했으나 잘못이다) 침류왕이 즉위한 갑신년(384)—동진 효무제의 태원(太元) 9년—에 호승 마라난타가 동진(東晉)에서 이르니 그를 맞이하여 궁중에 두고 예경했다. 이듬해인 을유년(385)에 신도(新都) 한산주(漢山州)에 불사를 짓고 10인의 도승을 두었으니 이것이 백제 불법의 시작이다. 또 아신왕이 즉위한 태원 17년(392) 2월에 명령을 내려서 (백성에게) 불법을 믿어 복을 구하라고 했다. 마라난타는 번역하면 동학(童學)—그의 이상한 행적은 승전에 자세히 나타나 있다—이다.[3]

백제에서는 384년 7월에 동진에 사신을 보냈는데, 2개월 뒤에 동진에서는 호승 마라난타를 보냈다. 동진에서는 백제로 돌아오는 사신과 그를 동행케 했음을 짐작할 수 있다. 이에 백제 왕은 그를 맞이하여 궁전에 모시고 예의를 갖추어 경배하니 이로부터 백제의 불교가 시작되었다.

이 기록에 대해 『일본서기(日本書紀)』 스이코(推古) 천황 32년(624)조에 실린 백제 승려 관륵(觀勒)의 상표문[4]에서 백제에 불교가 전래된 것은 524년 무렵이라는 기록이 있으므로 그 연차를 믿을 수 없다는 주장이 일찍부터 제기되어 일부의 지지를 받았다.[5] 384년 이후 성왕 대까지 백제 불교에 관한 기록이 전무하고 한성

1 秋七月, 遣使入晉朝貢. 九月, 胡僧摩羅難陀自晉至, 王迎致宮內禮敬焉, 佛法始於次.(『三國史記』권24 百濟本紀 枕流王 卽位年條)

2 二年 春二月, 創佛寺於漢山, 度僧十人.(『三國史記』권24 百濟本紀 枕流王 2年條)

3 百濟本記云, 第十五(僧傳云十四誤)枕流王卽位甲申(東晉孝武帝大元九年), 胡僧摩羅難至自晉, 迎置宮中禮敬. 明年乙酉, 創佛寺於新都漢山州, 度僧十人, 此百濟佛法之始. 又阿莘王卽位大元十七年二月, 下敎崇信佛法求福. 摩羅難陀, 譯云童學(其異迹詳見僧傳). (『三國遺事』권3 興法 摩羅難陀條)

4 於是百濟觀勒僧, 上表以言, 夫佛法 自西國至于漢, 經三百歲, 乃傳之至於百濟國, 而僅一百年矣.(『日本書紀』권22, 推古天皇 32年條)

5 末松保和, 1954, 「新羅佛敎傳來傳說考」, 『新羅史の諸問題』, 東洋文庫; 田村圓澄, 1978, 「百濟佛敎史序

시기의 불교 유적이나 유물 또한 전무하다는 것도 중요한 근거였다. 그러나 이러한 주장은 사료 비판과 고고학적인 자료의 증가로 한국 학계에서는 더 이상 받아들여지고 있지 않다.[6]

『삼국사기』「백제본기」의 백제 불교 초전 기록에는 삼보(三寶) 가운데 승보(僧寶)만 언급되고 나머지 불상과 경전이 보이지 않지만, 마라난타가 백제에 들어온 이듬해인 385년 한산에 불교 사원을 창건한 사실이 주목된다. 사원이란 승려들이 모이는 예배 공간이며 동시에 경전을 독송하거나 배우는 강경 공간이다. 그런 점에서 백제 불교 수용 당시 승보 이외의 것도 갖추어졌다고 보아야 할 것이다. 더욱 주목되는 것은 도승 10인이다. 불교에서 정식으로 승려가 되려면 구족계를 받아야 하는데, 구족계를 줄 수 있는 최소한의 구성 인원이 10명이다. 불교를 수용한 이듬해인 385년에 사원을 짓고 10인의 도승을 둔 것은 백제 불교가 계속해서 승려를 배출했음을 뜻하며 그런 점에서 침류왕대 불교 전래 기록은 불교 초전 기록으로서 신뢰할 수 있다고 생각한다.

384년에 백제에 불교가 전래될 수 있었던 국내외적인 배경을 살펴보자. 백제와 고구려의 불교 수용 과정은 신라와는 달리 공전(公傳)의 시비를 둘러싼 내부적인 대립이 보이지 않는다. 다무라 엔초(田村圓澄)는 삼국과 일본의 불교를 하사설(下賜說)과 증여설(贈與說)의 입장에서 검토하면서 백제와 고구려의 불교 전래가 "종주국에서 조공국으로 하사된" 것이었기 때문에 양자택일적으로 선택할 여지가 없고 오직 수용할 수밖에 없었다고 주장했다.[7] 그러나 이러한 시각은 6세기대의

說」,『百濟文化と日本文化』, 吉川弘文館.

6 李基白, 1991,「百濟 佛敎 受容 年代의 檢討」,『震檀學報』71·72합; 1996,『韓國古代政治社會史硏究』, 일조각; 辛鍾遠, 1991,「百濟 佛敎美術의 思想的 背景」,『百濟의 彫刻과 美術』, 공주대; 趙景徹, 2002,「百濟의 漢城時代 佛敎受容과 政治勢力의 變化」,『韓國思想史學』18; 吉基泰, 2012,「漢城百濟의 對外交流와 佛敎」,『百濟硏究』55.

7 고구려의 경우 372년 前秦의 苻堅이 불교를 하사한 것은 前燕의 멸망에 협력한 것에 대한 恩賞의 의미가 담겨 있으므로 소수림왕을 비롯한 귀족들은 감히 반대하지 못했을 것으로 파악했다. 또한 372년 백제가 동진의 책봉 체제에 편입되었기 때문에 384년의 불교 전래는 단순히 정치 차원의 하사이며 백제왕과 귀족들은 불교 수용에 이의를 제기할 수 없었다는 것이다(田村圓澄, 1980,『古代朝鮮佛敎と日本佛敎』, 吉川弘文館).

동아시아 불교사에 관한 견해가 소급되어 투영된 것이고, 한 시대나 국가의 왕권 강약 및 국가 발전 단계의 차이를 무시하고 불교 수용의 내재적 요인이나 정치·외교적 측면을 도외시한 것이므로 따르기 어렵다.[8]

백제와 고구려의 불교 수용 과정은 상호 연동되는 측면이 있다. 먼저 백제와 동진의 관계를 살펴보면, 백제는 근초고왕 27년(372) 동진에 처음으로 사신을 파견하고, 그 이듬해 373년에도 사신을 파견한다. 백제의 사신 파견은 『진서(晉書)』 간문제기(簡文帝紀)에서 확인되는데, 최초의 사신 파견에 대한 답례로 진동장군령 낙랑태수(鎭東將軍領樂浪太守)라는 작호를 받는다.[9] 근구수왕 5년(379)에도 동진에 사신을 파견하지만 해상에서 폭풍을 만나 도달하지 못한다. 하지만 『양서』에는 진 태원 연간(376~396)에 백제왕 수(須)가 생구(生口)를 바쳤다는 기록이 남아 있다.[10] 침류왕 원년(384) 백제의 사신 파견은 372년부터 시작된 조공의 연장선에 있으며, 동진의 마라난타 파견은 그에 대한 답례적인 성격이 있다.

백제에 불교를 전해준 동진의 황제는 효무제(孝武帝, 재위 373~396)였다. 그는 동진의 황제 가운데 최초의 공식적인 불교 신자로 평가되며, 태원 6년(381) 춘정월 궁 안에 정사(精舍)를 건립하기도 했다.[11] 동진의 효무제가 공식적으로 마라난타를 보냈을 때 백제의 침류왕은 그를 "궁에 모셔 예경했다"고 하는데, 이는 단순히 그를 환영했다는 의미도 있지만 동진 황실의 분위기를 이미 파악하고 있었기 때문에 취해진 조치로도 생각할 수 있다.

백제와 고구려의 관계를 살펴보면 근초고왕은 26년(371) 고구려의 평양성을 공격하고 이때 고국원왕이 전사한다. 고구려는 이듬해인 소수림왕 2년(372) 6월에 전진으로부터 불교를 받아들인다. 앞서 말했듯이 백제는 372년 정월 동진에 처

8 李基白, 1999, 「三國時代 佛教受容의 實際 - 佛教'下賜說'批判」, 『百濟硏究』 29.

9 咸安二年春正月辛丑, 百濟林邑王, 各遣使貢方物. (『晉書』권9, 本紀 簡文帝); 咸安二年六月, 遣使拜百濟王餘句, 爲鎭東將軍領樂浪太守. (『晉書』권9, 本紀 簡文帝)

10 晉太元中, 王須, 義熙中, 王餘映, 宋元嘉中, 王餘毗, 並遣獻生口. (『梁書』권54, 諸夷傳 百濟條)

11 帝初奉佛法, 立精舍於殿內, 引諸沙門以居之. (『晉書』권9 帝紀 제9 孝武帝 6년 春正月條) 동진의 효무제 이후 강남 지방의 불교가 큰 세력을 얻게 되었다고 평가되고 있다(鎌田茂雄, 1983, 『中國佛教史2 - 受容期の佛教』, 東京大學出版會).

음으로 사신을 파견하고 동년 6월 진동장군령낙랑태수라는 작호를 받았다. 고구려가 전진으로부터 불교를 수용한 때와 백제가 동진으로부터 작호를 받은 시점은 372년 6월로 일치한다. 이는 백제와 고구려가 안으로는 전쟁을 통해, 밖으로는 외교를 통해 치열하게 대립하고 있었음을 알려준다.[12]

소수림왕 2년 고구려의 불교 전래와 수용 문제는 좀 더 복잡한 문제를 내포하고 있지만,[13] 그 배경에는 전진과의 외교 문제도 관련되어 있다. 즉, 환도성을 함락하는 등 고구려에 압력을 가하던 전연은 370년 전진 왕 부견에게 멸망한다. 이때 고구려는 자국 내로 망명해온 전연의 태부 모용평을 붙잡아 부견에게 압송함으로써 호의를 표한다. 모용평은 40만 대군을 거느리고 부견과 싸우다가 참패한 장군이었다. 모용평의 압송은 모용복의 옛 원한에 대한 보복인 동시에 전진의 남하를 외교적으로 무마하려는 고구려의 의도를 보여준 것이다.[14] 북중국의 새로운 패자가 된 부견은 고구려에 대한 답례로 불상·경문과 함께 순도(順道)를 보내주었다. 이처럼 고구려의 불교 수용은 전진과의 우호 관계 수립과 깊은 관련이 있었다고 할 수 있다.

고구려에서 불교가 공인되는 대외적인 교섭 과정을 백제의 입장에서 정리해 보면 다음과 같다. 고구려와 전진의 외교적 접근은 371년 백제와 고구려의 충돌에 의한 고국원왕의 전사와 관련이 있으며, 그런 점에서 372년 6월 전진의 불교 전수와 동진의 작호 수여 문제는 상호 연관된 것으로 파악할 여지가 있다. 370년 전연을 멸망시키고 북중국의 새로운 패자가 된 전진과 고구려의 외교적 접근은 동진에 부담이 되었을 것이고, 371년 고구려 고국원왕을 전사시킨 백제라는 존재를 결코 무시할 수 없었을 것이다.[15] 그 후 백제와 동진은 지속적인 교류를 통해 친밀한

12 趙景徹, 2006, 「百濟佛敎史의 展開와 政治變動」, 한국학중앙연구원 박사학위논문, 9~10쪽.

13 고구려의 불교 수용에 관해서는 다음을 참고. 木村宣彰, 1980, 「曇始と高句麗佛教」, 『佛敎學百セミナ』 31, 大谷大學佛敎學會; 金相鉉, 2005, 「中國文獻 所載 高句麗 佛敎史 記錄의 檢討」, 『고구려의 사상과 문화』, 고구려연구재단; 辛鍾遠, 2006, 「삼국의 佛敎 初傳者와 초기佛敎의 성격」, 『韓國古代史硏究』 44.

14 鄭珖鎬, 1983, 「高句麗 佛敎 受容의 國際社會的 배경」, 『人文硏究』 9, 인하대 인문과학연구소; 李龍範, 1973, 「北朝 전·후기 佛敎의 高句麗 전래」, 『論文集』 12, 東國大: 1989 『韓滿交流史硏究』, 동화출판공사; 余昊奎, 2000, 「4세기 동아시아 國際秩序와 高句麗 대외정책의 변화」, 『역사와 현실』 36.

15 이 시기 동아시아의 역관계는 前秦·고구려와 고구려의 세력권 하에 있던 신라가 연맹 상태를 이루고,

유대 관계를 유지했으며, 불법을 신봉해 궁 안에 사원을 세운 효무제 때 이르러 백제에 불교를 전수한 것으로 이해할 수 있지 않을까 한다.

앞에서 보았듯이 백제의 침류왕은 호승 마라난타를 환대하여 궁 안에 모셔 예우하는 한편, 이듬해 2월 한산에 불사를 세우고 도승 10인을 두었다. 불교에 대한 식견이 없는 상태에서 마라난타를 궁에 모셔 예우하고 이듬해 곧바로 한산에 불사를 세웠다고 생각하기는 어렵다. 또 동진에서 온 승려에게서 불과 반 년 만에 10명의 백제 승려가 배출되기는 어려웠을 것으로 생각된다. 그런 점에서 침류왕대 이전에 이미 불교가 전해진 것으로 생각되며 초전 기록은 공인이나 공전에 해당한다는 견해[16]를 재음미할 필요가 있다.

백제는 내부적으로도 불교를 수용할 만한 역량을 갖추고 있었다. 고구려나 신라에서 불교 수용을 전후해 율령 제정, 교육기관 설립, 국사 편찬, 대외관계 발전이라는 공통성이 확인되는데 백제에서 근초고왕대에 고흥(高興)이 『서기(書記)』를 편찬한 점이나 고흥이 박사(博士)였다는 사실은 이와 관련 있을 것이다.[17] 독특한 사상 체계와 우주관을 체계화한 불교를 이해하기 위해서는 그에 상응하는 지적 수준이 필요하다. 백제에서 수용한 불교는 한자로 번역된 경전을 텍스트로 했을 것이기 때문에 특히 한자나 한문에 대한 이해가 전제되어야 한다. 그런 점에서 근초고왕대 박사 고흥의 역사서 편찬과 372년 이후 지속적인 사신의 파견은 당시 백제인의 문자 해독 능력이나 지적 수준, 중국에 관한 이해가 상당 수준에 이르렀음을 보여준다.

백제의 한자나 한문에 대한 이해는 낙랑군의 폐치와 관련 있다고 생각한다. 4세기 초반 이후 대방군과 낙랑군이 단계적으로 소멸되면서 그 한인(漢人) 주민의 일부는 고구려나 백제에 흡수되었을 것이다. 비록 후대의 기록이지만 백제에도 중

이에 대항하기 위해 백제는 동진(뒤에는 남조)과 연결하고, 백제 세력권 하에 있던 왜를 끌어들임으로써 저절로 남북 양 세력의 대립관계를 출현시키게 된다(金哲埈, 1990, 『韓國古代社會硏究』, 서울대출판부, 98쪽).

16 睦楨培, 1989, 『三國時代의 佛敎』, 동국대출판부, 39~40쪽.

17 李基白, 1999, 「三國時代 佛敎受容의 實際 - 佛敎'下賜說'批判」, 76~79쪽.

국인이 많았다는 『수서(隋書)』 백제전의 기사[18]는 이러한 사정과 관련 있다고 생각된다. 일본의 칠지도(七支刀) 명문이 낙랑·대방의 유민과 관련 있을 것이라는 추정,[19] 에다후나야마(江田船山) 고분 출토 명문 대도의 작성자인 '도래인(渡來人)' 장안(張安)을 백제계 낙랑 유민으로 추정하는 것[20] 등도 이와 관련 있을 것이다.

백제에서 낙랑계 유민의 활동은 한문을 비롯한 언어적 측면에서 월등했기 때문에 외교 방면에서 더욱 활발했을 것이라고 쉽게 추정할 수 있다.[21] 경평(景平) 2년(424) 백제 왕 여영(餘映)이 송(宋)에 파견한 장사(長史) 장위(張威), 원가(元嘉) 27년(450) 파견된 풍야부(馮野夫), 개로왕대와 동성왕대 관작 사여를 요구하는 백제 관리로 등장하는 고달(高達), 양무(楊茂), 왕무(王茂) 등은 모두 중국계 백제 관료로 생각된다. 이 성씨들은 낙랑 지역에서 출토된 와전명에 王(왕)·張(장)·高(고)·楊(양)·會氏(회씨) 등으로 확인되었기 때문에 낙랑계 유민일 가능성이 더욱 농후하다. 『남제서(南齊書)』 백제전에는 동성왕 12년(490) "모대(牟大)가 또 표문(表文)을 올려 고달, 양무, 회매(會邁) 등 3인은 '지난 태시(泰始) 연간(465~471)에는 나란히 송조에 사신으로 갔었고, 지금은 신의 사신 임무를 맡아 험한 파도를 무릅쓰고 바다를 건넜습니다'라는 기록"[22]이 있는데, 이를 통해 그들이 오랫동안 중국과의 사절로 활동했음을 짐작할 수 있다.[23] 이처럼 백제는 불교를 수용하기 이전에 이미 중국계 유민의 포섭을 통해 한자나 한문, 중국에 관한 이해가 상당 수준에

18 其人雜有新羅 高麗 倭等 亦有中國人. (『隋書』東夷傳 百濟條)

19 鈴木靖民, 1983, 「石上神宮七支刀銘についての一試論」, 『坂本太郎博士頌壽記念 日本史學論集』上, 吉川弘文館.

20 李成珪, 2003, 「韓國古代國家의 形成과 漢字受容」, 『韓國古代史硏究』 32.

21 李成市, 1998, 「東アジアの諸國と人口移動」, 『古代東アジアの民族と國家』, 岩波書店; 尹龍九, 2007, 「中國系 官僚와 그 活動」, 『百濟의 對外交涉』(백제문화사대계9).

22 牟大又表曰(牟大又表曰 按牟大通志及元龜並作牟太. 又元龜九百六十三 齊武帝 永明八年正月, 百濟王 牟太遣使上表, 遣謁僕射孫副策命, 知上此表在永明八年正月也.) 臣所遣行建威將軍廣陽太守兼長史臣高達, 行建威將軍朝鮮太守兼司馬臣楊茂, 行宣威將軍兼參軍臣會邁等三人, 志行淸亮, 忠款夙著. 往泰始中(往泰始中 泰始原譌太始 各本並譌, 今改正). 比使宋朝, 今任臣使 , 冒涉波險 , 尋其至効, 宜在進爵, 謹依先例, 各假行職. (『南齊書』권58 東南夷列傳 제39 東夷傳 百濟國條)

23 한편 樂浪郡 단계에 불교가 도입되었을지에 대해서는 현 단계 자료 부족으로 판단키 어렵지만 중국 漢代 佛敎史의 전개 과정을 참고할 때 그 가능성은 열어두어야 할 것으로 생각한다.

이르렀다고 할 수 있다.

한편 대외관계의 측면에서도 4세기 후반은 매우 중요한 시기였다고 할 수 있다. 앞에서 서술한 것처럼 대중관계에서 백제는 동진에 근초고왕대에 2회(372년, 373년), 근구수왕대에 1회(379년) 사신을 보냈고, 일본과도 외교 교섭이 성립되었기 때문이다.[24] 서울 몽촌토성과 화성 사창리에서 출토된 진식(晉式) 대금구[25]를 비롯하여 풍납토성, 몽촌토성, 석촌동 고분군, 홍성 신금성, 원주 법천리 고분군, 천안 화성리 고분군, 용원리 고분군, 공주 수촌리 고분군, 익산 입점리 고분군, 부안 죽막동 제사유적 등지에서 출토된 다량의 중국제 청자들은 활발한 대중 교류를 증명하고 있다.[26]

그런데 서진대의 중국제 청자는 전문(錢文)이 있는 시유도기 등 대형 기종들로 생활유적에서 주로 출토되는 데 반해, 동진대의 것은 청자 및 흑자계수호, 반구호, 관, 연, 양형기 등으로 정제된 기형의 다양한 기종이 대거 유입되어 중앙과 지방 고분에 부장되는 양상으로 전개되고 있다. 이러한 전개 양상은 4세기 중엽을 중요한 획기로 하고 있는데, 백제의 성장과 지방 지배방식의 변화와 더불어 낙랑군·대방군의 폐치로 인한 중국계 유민이 백제 지역으로 대거 유입됨으로써 백제 지배층에서 중국 문물에 대한 이해가 높아졌기 때문일 수도 있다.[27] 이처럼 백제에서는 4세기 중·후반 근초고왕대를 거치면서 내부적으로 불교를 수용할 만한 충분한 역량을 갖추게 되었다고 할 수 있다.

24 백제와 왜의 대외교류에 대해서는 『日本書紀』 神功皇后 44년(364)에서 52년(372)조가 전하는 기록 자체에 대해 많은 논란이 있지만, 七支刀의 존재를 볼 때 이 시기에 양국의 외교교섭에서 상당한 진전이 있었다고 볼 수 있을 것이다. 칠지도에 관한 최근의 연구성과는 다음에서 정리된 것을 참조. 金英心, 2013, 「七支刀의 성격과 제작배경」, 『韓國古代史研究』 69.

25 朴淳發, 2004, 「漢城期 百濟 對中交涉 一例 - 夢村土城 出土 金銅銙帶金具推考」, 『湖西考古學』 11; 權五榮·權度希, 2003, 「사창리 산10-1번지 출토 유물의 소개」, 『吉城里土城』, 한신대학교박물관; 이한상, 2013, 「허리띠 분배에 반영된 고대 동북아시아의 교류양상」, 『東北亞歷史論叢』 33.

26 權五榮, 1998, 「考古資料를 통해 본 백제와 중국의 文物交涉」, 『震檀學報』 66; 成正鏞, 2003, 「百濟와 中國의 貿易陶磁」, 『百濟研究』 38; 韓芝守, 2010, 「百濟 風納土城 출토 施釉陶器 연구」, 『百濟研究』 51; 林永珍, 2012, 「中國 六朝磁器의 百濟 導入背景」, 『韓國考古學報』 83.

27 成正鏞, 2003, 「百濟와 中國의 貿易陶磁」, 『百濟研究』 38, 27~30쪽; 李漢祥, 2009, 『裝身具 賜與體制로 본 百濟의 地方支配』, 서경문화사, 127~134쪽.

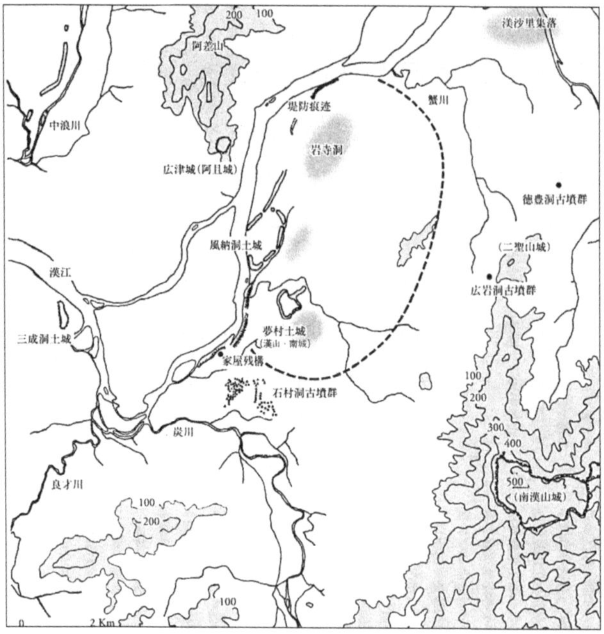

도1-1 한성시기 주요 유적의 위치도

다시 불교 초전 관련 사료로 돌아오면, 백제는 불교가 전래된 다음 해인 385년 한산에 불교 사원을 세우고 10인의 도승을 두었다. 이것은 고구려에서 소수림왕 2년(372)에 불교를 공인한 다음 소수림왕 5년(375)에 성문사(省門寺)와 이불란사(伊弗蘭寺)를 세워 순도(順道)와 아도(阿道)를 살게 했다는 대목과 잘 대비된다. 그런데 한산에서의 불교 사원 건립은 좀 더 적극적인 의미 부여가 가능할 것 같다. 먼저 한산의 위치와 관련해 근초고왕 26년(371)의 '이도한산(移都漢山)'이라는 기록이 주목된다.[28] 이때의 한산은 475년 이후 고구려가 군사 주둔지로 계속 활용한 남성(南城), 곧 현재의 몽촌토성으로 비정된다(〈도1-1〉). 또 침류왕의 원자인 아신왕은 '한성(漢城) 별궁(別宮)'에서 탄생했다고 한다.[29] 이때 한성의 '별궁'은 한산 이도와 연관해 볼 때 한산인 몽촌토성을 가리킬 가능성이 높다.[30] 따라서 침류왕의 왕자가 '한성 별궁'인 한산에서 태어난 것으로, 불교 사원이 처음으로 건립된 한산

28 『三國史記』권24 百濟本紀2, 近肖古王 26년조.

29 阿莘王, 枕流王之元子, 初生於漢城別宮. (『三國史記』卷25 百濟本紀 第3 阿莘王卽位年條)

30 田中俊明, 1997, 「百濟漢城時代における王都の變遷」, 『朝鮮古代研究』 1, 34쪽.

이 별궁과 같은 것으로 기능했음을 짐작할 수 있다.

그런 점에서 한산에 불교 사원을 창건한 사실을 "고구려와의 대결이 쉽게 끝나지 않고 380년 이후에는 오히려 수세에 몰리자 왕도를 장엄하기 위한 핵심 건축물 가운데 하나인 사원을 한산에 창건한 것"[31]으로 파악한 견해는 설득력을 갖는다. 즉, 백제에서는 불교를 수용할 당시 이미 불교 사원에 한산을 상징하는 기념비적인 건축물로서의 상징성을 부여하고 있었던 것으로 파악할 수 있다.[32] 다만 뒤에서 서술하겠지만 한성시기인 4세기 중·후반 단계에 〈도1-12〉의 1 남조계 수면문와당(獸面文瓦當)이 사용되고, 〈도1-12〉의 2와 같은 연화문와당은 5세기 중·후반 무렵에야 도입되었기 때문에 한산의 불교 사원에 집와(葺瓦)된 와당은 연화문이 아니라 전문이나 수면문와당이 사용되었을 가능성이 더 높다는 점에 유의할 필요가 있다.[33]

이처럼 동아시아의 다른 나라들과 마찬가지로 백제에서도 불교의 수용과 사원의 건립은 단순한 외래 종교의 교리나 사상의 전파 이상의 의미를 가지고 있었다. 따라서 백제의 불교 전래 기록은 불교를 통한 교류에 수반되는 사람과 물건, 정보의 총체적인 전래를 의미하는 것으로 이해할 필요가 있다. 당시 한산에 창건된 불교 사원은 동진 건강(建康)에 세워진 불교 사원과 유사했을 것으로 볼 수 있기 때문에 『삼국사기』에는 불(佛)·승(僧)의 파견밖에 기록하지 않았지만 동진의 조사공(造寺工)이나 조불공(造佛工)이 함께 파견되었을 가능성을 열어두어야 한다.

31 余昊圭, 2002, 「漢城時期 百濟의 都城制와 防禦體系」, 『百濟硏究』 36, 15~16쪽.

32 한산의 불사는 기와를 얹은 건물이 정연하게 배치된 사비시기의 사원과는 다른 형태였을 것이다. 구체적인 형태는 알 수 없지만 고구려 장천1호분의 벽화를 참고할 때 백제의 경우도 불교 존상을 예배하는 새로운 형식의 건물이 건립되었을 가능성을 배제하기 어렵다.

33 한산의 불사가 전체가 葺瓦된 건물인지, 부분적으로만 집와된 건물인지, 또는 草屋이었는지는 알 수 없다. 하지만 한성시기의 기와 출토 사례를 볼 때 적어도 부분적인 집와는 이루어졌을 가능성이 높다고 생각한다. 그렇다고 할 때 거기에 사용된 와당은 시기적으로 연화문와당이 사용되기 이전이기 때문에 연화문 이외의 다른 문양이 사용된 것으로 보아야 할 것이다.

2) 한성시기의 불교 관련 자료

한성시기의 백제 불교는 침류왕대 불교 관련 기록과 아신왕 즉위년의 불교 홍포 교서 이외에는 527년 대통사 창건 때까지 기록이나 유적·유물이 극히 소수에 지나지 않아 문제시된다. 이와 관련해서 396년 고구려의 광개토왕이 아리수를 건너 백제의 국성을 공격한 이후 백제는 다시 평상시의 거성인 종전의 왕성, 즉 북성으로 환도함에 따라 남성인 한성은 비상시의 군사 방어성으로만 활용되었을 것이라는 견해를 참고할 만하다.[34] 즉, 371년 한산 이도 이후 한성의 별궁과 같은 기능을 수행한 기간은 25년밖에 되지 않았기 때문에 385년에 창건된 한산의 불교 사원 또한 그 상징성이 상대적으로 감소할 수밖에 없었던 것이 아닐까 하는 점이다.

그러나 현재 불교 관련 유적·유물이 발견되지 않았다고 해서 한성시기 백제에서 불교가 수용되지 않았다고 단정하는 것은 성급하다. 아신왕 즉위년 교서에 "불법을 믿어 복을 구하라(下敎崇信佛法求福)"는 기록[35] 이외에도 단편적이나마 불교와 연관된 단서가 남아 있기 때문이다. 그중 하나가 고구려 승려 도림(道琳)에 관한 기록이고, 다른 하나가 백제의 승려 발정(發正)에 관한 기록이다.

먼저 도림에 대해 살펴보자. 그는 바둑을 좋아하는 개로왕에게 접근해 왕의 마음을 사로잡은 다음 그를 꾀어 성을 쌓고 궁전을 수리하는 등의 역사(役事)를 일으킨다. 그 결과 나라의 창고가 바닥나고 백성이 곤궁해졌다. 그 틈을 타서 장수왕은 475년 한성을 공격해 왕을 죽이고 남녀 8천 명을 사로잡아 갔다. 도림의 건의 내용은 개로왕의 토목공사에 거의 그대로 반영되어 있으므로 『삼국사기』의 기록을 단순한 실정으로 치부하기보다는 대내적인 체제 정비와도 관련시킬 필요가 있다.[36]

도림의 건의 내용은 성곽과 궁실의 수리, 묘제와 관련된 사항, 백성의 주거와 관련된 사항 등 다방면에 걸쳐 있다. 그중 '증토(蒸土)' 공법으로 성곽을 견고하게

34 余昊圭, 2002, 「漢城時期 百濟의 都城制와 防禦體系」, 16~17쪽.

35 조경철은 아신왕 교서가 내려진 데는 진사왕의 즉위가 불교 수용을 반대한 세력과 관련이 있을지도 모른다는 견해를 제기했다(趙景徹, 2006, 「百濟佛敎史의 展開와 政治變動」, 47쪽).

36 李道學, 1985, 「漢城末 熊津時代 百濟王位繼承과 王權의 性格」, 『韓國史硏究』 50·51합집, 6~7쪽.

축조했다는 기록은 특별히 주목되는데 그 연원을 북조와의 교류에서 찾는 견해가 제시되었다.[37] 하지만 초기의 불교 승려가 불교 교리뿐만 아니라 의료나 각종 기술을 소지한 사례가 있음을 고려하면 도림이 단순히 토목사업을 건의하는 데 머물지 않고 기술적인 측면에서 일정하게 기여했을 가능성을 배제하기 어렵다. 고구려 승려인 도림의 사례가 매우 예외적이기는 하지만, 그와 관련된 기록을 통해 침류왕대 불교 전래 이후에도 백제에서는 면면히 불교를 숭상해 왔고 승려가 왕궁을 출입할 수 있을 정도의 신분으로 국정 운영에도 일정하게 관여했다는 단서로 파악할 수 있다.

백제 최초의 중국 유학승인 발정에 대해 살펴보자. 그는 천감(天監) 연간(502~519)에 양나라로 건너가 스승을 찾아 불도를 배운 지 30여 년 만에 귀국했다. 그가 백제에 귀국한 시점은 대략 성왕 15년(537)에서 위덕왕 1년(554) 사이로 추정된다.[38] 그는 고구려의 승려 승랑(僧朗)을 제외하면 중국에서 이름을 날리고 다시 귀국한 최초의 삼국시대 승려이다. 필자가 주목하는 것은 발정이 천감 연간에 중국에 유학할 수 있었던 불교사적 배경에 관한 부분이다. 6세기 초반 발정이 유학을 떠날 수 있었던 것은 그전부터 백제 내부에서 불교에 관한 이해가 어느 정도 성숙되었기 때문으로 추정할 수 있다. 무령왕 12년(512)에 백제를 떠나 성왕 20년(542)에 귀국했다고 하는 겸익(謙益)의 인도 구법 활동과 역경 사업을 인정하지 않더라도,[39] 그 이전인 한성시기 말, 웅진시기 초 백제 불교 사원의 운영과 승려

37 烝土라는 용어는 『魏書』나 『水經注』 등 중국사료 속에서 5호 16국의 하나였던 大夏의 축성에 관한 사례가 보이고, 大夏의 赫連勃勃이 쌓은 統萬城 유적 조사에서 확인되었다고 한다. 烝土는 석회를 주재료로 하여 점토와 돌을 혼합하여 견고하게 하는 방법으로 일본에서는 三和土로 불린다. 또 개로왕대 蒸土 築城한 배경에는 北魏나 5호16국과의 교류가 있었을 것이라고 보는 견해가 있다(門田誠一, 2006, 「三國史記 百濟本紀所載の築城用語考」, 『古代アジア東地域相の考古學的研究』, 學生社). 최근에는 몽촌토성의 동북지구에서 판축토에 석회가 포함된 것이 바로 그것에 해당된다는 견해가 제기되었다(심광주, 2010, 「漢城百濟의 '烝土築城'에 대한 硏究」, 『鄕土서울』 76).

38 安啓賢, 1994, 「百濟佛敎에 關한 諸問題」, 『百濟 佛敎文化의 硏究』, 188~189쪽.

39 謙益의 求法 활동을 신뢰할 수 있다는 견해(小玉大圓, 1985 · 1987 「求法僧謙益とその周邊(上·下)」, 『馬韓百濟文化』 8 · 10)도 있지만 근거가 되는 「彌勒佛光寺事蹟」에 후대의 용어가 포함되어 있기 때문에 신뢰할 수 없다는 반론도 계속 제기되고 있다.

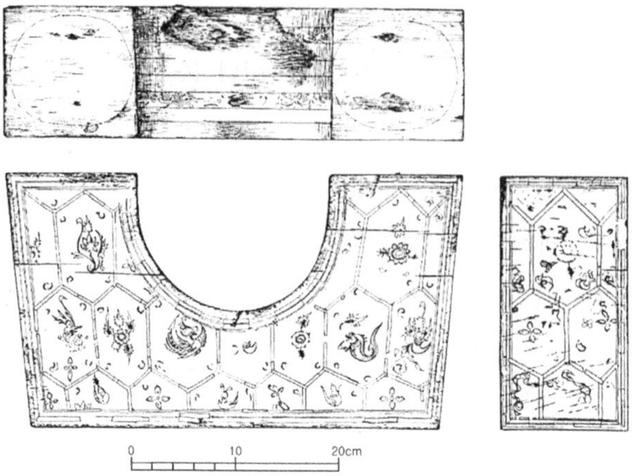

도1-2 공주 무령왕릉 王妃 頭枕 실측도

의 활동을 인정하지 않을 수는 없다.

문헌 기록과 고고학적인 측면에서 백제 불교, 특히 불교 사원의 실체가 명확하게 드러난 것은 공주 대통사(大通寺)이지만 그보다 약간 앞선 무령왕릉 단계에 이미 불교적 성격이 강한 유물이 다수 확인된다. 무령왕릉에서 출토된 관식(冠飾)과 식리(飾履), 두침(頭枕)과 족좌(足座), 동탁은잔(銅托銀盞), 연화문전(蓮花文塼) 등은 모두 중국 남조 불교문화의 영향을 배제하고는 설명하기 어렵다. 그중에서도 특히 왕비의 두침 표면에 묘사된 도상은 일찍부터 주목을 받았다(〈도1-2〉). 이 두침은 표면에 주칠을 하고 금박으로 윤곽을 두른 다음 그 안쪽을 귀갑문으로 구획했다. 표면에 묘사된 귀갑문 중에는 봉황(鳳凰)이나 비룡(飛龍) 등과 함께 하늘연꽃이나 변화생(變化生), 구름을 타고 나는 천인(天人)이 묘시되어 있는데, 이것은 남조계 천인탄생도(天人誕生圖)에 해당한다.[40] 즉, 무령왕릉 축조 단계에는 남조에서 창안된 불교 도상들이 직접 백제에 전해졌던 것이다.[41]

40 吉村怜, 1977, 「百濟武寧王妃木枕に畵かれた佛敎圖像について」, 『美術史研究』 14: 1983, 『中國佛敎圖像の研究』, 東方書店; 姜友邦, 2011, 「武寧王妃 頭枕과 足座의 靈氣化生의 造形解釋과 圖像 解釋」, 『武寧王陵을 格物하다-무령왕릉 발굴 40주년 기념 특별전』, 국립공주박물관.

41 무령왕릉의 묘지석이나 연화문전 등의 출토유물이 남조의 영향을 받았다는 것은 분명하다. 이것을 근거로 吉村怜은 성왕대에 일본에 전해진 일본 최초의 불교는 남조계의 불교였다고 주장하기도 한다(吉村怜, 1996, 「佛敎美術の東アジアへの傳播」, 『東アジア社會と佛敎文化』, 春秋社, 183~186쪽).

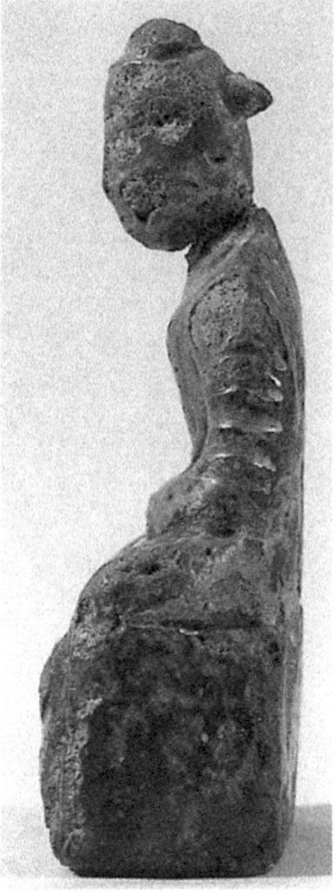

도1-3 서울 뚝섬 출토 금동여래좌상(정면과 측면, 高4.9)

무령왕릉 이전 단계에 불상이나 불교적 모티프를 가지고 있는 사례들이 있다. 먼저 불상의 경우 서울 뚝섬 출토 금동여래좌상(〈도1-3〉), 부여 신리 출토 금동여래좌상, 서산 보원사지 출토 금동여래입상 등이 초기의 사례에 해당한다.[42] 하지만 소형 금동불의 국적 문제가 여전히 논란이 되고 몇몇 사례밖에 되지 않기 때문에 적극적인 의미를 부여하기는 어렵다. 다만 그것이 전세품이라고 해도 백제의 고지에서 5세기에서 6세기 초반에 해당하는 양식적인 특성을 지니고 있다는 점에서 이 시기에 이미 백제 지역에서 불교 활동이 있었음을 알려주는 것으로 볼 수 있을 것이다.

4세기 말에서 5세기대에 해당하는 백제 고분에서 출토된 유물은 아직 불교가 공인되지 않은 신라와 비교해도 그 수가 매우 제한적이다.[43] 원주 법천리4호분 출토 청동개(靑銅蓋), 나주 신촌리9호분 출토 금동관(金銅冠), 천안 용원리C지구에서

42 金理那, 1993, 「百濟 初期 佛像 樣式의 成立과 中國 佛像」, 『百濟史의 比較硏究』: 2003, 『韓國古代佛敎彫刻比較硏究』, 문예출판사.

43 신라 지역에서 출토된 불교 관련 유물에 대한 검토는 다음을 참고. 朴光烈, 2002, 「新羅 瑞鳳冢과 壺杅塚의 絶對年代考」, 『佛敎考古學』 2; 朴光烈, 2007, 「新羅 積石木槨墳 出土 黃金遺物과 初傳佛敎」, 『文化史學』 27.

도1-4 원주 법천리4호분 출토 靑銅蓋(지름 6.5)

출토된 청자연화문완(靑磁蓮花文盌), 서울 풍납토성 출토 청자연화문완 등은 불교적 모티프로서의 연화문이 장식된 대표적인 사례이다.

원주 법천리4호분은 횡구식 석실분으로 금동식리편, 컵형 칠기, 칠 이배, 관옥, 유리구슬, 생선뼈, 관정, 꺾쇠 등이 출토되었는데 고분의 중심 연대는 4세기 말에서 5세기 초로 비정된다.[44] 그런데 연화문이 장식된 청동개(〈도1-4〉)는 후대에 추가장된 것이기 때문에 백제·신라 지역에서 출토된 연화문 와당과 비교할 때 6세기 4/4분기로 편년할 수 있다는 견해가 제기되었다.[45] 그러나 발굴 보고서에 따르면 법천리4호분은 추가장의 흔적이 없다고 한다. 법천리 고분군 일대에서 확인되는 신라 고분들은 백제 고분과는 묘역을 달리하여 조영되었으며 규모가 작고 부장품이 극히 빈약하다. 법천리4호분은 그 다음 단계인 법천리1호분과 유물의 부장 양상이 유사하고 청동개의 연화문 또한 남조의 도성인 건강성 일대에서 출토된 연화문 와당의 전개 양상을 보아서도[46] 충분히 사용될 수 있는 문양이다. 따

44 宋義政·尹炯元, 2000, 『法泉里Ⅰ』, 國立中央博物館.

45 趙源昌, 2003, 「法泉里 4號墳 出土 靑銅蓋 蓮花突帶文의 意味」, 『百濟文化』 33.

46 賀云翺, 2003, 「南朝時代 建康地域 蓮花文瓦當의 변천 過程 및 관련 문제의 硏究」, 『漢城期 百濟의 物流 시스템과 對外交涉』, 한신대학술원; 賀云翺, 2005, 『六朝瓦當與六朝都城』, 文物出版社.

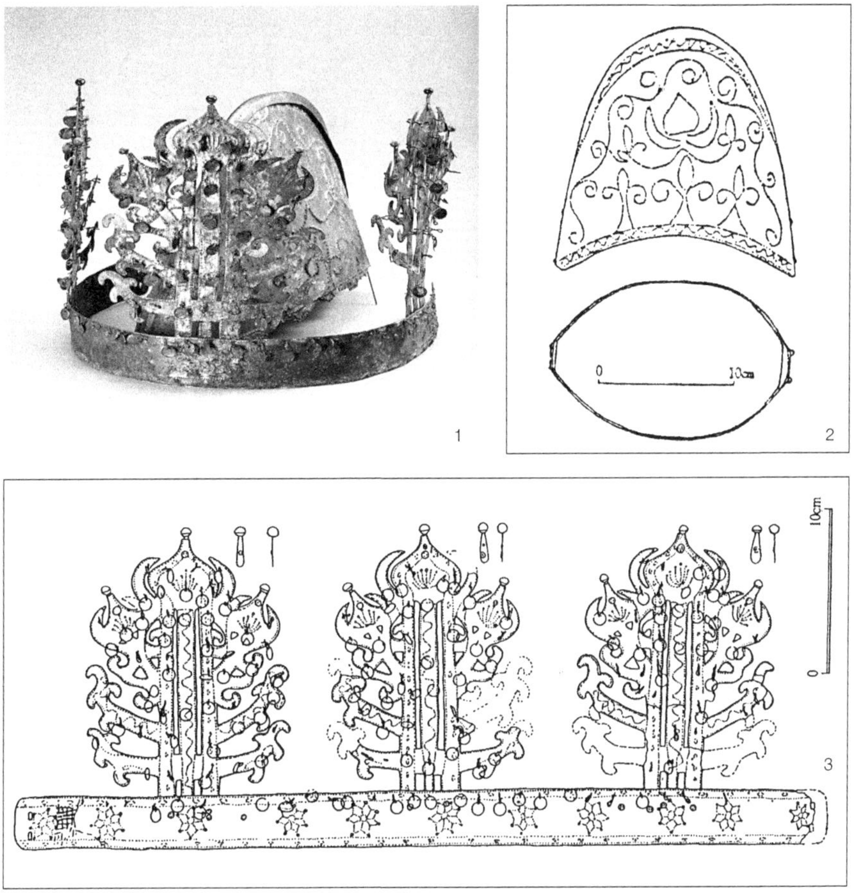

도1-5 나주 신촌리9호분 출토 金銅冠(1. 전체사진, 2. 臺冠, 3. 帽冠, 高25.5)

라서 법천리4호분에서 출토된 청동개는 공반된 유물의 연대와 비슷한 4세기 말에서 5세기 초반으로 편년할 수 있으며, 그런 점에서 4세기 후반 불교 전래 이후 백제의 지방 사회에서도 불교적인 모티브 또는 불교에 대한 이해가 시작되었을 가능성이 높다.

나주 신촌리9호분 을호 옹관에서는 금동관, 금동식리, 환두대도, 칠기, 칠기를 비롯해 다량의 곡옥이 출토되었다. 그중 금동관은 대관(帶冠)과 관모(冠帽)를 모두 갖추고 있다(〈도1-5〉). 관모의 표면에는 커다란 연화문이 타출되어 있고, 대륜(臺輪)에도 6엽 또는 7엽의 연화문이 타출되어 있는데 세 개의 초화형(草花形) 입식(立

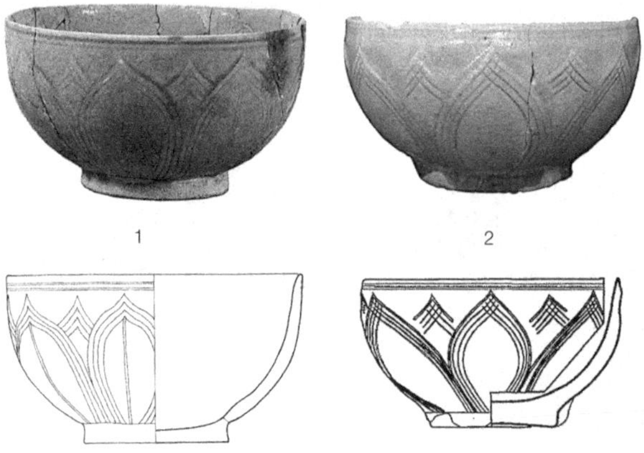

도1-6 중국제 청자연화문완(1. 천안 용원리(高9.0), 2. 서울 풍납토성(高5.6)

飾)은 보주형 꽃봉오리 장식으로 마무리되어 있다. 나주 신촌리 출토 금동관의 제작 연대에 대해서는 다양한 견해가 제시되었지만,[47] 무령왕릉 출토 금동관이나 금동신발과 비교할 때 그보다 약간 이른 5세기 후반경으로 편년할 수 있다.[48] 따라서 한성시기 말에서 웅진시기 초에 백제의 지방 사회에서 이미 불교적 모티브가 출현하고 보급되었다고 말할 수 있다.[49]

천안 용원리C지구에서 출토된 청자연화문완과 서울 풍납토성에서 출토된 청자연화문완도 주목된다.[50] 두 점 모두 양각으로 연화문을 표현하고 있는데 연판의 끝이 뾰족하고 연판과 연판 사이에는 간판이 함께 표현되어 있다(〈도1-6〉). 이 청자들은 송 영초(永初) 원년(420) 출토품이나 원미(元微) 2년(474) 출토품과 유사하기 때문에 대략 5세기 중반경 월주요(越州窯)에서 생산된 제품으로 생각된다. 천안 용원리 출토품은 횡혈식 석실 구조와 공반 유물로 볼 때 5세기 말에서 6세기 초에 매납된 것으로 추정된다. 청자완은 그 용도가 술이나 차 같은 음료를 담아 마시는

47 穴澤和光·馬目順一, 1973, 「羅州潘南面古墳群」, 『古代學硏究』 70; 朴普鉉, 1998, 「金銅冠으로 본 羅州新村里9號墳 乙棺의 年代」, 『百濟硏究』 28; 毛利光俊彦, 1999, 「古代朝鮮冠(百濟)」, 『瓦衣千年 - 森郁夫先生還曆記念論文集』.

48 李漢祥, 2009, 『裝身具 賜與體制로 본 百濟의 地方支配』, 188쪽.

49 그 밖에도 영산강유역에서는 나주 복암리3호분에서 주칠로 '卍'자가 써 있는 토기가 발견된 바 있다(국립중앙박물관, 1999, 『특별전 백제』, 통천문화사, 83쪽).

50 서울대박물관, 2001, 『龍院里遺蹟 C지구 발굴조사보고서』, 서울대 인문학연구소; 국립문화재연구소, 2012, 『風納土城 XIV - 풍납동 197번지(舊 미래마을) 발굴조사 보고서3』.

실용기로서의 성격이 강하기 때문에 위세품(威勢品)으로서의 성격뿐만 아니라 실용기로서의 기능을 함께 가지고 있었다고 볼 수 있다.[51] 그런 점에서 청자완에 장식된 연화문 또한 당시 백제인의 불교 이해에 대한 작은 단서를 제공하는 것이 아닐까 한다.

공주 대통사지 창건 이전의 불교 사원과 관련해서 주목되는 것은 각 건물지에서 출토된 와당이다. 한성시기 와당을 중심으로 한 기와 연구는 자료의 제약으로 제한적으로밖에 진행되지 못했다.[52] 한성시기 백제 와당 연구의 논점은 기와 제작의 개시 시점과 제작 기술의 계통에 관한 것이다. 특히 백제 기와 제작 기술의 계통에 대해서는 낙랑 계통인지, 고구려 계통인지, 그렇지 않으면 제3의 경로가 있었는지에 대해 다양한 의견이 제시되었다. 이 문제와 관련해서 최근 풍납토성에서 출토된 수면문와당과 연화문와당이 주목된다(〈도1-12〉의 1·2).[53]

수면문와당(〈도1-12〉의 1)은 남경(南京) 지역에서 출토된 동진시대 수면문와당에서 가장 유사한 사례를 찾을 수 있다. 기존에 소개된 자료들을 참고할 때 아직까지 동일한 문양이나 동범품으로 단정할 만한 것은 발견되지 않았지만, 허윈아오(賀云翱)가 분류한 수면문와당 가운데 A형I식과 A형II식, Ba형이 가장 유사하다.[54] 이 형식은 동진시대 초기에서 중기와 말기, 남조시기에 걸쳐 있기 때문에 향후 좀 더 치밀한 비교·검토가 필요하지만, 낙랑이나 고구려와는 계통을 달리하는 남조의 조와기술이 한성시기에 이미 유입되었음을 알려주고 있다.[55]

51 최근 중국제 청자를 백제의 차 문화와 연관시켜 보는 연구가 있어 참고된다. 문동석, 2012, 「漢城百濟의 茶文化와 茶確」, 『百濟研究』 56.

52 한성시기 기와에 관한 연구는 다음을 참고. 權五榮, 2003, 「漢城期 百濟기와의 製作傳統과 發展의 劃期」, 『百濟研究』 38; 鄭治泳, 2007, 「漢城期 百濟 기와 製作技術의 展開樣相」, 『韓國考古學報』 63; 鄭治泳, 2009, 「百濟 漢城期 瓦當의 形成과 系統」, 『韓國上古史學報』 64; 亀田修一, 2006, 『日韓古代瓦の研究』, 吉川弘文館; 山崎信二, 2011, 「百濟の瓦生産」, 『古代造瓦史-東アジアと日本』, 雄山閣.

53 蘇哉潤, 2010, 「百濟 수막새 製作技法과 生産體制의 變化-風納土城 出土品을 중심으로」, 『百濟學報』 4.

54 賀云翱, 2005, 『六朝瓦當與六朝都城』, 21~32쪽.

55 정치영은 4세기 중반 전후로 추정한다(鄭治泳, 2009, 「百濟 漢城期 瓦當의 形成과 系統」, 『韓國上古史學報』 64, 110쪽). 한편 풍납토성의 舊미래마을 부지에서도 수면문와당이 출토되었는데 문양이나 제작기법에서 약간의 차이가 있다.

필자는 동진에서의 불교 전래가 단순한 불교 교리의 전파에 머물지 않고 불교 사원 건립에 필요한 사람과 물건, 정보를 포함하는 것으로 추정한다. 따라서 이 와당이 384년 이전의 것이라면 당시 동진과의 기술 교류를 직접적으로 증명하는 자료가 될 것이고, 직후의 것이라면 필자의 추정을 증명하는 결정적인 자료가 될 것으로 생각한다. 또 한 두 단계 늦은 시기의 것이라고 해도 남조와의 지속적인 기술 교류를 알려주는 자료가 될 것이다. 향후 풍납토성에서 공반 출토된 유물과의 상대편년이나 몽촌토성과 석촌동 고분군 등지에서 출토된 와당과의 비교를 실시한다면 기술자의 유입, 기술 전수 등에 대해 좀 더 구체적인 검토가 가능할 것으로 기대된다.[56] 어쨌든 동진으로부터 불교를 수용한 후 한산에 불사를 건립한 백제에서 동진대에 유행한 수면문와당이 출토된 것은 당시에 동진의 조와술이나 조사술이 백제에 일정한 영향을 미쳤다는 것을 시사한다는 점에서 중요한 의미를 갖는다.

연화문와당(〈도1-12〉의 2)은 웅진 천도 이전 한성시기의 것으로 발굴 조사에서는 연화문이 처음으로 확인된 자료이다. 풍납토성에서 출토된 연화문와당들은 공통적으로 중방이 원형으로 내부에 연자를 표현하지 않았다. 6엽의 연판문은 양각 선으로 표현되어 있고, 각 연판은 능선이 있는 단판연화문으로 약간의 볼륨감이 있다. 이와 유사한 사례로는 대동시(大同市) 방산(方山)의 사원불사(思遠佛寺)로 추정되는 백불대(白佛臺) 유적, 초당산(草堂山) 유적에서 출토된 8엽의 복판연화문와당, 북위 낙양성(洛陽城) 내성의 건춘문(建春門) 유적에서 출토된 5엽의 복판연화문와당 등이 있다.[57] 따라서 풍납토성 출토 연화문와당의 문양 형태는 북조계 연화문와당의 영향을 받았다고 할 수 있다.[58] 하지만 와당이 매우 얇고 주연부가 와

56 단 필자는 獸面文瓦當이 출토된 경당지구 206호 유구, 즉 우물지 출토 토기의 중심 연대(權五榮, 2008, 「성스러운 우물의 제사」, 『지방사와 지방문화』 11권 2호)와 舊미래마을 부지의 저장용 구덩이에서 출토된 청자완 등을 볼 때 수면문와당의 연대는 384년보다 약간 더 빠른 4세기 중후반이 아닐까 추정하고 있다.

57 岡村秀典·向井佑介, 2007, 「北魏方山永固陵の硏究」, 『東方學報』 80, 138~139쪽(도7-8, 도8-25); 申云艶, 2006, 『中國古代瓦當硏究』, 文物出版社, 168쪽(圖111-1).

58 중국에서 연화문와당의 출현은 남조의 경우는 동진 만기, 북조의 경우는 북위 시대로 알려져 있다. 錢國祥, 1996, 「漢魏洛陽城出土瓦當的分期與硏究」, 『考古』 1996-10其; 錢國祥, 2000, 「中國 魏晉南北朝時代의 瓦當」, 『고대 동아시아 삼국의 대외교섭』, 국립경주박물관; 賀云翱, 2005, 『六朝瓦當與六朝都城』,

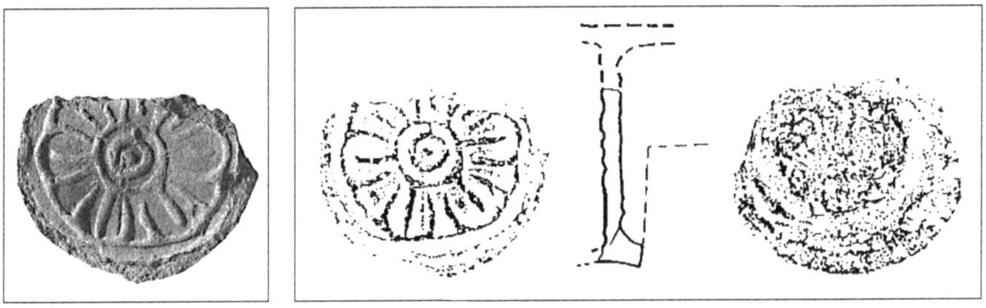

도1-7 서울 몽촌토성 출토 연화문와당(지름 11.5)

당면보다 높으며 원통분할후접합법(I기법)으로 제작되었기 때문에 백제 한성시기에 유행하던 제작기법으로 만들어졌을 가능성이 있다. 즉, 연화문와당은 백제의 재지적인 조와술을 바탕으로 새롭게 북조계 문양이 가미된 것으로 볼 수 있다. 그 제작 시기는 웅진 천도 이전인 5세기 중·후반으로 보아도 무리가 없다고 본다.[59]

풍납토성에서 출토된 연화문와당을 이와 같이 파악할 수 있다면 몽촌토성에서 출토된 연화문와당(〈도1-7〉)도 새롭게 검토할 필요가 있다. 몽촌토성 동북지구 87-1호 주거지의 동쪽 약 15미터 경사면에서 출토된 이 와당은 단판육엽 연화문와당이다. 가메다 슈이치는 중방과 연판의 형태, 6엽이라는 점 등에서 고구려 와당 제작 기술의 영향이 보이지만 석촌동4호분 출토 전문와당의 기술적인 속성도 함께 확인되므로, 그 제작 시기를 집안(集安) 태왕릉(太王陵) 등지에서 출토된 연뢰문와당의 출현기인 4세기 중엽 이후로 추정했다.[60]

33~59쪽.

59 풍납토성 출토 연화문와당을 웅진 천도 이후인 5세기 말에서 6세기 초로 파악한 견해도 있다. 하지만 낙양 천도 이전의 도성인 평성(平城)의 명당(明堂) 유적이나 운강석굴(雲岡石窟)에서는 〈도1-12〉의 2와 유사한 형태의 연화문이 다수 확인되기 때문에 그와 유사한 문양을 가진 와당들도 낙양 천도 이전부터 사용된 것으로 보아야 할 것이다. 이 시기 북조의 기와 생산에 관해서는 다음을 참조. 向井佑介, 2004, 「中國北朝における瓦生産の展開」, 『史林』 87-5; 向井佑介, 2014, 「北魏平城の瓦工房-大同西冊田遺址採集瓦の研究」, 『洛北史學』 16. 한편 이러한 북조계 와당의 수입 경로에 대해서는 향후 업성(鄴城)에서 출토된 와당들도 함께 고려해야 할 것으로 생각된다. 최근 업성유적에서는 5호 16국시대에 속하는 독특한 문양의 와당들이 소개되었는데(朱岩石, 2010, 「北朝の造瓦技術」, 『古代東アジアの造瓦技術』, 奈良文化財研究所, 16~29쪽), 이 와당들은 와당면을 4분할하고 전문(錢文)이나 원형문을 배치하고 있어 한성시기 초화문와당이나 전문와당과 매우 유사하기 때문이다.

60 龜田修一, 2006, 『日韓古代瓦の研究』, 31쪽. 그러나 조원창은 백제의 한성 함락 이후인 5세기 후반부터

그런데 풍납토성과 몽촌토성에서 출토된 연화문와당을 비교해 보면 중방에 연자가 없고 권선으로 중방을 표현한 점, 권선으로 6엽의 연화문의 연판을 표현한 점, 연판 중앙에 능선을 둔 점 등의 공통성을 갖는다. 복원 지름이 12센티미터 내외로 유사하고 잔존 주연의 형태 또한 비슷하다. 연판 문양이나 연판의 형태, 크기 등은 고구려나 북위의 연화문와당과 유사하다고 할 수 있다. 그러나 제작기법이나 와당과 수키와의 접합방식은 석촌동4호분을 비롯한 한성시기 서울 지역에서 출토된 와당과 유사성을 가지고 있다. 즉, 문양 모티프는 고구려나 북위 계통의 새로운 요소이지만 제작 기술은 재지적인 특성을 함께 가지고 있는 것으로 보인다. 따라서 이 와당은 웅진 천도 직전인 5세기 후반에 제작된 것으로 보아야 하지 않을까 생각한다.

이처럼 웅진 천도 이전 서울 지역에서는 중국 남북조나 고구려의 와당과 구별되는 독특한 연화문와당을 제작·사용했던 것으로 보인다. 이것은 침류왕대 불교 전래 이후에도 백제 지역에 단속적이나마 외부로부터 새로운 조와술이 도입되었음을 알려준다. 따라서 한성시기에는 침류왕대의 불교 사원 건립 이후에도 지속적으로 불교와 관련된 활동이 이루어졌음을 추정할 수 있다. 이처럼 한성시기의 백제 와당을 비롯한 기와의 제작은 낙랑이나 고구려뿐만 아니라 남조나 북조 계통의 조와술이 공존하는 국제적인 측면을 충실히 보여주고 있다.[61]

2. 웅진시기 사원과 와당

침류왕대의 불교 전래 기록과 아신왕 교서 이후 백제 불교에 관한 가장 신뢰

6세기 전반으로 편년하면서 고구려의 것으로 파악한다(趙源昌, 2008, 「夢村土城 出土 傳 百濟瓦當의 製作主體 檢討」, 『先史와 古代』 29, 242쪽).

61 초화문와당이나 기하학문와당의 제작시기와 계통을 5호 16국 시대의 前燕에서 찾는 견해는 다음을 참고(山崎信二, 2011, 「百濟の瓦生産」, 87~89쪽).

할 만한 기록은 대통사에 관한 것이다.[62] 그런 점에서 공주 대통사지는 백제 불교사의 전개에서 매우 중요한 위치를 차지한다. 대통사에 관한 기록은 『삼국유사(三國遺事)』에 다음과 같이 전하고 있다.

> 또 대통(大通) 원년 정미(丁未. 527)에는 양(梁) 무제를 위해 웅천주(熊川州)에 절을 세우고 그 절 이름을 대통사(大通寺)라 했다(웅천은 곧 공주이다. 그때 신라에 속해 있었기 때문이다. 그러나 아마 정미년은 아닌 것 같다. 곧 중대통(中大通) 원년 을유(己酉)(529)에 세운 것이다. 흥륜사(興輪寺)를 처음 세운 정미년에는 아직 다른 군(郡)에 절을 세울 겨를이 없었을 것이다).[63]

이에 따르면 대통사는 대통 원년인 527년에 세운 절이다. 대통은 양 무제가 사용한 세 번째 연호로 527년 3월부터 529년 10월까지 사용했다. 그런데 일연은 분주(分註)를 달아 대통사의 창건 연대에 대해 다른 견해를 함께 제시했다. 본문에서 언급한 527년은 신라의 법흥왕이 흥륜사를 창건한 527년과 중복되기 때문에 동시에 두 곳에 절을 지을 수 없다는 것이다. 그래서 대통과 연호가 비슷한 중대통(中大通) 원년인 529년에 대통사가 세워졌을 것으로 보았다. 이처럼 『삼국유사』에는 대통사의 창건 연대에 대해 527년과 529년을 제시하고 있지만 대부분의 연구자들은 527년을 따르고 있다.

그런데 대통 원년에 백제에서 양 무제를 위해 그 연호를 취해 절을 지었다는 것에 대한 반론이 제기되었다. '대통'은 양 무제의 연호 외에도 사용되었는데, 523년에 발행된 '대통전(大通錢)'의 이름을 반드시 연호에서 따왔다고 보기 어렵고 『법화경(法華經)』 화성유품(化城喩品)에 등장하는 대통불(大通佛, 大通智勝如來)

62 웅진시기의 사원에 관한 최근 연구는 다음 논문을 참조. 길기태, 2007, 「水源寺 彌勒思想의 性格」, 『百濟文化』 36; 朴賢淑, 2011, 「百濟 熊津時期의 政局과 大通寺 創建」, 『韓國史研究』 155; 서정석, 2011, 「百濟 熊津王都와 大通寺址」, 『韓國史研究』 155; 조윤재, 2011, 「百濟와 梁의 교섭과 大通寺」, 『韓國史研究』 155; 김수태, 2014, 「웅진시대 백제 사원과 도성의 관계」, 『百濟文化』 50.

63 又於大通元年丁未, 爲梁帝創寺於熊川州, 名大通寺.(熊川卽公州也. 時屬新羅故也. 然恐非丁未也. 乃中大通元年己酉歲所創也. 始創興輪之丁未, 未可及於他郡立寺也). (『三國遺事』권3 興法 原宗興法厭觸滅身條)

도1-8 공주 대통사지 출토 '大通'명 문자기와(최대 너비 6.0)

에서 따온 것으로도 볼 수 있으며, 대통사는 성왕이 525년에 죽은 아버지 무령왕의 명복을 빌고 다음 왕위를 이어갈 여창(餘昌, 위덕왕)을 위해 세운 절이라는 것이다.[64]

이런 견해에 대한 재반론도 있다. 대통사의 대통이 양나라의 연호가 아니라고 해도 『법화경』에서 나온 것이라고 단정할 근거가 부족하고, 백제 왕이 다른 나라의 황제를 위해 사원을 창건했다는 것을 믿을 수 없다고 한 것은 별다른 근거가 없기 때문에 기록을 그대로 받아들여야 하며, 양 무제를 위해 사원을 창건했다는 것은 양의 문화 전수에 대한 경의를 표현한 것으로 볼 수 있다는 것이다.[65]

공주 대통사지가 언제 어떤 배경으로 건립되었는지에 대해서는 논란이 있지만 '大通(대통)'명 문자기와(〈도1-8〉)는 양의 연호와 관련될 가능성이 높기 때문에 그 창건기 와당은 520년대 중·후반에 제작·사용되었을 것으로 추정된다.[66] 이 절

64 趙景徹, 2002, 「百濟 聖王代 大通寺 創建의 思想的 背景」, 『國史館論叢』 98; 文東錫, 2006, 「梁武帝의 佛教政策에 대하여 - 百濟와 연관성을 중심으로」, 『東亞考古論壇』 2.

65 近藤浩一, 2005, 「百濟時期의 孝思想 受容과 그 意義」, 『百濟研究』 42.

66 圖1-9의 '大通'명 문자와는 공주 대통사지와 부여 부소산성에서 동범의 문자와가 출토되었다. 함께 출토된 와당이나 다른 유물들의 상대 연대를 고려할 때 520년대 후반으로 보아 무리가 없다고 생각한다.

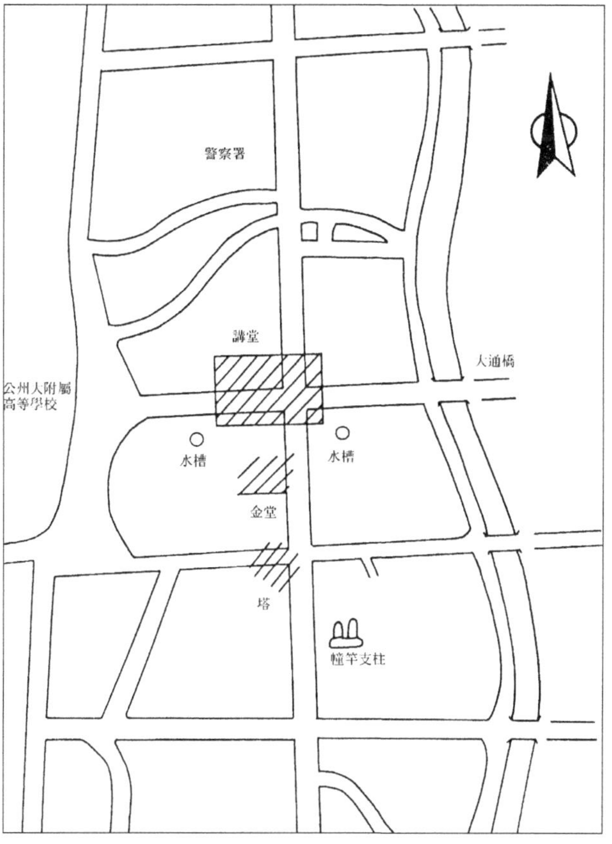

도1-9 공주 대통사지의 가람배치 추정안(輕部慈恩)

터는 공주시 반죽동에 위치하며 부근에서 강당지로 추정되는 석축 기단(53×25미터)의 유구가 확인되었다. 이를 근거로 그 남쪽에 금당과 탑이 배치된 일탑일금당식의 가람배치를 이뤘을 것이라는 추정안(〈도1-9〉)이 제시되었지만[67] 주요 건물지가 확인된 것은 아니다. 현재 통일신라시대의 당간지주가 남아 있고, 국립공주박물관에는 강당지 앞에 있었던 석조가 이전·전시되어 있다.

대통사지에 대한 발굴 조사에서 백제와 관련된 유구나 유물이 검출되지 않았지만 출토 와당을 볼 때 인근 지역에 백제 웅진시기부터 고려시대에 걸쳐 사원이 있었던 것은 분명해 보인다.[68] 백제의 사원 가운데 사명이 알려진 최초의 사원인

67 輕部慈恩, 1946, 『百濟美術』, 寶雲舍.

68 朴容塡, 1974, 「公州 大通寺址 出土 瓦當硏究」, 『考古美術』 121·122합집; 李南奭·徐程錫, 2001, 『大通

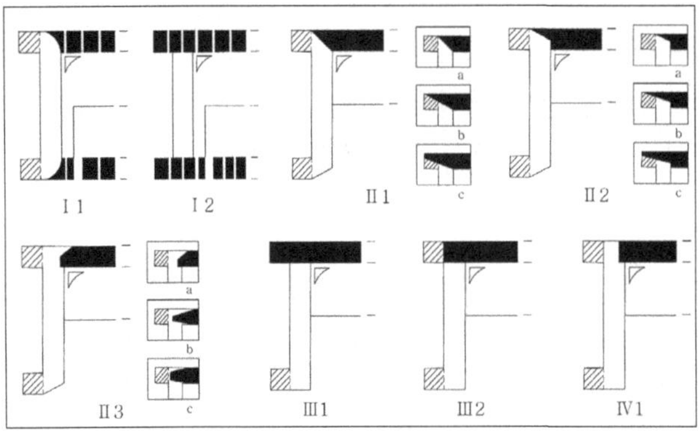

도1-10 와당의 접합기법 모식도(최영희, 2010을 일부 수정)

공주 대통사는 연화문와당을 얹은 기와 건물이 정연하게 배치된 본격적인 사원일 가능성이 높다. 『일본서기』 스이코기(推古紀) 32년조에서 백제 승려 관륵이 백제에 불교가 전래된 것이 겨우 100년에 지나지 않았다고 말한 것은 대통사와 같은 본격적인 가람이 이 무렵에야 조영되었다는 사실을 가리키는 것일지도 모르겠다.

한편 시미즈 아키히로는 일본 최초의 본격적인 사원인 아스카데라가 조영될 때 백제에서 일본에 와박사를 파견했던 것처럼 남조 양에서 기술자를 파견해 대통사의 창건와를 제작한 것으로 추정했다.[69] 대통사지의 창건기로 추정되는 와당 중 연화문와당은 그 제작기법이나 문양 모티프가 남조의 양에서 비롯되었을 것으로 생각되기 때문에 남조의 조와기술이 도입되었을 가능성이 매우 높다. 이 와당들은 소판연화문으로 중방이 연판보다 낮고 1+6과의 연자가 배치되어 있으며, 연판 끝이 반전하면서 돌기 형태로 되어 있다(〈도1-12〉의 8). 와당 뒷면을 회전 물손질로 성형했고, 와당부와 수키와부를 결합시킬 때 와당 뒷면의 일부와 수키와 선난부의 일부를 비스듬하게 잘라낸 다음 접합시켰다(〈도1-10〉의 II2a기법. 이른바 '가타호조 형[片ほぞ形]').[70] 대통사지에서 이러한 양식의 연화문와당이 가장 많이

寺址』, 공주대박물관.

69 清水昭博, 2004, 「百濟'大通寺式'軒丸瓦の成立と展開」, 『日本考古學』 17: 2012, 『古代日韓造瓦技術の交流史』.

70 이 책에서는 와당의 접합기법은 제3부를 제외하면 모두 도1-10의 모식도를 사용했다. I기법 원통접합후분할법은 와당 뒷면에 원통형의 수키와를 접합한 뒤 불필요한 수키와의 하부를 절삭하는 방식으로 泥條盤築技法, 背面接合法으로도 부르기도 한다. II기법 수키와가공접합법은 와당과 연결되는 수키와

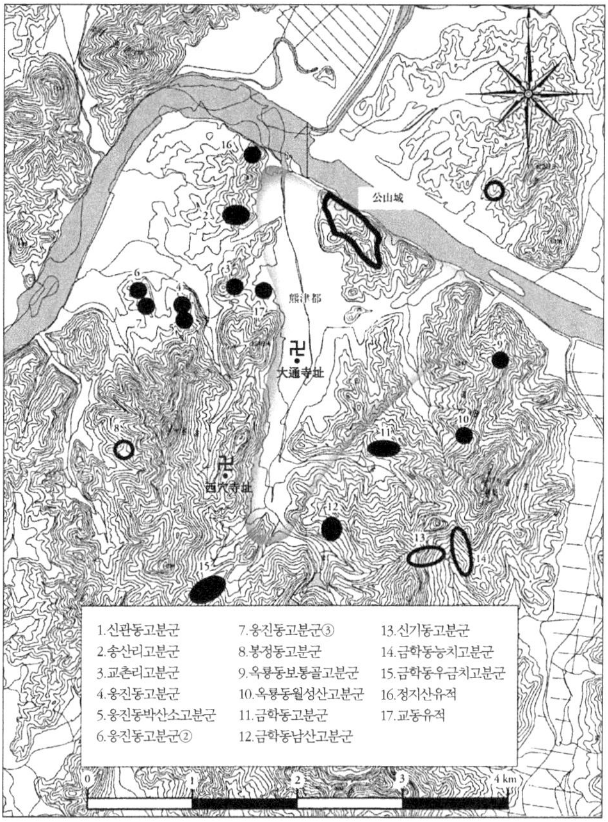

도1-11 공주 지역의 주요유적 분포도

확인되었으며, 공주시 중동과 반죽동 등 대통사지 주변 지역과 부여 구아리사지, 동남리사지에서도 동범품이 발견되었다. 또 공주 정지산 유적, 부여 부소산성, 금덕리 요지, 능산리사지, 군수리사지, 관북리 유적, 금성산 와적기단건물지, 가탑리사지 등지에서 동범·동계품이 발견되었다.

의 선단부를 1회 또는 2회 조정하여 부착하는 방식으로, 백제 와당의 사례를 참고하면 수키와 선단부의 형태는 향후 좀 더 세분될 여지가 있다. III기법 수키와피복접합법은 와당 뒷면에 무가공의 수키와를 연결시키는 것인데 수키와 선단부가 와당 상부의 주연부를 이루는 방식으로 SR(Side Round Tile) 기법, 周緣接合法이라고도 한다. IV기법은 와당 이면에 무가공의 수키와를 연결시키는 방식으로 丸瓦挿入接合法이라고도 하며 고구려 와당에서 일반적으로 확인되는 기법이다. 模式圖 와당부의 빗금은 瓦范, 수키와부는 粘土板과 粘土紐를 도시한 것이다(崔英姬, 2010, 「新羅 古式수막새의 製作技法과 系統」, 『韓國上古史學報』 70, 108~110쪽).

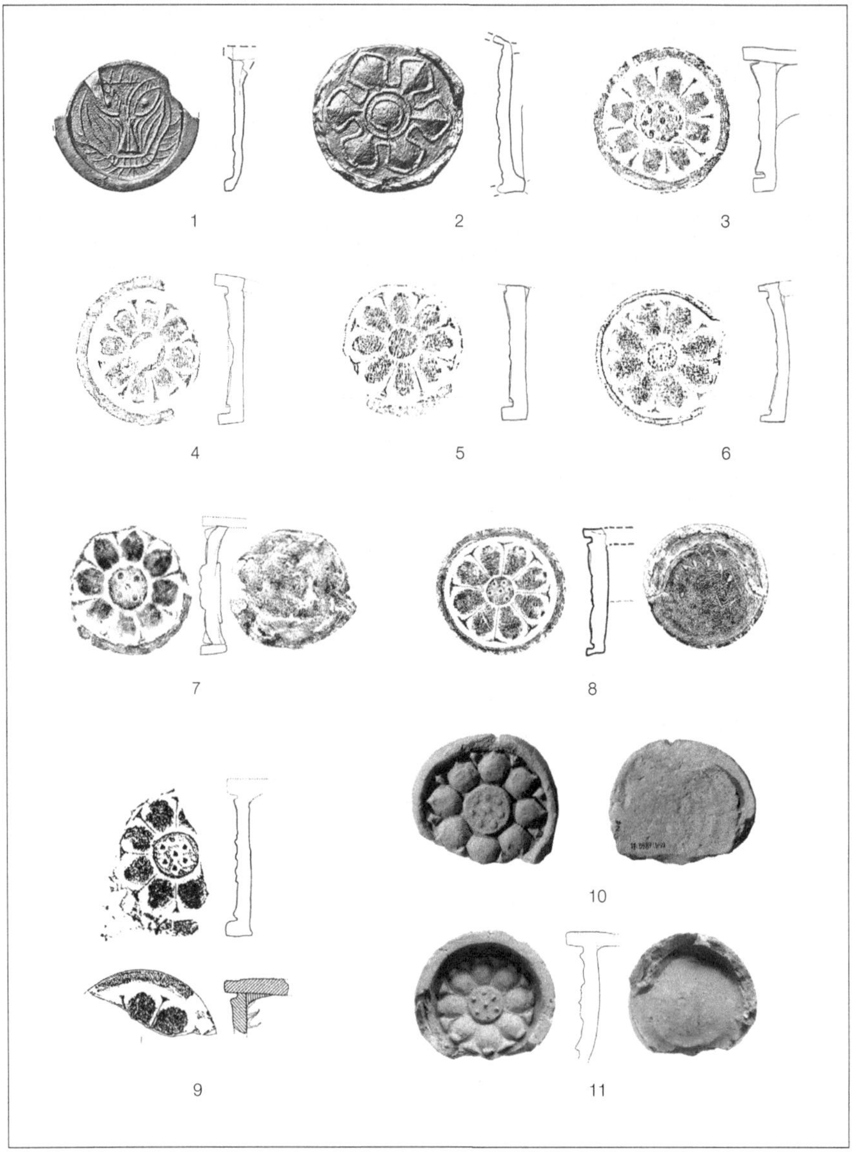

도1-12 웅진시기 주요 연화문와당 1·2. 서울 풍납토성, 3~6. 공주 공산성, 7. 공주 서혈사지, 8. 공주 대통사지, 9. 공주 정지산유적, 10. 부여 용정리사지, 11. 경주공고(傳 흥륜사지)(축척부동)

따라서 공주 대통사지에서 출토된 수막새를 조형으로 하고 이와 동범·동문 관계 및 같은 제작 기술을 가진 와당을 '대통사식(大通寺式) 와당'이라 부를 수 있을 것이다.[71] 이러한 대통사식 와당은 연판 문양이나 제작기법 등 관찰을 통해 확인되는 여러 속성들이 남조 지역 와당과 매우 유사하기 때문에 남조계 조와 집단의 직접적인 영향이 있었을 것으로 생각되며,[72] 그러한 기와를 얹었을 건축물에도 남조계의 사원 조영 기술이 반영되었을 가능성이 높다.

한편 공주 지역에서 발굴된 폐사지들은 대부분 통일신라시대 이후에 속하며,[73] 웅진시기 백제 와당이 출토된 곳은 공산성, 정지산 유적, 오인리산성, 서혈사지, 대통사지, 신원사지 등과 부여 용정리사지 등 소수에 지나지 않는다(〈도1-11과 12 참조〉). 그중 서혈사지, 대통사지, 부여 용정리사지 등에서 발굴 조사가 실시되었지만 백제 당시의 유구는 거의 발견되지 않았다. 따라서 대통사식 와당이 제작·사용되기 전후의 와당에 보이는 기술적인 계통이나 생산 체계를 검토하면서 웅진시기 백제 사원에 대해 좀 더 살펴보자.

백제의 기와 제작·사용에는 몇 차례의 획기가 있었다. 그중 가장 큰 획기는 한성시기의 초화문, 전문, 수면문 등 다양한 와당 문양이 연화문와당으로 통일된 것이다. 앞에서 서술했듯이 최근 서울 풍납토성이나 몽촌토성에서 소수이나마 연화문와당이 출토되었지만(〈도1-7〉의 2와 〈도1-8〉) 웅진시기의 와당과는 문양이나 제작기법이 단절된 것들이다. 따라서 웅진시기 와당의 획기와 계통을 찾는 것은 매우 중요한 과제라 할 수 있다.

웅진시기 와당 중 공산성 추정 왕궁지 출토품(〈도1-12〉의 3~6)이 가장 이른 시기의 것이다. 이 와당에 대해 문주왕 3년(477)의 '중수궁실(重修宮室)' 기록에 주목하여 유송(劉宋)·남제(南齊)의 영향을 받아 성립한 것이며, 그 후 공주의 절터에

71 朴容塡, 1976, 「百濟瓦當의 體系的 分類」, 『百濟文化』 9.

72 북조와 대조되는 남조 와당의 특징은 와당 이면의 회전 물손질 조정, 수키와 접합 시에 와당 이면에 각목 흔적이 없는 것, 와당의 외연 높이가 높은 것, 연화문이 평면적이고 외구 내연에 주문이 없는 것 등이 지적되고 있다(佐川正敏, 2011, 「南北朝時代から明時代まで造瓦技術の變遷と變革」, 『古代』 129·130合併號, 5~8쪽).

73 趙源昌, 1999, 「公州地域 寺址 硏究-傳 百濟寺址를 중심으로」, 『百濟文化』 28.

서 출토된 것들은 양의 영향을 받았다는 견해가 있다.[74] 그러나 477년 2월의 중수 궁실 기록을 유송(420~479)과 관련짓는 것은 무리가 있다. 475년 한성 함락 이후 백제와 유송·남제의 교류는 매우 제한적으로 이루어졌기 때문이다.[75] 또 백제와 유송은 한성시기부터 활발하게 교류했는데 풍납토성과 몽촌토성에서 출토된 연화문와당의 문양은 북조 계통이지만 제작기법은 I1식으로 한성시기에 유행하던 기술이기 때문에 문양과 제작기법이 다른 공산성 출토 와당의 성립에는 그 전과 다른 계통의 영향이 있었다고 보아야 할 것이다.

공산성 출토 창건기 와당은 지름이 18~19센티미터 정도로 크고 색조는 적색과 회색 계통이 섞여 있다.[76] 와당과 수키와의 접합기법은 선단 무가공의 수키와를 접합시키는 III1기법(수키와피복 접합법)인데(〈도1-12〉의 3~5) 이를 '공산성식(公山城式) 와당'이라 부르기도 한다.[77] 이러한 양식의 와당 출현과 관련해 주목되는 것이 『삼국사기』 동성왕 8년조(486)에 보이는 기록이다. 동성왕은 486년 2월에 한성에서 내려온 구 귀족 진씨(眞氏) 세력을 견제하기 위하여 백가(苩加)를 위사좌평(衛士佐平)에 임명하는 등 정치적 안정을 꾀했고 3월에 남제에 사신을 보냈으며, 7월에 궁실을 중수하고 10월에 대궐의 남쪽에서 군대를 사열했다.[78] 그런데 3월 남제에 사신을 파견한 기록과 7월 궁실의 중수 기록은 왕궁의 중수에 필요한 기술과 관련될 가능성이 있고, 10월에 대궐 남쪽에서 열병한 것은 왕궁의 중수 공사가 마무리되었음을 알려주는 것으로 볼 수 있다. 이에 필자는 공산성식 와당을 486년 남제의 기술을 지원받아 성립한 것으로 추정한다. 다만 공산성식 와당은 대통사식

74 李タウン, 2002, 「百濟の瓦生産-熊津時代·泗沘時代を中心として」, 『韓半島考古學論叢』(西谷正 編), すずさわ書店.

75 475년 한성 함락 후 백제는 477년 3월 유송에 사신을 파견했지만 고구려가 길을 막아 돌아와야 했고, 남제(479~502) 건립 이후인 484년 7월에도 남제에 사신을 파견했지만 서해에서 고구려 군사를 만나 가지 못했다는 기록이 있기 때문이다.

76 公州師範大學博物館, 1987, 『公山城 百濟推定王宮址 發掘調査報告書』; 李南奭, 1988, 「百濟 蓮華文瓦當의 一硏究-公山城 王宮址 出土品을 中心으로」, 『古文化』 32.

77 戶田有二, 2001, 「百濟の鐙瓦製作技法について(I)」, 『百濟文化』 30.

78 八年 春二月 拜苩加爲衛士佐平, 三月 遣使南齊朝貢, 秋七月 重修宮室 築牛頭城, 冬十月 大閱於宮南. (『三國史記』권26 百濟本紀 제4 東城王 8年條)

와당과 달리 백제에서 주류적인 위치를 점하지 못했지만 III1기법은 7세기대까지 계속 사용되었다.

웅진 천도 후 처음 궁실을 중수한 문주왕 3년(477)은 한성 함락 직후의 급박한 상황이었기 때문에 외부로부터 새로운 기술을 받아들여 왕궁을 조영했다기보다는 한성시기의 기와 제작 기술이나 조영 기술을 그대로 이용해 급조했을 것으로 생각된다. 공산성 내부에서는 아직까지 한성시기와 연결시킬 만한 기와가 발견되지 않았지만 서혈사지 출토 와당(〈도1-12〉의 7)에서 한성시기에 보이는 I1기법(이조반축기법)의 흔적이 확인된다.[79] 이것을 보면 웅진 천도 이후에도 한성시기의 주류 기술인 I1기법이 한동안 유지되었다고 할 수 있다.

웅진시기 기와 제작의 또 다른 획기는 대통사식 와당의 출현을 들 수 있다. 앞서 설명한 것처럼 이 와당은 〈도1-12〉의 8과 같이 8엽소판으로 판단을 반전하는 돌기로 표현했으며, 작고 낮은 중방, 회전 물손질을 이용한 성형과 선단부의 요면(凹面)을 비스듬하게 잘라낸 수키와를 와당과 접합시키는 II2a기법이 특징이다. 이러한 문양과 제작기법은 대통사의 건립을 계기로 남조 양의 조와기술이 도입되면서 성립된 것으로 사비 천도 이후에는 주류적인 와당형이 되며, 아스카데라 창건와의 하나인 성조(星組)의 원형이 된다.[80]

백제 최초의 본격적인 사원이라 할 수 있는 대통사지에 남조 양으로부터 조와기술이 도입된 것으로 볼 수 있지만, 현재까지 알려진 남조의 와당 중에는 유사한 것은 있지만 동일한 것은 없기 때문에 직접적인 조형을 찾기는 쉽지 않다. 일본 아스카데라의 와당 문양이 백제와 공통되기는 해도 완전히 일치하지는 않는 점을 참고하면 백제에서 일정한 변형이 이루어졌을 가능성도 상정할 수 있다.[81]

79 戸田有二, 2007, 「百濟の鐙瓦製作技法について(IV)」, 『百濟文化』 37. 한편 경주 월성해자에서 출토된 백제계 와당(6세기 전반) 중에도 I1기법이 확인되고 있다(이선희, 2009, 「월성해자 출토 고식 수막새의 제작기법과 편년연구」, 『韓國考古學報』 70).

80 清水昭博, 2004, 「百濟'大通寺式'軒丸瓦の成立と展開」, 61~62쪽.

81 대통사식 와당의 특징적인 제작기술의 하나인 II2a기법(소위 가타호조 형)은 아직까지 南京에서 확인되지 않는다. 그런데 한성시기의 풍납토성이나 석촌동 일대에서 I기법으로 제작된 와당 중에서는 와당부와 수키와부를 연결할 때 II2b기법이나 II2c기법과 유사한 형태를 하고 있는 사례가 종종 발견된다. 이러한 점에 주목하면 II2a기법은 백제의 내재적인 발전과정 속에서 만들어졌을 가능성도 배제하기

그런데 왕궁에서 사용한 공산성식이 아닌 대통사식이 주류적인 위치를 차지하게 된 배경은 무엇 때문일까. 결론부터 말하면 필자는 대통사식 와당이 관영 조와 공방에서 제작되었기 때문이라고 생각한다.[82] 즉, 사비 천도 이전부터 대통사식 와당을 생산하던 조와 집단이 새로운 도읍의 조영을 담당하던 행정 조직의 일부로 활동했기 때문에 그 후 주류적인 위치를 차지하게 된 것이 아닐까 생각한다.

사비시기의 중앙 행정 조직인 22부사(部司)는 개로왕대부터 무령왕대를 거치면서 순차적으로 성립된 것으로 이해되고 있는데, 크게 가정적(家政的)인 내관(內官)과 국정적(國政的)인 외관(外官)으로 구분할 수 있다.[83] 관영 조와 공방은 명칭으로 볼 때 내관 12부 중 공덕부(功德部)나 외관 10부 중 사공부(司空部) 소속일 것이라고 추측되지만 성립 시기나 과정에 대해서는 연구된 적이 없다.

하지만 공주 송산리6호분 출토 '梁官瓦爲師矣(양관와위사의)'명 전을 보면 적어도 그 전후의 시기에 일정한 변화가 있었음을 짐작할 수 있다.[84] 이 명문에서 더욱 주목되는 것은 '師'라는 글자이다. 지금까지는 전후 글자와 연결하여 '스승으로 삼다', '모범으로 삼다'로 해석했지만 '실제로 그것을 제작한 기술자'에게 붙이는 접미사로 볼 여지도 있다.[85] 중국의 사례를 참고할 때 이 명문 전은 양나라의 관영

어렵다.

82 공산성식 와당의 접합기법(III1기법)은 사비시기에도 계속 사용되고 경주 지역에서 출토된 와당 중에도 공산성식의 접합기법을 가진 사례가 확인되는 것을 보면, 공산성식도 계속해서 명맥을 유지한 것은 분명하다. 하지만 사비 천도 이후에 건립된 대부분의 건물에서 대통사식 와당이 예외 없이 출토되고 있는 현상을 보면, 공산성식보다 최신의 기술이 반영된 대통사식이 그 후 좀 더 주류적인 위치에 있었다고 할 수 있다. 이는 사비 천도를 전후하여 중앙 행정관서들이 정비되는 과정에서 대통사식이 관영 공방 내에서 좀 더 중심적인 위치를 차지했기 때문이 아닐까 생각된다.

83 武田幸男, 1980, 「六世紀における朝鮮三國の國家體制」, 『東アジア世界における日本古代史講座』 4, 學生社.

84 이 명문전에 대해 「梁宣以爲師矣」로 판독하여 "梁人 宣이 塚師로서 墳墓의 築造를 監制하였다"고 해석하기도 한다(趙胤宰, 2008, 「公州 宋山里6號墳 銘文塼 判讀에 대한 管見」, 『湖西考古學』 19). '梁'과 '爲師矣'라는 글자에는 이견이 없지만 다른 두 글자는 '官品'이나 '良瓦' 등으로 판독하기도 한다.

85 漢魏 洛陽城에서 '吏', '師'라는 문자기와가 자주 출토되는데 吏는 감독의 역할을 했던 監作吏이며, 師는 실제로 기와를 제작했던 공인으로 少府나 將作大匠에 소속되었을 것으로 추정한 견해가 있다(向井佑介, 2010, 「魏の洛陽城建設と文字瓦」, 『待兼山考古學論集II』). 또 南京 출토 「張承世師」명전을 전 제작 匠師의 직급으로 이해한 견해가 있고(趙胤宰, 2008, 「公州 宋山里6號墳 銘文塼 判讀에 대한 管見」), 최근 南

공방에 소속된 기술자인 '사(師)'의 참여와 지도가 있었음을 짐작할 수 있다.[86]

송산리6호분이나 무령왕릉의 문양전은 부여 정동리 요지(A지구)에서 생산된 것으로 알려져 있다.[87] 정동리 요지는 토기, 기와, 전을 함께 생산하던 곳이지만 대통사식 와당은 출토되지 않았다. 이 요지는 지표 조사만 실시되었기 때문에 향후 대통사지 창건와를 생산했을 개연성이 남아 있지만 현재까지의 자료로 볼 때 대통사식 와당은 그곳이 아닌 다른 불명요A1에서 생산된 것으로 보아야 할 것이다. 정동리 요지는 왕릉 축조와 관련되는 요지이기 때문에 관영 공방으로 볼 수 있지만 장작대장(將作大匠) 같은 임시기구에서 운영했을 가능성이 있고, 전축분의 축조에 필요한 전을 생산하는 것이 주목적이었다는 점에서 그것이 곧 관영 조와 공방이었다고 말하기 어려운 측면이 있다.[88]

523년 무령왕의 뒤를 이어 즉위한 성왕은 무령왕릉을 축조한 당사자이다. 그는 526년 10월 웅진성을 수즙(修葺)하고, 527년에 본격적인 사원인 대통사를 건립한다. 성왕은 왕릉 축조와 왕궁인 웅진성 수리, 대통사 창건을 일관되게 추진했는데, 이는 관영 조와 공방의 성립이라는 측면에서 매우 중요하다. 왜냐하면 대통사식 와당은 양의 직접적인 기술 지원으로 왕릉을 축조한 다음 왕궁을 재차 수리하는 과정에서 순차적으로 제작된 것으로 추정할 수 있기 때문이다. 정동리 요지는 와전을 함께 생산하던 곳으로, 그곳에서 제작되어 공급된 무령왕릉 연화문전은 대

京에서는 '官瓦'나 '官窯', '官' 등이 압날된 문자기와가 발견된 것을 보면(鎭江古城考古所·鎭江博物館, 2010, 「鎭江鐵甕城南門遺址發掘報告」, 『考古學報』 4期) 송산리 출토 명문전의 '師'도 고분 축조 감독자인 塚師가 아니라 전의 제작자를 가리키는 것으로 한정시켜 볼 필요가 있을 것으로 생각된다.

86 이 명문을 「梁官以爲師矣」와 같이 석독하면 "梁官이 師가 되었다", 즉 '梁의 관영공방에 있던 기술공인이 전을 만드는 '師'였다'와 같이 해석할 수 있을 것이다. 다만 '以'자를 '品'자로 볼 수도 있기 때문에 단정할 수는 없다.

87 金誠龜, 1991, 「扶餘의 百濟窯址와 出土遺物에 대하여」, 『百濟硏究』 21.

88 남조에서 국가적인 조영 사업에 관여한 관서로는 少府와 將作大匠가 있었다. 그중 소부 아래 甄官署에서 와전의 제작을 담당했는데 장작대장의 경우 「有事卽置 無事卽罷」하는 임시적 성격으로 궁전이나 종묘, 황제릉 등 대규모 사업 시에 설치되었다. 양에서는 天監 7년(508)에 소부를 少府卿, 將作卿으로 개칭했다. 한편 이 책에서 말하는 관영 조와 공방이라는 것은 중앙 행정조직인 22부사 산하에 상설로 설치된 관서를 말한다. 백제의 경우 瓦博士의 존재를 볼 때 588년 이전부터 관영 조와 공방이 있었다고 볼 수 있다.

통사지 와당의 문양과 상통된 점이 있다. 또 공산성 출토 와당 중에는 문양은 공산성식을 따르면서도 접합기법은 대통사식의 II2a기법을 따른 사례가 있다(이남석 분류 IV형식, 〈도1-12〉의 6).[89] 이것을 보면 대통사식 와당은 왕릉 축조나 왕궁의 수리와 같은 양의 기술 도입 과정에서 성립한 것으로 생각된다. 그러한 토목공사가 성왕대 초반에 연속된 것을 보면 백제는 전축분을 축조하면서 양의 기술자인 '사'에게서 기술을 전수받았고, 그 후 왕궁 수리나 사원 조영을 거치면서 관영 조와 공방이 성립되었다고 할 수 있을 것이다.

한편 경주에서 발견된 소위 흥륜사식(興輪寺式) 와당(〈도1-12〉의 11)은 대통사식 와당을 모델로 했다는 것이 최근의 조사 결과 밝혀졌다.[90] 이 와당은 문양과 제작기법뿐만 아니라 암키와·수키와의 제작기법이 대통사식 와당이나 공주 정지산 유적 등에서 발견된 와당과 같으므로 백제의 조와공이 파견되어 제작한 것이라 할 수 있으며, 그 원류인 대통사식 와당이 남조의 영향을 받아 성립된 것이기 때문에 남조-백제계 기와 제작기술의 범주에 속한다고 할 수 있다. 『삼국사기』나 『삼국유사』에는 흥륜사의 창건 과정에서 백제나 남조의 영향을 받은 것과 관련해서 어떠한 언급도 없다. 그로 인해 중고기 신라의 불교는 고구려-북조 계통의 영향을 받은 것으로 인식되었다. 하지만 백제-남조계, 특히 백제의 직접적인 지원으로 제작된 흥륜사식 와당은 신라의 불교 수용 과정에서 누락되었던 백제의 영향을 실물로써 확인시켜주었고 남조 불교의 영향을 재인식하게 하는 계기를 마련해 주었다.[91]

백제에서 신라 최초의 사원인 흥륜사의 건립에 와공과 같은 기술자를 파견하려면 그 내부에서 관영 조와 공방과 같은 조직이 성립되지 않으면 안 될 것이다. 따라서 그 기술계통이 대통사식이었다는 것은 대통사식 와당을 제작하던 공인 집단이 관영 공방 소속 공장이었음을 반증하는 것은 아닐까 한다. 백제에서는 사비

89 李南奭, 1988, 「百濟 蓮華文瓦當의 一硏究-公山城 王宮址 出土品을 中心으로」, 63쪽.

90 李炳鎬, 2013, 「경주 출토 백제계 기와 제작기술의 도입과정」, 『韓國古代史硏究』 69, 34~41쪽.

91 신라의 불교수용 과정에서 양과 백제의 영향을 강조한 견해가 있지만(薗田香融, 1989, 「東アジアにおける佛敎の傳來と受容」, 『關西大學東西學術硏究所紀要』 22, 17쪽), 비교 대상이 적절하지 않았다.

천도 이전에 관영 조와 공방이 성립되었기 때문에 새로운 도읍 조영에 필요한 대량의 기와를 안정적으로 공급받을 수 있었을 것이다. 그 과정에서 대통사식이 주류적인 위치를 차지하는 현상은 바로 그것을 제작하던 기술자들이 곧 관영 조와 공방인 관요(官窯)에서 활동하던 장인이라는 사실을 시사하는 것이 아닐까 한다.

한편 대통사식 와당의 성립 이후 정지산 유적이나 용정리사지에서는 이와는 약간 다른 와당들이 제작·사용된다. 정지산 유적 출토품(〈도1-12〉의 9)은 대통사식 와당의 문양을 사용하고 이면에 회전 물손질 흔적이 관찰되지만 접합기법은 선단 무가공의 수키와를 접합시키는 III1기법이다. 정지산 유적은 무령왕의 빈전(殯殿)으로 추정되는 곳으로 왕릉의 축조와 관련이 깊다.[92] 이것을 보면 웅진시기 말기의 관영 조와 공방에서는 전형적인 대통사식 와당뿐만 아니라 III1기법을 가진 와당도 함께 생산했을 가능성이 높다.

부여 용정리사지의 와당(〈도1-12〉의 10)은 문양뿐만 아니라 와당과 수키와의 접합수법이 IV1기법으로 대통사식과는 전혀 다른 고구려계 와당이다. 비록 소수파라 할 수 있지만 웅진시기 말이나 사비시기 초에 고구려의 영향이 있었음을 증명하는 자료이며 대통사식을 만드는 관영 공방 이외의 조와 집단이 별도로 활동했음을 보여주는 것이라 할 수 있다. 용정리사지는 부여 지역에 위치하는 곳으로 그곳에 사원을 세운 것이 538년 사비 천도 이전인지 이후인지를 판단하기가 쉽지 않다.[93] 하지만 부여 관북리·쌍북리 일대에서도 고구려계 와당이 출토되고 있기 때문에 웅진시기 말이나 사비시기 초에 고구려 계통의 영향이 있었음은 부정하기 어려울 것이다. 사비 천도 이후 가장 먼저 건립된 정림사지에서 남조계의 기술뿐만 아니라 고구려계의 문화 요소가 함께 확인된 것은 이러한 분위기와 관련 있을지 모르겠다.

웅진시기의 연화문와당은 한성시기 말 유송의 영향과 더불어 새롭게 남제의 영향을 받아 출현하지만, 대통사의 건립을 계기로 양의 영향을 받아 본격적으로 생산·사용된다. 대통사식 와당이 사비 천도 이후 주류를 이루고 신라 흥륜사식 와

92 李漢祥, 2007, 「百濟의 葬禮風習」, 『百濟의 生活과 文化』(백제문화사대계12), 458~470쪽.

93 扶餘文化財硏究所, 1993, 『龍井里寺址』.

당의 성립에 영향을 미친 것은 이것이 관영 조와 공방에서 생산되었기 때문으로 생각된다. 하지만 그전에 성립된 공산성식 와당의 영향이 지속되었고 소수파이지만 고구려의 영향을 받은 와당도 공존했다고 할 수 있다. 따라서 웅진시기의 사원들은 대통사를 창건하면서 남조 양의 사원 조영기술을 적극적으로 도입하면서도 그 이후에는 점차 고구려의 영향도 함께 받았을 가능성이 있다.

나오는 말

백제는 4세기 후반 침류왕대에 동진으로부터 불교를 처음으로 수용했다. 당시 백제는 내부적으로는 역사서를 편찬하고 중국과 서로 사신이 왕래하는 등 한자나 한문에 관한 이해가 상당한 수준에 있었다. 이는 낙랑군의 폐치에 따른 많은 중국계 유민의 이주와 관련 있을 것으로 생각된다. 백제의 불교 수용은 대외적인 측면에서 볼 때 고구려가 불교를 통해 전진과 협력을 강화하는 것에 대응해 불교를 신봉하던 동진의 효무제와의 유대 강화를 위해 수용했을 가능성이 있다. 불교 전래 이후 백제는 한산에 불교 사원을 건립했는데 이는 고구려와의 대결 구도에서 도성을 장엄하기 위한 상징물과 같은 역할을 했을 것으로 생각된다.

한성시기의 불교와 관련된 유물은 연화문을 모티프로 하는 금속기, 자기, 와당 정도밖에 남아 있지 않지만 웅진시기 초기에 활동하던 발정의 사례를 보면 한성시기 말기나 웅진시기 초기에 백제에서 불교적 활동이 있었다고 생각한다. 최근 풍납토성에서 출토된 수면문와당이나 연화문와당은 백제가 낙랑이나 고구려 외에도 중국 남북조의 여러 국가와 폭넓게 교류했고 그 과정에서 불교문화를 수입했을 가능성을 시사하고 있기 때문에 그 가능성은 더욱 높아졌다.

웅진시기 무령왕릉에서 출토된 다양한 유물에서 남조 불교의 요소를 구체적으로 확인할 수 있다. 무령왕릉을 완성시킨 성왕에 의해 건립된 대통사는 백제의 본격적인 불교 사원이라 할 수 있지만, 그와 관련된 유구가 전혀 발견되지 않았기 때문에 출토 와당을 중심으로 기술 계통을 추정할 수밖에 없다. 대통사지 출토 와당은 중국 남경 지역에서 발견된 특징적인 기와 제작기술이 공통적으로 확인되고, '梁官瓦爲師矣'명 전을 볼 때 남조 양의 영향이 보다 명확하게 드러난다. 대통사지보다 이른 단계의 와당, 특히 왕궁인 공산성에서 발견된 와당은 문헌기록을 검토해 볼 때 남제와의 관련성을 유추할 수 있다. 하지만 사비 도성이나 경주 흥륜사지에서 대통사식 와당과 동일한 문양과 제작기술이 다수 확인되는 것을 보면 백제에서는 대통사를 조영하는 과정에서 관영 조와 공방과 같은 관영 수공업 체제가 성립되었을 가능성이 크다고 생각된다. 다만 백제에서는 대통사식과는 다른 공산성식 와당이 지속적으로 생산되었고 고구려의 영향을 받은 와당들도 소수지만 함께 생산되었던 것을 보면 고구려 조와기술의 영향이 함께 있었을 것으로 생각된다.

II

사비 천도와 백제식 사원의 성립, 정림사지

들어가는 말

현재의 충청남도 부여읍 일원에는 25개소 정도의 백제시대 사원지가 있다(〈도 2-1〉).[1] 그 중 정림사지는 부여 중심부에 위치하는 백제 사비시기의 대표적인 사원지이다. 이때의 중심부라는 개념은 부여군이나 부여읍이라는 현재의 행정구역이 아니라 나성(羅城)과 백마강을 경계로 한 그 내부 지역의 한가운데라는 의미이다. 538년 천도 당시의 사비 도성은 나성과 백마강을 경계로 안쪽에 주요 시설을 위치시켰을 것이므로 그 지리적 중심부에 정림사지가 위치한다고 할 수 있다. 정림사지의 이러한 입지적 특성은 이 절터가 도성 내부에서 대단히 중요한 위상과 역할을 수행했음을 시사하는 것이어서 주목된다.

정림사지와 관련해 조선 후기 지리서인 『여지도서(輿地圖書)』나 『대동지지(大東地志)』에 평제탑(平濟塔, 오층석탑)에 대한 기록이 있고, 오경석의 『삼한금석록(三韓金石錄)』(1858년 간행)에 '대당평백제국비명(大唐平百濟國碑銘)'이 수록되는 등 비교적 일찍부터 백제의 폐사지로 알려졌다.[2] 20세기 전반에는 기타 사타키치(喜田貞吉), 스기야마 노부조(杉山信三), 요네다 미요지(米田美代治) 등 일본인 학자들에 의해 오층석탑에 새겨진 명문과 석탑에 대한 조사가 있었고,[3] 1942~1943년 후지사와 가즈오(藤澤一夫)에 의해 강당지와 금당지 일대에 대한 시굴 조사가 실시되었다.[4] 1945년 이후 오층석탑의 연대나 가람배치 등에 대한 부분적인 논의가 있었지만 본격적인 연구는 1979년 충남대박물관의 발굴 조사부터라 할 수 있다.

충남대박물관의 조사 결과는 윤무병에 의해 곧바로 보고서로 간행되었다. 여

1 國立扶餘文化財硏究所, 2008, 『百濟廢寺址 - 學術調査報告書』.

2 扶餘文化院, 1999 · 2000, 『扶餘의 地理志· 邑誌』I · II.

3 喜田貞吉, 1925, 「大唐平百濟國碑に關する疑問」, 『考古學雜誌』 15권5호; 杉山信三, 1938, 「大唐平百濟塔の比例に就いて」, 『考古學』 8권6호; 米田美代治, 1944, 「扶餘百濟五層石塔の意匠計劃」, 『韓國上代建築の硏究』, 秋田屋.

4 1942~1943년도의 시굴조사 결과는 1971년 藤澤一夫에 의해 간략히 소개된 바 있다. 그러나 당시의 출토 유물이나 관련 유구는 거의 알려져 있지 않다. 藤澤一夫, 1971, 「古代寺院の遺構に見る韓日の關係」, 『アジア文化』 8권2호.

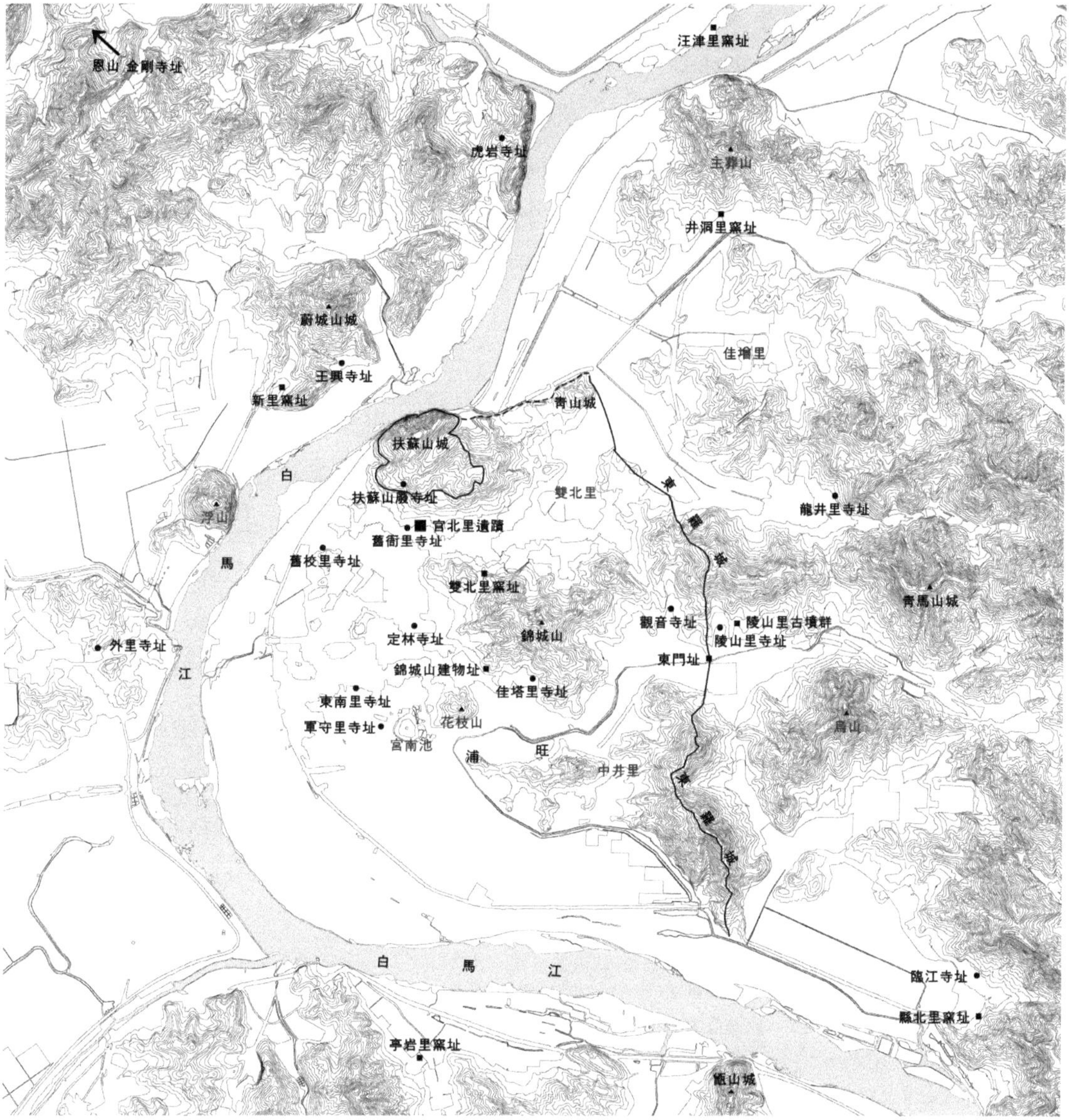

도2-1 부여 지역 주요 유적 분포도

기에는 가람배치와 건물의 평면 계획, 기단의 구조를 비롯해 각종 불상과 소조상, 기와, 토기 등에 대한 귀중한 자료가 실려 있다.[5] 그 후 정림사지 주변의 유적 정비를 위한 발굴 조사에서 방형 연지가 새롭게 알려지기도 했다.[6] 일련의 발굴 조사를 전담한 윤무병은 정림사지 오층석탑의 기단부에 대한 조사를 근거로 이 절의 창건기에 석탑이 세워졌다고 주장했다.[7] 그의 주장은 미륵사지 석탑과 정림사지 석탑의 선후 문제, 즉 '백제 석탑의 선후 문제'에 관한 논쟁의 단초가 되었다. 그 후 김정기의 반론과 다른 학자들의 재반론이 이어지는 등 이후 정림사지에 관한 연구는 오층석탑의 편년 문제를 중심으로 전개되었다.[8]

오층석탑 외에도 정림사지 출토 유물과 유적에 대한 부분적인 검토가 있었다. 불교미술 분야에서 문명대는 도용과 불상 등 출토 유물을 간략히 소개하면서 그것들이 북위의 것과 흡사하므로 적어도 6세기 중엽에 제작된 북조 계통의 조각이라고 추정했다.[9] 또한 김리나는 삼국시대의 봉지보주형보살입상(이하 봉보주보살상)을 연구하는 과정에서 납석제삼존불편과 소조보살상편을 6세기 후반으로 비정하고 중국·일본의 봉보주보살상과 비교했다.[10]

가장 많은 수량이 출토된 기와에 대해서는 연화문수막새의 연판 문양과 제작기법을 중심으로 사비시기 수막새의 분류와 편년, 동범·동문 관계를 파악한 가메다 슈이치의 연구가 있으며,[11] 암키와와 수키와의 문양과 명문의 내용 그리고 제작기법 등을 통사적으로 정리한 서오선의 연구도 특기할 만하다.[12] 그 밖에 '대당평백

5 尹武炳, 1981, 『定林寺 - 定林寺址發掘調査報告書』, 忠南大學校博物館.

6 尹武炳, 1987, 「扶餘 定林寺址 蓮池遺蹟發掘報告書」, 『百濟硏究』 18.

7 尹武炳, 1981, 『定林寺 - 定林寺址發掘調査報告書』, 68쪽.

8 정림사지 오층석탑과 미륵사지 석탑의 선후 문제에 관한 연구사는 다음을 참고. 嚴基杓, 2001, 「百濟石塔의 先後에 대한 考察」, 『文化史學』 16, 32~44쪽.

9 文明大, 1981 「扶餘 定林寺 터에서 나온 佛像과 陶俑」, 『季刊 美術』(겨울호): 2003, 『한국의 불상조각 1 - 觀佛과 古拙美』, 예경.

10 金理那, 1989, 「三國時代의 捧持寶珠形菩薩立像 硏究」, 『韓國古代佛敎彫刻史硏究』, 一潮閣; 金理那, 1990, 「寶珠捧持形菩薩の系譜」, 『法隆寺から藥師寺へ』, 講談社.

11 龜田修一, 1981, 「百濟古瓦考」, 『百濟硏究』 12: 2006, 『日韓古代瓦の硏究』, 吉川弘文館.

12 徐五善, 1985, 「韓國平瓦文樣의 時代的 變遷에 對한 硏究」, 충남대 석사학위논문.

제국비명'의 역주 및 명문 작성 배경에 대한 문헌사적 연구[13]와 농관(籠冠)을 쓴 도용을 중심으로 남북조시대의 복식과 관식을 비교한 복식사 분야의 연구가 있다.[14]

정림사지에 대한 기존의 연구는 삼국이나 사비시기 전체를 다루면서 부분적으로 정림사지 출토 유물을 언급하는 정도였으며 연구자의 관심 자료를 취사선택함으로써 전체적인 맥락을 도외시했다. 가장 많은 연구 논문이 나온 오층석탑의 편년 문제도 양식적인 측면과 유구의 층위 문제에만 관심이 집중되었지 유적 전체의 유물 조합이나 유구와 유물의 관계에 대해서는 무관심했다. 정림사지 발굴과정에서 드러난 유적과 유물의 관계를 함께 고려하지 못한 것이다. 또한 최근 중요시되고 있는 가람배치와 관련해서도 동서 회랑지 북쪽의 부속건물지의 존재를 부각시키는 데는 성공했지만,[15] 기존에 발굴된 자료들과 새로운 유구를 어떻게 합리적으로 해석할지는 좀 더 면밀한 검토를 필요로 한다.

다음에서는 정림사지 출토 유물과 유구의 관계를 새롭게 파악해 이 사원이 사비 천도 이후 처음으로 완성된 백제식 사원이라는 점을 명확히 하고자 한다. 이를 위해 제1장에서는 그곳에서 출토된 소조상을 중심으로 제작기법과 봉안장소, 제작 시기와 계통을 비롯해 정림사지의 창건기에 보이는 가람배치의 특징을 정리했다. 소조상은 탑의 건립시기뿐만 아니라 이 사원의 창건시기를 추정할 수 있는 가장 유용한 자료이기 때문이다. 제2장에서는 이곳에서 출토된 소조상과 『일본서기』의 장륙존상(丈六尊像) 조성 기록이 일정한 연관성을 가지고 있음을 추론하고 이를 바탕으로 창건 배경과 목적, 사비 도성 내에서 정림사지의 위상과 역할을 추정해 보았다.[16]

13 金英心, 1992, 「唐平濟碑」, 『譯註 韓國古代金石文』I, 韓國古代社會硏究所; 李道學, 1997, 「定林寺址 五層塔 碑銘과 그 작성 배경」, 『先史와 古代』 8.

14 權兌遠, 1984, 「百濟의 籠冠考」, 『尹武炳博士回甲紀念論叢』; 金東旭, 1985, 『百濟의 服飾』, 백제문화개발연구원; 박현정, 2001, 「부여 定林寺址 陶俑 복원을 위한 籠冠 服飾 연구」, 『服飾』 51권6호.

15 鄭子英, 2010, 「6~7세기 백제 사찰 내 강당 좌우 건물지의 변천과정 고찰」, 『건축역사연구』 73; 金洛中, 2011, 「백제 사비기 사찰의 가람배치와 조영의 특징」, 『韓國上古史學報』 74; 鄭子英, 2012, 「부여 정림사지 가람배치와 편년적 검토」, 『韓國上古史學報』 76; 金洛中, 2012, 「百濟 定林寺의 創建年代」, 『文化財』 45-4.

16 도성 내 정림사'지'의 위상이라는 것은 어법상 틀린 표현이다. 하지만 이를 정림사로 표기할 경우 현재

1. 정림사지 출토 소조상과 가람배치의 특징

1) 소조상의 봉안장소, 제작 시기, 계통

1979년 실시된 정림사지의 재발굴 조사에서는 서회랑지 남서쪽의 기와 폐기 수혈과 금당지 외곽에서 100여 점이 넘는 소조상편이 출토되었다. 최초의 발굴 보고서에서는 흙으로 만든 인물의 두상, 상반신, 하반신 등 다양한 형태의 니상(泥像)을 '도용(陶俑)'이라고 불렀다.[17] 그러나 용(俑)은 장송의례에 사용하는 명기(明器)를 가리킨다.[18] 정림사지는 무덤이 아닌 절터이므로 그곳에서 출토된 소형의 소조상들을 도용이라고 부르는 것은 적절치 않다. 이런 이유로 더 포괄적인 용어인 '소조상' 또는 '소조인물상'으로 부르고자 한다.

정림사지처럼 소조상 또는 소조인물상이 출토된 사례로는 낙양(洛陽) 영녕사(永寧寺)나 일본의 호류지(法隆寺) 오중탑(五重塔), 야쿠시지(藥師寺) 목탑지(木塔址) 등이 있다. 일본에서는 이것들을 영소상(影塑像) 또는 탑본소상(塔本塑像), 소벽(塑壁) 등으로 부른다.[19] 지금까지 사비시기의 백제 고분에서는 도용이나 소조인물상이 단 한 점도 출토된 적이 없다. 그런 점에서 정림사지에서 출토된 소조상은 고분의 부장품이 아니라 사원을 장엄하던 불교 조각의 일부일 가능성이 크다. 유물 명칭 하나를 다르게 명명함으로써 그 성격이나 봉안장소 같은 전혀 다른 차원의 주제를 검토할 여지가 마련된 셈이다.

이곳에서 출토된 소조상들은 대부분 서회랑지와 남회랑지가 만나는 남쪽 귀

의 절터가 당시에도 그렇게 불린 것으로 오해할 여지가 있어 이와 같이 표현했다. 능산리사지나 공방지와 같은 사례도 동일한 맥락에서 사용했지만 일부 혼용한 경우도 있음을 밝히며 독자의 양해를 구한다.

17 尹武炳, 1981, 『定林寺 - 定林寺址發掘調査報告書』, 22쪽.

18 其曰明器 神明之也. 塗車芻靈 自古有之 明器之道也. 孔子謂爲芻靈者善, 謂爲備者不仁. 注: 俑偶人也, 有面目機發 有似于生人. (『禮記』檀弓 下篇); 仲尼曰 始作俑者 其無後乎. 爲其象人而用之也. 趙岐注云 俑偶人也, 用之送死. (『孟子』梁惠王篇)

19 奈良國立文化財研究所, 1987, 『藥師寺發掘調査報告』(奈良國立文化財研究所學報 제45책); 飛鳥資料館, 1985, 『日本と韓國の塑像』(飛鳥資料館 圖錄 제14책).

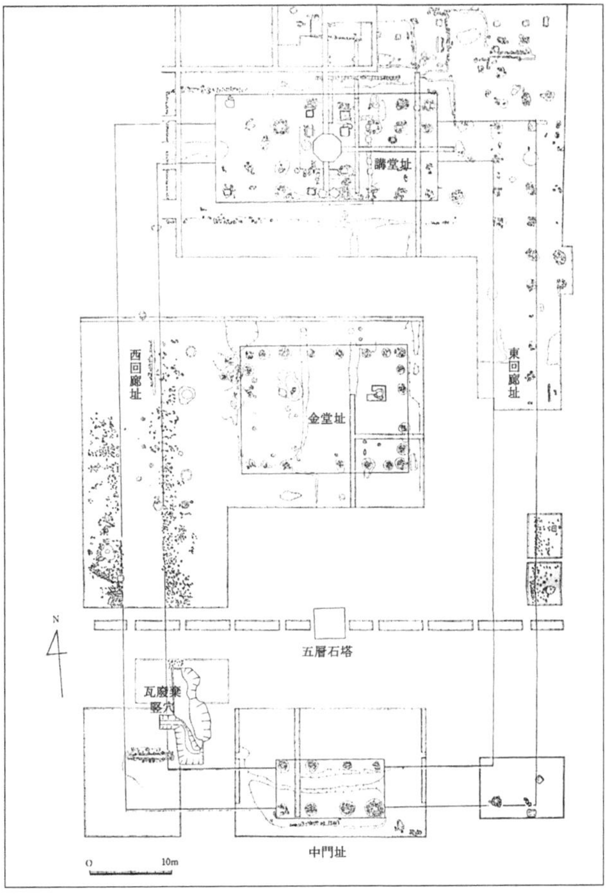

도2-2 부여 정림사지의 가람배치도와 기와폐기수혈

통이의 대형 구덩이에서 적색의 소토(燒土), 기와편들과 함께 출토되었다(〈도2-2〉). 기와 폐기 수혈은 남북 9.5미터, 너비 2.8미터, 깊이 약 1.2미터로 부정형을 이루며, 북쪽으로 갈수록 면적이 넓어지고 깊이가 깊어진다. 1981년에 간행된 발굴 보고서에 소개된 90여 점의 소조상편과 보고서에 누락된 50여 점의 소조상편, 그리고 최근에 재조사된 소조상들은 대부분 이곳에서 출토되었다.[20] 다만 보고서에서 와제불

20 尹武炳, 1981, 『定林寺 - 定林寺址發掘調査報告書』, 17쪽. 국립부여박물관에는 1981년의 발굴조사보고서에 누락된 50여 점의 소조상편이 있다. 또한 최근의 재조사에서도 동일한 장소에서 25점 정도의 소조상편이 추가로 확인되는 등(국립부여문화재연구소, 2011, 『扶餘 定林寺址 發掘調査報告書』, 310~316쪽) 이곳에서는 160여 점 정도의 소조상이 발견되었다.

이파편(瓦製佛耳破片), 와제불신파편(瓦製佛身破片) A·B로 소개한 대형소상은 금당지 동북 귀퉁이 외곽, 금당지 서쪽과 동회랑지 남쪽에서 발견되었다.

이곳에서 출토된 소조상들은 기본적으로 크기에 따라 분류할 수 있다. 대형소상에는 와제불이파편, 와제불신파편 A와 B가 있다(〈도2-3〉). 그런데 와제불신파편 A와 B는 금당지의 동서쪽에서 40미터 이상 떨어진 곳에서 출토되었지만 현재는 두 점이 서로 접합된 채 보관되어 있다(〈도 2-3〉의 2). 대형소상은 소수밖에 출토되지 않았고, 색깔이나 제작기법이 기와 폐기 수혈에서 출토된 소조상들과 차이가 있기 때문에 봉안장소도 서로 달랐을 가능성이 있다.

정림사지 대형 구덩이에서는 대형소상은 발견되지 않았고 중형소상, 소형소상, 정경소상(情景塑像. 영소상[影塑像]이라고도 한다)의 파편들이 출토되었다.[21] 등신대보다 작은 1미터 전후의 중형소상으로는 봉보주보살상편, 나발, 불수(佛手)·불족(佛足) 파편, 의습(衣褶) 파편 등이 있다(〈도2-4〉). 봉보주보살상편은 잔존 높이 25센티미터로 왼손을 위로 하여 보주를 들고 있는데, 금당지와 서회랑지 사이에서 출토된 납석제삼존불편의 왼쪽 협시보살상에도 봉보주보살상이 확인되어 주목된다(〈도2-5〉). 중형소상에는 미보고 자료가 다수 포함되어 있는데 불족편과 의습편이 대표적이다(〈도2-4〉의 4). 불족편은 정면 중앙에 0.5센티미터 크기의 구멍이 뚫려 있고, 오른쪽에는 옷주름 두 줄이 음각되어 있다. 의습편은 유려한 곡선으로 표현된 천의인 듯한 끝부분에 흑색의 칠흔이 남아 있다. 중형소상은 심목으로 골조를 만든 다음 점토를 덧붙여서 형태를 만들고 조각도로 옷주름 등을 새긴 것으로 생각된다. 소성 후에는 백색이나 흑색으로 채색했다. 이러한 제작 공정은 낙양 영녕사의 수날법(手捏法, 손빚기)에 의한 성형 방식과 동일하다.[22]

소형소상은 50센티미터 내외의 크기로 불두(佛頭)나 두관(頭冠)이 대부분이다(〈도2-6〉). 불두 A와 B, D+E는 태토와 형태, 제작기법이 동일한 동범품으로 생

21 정림사지 출토 소조상들은 北魏 洛陽 永寧寺의 사례를 참조하여 크기에 따라 구분할 수 있다. 낙양 영녕사의 분류안과 용어는 奈良國立文化財硏究所의 용례를 참고했다. 李炳鎬, 2005, 「扶餘 定林寺址 出土 塑像의 製作技法과 奉安場所」, 『美術資料』 72·73合集; 奈良國立文化財硏究所, 1998, 『北魏洛陽永寧寺－中國社會科學院考古硏究所發掘報告』.

22 山崎隆之, 1998, 「永寧寺塔內塑像の製作技法について」, 『北魏洛陽永寧寺』, 奈良國立文化財硏究所.

도2-3 부여 정림사지 대형소상(1.瓦製佛耳破片(高27.5), 2.瓦製佛身破片 A·B(高14.6)

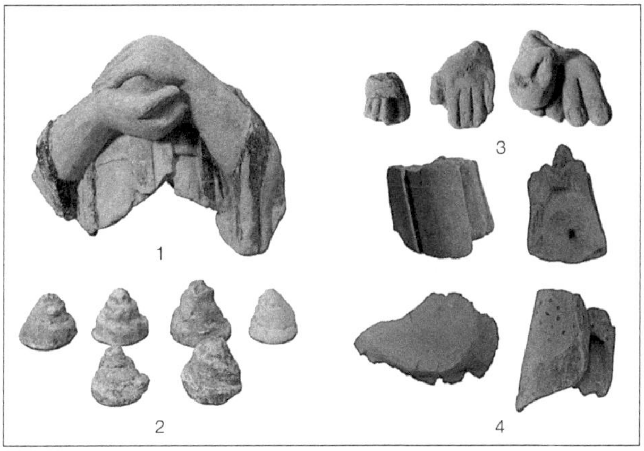

도2-4 부여 정림사지 중형소상(1.捧寶珠菩薩像片(高21.2), 2.나발, 3.佛手·佛足片, 4.각종 衣褶片)(축척부동)

각된다. 이 불두들의 머리 부분에는 작은 구멍이 뚫려 있는데, 보관과 같은 장식을 결합한 흔적으로 생각된다. 따라서 이 불두들은 여래상이라기보다 보살상이나 천부상의 두상이었을 것으로 생각된다. 한편 불두 C는 오른쪽 얼굴의 일부만 남아 있는데 불두 A보다 크고 사실적이다(〈도2-6〉의 4). 뒷면은 평평하지만 오른쪽 귀부분에 불두 A의 왼쪽 귀가 결합되어 배치되었을 것으로 생각되는 흔적이 남아 있다. 소형소상은 동범 관계의 불두들이 확인된 점에서 범형(笵型, 거푸집)을 이용했을 것으로 생각된다. 범발(笵拔)은 배면이 평평하거나 형태가 약간씩 다른 것을 볼 때 편면범(片面笵)을 이용한 단모제(單模製)로 생각된다. 소형소상의 제작기법에서 주목되는 것은 불두 A의 동범품들에서 황갈색의 유약을 시유한 흔적이 관찰되는 점이다. 이러한 시유 공정은 다른 소조상의 채색 과정과 동일한 공정의 하나

도2-5 부여 정림사지 납석제삼존불편(高11.0)

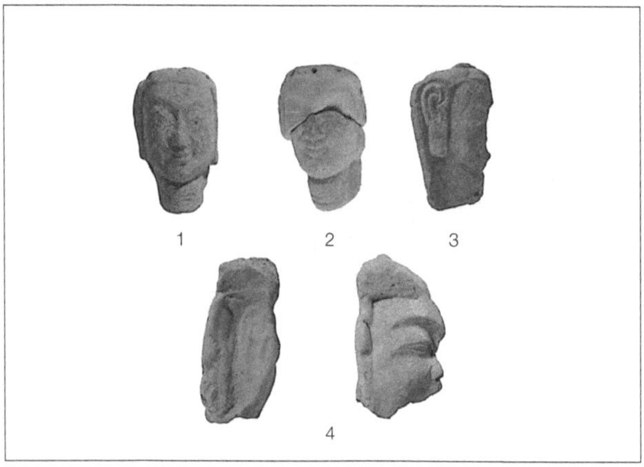

도2-6 부여 정림사지 소형소상(1.佛頭A(高10.5), 2.佛頭D+E, 3.佛頭(미보고), 4. 佛頭C)(축척부동)

로 생각되며, 소형소상의 제작에 소성 과정이 있었음을 명확하게 보여주는 것이라 하겠다.

정경소상은 20센티미터 전후의 크기로 두상(頭像)과 신상(身像, 상반신과 하반신)으로 구분할 수 있다(〈도2-7〉). 두상은 농관(籠冠)과 같은 관을 쓴 것, 권발(卷髮)을 한 것, 체발(剃髮)을 한 것이 섞여 있다. 상반신은 합장하거나 공수(拱手) 자세를 한 것, 불자(拂子) 같은 것을 든 것, 팔에 포(布)를 걸치고 있는 것, 방패를 든 것 등이 있다. 하반신에서는 다양한 형태의 옷주름과 신발이 확인되며, 방패를 든

도2-7 부여 정림사지 정경소상1(高4.3~9.5)(축척부동)

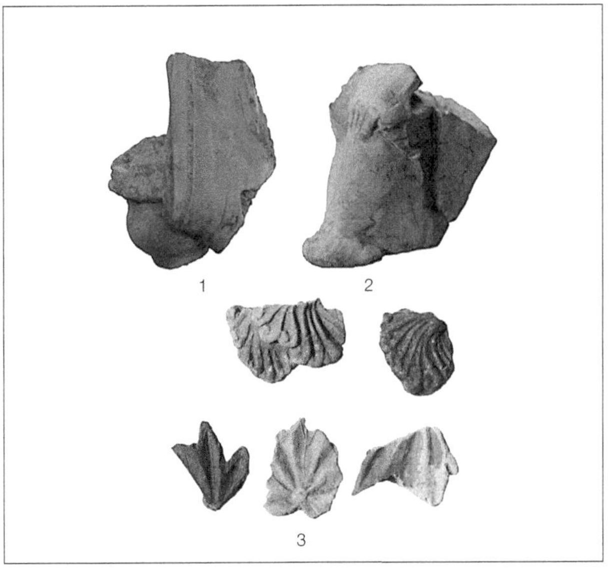

도2-8 부여 정림사지 정경소상2(1.정병편, 2.하반신Q(高5.3), 3.木葉裝飾片)

무사상과 문관의 하반신으로 추정되는 것이 있다.[23] 또 하반신Q처럼 반가상편이나 정병을 들고 있는 동체 파편도 섞여 있다(〈도2-8〉). 기타 소조상으로는 동물과 식물을 표현한 예가 있는데, 동물상은 수족(獸足)·수안(獸眼) 파편 정도만 남아 있

23 하반신 K, L, M을 文官의 하반신으로 추정한 견해가 있다. 飛鳥資料館, 1985, 『日本と韓國の塑像』, 4쪽.

도2-9 부여 정림사지 頭像의 頸部와 상반신의 홈

지만 식물상은 2종 이상의 나뭇잎 장식이 세밀하게 표현되어 있다(〈도2-8〉의 3).

정경소상들은 정선된 태토로 편면범을 이용한 단모제로 만들어졌고 흑색·백색·자색 등의 흔적이 남아 있다. 대부분 반파되거나 절단된 상태로 출토되었기 때문에 제작기법의 관찰이 용이한데, 머리와 몸통을 별도로 만들어 접합한 두체별제식(頭體別製式)으로 제작되었고 내부에는 심목을 사용했다. 두상은 경부(頸部)가 원통형을 이루는데 상반신의 흉부(胸部) 위쪽에 오목한 홈을 만들어 서로 끼울 수 있도록 했다(〈도2-9〉). 이러한 제작방식은 소형소상이나 중형소상에서도 동일했을 것으로 생각된다. 심목은 머리와 몸통의 연결뿐만 아니라 상반신과 하반신을 연결할 때에도 사용되었다. 심목의 재료인 목재는 대부분 원형이지만 소형·중형 소상에서는 각목을 사용했다.

이곳에서 출토된 소조상들은 완형이 아니었던 탓에 그동안 관심을 받지 못했지만 파편 상태로 남아 있어 제작기법을 관찰하기가 용이하다.[24] 소조상들의 제작기법을 정리해보면 불순물이 거의 섞이지 않은 고운 태토를 이용했고, 대부분 머리 부분과 몸통 부분을 별도로 제작해 접합한 두체별제식으로 만들었다. 소형소상이나 정경소상들은 목질의 심목을 사용한 흔적이 남아 있지만, 중형소상은 갈대나 볏짚 또는 새끼를 감싼 각목을 골조로 하여 점토를 덧붙이는 방식을 취했다. 소조상의 대부분에는 흑색, 백색, 자색 등 칠흔이 남아 있고, 일부 불두에서 황갈색의 유약이 시유된 것을 관찰할 수 있다(〈도2-6〉).

소조상의 성형 방식은 대형이나 중형소상은 수날법을 사용하지만 소형소상과

24 정림사지 출토 소조상의 제작기법에 대해서는 다음에서 상론하였으니 함께 참고. 李炳鎬, 2005, 「扶餘定林寺址 出土 塑像의 製作技法과 奉安場所」, 『美術資料』 72·73합집, 51~59쪽.

정경소상은 범형을 활용했다. 범형을 이용한 성형에서 정면과 배면을 전후로 접합시킨 합모제(合模製)는 보이지 않고, 편면(片面)의 거푸집을 이용한 단모제가 주류를 이룬다. 정면관을 중시한 경향을 읽을 수 있다.

소조상의 제작지는, 경도가 약해서 파손되기 쉬운 재료적 특성, 중국제 도용의 소조상과 비교할 때 세부 표현에서 나타나는 질적인 차이, 와도겸업요인 청양 왕진리 요지나 본의리 요지에서 소조상편과 대좌편이 출토된 점 등(제4부 제2장 참조)을 고려할 때 사비 도성 인근의 요지, 그중에서도 특히 기와 공방에서 제작되었을 것으로 생각된다. 단, 소조상이라는 새로운 기술과 형식의 소개는 외부로부터 그것을 전문적으로 제작할 수 있는 기술자 집단의 이주를 상정하는 것이 적절하겠지만, 기술적으로는 와공과 같은 현지의 공인들을 동원했을 가능성도 없지 않다.[25]

그렇다면 이러한 소조상들은 어디에 안치한 것일까. 정림사지 출토 소조상의 봉안장소로 가장 유력한 곳은 목탑이다. 북위 낙양 영녕사나 일본 호류지 오중탑 초층(初層)의 탑본소상 사례를 비롯해 사비시기 목탑 관련 유적에서 소조상편들이 공반된다는 점이 가장 중요한 근거이다. 즉, 현재까지 중국 남북조 지역에서 출토된 소조상은 거의 예외 없이 목탑지에서 출토되었다. 중국 대동시 방산 사원불사 유적이나 조양시(朝陽市) 북탑(北塔) 하층 유적, 내몽골 고양현(固陽縣) 북위성지(北魏城址), 하남성 낙양 영녕사지, 하북성 조팽성폐사지(趙彭城廢寺址) 등 현존하는 북조의 불교 사원 유적에서는 유구가 불분명한 내몽골 고양현 북위성지를 제외하면 모두 목탑과 소조상의 조합 관계가 확인된다.[26]

이처럼 불탑의 내부에 소조상을 안치하는 방식은 중국 남북조시대에 시작된 것으로 『법원주림(法苑珠林)』에는 "강릉(江陵) 장사사(長沙寺) 전전(殿前)의 탑 내에는 유송의 초왕의계(譙王義季, 원가[元嘉] 24년[447] 사망)가 만든 것으로 전하

25 정림사지 출토 소조상의 태토는 공반된 기와나 토기의 그것과 대단히 유사하다. 특히 와당 제작의 경우 와범을 이용하여 제작되었기 때문에 범형을 이용한 소조상의 제작기술을 더욱 쉽게 습득할 수 있었을 것으로 생각된다.

26 梁銀景, 2007, 「遼寧省 朝陽 北塔 出土 塑造像 硏究」, 『美術史學硏究』 256; 向井佑介, 2011, 「北魏平城時代の佛敎寺院と塑像」, 『佛敎藝術』 316.

도2-10 중국 南京 출토 각종 소조상(1.南京 鍾山2호寺址(傳 上定林寺),
2.南京 紅頭橋 부근 사지(傳 延興寺)(축척부동)

는 소상이 안치되어 있다"는 기록이 남아 있어[27] 그 연원이 5세기 중엽 이전으로 소급된다. 특히 최근 남경 지역에서는 종산(鍾山)2호사지(상정림사[上定林寺]로 전한다)[28]를 비롯하여 남경 시내의 홍두교(紅頭橋) 부근의 사지(연흥사[延興寺]로 전한다),[29] 진회하(秦淮河) 일대의 추정 사지에서 소조 불두편과 신체파편이 새롭게 확인되었다(〈도2-10〉). 이처럼 비록 소수의 사례이지만 남경 지역에서 소조상들이 출토되는 것은 정림사지 출토 소조상의 계통이나 봉안장소를 고려할 때 매우 중요한 대목이라 하겠다.

또한 사비시기 불교 사원의 목탑지 부근에서 소조상을 공반하는 사례가 다수 확인되고 있는 점도 주목된다(〈표 2-1〉. 상세한 내용은 제4부 제2장 참조). 6세기 중·후반에 건립된 능산리사지나 구아리사지 목탑지 부근에서의 출토 사례는 정림사지나 낙양 영녕사 출토품과 매우 유사하다. 이를 통해 정림사지 창건기에 탑

27 (長沙寺)殿前塔. 宋譙王義季所造. 塔內素像忉利天工所造. 佛殿中多金銅像. 寶帳飛仙眞珠華珮. 幷是四天王天人所作. (『法苑珠林』第39(『大正新修大藏經』 53卷 2122, 598項)

28 賀云翱, 2005, 「南京鍾山二號寺遺址出土瓦當初探」, 『東亞考古論』창간호; 賀云翱, 2007, 「南京鍾山二號寺遺址出土南朝瓦當及與南朝定林寺關係硏究」, 『考古與文物』 2007-1期.

29 王志高·王光明 2010, 「南京紅土橋出土的南朝泥塑像及相關問題硏討」, 『東南文化』 2010-3期.

〈표 2-1〉 백제 사비시기 소조상 출토 유적과 출토품

유적명	출토 내용	관련 유구	중심 시기	참고문헌
부여 능산리사지	소조 불좌상(2점), 소조 두상편, 소조 인물상편(身像, 2점), 소조 인물상편(두상), 목엽(木葉) 장식(6점), 불명 소조상편	목탑지 및 중문지, 북편 배수로	567년 전후	8, 9
부여 구아리 유적	소조 인물상편(두부 결실), 나한상편(2점), 소조 동물상(곰?)	유구 미상 목탑 심초석 발견	6세기 후반	7, 11
부여 임강사지	소조 인물상편1(두부 결실), 소조 인물상편2(두부 결실), 소조 동물상편, 불족편, 연화문장식편(대좌?)	수습조사	6세기 후반	12
청양 왕진리 요지	소조 인물상편(身像片, 手印片)	4호 평요	6세기 후반 ~7세기 초반	13
청양 본의리 요지	도제 불상대좌	등요	7세기 전반	5
부여 부소산폐사지	소조 인물상편(두상), 소조 동물상편, 벽화편(2점)	금당지·목탑지 인근	7세기 전반	6, 7
부여 구교리 유적	소조 불두편(여래상)	미상	7세기 전반	7
은산 금강사지	나발편, 족편·하반신편(미보고)	금당지, 수집품	7세기 전반	1
익산 제석사지 폐기장	소조 천부상편(두상), 소조 악귀상편(두상), 소조 동물상편(두상), 의문편(衣文片), 이부편(耳部片), 벽판류(壁板類)	목탑 폐기장 (목탑 심초석)	7세기 전반 (639년 이전)	9
익산 미륵사지	소조 불신(동체편), 소조 불상편(膝狀片), 소조 상편(채색편 3점), 전불편, 나발(80여 점), 벽화편	중금당, 서원 금당지, 목탑, 서탑지	7세기 중엽	2, 3, 4, 14

1. 尹武炳, 1969; 2. 飛鳥資料館, 1985; 3. 文化財管理局 文化財硏究所, 1982; 4. 文化財管理局 文化財硏究所, 1987; 5. 朴永福, 1992; 6. 申光燮, 1996; 7. 국립부여박물관, 1997; 8. 국립부여박물관, 2000; 9. 원광대박물관, 2006; 10. 한국전통문화학교, 2010; 11. 李炳鎬, 2007; 12. 李炳鎬, 2007; 13. 국립부여박물관, 2008; 14. 崔聖銀, 2011

내소상으로 장엄된 목탑이 있었고, 그러한 기술이 백제 멸망기까지 계속되었음을 추정할 수 있다. 즉, 정림사지에서 출토된 소조상들은 호류지 오중탑의 탑본소상과 유사한 형태로 목탑의 초층 탑신을 장식하고 있었던 것이다.

정림사지의 목탑 내부를 장엄하는 소상들은 원래 어떤 모습이었을까. 목탑 안에 봉안된 소상들의 대부분은 파편으로 출토되었기 때문에 거의 복원이 불가능하다. 하지만 중국, 일본, 한국의 목탑 관련 자료를 검토해보면 탑내소상들은 목탑의 심주(心柱)나 사천주(四天柱) 둘레에 자리했을 것으로 생각된다. 그리고 구체적인 모습은 가장 많은 수량이 출토된 정경소상을 통해 조금이나마 추정할 수 있을 것이다. 농관이나 작은 관을 쓴 인물상, 승기지(僧祇支)를 입고 합장하는 인물상, 방패를 들고 있는 무사상, 나뭇잎 장식편 등은 스토리가 있는 어떤 장면이 연출되었음을 시사한다.

이와 관련해 남조의 고개지(顧愷之) 작품으로 전하는 「낙신부도(洛神賦圖)」,

도2-11 중국 四川省 綿陽市 平楊府君闕 闕身造像(1.제1감, 2.제10감)

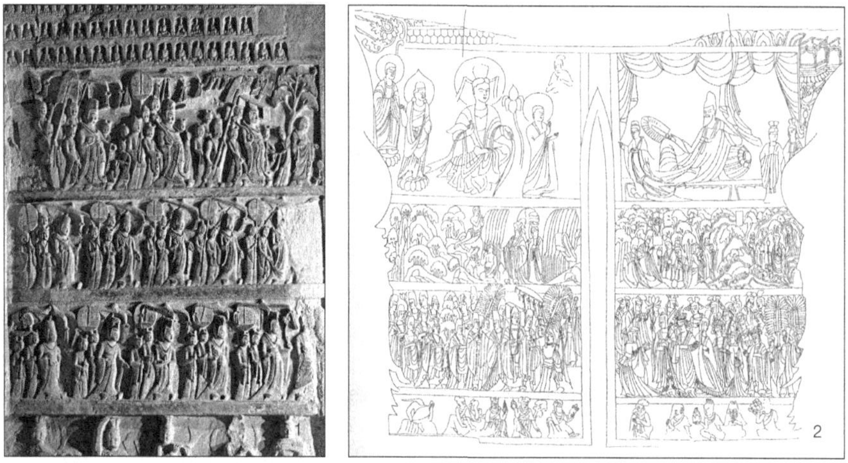

도2-12 중국 鞏県石窟 第1窟 前壁의 皇帝禮佛圖(1)와 龍門石窟 賓陽 中洞의 前壁 浮彫(2)

남조 분묘에서 확인되는 전화(塼畵), 사천성 면양시(綿陽市) 평양부군궐(平楊府君闕)의 궐신조상(闕身造像)(〈도2-11〉)[30]을 비롯하여 북조의 용문석굴(龍門石窟) 빈양중동(賓陽中洞) 전벽 부조, 공현석굴(鞏縣石窟) 제1·3·4굴의 예불도(禮佛圖)(〈도2-12〉), 북조 무덤의 벽화 등에 보이는 출행도(出行圖)가 주목된다. 중국의 남북조시대에는 다양한 종류와 주제를 가진 출행도가 유행했다. 보통 주인공을 중심으로 좌우에 시중을 드는 사람과 호위무사들을 일정한 기준에 따라 배치시켰다. 따라서

30 孫華, 2000, 「四川綿陽平楊府君闕闕身造像」, 『漢唐之間的宗教藝術與考古』(巫泓 主編), 文物出版社, 89~135쪽.

도2-13 부여 정림사지 소조인물상편

정림사지의 정경소상들도 이러한 행렬도나 예불도를 구성하는 장면의 일부를 연출한 것은 아닐까 한다.

최근 정림사지에서 출토된 소조상 중에 이러한 필자의 논지를 보강해 주는 자료가 추가로 발견되어 주목된다. 〈도2-13〉은 국립부여문화재연구소에서 발굴한 것으로 1979년에 발굴한 서회랑지 부근의 기와 구덩이와 동일한 장소에서 추가로 수습되었다.[31] 잔존고 17.6센티미터로 가운데 인물상이 양팔을 벌리고 있고 좌우에 시위하는 인물들이 배치되어 있다. 이 소조상은 기존에 소개된 소조상들과 태토나 소성도가 같고, 머리와 몸통을 별도로 제작한 뒤 접합한 두체별제식, 뒷면이 평평한 편면범을 사용한 단모제 등 제작기법이 동일하다. 다만 세 명의 인물을 하나의 범을 사용해 제작한 것은 이것이 유일하다.

한편 〈도2-14〉는 1979년에 실시한 발굴 조사에서 발견된 소조상편으로 발굴 보고서에는 누락된 것이다. 잔존고 11.6센티미터의 이 소조상은 인물상의 하반신편으로, 하반신의 복식과 오른쪽 다리 부분만 남아 있을 뿐이다. 이 소조상은 다른 정경소상과 달리 옷주름의 일부를 음각으로 처리했고 수날법으로 제작한 것처럼 약간 거친 느낌이지만 복식이 여느 정경소상들과는 다르다.

이러한 인물상편들이 원래 어떤 형태였는지 알 수 없지만, 함께 발견된 승려

31 國立扶餘文化財硏究所, 2011, 『扶餘 定林寺址 發掘調査報告書』, 310~311쪽.

도2-14 부여 정림사지 소조인물상편(미보고 자료)

상이나 시위상, 무사상, 목엽장식의 파편 등 정경소상들을 참고할 때 중국의 공현 석굴이나 돈황석굴(敦煌石窟)에 보이는 황제·황후 예불도 장면이 연상된다(〈도 2-12〉). 특히 〈도2-13〉에서 중앙의 인물은 양팔을 벌리고 당당하게 서 있는데 양팔에서 길게 늘어진 옷자락이 인상적이다. 얼굴이나 관이 남아 있지 않아 단정할 수 없지만 매우 고위의 인물이었던 것은 분명하다. 그런데 〈도2-13〉의 이러한 자세와 복식은 당(唐) 염립본(閻立本)의 「왕회도(王會圖)」〈도2-15〉의 1)에서 보이는 인물상의 형태와 극히 유사하다.

〈도2-15〉의 1은 〈양직공도(梁職貢圖)〉에 묘사된 인물 가운데 맨 앞쪽에 등장하며, 오대남당고덕겸모(五代南唐顧德謙模)의 〈양원제번객입조도(梁元帝番客入朝圖)〉에는 '노국(魯國)'의 사신으로 기록되어 있다(〈도2-15〉의 2). 이때의 '노국'은 동로마, 북위, 동위로 보는 견해가 제시되었지만 최근에는 북위를 가리키는 것으로 이해하고 있다.[32] 이 인물들은 북위(노국)의 사신이지만 한족의 복장인데, 〈도 2-13〉의 인물과 복식, 도상이 그와 매우 유사하다.

〈도2-13〉의 도상은 염립본의 전칭작인 보스턴미술관 소장의 『제왕도권(帝王圖卷)』에 표현된 황제의 자세, 복장, 시종을 양쪽에 거느리고 있는 모습과도 유사하다.[33] 특히 〈도2-13〉은 기존에 소개된 정경소상들보다 크고 복식이 다르다. 이러

32 최근 양직공도의 제기가 추가로 발견되어 魯國은 내용상 '北魏'를 지칭하는 것으로 이해되고 있다. 趙燦鵬, 2011, 「南朝梁元帝職貢圖題記佚文續拾」, 『文史』 2011-4, 中華書局.

33 〈도2-13〉이 〈도2-15〉의 「양직공도」의 도상과 유사하고 또 「帝王圖卷」이나 「維摩經變」 등과도 연관시

도2-15 唐 閻立本『王會圖』 부분(1)과 五代南唐 顧德謙摹『梁元帝番客入朝圖』의 '魯國' 사신 부분

한 점을 종합해 볼 때 정림사지 탑내소상에는 무사상, 시위상, 승려상, 문인상 이외에도 보다 격이 높은 인물상들이 포함되었다고 할 수 있다. 그 원형을 완전하게 복원할 수 없지만 정림사지 탑내소상의 사천주 한쪽 벽면에는 〈도2-11〉, 〈도2-12〉, 〈도2-15〉와 같은 행렬 장면이 부조로 표현되어 있었다고 생각한다.

나아가 〈도2-13〉의 소조상편들이 곧 그것인지는 단정할 수 없지만 중국의 사례를 참고할 때 행렬도나 예불도의 장면에 발원자인 성왕의 모습이 어떤 방식으로든 묘사되었으리라 짐작할 수 있다. 정림사지보다 늦게 제작된 부여 능산리사지나 구아리사지에서 출토된 소조상 중에도 이러한 예불도 장면을 연상시키는 인물상편이 섞여 있어 참고가 된다(〈도2-16〉). 이처럼 정림사지의 탑내소상에 예불도와 같은 장면이 연출된 것은 발원자인 성왕 자신이 불교에 귀의하는 것을 드러냄과 동시에 다양한 인간 군상을 거느리는 모습을 구체화하여 자신의 권위를 과시하고자 했던 것으로도 볼 수 있지 않을까 한다.

한편 정림사지에서는 중형소상으로 봉보주보살상편이 출토되었다(〈도2-4〉의

켜 볼 수 있다는 것은 정림사지의 소조상의 연대나 탑내소상의 정치적 의미를 고려할 때도 중요한 시사를 준다고 생각한다. 「유마경변」과 「제왕도권」, 「양직공도」에 보이는 도상의 의미에 대해서는 다음 논문을 참고. 金惠瑗, 2006, 「돈황 막고굴 당대 〈維摩經變〉에 보이는 세속인 청중의 도상과 의미」, 『미술사의 정립과 확산(2권) - 한국 및 동양의 미술』, 사회평론, 358~361쪽.

도2-16 부여 능산리사지 인물상편(1)과 구아리사지 인물상편(2)

1). 봉보주보살상은 남조의 양과 백제 사비시기, 일본의 아스카시기에 유행한 형식으로 관음보살일 가능성이 일찍부터 제시되었고,[34] 최근에는 봉보주보살상이 원래는 사리 공양을 표현한 것이라는 견해가 제기되고 있다.[35] 즉, 남조나 백제 지역에서 발견된 봉보주보살상 중에 당초 보주로 알려진 것들이 실제로는 사리호나 사리합일 가능성이 크고 이것이 점차 보주로 변화했다는 것이다. 정림사지 출토 봉보주보살상편이나 사리합 같은 지물을 들고 있는 능산리사지 출토 소조불좌상은 모두 목탑을 장엄하던 탑내소상이다. 부처의 진신사리를 봉안하던 탑에 사리를 공양하는 도상을 포함한 것은 일견 타당성이 있다. 그러나 사리의 위상이 그처럼 보조적인 것에 지나지 않았을까 하는 점을 상기하면 동의하기 어려운 부분도 없지 않다.[36]

봉보주보살상의 지물이 사리와 관련 있는지 여부는 알 수 없지만 정림사지 목탑의 한쪽 면에 봉보주보살상과 관련한 도상이 표현되었을 가능성이 있고, 납석제 삼존불편(〈도2-5〉)에도 봉보주보살상이 표현되어 있는 것을 보면 정림사지의 소조상은 분명히 남조의 불교 조상과 밀접한 관련이 있다. 나아가 중형소상의 하나

34 金理那, 1989, 「三國時代의 捧持寶珠形菩薩立像 硏究」, 85~143쪽 및 金理那, 1990, 「寶珠捧持形菩薩の系譜」, 195~200쪽.

35 大西修也, 2002, 「寶珠捧持形菩薩の成立過程について」, 『日韓古代彫刻史論』, 171~189쪽; 車倫貞, 2004, 「三國時代 菩薩像에 대한 一考察: 持物을 중심으로」, 『佛敎美術史學』 2, 109~112쪽.

36 중국 남북조 시기 불사리 신앙과 장엄에 대해서는 다음을 참고. 周炅美, 2002, 『中國古代佛舍利莊嚴硏究』, 一志社, 60~95쪽.

인 봉보주보살상편을 통해 사천성 성도(成都) 지역에서 출토된 군상(群像) 형식의 불교 조상이나 변상도 같은 장면이 포함되었을 가능성을 예상할 수 있다.[37] 즉, 정림사지 기와 구덩이에서 출토된 소조상들은 호류지 오중탑과 유사한 형태로 초층 탑신을 장식했을 것이고, 다른 한쪽 벽면에는 사천성 성도 지역에서 발견된 남조 계통의 불교 조상들과 유사한 장면들이 입체적으로 시각화되어 표현되었을 가능성이 있다.

정림사지 소조상이 목탑의 탑내소상이라고 할 때 현존하는 오층석탑과의 관계가 문제시 된다.[38] 김정기는 정림사가 창건될 때 원래 목탑이 있었으나 소실되었고 그 장소에 현재의 석탑이 건립된 것으로 보았다.[39] 그는 만약 창건 시부터 석탑이 있었다면 그처럼 넓은 면적을 판축할 필요가 없었으며, 석탑의 기단은 석재나 토석혼축을 이용하는 것이 일반적이라고 했다. 즉, 석탑 하부에서 발견된 판축토층은 지표상에 융기된 판축 부분을 석탑 건립 시 삭평한 결과로 해석했다. 금당지나 강당지 부근에서 폭넓게 소토층이 확인된 것을 보면 충분히 수긍할 수 있는 해석이라고 생각한다.[40]

37 成都市 西安路에서 출토된 梁 中大通 2년(530)명 불조상과 成都 萬佛寺 출토 梁 中大通 5년(533)명 불교 조상이 가장 유사하다고 생각된다. 이 불교 조상들의 뒷면에는 정토도와 같은 것이 부조되어 있는데, 이것을 보면 정림사지 목탑의 탑내소상에는 봉보주보살상이 포함된 군상이나 정경소상으로 조합된 행렬도 이외에 경전에 근거한 변상도의 일부가 다른 벽면을 장식했을 가능성도 있다.

38 정림사지 오층석탑의 건립시기를 추정할 때 가장 먼저 고려할 점은 초층 탑신에 새겨진 '大唐平百濟國碑銘'이다. 이 명문을 근거로 소정방이 백제를 멸망시킨 후 그것을 기념하기 위하여 오층석탑을 세우고 비명을 새겼을 가능성이 제기될 수 있기 때문이다. 이 명문의 작성 시기는 顯慶 5년(660) 8월 15일로 기록되어 있다. 나당연합군의 공격으로 웅진성으로 옮겨갔던 의자왕이 사비로 돌아와 항복한 것은 660년 7월 18일이고, 동년 9월 3일 소정방은 유인원으로 하여금 사비성을 지키게 하고 당으로 돌아갔다. 따라서 의자왕의 항복과 비명이 작성된 시차는 불과 1개월밖에 되지 않는다. 전란기라는 특수성을 감안할 때 1개월이라는 단기간에 오층석탑을 건립하고 비명을 새겼다는 것은 불가능한 일이다. 소정방은 사비 도성의 중심부에 위치하고 백제를 상징하는 가장 핵심적인 사찰인 정림사지의 상징성을 알고서 의도적으로 이곳에 전승기념문을 새긴 것으로 보아야 할 것이다.

39 金正基, 1984, 「彌勒寺塔과 定林寺塔 - 建立時期의 先後에 관하여 -」, 『考古美術』 164, 2~8쪽.

40 최근 금당지에 관한 발굴 결과, 백제 창건기의 금당 기단토는 30센티미터 정도만 남긴 채 삭평되고 그 위에 고려시대의 금당지의 적심석이 배치되어 있는 것이 확인되었다. 그런데 고려시대의 금당지의 적심석이 발견된 지점의 높이와 석탑의 지면이 거의 같았다. 탑의 기초부는 중심 사역 내부보다 높은 것이 일반적이기 때문에 이것은 현재의 석탑 지면이 창건 당시의 것이 아니라는 것을 시사한다. 한편 중

양 무제의 장간사(長干寺) 사리 수습 과정과 쌍탑의 건립 경위를 통해서도 알 수 있듯이, 불탑의 훼손으로 인해 그 장소에 새롭게 불탑을 재건하는 것은 당시에는 결코 특이한 일이 아니었다.[41] 북조 계통의 목탑은 항토적심(夯土積心)을 이용해 건립했기 때문에 화재 시에 다량의 건축 폐기물이 발생하지만 남조에서는 목조 가구 위주여서 좀 더 쉽게 구기(舊基)를 재이용할 수 있었으리라 생각된다. 익산 제석사지 폐기장 유적[42]이나 일본 가와라데라(川原寺) 뒷산(裏山) 유적[43]도 이와 관련 있을 것이다.

그런 점에서 현존 오층석탑은 미륵사지 석탑보다 약간 늦은 시기에 건립되었을 것으로 생각된다. 즉, 최근 발굴된 미륵사지 서석탑 출토 사리봉안기의 제작 시기인 639년보다 약간 늦은 무왕대 후반이나 의자왕대 초반의 어느 시기였을 것이다. 정림사지에서 7세기 전반에서 중엽으로 편년되는 단판칠엽연화문와당이 다량 수습되어 이를 뒷받침한다(〈도2-17〉).

정림사지 출토 소조상의 제작 시기는 판축토층에서 출토된 삼족토기나 중국제 청자호편과 같은 공반 유물을 볼 때 그 상한이 사비 천도(538년) 이전까지 소급된다. 강당지 주변에서 출토된 청자호편은 동체편으로 잔존 높이 8.8센티미터, 최대 폭 12.1센티미터, 두께 0.8~1.0센티미터로 태토는 회백색이며 광택 있는 황록색의 유약을 발랐다(〈도2-18〉). 이 유물은 무령왕릉 출토 청자육이호와 유사하지만 연화문이 상하로 마주보고 배치되어 있고 연판의 형태가 약간 다르다.

이것과 가장 유사한 사례는 남경 대문산(對文山) 남조묘(南朝墓)에서 출토된

문지에서 연지로 이어지는 부근의 트렌치 소사 결과, 중문지의 북쪽 부분은 창건 당시에 성토가 이루어졌지만 그 남쪽 일대는 후대에 다시 성토를 행한 것으로 드러났다. 이것은 창건 이후 특히 7세기 중엽에 금당과 탑, 중문 등의 건물지의 기반토가 삭평되고 나서 기존의 목탑 위치에 석탑이 건립된 것을 확인시켜주는 것으로 이해할 수 있다(朴淳發, 2009, 『百濟의 都城』, 충남대출판부, 282~284쪽).

41 長干寺에 대해서는 早稲田大學大學院東洋美術史 編, 2009, 「美術史料として讀む『集神州三寶感通錄』-釋讀と硏究(2)-東晋金陵長干塔緣二」, 『奈良美術硏究』 8 참조.

42 圓光大學校博物館, 2006, 『益山 王宮里 傳瓦窯址(帝釋寺廢棄場) 試掘調査報告書』.

43 網干善敎, 1974, 「飛鳥川原寺裏山遺蹟と出土遺物」, 『佛敎藝術』 99; 松下隆章 編, 1977, 『硏究發表と座談會: 川原寺裏山遺蹟出土品について』, 佛敎美術硏究上野記念財團助成硏究會; 關西大學文學部考古學硏究室, 2012, 『飛鳥·川原寺裏山遺跡と東アジア-資料集』, 國際シポジウム實行委員會.

도2-17 부여 정림사지 출토 단판7엽연화문와당(지름 14.7)

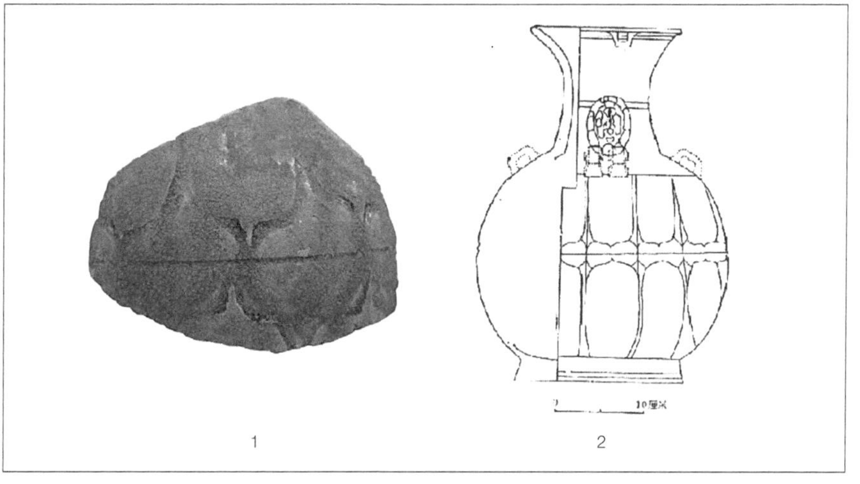

도2-18 부여 정림사지 출토 중국제청자호편(1, 高8.8)과 南京 對文山 南朝墓의 청자연화문호(2)

청자연화문호이다(〈도2-18〉의 2).[44] 대문산 남조묘 출토품은 상복과 하복을 구분하는 얕은 선이 돌아가고 11판의 복연과 앙련이 연판 끝에 마주하고 있으며 황갈색의 유약이 발라져 있다. 다만 연판 사이에 간판이 있고 연꽃잎이 상하로 길게 선각된 점은 정림사지 출토품과 차이가 있다. 이 무덤의 연대에 대해 보고자는 남경 연

44 南京市文物保存委員會, 1980, 「南京郊區兩座南朝墓清理簡報」, 『文物』 1980-2其, 26쪽.

자기(燕子機)에 있는 양(梁) 보통(普通) 2년(521년)묘와 무덤의 구조, 평면 형태, 결구 수법 등이 매우 유사하므로 이와 같은 시기일 것으로 추정했다.[45]

그런 점에서 정림사지의 상한을 520년대까지 소급할 수 있지만 이 연대가 곧 소조상의 제작 시기나 정림사지의 창건을 의미하지는 않는다. 왜냐하면 이 청자편들은 생활용기로서의 성격이 강해 전세(傳世)되었을 가능성이 크기 때문이다. 정림사지에서 가장 많은 수량이 출토된 수막새와 토기들 가운데 사비 천도(538년) 이전으로 소급되는 유물은 거의 없다. 아울러 520~530년대 웅진 도성에 대통사가 건립되고 있었기 때문에 그러한 분위기에서 사비 지역에서 사원을 건립하기 시작했다고 생각되지 않는다. 사비 천도 당시 도성 내부는 부소산성과 나성을 비롯한 방어시설과 왕궁이나 관아 같은 주요 시설만 갖추어진 상태였고, 사원이나 귀족의 저택 등은 천도 이후에 점진적으로 정비된 것으로 이해되는 점도 참고할 필요가 있다.[46] 석탑 하부의 성토층에서 발견된 삼족토기와 강당지 주변에서 발견된 청자편은 정림사의 창건이 사비 천도 이전까지 소급될 가능성을 보여주는 자료 정도로 평가할 수 있을 것이다.

정림사지의 건립시기를 논의할 때 가장 많이 활용된 자료는 소조인물상, 그 중에서도 특히 농관을 쓴 인물상이다. 초기 연구자들은 이곳에서 출토된 농관을 쓴 두상이 북위 도용(특히 원소묘[元邵墓])과 유사한 점을 들어 정림사지가 사비 천도 직후에 건립되었으며 북위 계통으로 이해했다.[47] 하지만 농관을 쓴 도용만으로 제작 시기와 계통을 단정할 수 있을까. 북위나 동위 무덤에서 출토된 농관을 쓴 도용의 두상과 신상의 형태는 시기가 뒤로 갈수록 점차 풍만해지는 경향이 있으며[48] 모두 양면범을 이용한 합모제로 제작되었다. 남조 지역에서도 소제시기(蕭齊時期,

45 한편 南京 燕子機의 梁 普通 2년묘와 對文山 南朝墓는 그 규모나 구조가 공주 무령왕릉과 가장 유사하다는 견해(權五榮, 2002, 「喪葬制를 中心으로 한 武寧王陵과 南朝墓의 比較」, 『百濟文化』 31, 60쪽)를 참고하면, 이 유물은 무령왕릉을 축조할 당시에 전래되었을 가능성도 없지 않다.

46 李炳鎬, 2002, 「百濟 泗沘都城의 造營過程」, 『韓國史論』 47, 104~121쪽.

47 文明大, 1981, 「扶餘 定林寺 터에서 나온 佛像과 陶俑」, 『季刊 美術』겨울호, 118~119쪽.

48 남북조시대의 불상이나 소조상, 벽화에 묘사된 인물조형은 양 무제 중기를 전후로 顧愷之와 陸探微의 '秀骨淸像'에서 張僧繇의 '骨氣奇偉'로 변화하여 북위 말부터는 육감적인 육체 표현이 유행했다. 宿白, 2000, 「5·6世紀, 北中國における人物造形上の變化と諸問題」, 『中國國寶展』, 東京國立博物館, 253~258쪽.

479~502)로 추정되는 단양현(丹陽縣) 호교(胡橋) 오가촌묘(吳家村墓)에서 농관을 쓴 석용(石俑)이 출토되었고,[49] 최근 남경 영산묘(靈山墓)에서 농관을 쓴 도용이 새롭게 소개되었다(〈도2-19〉).[50] 현재까지의 자료만을 볼 때 정림사지의 소조 인물상의 제작 시기는 북위 말기부터 동위의 도용 또는 양 말기에서 진 초기의 도용과 유사하다고 할 수 있다.[51] 따라서 정림사지 소조 인물상들은 538년 사비 천도 전후의 어느 시기에 제작되었을 가능성이 높으며 단순히 북조 계통의 유물이라고 단정하기는 어렵다.

도2-19 南京 靈山墓 출토 籠冠俑(高33.5)

지금까지 정림사지에서 출토된 소조상과 공반 유물의 검토를 통해 그 제작 시기가 사비 천도 직전·직후의 어느 시기였을 것으로 추정해보았다. 이와 관련해 『양서(梁書)』 등의 기록이 주목된다.

> 중대통(中大通) 6년(534)과 대동(大同) 7년(541) 여러 차례 사신을 보내 방물(方物)을 바쳤다. 동시에 글월로써 열반(涅槃) 등의 경의(經義)와 모시박사(毛詩博士) 및 공장(工匠)·화사(畫師) 등을 청하니 이를 허락했다.[52]

이 기록은 백제 성왕 19년(541)에 양 무제가 백제의 요청으로 열반경 등의 경

49 南京博物院, 1980, 「江蘇丹陽縣胡橋,建山兩座南朝墓葬」, 『文物』 1980-2期, 116쪽.

50 南京市博物館, 2004, 『六朝風采』, 文物出版社, 294쪽(도판238). 南京 靈山墓는 551년에 죽은 陳文帝의 무덤으로 알려져 있고, 이와 관련된 보고서는 다음을 참고. 南京市博物館, 2012, 「南京市靈山南朝墓發掘簡報」, 『考古』 2012-11期, 52~61쪽.

51 최근 남북조시대의 분묘에서 출토된 농관용의 분석 결과도 이와 부합한다. 박순발, 2008, 「百濟 籠冠俑 硏究」, 『百濟硏究』 48.

52 中大通六年, 大同七年, 累遣使獻方物. 并請涅盤等經義, 毛詩博士并工匠畫師等, 敕並給之. (『梁書』列傳 권54 百濟條). 이와 거의 동일한 내용이 『南史』列傳 권69 百濟條와 『三國史記』 百濟本紀4 聖王 19년조에 기록되어 있다.

의와 모시박사, 공장, 화사 등을 보내주었음을 알려준다. 먼저 백제에서 541년 양나라에 사신을 파견한 것은 사비 천도 이후 첫 번째 조공 기록이라는 점에서 주목할 필요가 있다. 538년 사비 천도를 단행한 백제 성왕은 어느 정도 도성의 정비가 이루어지자 이때 양나라에 공식적으로 천도의 사실을 알렸을 가능성이 있다.[53] 541년 임나부흥회의가 사비의 왕정에서 개최된 점을 보면 이 시기에 사비 도성 내부의 주요 시설이 어느 정도 정비되었을 것으로 생각되기 때문이다.[54]

그런데 이 사료를 볼 때 백제는 양나라에 천도 사실을 알리면서 새로운 도성의 운영에 필요한 제도나 기술·문물을 구체적으로 요청한 것으로 생각된다. 이때 양 무제가 보내준 공장과 화사 등은 백제에서 일본에 파견한 여러 박사들처럼[55] 고도의 전문 기술자나 지식인이었을 것이다. 백제는 사비 천도 이후 도성의 정비, 예를 들면 국가적 상징물의 건립에 필요한 전문 기술자를 요청했고, 불교 경전, 모시박사, 공장, 화사는 이에 필요한 전문지식과 기술 자문, 전수자의 역할을 한 것으로 생각된다. 그리고 이때 양에서 건너온 공장이나 화사의 활동 결과가 정림사의 건립으로 나타났고, 특히 목탑의 건립과 탑내소상의 제작은 이들의 지도와 백제 공인의 협력으로 완성되었을 것으로 생각된다.[56]

지금까지 정림사지 소조상의 계통에 대해서는 북조 도용이나 낙양 영녕사 출토 소조상과의 유사성에서 북조 계통으로 파악되었다. 하지만 『양서』 등의 기록이 부여 정림사지의 창건과 연관된다는 추정이 타당하다면 그 계통은 북조가 아닌 남조에서 찾아야 할 것이다. 5세기 후반부터 567년까지 백제와 북조 국가 사이에 공식적인 사신 왕래가 전무했던 점이나 정림사지에서 봉보주보살상 같은 남조 특

53 그런 점에서 중대통 6년(534)의 사신 파견은 538년 백제에서 천도를 준비하고 있다는 것을 양에게 통보했을 가능성도 배제하기 어렵다.

54 李炳鎬, 2003, 「百濟 泗沘都城의 構造와 運營」, 『한국의 도성 - 도성조영의 전통』, 서울학연구소, 38쪽.

55 山尾幸久, 1989, 「ヤマト國家の形成と日朝關係」, 『古代の日朝關係』, 塙書房, 313~316쪽; 李成市, 2014, 「古代日朝文化交流史」, 『古代日本と古代朝鮮の文字文化交流』, 大修館書店, 6~11쪽.

56 단, 정림사지에서 사비 천도 이전으로 소급되는 유물이 출토되거나 제2부 제2장에서 검토하는 것처럼 이 사원이 왕궁을 의식하고 의도적으로 배치된 것이라면, 사비 천도 당시부터 이 장소에 사원을 만들려는 기획안이 있었고, 그 과정에서 백제 내부에서 부족한 기술을 양에 구체적으로 요청했을 것으로 생각한다.

유의 불교 조상이 함께 발견된 점도 주목해야 할 것이다.

한편 남경 상정림사가 부여 정림사의 모델이라는 추정이 있다.[57] 그런데 상정림사로 추정되는 종산2호사지에서 출토된 소조상편들(〈도2-10〉의 1)은 편면범을 활용한 두체별제식의 제작방식, 손에 묻어날 정도로 연한 소성도, 채색 흔적과 색채, 일부 두상에 황갈색의 유약이 사용된 점, 입상에 세울 수 있도록 바닥에 작은 구멍을 뚫은 점 등 그 제작기법이 정림사지 소조상과 일치한다. 이것은 부여 정림사지 소조상의 제작에 남조계 기술공인이 참여했을 가능성을 더욱 높여준다. 그런 점에서 부여 정림사지에서 발견된 봉보주보살상을 비롯한 다양한 형식의 소조상들은 현재 공백으로 남아 있는 남조의 불교미술을 해명하고 나아가 동아시아에서 남조 불교문화의 위상을 정립하는 데 중요한 자료로 활용될 수 있을 것으로 기대된다.

541년의 문물 교류는 소조상뿐만 아니라 연화문와당의 제작이나 녹유제품의 생산에도 일정한 영향을 주었을 것으로 생각된다. 먼저 연화문와당을 살펴보자. 정림사지에서는 크게 세 가지 형식의 소판팔엽연화문와당이 출토되었다(〈도2-20〉의 1~3).[58] 그중 가장 많이 출토된 A유형(가메다 슈이치의 분류 IB유형)과 C유형(가메다 슈이치 분류 IA유형)은 연판의 형태나 중방에 권선이 있는 점, 연판과 주연 사이가 넓은 점에서 6세기 후반에서 7세기 전반에 제작된 것으로 생각된다.[59] 하지만 B유형에 대해서는 약간의 검토가 필요하다. 이 연화문와당은 중방의 크기가 작고 연판이 얕게 새겨져 있으며 끝부분에 가느다란 능선의 흔적이 있다. 간판은 T자형을 이루면서 연속되는 듯한 느낌을 주며 뒷면에는 회전 물손질의 흔적이 남아 있다.

57 楊泓, 2002, 「百濟定林寺遺址初論」, 『宿白先生八秩華誕紀念文集』, 文物: 2007, 『中國古兵與美術考古論集』, 文物.

58 尹武炳, 1981, 『定林寺 - 定林寺址發掘調査報告書』, 33~34쪽. 하지만 1980년대 발굴품은 물론 1942년도의 발굴조사에서도 다수의 단판연화문와당이 포함되어 있기 때문에 최소 네 가지 형식 이상이 존재하였음을 알 수 있다.

59 龜田修一은 A·B·C유형 모두를 6세기 후반에서 말기로 파악한 바 있는데, 그중 B유형이 고식에 속하는 것으로 보았다. B유형의 연대는 소조상의 제작 시기를 6세기 후반으로 보고 이와 동시기일 것으로 이해하였다. 龜田修一, 2006, 「熊津·泗沘時代の瓦」, 『日韓古代瓦の硏究』, 59쪽.

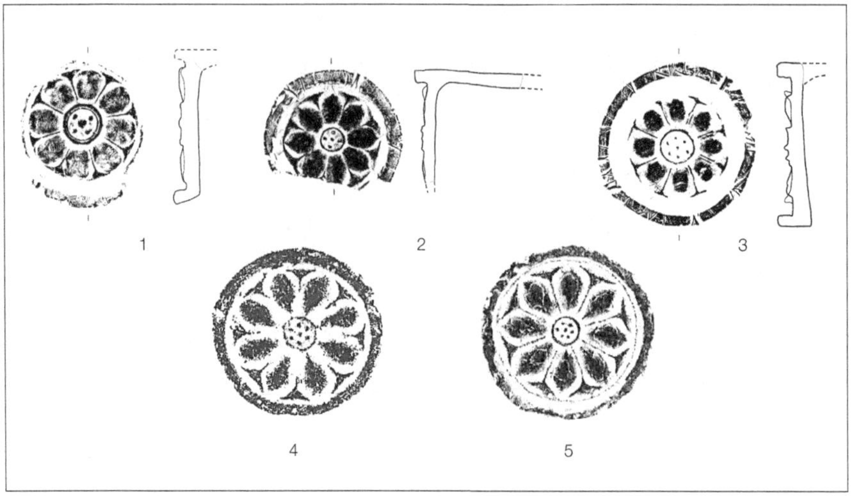

도2-20 부여 정림사지(1.A유형, 2.B유형, 3.C유형)와 南京 출토 연화문와당(4.南京 梁 南平王 蕭偉墓闕, 5.南京 鍾山 2호寺址)(축척부동)

그런데 남경의 양(梁) 남평왕(南平王) 소위묘궐(簫偉墓闕)과 남경 종산2호사지 유적에서도 이와 비슷한 연화문와당이 출토되었다(〈도2-20〉의 4·5).[60] 정림사지의 B유형에서 남조 와당의 특징으로 알려진 드림부 뒷면의 회전 물손질 기법이 확인되고, 대통사지에서 출토된 와당과 동일하게 드림부와 수키와부를 접합할 때 선단부를 비스듬하게 잘라낸 다음 접합시키는 II2a 제작기법도 확인된다.[61] 남조 초기 연화문와당의 특징인 끝이 뾰족한 연판과 연판에 능선 같은 것이 남아 있는 것은 B유형에서만 확인된다.[62] B유형 와당은 웅진시기에 유행한 대통사식(II1a기법, 〈도1-12〉의 8) 연화문와당과 제작기법상으로 연결되면서도 연판의 형식이 전혀 다른

60 정림사지의 A·C유형은 양 소위묘의 I·II형식(도16·17)과 B유형은 Ⅲ형식(도10-2·도22-3)과 비슷하고, 남경 종산 출토품 중 B·C·J·F형과 비슷하다. 특히 정림사지 B유형은 종산 출토 B유형(도11·13)과 유사한 점이 있다. 南京市文物硏究所·南京栖霞區文化局, 2002, 「南京梁南平王簫偉墓闕發掘簡報」, 『文物』 2002-7其, 63~69쪽; 賀云翺, 2005, 「南京鍾山二號寺遺址出土瓦當初探」, 407쪽.

61 淸水昭博, 2004, 「百濟'大通寺式'軒丸瓦の成立と展開」, 61~62쪽.

62 최근의 남조 지역에서 출토된 연화문와당에 관한 연구와 신자료의 소개는 다음을 참고. 賀云翺, 2005, 『六朝瓦當與六朝都城』, 賀云翺, 2010, 「南朝瓦總論」, 『古代東アジアの造瓦技術』 奈良文化財硏究所硏究報告 第3冊; 王志高, 2011, 「六朝 建康城유적 출토 陶瓦의 관찰과 연구」, 『한국기와학회 제8회 정기학술대회 기와의 생산과 유통』; 井內潔, 2012, 『井內古文化硏究室所藏 中國六朝瓦圖譜』, 井內古文化硏究室.

도2-21 부여 금성산 녹유기대편(1, 高17.5)과 공주 송산리 기대(2, 高73.0), 나주 복암리 1호분의 녹유탁잔(3, 지름20.7)

모습을 보이고 있다. 따라서 필자는 B유형이 정림사 창건기의 기와로 541년 남조계 공장들이 새롭게 도입한 것이 아닐까 추정한다.

정림사지 출토 소조상 중에는 불두 A나 F처럼 황갈색 계통의 유약이 시유된 것이 다수 있다(〈도2-6〉). 소형소상의 불두류는 부분적으로 유약이 떨어져 나갔지만 황갈색의 연유가 잘 남아 있어 사비시기에 성립한 '백제 연유(鉛釉)'의 선구적인 모습을 보여준다. 백제 연유 제품은 정림사지 불두류 외에도 능산리사지 출토 녹유병편, 부여 금성산 출토 녹유기대편, 부여 동남리 유적 출토 녹유병편과 녹유완편, 나주 복암리1호분 출토 녹유탁잔, 순천 검단산성 출토 녹유도연편과 녹유병편, 여수 고락산성 출토 녹유완, 미륵사지 출토 녹유와당 등처럼 다양한 종류가 제작·유통되었다(〈도2-21〉).[63] 즉, 사비 천도 이후 6세기 중엽에 출현해 7세기대부터 종류가 다양해지고 지역적으로도 확대되는 경향을 보인다.

부여 금성산 출토 녹유기대편은 공주 송산리 출토 고복형기대(鼓腹形器臺)와

63 金英媛, 1998, 「百濟時代 中國陶磁의 輸入과 倣製」, 『百濟文化』 27, 76~79쪽.

유사한 고사리문양으로 장식되어 있어 웅진시기까지 소급될 여지는 없는지 살펴볼 필요가 있다(〈도2-21〉의 1과 2).[64] 전자는 후자에 비해 고사리문양 장식이 더욱 퇴화된 형식이며 목 부분의 원형 투창이나 그릇을 받치는 부분의 형태가 달라지는 등 부여 신리 출토 기대와 더 유사하다.[65] 녹유의 발색이 부드럽고 정제된 것을 보면 정림사지 소조 불두보다 늦은 6세기 중엽 이후에 제작된 것으로 생각된다. 그런 점에서 정림사지 소조상들 중에서 발견된 녹유 제품은 현재까지 백제 지역에서 발견된 가장 이른 시기의 사례라고 할 수 있다. 정림사지 소조상들은 대부분 성형 이후 채색 공정을 거쳤는데 그러한 공정이 시유·소성하는 방식과 함께 사용되었을 것이다.[66] 따라서 소조상의 시유를 포함한 백제 연유의 출현 배경에도 541년 남조에서 건너온 공인의 기술 전수가 있었을 가능성은 충분하다. 541년 백제에 건너온 공장과 화사는 정림사지의 소조상 제작뿐만 아니라 연화문수막새와 녹유 제작 기술을 포함한 다양한 방면에서 새로운 기술을 전해주었던 것이다.

541년 양 무제의 기술자 파견은 국가와 국가 간의 공식적인 교류 과정이었다. 그런 점에서 당시 백제에 파견된 공장과 화사는 양의 중앙 행정관서에 소속된 기술공인이었을 가능성이 높다.[67] 공주 무령왕릉에서 출토된 방격규구사신경(方格規矩四神鏡)에는 '尙方作鏡(상방작경)'이라는 명문이 남아 있어 상방에서 제작한 청동경이 백제에 전래되었음을 알 수 있다.[68] 상방은 한대에 설치된 관서명으로 소부(少府)라는 중앙 행정관서의 속관이었다. 원래 천자의 어물을 만들고 보관하는 일을 담당했는데 위진대에 좌·우·중 상방으로 분화된다.[69] 양대에도 그러한 전통이

64 國立中央博物館, 1999, 『特別展 百濟』, 143쪽(도판267), 177쪽(도판326), 184쪽(도판341).

65 松井忠春, 1995, 「韓國の土器文化について-百濟の長鼓形器臺とその性格」, 『激動の古代東アジア-6·7世紀を中心に』, 帝塚山考古學硏究所, 133쪽.

66 李炳鎬, 2005, 「扶餘 定林寺址 出土 塑造像의 製作技法과 奉安場所」, 58쪽.

67 물론 백제에서는 외교의 일환으로서뿐만 아니라 다른 루트를 통해서도 외국의 기술자들을 도입하였을 것이다(窪添慶文, 2010, 「南北朝時代の國際關係と佛敎」, 『古代東アジアの佛敎と王權』, 勉誠出版, 287쪽). 하지만 정림사지에서 처음으로 확인되는 새로운 문물이나 기술들은 541년의 기술 도입 과정에서 백제에 들어온 것으로 보아 무리가 없다고 생각한다.

68 樋口隆康, 1972, 「百濟武寧王陵出土鏡と七子鏡」, 『史林』 55권4호, 414~415쪽.

69 佐藤武敏, 1962, 『中國古代工業史の硏究』, 吉川弘文館, 80~86쪽; 桃崎祐輔, 2005, 「七支刀の金象嵌銘

이어졌는데 소부에는 상방과 견관서(甄官署) 등이 배속되어 있었다. 소부와 함께 중요한 중앙 관영 수공업 관서로 장작대장이 있었다. 장작대장은 주로 토목공사와 관련된 업무를 맡았는데 건축 재료나 전와(磚瓦)의 제작, 조선(造船) 등의 일을 관리했다.[70] 이러한 점에서 볼 때 541년 백제로 건너온 공장과 화사에 양의 소부나 장작대장 소속의 기술자들이 포함되었을 가능성이 있다. 백제로 건너온 양의 관영 수공업 소속의 기술자들은 와공과 같은 백제의 현지 공인들을 폭넓게 동원해 임무를 수행했을 것이다. 그 과정에서 여러 부문의 기술 전수가 이루어졌고, 그들이 점차 백제 내부에서 와박사(瓦博士), 사공(寺工), 화사(畫師) 같은 관영 공방의 기술계 관료로 성장했을 것으로 생각된다.

2) 정림사식 가람배치의 성립

부여 정림사지는 사비 천도 이후 가장 이른 단계에 건립된 사원이라 할 수 있다. 그런 점에서 사비시기 백제의 가람배치는 기본적으로 정림사지가 중요한 모델이 되었음은 쉽게 짐작할 수 있다. 이에 필자는 '정림사식 가람배치'라는 개념을 설정해 백제 가람배치의 특징과 변천을 설명하고자 한다. 이 용어는 일본의 아스카데라식 가람배치나 시텐노지식 가람배치, 호류지식 가람배치 등을 참고해 만들어낸 조어이다. 이러한 양식의 가람배치는 사비 천도 이후 정림사지에서 처음으로 성립된 뒤 백제 멸망기까지 지속되었기 때문에 그 성립 과정이나 특징, 전개 과정이 곧 백제식 사원의 성립 및 전개 과정이라 할 수 있다.

지금까지 정림사지의 가람배치에 대해서는 후지사와 가즈오의 가람배치안(〈도2-22〉의 1)이 원형을 가장 잘 보여준다고 간주되었으며, 1979년 윤무병의 발굴 조사에서 이를 재확인했다(〈도2-22〉의 2).[71] 정림사지에 관한 기존의 발굴 조사

技術にみる中国尚方の影響」, 『文化財と技術』 4, 147~162쪽.

70 高敏, 1996, 『魏晋南北朝經濟史』下, 上海人民出版社, 811쪽.

71 藤澤一夫, 1971, 「古代寺院の遺構に見る韓日の關係」, 『アジア文化』 8卷2號; 尹武炳, 1981, 『定林寺 - 定林

에서는 중문, 석탑, 금당, 강당이 남북으로 일직선상에 위치하고 주위를 회랑으로 구획한 것으로 해석했다. 그런데 윤무병은 가람 중심부를 둘러싼 회랑의 형태에 대해 약간의 의문을 제기했다. 즉, "가람 중심부를 둘러싼 회랑의 전형이 똑바로 장방형을 이루지 못하고 북쪽으로 갈수록 동·서 회랑 사이의 간격이 벌어졌다. 다시 말하면 매우 경미한 정도이지만 그 평면형이 제형(梯形)을 이루고 있었고, 1979년의 발굴 조사에서도 북회랑의 흔적은 확인할 수 없었다"고 밝혔다.[72]

이러한 의문은 2008년 국립부여문화재연구소의 재조사에서 관련 유구가 드러나면서 새로운 국면을 맞았다.[73] 국립부여문화재연구소의 세 번째 발굴 조사에서는 동서 회랑의 북쪽이 북회랑을 통해 강당으로 직접 연결된 것이 아니라 별도의 '부속건물'을 통해 연결되어 있는 것을 확인했다(〈도2-22〉의 3). 또한 강당과 동·서 회랑이 북회랑과 마찬가지로 직접 연결되지 않고 강당 동서쪽에 독립된 별도건물이 있었을 가능성이 함께 제기되었다.

정림사지의 재조사에서 새롭게 드러난 부속건물은 식민지 시기에 발굴된 군수리사지와 동남리사지를 비롯해 1990년대에 조사된 능산리사지, 2000년대에 발굴되고 있는 왕흥사지와 제석사지에도 이와 유사한 건물이 존재한다는 것을 재인식하거나 재확인하는 계기가 되었다.[74] 이 건물지들은 고구려, 신라, 일본의 고대 사원에서는 아직 실체가 확인되지 않은 매우 특징적인 것이다.

그렇다면 백제 사원의 회랑 북단의 '부속건물'은 어떤 성격의 건물일까. 이에 대해 가장 먼저 의견을 내놓은 인물은 사가와 마사토시(佐川正敏)이다. 그는 6~7세기 전반 일본에서 회랑에 승방이 배치된 예가 없고 승방은 별도의 시설이었기 때문에 이 건물이 아스카데라에서 동·서 금당으로 변형되었을 가능성이 있다고

寺址發掘調查報告書』.

72 尹武炳, 1981, 『定林寺 - 定林寺址發掘調査報告書』, 60쪽.

73 국립부여문화재연구소, 2011, 『扶餘 定林寺址 發掘調査報告書』.

74 李炳鎬, 2011a, 「植民地期における扶餘地域の寺址調査に對する再檢討 」, 『奈良美術研究』 11. 백제 사원을 비롯한 한국의 고대사원에서 북회랑의 도입 시기에 대한 문제의 중요성을 처음으로 지적한 것은 金正基로 1970년대 초반의 일이다(金正基, 1971, 「韓國の寺院遺跡について」, 『佛敎藝術』 83). 그 후 1988년의 논문을 통해 계속해서 자설을 보완했지만(金正基, 1988, 「韓國古代伽藍의 實態와 考察」, 『蕉雨黃壽永博士古稀紀念 美術史學論叢』, 通文館), 최근까지도 이에 관한 별다른 논의의 진전이 없었다.

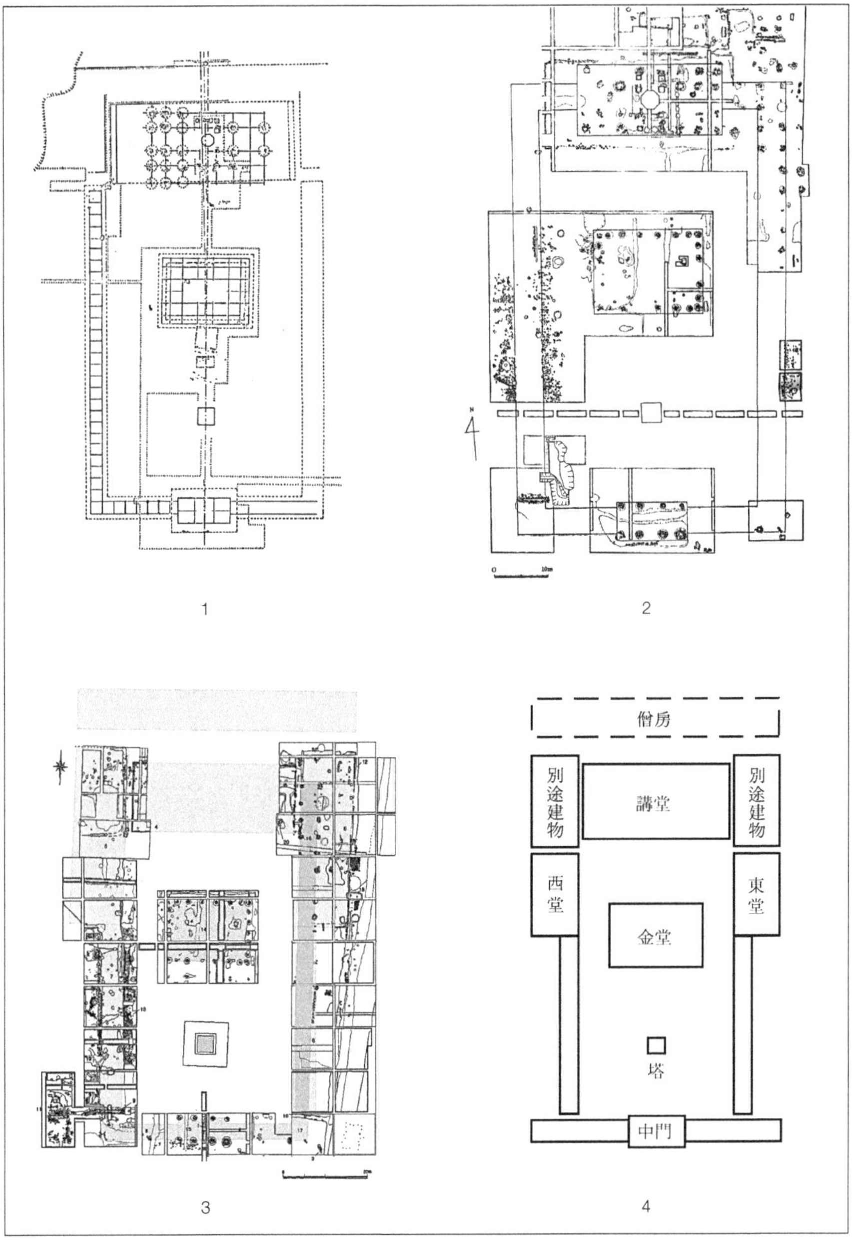

도2-22 부여 정림사지 가람배치안(1.藤澤一夫, 2. 尹武炳, 3.국립부여문화재연구소, 4. 필자의 수정안)

했다.[75] 이 견해는 일본 최초의 본격적인 사원인 아스카데라 삼금당의 원류를 지금까지 고구려에서 찾으려고 했던 학설을 비판하면서 아스카데라의 가람배치가 백제에서 연원했을 것이라는 가능성을 제시한 점에서 평가할 만하다. 그러나 백제 사원의 부속건물지는 세장한 형태를 이루면서 여러 개의 실(室)로 구성되었고 가람 중심부에서 벗어나 동·서쪽에 서로 대칭으로 배치된 점에서 금당처럼 중심적인 전각이라고 보기는 어렵다.

부여 지역의 폐사지 가운데 부속건물의 성격을 파악할 수 있는 곳은 능산리사지밖에 없다. 능산리사지의 가람 중심부뿐만 아니라 주변부가 조사되었고 그 내부에서 창왕명 석조사리감을 비롯한 여러 유물과 다량의 목간이 출토되어 각 건물지의 성격을 어느 정도 유추할 수 있기 때문이다(〈도3-2〉). 다량의 목간은 중문지 남쪽의 초기 자연배수로에서 출토되었다.[76] 이 목간들은 567년 목탑을 건립하던 단계의 전후에 북쪽의 건물군에서 사용되다가 폐기되어 떠내려온 것으로 생각된다. 능산리사지에 대한 토층 조사 결과 그곳은 원래 북고남저의 지형이었는데 이를 보완하기 위해 대규모 성토작업을 실시한 것으로 확인되었다. 또 곡간에서 계속 물이 솟아나 이중의 대형 배수로와 다수의 암거가 설치되었다. 그런데 인공적인 배수시설이 설치되기 이전 자연배수로만 있었던 단계에는 북쪽에 모종의 시설이 있었고 그곳에서 사용하던 목간과 삭설(削屑. 목간부스러기)들이 발견된 것이다.

뒤에서 살펴보겠지만 그곳에서 출토된 목간들은 기재 내용과 출토 양상에서 볼 때 554년 관산성 전투에서 전사한 성왕 이후 이 일대에서 행해진 각종 의례나 물품의 이동, 행정 행위와 관련 있는 것으로 생각된다(제3부 제1장 참조). 대부분의 목간은 567년 목탑 건립 공사 전후에 폐기된 것으로 생각되지만 6세기 후반에 폐기된 일부 목간도 있다. 따라서 능산리 출토 목간은 '능산리사지의 조영과 운영 과정'에서 사용하다가 폐기된 것이라 할 수 있다. 한편 능산리사지에서 출토된 와당을 분석한 결과 이 사원의 가람 중심부는 다른 사원과 달리 강당지와 그 좌우측의

75 佐川正敏, 2010,「王興寺と飛鳥寺の伽藍配置·木塔心礎施設·舍利奉安形式の系譜」,『古代東アジアの佛教と王權』, 勉誠出版, 164쪽.

76 國立扶餘博物館, 2007,『陵寺－扶餘 陵山里寺址 6~8次 發掘調查報告書』.

별도건물지(공방지II, 불명건물지I) 그리고 회랑지 북단의 부속건물지(공방지I, 불명건물지II)가 먼저 건립되고, 그 후 목탑과 금당, 중문, 회랑 등이 순차적으로 건립된 것으로 추정되었다. 강당지를 중심으로 한 초기 건물군은 건물의 구조와 배치를 비롯해 불교 관련 내용은 물론 각종 제사 관련 기록이 함께 나오는 목간의 기재 내용 등을 종합적으로 고려할 때 능산리 고분군, 특히 성왕릉의 사묘(祠廟) 또는 사당(祠堂)과 같은 시설이었으리라 생각된다.

능산리사지에서 출토된 목간의 대부분은 중문지를 기준으로 하여 남서쪽의 자연배수로에서 발견되었지만, 중문지 동남쪽의 자연배수로에서도 목간 두 점(299호, 2001-8호)이 발견되었다(〈도3-2〉 참조). 이 목간들은 출토 맥락에서 볼 때 그 북쪽에 있었던 불명건물지II에서 사용하다가 폐기된 것으로 생각된다. 299호는 제사 의례와 관련이 있고, 2001-8호는 불교와 관련한 목간으로 생각된다. 따라서 그것을 서사(書寫)한 공간인 불명건물지II는 그러한 의례를 준비하던 곳이나 의례 담당자가 머물던 건물로 추정할 수 있다.[77]

한편 부속건물이라는 명칭은 주건물에 부속된 건물을 뜻하므로 회랑의 북쪽에 독립적으로 배치된 이 건물을 지칭하기에 적절한 용어는 아니다. 이 건물들은 배치상 동서쪽에 대칭으로 나타나며 초석의 배치상 여러 개의 실로 구성되었다. 사원의 중요한 전각을 남북 일직선상에 배치하고, 부수적인 건물을 동서에 배치하는 것이 일반적이라는 점을 감안할 때 금당이나 목탑보다 그 격이 낮았을 것으로 생각되며 중국 사원의 배전(配殿)과 같은 것으로 볼 수 있다. 이러한 점을 고려할 때 백제 사원의 부속건물은 현재까지의 가람배치에 관한 논의에서는 '승방'으로 명명한 건물지들과 가장 유사하다고 할 수 있다. 다만 강당지 북쪽의 승방과 구분할 필요가 있고 건물의 구조나 배치로 보아 '동당(東堂)·서당(西堂)' 또는 '동실(東室)·서실(西室)'로 부르는 것이 가장 적절하다고 생각된다.[78]

77 중문지 남쪽에서는 靑瓷硯足片을 비롯한 다양한 형태의 硯足片과 삭도, 목간부스러기 등이 함께 발견되었다. 이것을 보면 능산리사지에서는 초기 단계부터 지속적으로 서사나 행정 행위가 이루어졌을 것으로 생각된다. 따라서 불명건물지II뿐 아니라 그 맞은편에 있는 공방지I(서쪽 부속건물)도 유사한 기능을 수행했을 것으로 생각된다.

78 최근 백제 사원의 부속건물지에 대한 상세한 검토에서도 이러한 견해가 재확인되었다. 한나래, 2012,

필자가 부속건물인 '동당과 서당'을 불교의식이나 각종 의례의 준비, 사무 처리가 이루어진 공적인 성격이 강한 승방으로 추정하는 것은 익산 미륵사지나 일본 가와라데라 유적에서 유사한 사례가 있기 때문이다. 익산 미륵사지에는 강당지 북쪽에 승방이 있지만 강당 남쪽의 동서쪽에도 승방상(僧房狀)의 건물지가 배치되어 있다(〈도4-7〉의 2). 이 건물지는 미륵사지 이전 백제 사원에 보이는 회랑지 북단의 부속건물이 변화한 것으로 볼 수 있다. 일본 가와라데라에는 강당지 남쪽의 동서쪽에 승방이 위치하는데 이는 고후쿠지(興福寺)나 도다이지(東大寺) 등 대규모 사원에서 보이는 삼면승방(三面僧房)의 원류로 여겨진다.[79] 이러한 삼면승방의 배치 역시 백제 사원의 부속건물과 유사한 배치와 구조를 가졌다고 할 수 있다. 따라서 현재까지의 가람배치에 관한 사례를 참고하면 동당과 서당은 승방과 같은 것으로 추정하는 것이 가장 합리적이라고 할 수 있다.

그렇다면 동당과 서당이라는 건물은 백제 사원의 독창적인 요소일까. 앞서 필자는 정림사지가 541년 양 무제가 파견한 공장과 화사의 직접적인 지원으로 건립되었을 것이라고 보았다. 당시 양에서 파견된 공장과 화사 등의 기술자들은 탑내소상이나 목탑의 건립 외에도 가람배치나 녹유 제작기술 같은 다양한 방면에서 백제에 영향을 주었을 것으로 생각한다. 따라서 아직까지 남조 사원의 가람배치에 관한 발굴 자료는 전무하지만 정림사지의 가람배치는 남조의 영향이 있었을 가능성이 있고, 북조 사원에서는 보이지 않는 동당과 서당이 그에 해당될 가능성이 높다고 생각한다.

하지만 정림사지의 모든 것이 남조에서 연원했다고는 생각하지 않는다. 특히 정림사지 금당지에서 발견된 이중기단을 보자.[80] 이중기단은 5~7세기 사원의 금당이나 목탑에 주로 이용된 기단 형식인데 초기의 이중기단에는 하성부에 초석(즉, 하성초석[下成礎石])이 발견된다. 하성초석은 고구려의 청암리사지 팔각건물지(추정 목탑)를 필두로 백제의 정림사지 금당지, 군수리사지 금당지, 신라의 황룡사

「백제 사찰 부속건물지의 유형과 성격」, 『古文化』 80.

79 鈴木智大, 2012, 「三面僧房小考」, 『文化財論叢IV』, 奈良文化財研究所創立60周年記念論文集, 790~791쪽.

80 李炳鎬, 2013, 「百濟寺院과 日本 飛鳥寺 三金堂의 源流」, 『百濟研究』 57, 138쪽.

지 삼금당지, 일본의 호류지 동서 금당지 등에서 확인된다.[81] 따라서 백제 사원에서 발견된 하성초석은 시기적으로 가장 이른 고구려의 영향으로 출현한 것이라 할 수 있다. 하성초석은 정림사지의 금당지에서 분명하게 확인되었으므로 정림사지의 가람배치나 사원 조영의 기술에 남조뿐만 아니라 고구려의 영향이 함께 있었다고 생각해야 할 것이다.

강당지 동서쪽에 배치된 별도건물지도 마찬가지이다. 이 건물지는 백제 사원뿐만 아니라 평양 청암리사지, 경주 황룡사지 중건 가람, 사천왕사지, 감은사지, 천군리사지 등에서도 확인된다. 그 중 가장 이른 시기에 건립된 청암리사지의 중금당지 뒤쪽에서 네 기의 건물지군이 발견되었지만,[82] 지금까지는 고려시대의 것으로 간주되었다. 하지만 같은 사원의 팔각건물지나 중금당지에서도 고려시대의 와편이 섞여 출토되었고, 정릉사지에서도 부전(敷塼) 건물지가 확인되어 이것만으로 후대의 것이라 할 수는 없다. 이 건물지군은 백제나 신라의 사원에서 보이는 강당과 그 동서쪽의 별도건물 및 승방에 해당한다고 할 수 있다. 고구려 사원의 강당지들은 이른 단계부터 그 동서쪽에 별도건물지를 가졌던 것으로 생각되며, 정림사지를 비롯한 백제 사원들도 그 영향을 받았을 가능성이 높다고 생각한다.

부여 정림사지는 탑내소상의 제작, 제와술, 녹유 제작기술, 목탑의 건립에서 동당과 서당 같은 가람배치에 이르기까지 남조의 영향을 더 크게 받았다고 할 수 있다. 『양서』의 기록은 이러한 사실을 가장 단적으로 보여주고 있으며 그곳에서 출토된 각종 유물과 유구들이 이를 뒷받침한다. 하지만 정림사지는 남조적인 문화 요소 외에도 부분적으로 고구려의 영향을 함께 받았다. 이중기단의 하성초석이나 강당지 동서쪽의 별도건물 같은 요소가 그것이다. 이러한 점에서 볼 때 정림사지는 남조 문화를 위주로 하고 고구려 문화를 부수적으로 흡수하면서 성립되었다고 할 수 있다.

81 趙源昌, 2002, 「百濟 二重基壇 築造術의 日本 飛鳥寺 傳播」, 『百濟研究』 35; 淸水重敦·山下秀樹, 2009, 「古代寺院建築における特異な基壇·平面とその構造」, 『奈良文化財研究所紀要2008』 裵秉宣, 2010, 「彌勒寺의 造營과 東아시아 建築」, 『百濟佛敎文化의 寶庫, 彌勒寺』, 國立文化財研究所.

82 米田美代治, 1944, 「朝鮮上代の建築と伽藍配置に及ぼせる天文思想の影響」, 『朝鮮上代建築の研究』.

도2-23 부여 정림사지 출토 고려시대 문자기와

끝으로 '정림사'라는 사명(寺名)에 대해 검토하고자 한다. 현재의 정림사지라는 명칭은 '大平八年戊辰定林寺大藏當草(대평팔년무진정림사대장당초)'라는 고려시대 문자기와에서 비롯되었다(〈도2-23〉). 대평(大平)은 요의 연호로 대평 8년은 고려 현종 19년(1028)으로 무진년(戊辰年)에 해당한다. '대장당초(大藏當草)'는 "大藏堂草의 잘못으로 짐작되며 草(초)는 '새'로 불러야 하는데, 우리나라에서는 기와를 의미하는 글자로 사용해왔다"[83]는 견해가 주목된다. 무진고성, 죽주산성, 봉업사지, 안국사지, 영동 계산리 유적 등에서 '草', '瓦草匠(와초장)', '草匠(초장)' 등의 문자 기와가 출토되었는데,[84] 이때의 '草'를 '시작한다'는 의미로 파악한 견해[85]도 있지만 중세 국어에서 草(초)를 '새'로 새기는 용례가 확인된다.[86] 따라서 기와 명문의 '草'는 초옥(草屋)에 대비되는 와옥(瓦屋)에 사용된 지붕 재료를 뜻하는 접미어라 할 수 있으며, 암막새·수막새·망새의 '새'처럼 활용했던 것으로 생각된다. 즉, 이때의 '草'는 '새'로 새기며 '기와'를 의미한다고 할 수 있다. 한편 '當'은 성주사지 천불전지에서 출토된 '聖住千佛當草(성주천불당초)'에서 알 수 있듯이 '堂'의 오자일 가능성이 높다. 따라서 명문의 大藏當草는 大藏堂, 즉 대장전(大藏殿)이라는 전각에 사용되는 기와를 의미하는 것이라 생각한다. 따라서 이 명문은 '대평 8년 무진년에 만든 정림사(定林寺)의 대장전(堂)에 사용되는 기와'로 해석할

83 尹武炳, 1991, 「扶餘 定林寺址 發掘記」, 『佛敎美術』 10, 東國大博物館, 39쪽.

84 盧明鎬 外, 1994, 『韓國古代中世 地方制度의 諸問題』, 集文堂.

85 李道學, 1997, 「抱川 半月山城 出土 '高句麗' 기와 銘文의 再檢討」, 『高句麗硏究』 3, 35쪽.

86 金榮晃, 1994, 『中世語辭典』, 科學百科事典綜合出版社, 21쪽. 이 책에서는 『杜詩諺解』와 『三譯總解』에서 '새'가 '풀'을 의미한 것을 밝히고 있다. 『杜詩諺解』권7의 狂夫編에는 "萬里橋西一草堂"을 "萬里橋ㅅ 西ㅅ녀긔 ᄒᆞᆫ 새 지비로소니"로 새기고 있다.

수 있다. 이 명문은 수요자나 수요처를 가리키는 것으로 고려시대에 이 절터가 정림사로 불렸으며 대장전이라는 전각이 있었음을 말해주는 것이라 하겠다.[87]

그렇다면 고려시대의 정림사가 사비시기에도 동일한 이름이었을까. 부여 왕흥사지, 익산 미륵사지, 제석사지 등의 사례를 보면 고려시대의 사명이 백제 당시까지 소급되었을 가능성을 배제하기 어렵다. 특히 같은 시기에 중국 남조와 일본에 '定林寺(정림사)'라는 사원이 있었던 점을 고려할 때 그 가능성은 더욱 높다. 정림사의 '정림(定林)'은 '선정지림(禪定之林)'에서 나온 용어로 남경의 종산에는 상정림사(上定林寺)와 하정림사(下定林寺)가 있었다.[88] 이 절에는 승우(僧祐, 435~518) 등의 고승이 주석하고 『문심조룡(文心雕龍)』의 저자 유협(劉勰, 465~521) 등이 머물면서 당대의 일류 문사들과 교류했다. 한편 원가 원년(424)에 창건된 정림사는 원가 12년(435)에 상정림사가 창건되면서 하정림사로 불렸으며, 지세가 낮은 계곡 사이에 위치한 하정림사는 유송 말기 특히 양대에 거의 폐사된다. 이로써 6세기 전반 남경의 정림사는 상정림사를 일컫는 경우가 많고, 그런 점에서 사비 도성의 정림사지도 상정림사를 의식한 명칭이었을 가능성을 배제하기 어렵다.[89]

일본의 아스카 서남부에도 죠린지(定林寺)라는 폐사지가 있다. 이 절터는 쇼토쿠(聖德) 태자가 건립했다고 전하며, 탑지 등에 대한 소규모 발굴이 이루어져 목탑지 심초석 주위에서 소조보살상의 얼굴편이 수습되기도 했다.[90] 이러한 사실에서 볼 때 현재의 부여 정림사지에 사원이 건립·운영되던 시기에 중국의 건강이나 일

87 고려시대의 부여 정림사에서 대장전(당)의 위치는 명확치 않지만, 강당지 북동쪽의 동북구 일대 건물지가 아닐까 생각된다(국립부여문화재연구소, 2011, 『扶餘 定林寺址 發掘調査報告書』, 127쪽 및 圖面 38).

88 文東錫, 2006, 「梁 武帝의 佛敎政策에 대하여」, 『東亞考古論壇』 2, 199쪽.

89 남경 종산 2호 사지를 上定林寺로 추정한 연구들이 있어 함께 참고된다. 楊泓, 2002, 「百濟定林寺遺址初論」; 賀云翱, 2007, 「南京鍾山二號寺遺址出土南朝瓦當及與南朝定林寺關係硏究」; 趙胤宰, 2011, 「扶餘定林寺 寺名의 由來와 意味에 대한 檢討」, 『韓國史學報』 45.

90 石田茂作, 1963, 「橘寺·定林寺の發掘」, 『飛鳥』, 近畿日本叢書3, 127~140쪽; 奈良國立文化財硏究所, 1978, 「定林寺 調査」, 『飛鳥藤原宮發掘調査槪報』 8, 60~62쪽; 飛鳥資料館, 1985, 『日本と韓國の塑像』, 16쪽과 52~53쪽.

본의 아스카에 같은 이름을 가진 사원이 존재했을 가능성이 높다. 따라서 고려시대의 명문 기와에 보이는 '정림사'라는 사명은 사비시기까지 소급·적용할 수 있으리라 생각한다. 또 정림사지 출토 소조상이 541년 남조에서 건너온 공장·화사와 관련 있고 남조 계통이었을 것으로 추정한 필자의 추론이 타당하다면 정림사라는 사명도 건강의 정림사, 특히 상정림사를 의식하여 붙인 이름이라 할 수 있지 않을까 생각한다.[91]

2. 도성의 랜드마크로서 정림사지

1) 정림사지의 창건 목적과 배경

538년 사비 천도 당시의 도성은 나성과 백마강을 경계로 그 안쪽에 국가의 주요 시설을 배치했을 것이다. 현재의 정림사지는 그 중심부에 위치하고 있다. 정림사지의 이러한 입지적 특성은 이 사원이 도성 내부에서 대단히 중요한 위상과 역할을 가졌음을 시사한다. 백제 성왕이 사비 천도 직후 도성의 중심부에 정림사지를 창건한 이유는 무엇이고 도성 내에서 정림사지가 차지하는 위상은 어느 정도였을까. 정림사지 발굴 조사에서 드러난 출토 유물과 문헌사료를 종합하고, 식민지 시기에 작성된 지도류와 사비 도성 내부에 대한 발굴 성과를 참고하여 왕궁 구역을 설정한 다음 왕궁과 정림사지의 관계를 파악하는 것으로 이 문제에 접근해보자.

정림사지가 조영되고 목탑에 탑내소상과 같은 새로운 시설물이 만들어진 데는 양과 백제 왕실의 공식적인 정치·외교 행위가 게재되어 있고, 이는 정림사지의 창건에 백제 왕실의 절대적인 지원이 있었음을 보여주는 것으로 이해할 수 있

91 부여 정림사지의 사명이 백제 당시의 것으로 중국 남조의 상정림사에서 유래했다고 하더라도(趙胤宰, 2011, 「扶餘 定林寺 寺名의 由來와 意味에 대한 檢討」), 도성 내의 플랜이나 위상은 건강 同泰寺나 낙양 永寧寺와 더욱 더 유사했을 것으로 생각되기 때문에 오해없기를 바란다.

다. 또한 인물상편(〈도2-13〉)이 탑내소상에 〈양직공도〉나 용문석굴과 공현석굴의 예불도 장면과 유사하게 연출되었던 것은 발원자인 백제 성왕이 스스로 불교에 귀의하는 것을 드러냄과 동시에 다양한 인간 군상을 거느리는 모습을 구체화하여 자신의 권위와 위엄을 과시하고자 했던 것으로 추정할 수 있다. 따라서 정림사지에는 사비 천도를 단행한 백제 성왕이 왕권의 권위를 높이고 이를 상징하는 기념비적 시설물이라는 의미가 내포되어 있었다고 할 수 있다.

그런데 『양서』의 기록을 보면 541년 양 무제는 공장과 화사 같은 기술자뿐만 아니라 『열반경등의소(涅槃經等義疏)』와 모시박사를 함께 보낸다. 양 무제 때 많은 불교 경전의 주석서와 불교 논서들이 편찬되지만 당시 불교학의 내용을 가장 잘 보여주는 것 중 하나가 『열반경(涅槃經)』에 대한 주석서라 할 수 있다. 양 무제는 529년 두 번째 사신(捨身)할 때 동태사(同泰寺)에서 친히 『열반경』을 강(講)했으며,[92] 토곡혼(吐谷渾)에 자신이 직접 저술한 주석서인 『제지열반경강소(制旨涅槃經講疏)』를 보냈다. 따라서 541년 백제에 들어온 경소(經疏)에는 『제지열반경강소』이 포함되었을 것이라 생각한다.[93] 당시 백제에서는 양나라 불교계의 주요한 사상적 동향에 대해 상당한 정보를 가지고 있었으므로 이에 기초해 양나라 불교학을 이해하는 중요한 문헌들을 구체적으로 요청한 것이라 할 수 있다.[94]

이와 더불어 『시경(詩經)』 연구의 전문가인 모시박사를 요청한 것을 보면 유교를 통한 제도 정비의 욕구가 매우 컸음을 짐작할 수 있다. 그 후 백제에서는 강예박사(講禮博士)를 청해 예학(禮學)에 조예가 깊은 육후(陸詡)가 양 무제의 명에 따라 540년대부터 550년대 전반의 어느 시기에 파견되기도 한다.[95] 그런 점에서 541년 공장과 화사 같은 기술자들이 불교 경전에 대한 주석서나 유교의 전문가와 함께 건너온 것은 사비 천도 이후 국가 체제를 정비하는 과정에서 중요한 획기가

92 森三樹三郎, 1956, 『梁武帝 - 佛教王朝の悲劇』, 平樂寺書店, 150~151쪽.

93 541년 백제에서 양나라에 요청한 『涅槃經』 등의 주석서는 양 무제대에 편찬된 주석서, 즉 寶亮의 『涅槃經義疏』와 僧朗이 편집한 『涅槃經集解』(전72권) 등을 가리키는 것으로 보기도 한다(崔鈆植, 2010, 「百濟 後期 佛教教學의 變遷과 彌勒思想의 性格」, 『百濟 佛教文化의 寶庫, 彌勒寺』, 78쪽).

94 薗田香融, 1989, 「東アジアにおける佛教の傳來と受容」, 『關西大學東西學術硏究所紀要』 22, 11쪽.

95 李基東, 1996, 「百濟國의 政治理念에 대한 一考察」, 『百濟史硏究』, 一潮閣, 177~178쪽.

되었음을 짐작할 수 있으며, 그 결과물은 새로운 도읍이나 왕권의 중요한 상징물이 되었으리라는 점도 유추할 수 있다.

541년에 백제가 보여준 이러한 행적은 1년 전인 토곡혼의 하남왕(河南王)과 유사한 측면이 있다.

> 하남왕이 사신을 보내 조공할 때 말과 방물(方物)을 바치면서 석가상(釋迦像)과 경륜(經論) 14조를 요청했다. 석가상과 함께 「어제열반(御製涅槃) 반야금광명경소(般若金光明經疏)」 103권을 보내주었다.[96]

5세기 중엽부터 불교를 수용한 토곡혼은 540년 양에 석가상과 경론을 요청한다. 이에 무제는 「어제열반 반야금광명경소」를 보낸다. 따라서 541년 백제가 양 무제에게 사신을 보내어 방물을 올리며 불교 경전을 요청하는 모습은 540년 토곡혼의 태도와 같다.[97] 하지만 당시 백제는 사비 천도 이후 국가 체제의 개혁을 위해 불교만으로 충분하지 않았던 것 같다. 『양서』에 모시박사, 공장, 화사가 함께 기록된 것은 그 때문일 것이다. 백제는 450년 유송에 표를 올려 『역림(易林)』, 식점(式占), 요노(腰弩)를 구한 적이 있고,[98] 고창국(高昌國)도 북위 말인 520년 부족한 전적을 보충하여 통치에 활용한 적이 있다.[99] 따라서 『양서』의 기록은 백제가 불교 사원뿐만 아니라 국가 체제의 정비라는 목적을 달성하기 위해 국제관계에서 불교를 적극적으로 활용한 구체적인 사례라 할 수 있다.[100]

96 河南王遣使朝, 獻馬及方物, 求釋迦像并經論十四條. 敕付像并制旨涅槃般若金光明講疏一百三卷. (『南史』卷7 梁武帝 大同6年 五月條)

97 窪添慶文, 2010, 「南北朝時期の國際關係と佛教」, 『古代東アジアの佛教と王權』, 勉誠出版, 286~287쪽.

98 二十七年(450), 毗上書獻方物, 私假臺使馮野夫西河太守, 表求易林式占腰弩, 太祖並與之. 『宋書』夷蠻列傳第57百濟傳.

99 正光元年(520), 明帝遣假員外將軍趙義等使於嘉. 嘉朝貢不絕, 又遣使奉表, 自以邊遐, 不習典誥, 求借五經諸史, 并請國子助教劉燮以為博士, 明帝許之. (『北史』列傳第85高昌傳) 이러한 견해는 窪添慶文, 2010, 「南北朝時期の國際關係と佛教」, 290쪽에서 제시된 바 있다.

100 백제가 양으로부터 얻은 열반경 관계와 모시박사의 구성 조합은 554년(欽明15) 백제에서 일본에 五經博士와 僧을 함께 보낸 것과 연관이 있는 것으로 보기도 한다. 新川登龜男, 2011, 「百濟と日本の飛鳥·奈良における佛教文化」, 『忠清學과 忠清文化』 13, 95~97쪽.

한편 『일본서기』 긴메이(欽明) 천황 6년(545) 9월조의 기록들은 정림사의 창건과 관련해 새롭게 검토할 필요가 있다.

> 추 9월, 백제가 중부(中部) 호덕(護德) 보제(菩提) 등을 임나에 사신으로 보냈다. 또한 오(吳)에서 얻은 재물을 일본부(日本府)의 신(臣) 및 여러 한기(旱岐)에게 주었는데 각각 차이가 있었다.[101]

> 이달에 백제가 장륙(丈六)의 불상을 만들었다. 원문(願文)에 이르기를 "듣건대 장륙불(丈六佛)을 만들면 공덕(功德)이 심대하다 했다. 이제 삼가 (불상을) 만들었다. 원컨대 이 공덕으로 천황(天皇)이 훌륭한 덕을 얻어서 천황이 다스리는 미야케(彌移居)의 국(國)이 다 같이 복과 도움을 얻기를 바란다. 또 원컨대 천하의 일체 중생이 다 해탈하기를 바란다. 그러므로 만들어 올린다"고 했다.[102]

이것은 흠명기 6년(545) 9월조와 10월조로 연이어서 나오는 기록인데, 지금까지는 같은 수준으로 취급하지 않았다. 하지만 전후 맥락을 살펴보면 두 사료는 모두 541년 백제와 중국의 교류와 연관되었을 가능성이 높다. 먼저 '오재(吳財)'의 오(吳)는 강남(江南)을 가리키며, 곧 남조에서 입수한 재물이라 할 수 있을 것이다.[103] 『양서』에 따르면 백제는 4년 전인 541년 양 무제로부터 불교 경전의 주석서와 유교 전문가, 기술 공인 등을 받았다고 할 수 있다. 따라서 백제는 541년 남조에서 입수한 것을 가야의 왕족이나 군신에게 증여·분배했고 여기에 기술자도 포함되었을 가능성이 높다는 견해가 있다.[104] 하지만 두 번째 사료가 『양서』의 기록

101 秋九月, 百濟遣中部護德菩提等, 使于任那. 贈吳財於日本府臣及諸旱岐, 各有差. (『日本書紀』 欽明天皇 6年 9月條)

102 是月, 百濟造丈六佛像. 製願文曰, 蓋聞, 造丈六佛, 功德甚大. 今敬造. 以此功德, 願天皇獲勝善之德. 天皇所用, 彌移居國, 俱蒙福祐. 又願, 普天之下一切衆生, 皆蒙解脫. 故造之矣. (『日本書紀』 欽明天皇 6年 是月條)

103 坂本太郎 等 校注, 1986, 『日本書紀』下, 岩波書店, 92쪽.

104 田中史生, 2005, 『倭國と渡來人』, 吉川弘文館, 47쪽. 한편 이때의 吳財를 欽明 4년(543) 9월조의 '扶南財物'로 보는 견해가 있고(新川登龜男, 2011, 「百濟と日本の飛鳥·奈良における佛敎文化」, 93~94쪽), 또 임

과 연관된 것으로 볼 수 있다면 이 문제는 그리 단순하지 않다.

『일본서기』 흠명기 6년 3월조를 보면 왜에서 가시하데노오미하스히(膳臣巴提便)를 백제에 사신으로 보냈는데, 그는 같은 해 11월에 귀국한 것으로 나온다. 그리고 같은 해 5월과 9월에 백제는 왜와 임나에 사신을 파견한다. 9월에 이어 기록된 '시월조(是月條)'의 기록은 백제에 파견된 왜 사신이 백제 현지에서 직접 견문한 내용을 복명한 것으로 신빙성이 높은 사료로 생각한다.[105] 따라서 545년 9월 백제에서 장륙존상(丈六尊像)을 만들었던 것은 실제 있었던 일로 보아도 무리가 없을 것이다. 백제에서 장륙존상 같은 거대한 불상이 제작된 것은 이때가 처음이었다. 따라서 이를 원만하게 완성시키기 위해 외부로부터 선진 기술을 유입했다고 보는 것이 자연스럽다. 즉, 남조계 기술공인들의 활동 결과가 장륙존상 제작으로 나타났을 가능성을 제기할 수 있다. 그런 점에서 양 무제가 공장과 화사를 파견한 일이 '시월조'의 기록과 연계되었을 가능성이 높다고 할 수 있다.

제1장에서 살펴보았듯이 필자는 『양서』의 기록을 근거로 541년 양나라에서 건너온 공장과 화사가 정림사의 목탑이나 탑내소상의 제작에 관여한 것으로 이해했다. 이에 한 걸음 더 나아가 545년 9월의 장륙존상 조성 기록 또한 정림사지와 연관된 것으로 추정하고자 한다. 이 두 가지 기록을 정림사지의 건립과 연관시킬 수 있는 또 다른 근거는 현재까지 발굴된 사비 도성 내 불교 유적 가운데 천도 직후로 소급할 만한 유적을 정림사지 외에는 찾기 어렵기 때문이며, 다른 하나는 이 절터에서 장륙존상의 일부로 생각되는 와질의 대형소상편이 소수이나마 출토되었기 때문이다.

정림사지 출토 소조상들은 대부분 서회랑지 부근의 기와 구덩이에서 출토되었지만 대형소상인 와제불이파편(瓦製佛耳破片)과 의습편(衣褶片)은 금당지 부근에서 출토되었다(〈도2-3〉). 이 대형소상들은 크기뿐만 아니라 색조, 태토, 제작기

나의 사신에게 '吳의 財'를 준 545년(欽明6) 전후를 일본의 불교 전래 연대로 추정하는 견해도 있다(薗田香融, 1989, 「東アジアにおける佛敎の傳來と受容」, 28쪽).

105 有働智奘, 2011, 「六世紀における佛敎受容の問題」, 『國學院雜誌』 112-7, 13~16쪽에서도 이 사료를 믿을 수 있다고 보았다.

법에서 중형이나 소형 소조상들과 차이가 있다. 이러한 출토 위치와 제작기법의 차이는 봉안장소가 다르다는 것을 보여준다. 그 중 불이파편(〈도2-3〉의 1)은 대형 불상의 왼쪽 귀로 생각되며 잔존고 27.5센티미터로, 귓바퀴의 윤곽이 남아 있는데 크기는 약 18센티미터 정도라고 생각한다. 와제불신파편 A와 B(〈도2-3〉의 2)는 금당지 동서쪽에서 40미터 정도 떨어져서 발견되어 발굴 조사 보고서에는 별개의 유물로 보고되었지만 현재는 서로 접합해 보관되고 있다. 따라서 이 대형소상들은 목탑이 아니라 금당에 봉안되었을 가능성이 있고, 이것이 바로 장륙존상과 관련되었을 가능성이 있다고 생각한다. 현재의 정림사지에 비록 고려시대의 유물이기는 하지만 장육존의 석불좌상이 남아 있는 것도 이러한 맥락에서 이해할 수 있다. 그런 점에서 장륙존상 관련 기록이나 발원문은 정림사지의 창건 목적이나 배경을 이해하는 사료로 새롭게 검토할 필요가 있다.

장륙존상 발원문에는 그 조성 목적을 "천황이 훌륭한 덕을 얻어서 천황이 다스리는 미야케의 국이 다 같이 복과 도움을 얻기를 바라고 일체 중생이 모두 해탈하기를 바란다"고 밝히고 있다. 그런데 이 발원문의 '공덕심대(功德甚大)' 이하 문장에 대해서는 『금광명최승왕경(金光明最勝王經)』의 시방보살찬탄품(十方菩薩讚歎品)의 문장을 인용했으므로 『일본서기』 편찬자의 윤색으로 생각해왔다.[106] 하지만 문장 중에 있는 '彌移居(미야케)'라는 용자(用字)에 주목하여 「백제본기」의 문장을 전재한 것으로 생각할 수 있다는 지적이 일찍부터 제기되었는데[107] 이러한 견해를 쉽게 부정하기는 어려울 것 같다.[108] 또 "원컨대 천하의 일체 중생이 모두 해탈하기를 바란다"는 것은 비록 상투적인 표현이지만 541년에 주석서가 전래된 『열반경』의 근본 사상인 '불신(佛身)의 상주(常住)와 일체중생의 실유불성(悉有佛性)'을 다른 방식으로 번안했다고도 이해할 수 있다. 아울러 발원자로 나오는 '천황'은 왜왕을 가리키기보다는 백제 왕으로 고쳐 보아야 하며, 바로 성왕에 해당된다고 생

106 坂本太郎 等 校注, 1986, 『日本書紀』下, 93쪽.

107 池內宏, 1970, 「安羅におけるわが官家の沒落」, 『日本上代史の一硏究』, 中央公論美術出版, 185쪽.

108 이에 대해 百濟三書에 기초한 기사로서 '丈六佛'을 제작하는 기술을 중국 대륙에서 수용한 사정을 일본에 알린 기록으로 보고, 『阿含經』 등 원시 불전을 참고하여 작문한 것이라는 견해가 있다(有働智奘, 2011, 「六世紀における佛敎受容の問題」, 『國學院雜誌』 112-7).

각한다.[109] 이렇게 볼 때 장륙존상의 조성 목적, 즉 정림사의 창건 목적은 백제 왕(성왕)이 덕을 얻는 것과 가야제국(加耶諸國) 등의 미야케가 백제 왕에게 의지하는 것, 모든 백성이 해탈을 얻는 것 등 세 가지라고 말할 수 있다.

가장 주목되는 것은 가야제국 등의 미야케가 다 함께 복과 도움을 얻기를 바란다는 내용, 즉 미야케가 백제 왕에게 의지하기를 기원하는 대목이다. 이 대목은 정림사의 창건 배경을 밝히는 단서로 활용될 수 있기 때문이다. 545년 이전에 새로운 도성 사비의 왕정에서는 541년과 544년, 두 차례에 걸쳐 성왕이 주재한 임나부흥회의가 개최되었다. 성왕의 사비 천도는 고구려의 위협에 대처하기 위한 군사적인 측면뿐만 아니라 정치·경제적인 측면을 고려해 진행되었을 것이다. 하지만 사비로의 천도는 백제의 가야 지역에 대한 적극적인 진출 의지로도 볼 수 있으므로 538년 전후 백제와 가야의 관계를 잠시 살펴볼 필요가 있다.

6세기 전반 백제와 가야의 관계에 대해서는 다양한 논의가 있다. 이를 백제의 입장에서 단순화하면 6세기 초반의 섬진강 유역의 점령(임나사현[任那四縣]과 기문[己汶]·대사[帶沙]로의 진출), 530년대 가야 남부 지역에 군대 주둔(군령[郡令]·성주[城主]의 설치), 540년대 가야 전 지역의 부용화(附庸化) 등으로 정리할 수 있다.[110] 특히 541년 4월과 544년 11월 백제의 성왕은 안라(安羅) 등 가야 소국의 대표들과 안라왜신관(安羅倭臣館) 관리들을 사비로 불러다가 임나부흥회의를 주재하는데, 이 국제회의의 주된 목적은 가야 전 지역을 일괄적으로 부용화하려는 합의를 이루어내려는 것이었다.

백제 성왕이 가야 문제에 적극적으로 관여한 목적은 남한에 있는 군령·성주를 내보낼 수 없는 이유를 설명하는 부분에서도 확실히 드러난다. 즉, 백제가 하한(남한)에 군령·성주를 유지해야 하는 이유에 대해 "북적(北敵, 고구려)은 강대하나

109 『日本書紀』는 다분히 일본 天皇 위주로 기록되어 있으므로 聖王이 그 국가(百濟)와 국민(蒼生)을 위하여 장륙존상을 조성한 것으로 고쳐 보아야 한다는 지적이 있다. 金煐泰, 1985, 「威德王 當時의 佛敎」, 『百濟佛敎思想硏究』, 東國大出版部, 62쪽.

110 延敏洙, 1990, 「6世紀前半 加耶諸國을 둘러싼 百濟·新羅의 動向」, 『新羅文化』 7, 李永植, 1995, 「百濟의 加耶進出過程」, 『韓國古代史論叢』 7, 金泰植, 1997, 「百濟의 加耶地域 關係史: 交涉과 征服」, 『百濟의 中央과 地方』, 忠南大 百濟硏究所.

백제는 미약하여 남한에 군령·성주를 두어 방호하지 않으면 이 강적을 막아낼 수 없으며 신라를 제어할 수도 없을 것이다. 그러므로 지금 군령과 성주를 두어 신라를 치고 임나를 보존하려는 것이다"[111]고 고백한다. 하지만 임나부흥회의는 최종적으로 결렬되었다. 이후 백제는 545년부터 3년에 걸쳐 가야제국과 왜국에 문물을 증여하는 등 백제 문물의 우수성을 입증시킴으로써 기존의 세 가지 계책을 관철시키고자 했고, 549년경에는 마침내 가야연맹에 대한 부용화를 끝마쳤으며 왜국에도 선진 문물을 매개로 일정한 영향력을 미치는 대맹주의 위치에 선다.[112]

따라서 장륙존상 발원문에 나오는 "백제 왕이 다스리는 미야케의 국이 다 같이 복과 도움을 얻기를 바란다"는 내용은 당시의 시대적 정황과 부합한다고 할 수 있다. 그리고 장륙존상이 정림사지에 봉안되었으리라는 필자의 추정이 타당하다면 이 발원문을 통해 정림사지의 창건 배경과 목적을 보다 더 분명하게 추정할 수 있다. 즉, 정림사는 백제 성왕이 대내적인 정치적 안정을 통해 훌륭한 덕을 얻고, 가야제국을 비롯한 미야케에도 그 덕이 미쳐 그들이 부용화되기를 바라며, 이로써 백성이 평안하고 안락한 생활을 하여 해탈하기를 기원하는 목적에서 창건되었다고 말할 수 있다. 이처럼 장륙존상의 발원문은 백제 성왕의 조불(造佛) 공덕(功德)에 다름 아니다.[113]

이는 정림사지 목탑의 탑내소상에 표현된 예불도 장면이 속세의 지배자인 성왕이 불교계의 지배자를 꿈꾼 모습을 상징적으로 표현한 것이라는 추론에도 잘 부합한다. 또 541년 양나라에 사신을 파견한 것이 천도 이후 어느 정도 도성의 정비가 완비되었음을 알리려는 목적이 있었고, 그 후 곧바로 새로운 도성인 사비의 왕정에서 임나부흥회의를 개최한 일련의 사건과도 맥락을 같이한다. 그런 점에서 장륙존상과 탑내소상으로 장엄된 목탑이 건립된 정림사지는 이후 사비 도성의 가장 중요한 경관이자 상징물이 되었을 것이다.

111 北敵强大, 我國微弱, 若不置南韓, 郡令城主, 修理防護, 不可以禦此强敵. 亦不可以制新羅. 故猶置之, 功逼新羅, 撫存任那. (『日本書紀』 欽明天皇 5년 11월조)

112 金泰植, 1997, 「百濟의 加耶地域 關係史: 交涉과 征服」, 74쪽.

113 '시월조'의 기록을 남조에서 백제로 '造佛功德'을 설한 大乘經典이 전래된 결과로 보기도 한다(有働智奘, 2011, 「六世紀における佛教受容の問題」, 20~23쪽).

필자는 541년 양에서 건너온 기술공인들이 장륙존상을 완성한 기술자의 일부였을 가능성이 높다고 생각하며, 구체적으로 현재 남아 있는 정림사지의 대형소상에 해당하는 것으로 보인다. 그렇다고 할 때 '오재(吳財)'는 양에서 541년에 입수한 것을 그대로 전달했다고 파악하기보다 그 후 545년 9월 사이에 백제 현지에서 제작한 물품이 포함된 것을 '오재'로 표현하여 전달했을 가능성도 배제하기 어렵다.

545년 9월 장륙존상이 완성되었다면 그에 따른 성대한 행사가 있었을 것이고, 그 과정에서 진귀한 보물들을 제작해 증여했을 가능성이 있기 때문이다. 이처럼 '구월조' 기록은 『양서』와 '시월조' 기록의 관련성에서 더욱 명확하게 해석될 수 있다고 생각한다. 미야케의 국은 오재를 받는 주체인 '일본부의 신하 및 임나의 제한기(諸旱岐)'에 해당한다고 볼 수 있고, 이 두 기록은 『양서』 기록의 결과물에 대해 별도로 서술한 것으로 볼 수 있다.[114]

2) 사비 도성 내 정림사지의 위상

(1) 도성 내 도로 유적에 대한 재검토

사비 도성에서 정림사지는 어떤 위상을 차지하는 것일까. 이를 파악하기 위해서는 사비 도성 내부에서 발견된 도로 유적과 정림사지의 관계에 주목할 필요가 있다. 현재 나성 내부에서 확인된 백제 유적들은 천도 당시의 것도 있지만 천도 이후 정비되거나 증·개축된 것도 다수 있다.[115] 필자는 사비 천도 당시의 도성은 부소산성이나 나성 등과 같은 방어시설이 축조되고 왕궁과 행정관서의 일부만 정비된 상태였으며, 541년 양나라에 사신을 파견하고 임나부흥회의를 개최한 시점에 도성 정비 사업이 어느 정도 일단락되었을 것으로 본다. 그런데 사비 도성의 내부 구조

114 그런 점에서 백제는 남조 문물의 단순한 전달자는 아니었다. 백제는 가야제국과 왜국에 문물을 증여하지만 남조로부터 받은 것을 백제 문화의 일부로 내재화하여 그 문물의 우수성을 입증시키고자 노력했다고 평가하고 싶다.

115 사비 도성의 정비과정이나 확대과정에 대해서는 李炳鎬, 2002, 「百濟 泗沘都城의 造營過程」, 『韓國史論』 47, 104~121쪽에서 정리한 바 있다.

에 관련해서 가장 논란이 되는 것은 그 중심 지역이 조방제와 같은 정연한 가로 구획으로 정비되었는지, 그러한 도로망이 천도 전후에 이미 완비되었는지 여부이다.

천도 당시 사비 도성이 정연한 가로 구획으로 정비되었을 것이라고 보는 연구자들은 다음의 세 가지 사실에 주목한다. 첫째, 부여 관북리 유적에서 남북대로, 남북소로, 동서소로 등으로 구획한 장방형 구획이 확인된다. 둘째, 부여 관북리 장방형 구획에서 확인된 남북대로를 연장했을 때 현재의 정림사지 서쪽 담장과 일치한다. 셋째, 부여 궁남지, 군수리, 능산리·가탑리 지점, 쌍북리 북포·현내들 유적 등 나성 내부에서 발견된 도로 유적들이 관북리 유적에서 확인된 도로의 크기나 방향에서 상관성을 갖는다. 또한 도로의 개설 시기는 대체로 사비 천도 전후로 파악된다.[116]

이러한 근거들은 어느 정도의 타당성이 있을까. 먼저 관북리 장방형 구획에 대해 살펴보자. 관북리 일대에서 확인된 장방형 구획의 크기에 대해 발굴 보고서에는 전체 평면도가 없기 때문에 박순발은 이 일대에서 확인된 유구 평면도를 조합해 동서 86미터, 남북 103미터의 장방형 평면을 도상으로 복원했다.[117] 이 수치는 GPS 측량 조사 결과 동서 95.5미터, 남북 113.1미터로 수정되었다.[118] 신종국이 작성한 관북리 '나'지구 현황도를 보면 이 수치가 어떻게 산정되었는지 추정할 수 있다(〈도2-24〉).[119] 그런데 〈도2-24〉를 보면 남북대로의 크기로 상정한 선과 실제 발굴 조사에서 드러난 남북대로의 폭이 일치하지 않음이 확인된다. 특히 〈도2-24〉의 북쪽에서 발견된 2개소의 석축을 어떻게 처리하느냐에 대해 논란이 있기 때문에[120] GPS 측량으로 산정한 수치는 매우 불안정하고 작위적이라 할 수 있다.

116 사비 도성의 연구현황에 대해서는 朴淳發, 2011, 「泗沘都城研究の現段階」, 『東アジア都城の比較研究』, 京都大學學術出版會을 참고.

117 朴淳發, 2000, 「泗沘都城의 構造에 대하여」, 『百濟研究』 31, 119~124쪽

118 朴淳發, 2003, 「泗沘都城 空間 區劃 豫察」, 『湖西地方史研究』, 52~54쪽.

119 申鍾國, 2005, 「泗沘都城 發掘調査 成果와 意義」, 『百濟 泗沘時期 文化의 再照明』, 79~81쪽.

120 부여 관북리 유적의 '나'지구 북쪽에서는 2개소의 석축이 발견되었다. 과거의 국립부여문화재연구소 아래쪽에 제1석축이 있는데 그 아래쪽에 너비 약2미터의 도로와 60센티미터의 측구가 있다. 제1석축과 동서소로를 사이에 두고 약간 북쪽으로 제2석축이 발견되었는데 박순발은 제1석축의 아래선과 제2석축 아래 선의 간격이 5.3~5.5미터이기 때문에 제1석축은 동서소로의 중심축선의 역할을 하였을 것

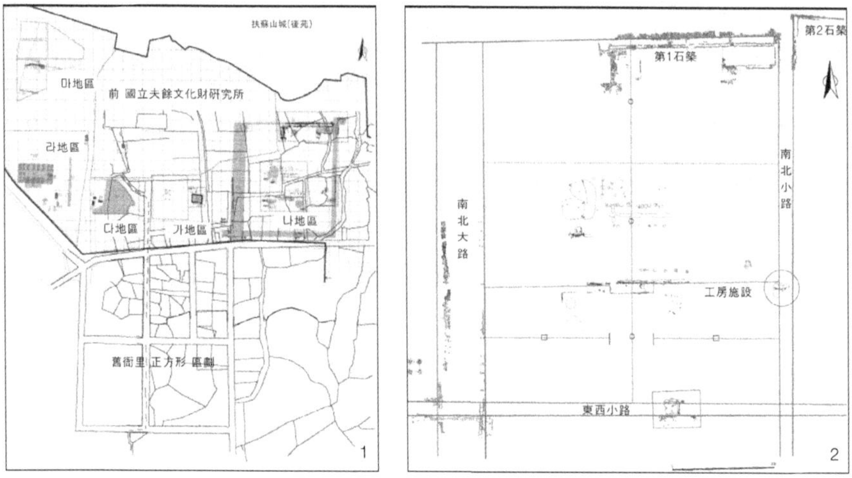

도2-24 부여 관북리 장방형구획과 나지구 발굴현황도

발굴 조사에서 드러난 유일한 구획이라 할 수 있는 관북리 장방형 구획은 사비 천도 당시부터 존재했던 것일까. 부소산 석축에서 남북소로가 이어지는 지역에서 사비시기의 와요지와 철기 제작소로 추정되는 유구가 확인된 적이 있다.[121] 또한 관북리 '나'지구 내부에서는 철기제작소와 관련 있는 소형의 노(爐) 시설과 숯, 재, 도가니 등 공방 관련 시설이 확인되었다. 남북소로와 공방 관련 시설은 서로 중복되어 있는데 남북소로로 추정되는 도로의 아랫면에 공방 관련 유구가 있는 것을 알 수 있다. 이곳의 공방 관련 유구에서는 삼발형토기, 삼족토기, 고배, 개배 등 부여 지역에서는 거의 출토되지 않는 비교적 이른 시기의 유물들이 확인되었다.[122] 따라서 '나'지구 동쪽의 남북소로는 철기 제작소나 공방 시설보다 늦은 시기에 들어선 것으로 사비 천도 전후에는 존재하지 않았을 가능성이 높다.[123]

으로 보았다(朴淳發, 2005, 「泗沘都城 硏究 現況과 課題」, 『百濟 泗沘時期 文化의 再照明』, 102쪽). 하지만 관북리 장방형구획의 경우 동서소로들만 확인되고 동서대로가 확인되지 않았기 때문에 남북대로와 남북소로 사이의 중심축 간 거리와 동서소로들 사이의 중심축 간 거리를 같은 방식으로 산출하는 것이 적절한가에 대해서는 논란이 있을 수 있다.

121 尹武炳, 1999, 『扶餘 官北里 百濟遺蹟 發掘報告』II, 忠南大博物館, 36~39쪽.

122 申鍾國, 2005, 「泗沘都城 發掘調査 成果와 意義」, 80~81쪽.

123 남북대로 또한 나지구에 대한 본격적인 성토가 이루어지던 단계에는 매립되어 사비시기 말에는 존속하지 않았을 것으로 보고 있다(국립부여문화재연구소, 2009, 『扶餘官北里百濟遺蹟發掘報告Ⅲ』, 108쪽). 이

한편 관북리 공방 관련 시설에서 출토된 도가니 중에는 '官(관)'이라는 글자가 찍힌 도가니와 도가니 뚜껑이 출토되기도 했다(〈도2-25〉).[124] 이는 천도 당시 이 일대에 관영 공방이 있었음을 직접적으로 증명하는 것이라 볼 수 있다.

도2-25 부여 관북리 출토 도가니와 뚜껑의 '官'명(高27.0)

관북리 장방형 구획의 도로 개설 시기는 이러한 관영 공방의 폐기 시점과 관련 있고, 유적 전체의 변화 과정을 고려하면 성토대지의 조성 시점과 깊은 관련이 있다. 관북리 일대에 대한 11차에 걸친 조사 결과로 과거 국립부여문화재연구소 남쪽의 가~라 지구에는 금·은·청동·철을 생산하던 공방시설, 목곽·석곽의 저장시설, 수혈 유구 등이 먼저 형성된 다음 유적 전체에 대한 성토대지 조성 공사가 실시되었고, 그 후 동서-남북의 도로, 축대와 배수로, 와적기단건물과 연지 등이 배치되었음이 밝혀졌다.[125] 이때 라지구의 대형 전각건물의 하층에서 발견된 연화문와당들이 주목된다. 이 유물들은 대형 전각건물의 성토대지층에서 발견되었으므로 관북리 일대의 성토층의 연대를 추정하는 단서로 활용될 수 있기 때문이다(〈도2-26〉).

이곳에서는 크게 세 종류의 와당이 출토되었는데, 한 종류(〈도2-26〉의 1)는 대통사지 출토품과 동범품이고, 다른 종류(〈도2-26〉의 2)는 관북리와 왕궁리 일대에서 다수 발견되는 하트형 연판의 와당으로 일본 아스카데라의 화조(花組) 계열과

렇게 볼 때 관북리 장방형구획은 단기간에 동안만 존속했을 가능성이 있다. 아울러 2011년도의 가·나지구 남쪽에 대한 조사에서는 남북대로가 구아리 정방형구획으로 추정한 북동쪽 일대에서 단절된 상황이 확인되었다(백제고도문화재단, 2014, 『사비 왕궁지구 유적-부여 사비왕궁지구 발굴조사』). 따라서 이 남북대로가 정림사지 일대까지 연장되었을 것이라는 추정은 무리가 있다는 것이 다시 확인되었다.

124 國立扶餘博物館, 2006, 『百濟의 工房』, 20~21쪽.

125 金成南, 2007, 「百濟 泗沘王宮의 擴大와 變貌過程試論」, 第57回 忠南大百濟研究所 公開講座 發表文.

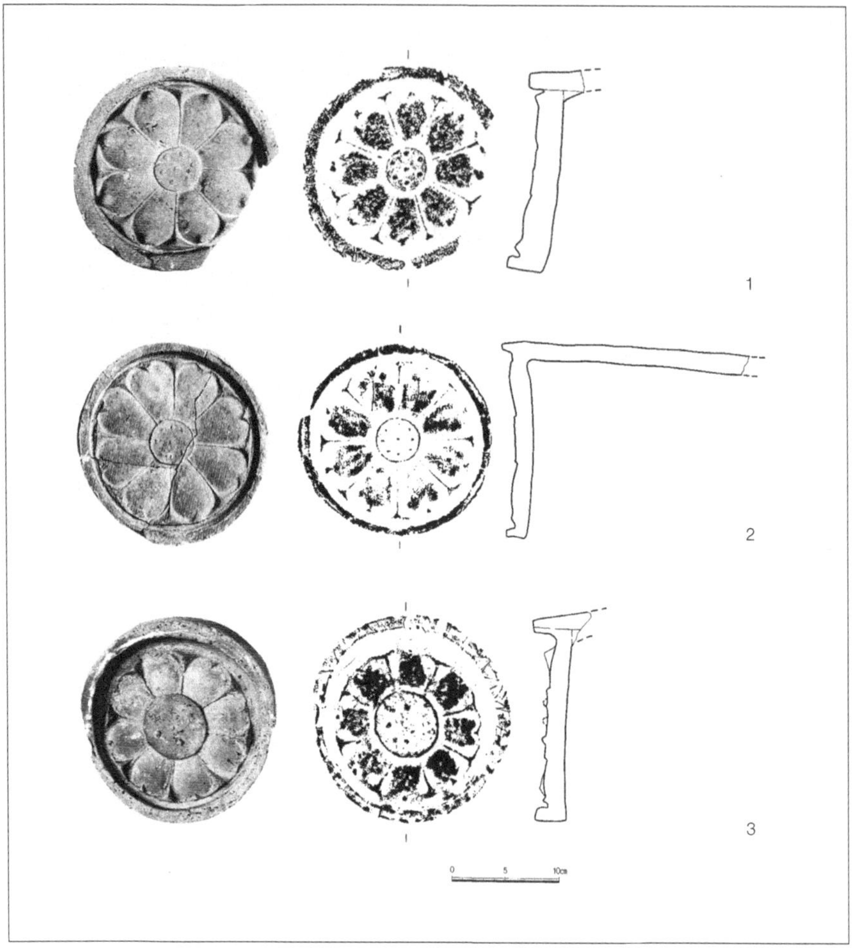

도2-26 부여 관북리 대형전각건물 성토층 출토 와당

연관되며, 또 다른 종류(〈도2-26〉의 3)는 정암리 요지 A지구 1호와요 출토품과 동범품이다. 이 와당들의 중심 연대는 대략 6세기 중·후반(〈도2-26〉의 1, 〈도2-26〉의 3)으로, 588년 와박사가 파견되기 이전에 제작된 것(〈도2-26〉의 2)이라 생각한다.[126] 이와 같은 종류의 와당들은 567년 무렵에 건립된 능산리사지나 577년에 건립된 왕흥사지에서는 발견되지 않으므로 그보다 약간 늦은 6세기 중·후반에 사용

126 龜田修一, 2006, 『日韓古代瓦の研究』, 吉川弘文館, 78~79쪽.

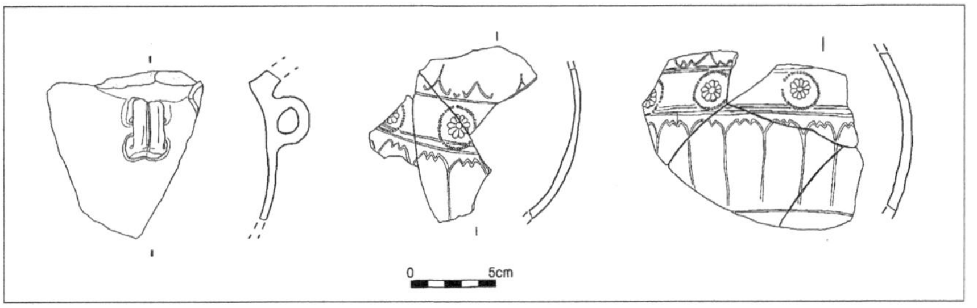

도2-27 부여 관북리 바지구 성토층 출토 중국제청자편

했다고 할 수 있다. 따라서 이곳에 대한 성토 작업은 〈도2-26〉의 2가 폐기된 6세기 중·후반 무렵에 시작된 것으로 생각한다.

한편 관북리 유적 북서쪽 일대(바지구)에 대한 2008년의 조사에서는 대지 조성시기를 추정할 수 있는 중국제 청자편이 출토되었다(〈도2-27〉). 이 유물은 청자관편(青瓷罐片)으로 중국의 진대(陳代)나 수대(隋代)의 유적에서 이와 비슷한 기형과 문양의 청자들이 출토되었다.[127] 관북리 출토 중국제 청자편은 연판의 끝이 정제되지 않고 흐트러져 있어 기형과 문양에서 양자의 중간 단계인 6세기 4/4분기 정도로 비정할 수 있으리라 생각한다. 이것을 보면 관북리 일대의 성토 작업은 6세기 중·후반, 특히 6세기 4/4분기 이후에는 이루어진 것으로 볼 수 있고 도로유적은 그와 같은 시기이거나 직후인 6세기 후반 무렵에 개설된 것이라 볼 수 있다.[128] 이러한 상황을 감안하면 관북리 장방형 구획은 그 형태가 대단히 불완전할 뿐만 아니라 천도 당시에는 존재하지 않았음이 거의 분명하다고 할 수 있다.

다음으로 관북리 장방형 구획에서 확인된 남북대로가 정림사지와 관련이 있으리라는 가설을 살펴보자. 이를 처음 제기한 윤무병은 관북리 유적(나지구)에서 확인된 남북대로를 연장하면 현재의 정림사지 서쪽 담장과 거의 일치하므로 적어도 이 일대까지 정연한 도로망으로 구획되었으리라고 추정했다.[129] 그러나 식민지

127 國立扶餘文化財硏究所, 2009, 『扶餘官北里百濟遺蹟發掘報告Ⅳ』, 230쪽. 報告書에서는 陝西省 泰州市 泰西鄕 魯莊村에서 출토된 陳代 유물과 陝西省 西安市 李靜訓墓 출토품을 예시하고 있다.

128 부여 관북리유적의 바지구에 관한 조사 결과도 이와 부합하고 있다. 南浩鉉, 2011, 「扶餘 官北里 百濟遺蹟의 性格과 時間的 位置-2008년도 調査區域을 중심으로」, 『百濟硏究』 51.

129 尹武炳, 1994, 「百濟 王都 泗沘城 硏究」, 『學術院硏究論文集(人文·社會 編)』 33, 145~146쪽.

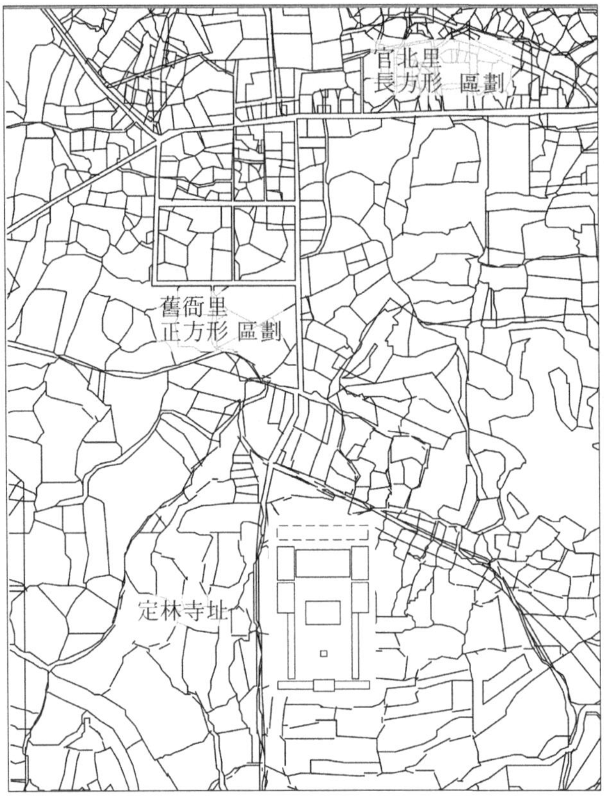

도2-28 1910년대 지적도에 보이는 관북리·구아리 일대와 정림사지

시기를 비롯해서 1979년부터 수차례 조사된 정림사지에 대한 발굴에서 사원의 영역을 확인하기 위한 조사는 단 한 차례도 실시된 적이 없다. 윤무병이 말한 정림사지의 서쪽 담장은 현재의 부여 시가지에 설치된 정림사지의 서쪽 담장을 가리키는데, 사비 도성 GPS 탐색을 통한 작업 결과 관북리 유적의 남북대로는 정림사지 서회랑지나 석탑과 일치할 가능성이 더 높은 것으로 드러난다. 따라서 그러한 주장의 타당성에 대해서 재검토할 필요가 있다.

현재 관북리 유적의 남북대로와 정림사지 외곽의 관계를 검증할 수 있는 자료는 지적도와 부여시가지계획평면도이다. 부여 지역에 대한 지적조사는 1914년에 처음 실시되었으며 이에 근거해 이후 널리 활용되는 1:50,000 지형도가 작성된 것으로 보인다. 그런 점에서 지적도(〈도2-28〉)는 1910년대 부여 시가지의 상황을 가장 잘 반영하는 자료라 할 수 있다. 부여시가지계획평면도(〈도2-29〉)는 부여 지역

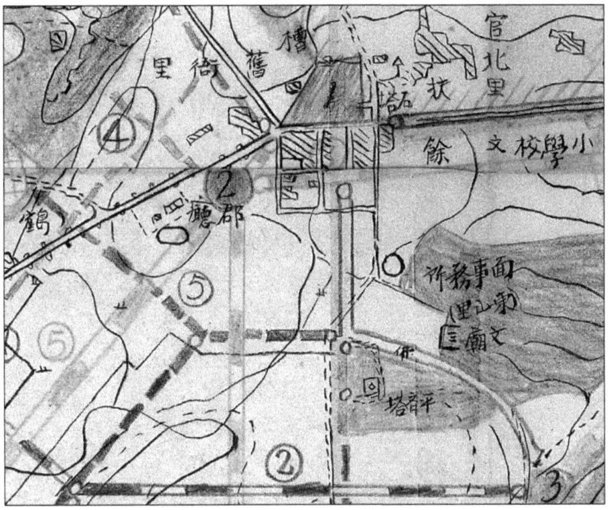

도2-29 扶餘市街地計畫平面圖 부분(1939년 작성)

에 대한 최초의 근대적 도시계획안을 담은 도시계획도로 1939년에 작성된 것이다. 당시 조선총독부에서는 내선일체의 상징물인 부여신궁(扶餘神宮)의 건립을 위해 이러한 도시계획안을 작성했다.[130] 그런데 부여시가지계획평면도와 현재의 부여읍 지도를 비교해보면 간선도로가 거의 일치하기 때문에[131] 지적도와 비교하면 전근대의 부여 시가지 도로망이 어떻게 변화했는지를 이해할 수 있다.

지적도를 보면 관북리 장방형 구획에서 확인된 남북대로가 뒤에서 다룰 구아리 정방형 구획의 동쪽을 지나서 곧장 남쪽으로 내려오다가 정림사지 북쪽 일대에서 약간 경사지게 남서쪽으로 꺾인 다음 현재의 정림사지 사역 북쪽에서 다시 정남쪽으로 이어진다. 즉, 1910년대 지적도에서 확인된 이러한 사실은 관북리 유적의 남북대로와 정림사지 서쪽 담장이 아무런 관련이 없음을 시사한다. 또한 지적도를 보면 현재의 정림사지 서쪽 담장 옆을 지나는 남북도로는 1939년의 도시계획에 의해 신설된 것으로 그 이전에는 존재하지 않았음이 확인된다. 따라서 관북리 장방형

130 孫禎睦, 1990, 「日帝下 扶餘神宮 造營과 소위 扶餘神都建設」, 『日帝强占期 都市計劃硏究』, 一志社.

131 부여군의 도시계획 연혁을 보면 1939年 「總督府告示」, 第900號에 의해 수립된 扶餘市街地開發計劃案은 1945년 이후에도 큰 변화 없이 이어지고 있음을 확인할 수 있다. 扶餘郡, 2004, 『2011年 扶餘都市計劃再整備 用役結果報告書』.

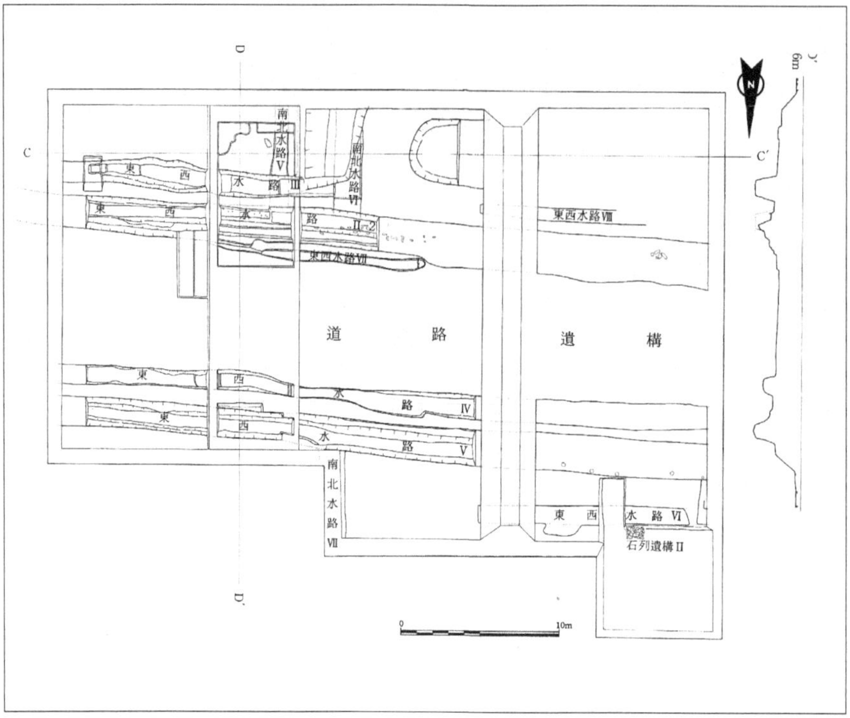

도2-30 부여 궁남지 일대의 동서도로 유구

구획의 남북대로가 정림사지의 사역과 관계있다는 가설은 근거가 없다.

부여 궁남지, 군수리 지점, 능산리·가탑리 지점, 쌍북리 현내들·북포 유적 등 부여 시가지에서 발견된 도로 유적들이 관북리 유적에서 확인된 노폭 8.9미터의 남북대로와 노폭 3.9미터의 남북소로 및 동서소로와 크기 및 방향에서 일정한 상관성을 갖고 있는 것에 대해 어떻게 이해할 것인가를 검토해보자. 먼저 폭 8~9미터 정도의 궁남지 동서도로가 약 45미터 확인되었다(〈도2-30〉). 이 도로의 폭은 그보다 늦게 조성된 동서수로Ⅳ의 폭을 감안할 때 원래는 10미터 정도이며 그 방향이 관북리 동서도로와 일치하므로 이와 관련 있는 것으로 추정된다.[132] 궁남지 도로 유구에서 유의해야 할 것은 발굴 조사에서 확인된 도로의 폭은 추정치에 불과

132 國立扶餘文化財硏究所, 2001, 『宮南池Ⅱ-현 궁남지 서북편 일대』, 291쪽.

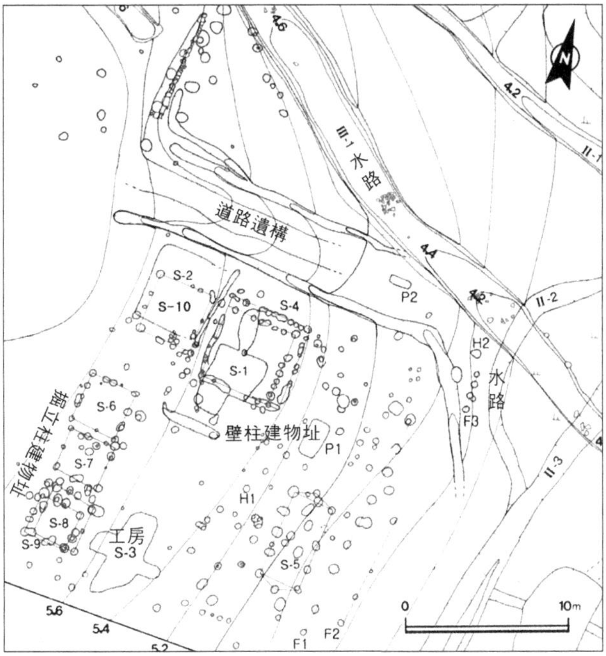

도2-31 부여 군수리 지점의 도로와 건물군

하고 수치에 차이가 있으며 특히 개설시기가 명확치 않기 때문에 이를 사비 천도 당시의 것으로 소급해 이해하기에는 무리가 있다는 점이다.

군수리 지점에서는 2미터 길이의 동서도로가 확인되었는데 측구(側溝)를 포함한 도로 폭이 4.6미터에 달한다.[133] 그런데 이곳에서 확인된 동서도로, 2기의 벽주건물(대벽건물), 4기의 굴립주건물, 공방시설, 매납 유구 등은 구획 중축선을 따라 매우 정연한 배치를 보인다(〈도2-31〉). 군수리 지점의 건물지군은 수전과 인접한 동쪽 부분만 목책렬로 열구분되고, 나머지 서·남·북쪽은 모두 도로에 의해 정연하게 구획된 단위 공간으로 구성되었으리라 생각하는데, 그 추정 규모는 건물 구획이 남북 19.6미터, 동서 17.2미터에 이른다. 또 측구를 포함한 폭 4.6미터 도로 중심선으로부터의 단위구획은 남북 28.3미터, 동서 25.8미터이므로 이를 관북리 일대에서 확인된 남북 113.1미터, 동서 95.5미터의 장방형 구획과 비교하면 1/16

133 忠南大百濟硏究所, 2003, 『泗沘都城 - 陵山里 및 軍守里地點 發掘調査 報告書』, 61쪽.

정도에 해당하고, 그런 점에서 군수리 지점에서 확인된 단위구획은 사비 도성의 최소 단위구획일 가능성이 있다.[134]

그러나 필자는 이러한 최소 단위구획이 신라 왕경의 최소 단위구획인 1방의 크기(동서 167.5미터, 남북 172.5미터)와 비교할 때 지나치게 좁기때문에 이를 사비 도성 전체에 적용할 수 있을지 의문이 든다.[135] 따라서 군수리 지점에서 상정한 단위구획은 관북리 장방형 구획을 의식해 산출한 이상적인 것에 불과하다고 판단된다. 만약 군수리 지점의 단위구획을 인정하더라도 관북리의 장방형 구획이 천도 당시의 것이 아니기 때문에 이 지점의 단위구획이 천도 전후한 시기의 것이라고 단정할 수는 없다. 그런 점에서 군수리 지점에서 확인된 건물지들은 마치 가람 중심부에 여러 건물이 정연하게 배치된 것과 유사하게 자체 완결성을 갖는 건물군이 계획적으로 배치된 사례 정도로 평가해야 할 것이라 생각한다.

부여 능산리·가탑리 지점에서도 도로 유적들이 확인되었다. 5개소에서 도로의 흔적이 확인되었는데, 그중 제2지점에서는 남북 40미터, 동서 150미터 정도의 도로 교차 지점이 확인되었다(〈도2-32〉).[136] 도로망의 개설 시점은 제2생활면에서

134 李亨源, 2003, 「泗沘都城內 軍守里地點의 空間區劃 및 性格」, 『湖西考古學』 8, 116쪽.

135 〈도2-31〉의 군수리 지점을 도성 내의 최소 단위구획으로 상정하기 위해서는 다음과 같은 문제를 해결해야 한다. 먼저 이곳에서는 북쪽을 제외하면 서쪽과 남쪽에서 어떠한 도로의 흔적도 발견되지 않았다. 또 동서도로의 오른쪽 끝부분은 직각으로 꺾여 내려오는 것이 아니라 비스듬한 방향으로 사선을 그리고 있다. 이러한 유구상황을 근거로 방형의 단위구획을 설정할 수 있을지 의문이다. 둘째, 울타리로 추정한 목책열의 방향이 건물군의 중심축선과 방향이 일치하지 않으며, 그 일부는 동서도로 위에서 발견되었다. 이것은 울타리의 축조와 동서도로가 시기차가 있거나 어떤 변화가 있었음을 말하는 것으로 생각된다. 그렇다고 할 때 추정 남북도로선과 목책렬 사이의 관계가 설명되지 않는다. 셋째 구획중축선 역할을 하는 S4호 벽주건물의 북쪽과 동쪽은 기둥 구멍이 40센티미터 정도 떨어져서 이중으로 돌아가고 있어서 건물의 개수나 증축의 흔적이 관찰되는데 이를 구획 중축선으로 파악할 수 있는지에 대한 설명이 필요하다. 또 건물 구획의 추정 남쪽선이 공방지로 추정한 S3의 끝을 지나고 있지만 S3 유구를 그 끝으로 단정할 수 있을지 의문이다. 넷째 이 건물지군의 축조시기, 혹은 중심시기를 천도 전후로 상정할 만한 증거가 없다. 특히 S4호 벽주건물의 경우 출토유물을 볼 때 6세기 중후반을 소급하지 않는 것으로 생각된다.

136 丘冀鍾·李眅燮, 2005, 「扶餘 佳塔里 장구먹들 百濟遺蹟 調査概報」, 『湖西地域 文化遺蹟發掘成果』(第12回 湖西考古學會 學術大會發表集; (財)忠清文化財研究院, 2006, 『扶餘 陵山里 東羅城 內·外部 百濟遺蹟』.

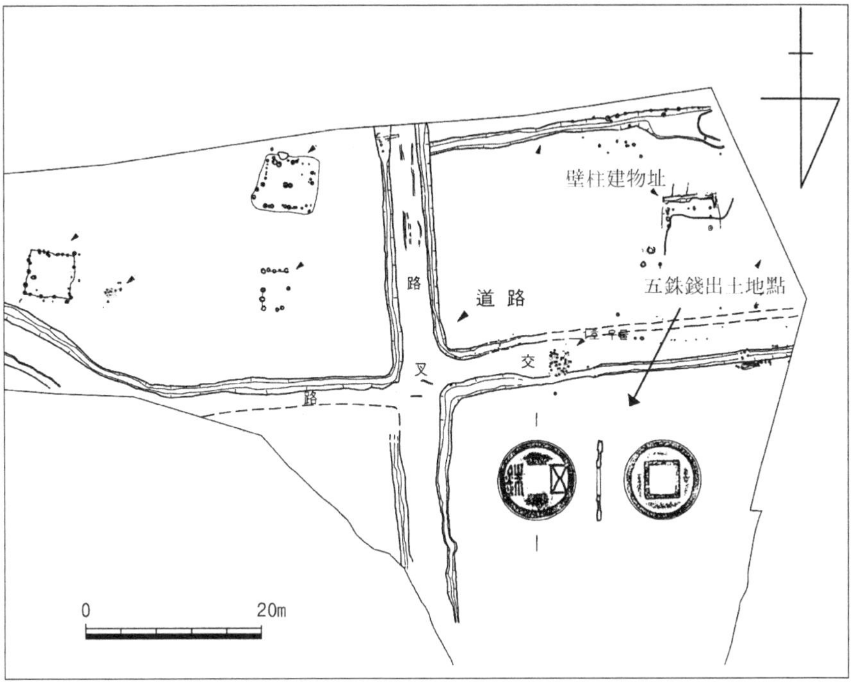

도2-32 부여 능산리·가탑리 지점의 도로와 隋 五銖錢

수(隋)대의 오수전(五銖錢)이 출토되어 6세기 말에서 7세기 초 이후로 비정할 수 있다.[137] 또 쌍북리 현내들과 북포 유적에서도 도로 유적이 확인되었다.[138] 현내들 유적에서는 모두 6개소의 도로 유적이 동서 방향과 남북 방향 모두에서 확인되었고 시기에 따라 도로의 폭이나 방향에 차이가 있었다. 도로 개설시기를 추정할 수 있는 자료는 현내들 유적 2구역의 제방시설에서 출토된 북제(北齊)의 상평오수전(上平五銖錢)과 4구역에서 출토된 목간이다. 상평오수전은 제방시설의 북쪽 끝부분에서 확인되었다(〈도2-33〉). 553년부터 북제에서 발행하기 시작한 상평오수전은 577년에 매립된 왕흥사지의 목탑지에서도 확인된 적이 있는데, 백제와 북제는

137 충청문화재연구원이 발굴한 남쪽 지대에 대한 발굴에서도 〈도2-22〉와 연결되는 도로유구가 확인되었는데, 이것들 또한 6세기 4/4분기 이후부터 7세기 초반의 도로유구로 추정된다. 부여군문화재보존센터, 2010, 『扶餘 佳塔里 百濟遺蹟』.

138 (財)忠淸文化財硏究院, 2009, 『扶餘雙北里현내들·北浦遺蹟』.

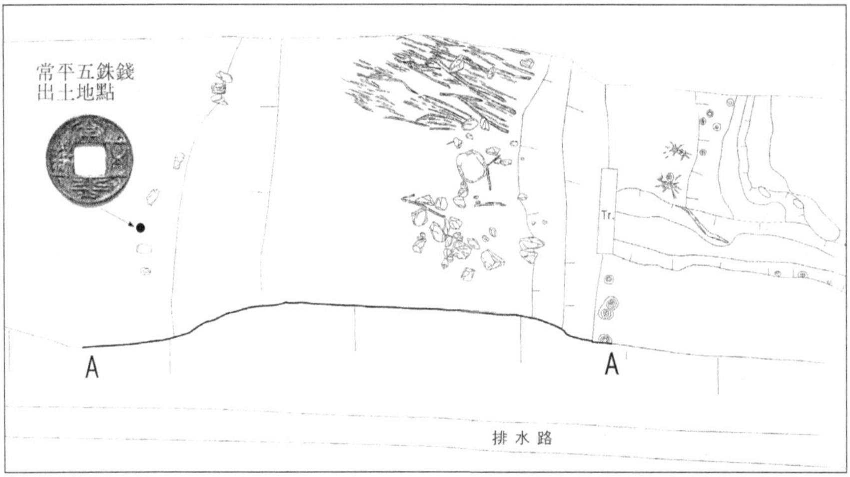

도2-33 부여 현내들유적의 제방시설과 北齊 上平五銖錢

567년 이후로 사신이 왕래했으므로 이러한 상평오수전도 그 이후에 전래되었을 것이라 생각한다.[139] 또 4구역에서 출토된 목간은 인근에서 출토된 무인년(戊寅年. 618)의 좌관대식기(佐官貸食記)와 출토 맥락이나 공반 유물의 성격이 매우 유사하기 때문에 6세기 말이나 7세기 초로 추정된다. 따라서 이 지역에서 발견된 도로 유적의 개설은 천도 전후가 아닌 6세기 중·후반 이후에 이루어졌을 것이다. 특히 북포 유적의 도로 측구에서 출토된 인화문토기, 파문와당, 소문와당, 官(관)·斯(사)·辰(진) 자가 각인된 문자기와를 참고할 때 도로의 개설시기는 7세기 전반을 소급하기 어려울 것이다.

부여 지역에서 확인된 도로 유적의 검토를 통해 그것이 천도 이후 일정 기간이 지난 다음에 개설되었고, 나성 내부가 정연한 가로 구획으로 정비되지는 않았던 것을 확인할 수 있었다.[140] 이를 관북리 유적의 성토대지 조성 및 도로의 개설

139 上平五銖錢을 근거로 하여 6세기 중엽에는 이 유적의 도로가 개설되었을 것으로 보기도 한다(朴淳發, 2011, 「泗沘都城研究の現段階」, 53쪽). 하지만 현내들 유적 전체의 편년적인 위치는 그보다 늦은 6세기 중후반 이후였을 것으로 생각된다.

140 최근 부여 관북리나 현내들유적, 가탑리유적에서 발견된 도로들 중에는 자북을 축으로 하는 도로들과 다른 사례들이 점차 증가하고 있어 유의할 필요가 있다. 백제고도문화재단, 2014, 『사비 왕궁지구 유적』; 금강문화유산연구원, 2012, 『부여 가탑리 가탑들 유적』.

시점이 6세기 후반이라는 검토 결과를 고려하면 그와 같은 시기이거나 한두 단계 늦게 개설된 도로가 포함되어 있음을 알 수 있다. 그런 점에서 이러한 도로 유적들은 사비 도성 조영의 계획성과 단계적인 정비 과정을 알려주는 자료로 평가해야지, 나성 내부 전체가 천도 전후부터 정연한 도로망으로 정비되었음을 증명하는 자료로 활용하는 것은 적절치 않다고 생각한다. 다만 관북리 장방형 구획 이외에 또 다른 구획안이 제시되었을 때 이를 검증하는 수단이나 도성 내부에 대한 기본 기획안과 실제 실행안의 차이를 설명하는 자료로 활용할 수 있을 것이다.

(2) 사비시기의 왕궁 구역과 정림사지

지금까지 사비 도성의 내부 구조를 추정할 수 있는 가장 중요한 근거는 관북리 유적에서 확인된 장방형 구획이었다. 그러나 전술했듯이 이 구획은 사비 천도 전후가 아니라 적어도 6세기 후반 이후에 조성되었다. 그런 점에서 왕궁의 위치를 포함한 내부 구획에 대한 새로운 모색이 있어야 한다. 여기서는 지적도, 멸망기의 고고자료, 목간 등 세 가지 측면에서 이 문제에 접근하고자 한다.

먼저 식민지 시기에 제작된 지적도를 보면 관북리 유적의 가지구 아랫부분에서 정방형에 가까운 네 개의 구획이 확인된다. 이 구획은 구아리와 관북리에 걸쳐서 분포하지만 관북리 유적의 장방형 단위구획과 구분하기 위해 '구아리 정방형 구획'으로 부르겠다.[141] 우측 하단의 방형 구획의 크기를 지적도에서 산정해보면 구아리 정방형 구획의 규모는 한 변의 안쪽 너비가 82.2~82.8미터로 평균 82.5미터에 이르고, 도로와 도로 사이의 중심간 거리는 88.2미터, 각 도로의 너비는 5.7미터임을 알 수 있다. 한 변의 길이는 관북리 장방형 구획에 비해 축소되었지만 평면 구획의 형태가 정방형이고 도로의 너비가 5.7미터로, 관북리 나지구에서 확인된 동서소로 및 남북소로의 5.3~5.6미터와 유사하다.

특히 지적도에서 산출된 88.2미터는 남조척을 적용했을 때 360척이라는 완수를 보인다.[142] 360남조척은 60보라는 또 다른 완수를 얻을 수 있으므로 대단히 의

141 李炳鎬, 2007, 「泗沘都城의 構造와 築造過程」, 『百濟의 建築과 土木』(백제문화사대계15).

142 백제에서는 6세기 후반까지 남조척을 사용했을 것으로 생각되며 관북리유적에서 실물이 출토되기도

미 있는 수치로 사비 도성의 내부 구조를 이해할 때 무시해서는 안 될 것이다. 또한 이 크기가 전체의 1/4이었음을 고려하면 한 변 166.4미터, 720남조척, 120보라는 수치가 산출된다. 이는 사비 도성의 가장 기본적인 단위구획의 크기였을 가능성을 제기할 수 있다. 그리고 이 수치는 경주 황룡사지 동편 왕경 구획 1구역의 크기인 동서도로 중심축 간 거리 167.5미터, 남북도로 중심축 간 거리 172.5미터와도 비슷하다.[143] 그런 점에서 구아리 정방형 구획은 이 일대가 사비시기의 왕궁지였을 가능성을 새롭게 제시하고 있다.

다음은 백제 멸망기 당나라 군대의 진주와 관련된 유물로 '대당(大唐)'명 와당의 존재에 주목해보자(〈도2-34〉). '대당'명 와당은 부소산성과 쌍북리에서 출토되었는데 문양이나 제작기법이 기존의 백제나 신라의 것과 전혀 다르다. 따라서 이 유물이 출토된 부소산성이나 쌍북리에는 당의 백제 점령을 위한 중심 건물이 있었다고 짐작할 수 있고, 더 나아가 사비시기 왕궁의 중심 건물이 있었음을 추정할 수 있다.[144] 쌍북리 유적은 발굴 조사에서 3개의 초석이 나왔지만 붉게 탄 소토 덩어리가 다수 출토되어 와요지로 추정했다.[145] 하지만 인근 지역에도 대형 초석들이 산재하고 동범와(〈도2-26〉의 3)나 녹유편이 함께 발견되었다. 따라서 '대당'명 와당 등을 함께 참고할 때 왕궁 구역의 일부로 보아 무리가 없다고 생각한다. 다만 연대적으로 6세기 중엽에 해당하는 유물이 없고 인근 지역에서 7세기 전반대 유물이 집중된 것을 보면 관북리 일대보다 약간 늦게 개발되었으며 왕궁의 동쪽 구역에 해당하지 않을까 한다.

관북리 유적의 라지구 동쪽에서 백제 멸망 직후 당나라 점령군이 사용한 와요지가 발견되기도 했다.[146] 내부에서 발견된 와당은 약간 볼록한 연판을 하고 낮은

했다. 盧重國, 2005, 「百濟의 度量衡과 그 運用」, 『韓國古代史硏究』 40, 113~117쪽.

143 國立慶州文化財硏究所, 2002, 『新羅王京 發掘調査報告書』I, 553~554쪽.

144 龜田修一, 2004, 「扶餘'大唐'銘軒丸瓦の語るもの」, 『古代文化』 56-11(通卷550號). 백제 멸망 이후 부여 지역에 5도독부와 웅진도독부가 설치된 것을 감안하면(千寬宇, 1979, 「馬韓諸國의 位置試論」, 『東洋學』 9; 1989, 『古朝鮮史·三韓史硏究』, 一潮閣, 395~397쪽), '대당'명 수막새는 부여에 있었던 당의 5도독부나 웅진도독부의 주요 전각에 사용된 와당이었을 가능성이 높다.

145 尹武炳, 1982, 「扶餘雙北里遺蹟發掘調査報告書」, 『百濟硏究』 13.

146 국립부여문화재연구소, 2009, 『扶餘官北里百濟遺蹟發掘報告Ⅲ』, 126쪽.

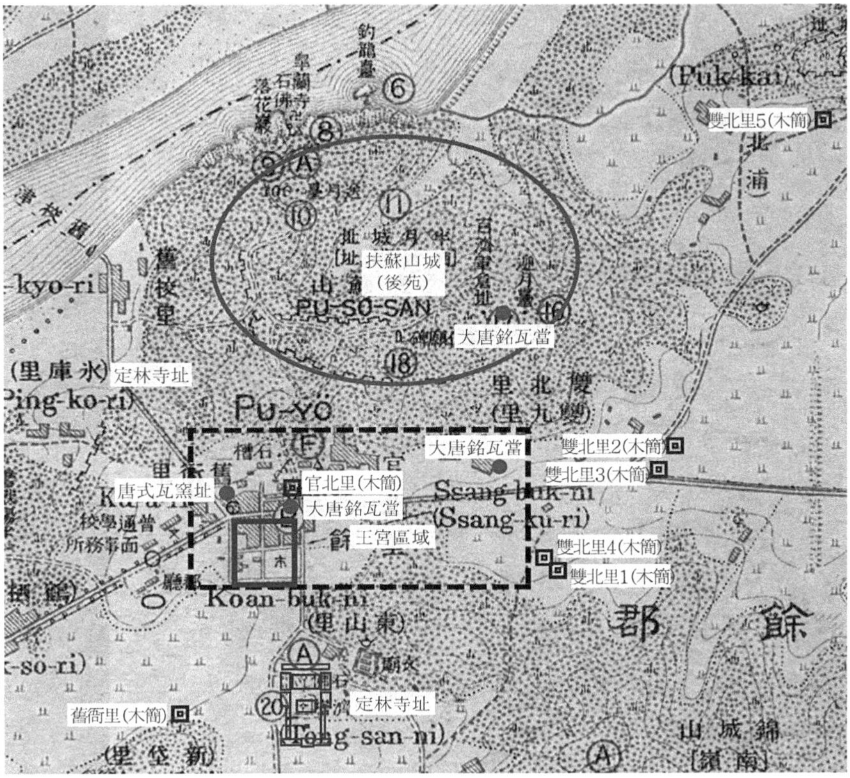

도2-34 사비시기 왕궁구역 관련 주요 유적의 위치

주연 안에는 연주문이 시문되어 있었는데, 와당의 접합방식은 '대당'명 와당과 동일하다. 따라서 백제의 왕궁 구역은 당나라식 와요가 발견된 지점보다 남쪽이나 동쪽에 위치했으리라 추정된다.

한편 목간 등의 문자자료를 통해서도 왕궁의 범위를 어느 정도 추정할 수 있다. 현재까지 나성 내부에서 목간이 발견된 지점을 보면 부여 관북리(충남대박물관, 국립부여문화재연구소), 궁남지(국립부여문화재연구소), 구아리(중앙성결교회 유적, 부여군문화재보존센터), 쌍북리 일원 등이다.

관북리의 목간은 모두 가지구의 연지에서 출토되었다. 연지는 6세기 말이나 7세기 전반에 조성된 것으로 보이는데 사면의 석벽은 두 차례에 걸쳐 조성된 것으로 보인다.[147] 연지의 내부에서 개원통보가 발견되어 목간이 발견된 층위와 대조해 보면 대체로 7세기 전반에서 중엽에 사용되었으리라 생각되며, 일부 멸망기에 사용된 것도 포함되었을 것으로 보인다. 833호의 '병여기(兵与記)', '중방향(中方向)' 같은 목간을 보면 인근에 국왕의 명령을 수행하는 중앙 행정관서가 배치되었을 가능성도 배제할 수 없다. 구아리 중앙성결교회 유적에서는 유구의 성격이 명확하지 않지만 도성의 행정구역 명칭[下部, 中部, 前部]과 관등[柰率], 인명[得進], 물품[赤米] 등이 기록된 목간과 더불어 수대의 청자다족연이 확인되었다.[148] 따라서 이 유적 부근에도 중앙 행정관서와 같은 주요 시설이 배치되었을 가능성이 있다.

쌍북리 일원에서는 102번지(주공아파트, 충남대박물관, 〈도2-34〉의 쌍북리 1), 280-5번지(신성전기 창고 부지, 백제문화재연구원, 〈도2-34〉의 쌍북리 2), 현내들 유적(충청문화재연구원, 〈도2-34〉의 쌍북리 3), 173-8번지(119안전센터의 신축 부지, 동방문화재연구원, 〈도2-34〉의 쌍북리 4), 뒷개 유적(부여군문화재보존센터, 〈도2-34〉의 쌍북리 5) 등 6개소에서 목간이 출토되었다.[149] 주공아파트 부지에서는 당척으로 추정되는 척과 함께 왜의 조도품(調度品) 등에 부착된 부찰(付札)로 생각되는 '那尓波連公(나이파연공)' 목간이 출토되었다.[150] 280-5번지 유적에서는 출거(出擧)와 관련된 장부와 중앙 행정기관인 '외경부(外椋卩)'를 기록한 목간 및 제첨축(題籤軸)이 발견되었으며,[151] 현내들 유적에서는 성인 남성인 '정(丁)'의 수를 기록

147 부여 지역에서 출토된 목간의 연구 현황에 대한 정리는 홍승우, 2013, 「扶餘 지역 출토 백제 목간의 연구 현황과 전망」, 『木簡과 文字』 10 참고.

148 국립부여문화재연구소, 2009, 『扶餘官北里百濟遺蹟發掘報告Ⅲ』, 84~88쪽.

149 沈相六·李美賢·李孝重, 2011, 「扶餘 中央聖潔敎會遺蹟 및 뒷개 遺蹟 出土 木簡報告」, 『木簡과 文字』 7; 부여군문화재보존센터, 2012, 『부여 구아리 319 부여중앙성결교회유적』.

150 李康承, 2000, 「百濟時代의 자에 대한 硏究 - 扶餘 雙北里遺蹟 出土 자를 中心으로」, 『韓國考古學報』 43; 平川南, 2009, 「百濟の都出土の連公木簡」, 『國立歷史民俗博物館硏究報告』 153; 충남대박물관, 2013, 『扶餘 雙北里遺蹟II』.

151 朴泰祐·鄭海濬·尹智熙, 2008, 「扶餘雙北里280-5番地 出土木簡報告」, 『木簡과 文字』 2; 早稻田大學朝鮮文化硏究所·國立加耶文化財硏究所, 2009, 「扶餘 雙北里木簡」『日韓共同硏究資料集 咸安城山山城木簡』, 149~155쪽; 李成市, 2010, 「東アジアの木簡文化 - 傳播の過程を讀みとく」, 『木簡から古代がみえる』, 岩波書店; 鄭海濬·尹智熙, 2011, 『扶餘雙北里280-5遺蹟』, (財)百濟文化財硏究院; 三上喜孝, 2013, 「古代東アジア出擧制度試論」, 『日本古代の文字と地方社會』, 吉川弘文館.

한 목간과 '상부(上卩)'를 기록한 부찰이 출토되었다.[152] 그 밖에 173-8번지의 119센터 신축 부지에서는 '오석(五石)'이나 '부(部)', 남녀 및 나이별 인구수를 적은 목간이 확인되었으며,[153] 뒷개 유적에서는 미상의 목간 1점이 출토되었다.[154] 쌍북리 일대에서 목간이 발견된 지점들은 부소산을 기준으로 그 동쪽이나 동남쪽 일대에 해당한다. 그 중심 시기는 무인년(618)이 기록된 '좌관대식기' 목간이나 공반 유물로 볼 때 대체로 7세기 전반에서 중엽으로 생각한다.

그렇다면 쌍북리 일대에서 이처럼 목간의 출토 빈도가 높은 것은 무엇 때문일까. 이와 관련해 주목되는 것이 쌍북리 280-5번지에서 출토된 세 점의 목간이다. 특히 출거와 관련된 '좌관대식기'과 더불어 제첨축과 '외경부'라는 중앙 행정기관의 명칭이 확인된 것은 매우 중요하다. 비록 소수이지만 이러한 목간을 통해 이 부근에서 일련의 문서 행정이 이루어졌음을 짐작할 수 있기 때문이다. 또 한 가지 주목되는 것은 쌍북리 280-5번지 일대의 '좌관대식기'나 다른 하찰에 사용하기 위한 목간형 목제품 중에 그 수종이 일본산 목재인 삼나무가 포함된 점이다.[155] 이 유적에서는 스에키 파편 1점이 출토되었고, 인근 현내들 유적에서도 스에키 파편이 함께 발견되었다. 이러한 일본산 유물들은 쌍북리 주공아파트 부지에서 출토된 '나이파연공' 목간과도 관련이 있을 것이다.

따라서 쌍북리 일대의 목간이나 일본의 스에키 파편이 발견된 주변 지역은 단순한 귀족의 저택이라기보다 국내외 물자가 집적되거나 반출되는 관청과 같은 시설이 있었을 가능성이 높다. 또한 관북리 유적의 연지나 궁남지의 수로에서 목간과 함께 일본산 스에키나 스에키 계통의 유물이 발견된 것이 참고 된다.[156] 이러한 점을 고려할 때 일본에서 수입한 스에키나 삼나무에 쓰인 목간 등이 함께 발견된

152 李眅燮·尹善泰, 2008, 「扶餘雙北里현내들·北浦遺蹟의 調査成果」, 『木簡과 文字』創刊號.

153 孫浩成, 2011, 「扶餘 雙北里 119안전센터부지 출토 木簡의 內容과 判讀」, 『木簡과 文字』 7; 동방문화재연구원, 2013, 『부여 사비 119안전센터 신축부지 내 쌍북리 173-8번지 유적』.

154 沈相六·李美賢·李孝重, 2011, 「扶餘 中央聖潔敎會遺蹟 및 뒷개 遺蹟 出土 木簡報告」, 『木簡과 文字』 7.

155 「佐官貸食記」 목간을 포함하여 3점의 목간형 목제품이 삼나무라고 한다. 강환구, 2011, 「부여 쌍북리 280-5 유적 출토 목제유물 및 목주 수종분석」, 『부여 쌍북리 280-5유적』.

156 土田純子, 2012, 「百濟遺跡 出土 倭系遺物에 대한 검토」, 『백제와 주변세계』, 성주탁교수추모논총간행위원회.

쌍북리 일대는 관청이나 그와 깊은 관련이 있는 유적이 인근에 입지했을 가능성이 높다고 할 수 있다. 현 단계에서 이 일대에 외경부라는 관서가 있었다고 단정할 수는 없지만 이 일대가 나성 동쪽이나 부소산성 북동쪽의 도로를 이용하기 편리한 곳이고, 인근 지역에서 함께 출토된 유물 중에 척이나 되[量器]와 같은 도량형이 섞여 있는 것을 보면 현재의 부여여자중학교 일원, 쌍북리 주공아파트 일원, 부소산성 동남쪽 구간에 외경부 같은 중앙 행정관서가 위치했을 가능성이 매우 높다고 할 수 있다.[157]

또한 이 목간들이 발견된 서쪽 지대는 중앙 행정관서와 연관이 있는 중요 시설인 왕궁이 있었을 가능성이 높다(〈도2-34〉). 왕궁의 동쪽 지역에 중앙의 행정관서가 위치하는 것은 그 남쪽 일대에 정림사지를 비롯한 사원들이 위치하고 서쪽에 백마강이 흐르고 있었기 때문이 아니었을까. 다만 이 일대에서 출토된 유물의 대부분이 7세기 전반 이후에 속하는 것을 보면 무왕대 이후에야 쌍북리 일대의 개발이 본격화되었을 가능성도 없지 않다.[158] 그런 점에서 612년의 대홍수 기록이나 655년 동궁(東宮)을 수리한 기록은 이 일대의 발굴 조사 내용과 일정한 관련이 있다고 할 것이다.

지금까지 부여 시가지 내부에서 출토된 목간을 통해서 중앙 행정기관의 위치를 추정하고 도성의 핵심 시설인 왕궁의 위치를 유추해보았다. 그 결과 사비시기의 왕궁 구역은 부소산성 남쪽의 구아리·관북리·쌍북리 일대에 위치했을 것으로 생각된다. 그 범위는 서쪽은 관북리 대형 건물지의 인근으로 당나라식 와요가 발견된 지점이 일정한 지표가 될 수 있을 것이다. 동쪽은 부여초등학교나 부여여고 부근으로 대당명 와당이 발견된 쌍북리 유적의 인근, 남쪽은 정림사지 북쪽을 경계로 한 일정 구역이었을 것으로 생각한다. 다만 〈도2-34〉를 보면 구아리 정방형 구획이 상정되는 지점이 더 중심적인 위치에 있었을 것이다. 대당명 와당이 발견

157 朴泰祐, 2010, 「木簡資料를 통해 본 泗沘都城의 空間構造」, 『百濟學報』創刊號.

158 1910년대 지적도를 보면 쌍북리 일대의 경우 관북리·구아리 일대의 진북방향과는 중심축을 달리한다. 따라서 이 일대가 7세기 전반 이후에 본격적으로 개발되었다고 하더라도 관북리·구아리 일대에서처럼 중심축을 바꾸는 대규모적인 개발이었다기보다는 기존의 도로망이나 토지구획을 기본으로 한 개발이었을 것으로 생각된다.

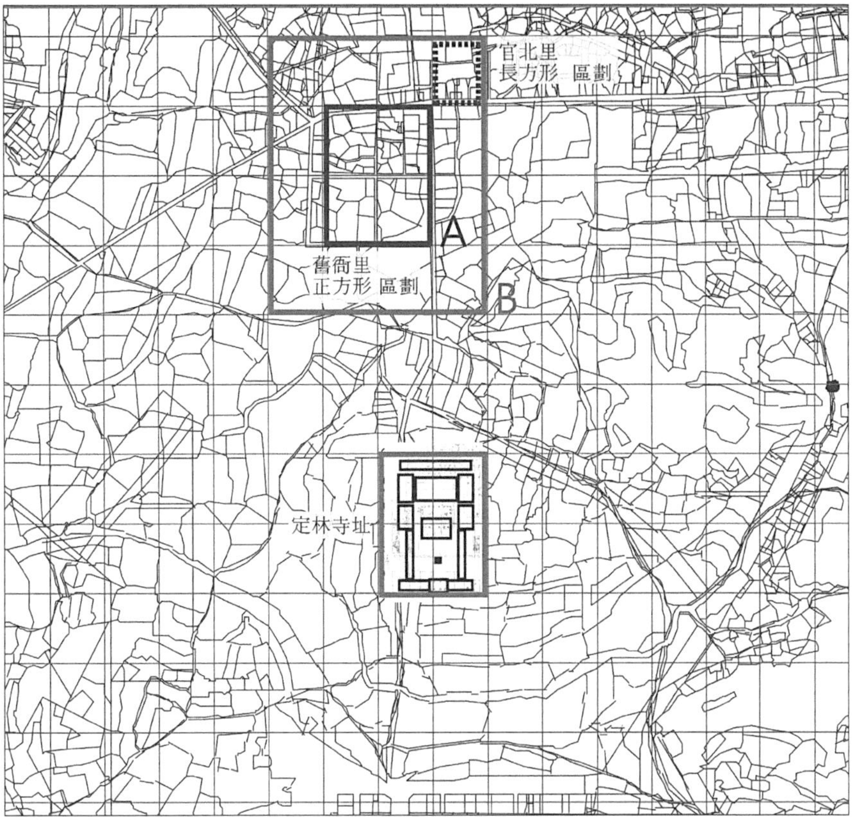

도2-35 사비시기 왕궁구역과 정림사지의 위치 관계

된 쌍북리 유적의 인근에서 두 갈래의 고도가 합류되는데 그 동북쪽에 있는 지적도의 선은 구아리 부근 지적도의 선과 방향을 달리하고 있다. 따라서 그러한 차이가 전술한 쌍북리 일대의 개발이 늦어진 것과 연관되는 것인지는 향후 검토가 필요하다.

구아리 정방형 구획 또는 왕궁 구획은 정림사지와 어떤 관계가 있을까. 〈도2-35〉는 구아리 정방형 구획을 등분하여 지적도에 앉혀 본 것이다. 그 결과 현재의 정림사지는 구아리 정방형 구획에서 남쪽으로 180보 떨어진 동쪽에 위치하는 것으로 확인된다(〈도2-35〉의 A). 다만 지적도에 표시된 정림사지의 위치는 추정한 것이기 때문에 향후 더욱 정밀한 보정 작업이 필요하다. 그러나 〈도2-35〉를 보면 정림사지의 가람 중심부가 정방형 구획에 포함되었을 가능성이 있다. 적어도 현재까지의 발굴 결과 드러난 북쪽 끝인 강당지와 남쪽 끝인 연지는 방형 구획 안쪽에 위치하고 있음을 확인할 수 있다. 하지만 앞서 지적한 대로 정림사지의 외곽선(남문, 서문, 담장 등)은 전혀 알려지지 않아 그 크기를 알 수 없다. 따라서 이것만으로 구아리 정방형 구획과 정림사지가 긴밀한 관계가 있다고 단정하기는 어렵다.

그러나 〈도2-35〉를 바탕으로 좀 더 추론해보면 구아리 정방형 구획 또는 왕궁 구역이 정림사지의 사역과 아무런 관계가 없다고 말하기도 어렵다. 만약 구아리 정방형 구획을 동서남북으로 각 60보씩 확대시키면 현재 발굴된 관북리 장방형 구획이나 관북리 라지구의 대형 전각건물지를 포괄한다(〈도2-35〉의 B). 그리고 그 외곽선의 120보 남쪽에 왕궁의 1/4 정도 크기로 정림사지의 가람 중심부 건물들이 위치한다. 이와 관련해 정림사의 창건 시점을 필자와 같이 541년 전후로 파악한다면 그 배치는 왕궁이나 왕궁 구역과의 관계를 고려한 대단히 의도적인 것이라고 말할 수 있다.

한편 정림사지의 발굴에서 사비 천도 이전으로 소급되는 삼족토기와 중국제 청자편이 발견되었는데(제2부 제1장 참조), 이는 사원의 대지 조성이나 배치 같은 기초 작업이 천도 전후부터 시작되었음을 시사한다. 그런 준비 과정이 있었으므로 541년 양 무제의 공장과 화사 파견을 통해 비교적 단기간에 목탑과 탑내소상이나 장륙존상 등이 만들어질 수 있었을 것이다. 따라서 정림사지는 천도 당시부터 왕궁이나 관아 같은 국가시설의 일부로 계획되었고 성왕의 의지대로 건립이 실현되었으리라 추정된다. 다만 왕궁의 위치를 확정할 수 없고 정림사지의 사역도 미상이기 때문에 추론에 지나지 않는다. 그럼에도 불구하고 정림사식 가람배치가 사비시기 가람배치의 기본형으로서 멸망기까지 지속된 것을 보면 그 가능성을 완전히 부정하기도 어렵다.

사비 도성 내에서 정림사지의 입지적 배치나 위상은 북위의 낙양 영녕사나 남경 동태사에 비견될 수 있다. 낙양 영녕사는 불탑을 중심으로 주위에 주요 건물을 배치했는데, 불전(佛殿)의 형태가 태극전(太極殿)과 같고 사원의 담장도 궁장과 같으며 남문의 형태와 구조를 궁궐의 정문(端門)처럼 만드는 등 당시의 관청 건물과 대단히 유사했다고 한다.[159] 또한 「석로지(釋老志)」에는 낙양성 안에 오직 영녕사만 건립하도록 규제했음을 기록하고 있어,[160] 낙양 영녕사의 건립이 철저한 계획과 통제 속에서 이루어졌음을 알 수 있다. 영녕사에 대한 발굴 결과 이 사원은 주작대로인 동타가(銅駝街)의 서편에 위치하고 남북대로나 동서대로 등의 가로 구획에서 정연하게 배치된 것이 재확인되었다.[161]

남경 동태사는 보통 2년(521) 9월에 시작되어 보통 8년, 즉 대통 원년(527) 3월에 완성된 사찰이다.[162] 양 무제는 이곳에서 사신(捨身), 무차대회(無遮大會), 강경(講經) 같은 불사를 수차례 집행했다. 그는 행행(行幸)의 편의를 위해 대성의 북쪽에 대통문(大通門)을 세웠는데, 대통문은 세속의 공간인 대성에서 성스러운 공간인 사원으로 들어가는 통로였다. 양 무제가 3회 또는 4회에 걸쳐 동태사에서 사신을 행할 때 반드시 이 문을 통과했는데 이는 세속의 통치자인 황제권의 소실과 부활을 의미하는 상징적 행위였다고 할 수 있다.[163] 동태사에는 건강에서 가장 높은 구층목탑이 건립되었는데 이것은 낙양 영녕사의 구층목탑을 의식해 건립한 것으로 생각된다. 영녕사나 동태사는 발원자의 신앙심을 드러내는 동시에 그곳이 세계의 중심이고 불교의 도성이라는 것을 상징적으로 보여주는 제도(帝都)의 랜드마크 역할을 했다.[164]

낙양 영녕사와 남경 동태사의 사례는 정림사지의 도성 내 위상과도 잘 부합한다. 따라서 정림사지는 왕궁의 남쪽에 천도 이전부터 일정한 계획에 따라 배치된 사찰로 왕궁과 더불어 도성의 가장 두드러진 랜드마크라고 할 수 있다. 이러한 경관적 특성은 정림사지 가람 중심부에 들어선 목탑을 비롯한 탑내소상과 금당의 장륙존상 등으로 더욱 화려하게 장엄되었을 것이다. 정림사지는 지리적인 측면뿐

159 浮圖北有佛殿一所, 形如太極殿. (中略) 寺院牆皆施短椽, 以瓦覆之, 若今宮牆也. 四面各開一門, 南門樓三重通, 三道去地二十丈, 形製似今端門. 楊衒之 『洛陽伽藍記』卷1 永寧寺條.

160 故都城制云, 城內唯擬一永寧寺地. 郭內唯擬尼寺一寺, 余悉城郭之外. 『魏書』卷114 釋老志.

161 中國社會科學院考古學研究所(奈良國立文化財研究所 日譯), 1998, 『北魏 洛陽 永寧寺』, 6~8쪽.

162 諏訪義純, 1997, 「梁武帝佛教關係史蹟年譜考」『中國南朝佛教史の研究』, 法藏館, 54~57쪽.

163 船山徹, 2002, 「捨身の思想 - 六朝佛教史の一斷面」, 『東方學報』 74, 78~79쪽.

164 下倉涉, 2006, 「南北朝の帝都と寺院」, 『東北學院大學論集: 歷史と文化』 40, 207쪽.

만 아니라 경관적·기능적으로도 사비 천도 직후 도성의 가장 핵심적인 사찰로 기능했을 것으로 생각된다. 바로 이 점 때문에 당나라 장군 소정방은 백제를 멸망시킨 후 전승기념문인 '대당평백제국비명'을 오층석탑에 의도적으로 새겨 넣었다고 할 수 있다. 정림사지의 건립과 탑내소상의 제작은 사비 천도 직후 성왕의 왕권 강화 노력에 수반되는 기념비적인 조형물 제작으로 평가할 수 있다. 이러한 국가적인 상징물이 사비 천도 직후에 성왕의 적극적인 지원을 바탕으로 이루어진 점에서 정림사지의 건립 목적과 사비 천도의 목적이 연관 있다고 할 수 있다.[165]

왕궁과 사원의 배치라는 관점에서 사비시기의 왕궁과 정림사지의 관계는 매우 중요한 의미를 갖는다. 백제 성왕은 538년 사비 천도를 통해 정치 공간과 종교 공간을 계획적으로 일체화했다고 평가할 수 있기 때문이다. 6세기 말부터 7세기대 일본에서 오하리다노미야(小墾田宮)와 아스카데라를 기점으로 이카루가노미야(斑鳩宮)와 와카쿠사가람(若草伽藍), 구다라노미야(百濟宮)와 구다라오데라(百濟大寺), 나니와노미야(難破宮[小郡宮·豊碕宮])와 시텐노지(四天王寺)처럼 왕궁과 사원이 짝을 이루고 있는 것이 확인된다.[166] 이처럼 왕궁과 밀접한 관련 아래 운영된 사원은 왕권의 통합 의례가 행해진 중추로서 기능했을 가능성이 있다. 이러한 특징적인 모습은 사비 도성 내 왕궁과 정림사의 관계, 여기에서는 검토하지 않았지만 이궁으로 추정되는 익산 왕궁리 유적과 제석사지의 관계 등과 매우 유사하다고 할 수 있다.[167]

165 백제 성왕이 도성에 대규모 사찰과 사리탑인 목탑을 건설한 것은 전륜성왕을 자처하면서 대규모 사찰과 사리탑을 다수 건설했던 양 무제를 모방한 것이기도 하다. 성왕이라는 호칭은 전륜성왕을 의미한 것으로 파악되는데, 이미 성왕이 모델로 삼았던 양 무제가 전륜성왕의 모습을 연출하고 있었던 것이다. 성왕은 전륜성왕을 자처하면서 불교를 정치에 적극적으로 활용했고 불교를 국교화했다.

166 山中章, 2001, 「古代宮都成立期の都市性」, 『新體系日本史6 都市社會史』, 山川出版社; 清水昭博, 2007, 「斑鳩からみた飛鳥」, 『都城－古代日本のシンボリズム』, 青木書店; 古市晃, 2009, 「統合中樞の成立と變遷」, 『日本古代王權の支配論理』, 塙書房.

167 李炳鎬, 2013, 「百濟 泗沘時期 都城의 儀禮空間과 王權」, 『韓國古代史硏究』 71.

나오는 말

부여 정림사지는 사비 천도 이후에 도성 한가운데 건립된 최초의 사원이다. 제1장에서는 이곳에서 출토된 소조상들의 봉안장소와 제작 시기, 계통과 가람배치의 특징을 살펴보았다. 정림사지에서 출토된 소조상들은 공반 유물과 문헌 기록 등으로 볼 때 541년 양 무제가 파견한 공장과 화사 같은 기술자들의 직접적인 도움을 받아 제작된 것으로 창건 당초에는 목탑의 탑내소상이었다고 생각된다. 정림사는 탑내소상의 제작이나 조와술, 녹유 제작기술, 목탑의 건립을 비롯해 동당과 서당 같은 가람배치에 이르기까지 남조의 영향을 크게 받았다고 할 수 있다. 하지만 이중기단의 하성초석이나 강당지 동·서쪽의 별도건물지 같은 요소는 고구려의 영향일 것이다. 따라서 정림사지는 남조 문화를 위주로 하면서도 고구려 문화를 부분적으로 수용하여 성립되었으리라 생각된다.

사비 도성에서 가장 먼저 건립된 정림사지의 가람배치는 백제 멸망기까지 지속적으로 영향을 주었으므로 백제 사비시기의 사원은 '정림사식 가람배치'의 성립과 전개 과정이었다고 할 수 있고, 그런 점에서 정림사지의 창건을 계기로 백제식 사원이 성립되었다고 평가할 수 있다. 정림사식 가람배치는 일본의 시텐노지식 가람배치와 동일하게 중문, 탑, 금당, 강당이 남북 일직선상에 배치되고 이를 회랑으로 감싸는 형식이다. 다만 강당과 회랑은 북회랑으로 연결되는 것이 아니라 회랑 북단의 부속건물이나 강당 동·서쪽의 별도건물로 연결되는 형식이었다. 그리고 회랑 북단에서 공통적으로 발견되는 부속건물은 금당보다 격이 낮은 건물로 승방 같은 곳이라 볼 수 있다. 다만 침식이 이루어지는 생활공간인 강당 북쪽의 승방보다는 좀 더 공적인 성격이 강하기 때문에 이를 구분하기 위해 동당(東堂)·서당(西堂) 같은 용어의 사용을 제안했다. 그 밖에 동·서회랑과 남회랑은 L자형으로 곧바로 연결되지 않고 단절되었으며, 남회랑은 동·서회랑보다 좀 더 길게 돌출된 것으로 확인할 수 있다.

제2장에서는 정림사지의 건립 배경과 목적, 사비 도성 내에서의 위상을 살펴

보았다. 정림사지의 탑내소상에는 예불도 장면과 같은 것이 포함되었으리라 추정되는데 이는 속세의 지배자를 넘어 불교계의 지배자를 지향한 성왕의 의도가 배어 있다고 볼 수 있다. 『양서』의 기록은 정림사지 건립에 양나라의 전문기술과 백제 왕실의 절대적인 뒷받침이 있었음을 증명해주며, 『일본서기』의 장륙존상 조성 기록과도 연관된다. 『일본서기』의 기록은 당시 백제의 사정을 반영한 신빙성이 있는 서술로 정림사지의 창건이나 대형소상의 조영은 백제 성왕의 조상을 통한 공덕의 실천으로 평가할 수 있다. 즉, 정림사지의 창건 목적은 백제 왕이 덕을 얻는 것, 가야제국 등의 미야케가 백제 왕에게 의지하는 것, 모든 백성이 해탈을 얻는 것 등에 있었음을 짐작할 수 있다.

사비 도성 내부에서 정림사지가 갖는 위상을 검토하기 위해 사비 도성 내부에서 발견된 도로 유적들의 개설 시기와 왕궁의 위치를 검토해보았다. 지금까지 사비 도성은 천도 당시부터 정연한 가로 구획으로 정비되었을 것으로 파악했지만 이는 근거 없는 추정이고, 실제 발굴된 자료들을 보면 대부분 6세기 후반 무렵에 개설된 것을 확인할 수 있었다. 또한 식민지 시기에 제작된 지적도와 멸망기의 '대당'명 와당, 출토 목간 등을 통해 사비시기의 왕궁이나 왕궁 구역을 추정해보았다. 그 결과 구아리 정방형 구획을 중심으로 한 왕궁 구역과 정림사지는 매우 밀접한 관련성을 가지고 배치되어 있었음을 확인할 수 있었다.

따라서 필자와 같이 정림사지의 창건 시점을 541년 전후로 이해한다면 정림사지는 538년 사비로 천도하면서 왕궁과의 관계를 고려해 매우 의도적으로 배치된 사원이라고 할 수 있다. 즉, 정림사지는 낙양 영녕사나 남경 동태사처럼 왕궁의 남쪽에 일정한 계획에 의해서 배치된 것으로 왕궁과 더불어 도성의 가장 두드러진 랜드마크였다고 할 수 있다. 정림사지를 조영하면서 이루어진 목탑의 탑내소상이나 백제식 사원의 건립은 사비 천도 직후 성왕의 왕권 강화 노력에 수반하는 기념비적인 조형물 제작의 일환이었으며 정림사지는 이후 백제의 가장 핵심적인 사원이었다고 평가할 수 있다.

백제 성왕이 도성 한가운데에 정림사지와 같은 대규모 사원과 대형 목탑을 건설한 것은 전륜성왕을 자처하면서 대규모 사원과 다수의 목탑을 건설했던 양 무제의 모습을 연상시킨다. 양 무제는 건강에 동태사를 비롯한 많은 사원을 건립하는데 이는 인도의 아육왕(阿育王), 즉 후대에 불교의 이상 군주인 전륜성왕으로 간주되던 아소카왕의 행위를 염두에 둔 것이었다. 성왕은 양 무제와의 외교에서 불교를 적극적으로 활용했고, 그 호칭 또한 전륜성왕을 의미한 것으로 볼 수 있다.[168] 백제 성왕은 이로써 백제에 필요한 지식이나 기술을 습득할 수 있었다. 『양서』에 나열된 사항들은 그 성과물이라 할 수 있으며, 부여 정림사지와 그 출토품들은 이를 구체적으로 방증한다고 할 수 있다. 정림사지의 건립, 특히 목탑의 탑내소상에 성왕 자신을 주인공으로 한 행렬도와 같은 장면을 연출하거나 왕궁과 더불어 정림사지를 도성의 중심부에 배치한 것은 그의 정치적 의도와 불교, 외교적 노력이 결합된 산물이라 할 수 있으며, 새로운 도성의 훌륭한 무대장치가 되었다고 평가할 수 있다.

168 趙景徹, 2006, 「東아시아 佛敎式 王號 比較」, 『韓國古代史硏究』 43.

III

왕릉과 결합된 사원, 능산리사지

들어가는 말

538년 사비 천도 이후 정림사지를 건립하면서 백제식 가람배치가 성립된다. 하지만 부여 정림사지는 후대에 들어 파괴가 극심해 그 실상을 잘 알 수 없는 실정이다. 이에 제3부에서는 정림사지 직후에 건립된 능산리사지의 유구나 출토 유물의 분석을 통해 그 세부적인 모습이나 변화상을 검토하고자 한다. 부여 능산리사지는 사비시기의 왕릉군인 능산리 고분군과 나성 사이에 있는 백제 사비시기의 폐사지이다. 1992년부터 11차에 걸쳐 발굴 조사가 실시되어 금동대향로, 창왕명 석조사리감을 비롯해서 다량의 금속공예품, 토기류, 와전류가 출토되었고, 목탑지와 금당지를 비롯한 다수의 건물지가 확인되었다(〈도3-1〉). 능산리사지에 대한 발굴 조사 내용은 발굴 보고서를 비롯하여 당시 발굴을 담당한 연구자들의 개별 연구를 통해 공개되었다.[1]

그동안 문헌사적 입장에서는 능산리사지와 목간의 성격 문제가 주로 다루어졌다. 김수태와 김상현은 절터의 입지적인 특성과 창왕명 석조사리감의 명문을 근거로 이곳이 능산리 고분군의 원찰로서 성왕을 추복(追福)하기 위해 건립된 것으로 보았다.[2] 능산리 출토 목간에 대해서는 발굴을 담당한 박중환이 능산리사지와의 관련성을 언급했지만 곤도 고이치(近藤浩一)와 윤선태는 나성이나 나성 금위(禁衛)와 관련된 것으로 이해했다.[3] 이러한 연구는 능산리 출토 목간의 기재 내용

1 國立扶餘博物館, 2000, 『陵寺 - 扶餘 陵山里寺址 發掘調査 進展報告書』; 金鍾萬, 2000, 「扶餘 陵山里寺址에 대한 小考」, 『新羅文化』 17 · 18합집; 申光燮, 2006, 「百濟 泗沘時代 陵寺 硏究」, 중앙대 박사학위논문; 國立扶餘博物館, 2007, 『陵寺 - 扶餘 陵山里寺址 6~8次 發掘調査報告書』; 國立扶餘文化財硏究所, 2008, 『陵寺 - 부여 능산리사지 10차 발굴조사보고서』; 韓國傳統文化學校, 2010, 『扶餘 陵山里寺址 - 제9차 발굴조사보고서』.

2 金壽泰, 1998, 「百濟 威德王代 扶餘 陵山里 寺院의 創建」, 『百濟文化』 27; 金相鉉, 1999, 「百濟 威德王의 父王을 위한 追福과 夢殿觀音」, 『韓國古代史硏究』 15.

3 朴仲煥, 2002, 「扶餘 陵山里 發掘 木簡 豫報」, 『韓國古代史硏究』 28; 近藤浩一, 2004, 「扶餘 陵山里 羅城築造 木簡의 硏究」, 『百濟硏究』 39; 尹善泰, 2004, 「扶餘 陵山里 出土 百濟木簡의 再檢討」, 『東國史學』 40; 尹善泰, 2006, 「百濟 泗沘都城과 嵎夷 - 木簡으로 본 泗沘都城의 안과 밖」, 『東亞考古論壇』 2; 尹善

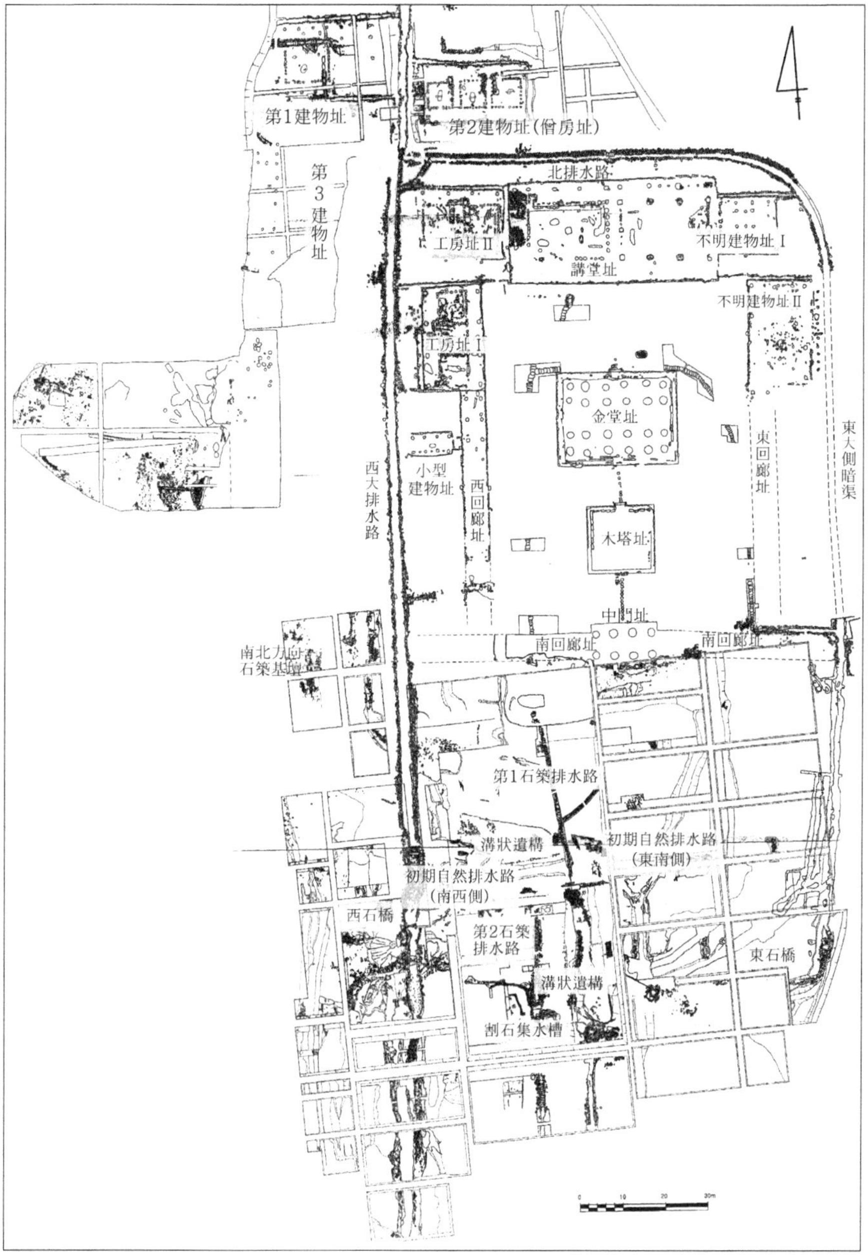

도3-1 부여 능산리사지 가람배치도

에 따른 것이다. 하지만 발굴 조사에서 드러난 고고학적인 자료라는 속성을 가진 목간을 더욱 잘 이해하기 위해서는 무엇보다 출토 맥락과 유적의 성격에 관한 이해가 중요하다. 능산리 목간은 대부분 능산리사지 중문의 남쪽 저습지에서 출토되었기 때문에 이와 직접적으로 연결된 가람 중심부의 변천 과정을 명확히 할 필요가 있다.[4] 따라서 제1장에서는 목간이 출토된 상황을 재검토하고, 그 폐기 시점이나 제작·사용 시기, 기재 내용을 통해 그 성격의 문제에 접근할 것이다.

부여 능산리사지에서는 백제 사원으로서는 이례적으로 500여 점이 넘는 다량의 와당이 출토되었는데, 조사자의 기본적인 형식 분류안과 상대편년안도 제시되었다.[5] 하지만 기존의 상대편년안에는 약간의 문제가 있고, 특히 형식별 분포 양상에 관한 정보가 누락되었다. 이에 제2장과 제3장에서는 선행 연구를 비판적으로 검토하면서 와당의 형식별 분포 양상에 관한 분석을 실시하여 가람 중심부 주요 건물의 건립 순서를 추정하고, 이를 바탕으로 능산리사지의 성격 변화를 추정할 것이다. 이러한 분석 과정에서 당초 이곳에는 능산리 고분군의 축조와 관련한 사묘(祠廟) 같은 시설이 있었다가 점차 능사(陵寺)와 같은 것으로 성격이 변화했음을 밝히고자 한다.[6]

泰, 2007, 『木簡이 들려주는 백제 이야기』, 주류성; 近藤浩一, 2008, 「扶餘 陵山里 羅城築造 木簡 再論」, 『韓國古代史硏究』 49.

4 이 책에서 말하는 '가람 중심부'는 회랑으로 둘러싸인 목탑과 금당, 강당, 중문 등 사원의 중심 시설을 가리킨다. 능산리에서 출토된 목간은 가람 중심부 남쪽 저습지에서 대부분 출토되었는데 목간과 공반된 유물의 대부분이 가람 중심부 출토품과 유사하거나 연관되어 있다. 따라서 목간 출토 맥락과 출토 유적의 성격을 파악하기 위해서는 가람 중심부의 변천 과정을 이해하는 것이 필수적이다.

5 金鍾萬, 2000, 「扶餘陵山里寺址出土瓦當文樣の形式と年代觀」, 『帝塚山大學考古學研究所研究報告』II.

6 일본의 고대사 연구에서는 陵寺의 탄생을 平安時代, 文德天皇이 아버지 仁明天皇을 추복하기 위해 만든 가쇼지(嘉祥寺)에서 찾고 있다(大江篤, 1986, 「天曆期の御願寺 - 『新儀式』の記載のもつ意味」, 『人文論究』 35-4, 關西學院大學人文學會; 西山良平, 1997, 「陵寺の誕生 - 嘉祥寺再考」, 『日本國家の史的特質(古代·中世)』, 大山喬平敎授退官記念會). 하지만 나라시대 이전에도 '墓寺'라는 것이 존재하였다(和田萃, 1995, 「飛鳥·奈良時代の喪葬儀禮」, 『日本古代の儀禮と祭祀·信仰』上, 塙書房; 伊達宗泰, 1967 「古墳·寺·氏族」, 『末永先生古稀記念古代學論叢』; 伊達宗泰, 1973, 『論集 終末期古墳』, 塙書房). 이 글에서는 일본의 개념과는 달리 陵墓와 결합된 사원이라는 의미에서 '陵寺'라는 용어를 사용하였다.

1. 능산리 출토 목간의 성격

1) 목간 출토 상황과 출토 위치

부여 능산리 목간이 출토된 지역은 당초 사원의 중문지 남쪽에 있으리라 기대한 남문을 탐색하기 위한 목적에서 발굴되었다. 하지만 당초의 기대와 달리 남문은 확인되지 않았고, 다양한 시기에 걸쳐 만들어진 배수로나 배수시설과 함께 다량의 목간이 발견되었다. 이곳에서 출토된 목간들은 발굴 조사 보고서가 간행되기 이전에도 약식 보고서나 도록의 형태로 간행되어 일찍부터 주목을 받았다.[7] 이로써 능산리 출토 목간에 대한 석독 작업과 내용 분석, 제작 및 폐기 시기와 전반적인 성격에 대한 논의는 상당히 진행되었다. 최근에는 발굴 보고서가 간행되어 미공개 목간이 추가로 소개되고 발굴 상황에 대한 정보도 보충되었다.[8]

능산리 출토 목간에 대한 연구사를 간략히 정리하면 다음과 같다. 먼저 발굴을 담당했던 박중환은 이 목간들을 능산리사지와 관련된 것으로 소개하고 공반 유물이나 서체를 근거로 사비 천도 직후인 540년 전후부터 위덕왕대 중반(570년) 사이에 제작·사용된 것으로 추정했다.[9] 그 후 많은 연구자들은 이 목간들이 능산리사지 중문지 남쪽에서 출토되었기 때문에 당연히 능산리사지와 관련 있으리라 믿었다. 그러나 이러한 이해는 8차 조사 이후 새로운 문제에 직면했다. 8차 현장 설명회에서 6·7차 조사 당시 목간이 집중 출토되었던 초기 자연배수로가 서대배수로보다 이른 시기에 이용되었음을 확인하고, 그 상한이 동라성의 축조 시기까지

7 朴仲煥, 2001, 「扶餘 陵山里寺址 발굴조사개요-2000년~2001년 조사내용」, 『東垣學術論文集』 4; 朴敬道, 2002, 「扶餘 陵山里寺址 8次 發掘調査 概要」, 『東垣學術論文集』 5; 國立扶餘博物館, 2002, 『百濟의 文字』, 하이센스; 國立昌原文化財硏究所, 2004, 『韓國의 古代木簡』, 예맥출판사.

8 國立扶餘博物館, 2007, 『陵寺-부여 능산리사지 6~8차 발굴조사보고서』; 국립부여박물관, 2008, 『百濟木簡』, 학연문화사; 국립부여박물관, 2009, 『나무 속 암호, 木簡』(특별전 도록), 예맥출판사; 早稻田大學朝鮮文化硏究所·國立伽倻文化財硏究所, 2009, 『日韓共同硏究資料集 咸安城山山城木簡』, 雄山閣.

9 박중환, 2002, 「부여 능산리 발굴 목간 예보」, 『韓國古代史硏究』 28.

소급될 수 있다는 견해가 제기되었기 때문이다.[10]

곤도 고이치는 능산리 출토 목간의 내용을 전면적으로 검토하면서 '나성 축조 목간설'을 제기하고, 작성 시기를 동라성 축조 공사가 시작된 527년 무렵으로 추정했다.[11] 그가 근거로 삼은 것은 8차 조사에서 드러난 초기 자연배수로와 서대배수로의 층위 관계, 그리고 식미(食米)·도사(道使) 등이 기록된 4면목간(2000-1호)이다. 그는 4면목간을 동라성 축조와 관련된 장부(帳簿)로 이해하고, 이곳에 나성 축조공사를 책임졌던 거점 시설이 존재한 것으로 보았다.

곤도 고이치가 제기한 나성 축조 목간설에 대해 윤선태는 다음을 근거로 비판했다. 그는 8차 조사 시 능산리사지 건립 이전 유구에서도 승문(繩文)의 기와가 확인되었으므로 능산리사지 이전에 이 일대에 기와를 올린 어떤 시설이 있었고, 그러한 수준의 시설이라면 단순히 나성 축조를 목적으로 한 임시시설은 아니었을 것이라고 주장했다. 또 능산리 목간 중에 불교나 제사 의례와 관련된 목간이 다수 존재하기 때문에 이를 단순히 나성 축조와 연결시키기는 어렵다고 했다.[12] 특히 남근형(男根形) 목간(295호 목간)[13]은 백제의 도제(道祭)에 사용된 신주(神主)로서 도성의 사방 입구나 외곽 도로에서 노신(路神)에게 폐백을 올려 왕경으로 들어오는 역병 등 나쁜 기운을 막기 위한 국가 의례가 있었음을 추정할 수 있는 자료라고 보았다. 또 8차 조사에서 발견된 4면목간을 분석하여 이를 나성 대문의 금위와 관련된 것이라고 주장했다.[14] 다만 그와 관련된 시설이 이전 논문에서 밝힌 국가 의례와 같은 시기에 함께 기능한 것으로 이해하는지, 원래 소택지인 이곳에 대지 조성 이전에 사원과 성격을 달리하는 별도의 시설이 들어설 수 있었는지에 대해서는 설명이 없다.

10 國立扶餘博物館, 2002, 「제8차 부여 능산리사지 현장설명회자료」.

11 近藤浩一, 2004, 「扶餘 陵山里 羅城築造 木簡의 硏究」, 『百濟硏究』 39.

12 尹善泰, 2004, 「扶餘 陵山里 出土 百濟木簡의 再檢討」, 『東國史學』 40.

13 이 글에서 사용한 목간의 일련번호는 국립창원문화재연구소에서 발행한 『한국의 고대목간』에 근거한다. 다만 당시 소개되지 않은 자료는 발굴 연도에 따라 〈표3-1〉과 같이 정리하였다.

14 尹善泰, 2006, 「百濟 泗沘都城과 嵎夷-木簡으로 본 泗沘都城의 안과 밖」, 『東亞考古論壇』 2; 尹善泰, 2007, 「사비 도성의 境界와 儀禮」, 『木簡이 들려주는 百濟 이야기』, 주류성.

그 밖에 목간의 서체(書體)에 대한 연구[15]와 295호 남근형 목간을 일본 고대의 도향제(道饗祭)와 비교한 연구,[16] 305호 목간을 중심으로 한 백제 이두(吏讀)에 대한 연구,[17] 304호 '보희사(寶憙寺)'명 목간에 근거한 불교사적인 연구,[18] 지방 통치 체제에 관한 연구[19] 등이 진행되었다. 이 연구들은 능산리 출토 목간 전체를 다룬 것도 있지만 단편적으로 언급한 경우가 많다. 어느 경우든 목간을 통해 다양한 방면의 연구가 진행될 수 있음을 제시한 점에서 의의가 크다.

이 글은 일차적으로 능산리 출토 목간의 성격을 밝히기 위한 것이다. 기존 연구에서는 목간의 기재 내용에 관한 분석에만 천착해 출토 위치나 층위, 공반 유물 등 출토 맥락과 목간의 사용·폐기 연대에 관한 문제를 소홀히 다루었다. 그간 능산리 출토 목간의 성격에 관한 논란의 핵심은 초기 자연배수로와 서대배수로의 선후관계에 대한 문제와 식미·도사 등 풍부한 내용을 담고 있는 4면목간의 기재 내용에 대한 시각의 차이였다. 하지만 초기 자연배수로가 서대배수로보다 선행한다고 해서 그 단계에 능산리사지 가람 중심부에 아무런 시설이 없었다고 단정하기는 어렵다. 또 4면목간의 기재 내용을 나성이나 추정 동문지와 관련시켜 보려면 폐기 연대와 공반 유물에 관한 이해가 선행되어야 한다.

이에 먼저 능산리 목간의 출토 상황과 출토 위치를 검토할 것이다. 목간의 출토 위치는 목간의 폐기 시점이나 기재 내용의 차이를 반영할 수 있으며 그 성격을 파악할 때 중요한 시사점을 줄 것이다. 이후 사원 내부에서 출토된 와당의 분석을 통해 주요 건물의 건립 순서를 추론하고, 암거시설을 중심으로 한 배수시설의 배치 양상을 검토할 것이다. 이를 통해 능산리사지의 성격이 보다 더 선명해지고 초기 자연배수로의 정비와 연계된 서대배수로의 축조 시점이 명확해질 것이다. 나아가 8차 조사에서 출토된 2002-1호 4면목간의 층위 관계와 능산리 최하층 유구에

15 李星培, 2004, 「百濟書藝와 木簡의 書風」, 『百濟研究』 40.

16 平川南, 2005, 「百濟と古代日本における道の祭祀」, 『百濟 泗沘時期 文化의 再照明』, 국립부여문화재연구소; 平川南, 2006, 「道祖神信仰の源流」, 『國立歷史民俗博物館 研究報告』 133.

17 金永旭, 2003, 「百濟 吏讀에 對하여」, 『口訣研究』 11.

18 崔鈆植, 2007, 「백제 찬술문헌으로서의 『大乘四論玄義記』」, 『韓國史研究』 136.

19 金英心, 2007, 「백제의 지방통치에 관한 몇 가지 재검토」, 『韓國古代史研究』 48.

서 발견된 중국제 자기편 및 벼루편의 상대편년을 통해 목간이 폐기된 시기를 추정하고 목간 폐기 연대와 가람 중심부의 정비 과정, 목간 기재 내용에 관한 분석을 종합하여 능산리 출토 목간의 성격을 더욱 명확히 할 것이다. 그리고 8차 조사에서 발견된 2002-1호 4면목간의 기재 내용을 집중 분석할 것이다. 300호, 306호, 310호 목간 등 폐기 양상과 기재 내용이 유사한 목간들을 비교하고 목간 폐기 시점을 함께 고려하여 식미 관련 내용이 기재된 배경과 의의를 설명할 것이다.

부여 능산리 목간이 출토된 지역은 능산리사지 중문지 동남쪽과 서남쪽에 해당한다. 목간이 처음 출토된 6차 조사에서 310호 목간을 시작으로 7점의 목간과 목간부스러기 8점 등 모두 15점이 출토되었다.[20] 7차 조사에서는 296호 목간을 시작으로 묵서가 있는 목간 19점(기보고 14점, 추가 5점, 미보고 1점), 목간부스러기 1점(302호), 묵서가 없는 목간형(木簡形) 목제품(木製品) 2점 등 모두 23점 이상이 출토되었다. 8차 조사에서는 식미·도사 등이 기록된 4면목간(2002-1호) 1점만 출토되었다. 그러나 최근 발간된 발굴 조사 보고서에는 일부 목간과 목간부스러기가 누락되어 향후 보완이 필요하다.[21]

〈표 3-1〉은 향후 논의의 진전을 위해 국립창원문화재연구소 간행물과 발굴 조사 보고서의 번호를 재정리한 것이고 〈도3-2〉는 출토 지점을 도시한 것이다. 연번은 발굴 야장(野帳)을 통해 출토 일시를 파악하여 그 순서를 따랐지만 가장 많은 수량이 출토된 7차 조사 출토품의 경우 296호, 313호, 2001-8호를 제외하면 출토 일시나 위치를 정확하게 판단하기 어려워 국립창원문화재연구소 도록과 발굴 보

20 추가된 두 점은 국립부여박물관의 『2007년 발굴보고서』의 도면53-1(도판141-1)과 도면53-2(도판141-2)이다. 한편 보고서에서는 도면54-12(도판141-2), 도면54-3(도판141-3) 이외에 14점의 목간부스러기가 더 있는 것으로 보고하였다. 하지만 필자는 14점의 목간부스러기의 경우 도판141-4에 제시된 묵흔이 있는 6점만을 산정하였다. 함께 제시된 목간부스러기의 경우 묵흔이 확인되지 않은 잔편들은 보존 처리나 보존 과정에서 파편으로 변형되었을 가능성이 크기 때문이다. 또 출토 당시의 발굴 사진을 참조하면 도면53-2는 도면54-2, 54-3과 동일 장소에서 출토되었기 때문에 이 목간편들은 동일한 목간에서 나온 부스러기일 것으로 생각된다.

21 능산리 목간과 관련된 보고서와 도록은 각주8이 참고된다. 아울러 이곳에서는 필자가 파악한 것 이외에도 7차 조사자료 중 목간 4점, 목간부스러기 4건(3건 3점은 파편, 1건은 125점) 등이 추가 보고되어 목간 31점, 목간부스러기 137점 등 168점이 출토되었다.

〈표3 -1〉 부여 능산리 목간의 현황과 출토 위치

연번	목간 번호	보고서 번호 (도면, 도판)	출토 위치	비고
1	310호	53-1, 140-2	제2석축 배수시설 남쪽 끝 S130~140, W50~40	
2	306호	52-1, 139-2	할석 집수조 S130, W60~40	
3	295호	51-1, 139-1	중문지 남쪽 초기 자연배수로 S110, W50~40	제2·3목책렬 동쪽 끝부분
4	314호	54-1, 141-1	중문지 남쪽 초기 자연배수로 S110~120, W50~40	295호 인접
5	309호	52-2, 140-1	중문지 남쪽 초기 자연배수로 S110~120, W50~40	
6	2000-1	53-3, 140-4	중문지 남쪽 초기 자연배수로 S110~120, W50~40	309/314호 공반 발굴자의 전언
7	2000-2	54-3, 141-3	중문지 남쪽 초기 자연배수로 S120, W60~40	목간부스러기
8	2000-3	53-2, 140-3	중문지 남쪽 초기 자연배수로 S110~120, W50~40	295호 인접
9	2000-4	54-2, 141-2	중문지 남쪽 초기 자연배수로 S110~120, W50~40	2003-3호 공반 목간부스러기
10 ~15	2000-5~10	54-4, 141-4	중문지 남쪽 초기 자연배수로 S110~120, W50~40	2003-3호 공반 목간부스러기
16	296호	86-2, 163-1	중문지 남서쪽 초기 자연배수로 S110, W61	제2·3목책렬 사이 목재편 북쪽
17	313호	90-2, 165-2	중문지 남서쪽 초기 자연배수로 S110, W60	제2·3목책렬 사이 목재편 북쪽
18	299호	88-1, 163-4	중문지 동남쪽 초기 자연배수로 S100~110, W20	현장 사진 및 발굴자의 전언
19	297호	87-1, 163-2	중문지 남서쪽 초기 자연배수로	현장사진 참조
20	298호	87-2, 163-3	중문지 남서쪽 초기 자연배수로	현장사진 참조
21	300호	88-2, 164-1	중문지 남서쪽 초기 자연배수로	
22	301호	89-1, 164-2	중문지 남서쪽 초기 자연배수로	
23	303호	90-1, 165-1	중문지 남서쪽 초기 자연배수로	
24	305호	95-2, 169-1	중문지 남서쪽 초기 자연배수로	
25	304호	90-3, 165-3	중문지 남서쪽 초기 자연배수로	현장사진 참조
26	307호	91-1, 166-1	중문지 남서쪽 초기 자연배수로	
27	308호	91-2, 166-2	중문지 남서쪽 초기 자연배수로	
28	311호	91-3, 166-3	중문지 남서쪽 초기 자연배수로	
29	312호	91-4, 166-4	중문지 남서쪽 초기 자연배수로	
30	302호	89-2, 164-3	중문지 남서쪽 초기 자연배수로 S120, W60	목교 인접 구간
31	2001-1	86-1. 162-5	중문지 남서쪽 초기 자연배수로	
32	2001-2	92-1, 167-1	중문지 남서쪽 초기 자연배수로	
33	2001-3	93-1, 167-2	중문지 남서쪽 초기 자연배수로	
34	2001-4	93-2, 168-1	중문지 남서쪽 초기 자연배수로	
35	2001-5	96-1, 169-2	중문지 남서쪽 초기 자연배수로	
36	2001-6	94-1, 168-2	중문지 남서쪽 초기 자연배수로	목간형 목제품
37	2001-7	95-1, 168-3	중문지 남서쪽 초기 자연배수로	목간형 목제품
38	2001-8	〈도3-4〉 참조	중문지 동남쪽 초기 자연배수로 S100, W20	
39	2002-1	125-1, 213	S90, W60~75 트렌치 북쪽	4면목간

※ 6차 조사는 연번 1~15호, 7차 조사는 연번16~38호, 8차 조사는 39호에 해당함.

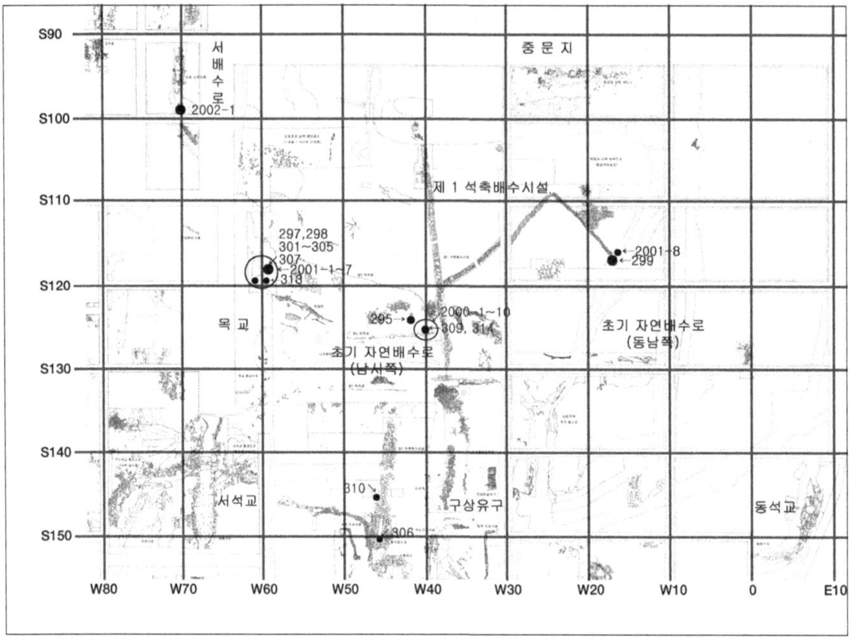

도3-2 부여 능산리 목간의 출토 위치

고서의 순서를 준용했다. 목간 출토 지점과 관련해서는 발굴 당시의 야장과 현장 사진, 관련자 면담 등을 토대로 작성했다. 7차 조사 출토품은 출토 지점이 정확치 않은데 발굴 담당자에 따르면 당시 출토된 목간 대부분이 중문지 남서쪽 초기 자연배수로, 특히 S110, W60지점에서 수습되었기 때문에 별도로 명기하지 않았다고 한다.

6~8차 발굴 조사에서 출토된 목간의 출토 지점은 일정한 경향성을 띠고 있다. 먼저 6차 조사에서 발굴된 목간들은 306호와 310호 목간을 제외하면 모두 S110~120, W50~40 구간의 흑색 뻘층에서 발견되었다. 295호 목간은 제2목책렬과 제3목책렬 동쪽 끝에서 발견된 지게발채 출토 지점의 북쪽에서 발견되었고 09번과 314번, 2000-1~10호 목간과 목간부스러기들은 지게발채의 동쪽에서 발견되었다. 그런 점에서 6차 조사에서 수습된 목간군은 중문지 남쪽의 초기 자연배수로에서 모두 동일한 맥락에서 출토되었다고 할 수 있다. 다만 306호와 310호 목간은 S130~140, W40~50구간에서 출토되었는데 전자는 할석 집수조(集水槽) 내

부에서, 후자는 제2석축 배수시설의 남쪽 끝부분에서 출토되었다. 이 배수시설은 중문지 남쪽에서 확인된 초기 자연배수로보다 한 단계 늦은 시기에 축조되었고, 일련의 목간군이 출토된 지점보다 20~30미터 남쪽이기 때문에 출토 맥락이 다르다고 할 수 있다. 이러한 사실은 이 목간들의 폐기 시점, 나아가 기재 내용이나 성격의 차별성을 시사하지 않을까 한다.

7차 조사에서 출토된 23점의 목간과 미보고 목간들은 대부분 S110, W60 지점의 제2목책렬과 제3목책렬의 동북쪽, 특히 목재편이 무더기로 남아 있던 지점에서 집중 발견되었다. 중문지 서쪽의 초기 자연배수로에서 흘러내려오던 물이 이 부근에서 비스듬하게 바뀌어 동쪽으로 흘러간다. 수로 변경 지점에 비교적 큰 목재들이 무더기로 남아 있었는데 목간의 대부분이 그 북쪽 부근에서 발견되었다. 그런데 중문지 동남쪽의 또 다른 배수로에서 두 점의 목간이 발견된 사실이 주목된다. 299호는 S100~110, W20 지점, 중문지 동남쪽의 초기 자연배수로와 Y자 모양의 석축 배수시설이 동쪽에서 서로 만나는 지점에서 출토되었는데, 7차 조사가 공식적으로 종료되고 마무리 정리 작업을 하던 단계에 수습되었다고 하며 당시 현장사진을 통해 출토 지점을 확인할 수 있다. 미공개 목간인 2001-8호는 S100, W20 지점, 중문지 동남쪽 초기 배수로에서 발견되었다.[22] 이처럼 7차 조사에서는 중문지 남서쪽인 목교 북쪽 구간에서 목간이 집중적으로 발견되었지만 동남쪽의 초기 자연배수로에서도 발견된 사실을 주목해야 한다. 능산리 출토 목간이 능산리사지 서쪽에 있던 시설뿐만 아니라 동쪽에 있었던 시설과도 연관되었음을 시사하기 때문이다.

8차 조사에서는 2002-1호 4면목간만 출토되었다. 이 목간은 능산리 출토 목간 가운데 출토 위치와 층위가 가장 정확하기 때문에 목간의 폐기 시점을 추정할 수 있는 가장 중요한 자료이다. 이 목간은 S90, W60~75 지점의 트렌치 둑 북쪽의

22 2001-8호 목간의 경우 필자가 한국목간학회 발표 당시 적외선 사진만 남아 있고 소재를 파악하지 못했다. 그 후 부여박물관 유물 정리 과정에서 이를 확인하게 되었고, 앞서 말한 미보고 목간과 목간부스러기의 존재도 그 과정에서 알게 되었다. 그리고 이 목간을 보관하던 용기의 바깥에 "S100, W20지점, 능산리 7차, 2001.7.3"이라는 기록을 확인할 수 있었다.

흑색 점토와 유기물층에 박힌 채로 출토되었는데 공반 유물과 층위, 상대편년안에 대해서는 나중에 서술하겠다.

능산리 목간의 출토 상황에서 공통점은 모든 목간이 배수로나 배수시설과 관련되어 있다는 것이다. 이는 유기물인 목재품이 썩지 않는 보존 환경과 관련 있을 것이다. 또 목간들이 일정하게 무리를 지어 발견되는데, 이러한 현상은 배수로를 타고 흘러내려오던 나무들이 그 부분에서 모여 있다가 함께 가라앉거나 갑작스럽게 매몰된 결과라고 생각된다. S110~120, W50~40 구간의 지게발채 발견 지점과 S110, W60 부근의 대형 목재편 발견 지점이 이러한 상황과 관련 있을 것이다. 두 점의 목간이 발견된 S100, W20 지점의 동남쪽 초기 자연배수로는 부근에서 다른 목재편이 거의 발견되지 않아 다른 목간의 폐기 양상과는 약간 달랐으리라 예상하지만 초기 자연배수로로 기능하던 시기는 같았을 것으로 생각된다. 306호와 310호는 초기 자연배수로와는 무관한 지역에서 발견되었고, 2002-1호 목간도 초기 자연배수로가 기능하던 시기와는 차이가 있다. 그런 점에서 이 세 점의 목간은 다른 목간들과는 폐기 시점이 달랐을 가능성이 크다.

한편 목간 출토 상황과 관련해서 가장 중요한 배수로나 배수시설의 조사 내용을 보다 구체적으로 살펴보자.[23] 이 일대에서 가장 먼저 확인된 배수시설은 능산리사지 가람 중심부 조사에서 이미 밝혀진 동·서 대배수로였다(〈도3-1〉). 이 대배수로는 절터의 동쪽과 서쪽에 거의 남북 일직선상 대칭적으로 배치되어 있다. 그중 서대배수로는 잡석을 이용해 정연하게 쌓았으며 폭 160~200센티미터, 깊이 50~80센티미터로 남쪽으로 내려갈수록 차츰 깊어지고 넓어져 서석교 남쪽 20미터 지점에서는 수로면 상부 최대 폭 2미터, 바닥 폭 1.8미터 정도로 넓어진다. 이 배수로에서 공방지II 앞마당과 연결되는 부분, 남회랑 남쪽 32.5미터 지점의 목교, 그 남쪽의 석교 등 3개소의 다리가 확인되었다.

23 6~8차 발굴조사에서 드러난 배수시설에 관해서는 최근 발굴조사보고서가 발간되어 참고가 된다(국립부여박물관, 2007, 『陵寺-부여 능산리사지 6~8차 발굴조사보고서』, 25~54쪽). 하지만 이 보고서만으로는 이 배수시설과 가람 중심부 조사 내용과의 관계, 배수시설의 선후 관계나 목간과의 관련성을 유기적으로 파악하기 어려워 지루함을 무릅쓰고 서술할 것이다.

동대배수로는 서대배수로와 마찬가지로 북쪽에서 남회랑지 부근까지는 잘 다듬어진 할석을 이용해 정연하게 쌓았지만 그 남쪽은 석축시설이 없고 단면이 V자형을 이루는 도랑으로 내려오다가 남회랑 남쪽 5미터 지점에서 다시 두 갈래로 나뉜다.[24] 그런데 7차 조사에서는 중문지 동남쪽 방향에서 동대배수로와 연결된 초기 자연배수로가 확인되었다. 이 초기 자연배수로는 중문지 남서쪽 구간의 초기 자연배수로와 대칭되며 구상(溝狀) 유구로 알려진 곳에서 합류한 것으로 생각된다. 이 배수로는 중문지 남서쪽 초기 자연배수로와 동일하게 석축시설이 없는 자연수로로 흑색 니질토의 뻘층이 형성되었고 그 내부에서 토기편과 와당편이 출토되었다.

중문지 남서쪽의 초기 자연배수로를 살펴보기 전에 중문지 남쪽의 구상 유구를 살펴볼 필요가 있다. 이 유구는 동석교와 서석교를 동서 방향으로 가로지르는 선상에 걸쳐 있으며 수로의 단면이 U자형을 이룬다. 구(溝)는 최대 너비 7미터, 깊이 80센티미터로 바닥에는 자갈돌이 깔려 있고 가장자리를 보강한 소형의 목책시설이 확인된다. 이 구상 유구는 동·서대배수로와 달리 단면이 U자형을 이루며 층위상으로도 서쪽에 있는 제2석축 배수시설보다 이르기 때문에 비교적 이른 시기에 조성된 것으로 생각된다. 특히 그 내부 자갈돌 사이에서 흑갈유도연대족편(黑褐釉陶硯臺足片) 한 점이 1점이 출토되었다(〈도3-6〉의 2 참조). 이로 보아 이 구상 유구는 사찰 남쪽 구간의 초기 배수시설을 정비하는 과정에서 조성된 매우 이른 시기의 초기 중심 배수로였을 것이다.

구상 유구의 북단에는 목교 북쪽에서 동쪽으로 흐르는 자연수로가 발견되었다. 이 수로는 8차 조사 결과 남회랑 서쪽 부근에서 시작해 목교 북쪽을 지나 동쪽으로 흘러 구상 유구로 연결되었음이 밝혀졌다. 이것이 중문지 남서쪽 구간의 초기 자연배수로로 수로의 북쪽과 남쪽에는 목책렬 모양의 책상(柵狀) 유구가 동서 방향으로 3열 설치되어 있었다. 그런데 목교 바로 북쪽의 서대배수로 인근 지점에서 굵은 나무를 박아 만든 동서 방향의 목책이 남북 두 군데에서 확인되었고, 제2

24 남회랑 남쪽의 이 배수로들은 사찰이 폐사되고 난 이후의 시설이라고 한다(국립부여박물관, 2000, 『陵寺-扶餘 陵山里寺址 發掘調査 進展報告書』, 54쪽).

목책렬과 제3목책렬 북쪽 초기 배수로 내부에서 다량의 목간이 출토되었다. 초기 자연배수로 부근에서 발견된 책상 유구는 연약한 지반을 보강하기 위한 시설일 수도 있지만, 제2목책렬과 제3목책렬이 목교의 폭에 해당하기 때문에 목교와 관련될 가능성도 있다.

남회랑 하부를 통과해 내려온 석축 암거(제1석축 배수시설)는 계속해서 남쪽으로 연결되다가 중문지 남쪽 30미터 지점에서 남회랑 동남쪽 구간에서 내려온 석축 암거와 합류한다. 제1석축 배수시설은 전체적으로 Y자형을 띠며 하나로 합류된 뒤 구상 유구의 북단에서 끝난다. 그런데 제1석축 배수시설은 사원 내부인 강당지 남쪽에서 시작해 금당지와 목탑지 서쪽을 지나 남하하는 서쪽 암거와 연결되어 있다. 가람 중심부의 대지 조성 공사나 중문지 남쪽 일대의 정비 공사가 직접적으로 연계되어 있음을 알려주는 중요한 유구로 생각된다.

제2석축 배수시설은 구상 유구에서 3미터 서쪽에 위치하며 강돌과 할석을 섞어 쌓았는데 9미터 정도가 확인되었다. 이 유구는 암거처럼 내부에 공간을 만든 것이 아니라 자연석을 남북 방향으로 길게 쌓아 그 사이로 물이 흐를 수 있도록 했다. 그 남쪽 끝에는 할석을 이용해 정연하게 만든 장방형의 집수조가 있다. 이 할석 집수조는 장축 길이가 260센티미터, 내부 폭 70센티미터, 깊이 약 70센티미터 정도로 층위상 동쪽의 구상 유구보다 한 단계 늦은 것으로 확인되었다.

한편 다수의 목간이 출토된 중문지 남서쪽 초기 자연배수로의 북쪽에 대한 8차 조사에서는 남북 방향의 석축기단과 다량의 기와가 산포된 건물지의 흔적이 확인되었다.[25] 이 석축기단은 수로에서 서쪽으로 약 2미터 떨어져 남북 방향으로 이어진다. 기단은 50센티미터 정도의 석재를 이용해 2단으로 쌓았다. 이 석축기단은 2차 조사 때 발견된 서대배수로 서쪽의 남북 석렬과 일치하고 전체 길이가 약 55미터에 달하는 것으로 추정된다. 하지만 이 석축기단이 끝까지 연결되는지, 그 위에 어떤 건물지가 존재했는지에 대해서는 아무런 조사가 이루어지지 않았다.

지금까지 능산리 출토 목간의 출토 맥락을 이해할 때 가장 중요한 유구인 배

25 국립부여박물관, 2007, 『陵寺 - 부여 능산리사지 6~8차 발굴조사보고서』, 269~270쪽.

수시설의 정비 상황을 정리해 보았다. 능산리 출토 목간에 관한 연구에서 간과되었던 것은 중문지 남서쪽의 초기 자연배수로뿐만 아니라 동남쪽의 초기 자연배수로, 그리고 제2석축 배수시설이나 할석 집수조에서 목간이 출토되었다는 사실이다. 능산리 출토 목간을 나성과 관련시킨 연구자는 이 목간들이 8차 조사에서 발견된 약 5미터의 남북 방향 석축기단을 활용하던 어떤 건물에서 사용하다가 폐기된 것으로 보고, 그 건물의 성격을 나성 축조와 관련된 시설물로 이해했다.[26] 그러나 중문지 남서쪽 초기 자연배수로와 수로를 전혀 달리하는 동남쪽 초기 자연배수로에서도 목간이 출토된 사실은 중문지 동쪽이나 동북쪽에도 이 목간들과 관련한 시설이 존재했음을 보여준다. 또 이 초기 자연배수로가 정비된 이후 축조된 제2석축 배수시설이나 할석 집수조에서 목간이 발견된 사실은 적어도 이 지점에서 출토된 목간의 폐기 시점이 능산리사지 창건 이후에 해당하며, 나성 축조가 아닌 능산리사지의 정비와 연관되었을 가능성을 시사한다. 그동안 능산리 목간의 성격을 나성 축조나 나성 성문의 금위와 관련한 선행 연구에서는 이러한 사실을 전혀 고려하지 않았다.

2) 배수시설과 주요 건물의 정비 과정

부여 능산리 출토 목간에 관한 초기의 연구에서 문제가 된 것은 서대배수로와 중문지 남서쪽 자연배수로의 선후관계였다. 그런데 8차 조사에서 초기 자연배수로가 서대배수로 밑을 통과하고 있음이 분명하게 드러났다. 이러한 층위 관계에 근거해 연구자들은 초기 자연배수로가 정비되어 서대배수로가 만들어지기 이전에 목간이 폐기되었고, 그 시점은 능산리사지 창건 이전에 해당하는 것으로 단정했다. 그러나 초기 자연배수로가 서대배수로보다 선행한다고 해서 목간의 폐기 시점을 사원 창건 이전으로 단정할 수 있을까. 초기 자연배수로 내부에서 발견된 목간

26 近藤浩一, 2004, 「扶餘 陵山里 羅城築造 木簡의 硏究」, 123쪽.

들의 폐기 시점을 창왕명 석조사리감의 연대인 567년 이전 또는 사비 천도 이전으로 소급하려면 서대배수로의 축조 시점을 설명해야 하며 능산리사지 가람 중심부의 건물들이 어떤 과정으로 축조되었는지 설명할 필요가 있다.

고대 사원의 축조는 오랜 기간이 소요되는 작업이고, 특히 가람의 외곽을 두르는 배수로의 정비는 가장 늦은 단계에 이루어졌을 가능성이 있다. 능산리사지는 원래 저습지라 대지 조성에 많은 노력을 기울인 것으로 드러났다. 5차 조사에서 사원 전체의 토층을 확인하기 위해 강당지 남쪽 기단에서 남북 길이 107미터, 너비 3미터 크기의 트렌치 조사를 실시했다. 그 결과 남회랑을 기준으로 북쪽과 남쪽에 일정한 단층이 있고, 절터 내부에도 목탑 북쪽을 경계로 다시 한 번 단층이 있음이 확인되었다.[27] 대지 조성 작업은 마사토와 점토를 번갈아가며 경사지게 성토했는데 북쪽에서 남쪽으로 나아가면서 이루어졌다. 성토층의 높이는 가장 얕은 강당 남쪽 기단 부분이 0.1미터, 가장 깊은 남회랑 부근이 약 2.3미터에 이르는 등 남저북고(南低北高) 지형을 충실하게 보완했다.

한편 회랑의 안쪽에는 저습지의 물을 처리하기 위해 암거를 만들었다. 가람 중심부에서 3개소의 암거가 확인되었는데(〈도3-3〉) 서쪽 암거와 북쪽·동쪽 암거는 시기를 달리하여 조성되었다.[28] 북쪽과 동쪽 암거는 이미 성토한 대지를 다시 파서 만들었기 때문에 사원 내부에 어떤 건물이 건립된 이후에 만들어진 것으로 생각된다. 서쪽 암거는 성토 대지 아래 뻘흙으로 보이는 회흑색 점토 위에 만들었으므로 대지 조성 이전에 그 물을 처리하기 위해 조성되었을 것이다. 서쪽 암거를 만든 다음 그와 동시에 또는 그 위에 대지를 조성하고 어떤 건물을 세운 다음 북쪽과 동쪽 암거를 만들어 기존 서쪽 암거와 연결시킨 것이다.

최초의 건물이 들어선 다음에 만들어진 동쪽 암거시설은 동회랑지와 남회랑지 사이를 지나 동대배수로와 연결된다. 이는 혹시 동회랑지나 남회랑지가 다른 건물지보다 늦게 만들어진 것을 시사하는 것은 아닐까. 회랑과 회랑 사이에 일정한 공간이 있었을 가능성은 충분하지만 건물이 완성된 이후에 폭 25~35센티미터,

27 국립부여박물관, 2000, 『陵寺 - 扶餘 陵山里寺址 發掘調査 進展報告書』, 20~21쪽.

28 국립부여박물관, 2000, 『陵寺 - 扶餘 陵山里寺址 發掘調査 進展報告書』, 55쪽.

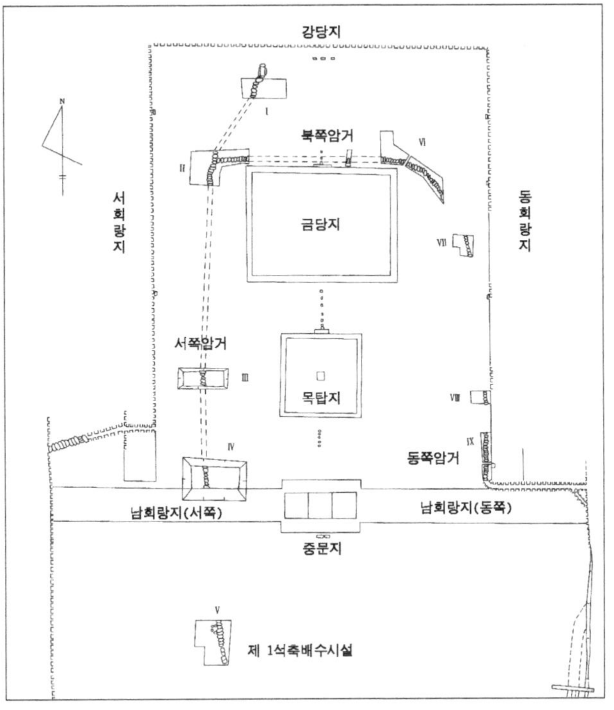

도3-3 부여 능산리사지의 암거시설 배치도

높이 35~50센티미터의 암거를 추가로 만들었다고는 생각하기 어렵기 때문이다. 그런 점에서 동쪽 암거와 연결된 동대배수로의 정비는 그와 같은 시기이거나 약간 늦다고 추정해 볼 수 있다.

서회랑지에도 절터 마당의 물을 회랑 밖으로 빼내기 위한 암거시설을 만들었는데 길이 16미터, 너비 56센티미터, 깊이 30센티미터 내외였다.[29] 이 암거는 회랑의 기단토를 폭 100센티미터 정도 파낸 다음 잡석을 이용해 만들었기 때문에 적어도 서회랑지 건립과 같은 시기이거나 그보다 약간 이른 것으로 추정된다. 가람 중심부의 전체적인 정비 과정을 고려할 때 이 암거는 동회랑지와 남회랑지 사이를 통과하는 동쪽 암거와 비슷한 맥락에서 만들어졌을 것이며, 그런 점에서 이 암거와 연결된 서대배수로는 동대배수로와 비슷한 시기에 축조되었으리라 상정할 수

29 국립부여박물관, 2000, 『陵寺 - 扶餘 陵山里寺址 發掘調査 進展報告書』, 36쪽.

있다.

앞서 설명한 대로 가장 이른 시기에 만들어진 서쪽 암거는 남회랑지 서쪽의 하부를 지나 6·7차 조사에서 드러난 제1석축 배수시설과 곧바로 연결된다. 이러한 배치는 사원 내부의 정비와 남쪽 배수시설의 정비가 직접적으로 연관되었음을 보여준다. 따라서 제1석축 배수시설과 그 남쪽의 구상 유구는 중문지 남쪽에서 확인된 가장 이른 시기의 인공적인 흔적으로 판정할 수 있다. 또한 동·서대배수로의 정비가 이 초기 배수시설보다 늦었다고 생각되기 때문에 이 배수시설과 목간이 출토된 초기 자연배수로는 일정 기간 공존했을 가능성이 있다.

가람 중심부의 정비 과정을 더욱 구체적으로 파악하려면 각 건물들이 어떤 순서로 건립되었는지 살펴볼 필요가 있다. 이에 필자는 발굴 조사 보고서에 수록된 유물뿐만 아니라 수록되지 않은 파편을 포함해 1~5차 발굴 조사에서 출토된 와당 500여 점을 전면적으로 재조사했다(제3부 제3장 및 제4장 참조). 그 결과 강당지와 불명건물지I, 공방지II, 불명건물지II, 공방지I 등이 먼저 건립되고 목탑지, 금당지, 중문지, 회랑지 등이 순차적으로 건립된 것으로 추정했다. 일반적인 고대 사원의 건물 건립 순서는 목탑이나 금당을 먼저 건립하고 그 후 중문·회랑, 강당을 건립한다.[30] 하지만 능산리사지에서는 강당지, 불명건물지I, 공방지II, 불명건물지II, 공방지I 등이 먼저 건립되고 목탑지와 금당지, 중문지·회랑지가 나중에 들어서며, 그에 수반하여 북쪽과 서쪽, 동쪽의 배수로가 정비되었을 것으로 생각된다. 강당지를 중심으로 한 초기 건물군이 목탑지나 금당지 보다 먼저 건립된 것은 이 건물지가 불교 사원과 다른 특수한 기능을 수행했음을 시사한다.

이곳에서 강당지로 알려진 건물지가 가장 이른 단계에 건립된 것은 이 사원의 성격과 관련이 있을 것이다. 능산리사지의 강당지는 그 구조가 고구려 동대자 유적과 유사한 점을 들어 평상시에는 조왕(祖王)을 제사하는 신묘(神廟)로, 왕실의 상장 의례 때는 빈궁(殯宮)으로 사용했다고 추정한 견해가 제시되었다.[31] 지금까지

30 田邊征夫·森郁夫, 1986, 「寺院の造營」, 『日本歷史考古學を學ぶ』中, 36~37쪽.

31 申光燮, 2003, 「陵山里寺址 發掘調査와 伽藍의 特徵」, 『百濟金銅大香爐와 古代東亞細亞』, 45~46쪽.

능산리사지의 창건 시기에 대해서는 목탑지에서 출토된 창왕명 석조사리감의 매립 연대인 567년을 절대적으로 믿고, 이를 완공 연대로 보려는 경향이 없지 않았다. 그러나 554년 관산성 패전과 위덕왕의 출가(出家) 발언, 또 그를 통해 100명의 도승(度僧)을 이끌어낸 사건 등을 볼 때 이 사원의 창건이 그보다 약간 더 이른 시기였을 가능성이 있다.[32] 목탑 건립의 시작을 알리는 사리감 매립 이전에 이러한 일련의 사건과 관련한 모종의 시설이 있었다고 생각하지 않을 수 없다. 따라서 강당지가 목탑지보다 더 이른 단계에 건립된 사실은 이러한 정황과 관련이 있고, 초기의 강당지가 그와 관련된 어떤 특수한 기능을 수행했음을 짐작케 한다.

554년 전후부터 567년 전후까지 능산리사지 일대에 존재했을 시설물의 기능을 추정해보면 다음과 같다. 먼저 567년 목탑의 건립이 시작된 이후 이곳에는 성왕릉의 조영이나 그와 관련된 의례를 담당하던 원찰(願刹)이자 능사(陵寺)로서 능산리 사원이 존재했다. 둘째, 위덕왕 출가 발언 이후 100명의 도승이 활동하고 여러 가지 공덕을 드릴 수 있는 시설물이 어떤 형태로든 존재했을 가능성이 있다. 셋째, 그 시설물은 왕릉 제사와 관련된 사묘와 같은 성격을 함께 가지고 있었을 가능성이 있다. 이러한 세 가지 기능은 같은 시기에 공존한 것이 아니라 일부는 순차적으로 전개되었고 또한 상호보완적인 측면이 있다. 특히 가람 중심부에서 강당지가 가장 먼저 건립된 점과 격벽으로 나누어진 1동 2실 건물이라는 독특한 건물 구조는 이러한 전개 양상과 긴밀하게 연관된 것으로 생각된다. 따라서 554년 성왕 사후부터 567년 목탑 건립 공사 착수 이전까지 이곳에는 성왕릉 조영이나 제사 등 특수한 기능을 담당하던 시설물이 있었고, 그것이 현재 강당지로 불리는 초기 시설물이었을 것으로 생각된다.

강당지를 이와 같이 이해할 때 불명건물지II의 성격에 대한 추론도 어느 정도 가능하다. 동회랑지 북단에 연결된 이 건물은 후대의 파괴로 말미암아 유구 상황이 명확하지 않다. 하지만 이 건물과 그 동쪽을 지나는 동대배수로 사이에 목책시설처럼 일정 간격으로 기둥이 박혀 있었던 사실에 유의해야 한다.[33] 이러한 현상은

32 金相鉉, 1999, 「百濟 威德王의 父王을 위한 追福과 夢殿觀音」, 54~62쪽.

33 국립부여박물관, 2000, 『陵寺-扶餘 陵山里寺址 發掘調査 進展報告書』, 50쪽.

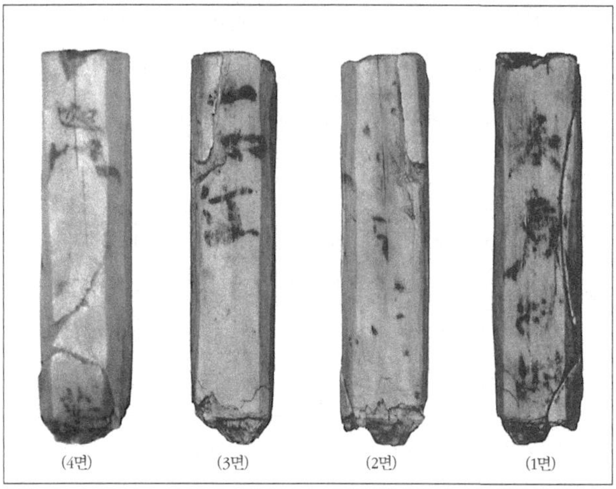

도3-4 부여 능산리 2001-8호 목간 사진

중문지 남서쪽의 초기 자연배수로 부근에서 발견된 책상 유구와 유사하기 때문이다. 또 중문지 동남쪽 구간의 초기 자연배수로가 불명건물지II가 운영되던 시기에도 기능했을 가능성을 상정하면 이 일대에서 발견된 목간들은 이 건물과 일정하게 연관되었을 가능성이 제기되기 때문이다.

중문지 동남쪽 초기 자연배수로에서는 299호, 2001-8호 목간이 발견되었는데 299호 목간을 제사 의례의 위패(位牌)로 볼 가능성[34]과 인명부(人名簿)의 기록으로 보는 견해[35]가 제기되었다.[36] 뒷면에 '乙'과 같은 기호를 반복적으로 나열한 점, 앞면은 칸을 치고 뒷면은 외곽 테두리 선을 두른 점 등에서 부적(符籍)이나 주부(呪符)일 가능성이 더 높다고 생각된다. 또 윤선태가 지적한 것처럼 목간의 절반을 칼과 같은 도구를 이용해서 의도적으로 쪼개서 폐기한 것은 의례의 마무리 과정과 관련한 폐기 행위로 볼 여지가 있다.

2001-8호 목간은 기존에 소개되지 않았지만 불명건물지II의 성격, 나아가 능산리 출토 목간 전체의 성격을 파악할 때 주목된다(〈도3-4〉).

34 尹善泰, 2004, 「扶餘 陵山里 出土 百濟木簡의 再檢討」, 65쪽.

35 近藤浩一, 2004, 「扶餘 陵山里 羅城築造 木簡의 硏究」, 97쪽.

36 그 밖에도 祓禊 행사 중에서도 大禊과 같은 제사 의례에서 사용되었다는 견해(方國花, 2010, 「扶餘 陵山里 출토 299호 木簡」, 『木簡과 文字』 6)가 제기되었다.

(1면) 「 太歲□□ ×

(2면) 「 .... ×

(3면) 「 一□□ ×

(4면) 「 迦□ 葉 × (16.5×3.9×3.8)

4면에 묵서가 있는 이 목간은 각 면의 모를 죽여 팔각형처럼 가공되었다. 상부는 완형이지만 하단은 결실되었다. 확정할 수 있는 글씨가 거의 없어 어느 면을 1면으로 할지 알 수 없지만 일단 가장 많은 글씨가 남아 있는 면을 1면으로 제시한다. 1면의 경우 모두 네 글자가 있는데 첫 두 글자는 '太歲(태세)'일 가능성이 있다. 2면에는 묵흔은 있지만 확인할 수 있는 글자가 없다. 3면에는 세 글자가 남아 있는데 첫 번째 글자 말고는 확정하기 어렵다. 4면은 발굴 과정에서 목간의 일부가 찍혀 나갔지만 현재 모두 세 글자만 확인된다. 첫 번째 글자는 '迦(가)'자로 추정되는데 책받침 변은 거의 'ㄴ'자에 가깝다. 두 번째 글자는 이미 한 번 깎여 나가 흔적만 남아 있다. 마지막 글자는 이 두 글자와 약간의 공백을 두고 있는데 '葉(엽)'자일 가능성이 있지만 '葉'자 아래 '木'변이 발굴 당시부터 파손되었다.

이처럼 2001-8호 목간은 '太歲'라는 글자와 '迦, 葉'밖에 확정할 수 없지만 문서 목간으로서 불교와 관련된 내용을 담고 있었음을 추정할 수 있다. '太歲'라는 필자의 판독이 틀리지 않는다면 이것은 창왕명 석조사리감의 '百濟昌王十三秊太歲在(백제창왕십삼년태세재), 丁亥妹兄公主供養舍利(정해매형공주공양사리)'에 보이는 '太歲'와 관련이 있을 것으로 생각된다. 태세는 목성(木星)이 하늘을 운행하는 기간이 12년 소요되는 것을 감안하여 12지의 순서에 따라 해를 표기하는 방법이다.[37] 이 목간을 창왕명 석조사리감과 직결할 수는 없지만 태세기년법을 사용한 것 같다. 4면의 '迦'와 '葉' 두 글자는 매우 단편적이다. 다만 출토 위치나 폐기 연대 등을 고려할 때 '迦'자와 연결시킬 수 있는 글자는 '釋迦(석가)'나 '迦葉(가섭)'처럼 불교적인 명칭 이외에는 쉽게 떠오르지 않는다. 물론 '迦'와 '葉' 두 글자 사

37 이도학, 2003, 『살아 있는 백제사』, 휴머니스트, 592~593쪽.

이에 상당한 공백이 있어 '迦葉'으로 단정하기는 어렵다. 하지만 두 번째 글자 하단부가 발견 당시부터 이미 깎여 나갔기 때문에 그 아래쪽의 葉자를 다시 한 번 습서(習書)했을 가능성도 배제하기 어렵다. 따라서 이 목간은 304호(寶憙寺), 313호(子基寺) 목간과 더불어 능산리 출토 목간이 불교와 밀접한 관련을 맺고 있음을 보다 직접적으로 보여준다고 할 수 있다.

299호가 주부 목간으로서 의례와 관련 있고, 2001-8호가 불교와 관련된 목간이라고 할 때 불명건물지II는 그러한 의례를 담당하고 준비하던 곳이나 의례 담당자가 머물던 건물이었을 가능성이 있다.[38] 필자가 이렇게 추정한 것은 중문지 남쪽 일대가 아직 정비되기 이전부터 불명건물지II가 기능했던 것으로 보고, 그곳에서 사용하던 물품들이 중문지 동남쪽의 초기 자연배수로를 타고 떠내려 오다가 폐기되었을 것으로 보았기 때문이다. 다만 불명건물지II 외곽에서 목책렬이 발견된 점을 좀 더 적극적으로 해석하면 불명건물지II가 기와 건물로 건립되기 이전에라도 그곳에 굴립주건물 같은 다른 형식의 건물이 존재하면서 그러한 역할을 담당했을 가능성도 배제하기 어렵다.[39]

이상에서 능산리 목간이 출토된 지점의 배수시설과 가람 중심부의 정비 과정을 살펴보았다. 이 사원은 원래 소택지였던 지형적 특성으로 말미암아 별도의 대지 조성이 필요했고, 대지 조성 직전에 배수를 위한 서쪽 암거시설이 만들어졌다. 이 서쪽 암거시설은 중문지 남쪽으로 이어져 Y자형의 제1석축 배수시설과 구상유구로 연결된다. 따라서 중문지 남쪽의 초기 배수시설들은 동남쪽과 남서쪽의 초기 자연배수로와 일정 기간 공존했을 가능성이 크다. 사원 내부 주요 건물들의 건립 순서는 출토 와당의 형식별 분포 양상을 통해 더욱 구체적으로 추정할 수 있는데 강당지를 비롯한 초기 건물군이 목탑지나 금당지보다 먼저 건립된 것으로 생

38 불명건물지II는 최근 백제 사원에 관한 연구에서 논란이 되는 소위 '부속건물지'에 해당한다. 필자는 본고에서 추정한 것을 바탕으로 불명건물지II와 같은 '부속건물지'를 公的인 성격이 강한 僧房과 같은 것으로 추정한 바 있다(이 책의 제2장 제1절 참조).

39 부여 동남리유적에서는 기와 건물지의 하층에서 기와 건물 이전 단계에 사용하던 굴립주건물지의 흔적이 발견되었다(李炳鎬, 2002, 「百濟 泗沘都城의 造營過程」, 『韓國史論』 47, 118~119쪽). 능산리사지의 경우도 기와 건물 이전 단계에 굴립주건물을 사용하던 유구 흔적이 남아 있을 가능성을 배제하기 어렵다.

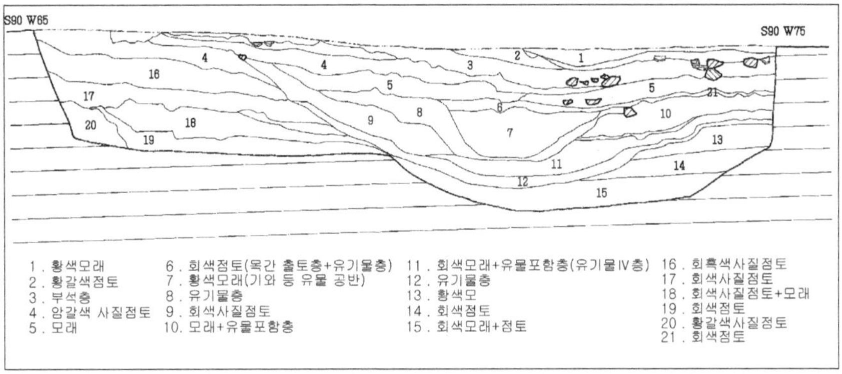

도3-5 부여 능산리사지의 남회랑 서쪽 트랜치 토층도(8차조사)

각된다. 능산리사지에서 강당지가 가장 먼저 건립된 사실은 사묘나 능사라는 유적의 성격과 관련 있다. 567년 목탑 건립 이전에 건립해 운영되었던 초기 시설은 성왕릉의 조영이나 제사 등 어떤 특수한 기능을 담당했을 것이라 생각된다.

3) 목간의 폐기 시기와 성격

부여 능산리 출토 목간들은 언제 폐기되었을까. 먼저 8차 조사에서 드러난 목간 출토 지점의 토층 조사 내용을 중심으로 이 문제에 접근해보자. 〈도3-5〉는 S90, W65~75 구간의 토층도이다. 이곳의 가장 밑바닥은 회색 모래와 점토층(15번)으로 가람 중심부의 최하층 토층인 소택지와 동일한 양상이다. 초기 자연배수로는 6~11번과 관련 있을 것으로 생각하는데 2002-1호 목간은 그러한 초기 자연배수로가 매몰된 이후 형성된 6번층에 박힌 채로 발견되었다. 그런데 7번 황색 모래층에서는 제3부 제3장의 형식 분류안 중 1b형식 와당이 발견되고, 11번 회색 모래+유기물IV층에서는 승문이 찍힌 암키와편과 2형식 와당 3점이 발견되었다.[40] 토층

40 7번 층에서 국립부여박물관의 2007년 발굴보고서의 도면114-7번(도판205-7)의 1b형식이 발견되었고, 11번 층에서 도면114-3·5·6번(도판205-3·5·6)의 2형식 와당과 도면116-1·117-2·120-2(도면206-2·207-2·209-2)의 승문 암키와가 출토되었다.

조사 결과만으로 볼 때 2002-1호 목간은 7번이나 11번 층에서 발견된 기와들보다 늦게 폐기된 것이 분명하다.

앞에서 설명한 대로 중문지 남쪽 초기 자연배수로의 폐기는 서대배수로의 정비와 맞물려 있다. 이곳 초기 자연배수로 내부에서 발견된 기와들은 와당뿐만 아니라 암키와, 수키와 모두 가람 중심부에서 이미 발견된 형식들이다.[41] 따라서 이 기와편들은 서대배수로를 정비하는 과정에서 기존 초기 자연배수로를 메우기 위해 버린 건축용 폐기물로 생각된다. 그런 점에서 6~11번 토층은 약간의 시간차가 있지만 초기 자연배수로를 메우는 과정에서 매우 단기간에 형성된 층위일 가능성이 크다. 특히 6번 층에서 발견된 2002-1호 목간은 7번 층에서 발견된 1b형식이나 11번 층에서 발견된 2형식의 사용 연대와 밀접한 관련이 있는 것으로 생각된다.

1b형식은 능산리사지 창건와로서 1a형식과 거의 같은 시기에 제작·사용되었지만 2형식은 능산리사지를 제외하면 부여에서 발견된 사례가 없기 때문에 약간 사정이 복잡하다. 2형식은 중방에 1+6과의 연자가 배치되고 중방이 낮고 평평하며 권선이 배치되어 있다. 연판 문양만으로 보면 1a·1b형식과 연속성이 없는 것은 아니지만 제작기법과 태토, 소성도는 약간 다르다. 가람 중심부 조사에서는 모두 52점이 발견되어 1a·1b형식을 제외한 가장 많은 수량이 출토되었다. 사비시기 와당 중에서 중방이 낮고 권선이 배치된 와당은 대체로 7세기 이후에 출현하기 때문에 2형식의 제작 시기는 일단 6세기 후반이나 7세기 전반 무렵으로 추정할 수 있다.

다만 2형식이 능산리사지 이외에는 발견된 사례가 없으므로 이 사원의 창건기 와당일 가능성을 배제할 수 없다. 그렇다 해도 2형식 와당의 사용 연대는 567년보다 약간 늦은 6세기 후반 단계로 소급하기는 어렵다. 이 연대는 2형식의 상한에 해당할 것이다. 그런 점에서 2002-1호 목간의 폐기 시점은 1b형식보다 2형식 와당의 폐기와 더 깊은 관련이 있다. 앞서 말한 대로 2형식은 금당지에서 절반 정

41 사실 6~8차 조사에서 출토된 와당, 암키와, 수키와, 서까래기와 등 기와류는 지표채집품은 물론 층위 발굴이 이루어진 자료들도 예외 없이 사원 내부에서 이미 출토된 형식들이었다. 필자는 바로 이 점 때문에 능산리 출토 목간의 성격을 능산리사지의 축조와 관련시켜 보아야 한다는 생각을 갖게 되었다.

도가 발견되었다. 따라서 2002-1호 목간의 폐기 시점은 2형식이 가장 많이 제작·사용된 금당의 완공이나 보수 시점과 관련 있으며, 연대적으로는 6세기 후반 이후였을 것이라 생각한다.

한편 306호와 310호 목간은 초기 자연배수로가 아닌 제2석축 배수시설과 할석형 집수조 부근에서 발견되었다(〈도3-2〉). 이 배수시설들은 동쪽의 구상 유구과 비교할 때 층위상 한 단계 늦은 시기에 들어선 것이다. 그런데 가장 이른 시기의 배수시설로 생각되는 금당지와 목탑지 서쪽의 암거가 남회랑 하부를 통과해 중문지 남서쪽으로 내려온 지점, 즉 S90, W45~50 지점의 북쪽 끝 암거 부근에서 1b형식 와당편들이 발견되었다.[42] 이것을 볼 때 창건기 대지 조성과 관련되는 서쪽 암거시설과 그 남쪽 연장선에 위치하는 제1석축 배수로 및 구상 유구는 적어도 1b형식 와당이 사용되던 시점에는 지하에 매몰되었음을 예상할 수 있다. 따라서 구상 유구 서쪽의 제2석축 배수시설은 그보다 더 늦은 단계에 해당하고, 구체적인 시점은 사원 남쪽 저습지에 대한 정비 작업도 가람 중심부의 정비와 연계되었으므로 2002-1호 목간의 폐기 연대와 크게 다르지 않을 것이라 생각한다.

이처럼 2002-1호와 306호, 310호 목간은 능산리사지에 1차로 건물이 들어서고 나서 일정 기간이 지난 뒤에 폐기한 것으로 생각된다. 구체적으로는 2002-1호 목간이 발견된 토층도 분석 결과나 서대배수로와 연계된 배수시설의 배치 관계를 종합해볼 때 금당지에 대한 공사가 착공되거나 완공되고 회랑지가 건립되던 어느 시점이라고 할 수 있다. 절대연대상으로는 목탑의 심초석이 놓인 567년 이후 일정 기간이 지난 6세기 후반 무렵에 해당한다. 그리고 이 연대는 능산리 출토 목간의 하한으로 생각된다.

그런데 중문지 동남쪽과 남서쪽 초기 자연배수로에서 발견된 대부분의 목간은 소택지 바로 위 흑색 유기물층에서 출토되어 2002-1호 목간보다는 한 단계 먼저 폐기되었을 가능성이 크다. 물론 중문지 남서쪽의 초기 자연배수로가 2002-1호 목간이 출토된 초기 자연배수로와 같은 수로(水路)라는 점을 고려하면 이 목간

42 국립부여박물관의 2007년 발굴보고서의 도면74-3(도판154-12), 도면74-6(도판155-3)가 여기에 해당한다.

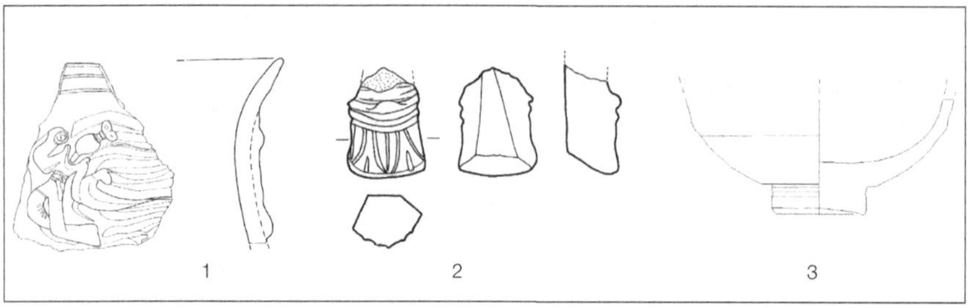

도3-6 부여 능산리 소택지 출토 중국청자편(1.青磁貼花人物文樽片(高7.3), 2.黑褐釉陶硯臺足片, 3.青磁盞片)

들의 폐기 시점도 2002-1호 목간의 시점을 크게 웃돌지는 않았을 것이다. 다만 여기에서 의문이 드는 것은 그 구체적인 시점이 목탑지 심초석 매립 연대와 어떤 관계가 있는지이다. 이 문제는 목간의 제작 시기와 관련 있으며 능산리사지 가람 중심부의 건립 상한이나 목간의 기재 내용에 관한 분석을 통해 접근할 수 있을 것으로 생각된다.

먼저 능산리 목간이 제작되어 사용되던 시기를 추정해보자. 능산리사지 5차 발굴과 6차 발굴에서 성토 대지 아래 소택지에서 3점의 중국청자편이 발견되어 그 상한의 문제를 접근할 수 있게 되었다(〈도3-6〉). 강당지에서 남쪽으로 약 43미터 떨어진 곳에서 청자첩화인물문준편(青磁貼花人物文樽片) 1점, 구상 유구의 자갈돌 사이에서 흑갈유도연대족편(黑褐釉陶硯臺足片) 1점, S100, W64~60 지점의 초기 자연배수로 내부에서 청자잔편(青磁盞片) 1점이 출토된 것이다. 그 중 청자첩화인물문준편은 청자연화준의 구연부편으로 중국 하남성 경현(景縣) 봉씨묘군(封氏墓群. 그 중 봉자회묘[封子繪墓]는 564년에 죽어 565년에 안장되었다고 함)이나 진(陳) 문제(文帝, 535~551년) 진천(陳蒨)의 영안릉(永安陵)으로 비정되는 남경 영산대묘(靈山大墓), 하남성 상채(上菜) 출토 연화준과의 비교를 통해 대략 6세기 중엽에 해당한다는 연구를 참고할 수 있다.[43]

흑갈유도연대족편은 야마모토 다카후미(山本孝文) 분류 Ib형인 양각연판문수족연에 해당한다.[44] 이러한 형식의 벼루들은 수대 이후에 유행하며 중국 사천성 성

43 朴淳發, 2005, 「公州 水村里古墳群 출토 中國瓷器와 交叉年代 문제」, 『충청학과 충청문화』 4, 195~198쪽.
44 山本孝文, 2003, 「百濟 泗沘期의 陶硯-分類·編年과 歷史的 意義」, 『百濟研究』 38, 104~105쪽.

도 청양궁(青羊宮) 요지에서 비교적 이른 형식이 출토되었다. 이 가마터의 연대는 요 구축 이전 문화층에서 북주(北周)의 오행대포전(五行大布錢) 등이 출토되었으므로 북주 최말기까지 소급될 가능성이 있다.[45] 남조에서도 이와 같은 형식의 청자연이 출토되었지만 출토 상황이나 연대에 대해서는 알려져 있지 않다.[46] 양각연판문수족연이 수대 이후에 유행하지만 남조 이전부터 제작되었음을 알려주는 자료라 하겠다. 하지만 남조 말기의 양·진대에는 사비시기의 가장 이른 시기의 벼루인 전부여 출토 청자연에서 보듯이 수적형다족연(水滴形多足硯)이 주류로 여겨지기에 능산리 출토품도 남조 말기인 6세기 중엽 이후로 비정할 수 있다.[47]

청자잔편의 경우 안쪽에 연녹색의 유약이 남아 있고 빙렬이 많으며, 바깥쪽에는 중복 이상에만 유약이 발라져 있고 구연부는 파괴되었으며, 바닥은 통굽이고 직각에 가깝지만 약간 내경한 느낌이다. 청자잔의 시기를 판정할 관찰 속성을 찾기 어렵지만 중국 홍주요(洪州窯) 출토 잔, 배, 완 등과 비교할 때 3기(남조) 이후로 비정할 수 있다.[48] 이처럼 소택지에서 발견된 중국청자편들은 대부분 6세기 중엽으로 추정되며, 이 연대는 사원 조영의 초축 상한이나 목간 제작·사용의 상한을 알려주는 것이라 생각된다.

한편 능산리 6~8차 발굴 조사에서는 다양한 형식의 벼루편이 출토되었는데 벼루는 목간이라는 서사(書寫) 재료와 직접적으로 연관되어 목간의 제작·폐기 연대를 추정하는 좋은 자료가 될 것이라 생각한다. 6~8차 조사에서는 야마모토 다카후미가 분류한 사비시기의 벼루 형식 대부분이 확인되었는데 그 중에는 양각연판문수족연편(〈도3-7〉의 4)을 비롯하여 공산성 출토 삼족연과 유사한 제품이 포함되어 있다(〈도3-7〉).[49] 먼저 〈도3-7〉의 4의 경우 초기 자연배수로 내부에서 목간

45 白井克也, 2000, 「東京國立博物館物保管青磁獸脚硯」, 『MUSEUM』 568, 37쪽.

46 王靖憲, 2002, 『古硯拾零』, 湖北美術出版社, 19쪽.

47 다만 남조 출토 獸足硯이 한 점밖에 알려지지 않았고 그 연대도 불명확하며, 수족연은 수대 이후에 유행하기 때문에 능산리 출토품의 연대는 6세기 중엽에서도 후반에 가까울 것으로 생각된다.

48 李梅田, 2000, 「長江中游地區六朝隋唐青磁分期硏究」, 『華夏考古』 2000-4기, 89쪽.

49 〈도3-1-7의 2〉는 S90~100, W65~75 지점의 흑회색 사질점토층에서 발견되었고, 〈도3-1-7의 3〉은 S100, W10지점에서 〈도3-1-7의 4〉는 S100, W60 남북 수로 내부에서 각각 출토되었다.

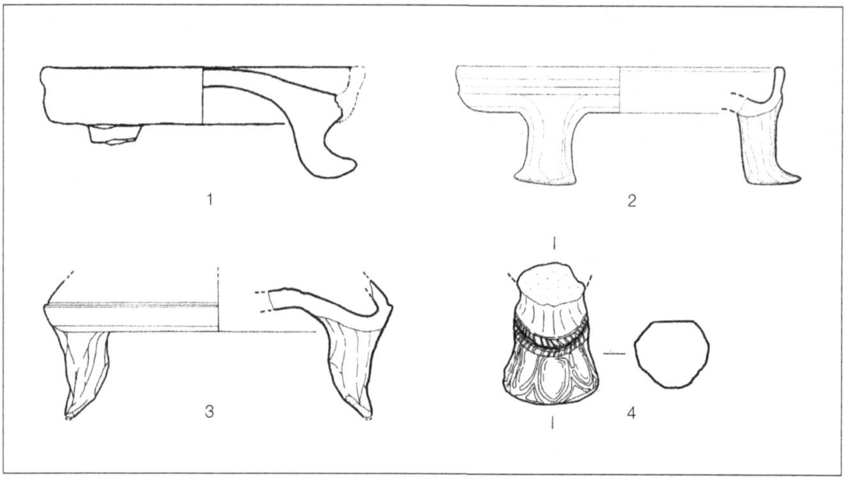

도3-7 공주와 부여 출토 각종 陶硯片 (1.공산성, 2~4. 능산리사지)(축척부동)

과 함께 출토되었는데, 앞서 설명한 흑갈유도연대족편(〈도3-6〉의 2)이나 부여 궁남지·군수리 지점에서 출토된 수족 연판문과 비교할 때 6세기 중·후반을 소급하기 어려울 것으로 생각된다. 〈도3-7〉의 2의 경우 연제(硯堤)와 연지(硯池)의 일부, 대족(臺足)만 남아 있는데 대족에는 깎기 흔적이 선명하다. 〈도3-7〉의 3은 연제가 내경하고 그 안쪽의 연강(硯岡)과 연지의 구분이 더욱 명확해졌으며 대족은 삼족기의 다리처럼 깎기 흔적이 선명하다. 〈도3-7〉의 2·3 벼루편은 〈도3-7〉의 1의 공산성 출토품과 같은 형식이다. 야마모토 다카후미는 공반 유물과 중국 자료와의 비교를 통해 공산성 출토품의 연대를 웅진시기 말에서 사비시기 초로 비정했다.[50] 그런데 〈도3-7〉의 2·3 벼루편의 대족은 공산성 출토품과 달리 수차례 깎기를 한 흔적이 선명하다. 이러한 제작기법은 삼족토기의 대족에서도 자주 발견되는 기술속성으로 웅진시기부터 사비시기 전 기간에 걸쳐 확인된다.[51] 대족과 연강·연지의 형태로 볼 때 능산리 출토품은 공산성 출토품보다 약간 늦은 것이 분명하다. 그런 점에서 능산리 출토 벼루편의 제작 연대는 6세기 중엽 정도로 비정할 수 있다.[52]

50 山本孝文, 2003, 「百濟 泗沘期의 陶硯 - 分類·編年과 歷史的 意義」, 88~89쪽.

51 土田純子, 2004, 「百濟 有蓋三足器의 編年 硏究」, 『韓國考古學報』 52, 166~171쪽.

52 능산리 7차 조사에서는 S130, W60 부근에서 철제도자 한 점이 출토되었다(보고서 도면50-19). 원래 목

이처럼 능산리사지 축조의 상한을 추정할 수 있는 자료는 6세기 중엽을 크게 상회하지 않으며, 특히 목간과 함께 사용되었을 벼루의 연대가 6세기 중엽 전후를 소급하지 않으리라 생각된다.[53] 따라서 중문지 남쪽 초기 자연배수로 폐기의 상한 연대, 나아가 목간 폐기의 상한 연대는 이와 크게 다르지 않았을 것이다. 부여 능산리 출토 목간의 성격을 논할 때 세 가지 중요한 절대연대가 있다. 그것은 538년 사비 천도와 554년 관산성 전투에서에서의 성왕의 죽음, 567년 창왕명 석조사리감의 매립이다. 그동안 능산리사지가 나성과 연접해 있고, 초기 자연배수로가 서대배수로보다 더 이르다는 점에 근거해 목간의 사용·폐기 연대를 막연하게 527년이나 538년으로 소급하려는 경향이 없지 않았다. 하지만 이상의 검토 결과는 그 상한을 천도 이전까지 소급하기 어렵고 오히려 554년의 사건과 관련 있음을 알려준다. 그런 점에서 초기 자연배수로에서 출토된 능산리 목간의 사용·폐기 연대는 554년 무렵부터 목탑이 건립된 567년 전후 사이의 어느 시기였을 것으로 생각된다.

이러한 추론은 목간 기재 내용과도 크게 모순되지 않는다. 이곳에서 출토된 목간들은 295호와 299호 목간처럼 의례와 관련한 것, 304호와 313호 목간처럼 다른 사찰과의 인적·물적 교류를 증명하는 것, 309호처럼 죽은 사람의 의례와 관련한 것 등이다.[54] 또 296호와 303호 목간의 이전(梨田)이나 죽산(竹山)처럼 생산지와 관련된 것이나 300호 목간처럼 창고(倉庫)와 관련한 것, 2002-1호처럼 식미(食米)를 지급한 내용을 기록한 것도 있다. 2001-5호에는 '伏願(복원)'이라는 특이한 표현이 있는데, 이는 국왕 관련 문서에서 주로 사용한다.[55] 이처럼 능산리 출토 목

제칼집과 함께 출토되었다고 하나 칼집은 소재 불명이다. 이 도자는 削刀로 문방구의 하나였을 것이다.

53 능산리 6~8차 조사에서는 발형기대나 뚜껑, 고배 등 토기류에서도 567년을 소급하는 것이 일부 확인되지만 그것이 사비 천도 이전까지 소급되지는 않는다고 생각된다. 김종만, 2007, 「성왕시대 생활 토기」, 『백제 성왕과 그의 시대』, 131~155쪽.

54 309호 목간의 1면에는 '死'자가 2면에는 '再拜'라는 글자가 판독된다. 묵서 내용만으로도 死者를 위한 의례와 관련됨을 짐작할 수 있다(尹善泰, 2004, 「扶餘 陵山里 出土 百濟木簡의 再檢討」, 66쪽). 다만 무령왕릉의 墓誌石에서는 국왕의 죽음을 '崩'으로 표현하고 있기 때문에 '死'라는 표현에서 성왕 이외의 전사자들에 관한 의례도 함께 이루어졌을 가능성을 함께 고려할 수 있다.

55 국립부여박물관, 2007, 『陵寺-부여 능산리사지 6~8차 발굴조사보고서』, 255쪽에서는 이 글자를 '伏顚'(엎드려 원컨대)로 판독하고 국왕에 올리는 상소문이나 외교문서체로 추정된다고 하였다. 그러나 顚

간들의 기재 내용에는 불교나 제사와 관련된 것, 물품의 생산지나 물품의 이동과 관련된 것, 장부와 같은 것이 망라되어 있다. 따라서 능산리 출토 목간을 나성이나 나성문의 출입과 관련짓기가 어려우며, 폐기 연대를 함께 고려할 때 능산리사지와의 관련성이 더욱 높다고 하겠다.

그렇다면 능산리 출토 목간의 성격을 일률적으로 규정할 수 있을까. 능산리 출토 목간들은 출토 위치와 시기에 따라 몇 그룹으로 나누어볼 수 있다. 첫째, 초기 자연배수로에서 벗어난 지역에서 발견된 306호, 310호, 2002-1호 목간이다.[56] 둘째, 중문지 동남쪽 초기 자연배수로에서 출토된 299호, 2001-8호이다. 셋째, 6차 조사 때 중문지 남쪽 초기 자연배수로에서 출토된 295호, 314호, 309호, 2000-1~15호이다. 넷째, 중문지 남서쪽 초기 자연배수로에서 발견된 296호, 313호, 297호를 비롯한 7차 조사 출토품들이다(〈표 3-1〉의 연번 16·17, 19~37).

첫 번째 부류는 앞에서 살펴본 것처럼 목탑 건립 이후인 6세기 후반에 폐기된 것이 확실하기 때문에 능산리사지의 운영과 관련된 것으로 볼 수 있다. 두 번째 부류는 불명건물지II의 성격에 관한 추론에서 설명했듯이 연대적으로는 목탑 건립 전후에 폐기되었고 능산리사지 초기 시설과 관련한 목간으로 생각된다. 세 번째와 네 번째 부류는 같은 수로에서 동일한 출토 맥락을 가지고 발견되었다. 초기 자연배수로의 폐기 연대가 6세기 중엽부터 567년 전후로 생각하기 때문에 이 부류는 능산리사지의 초기 시설뿐만 아니라 목탑 건립 같은 사원과의 관련성이 함께 있을 것으로 생각된다. 목간의 출토 위치와 기재 내용의 관련성에 대해서는 추후 보완하고자 한다.

이상을 종합해볼 때 능산리 출토 목간은 554년 성왕의 죽음 이후 이 일대에서 행해진 각종 행사와 의례, 물품의 이동, 행정 행위와 관련이 있을 것이다. 대다수의 목간은 567년 목탑 건립 공사 전후에는 폐기되었기 때문에 능산리사지 초기 건물군의 활동이나 성격과 관련이 있는 것으로 생각된다. 하지만 일부 6세기 후

은 願자일 가능성이 높다.

56 7차 조사 출토품의 대부분이 발견 층위나 위치가 명확치 않다. 따라서 300호 목간을 비롯한 다른 목간도 이 부류에 포함될 가능성이 있다.

반에 폐기된 목간도 있기 때문에 능산리사지의 조영이나 운영과 관련되는 측면을 함께 가지고 있다. 그런 점에서 능산리 출토 목간 전체를 '능산리사지 축조 목간'으로 단순화하는 것에는 약간의 무리가 따른다. 특히 초기의 능산리사지에는 강당지를 비롯한 소수의 건물만 존재했을 것으로 예상되고, 초기 강당지도 사원 본래의 건축물이 아닌 사당 같은 성격을 가졌던 점을 감안할 때 더욱 그러하다. 능산리사지의 경우 초기 건물군이 건립된 이후 목탑이 건립되기까지 약간의 시기차가 있고 그 사이에 초기 시설의 성격이 변했을 것이라 생각되기 때문에 이런 문제가 발생한다. 하지만 초기 건물군은 목탑 건립 이후 결과적으로 능산리사지 가람 중심부의 부속건물이 되었고, 그 성격도 원찰이나 능사라는 사원의 성격과도 부합한다. 그런 점에서 능산리 출토 목간은 거시적인 관점에서는 '능산리사지의 조영·정비와 운영' 과정에서 파생된 것으로 볼 수 있다. 목탑 건립 이전에 폐기된 목간들은 그런 점에서 초기 건물군의 성격이나 활동을 분석하는 자료로 활용될 수 있을 것이다.

4) 2002-1호 4면목간의 분석

부여 능산리사지에 대한 8차 조사에서는 사각막대 형태의 4면목간[觚] 한 점이 발견되었다. 현존 길이는 43.8센티미터, 각 면의 폭은 2.2~1.9센티미터이다. 왼쪽 방향으로 묵서의 내용이 이어지는데 원래의 크기는 50~55센티미터 정도였으리라 여겨진다. 이 목간에 대해서는 윤선태의 판독문과 해석이 발표되었는데 이를 간략히 요약하면 다음과 같다.[57]

이 목간은 내용상 1·2면과 3면, 4면으로 나뉘며 그중 1·2면은 '支藥兒食米記(지약아식미기)'로 명명해도 좋은 장부이고, 3면은 이와 성격을 달리하는 또 다른 장부가 기재되어 있다. 4면은 1~3면과 서사 방향이 반대로 되어 있고 '又十二

57 尹善泰, 2006, 「百濟 泗沘都城과 嵎夷 - 木簡으로 본 泗沘都城의 안과 밖」, 243~249쪽.

石(우십이석)'이라는 문구가 반복적으로 쓰여 있다. 1·2면의 지약아식미기는 '지약아(支藥兒)에게 준 식미(食米)의 기록부'로 이해되며, 지약아는 '약재(藥材)를 지급하는 일을 담당했던 사역인'으로 추정했다. 3면은 크게 두 단락으로 되어 있는데 '□, 道使(인) □次(와) 如逢, 小吏(인) 猪耳(등은) 其身者如黑也.// 道使(인) 復□, 彈耶方(의) 牟氏(와) 牟□, □耶(方의 누구는 어떠어떠하다)'로 해석했다. 이 내용은 '직함(또는 지명)+인명'의 형식으로 사람을 나열하고 그들의 신체적 특징이나 그와 유사한 사실들을 기록한 것이라고 한다. 그런데 3면에 나열된 인물들은 현급(縣級)인 성(城)에 파견된 도사(道使)라는 지방관, 탄야방(彈耶方)에 적(籍)을 둔 지방인들로 모두 '지방 거주자'라는 공통점이 있다.

한편 1·2면의 '지약아식미기'와 3면의 장부를 하나의 목간에 연속적으로 기록되어 별개가 아닌 서로 연관성이 있는 것으로 파악했다. 특히 '약(藥)의 지급'과 관련된 지약아와 '기신자여흑야(其身者如黑也. 그 몸이 검은 것 같다)'는 서로 밀접하게 조응되므로 그 앞에 나열된 인물의 병증을 기록한 것으로 이해했다. 따라서 3면의 내용은 목간 출토 지점이 나성 대문(동나성 제3문지)과 가까운 것을 볼 때 나성문을 관할하던 관인이 각 지방에서 도성으로 상경하는 인물들을 통제하던 흔적이라고 했다. 나아가 지방사회에서 역병이 만연했을 때 나성 대문에서는 상경하는 지방관을 위시해 지방 거주자들을 더 철저히 통제했다. 이때 약부(藥部)에서는 이들의 치료에 필요한 약재들을 지급하기 위해 도성 바깥의 약전(藥田)에 그 공급을 요청했고 나성 대문을 통제한 관인들이 약재를 운반해온 지약아에게 식미를 지급하고, 그 출납 사실을 '支藥兒食米記(지약아식미기)'로 정리했다고 보았다.

그러나 이러한 해석에는 두 가지 커다란 문제가 있다. 먼저, 앞에서 서술한 것처럼 목탑 건립 이후에 폐기된 것으로 보이는 2002-1호 목간을 어떻게 나성 대문의 금위와 관련해 이해할 수 있느냐는 점이다. 둘째, 내용상 차이가 있는 1·2면과 3면 특히 '지약아'와 '기신자여흑야'를 직접적으로 연결할 수 있는지 하는 점이다. 목간의 적외선 사진을 참고하면서 이 문제에 접근하기로 하자(〈도3-8〉). 다음은 필자가 작성한 2002-1호 목간의 판독문이다.

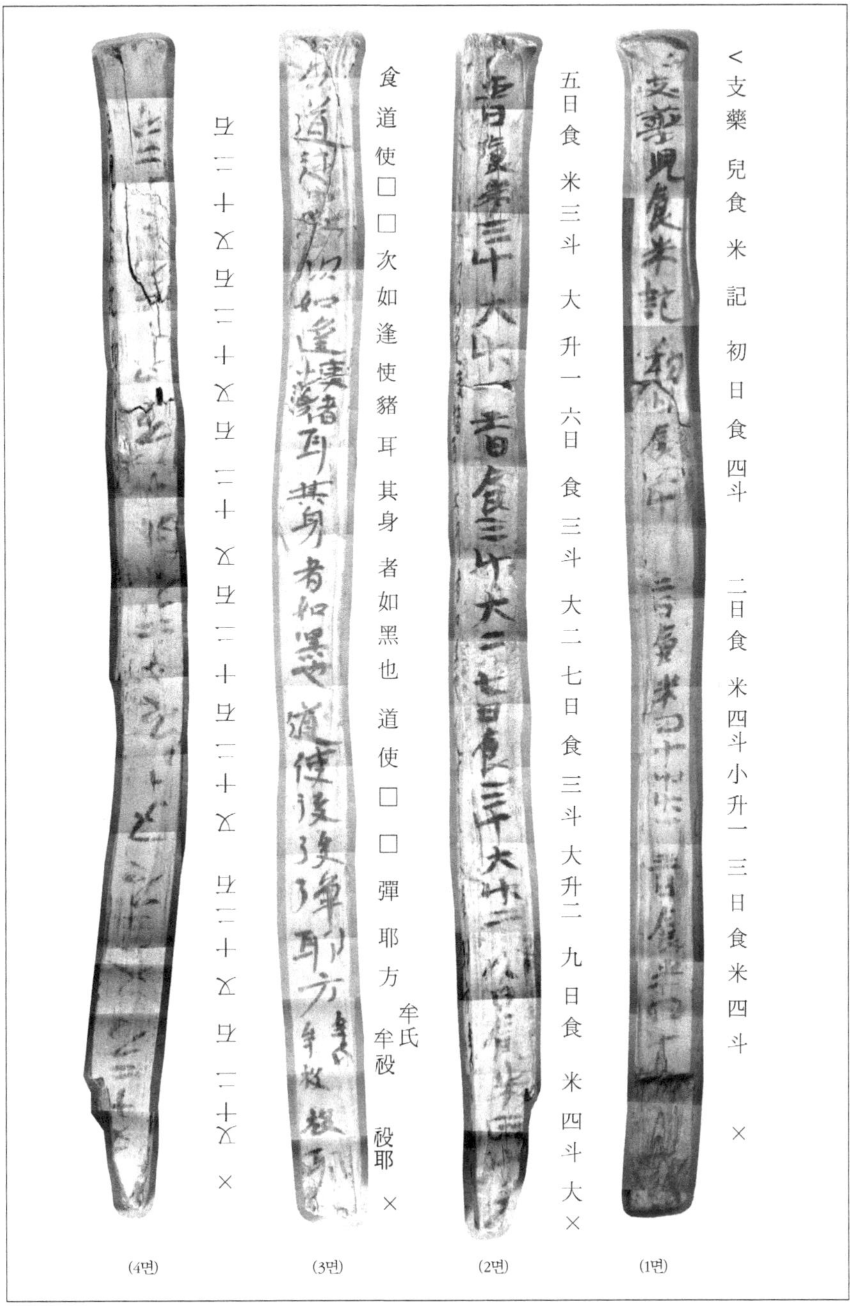

도3-8 부여 능산리 2000-1호 목간 사진과 판독문

(1면)「<支藥兒食米記 初日食四斗 二日食米四斗小升一 三日食米四斗 ×

(2면)「五日食米三斗大升一 六日食三斗大二 七日食三斗大升二 九日食米四斗大 ×

(3면)「食道使 □□次如逢使豬耳 其身者如黑也 道使□□ 彈耶方 牟氏/牟殺 殺耶 ×

(4면) × 又十二石又十二石又十二石十二石又十二石又十二石又十二石」(상하 반전됨)

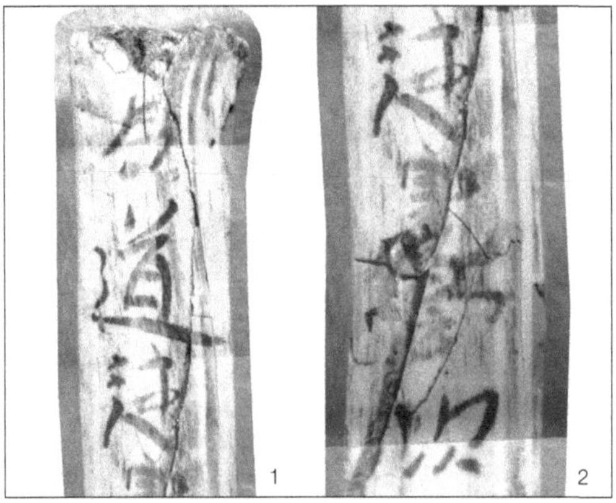

도3-9 2002-1호 목간 3면 세부사진(1.食자 세부, 2. 미확인 글자 세부)

1·2·4면의 판독 결과는 기존 판독문과 큰 차이가 없다. 다만 '지약아식미기'의 윗부분에서 문장부호처럼 생긴 '<' 모양의 표시가 확인되었고, 5일차 식미 기록의 끝부분에서 '一'자가 추가로 확인되었다. 문제는 3면으로, 그 시작 부분은 기존에 읽지 못한 글자였다. 하지만 〈도 3-9〉에서 알 수 있듯이 이 글자는 '食'자의 아래가 지워진 글자임이 분명하다. 이것은 1·2면과 3면의 관계를 파악할 때 중요한 시사점을 준다. 왜냐하면 원래 3면에도 식미와 관련된 내용이 기재되어 있었지만(1차 목간) 그것을 깎아내고 현재와 같은 내용(2차 목간)이 기록되었을 가능성이 크기 때문이다. 3면이 기존 1차 목간을 재활용한 것이라는 또 다른 증거는 '道使(도사)' 아래쪽의 미확인 글자에서도 확인된다(〈도3-9〉의 오른쪽). 이 부분은 목간이 깨져서 글자의 판독이 매우 어렵지만 묵서의 농도에서 2회 이상 글씨를 썼음을 알 수 있다.[58] 따라서 1·2면과 3면은 일정한 연관성을 가지면서도 작성 시기가 다른 장부였으리라 생각된다. 3면 '기신자여흑야'의 아래 두 글자는 확정하기 어렵지만 탄야방 아래 牟氏(모씨)의 왼쪽은 牟殺(모대)로, 그 아래쪽 殺耶(대야)와 같

58 한편 '小吏'의 경우도 백제에서 만든 造字로 소개되었지만 '小'字의 서체가 1면 小升의 '小'字와 같기 때문에 小升이라는 글자의 일부가 지워지지 않고 남았을 가능성이 있다.

은 글자로 생각된다.

2002-1호 목간에 대한 판독과 검토 결과 1·2면과 3면은 작성 시기가 다른 장부이고, 4면은 습서에 해당됨을 확인할 수 있다. 그렇다면 1·2면의 '지약아식미기'는 어떤 정황에서 작성된 것일까. 먼저 지약아를 인명으로 볼 수도 있지만 어떤 건물이나 시설의 명칭으로 해석할 여지는 없을까. 이와 관련해 창고나 쌀· 솜옷 등 물품의 보관이나 이동과 관련된 내용이 기록된 300호, 306호, 310호 목간이 주목된다.

300호 (1)「 ∨ 三月仲椋內上丑 」	(2) (1)「 ∨ □□□ 」
306호 (1) × □斗 之末* □□升 」	(2) × (묵흔 없음) 」
(3) × □ □也 」	(4) × (묵흔 없음) 」
310호 (1) × □卄兩斑綿衣 ×	(2) × 己 ×

300호 목간의 '仲椋(중경)'이라는 표현에서 창고시설이 있었고, 이 목간이 출토된 지점 인근에 그와 관련된 시설이 있었음을 알려준다.[59] 306호 목간의 1면 '之末(지말)' 오른쪽 하단에 세자(細字)로 '米(미)'자가 써 있다. 米자의 경우 오른쪽 측면이 깎여나갔지만 남아 있는 획을 2002-1호 목간과 비교하면 '米'자로 확정할 수 있다. 두(斗)자나 승(升)자는 확정하기 어렵지만 2002-1호 목간과의 비교에서 추정한 것이다. 306호 목간의 폐기 시점은 2002-1호와 거의 같아 2002-1호처럼 쌀의 지급과 관련한 어떤 내역을 정리한 전표나 장부 같은 것이었으리라 생각된다. 310호 목간은 반면의(斑綿衣)라는 물품과 관련 있는데 그 앞의 '卄兩(입량)'은 물품의 수량 단위로 생각된다.[60] 반면의는 '얼룩무늬 솜옷' 정도로 해석되는데 『삼

59 300호 목간의 가장 마지막 글자인 '丑'자를 '籾'을 가리키는 造字로 보고, "3월에 仲(中)椋 내로 상납했던 '丑(籾)'에 붙였던 부찰"로 보는 견해가 제기되어 그 가능성을 더욱 높여주고 있다. 平川南, 2010, 「正倉院佐波理加盤付屬文書の再檢討」, 『日本歷史』 750, 9쪽.

60 이 글을 처음 작성하였을 때는 '卄方'으로 판독했지만 미륵사지 출토 금정 등 다른 자료를 참고할 때 方은 '兩'으로 판독하는 것이 옳다고 판단하여 수정하고자 한다. 早稻田大學朝鮮文化硏究所·國立加耶文化財硏究所, 2009, 「扶餘 陵山里木簡」 『日韓共同硏究資料集 咸安城山山城木簡』, 148쪽; 朴南守, 2010,

국지』「위지」 왜인전에는 왜의 사신이 중국에 면의(綿衣)를 바친 사례가 있다.[61] 그런 점에서 반면의는 대단히 진귀한 물품이거나 왜의 특산품이었을 가능성이 없지 않다.[62] 다른 한편 반면의를 면(綿) 또는 광의의 포(布)로 볼 수도 있을 것 같다. 『주서(周書)』에 따르면 백제에서는 쌀과 함께 마포(麻布), 견(絹), 사(絲), 마(麻)를 조조(租調)로 수취했다고 한다. 6·7세기대 삼국에서 곡물과 직물을 현물화폐로 사용했던 점을 고려할 때 이 목간에 기재된 반면의는 그와 유사한 기능을 했던 물품이 아닐까 생각된다. 따라서 310호 목간은 반면의 20량(兩)의 보관이나 이동과 관련될 가능성이 있다.

이러한 검토에서 볼 때 능산리 일대에는 창고 시설이 있었고, 그와 관련한 쌀의 지급이나 물품의 보관을 담당하던 어떤 건물이나 시설이 있었음을 예상할 수 있다.[63] 특히 306호와 310호는 2002-1호 목간과 폐기 시기가 비슷하기 때문에 그 가능성이 더욱 높다. 따라서 '지약아식미기'는 '지약아에게 준 식미의 기록부'라기보다는 '지약아(에서)의 식미 관련 기록부'일 가능성이 높다고 생각된다. 즉, '지약아'를 인명으로 파악할 여지도 있지만 다른 목간과의 관련성에서 건물이나 시설 또는 행정관서의 명칭일 가능성이 더 크다고 본다. 따라서 2002-1호 목간은 유적 인근에 존재했을 식료 지급에 관한 관리업무를 담당하던 곳이 작성 주체가 되어 쌀 지급 때마다 작성한 메모였으며 일정 기간 보관하다가 다른 목간들과 함께 폐기되었던 것으로 생각된다.[64]

한편 '지약아'라는 명칭에 '藥(약)'자가 들어간 것은 건물이나 시설이 '약'의 취급과 관련 있음을 시사한다. 이때 먼저 백제 22부 중 하나인 약부(藥部)가 떠오

「益山彌勒寺址 出土 金鋌과 百濟의 衡制」, 『韓國史研究』 149, 85~89쪽.

61 (正始)其四年, 倭王復遣使, 大夫伊聲者掖邪狗等八人, 上獻生口, 倭錦, 絳青縑, 緜衣, 帛布, 丹, 木𤝔付, 短弓矢, 掖邪狗等, 壹拜率善中郎將印綬. (『三國志』魏書 권30 東夷 倭人傳 正始4年條)

62 능산리 출토 목재품에 관한 수종분석을 실시하지 않아 아직 단정하기는 어렵지만 경북대 박상진 교수에 따르면 일본산 목재품으로 생각되는 것도 포함되어 있을 가능성이 있다고 한다. 능산리사지의 위상이나 출토 유물 양상을 볼 때 일본과의 교역품도 충분히 출토될 수 있을 것이다.

63 능산리사지 북쪽과 서쪽에 대한 9·10차 발굴 조사에서는 여러 동의 건물지가 확인되었다. 그중에서 10차 조사에서 확인된 남북 장방형의 굴립주건물지는 창고일 가능성이 높다고 생각한다.

64 近藤浩一, 2004, 「扶餘 陵山里 羅城築造 木簡의 研究」, 101쪽.

르지만, 중앙 행정관서가 나성 외곽에 있으리라고는 생각하지 않는다.[65] 또 2002-1호 목간이 목탑 심초석 매립 이후에 폐기된 것이 분명하기 때문에 목간의 기재 내용을 어떤 식으로든 사원과 관련시키지 않을 수 없다. 그런데 능산리사지에 약과 관련되는 어떤 건물이나 시설이 있었다고 가정하는 것은 백제 불교에 의학적인 요소가 많다는 점을 고려할 때 그다지 어색하지 않다.[66]

『일본서기』에는 577년에 왜의 사신이 본국으로 돌아갈 때 율사(律師)는 물론 선사(禪師)와 비구니(比丘尼), 주금사(呪噤師), 조불공(造佛工), 조사공(造寺工) 등 6인을 딸려 보내자 이들을 나니와(難波)의 오호와케노 오호키미노데라(大別王寺)에 안치했다는 내용이 기록되어 있다.[67] 그 가운데 '주금사'라는 인물은 율사·선사 등과 함께 일본에 파견되었으니 불교와 밀접하게 관련 있는 사람, 즉 승려일 것으로 생각한다. 주금사는 일본 양노령(養老令)의 규정처럼 의약적인 성격을 갖고 있지만 그 자신이 의료 기술을 가졌을 가능성이 있다.[68] 그의 주된 임무는 '불제위려자(祓除爲厲者)'로 주문과 기도로써 병자를 치료하는 것인데 이는 곧 귀신을 쫓는 행위를 말한다. 따라서 주금사는 '불법(佛法)의 주(呪)를 창(唱)하여 병재(病災)를 물리치는 사람'이라고 할 수 있다.[69] 그런데 능산리사지의 창건, 특히 초기 강당지는 554년 관산성 전투에서 전사한 성왕과 밀접한 관련이 있다. 주금사의 임무는 그처럼 억울하게 죽은 성왕의 행적과 잘 연관된다.

능산리사지에서 295호나 299호 목간 등 제사와 관련한 목간이 출토되는 것도

65 이 점은 尹善泰도 이미 지적한 바 있다(윤선태, 2006, 「百濟 泗沘都城과 嵎夷-木簡으로 본 泗沘都城의 안과 밖」, 246쪽). 그러나 이용현은 이를 "藥兒의 食米를 지급한 記" 혹은 "藥兒를 扶支하는 食米의 記"로 보고, 藥兒는 '약의 조제와 처방 및 약재 등 약 관련 업무 종사 실무자'라고 했다(李鎔賢, 2007, 「목간」, 『百濟의 文化와 生活』[백제문화사대계12], 276~278쪽).

66 최근 支藥兒食米記를 '藥兒에게 支給한 食米의 記錄'으로 해석하고, 藥兒를 백제 22부사 중 藥部와 관련된 인물로 파악한 견해가 제기되었다. 盧重國, 2010, 「醫·藥 技術의 發展과 醫療活動」, 『百濟社會思想史』, 지식산업사; 張寅成, 2010, 「百濟의 醫藥과 道敎文化」, 『百濟硏究』 52.

67 『日本書紀』 20, 敏達天皇 6년 11월조.

68 森郁夫, 1994, 「わが國における初期寺院の成立」, 『學叢』 16: 1998, 『日本古代寺院造營の硏究』, 法政大學出版局, 20쪽.

69 張寅成, 2000, 「고대 한국인의 질병관과 의료」, 『韓國古代史硏究』 20, 259~268쪽; 吉基泰, 2006, 「呪噤師와 藥師信仰」, 『百濟 泗沘時代의 佛敎信仰 硏究』, 216~227쪽.

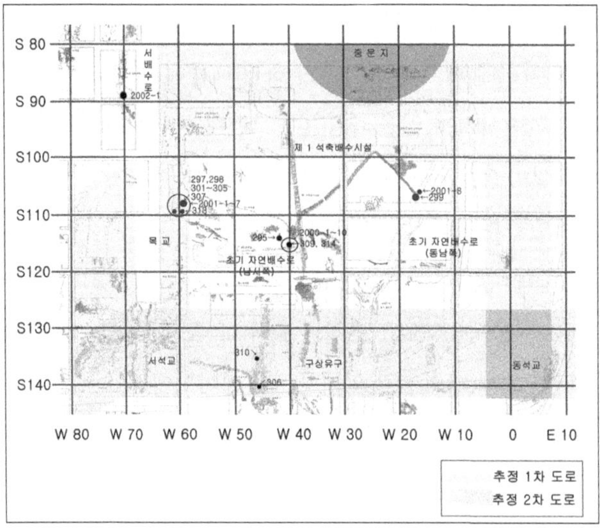

도3-10 부여 능산리사지 중문지 남쪽 도로유구 개념도

이러한 주금사의 임무와 무관하지 않을 것으로 보인다. 특히 295호 목간은 도향제(道饗祭)나 도제사(道祭祀)와 관련 있다 해도 출토 위치가 중문지 남쪽, 제2목책렬 북쪽이기 때문에 나성과 연결된 도로보다는 중문지 앞 도로와 연관시켜야 한다.[70] 〈도3-10〉은 6~7차 발굴 조사에서 드러난 도로 유구를 개념화한 것이다. 서대배수로 방향의 목교를 지나 북쪽으로 향해 올라오던 도로는 중문지 남쪽을 지난 다음 동석교 쪽으로 꺾여 능산리 고분군 방향으로 연결된다.[71] 295호 목간이 발견된 중문지 남쪽 동서도로의 개설 시점을 단정할 수는 어렵지만, 초기 강당지를 중심으로 한 어떤 시설이 기능하던 단계에 그곳에는 초기 시설물이나 능산리 고분군으로 연결되는 도로가 존재했을 것이다. 따라서 295호 목간은 도성 외곽에 있었던 능산리사지 초기 강당지와 능산리 고분군의 연결 도로에서 행해진 제사와 관련 있을 것으로 보이며,[72] 그러한 의례 과정에 주금사가 일정하게 관여했을 가능성을

70 295호 목간이나 2002-1호 목간을 나성의 禁衛와 관련시켜 본 기존의 연구는 능산리사지 중심부 서쪽에 있는 동라성의 만곡부가 나성의 동문지일 가능성을 염두에 둔 것이다. 하지만 최근의 발굴 조사에서는 그곳에도 나성 성벽이 이어지고 있는 것이 명확하게 확인되었다(부여군문화재보존센터, 2013, 「부여나성 능사구간 발굴조사 2차 학술자문회의 자료집」).

71 국립부여박물관, 2007, 『陵寺-부여 능산리사지 6~8차 발굴조사보고서』, 25쪽.

72 295호 목간과 함께 발견된 309호 목간과 2000-6호 목간부스러기에 '死'자 확인되는 것도 이곳이 성

충분히 상정할 수 있다. 그런데 초기 강당지를 필자처럼 사묘나 사당으로 파악한다면 이 도로는 사묘나 왕릉으로 향하는 '신도(神道)'와 같은 것이었고, 295호 목간은 신도 옆에서 행해진 어떤 의례를 알려주는 것으로 생각할 수 있다.

2002-1호 목간의 3면 도사(道使) 이하는 어떻게 이해할 수 있을까. 필자는 가장 윗글자인 '食'자와 소리(小吏)의 '小'자는 1차 목간의 흔적으로 추정하고 있다. 도사 이하는 크게 두 단락으로 구성되었는데 "道使□□次如逢吏猪耳는 그 몸이 검은 것 같다(其身者如黑也). 道使□□, 彈耶方의 牟氏와 牟祋, 祋耶(方)의 아무개는 어떠하다" 정도로 해석된다. 첫 문장의 '도사' 이하는 어디까지가 인명이고 어디까지가 직명(職名)인지 여러 가지 해석의 가능하다. 두 번째 문장의 '도사' 이하는 "도사 아무개, 탄야방(출신)의 모씨와 모대, 대야(방)……" 등으로 해석된다. 그런데 1·2면과 3면이 시점이 다르게 작성된 장부라 해도 완전히 무관한 기록으로 생각하지는 않는다. 4면에 1·2면에 나오는 식미의 양과 관련된 '又十二石(우십이석)'이라는 습서(習書)가 반복적으로 기록된 것을 보면 더욱 그러하다.

앞서 말한 대로 1·2면의 식미 관련 기록은 쌀을 지급할 때마다 작성한 메모 같은 것이기 때문에 정식 장부를 작성하고 난 이후에는 폐기되거나 재활용되었을 것이다.[73] 그런데 식미기(食米記)를 작성한 사람이 '기신자여흑야'라고 신체적 특징을 기록한 것은 그것을 수령한 사람, 즉 도사들을 잘 알지 못했기 때문에 1차 목간의 3면을 활용하여 메모지처럼 사용한 것으로 생각된다.[74] 양자가 똑같은 메모라고 할지라도 1·2면은 정보를 다른 사람에게도 전달하는 기능을 가진 객관적인데 비해, 3면은 정보를 자신에게 전달하는 것으로 보다 더 주관적이고 자기 인식적인 기능이라는 데 차이가 있다.[75]

관산성 전투의 패전이나 전사와 연관되어 있음을 알려주는 것으로 생각된다.

73 296호 목간의 경우 앞면의 「三月十二日梨□□」까지는 1차 목간이고 그 이하 「之勝勝□勝勝□□」은 2차 목간으로 習書에 해당한다. 능산리 출토 목간 중에도 이처럼 재활용 목간이 있음을 확인할 수 있다.

74 3면 '猪耳'의 猪字는 [豸+者]로 人名이 아닌 '멧돼지 귀'로 볼 수도 있고, 이때 猪耳는 상대를 비하하는 의미를 가졌을 가능성이 있다. 그러나 猪耳를 백제의 이두로 본 견해가 제기되어 참고된다(金永旭, 2003, 「百濟 吏讀에 對하여」, 『口訣硏究』 11, 183~186쪽).

75 일본 고대 고문서에서 장부를 이런 방식으로 분류하기도 한다. 寺崎保廣, 2004, 「帳簿」, 『文字と古代日本1 - 支配と文字』, 284~287쪽.

지약아에서 식미를 지급받는 도사나 탄야방의 모씨·모대 등은 지방에서 사비도성으로 파견된 인물들인데, 관인(官人)인 도사는 휘하에 일정 인원을 데리고 있었을 것으로 생각된다. 또 거의 매일 식미를 수취한 것을 보면 그곳에서 일정 기간 어떤 노동에 종사했을 것이다.[76] 그런데 이 목간이 6세기 후반 무렵에 폐기된 것을 감안하면 그때의 노동은 나성 축조가 아닌 능산리사지의 건립이나 운영과 관련 있는 것으로 보인다. 따라서 2002-1호 목간은 지약아라는 어떤 건물이나 시설에서 능산리사지의 건립에 역역(力役)으로 동원했던 지방민들에게 쌀을 지급하고 그 내역을 기록한 전표 또는 1차 장부였다고 할 수 있다.

그렇다면 지약아에서는 왜 식미를 지급했고 그 성격은 무엇일까.[77] 식미는 문자 그대로 먹는 쌀을 의미하는데 1·2면의 기록은 이 지역에 식미 지급을 수행하는 행정 조직이 있었음을 보여주며, 300호나 306호 목간도 이와 관련 있음은 앞에서 서술했다. 지약아에서 지급된 식미의 양이 날짜별로 차이가 있는 것은 도사 등 그것을 수령하는 집단 내부의 인원에 변동이 있었기 때문일 것이다. 또 1·2면의 식미량에 관한 기록 중에서 1일과 2일에 소승일(小升一)이 증가한 것을 보면 이것이 식미의 일당(日當)에 대한 최소 단위일 가능성이 있다.[78]

그런데 식미를 수령하는 사람이 지방관인 도사 아무개와 탄야방의 모씨·모대 등으로 기록되어 있다. 도사는 성주(城主)의 이칭(異稱)으로 성은 5방제(五方制)에서 제3단계 통치 단위에 해당한다.[79] 성의 장관인 도사들과 탄야방에 적을 둔 모씨·모대라는 인명이 함께 기록되어 있는데, 후자는 도사와 같은 관인이 아닌데도 개인 자격으로 식미를 수령했다는 점이 주목된다. 그들이 식미를 지급받은 이유는

76 近藤浩一, 2004, 「扶餘 陵山里 羅城築造 木簡의 硏究」, 102~103쪽.

77 일본과 중국에서의 食米에 대한 용례와 연구는 다음 논문 참고. 富谷至, 1996, 「漢代穀倉制度-エチナ川流域の食糧支給より-」, 『東方學報』 68, 京都大; 勝浦令子, 1999, 「長屋王家の米支給關係木簡」, 『木簡硏究』 21; 山口英男, 2000, 「帳簿と木簡-正倉院文書の帳簿·繼文と木簡」, 『木簡硏究』 22.

78 尹善泰는 이것을 支藥兒의 人別 食米 日當과 비례하는 수치로 이해했다(尹善泰, 2006, 「百濟 泗沘都城과 嵎夷-木簡으로 본 泗沘都城의 안과 밖」, 245쪽).

79 金英心, 1997, 「百濟 地方統治體制 硏究」, 서울大 博士學位論文, 167~173쪽; 金壽泰, 1997, 「百濟의 地方統治와 道使」, 『百濟의 中央과 地方』, 221~228쪽; 金壽泰, 2002, 「百濟의 聖王代의 郡令과 城主」, 『百濟文化』 31, 145~149쪽.

능산리사지의 건립이라는 국가적인 사업에 동원되어 일정 기간 역역에 종사했기 때문일 것이다. 따라서 이때의 식미는 그러한 역역을 수행하기 위한 현지 생활비나 대가의 성격이며 그것을 수령한 사람 입장에서는 일급(日給) 같은 것이라고 하겠다.[80] 개인 자격으로 식미를 수령한 모씨·모대라는 인물들의 역역은 국가나 지방 관청에 동원되어 무상으로 노역하는 단순 요역은 아니었으리라 생각된다. 즉, 사원의 대지 조성 같은 단순 노동은 아닐 것이며 그보다 더 전문적인 기술이나 특별한 재능을 가지고 있었을 것이다.[81] 그런 점에서 탄야방의 모씨·모대라는 인물들은 어떤 특별한 전문기술을 가진 개인이나 집단의 대표였을 가능성이 있다.[82] 그들은 역역 수행을 위한 현지 생활비나 대가로 실제 근무 일수에 따라 쌀을 지급받았을 것이다.

다른 한편 이때의 역역 동원 단위는 도사라는 지방관이 파견된 성이나 탄야방이라는 행정구역과 관련 있다. 이때 탄야방과 관련해서는 『일본서기』에 나오는 '우두방(牛頭方)'과 '니미방(尼彌方)'을 근거로 백제에서 6세기 전반에 이미 광역 행정구획인 5방제와는 성격이 다른 '방(方)'이라는 지방 행정제도가 실시되었음을 알려주는 자료로 해석되기도 했다.[83] 그러나 4면목간의 폐기 시점을 필자처럼 6세기 후반으로 파악한다면 이 자료는 오히려 6세기 중엽에 확립된 5방제의 실시 이후에도 그와 성격이 다른 '방'이라는 지방 행정제도가 존재했음을 보여주는 자료

80 金立之撰 聖住寺碑片과 雲陽臺吉祥塔記를 근거로 9세기 초엽에는 工價를 받는 匠人들이 등장한 것으로 본 견해도 있다. 朴南守, 1996, 「중·하대 장인의 분화와 사회경제적 지위변동」, 『新羅手工業史』, 297~302쪽.

81 2000-7호 목간부스러기의 경우 「□金四」로 판독되는데 마지막 글자는 단정할 수 없다. 이때 '金'이라는 명문은 人名의 姓氏라기 보다는 금(Gold)이라는 재질과 관련이 있을 것으로 생각된다. 그런 점에서 이 인물들도 금이나 금속과 관련된 재질을 다루는 장인이었을 가능성이 있다.

82 牟氏와 牟祋는 癸酉銘三尊千佛碑像의 牟氏나 쌍북리 현내들 유적 출토 85-8호 목간의 牟氏처럼 人名이 분명하다(李昄燮·尹善泰, 2008, 「扶餘 雙北里 현내들유적 출토 百濟 木簡」, 『木簡과 文字』創刊號, 299~300쪽). 2002-1호 목간의 牟氏와 佛碑像의 牟氏가 어떤 연관성을 가지고 있다면, 그렇지 않고 牟氏가 대단히 흔한 인명이라고 해도 牟氏 혹은 그 집단은 불상 조각과 같은 전문기술을 가지고 있었을 가능성이 있다.

83 尹善泰, 2006, 「百濟 泗沘都城과 嵎夷 - 木簡으로 본 泗沘都城의 안과 밖」, 247쪽; 尹善泰, 2013, 「新出資料로 본 百濟의 方과 郡」, 『韓國史硏究』 163.

로 이해되어야 할 것이다.[84] 따라서 능산리사지의 건립에는 성 단위나 특수한 성격의 방 단위로 편제된 지방민의 역역 동원이 있었음을 확인할 수 있다.

2002-1호 목간은 지약아라는 어떤 건물이나 시설에서 능산리사지의 건립에 동원된 지방민들에게 쌀을 지급하고 그 내역을 기록한 1차 장부로, 6세기 후반 이 사원의 정비 과정에서 있었던 역역 동원과 그 운영방식을 보여주는 자료로 평가된다. 매일 지급된 식미의 양이나 동원된 인원에 대한 기록들은 이후 정식 장부로 정리되었을 것이다.[85] 불국사 「서석탑중수형지기(西石塔重修形止記)」와 「무구정광탑형지기(無垢淨光塔形止記)」의 내용 중에는 석탑 중수 작업의 진행 상황이 상세하게 기록되어 있는데, 특히 날짜별 작업 내용과 음식 제공 상황이 공통적으로 확인되어 흥미롭다.[86] 비록 후대의 기록이기는 하지만 2002-1호 목간도 결국 이와 같은 형태로 재정리되었음을 예상할 수 있다.

한편 일본의 헤이조쿄(平城京)의 사이류지(西隆寺), 다지마 고쿠분지(但馬國分寺), 아키 고쿠분지(安藝國分寺)에서 사원의 조영과 관련된 목간이 출토되었다. 이를 통해 사원의 조영 과정이나 사원을 구성하는 시설, 사사(寺司)의 조직, 조영의 재원이나 자재 등에 관한 구체적인 추정이 이루어지고 있다.[87] 능산리 출토 목간도 이러한 사례와의 비교 분석을 통해 향후 사원의 조영 과정이나 운영, 경관에 관한 문제에 대해서도 검토할 필요가 있을 것이다.

84 이때 306호 목간의 '六卩五方'이라는 표현이 주목된다. 이때의 五方을 사비시기의 지방 행정구역으로 이해한다면 그럴 가능성은 더욱 커지기 때문이다. 그러나 이럴 경우 중앙행정 조직을 六部로 표현한 것에 대한 설명이 어렵기 때문에 일단 판단을 보류한다.

85 2002-1호 목간의 생산과 재활용, 폐기 등 문서행정에 관한 정리는 尹善泰, 2007, 「百濟의 文書行政과 木簡」, 『韓國古代史硏究』 48, 310~314쪽 참고.

86 노명호·이승재, 2007, 「고려 顯宗·靖宗代 釋迦塔 重修 기록의 판독·역주」, 『석가탑 발견 유물 조사 중간 보고』, 국립중앙박물관; 최연식, 2008, 「佛國寺 西石塔 重修形止記의 재구성을 통한 불국사 석탑 중수 관련 내용의 재검토」, 『震檀學報』 105; 국립중앙박물관, 2009, 『불국사 석가탑 유물2 - 중수문서』, 대한불교조계종.

87 今泉隆雄, 1998, 「平城京西隆寺の木簡とその創建」, 『古代木簡の硏究』, 吉川弘文館; 今泉隆雄, 1998, 「但馬國分寺木簡と國分寺の創建」, 『古代木簡の硏究』, 吉川弘文館; 妹尾周三·佐竹昭, 2002, 「2001年出土の木簡 - 廣島 安藝國分寺跡」, 『木簡硏究』 24; 渡邊昭人·關廣尙世·佐竹昭, 2004, 「釋文の修正と追加 - 廣島 安藝國分寺跡」, 『木簡硏究』 26.

2. 능산리사지 출토 와당의 분류와 수급 체계

1) 출토 와당의 재검토

부여 능산리사지는 창왕명 석조사리감의 명문으로 567년이라는 절대연대가 확인되고 인화문토기편 등의 유물과 유구 상황을 볼 때 660년 백제 멸망기에 폐사되었을 가능성이 크다.[88] 따라서 이곳에서 출토된 와당은 사비시기의 다른 유적과 달리 통일신라시대나 고려시대 유물이 전혀 섞이지 않은 백제 당대의 것이라 할 수 있다. 이러한 자료의 특성으로 능산리사지는 약 100년 동안 존속한 고대 사원이 어떤 과정을 거쳐 창건되어 유지·보수되었는지를 파악할 수 있는 더 없이 좋은 사례가 될 것이다.

부여 능산리사지 가람 중심부에서 드러난 발굴 조사 내용은 이미 보고서로 발간되었다.[89] 그러나 보고서에 제시한 형식 분류안은 극히 일부 자료만 대상으로 한 시안에 지나지 않는다. 그런 점에서 이곳에서 출토된 와당의 형식 분류안과 편년안을 제시한 김종만의 연구는 주목할 만하다.[90] 필자는 김종만의 선행 연구를 비판적으로 검토하면서 수정안을 제시하고자 한다. 즉, 와당의 형식 분류에서 와당 문양과 접합기법, 와당과 연결된 수키와부의 차이에 주목할 것이며, 와당의 접합기법이 갖는 의미에 관한 필자의 소견을 밝히고자 한다. 또한 필자의 형식 분류안을 바탕으로 상대편년안을 제시하여 창건기 와당과 보수용 와당을 구분하고, 나아가 능산리사지 출토 기와의 생산과 공급 체계를 파악하고자 한다.

부여 능산리사지에서는 다양한 형식의 와당과 암키와, 수키와, 서까래기와, 치미 등의 기와류가 대량으로 출토되었다. 김종만은 능산리사지 출토 와당 340점을

88 金賢晶, 2002, 「陵山里寺址 出土 印花紋土器에 대한 檢討」, 『國立公州博物館紀要』 2.

89 國立扶餘博物館, 2000, 『陵寺-扶餘 陵山里寺址 發掘調査 進展報告書』; 國立扶餘博物館, 2007, 『陵寺-扶餘 陵山里寺址 6~8次 發掘調査報告書』.

90 金鍾萬, 2000, 「扶餘陵山里寺址出土瓦當文樣の形式と年代觀」, 『帝塚山大學考古學研究所研究報告』II.

〈표 3-2〉 김종만의 형식 분류안과 연대관

형식	연판 형태와 계측적 속성	중방 형태 연자수	접합 기법	수량 (340점)	연대관	필자 분류안
IA	연판이 두껍고 끝이 뾰족함 지름13.6, 연판경12.3, 자방3.5	권선○, 1+8과	A2	20	대통사, 서혈사 출토품이 변화한 것으로 추정	4형식
IBa5아	반전돌기형 중 끝이 뾰족한 것 지름13, 연판경11.2, 자방3.4	권선○, 1+8과	B2	2	대통사식에서 연판과 연자의 배치가 변형	10형식
IBb3아	반전돌기형 중 끝이 뾰족한 것, 지름12.9, 연판경10.2, 자방3.2	권선× 1+6과	B2	4	구아리 출토품과 동형	9a형식
IBa3이	반전돌기형 중 끝이 둔한 것 지름13.3, 연판경10.5, 자방3.3	권선× 1+6과	B2	2	서천 금덕리 요지 출토품과 동형	9b형식
ICb5아	연판이 두껍고, 간판이 삼각형 지름14, 연판지름12.1, 자방4.3	권선× 1+8과	A2	28	정동리 요지, 용정리사지로 보아 6세기 중엽	3형식
ICb3아	ICb5아와 유사, 중방이 작은 것 지름14.5, 연판경12.1, 자방3.3	권선× 1+6과	B2	2	위와 같음	12형식
ICa4이	연판이 두껍고 구부러짐 지름14.2, 연판경12. 자방5.1	권선○ 1+7과	C2	15	공산성 출토품과 약간 다름	6형식
ICb4아	연판이 두껍고 짧음, 중방이 큼 지름14.2, 연판12, 자방5.1	권선○ 1+7과	B2	13	없음	7형식
ICb2우	연판이 삼각형과 원형, 자방이 작음. 지름14.1, 연판경12, 자방3.2	권선× 1+5과	C2	5	없음	11형식
IDb5아	연판 삼각반전형 지름14.9, 연판경12.4, 자방5.2	권선× 1+8과	B3	88	창건기 기와, 567년 상한	1a~1e형식
IDb5이	IDb5아와 크기, 접합방식이 다름. 지름14.6, 연판경11.7, 자방4.7	권선× 1+8과	C1	96	창건기 기와, 567년 상한	1a~1e형식
IDa3	중방이 권선으로 둘러싸임 지름14.7, 연판경11.7, 자방4.7	권선○ 1+6과	B3	33	없음	2형식
IDb1	지름14.1, 연판경11.1, 자방5	권선× 1+4과	B1	12	정암리 요지 출토품 6세기 후반	5형식
IDc2	중방의 형태가 독특함 9엽으로 복원	권선○ 1+5과	×	1	동남리유적, 정림사지 출토품과 동범품	13형식
IEb3아	연판에 각이 있음 지름14.5, 연판경12.1, 자방4.4	권선× 1+6과	A1	3	새로운 와형	8b형식
IEb3이	IEb3아와 크기와 접합방식 다름 지름13.5, 연판경11.1, 자방3.8	권선× 1+6과	B4	7	새로운 와형	8a형식
II형	지름16.9, 자방3.1	巴文	B3	2	7세기대	파문
III형	지름16.9	素文	D	7	7세기대	소문

대상으로 형식 분류안과 연대관을 제시했는데 이를 정리하면 〈표3-2〉와 같다. 그는 일단 연판 문양을 기준으로 연화문와당(I), 파문(II), 소문(III)으로 구분한 다음 연화문와당을 다시 연꽃의 형태와 중방을 기준으로 세분했다. 즉, 연꽃의 형태를 판단첨형(瓣端尖形)(A), 판단반전돌기형(瓣端反轉突起形)(B), 판단반전형(瓣端反轉

形)(C), 판단삼각반전형(瓣端三角反轉形)(D), 판단유각반전형(瓣端有角反轉形)(E)으로 나누고, 이를 다시 중방의 높낮이, 권선의 유무, 연자의 수를 기준으로 5형식 16종으로 세분했다.

사비시기 연화문와당 연구에 비춰볼 때 연판과 중방의 형태를 기준으로 와당 형식을 세분한 것은 타당성을 갖는다. 연판 문양을 첨형, 반전형, 삼각형, 유각형으로 분류한 것은 용어상 선뜻 이해하기 어려운 부분이 있지만, 재검토 결과 각 형식별 유사성과 차별성은 인정된다. 그러나 연판 문양에 의한 분류와 중방 등 다른 관찰 속성에 의한 분류가 동일한 범주로 설정되었고,[91] 일차적으로 설정된 연판 문양에 이차적인 관찰 속성을 도식적으로 대입하다 보니 각 형식별 연계성이 떨어져 보완할 필요가 있다.

이에 이 글에서는 와당의 형식 분류를 위해 편년과 계통 설정에서 가장 중요한 연판 문양을 일차적인 기준으로 삼았고, 중방의 크기나 형태, 권선의 유무, 연자 수, 제작기법 등을 이차적인 기준으로 삼았다.[92] 또한 연판의 형태를 반전형, 융기형, 삼각형 같은 용어보다는 좀 더 객관화된 숫자로 표기했고, 연판 문양의 유사성이 높은 것을 출토 빈도가 높은 순서대로 배열했다. 이 과정에서 문제가 되는 것은 와당의 드림새와 수키와의 접합방식인 제작기법을 어떻게 처리할 것인가이다. 왜냐하면 연판 문양이나 중방의 형태가 같은 동범품은 대체로 같은 형식의 접합방식을 사용하지만 일부 와당에는 기법이 다른 경우가 포함되어 있기 때문이다. 또 동범품이면서 접합기법이 같지만 와당과 연결된 수키와의 내면 처리방식이나 못구멍의 위치가 다른 경우가 확인되기 때문에 이를 또 다른 형식으로 분류할지가 문제가 된다. 이 글에서는 와범(瓦笵)의 형태가 다른 것을 일단 하나의 형식으로

91 예를 들어 IBb3아 형식과 IBb3이 형식은 연판 문양의 반전 정도에 따른 구분으로 극히 미세한 차이에 불과하지만 ICb3아 형식과 ICb2우 형식은 연판 문양뿐 아니라 중방의 형태, 제작 기법의 차이를 함께 고려하고 있다.

92 보령 성주사지 출토 와당에 관한 사례 분석에서도 수막새의 분류와 편년에 연판 문양을 가장 중요한 속성으로 설정하고 있다(成正鏞, 1998, 「기와」, 『聖住寺』, 충남대박물관, 403~409쪽). 필자는 와당의 연판 문양이 형식 분류나 편년의 1차적인 속성이 되는 배경에는 와당 문양을 도안하는 畵師, 즉 디자이너가 관여되었기 때문으로 이해하고 있다(李炳鎬, 2002, 「百濟 泗沘都城의 造營過程」, 『韓國史論』 47, 65~66쪽).

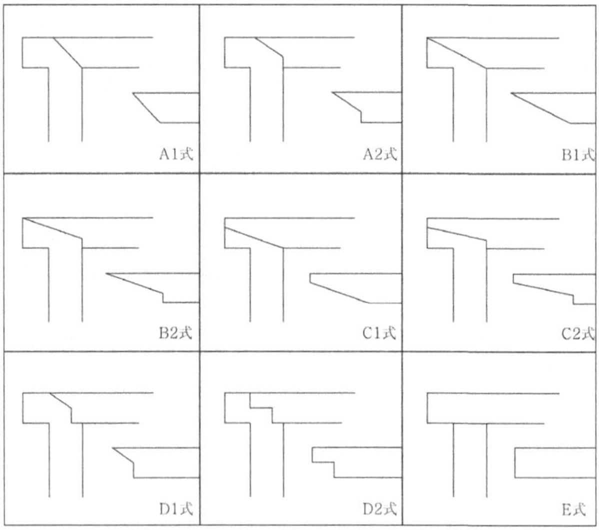

도3-11 부여 능산리사지 출토 와당의 접합기법 모식도

분류하고, 제작기법과 관련된 속성의 차이는 그 형식 내부의 변형으로 파악했다. 다만 그러한 세부적인 변형을 낱낱이 표현하다보면 지나치게 번잡한 분류안이 도출되므로 이 경우는 관찰 결과를 본문에서 간단히 언급하는 데 그쳤다.[93]

이 글에서 말하는 접합기법의 분류안을 소개하면 다음과 같다(〈도3-11〉). 먼저 김종만의 연구에 따르면 모두 9가지 형식의 접합기법이 확인된다.[94] 그러나 각 형식별 접합기법을 재검토한 결과 기존 연구와는 약간의 차이가 있음을 알게 되었고, 와당 주연의 상단부와 수키와 선단부의 처리방식에 대해 보다 명확한 개념을 제시할 필요가 있었다.[95] 와당과 수키와의 접합방식은 와당 주연 상단부의 처

93 와당의 형식은 하나의 유물을 구성하는 제요소의 연쇄형이라 할 수 있다. 와당의 형식은 와당 문양, 소성, 태토, 제작기술 등의 연쇄형에 의해 설정되어야 한다. 그런 점에서 이 글에서 말하는 型式은 이러한 연쇄형의 조합에 의해 추출된 형식이라 할 수 있다. 이것은 고고학의 토기론에서 말하는 樣式과 유사한 개념으로 이를 통해 編年論, 工房論, 流通論, 遺構論의 단계로 나아갈 수 있다. 기와의 型式·樣式 개념은 다음을 참고했다. 上原眞人, 1984, 「瓦の見方について」, 『富山市考古學資料館紀要』 3, 7~9쪽; 上原眞人, 1997, 『瓦を讀む』(歷史發掘 11), 講談社, 62~71쪽.

94 金鍾萬, 2000, 「扶餘陵山里寺址出土瓦當文樣の形式と年代觀」, 32쪽.

95 김종만의 접합기법에 대한 모식도와 발굴보고서의 모식도는 약간 다르다. 후술하는 것처럼 와당의 접합기법은 동일 형식 와당 내부에도 약간의 변형을 보이는 亞형식이 상정될 수 있기 때문에 무엇을 주류적인 접합기법으로 보고, 무엇을 亞유형으로 처리할지 고민스러운 경우가 있다. 이 경우 후술할 창건

리방식과 수키와 선단부의 처리방식에 따라 구분할 수 있는데 능산리사지에서는 〈도3-11〉과 같이 모두 9가지 형식의 접합기법이 확인되었다.

A형식은 와당 주연과 주연 상단부 일부를 남긴 채 주연 상단부 뒷면을 깎은 다음 수키와를 접합시키는 방법이다. 그 중 A1식은 와당 뒷면을 한 번 깎고 수키와 선단부를 비스듬하게 한 번 깎아 접합시킨 것이며(김종만 B2식), A2식은 와당 뒷면을 한 번 깎았지만 2회 가공한 수키와 선단부를 접합시킨 것이다.

B형식은 와당 주연 상단부를 남긴 채 그 끝부터 깎은 것이고, C형식은 와당 주연 상단부 일부를 깎아낸 것이다. 그 중 B1식은 주연 상단부 끝부터 비스듬하게 한 번 깎은 다음 1회 가공한 수키와 선단부를 접합시킨 것이며(김종만 B1식), B2식은 주연의 상단부 끝부터 한 번 깎은 다음 2회 가공한 수키와 선단부를 접합시킨 것이다(김종만 A1식). 한편 C1식은 와당 주연 일부를 비스듬하게 깎은 다음 1회 가공한 수키와 선단부를 접합시킨 것이고(김종만 B3식), C2식은 와당 주연의 일부를 남긴 채 2회 가공한 수키와 선단부를 접합시킨 것이다(김종만 B4식).

D형식은 와당 주연부를 남긴 것은 A형식과 유사하지만 와당 뒷면의 일부를 2회 깎아내고 수키와부를 접합시킨 점이 다르다. D1식과 D2식은 수키와 선단부를 2회 깎기 한 점은 같지만, D1식은 비스듬하게 깎은 다음 수직으로 다듬었고 D2식은 'ㄱ'자 형으로 깎은 점이 다르다. E형식은 와당 주연부를 남기지 않고 깎아낸 다음 가공하지 않은 수키와부를 끼워 넣은 것이다(김종만 C2식).

이 글에서 검토 대상으로 삼은 와당 자료는 502점이다. 기존 연구와 수량에서 차이가 있는 것은 파편도 1점으로 처리했기 때문이다. 와당 파편은 1/3이나 1/4 정도만 남아 있어도 다른 출토 사례를 통해 형식 분류가 가능하고, 각 파편들이 거의 접합되지 않는 것으로 보아 한 점으로 처리해도 큰 무리가 없다고 판단했다. 필자는 와당의 형식과 형식별 출토 위치를 확인하기 위해 국립부여박물관에서 수개월에 걸쳐 그 뒷면에 기록된 주기(注記)와 유물 채집카드, 발굴 야장 등을 참고하여 이를 전면적으로 재확인하는 작업을 실시했음을 밝혀둔다.[96]

기 와당을 설정하는 문제와 같이 '절대 다수의 논리'를 따를 수밖에 없었다.

96 국립부여박물관에서는 필자의 와당 분류안에 기초한 전시도록이 간행(국립부여박물관, 2010, 『백제 중

2) 출토 와당의 형식 분류

능산리사지 출토 와당은 크게 연화문, 파문, 소문으로 구분할 수 있다. 그중 연화문와당은 13형식으로 세분되며, 파문와당은 2형식, 소문와당 1형식으로 나눌 수 있다(〈도3-12〉와 〈도3-15〉 참조). 다음에서는 연화문와당을 중심으로 각 형식별 세부 내용을 살펴보기로 한다. 먼저 1형식 와당은 연판에 볼륨이 있고 끝이 약간 뾰족하며 중방이 큰 편이다. 와당 주연 상단부에는 사격자문 흔적이 공통적으로 확인되는데, 이는 수키와 선단부에 사격자 형태로 음침선을 그은 뒤 접합시킨 것으로 와당과 수키와의 접합 효과를 높이기 위한 것이다. 김종만은 1형식 와당을 크기와 접합방식의 차이를 들어 두 가지 형식으로 세분했지만, 양자의 차이는 크기나 접합기법의 차이만으로는 설명되지 않는다. 와당의 크기는 소성시의 수축률에 따라 차이가 생길 수 있고, 접합기법으로 양자를 엄격하게 구분하기 어렵기 때문이다.[97]

필자는 1형식 와당의 태토와 소성도, 연판과 주연부의 처리방식, 접합방식, 와당 뒷면의 처리방식, 특히 와당과 연결된 수키와의 형식에 따라 5형식으로 세분했다(〈도3-12〉의 1~5).[98] 1a식은 남회랑지 동쪽 요지에서 출토된 와당과 동범품으로 태토에 모래가 많이 섞여 있고 짙은 회색을 띠며 경질이다. 모두 97점이 확인된다. 연판 문양과 주연이 서로 연접된 것을 다듬지 않아 그대로 연결된 상태로 있는 점이 1형식의 와당과 차이가 있다. 와당과 수키와의 접합 방식은 C1식이다. 와당과 연결된 수키와는 유단식이며 승문(繩文) 타날(打捺) 후 물손질을 했다. 수키와 내면에는 미구 끝까지 마포흔이 남아 있는데 와도(瓦刀)는 안쪽에서 밖으로 그었다.

흥을 꿈꾸다-능산리사지』) 되었기에 이를 함께 참고하면 좋을 것이다.

97 김종만 분류 B3식과 C1식의 접합방식은 와당 주연 상단부를 비스듬하게 잘랐는지, 수평으로 잘랐는지에 따른 구분이다. 그러나 출토 유물에서 양자를 엄격하게 구분하는 것은 쉽지 않고, 그 의미를 찾기가 어렵다.

98 1형식의 표지적 유물은 국립부여박물관의 2000년 보고서의 다음을 참고했다. 1a는 도면120-2(도판151-2), 1b는 도면122-2(도판153-2), 1c는 도면168-5(도판160-5), 1d는 도면159-7(도판185-7), 1e는 도면153-1(도판179-1)이다. 한편 본고에서 제시한 표지적 유물들은 필자의 관찰 결과를 반영하여 국립부여박물관의 2000년 보고서 도면의 일부를 수정했다.

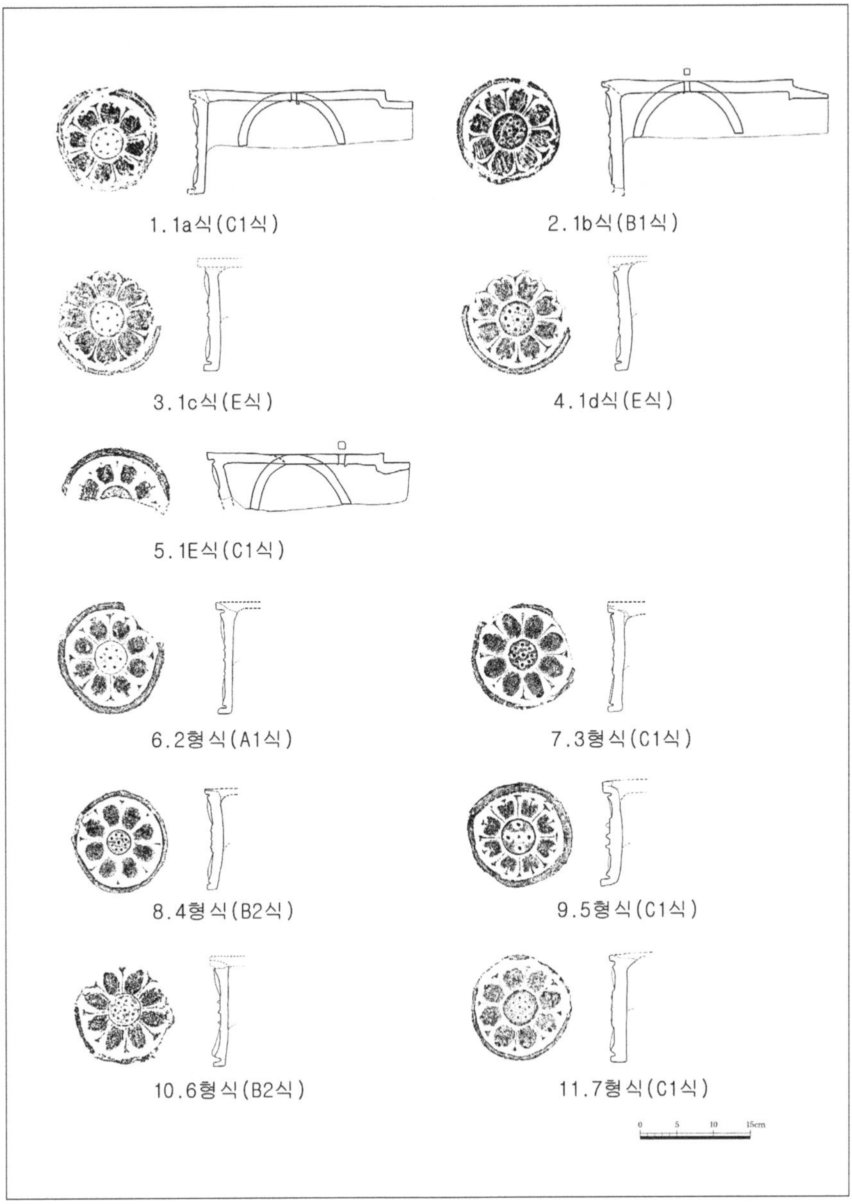

도3-12 부여 능산리사지 출토 와당의 분류1

기왓등에는 사각형의 못구멍이 남아 있는데 와당과 연결된 지점에서 13센티미터 되는 곳에 있고 수키와의 길이는 30센티미터 내외이다. 못구멍 외곽에는 사각형의 테두리가 확인되며 밖에서 안으로 뚫었다.

1b식~1e식은 1a식에 비해 태토에 상대적으로 모래가 적고 밝은 회색을 띠며 연질인 경우가 많다. 연판 문양과 주연이 연접한 부분을 1회 이상 와도로 다듬어서 약간의 간극이 확인된다. 다만 1b식은 8엽의 연판 중 일부가 주연과 연접해 있고, 1c식과 1d식은 연판과 주연 사이를 정연하게 다듬었다. 1d식은 와당 뒷면의 하단부를 여러 차례 와도로 다듬은 것으로 1c식과 구분된다. 와당과 수키와의 접합방식은 1b식의 경우 B1식과 C1식이 함께 보이며, 1c식과 1d식은 E식이지만 1e식은 B1식인지 C1식인지 명확치 않다. 1e식은 1b식과 와당 문양이 매우 유사하지만 잔존 수키와의 형태에서 차이가 있다. 1b식은 가장 많은 131점이 출토되었고, 1c식은 21점, 1d식은 19점, 1e식은 1점이 출토되었다.[99]

한편 1형식에서는 와당과 연결된 수키와 형식의 차이가 분명하게 확인된다(〈도3-13〉). 1b식은 1a식과 접합기법의 차이를 보이지만 그보다는 와당과 연결된 수키와의 차이가 두드러진다. 1b식 와당과 연결된 수키와는 무문으로 회백색 연질이며, 유단식이지만 내면의 마포흔이 언강 부분까지만 남아 있다. 미구 부분은 점토띠로 성형했고 약간 사선을 이루면서 부착되었다. 기왓등에는 못구멍이 남아 있지만 와당과 연결된 곳에서 11센티미터 지점에 위치하고 있다. 또 1a식에서 관찰되는 못구멍 외곽의 테두리는 확인되지 않으며 전체 길이도 32센티미터 정도로 약간 크다.

1c식과 1d식의 경우 어떤 수키와와 연결되었는지 알 수 없다. 그러나 보고서 도면149-2(도판175-2)의 수키와는 와당 접합면을 다듬지 않고 수키와 끝부분에 사격자 모양의 양각 선문이 남아 있어 1형식 와당 중에서 E식 접합기법과 관련된 수키와라고 생각된다. 이 수키와는 무문으로 회청색 경질이며 유단식이다. 내면의

99 1b식의 경우 수키와부가 남아 있는 사례는 모두 B1식 접합기법이 사용된 것으로 생각된다. 따라서 1b식의 일부는 1e식에 포함시켜 볼 가능성이 남아 있지만, 1e식의 연판 문양과 접합기법이 명확치 않아 일단 보류했다.

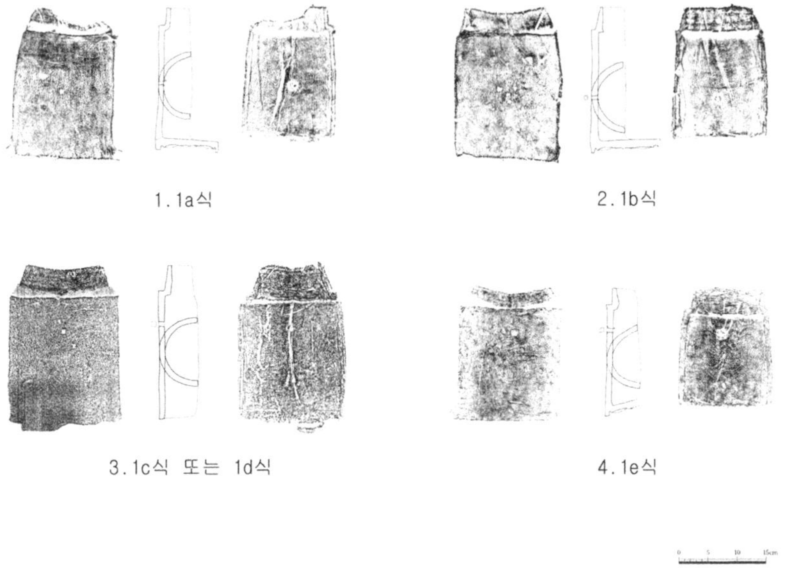

도3-13 1형식 와당과 연결된 수키와부의 형태

마포흔은 언강 부분까지만 남아 있고 미구는 점토띠로 성형되어 1b식과 비슷하다. 전체 길이는 32.7센티미터, 못구멍의 위치는 와당 연결 부분에서 20.4센티미터 지점에 배치된 점이 1b식 와당의 수키와부와 다르다. 이 수키와가 1c식과 1d식 중 어떤 형식과 접합되는지 알 수 없지만 B1식이나 C1식 접합기법을 보이는 1a식, 1b식, 1e식과는 전혀 다른 수키와를 연결하여 사용한 것은 분명하다.

1e식은 회색 경질의 유단식 수키와가 접합되어 있다. 수키와 내면의 마포흔은 언강 부분까지만 남아 있고 미구 부분을 점토띠로 성형했지만 1b식 연결 수키와와 달리 언강의 내면을 여러 차례 와도로 다듬었으며 더 직각으로 부착되어 있다. 수키와의 길이는 28.5센티미터 정도로 짧고, 못구멍도 와당 접합면에서 18.7센티미터 지점에 사각형으로 뚫려 있으며 외곽에 사각형 테두리가 남아 있다. 단 한 점밖에 남아 있지 않지만 일단 세부 형식의 하나로 설정했다.

1b식과 1c식 및 1d식은 연판 문양과 와당과 수키와의 접합방식, 와당 뒷면

의 처리방식 등으로 크게 구분할 수 있지만 몇 가지 예외가 확인된다. 보고서 도면 167-8(도판193-8) 와당의 경우 그 뒷면에 와도흔이 남아 있어 1d식으로 분류했지만 C1식 접합기법이 확인된다. 도면128-3(도판159-3)의 경우 E식 접합이며 연판과 주연부를 매우 정연하게 마무리했기 때문에 1d식으로 분류했지만 와당 뒷면 하단의 주연부를 깎지 않고 둥글게 마무리했다. 또 도면160-4(도판184-4)이나 도면167-2(도판193-2)의 경우 일단 1c식으로 분류했지만 C1식과 E식 접합기법이 함께 보인다. 이 경우 와당 드림새와 수키와가 접합되기 시작하는 양 옆부분은 주연의 일부를 남기는 C1식이지만 가운데 부분은 주연을 남기지 않는 E식을 보이고 있다.

그런 점에서 이러한 것들을 1e식처럼 새로운 형식으로 설정하는 것이 타당한지, 그렇지 않으면 예외적인 아형식으로 처리할지 문제가 된다. 1a식~1d식 와당의 접합방식이나 제작방식은 위에서 밝힌 것처럼 주류적인 경향성이 확인된다. B1식과 C1식, E식 접합 방식은 와당 주연 상부를 남겼는지 그렇지 않은지에 따른 구분이지만, C1식과 E식이 하나의 유물에서 확인되듯이 양자의 구분은 기와 제작공정에서 발생한 차이로 생각된다.[100] 따라서 이를 또 하나의 형식으로 설정하기보다는 동일한 기와제작 집단 내부의 공인차로 파악하고자 한다.

하지만 1e식의 경우 와당과 접합된 수키와의 길이와 미구 부분의 제작방식, 못구멍의 형태 등에서 여타의 1형식 와당들과 비교적 큰 차이가 확인된다. 이러한 차이는 단순한 공인차로 생각하지 않고 기와 제작공정을 총괄하는 조와조직(造瓦組織)이나 공정의 차이, 즉 공방(工房)의 차이에서 발생했을 것으로 생각된다. 그런 점에서 1a~1e식 와당 사이에는 단순한 공인차 이상의 형식적인 차이가 존재한다고 생각된다. 1형식 와당들은 모두 목재(木材)로 만든 와범을 사용한 것으로 생각되며, 이는 일부 와당의 연판에 남아 있는 나뭇결의 흔적을 통해 확인할 수 있다.

100 戸田有二는 E식을 공산성기법I, C1식을 공산성기법III1로 분류하면서 전자는 웅진시기의 주류적인 제작기법이고 후자는 웅진기 말에서 사비시기 초에 새로 등장한 것이라고 보았다(戸田有二, 2005, 「百濟 泗沘時代における造瓦集團の一端」, 『百濟 泗沘時期 文化의 再照明』, 192쪽). 그런데 능산리사지 1형식 와당에서는 두 기법이 함께 나타나는 경우가 있어 접합 기법만을 근거로 시기차를 말할 수 있을지 의문이다.

따라서 1형식 와당 내부에는 조형(祖型)이 되는 와범의 이동이나 부분적인 와범의 변형[改范] 가능성을 상정할 수 있을 것이다. 또 태토와 경도의 차이(1a식과 1b식~1e식 사이), 연판과 주연 연접부 처리방식의 차이, 또 와당에 부착되는 수키와의 접합방식뿐만 아니라 수키와 자체의 형식 차이를 확인할 수 있다. 그런 점에서 1형식 내부에는 공인차 이외에 공방차, 나아가 제작 연대의 차이가 존재했을 가능성이 제기된다.

2형식 와당은 연판의 형태가 1형식 와당과 유사하지만 중방의 형태와 접합방식에서 차이가 난다(〈도3-12〉의 6).[101] 2형식 와당들은 중방에 1+6과의 연자가 배치되었고, 중방이 낮고 평평하며 권선이 있다. 또 태토에 모래가 거의 섞이지 않았고 연질인 경우가 많으며 모두 52점이 확인된다. 와당과 수키와의 접합방식은 기존에 C1식으로 소개되었지만 A1식으로 설정하는 것이 타당하다고 생각된다. 보고서의 도면과 도판을 자세히 관찰해 보면 와당 주연 상단부의 일부를 남기고 비스듬하게 깎아낸 다음 수키와부를 접합했기 때문이다. 와당 상단부의 깎아낸 부분에는 음각이나 양각의 흔적이 전혀 없고 와당 뒷면에도 물손질 흔적이 전혀 확인되지 않는다.

3형식 와당은 연판이 약간 두껍고 연판 끝이 융기되었으며, 중방은 철형(凸形)으로 튀어 나왔고 1+8과의 연자가 배치되었다(〈도3-12〉의 7).[102] 매우 정선된 태토를 사용했으며 회청색 경질이 많다. 모두 41점이 출토되었다. 수키와 접합방식은 C2식이지만 와당 주연 상단의 잘라낸 부분에는 아무런 흔적이 없다. 3형식의 경우 어떤 형식의 수키와가 연결되었는지는 완형이 남아 있지 않아 자세히 알 수 없다. 다만 보고서 도면153-2·3(도판179-2·3)을 참고할 때 1형식 와당과 연결된 수키와들과는 전혀 다른 형식의 수키와가 접합된 것이 분명하다(〈도3-14〉의 1). 이 수키와들은 승문 타날 후 물손질을 했지만 그 흔적이 비교적 잘 남아 있고, 모래가 섞이지 않은 고운 점토를 사용했다. 또 회청색 경질이며 내면에는 마포흔이 고

101 2형식의 표지적 유물은 보고서 도면168-4(도판194-4)이다.

102 3형식의 표지적 유물은 보고서 도면158-3(도판184-3)이며, 연결된 수키와는 도면153-2·3(도판179-2·3)이다.

르게 남아 있는데 이러한 연결 수키와의 형식은 뒤에서 서술할 4형식 와당과 매우 유사하다.

4형식 와당은 연판의 양감이 풍부하고 끝이 점주상에 가까운 첨형이며 중방에 권선이 있고, 1+8과의 연자가 배치된다(〈도3-12〉의 8). 매우 정선된 태토를 사용했으며 회청색 경질이 많고, 와당 뒷면에는 회전 물손질 흔적이 남아 있다.[103] 모두 27점이 출토되었다. 와당과 수키와의 접합방식은 3형식 와당과 같은 C2식이다. 와당과 연결된 수키와부는 승문 타날 후 물손질한 유단식 수키와로 모래가 섞이지 않은 고운 점토를 사용했으며 회청색 경질이다. 그런데 보고서 도면123-1(도판154-1)과 도면150-2(도판176-2)를 비교하면 4형식에 연결된 수키와들 사이에도 약간의 차이가 있었음을 알 수 있다. 도면123-1의 연결 수키와부는 와당과 연결된 지점에서 26센티미터 지점에 사각형 못구멍이 뚫린 데 비해 도면150-2의 경우는 23센티미터 지점에 못구멍이 뚫렸기 때문이다(〈도3-14〉의 2). 이 두 점은 와당이 반파되고 수키와가 접합된 채 남아 있는데 연질과 경질이라는 점을 제외하고는 세부 문양의 차이나 접합기법의 차이를 찾기 어렵다. 연결 수키와부가 같은 형식이고, 못구멍의 위치는 기와 제작 공정에서 발생할 수 있는 미세한 차이라는 점에서 일단 같은 형식으로 분류했다.

5형식 와당은 연판과 간판이 삼각형을 이루며 중방에는 1+4과의 연자가 배치되었다(〈도3-12〉의 9).[104] 비교적 정선된 태토를 사용했으며 회청색과 회백색이 함께 보인다. 모두 29점이 출토되었다. 와당 뒷면에는 수키와의 접착 효과를 높이기 위해 별도의 보강토를 사용한 흔적이 남아 있고, 와당 뒷면 하단부에는 깎기 조정한 흔적이 관찰된다. 와당과 수키와 연결방식은 기존에 B1식으로 보았지만 와당 주연의 일부를 남긴 후 수키와를 2회 조정하여 접합하는 C2식으로 보인다. 와당에 연결된 수키와는 무단식이며 기왓등에는 태선문이 타날되고 못구멍이 없다

103 4형식의 표지적 유물은 보고서 도면168-2(도판194-2)이며, 연결된 수키와는 도면123-1(도판154-1)과 도면150-2(도판176-2)이다.

104 5형식의 표지적 유물은 보고서 도면73-2(도판103-2)이다. 그런데 도면74-2(도판104-2)의 수키와는 이것과 서로 연결되는 수키와부임이 확인되었다(도3-14의 3). 4형식 와당 보다 출토량이 많지만 3형식과 4형식의 연관성, 4형식과 5형식의 시기차 등을 고려하여 뒤에 배치했다.

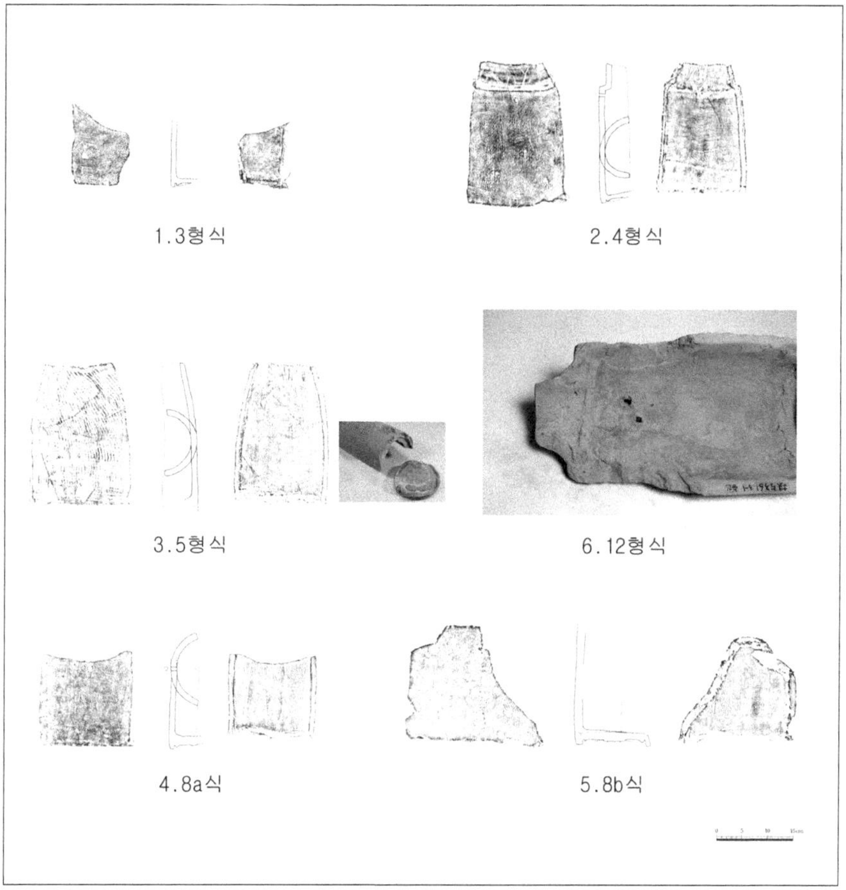

도3-14 3~5·8·12형식 와당과 연결된 수키와부의 형태

(〈도3-14〉의 3). 연판 문양의 형태나 접합기법, 회백색의 별도 보강토를 사용한 흔적 등은 5형식 와당이 정암리 요지에서 생산·공급된 것을 시사한다.

6형식 와당은 연판이 두껍고 끝이 원형이며 크게 융기되었다(〈도3-12〉의 10).[105] 태토는 정선된 편이며 회청색 경질인 경우가 많다. 중방은 평면적이며 권선이 있고 1+7과의 연자가 배치되었다. 모두 21점이 출토되었다. 와당과 수키와의 접합방식은 E식으로 소개되었지만 C1식으로 생각된다.[106] 와당과 수키와의 접합

105 6형식의 표지적 유물은 보고서 도면169-5(도판195-5)이다.

106 6형식 와당의 경우 와당 주연 상단부가 파손된 채로 남아 있어 E식으로 오해할 수 있다. 그러나 주연

부분에는 사격자문이 양각된 채 남아 있고, 와당 뒷면에는 특별한 흔적이 관찰되지 않지만 일부 와당의 경우 와도로 깎아낸 흔적이 남아 있다.

7형식 와당은 연판이 짧고 둔중하며 중방에는 1+7과의 연자가 배치되었는데 드림새 전체의 두께가 다른 와당에 비해 두꺼운 편이다(〈도3-12〉의 11).[107] 중방이 넓고 철형으로 볼록하기 때문에 연판이 상대적으로 짧게 보인다. 태토에는 모래가 일부 섞여 있고 회백색이나 회청색을 띤다. 모두 19점이 출토되었다. 와당과 수키와 접합방식은 기존에 A1식으로 소개되었지만 C1식이 주류였으리라 생각된다. 7형식의 와당 주연의 상부에는 접합기법을 확인할 수 없는 5점을 제외하면 사격자문이 양각된 것(8점)과 직선의 선문이 양각된 것(3점), 무문인 것(3점) 등 세 종류의 접합 흔적이 확인된다.[108] 그 중 사격자문이나 선문이 양각된 것은 C1식 접합기법이지만 무문인 것은 B1식이다. 사격자문 중에 일부 B1식 접합으로 생각되는 것이 포함되어 있지만 양자를 엄격하게 구분하기는 쉽지 않다. 이러한 차이는 와당과 연결된 수키와 선단부 처리방식의 차이에서 발생하는데, 수키와 끝부분에 사격자문이나 선문의 음침선을 넣어 가공하는 경우와 그렇지 않은 경우는 제작 공인의 차이를 보여주는 것이라고 생각된다.

8형식 와당은 연판에 각이 있고 중방에 1+6과가 배치되며 와당 주연의 외곽을 수차례 와도로 다듬은 흔적이 보인다. 8형식 와당의 경우 두 형식으로 세분할 수 있는데 8a식과 8b식은 소성도와 접합방식에서 차이가 있다(〈도3-15〉의 1과 2). 8a식의 경우 회청색의 경질 소성이며 B2식 접합방식으로 제작되었고, 8b식은 회색의 연질 소성이며 A2식의 접합방식이다.[109] 8a식은 8점, 8b식은 6점이 확인된다. 그런데 이 두 형식의 경우 와당과 연결된 수키와부가 남아 있어서 더 명확하게 구분할 수 있다(〈도13-14〉의 4와 5). 8a식의 경우 보고서 도면119-2(도판150-2)처

상단부가 남아 있는 도면 164-4과 165-1는 C1식 접합기법과 양각된 사격자문을 관찰할 수 있다.

107 7형식의 표지적 유물은 보고서 도면124-5(155-5)와 도면 130-7(도판161-7)이다.

108 사격자문이 양각된 것은 보고서 도면125-5, 126-2, 127-6, 129-6, 130-7, 163-8, 169-6, 미보고 1점 등이고, 선문이 양각된 것은 도면124-5, 125-3, 125-8이며, 무문인 것은 도면 125-4, 130-4, 130-6 등이다.

109 8a식의 표지적 유물은 보고서 도면130-2(도판161-2), 8b식은 보고서 도면130-1(도판161-1)이다.

럼 승문 타날 후 물손질한 수키와가 연결된다. 수키와부의 미구 부분은 남아 있지 않지만 와당 연결 부분에서 19센티미터 되는 지점에 원형의 못구멍이 뚫려 있다.[110] 8b식의 경우 보고서 도면74-1(도판104-1)처럼 파손된 수키와가 남아 있는데, 수키와의 기왓등에는 격자 타날 후 물손질한 흔적이 남아 있다. 수키와부의 잔존 길이가 21.5센티미터지만 못구멍의 흔적은 확인되지 않는다. 이러한 연결 수키와부의 차이는 8형식 내부에 존재하는 소성도와 접합방식의 차이를 더욱 선명하게 알려주며 공인차를 시사하는 것으로 생각된다.

9형식 와당의 경우 연판의 끝이 약간 반전하며 중방에 1+6과의 연자가 배치되었다. 와당 뒷면에는 회전 물손질 흔적이 남아 있고 약간 볼록한 형태를 띤다. 이 와당들은 연판 끝부분의 형태에 따라 9a식과 9b식으로 나눌 수 있다(〈도3-15〉의 3과 4). 9a식의 은 연판의 끝이 돌기처럼 약간 반전하지만 9b식의 경우 반전이 둔하고 연판이 평평하다.[111] 두 형식 모두 가는 모래가 일부 섞여 있으며 회색을 띤다. 접합방식에 약간의 차이가 있어 9a식은 A1식, 9b식은 A2식을 보이며 전자는 4점, 후자는 2점이 출토되었다. 9형식 와당은 이른바 대통사식 와당으로 연판의 반전 정도나 연자의 크기 및 와범의 손상[笵傷] 정도에 따라 미세한 변화가 나타나기 때문에 극히 세밀한 관찰이 요구된다.

10형식 와당은 9형식 와당과 유사하지만 연판과 중방의 변형된 대통사계 와당이다(〈도3-15〉의 5).[112] 연판은 볼륨이 없이 평평하고 연판의 끝이 점주상으로 뾰족하다. 중방에는 권선이 있고 1+8과의 연자가 배치되었으며 A1식 접합방식을 보인다. 모두 4점이 확인된다.

11형식 와당은 연판의 끝을 삼각형과 원형으로 장식했고, 중방이 작으며 1+5과의 연자가 배치되었다(〈도3-15〉의 6).[113] 회백색 연질로 모래가 섞여 있고 와당

110 보고서 도면118-1(도판149-3)은 8a식의 수키와부로 추정된다. 이 수키와는 길이 35.7센티미터로 승문타날 후 물손질했으며 회청색 경질이다. 와당 연결 부분에서 19.3센티미터 지점에 원형의 못구멍이 뚫려 있다.

111 9a식 와당의 표지적 유물은 도면160-6(도판186-6), 9b식은 도면186-1(도판216-1)이다.

112 10형식 와당의 표지적 유물은 보고서 도면187-4(도판217-4)이다.

113 11형식 와당의 표지적 유물은 보고서 도면128-2(도판159-2)이다.

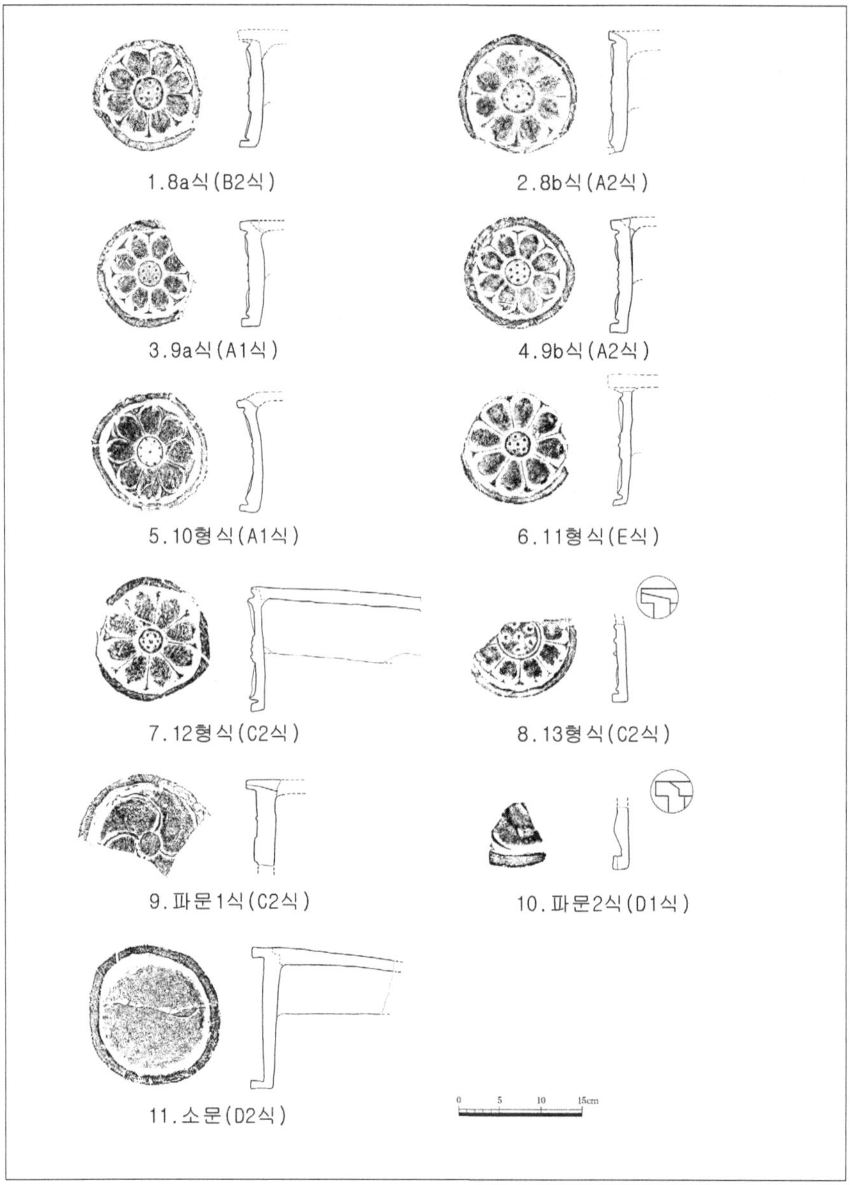

도3-15 부여 능산리사지 출토 와당의 분류2

뒷면을 수차례 와도로 깎았다. 모두 6점이 출토되었다. E식 접합기법을 보이는데 와당 주연 상단부를 잘라낸 다음 와당 부분에 침선을 넣어 수키와를 연결한 것이 특징이다.

12형식 와당은 연판의 끝이 삼각형에 가깝지만 끝부분이 약간 융기되었다(〈도3-15〉의 7).[114] 연판은 날렵한 느낌을 주고 중방이 작으며 1+6과의 연자가 배치되었다. 11형식 와당과 유사하지만 연자수가 다르고 중방의 형태와 연판 모양이 훨씬 조잡하다. 모두 2점이 출토되었다. 와당과 수키와의 접합방식은 A1식으로 소개되었지만 6·7차 발굴 조사에서 출토된 사례를 볼 때 C2식으로 생각된다.[115] 와당의 연판과 주연이 만나는 지점을 비스듬하게 다듬었고, 주연 상단부에 사격자 모양의 침선을 만들어 수키와와의 접합 효과를 높였다. 연결 수키와는 유단식으로 길이는 31.8센티미터이며 기왓등은 무문이다. 와당과 연결된 곳에서 20.2센티미터 지점에 사각형의 못구멍이 있는데 수키와 내면에도 사각형의 못구멍 흔적이 있다(〈도3-14〉의 6). 이것을 볼 때 이 수키와는 안쪽에서 바깥쪽으로 구멍을 뚫었으며 공정상 와당부를 접합하기 전 수키와부에 구멍을 뚫었을 것이라 추정된다.

13형식 와당은 연판과 간판이 삼각형이며 9엽의 연화문와당으로 복원된다(〈도3-15〉의 8).[116] 중방은 볼록하고 굵은 권선이 돌아가며 1+5과의 연자가 배치되었다. 2점의 파편만 출토되었다. 와당과 수키와의 접합방식은 알 수 없지만 부여 동남리·중정리 유적 출토 동범품의 사례를 볼 때 C2식으로 추정된다.

파문와당은 보고서 도면170-8(도판196-8)과 도면73-3(도판103-3)처럼 2점의 파편만 확인된다(〈도3-15〉의 9·10). 부여 지역에서 발견된 동범품과 비교할 때 파문 1·2식으로 세분할 수 있다. 파문 1식은 C2식 접합기법으로 상부에 사격자문이 확인된다. 파문 2식은 능산리사지 출토품만으로는 접합기법을 알 수 없지만 부소산성 출토품 등을 참고할 때 D1식이었을 것으로 추정된다. 한편 파문 1식 와당

114 12형식 와당의 표지적 유물은 보고서 도면73-7(도판103-7)이다.

115 국립부여박물관, 2007, 『陵寺-扶餘 陵山里寺址 6~8次 發掘調查報告書』, 115쪽(도면39-3, 도판130-3).

116 13형식은 보고서 도면157-5(도판183-5)만 해당되지만 부여 동남리, 중정리 유적에서도 동범품이 출토되었다(국립부여박물관, 1989, 『백제의 와전』, 51쪽; 국립부여박물관, 2007, 『그리운 것들은 땅 속에 있다』, 131쪽).

은 정동리 요지(C지구)에서 동범품이 출토되었다.

소문와당은 원판에 주연부를 별도로 만든 다음 수키와를 끼워넣기 한 것으로 소개되었지만 그러한 흔적은 확인할 수 없다. 와당과 연결된 수키와부의 기왓등에는 직선의 태선문을 물손질한 흔적이 남아 있다(도면154-1, 도판180-1). 모두 9점이 확인되며, 부여 부소산성 출토 사례 등을 참고할 때 D2식 접합기법으로 생각된다(〈도3-15〉의 11). 소문와당은 청양 왕진리 요지에서 출토된 적이 있지만 왕진리 출토품의 접합방식이 B2식으로 확인되기 때문에 약간의 차이가 있다.

이상에서 능산리사지에서 출토된 502점의 와당에 대한 필자의 분류안을 소개했다. 김종만 형식 분류안과의 차이점은 1형식 와당을 5종으로 세분한 것과 기존에 별개의 형식으로 보았던 8·9형식 와당을 하나의 형식 안에서 두 종류로 세분한 것이다. 또 각 형식별 접합기법이 기존 연구와 약간의 차이가 있음을 확인하고 바로잡았다. 특히 하나의 형식 안에 유사한 접합방식이 섞여 있는 경우(1b식~1d식)나 연결 수키와의 못구멍 위치가 다른 경우(4형식), 연결 수키와의 끝부분 처리 방식이 다른 경우(7형식)도 섞여 있음을 확인했다. 아울러 연판 문양이나 접합기법이 같다 하더라도 와당과 연결된 수키와의 형식에 차이가 존재함을 확인할 수 있었다.[117] 이러한 사례들은 하나의 조와조직 내부에 존재하는 공인차를 보여주는 것으로 생각된다.

117 淸水昭博은 정암리 요지의 사례를 들어 와당과 연결된 수키와 형식의 차이를 '소비지의 요구'에 대응한 것으로 파악했지만(淸水昭博, 2006, 「軍守里廢寺出土軒丸瓦の檢討」, 『MUSEUM』 596, 41~44쪽), 능산리사지의 사례를 보면 '기술 체계를 달리하는 공인차'를 반영하는 것으로 이해하는 것이 더욱 적절하다고 생각한다. 특히 1형식의 세부 형식들은 수키와 형식의 차이가 와당의 연판 문양이나 접합기법, 태토, 소성도의 차이와 부합하기 때문이다. 다만 4형식의 경우 못구멍의 위치가 다른데도 하나의 형식으로 분류하였다. 이러한 사례는 못구멍의 위치나 형태 차이가 공인차나 공방차를 증명하는 절대적인 기준은 아니라는 점을 시사한다. 이 글에서는 와당과 수키와의 접합기법, 태토나 소성도는 물론 수키와의 형식이나 못구멍의 위치 또한 공인차나 공방차를 반영하는 중요한 속성이 될 수 있다는 사실을 강조했다.

3) 출토 와당의 상대편년과 수급 체계

부여 능산리사지에서 출토된 13형식의 연화문와당과 파문·소문와당은 각 형식별로 어떠한 상대서열을 가지고 있을까. 기와의 연대에는 제작 연대와 공급 연대, 폐기 연대가 있다. 능산리사지는 660년 백제 멸망기에 거의 동시에 폐사되었으리라 예상되기 때문에 문제가 되는 것은 제작 연대와 공급 연대이다. 또한 약 100년 동안 한 건물을 유지하려면 창건 이후 일정한 보수가 필수적이다. 이러한 사항을 고려하면서 출토 와당의 상대편년안을 제시하고 창건기 와당과 보수용 와당을 구분했다.[118]

먼저 능산리사지의 창건기 와당은 어떤 것인지 살펴보자. 소비 유적에서 발굴된 와당 중에서 창건기 와당을 추출할 때 자주 채용하는 것이 '절대다수의 논리'이다.[119] 한 건물지나 절터에서 출토된 와당 중에서 가장 다수를 점하는 와당 형식이 창건 당시에 주체적으로 채용되었을 것이라는 논법이다. 그런 점에서 총 270점이 출토된 1형식 와당은 능산리사지 창건기에 사용된 창건와일 가능성이 높다. 이는 남회랑지 앞쪽 동대배수로 연접 구간에서 발견된 요지 출토품을 통해서 다시 한 번 확인된다(〈도3-16〉).[120] 가람 중심부 인접 지역에서 능산리사지에 기와를 공급했던 요지가 발견되었는데 그곳에서 1a식 와당 두 점이 발견되었다. 1형식 와당은 능산리사지를 제외하고 부여 지역의 다른 유적에서는 단 한 점도 발견된 적이 없다. 따라서 1형식 와당은 능산리사지식 와당 또는 능사식 와당이라 부를 수 있고 이 사원에 공급하기 위해 제작된 전용의 와당 형식이라 할 수 있다. 그 제작 연대는 지하식 심초석인 창왕명 석조사리감의 매립 연대를 볼 때 567년 이전으로 생

118 사비시기 동범품이 발견된 와당의 경우 아래의 논문을 주로 참고하여 상대 편년했다. 龜田修一, 1981, 「百濟古瓦考」, 『百濟硏究』 12: 2006, 『日韓古代瓦の硏究』, 吉川弘文館; 清水昭博, 2003, 「百濟 大通寺式 수막새의 성립과 전개」, 『百濟硏究』 38; 李炳鎬, 2002, 「百濟 泗沘都城의 造營過程」, 『韓國史論』 47.

119 上原眞人, 1997, 『瓦を讀む』, 73~74쪽. 단 사원의 창건기라고 하면 가람중심부의 주요 건물 전체가 완비된 것을 말하지만 이 글에서는 초창기 또는 창건 초기라는 말과 유사한 의미로 사용했다.

120 1·2차 조사에서 확인된 가마터의 위치는 金鍾萬, 2002, 「泗沘時代 瓦에 나타난 社會相 小考」, 『國立公州博物館紀要』 2, 64쪽(도면1) 참고.

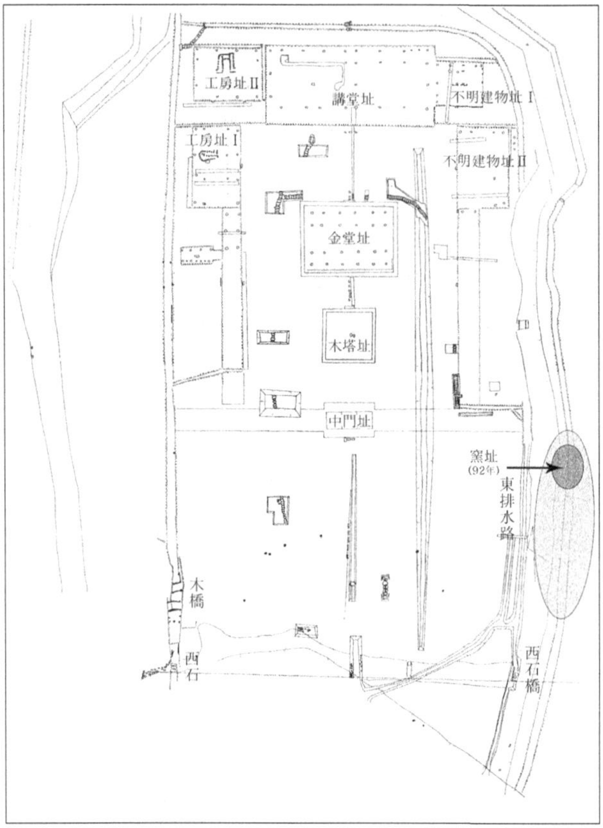

도3-16 부여 능산리사지 인접부의 기와 가마 위치도

각된다.[121]

그런데 능산리 요지에서는 1a형식의 와당만 출토될 뿐 1b식~1e식 와당은 출토되지 않았다. 1a식과 1b식~1e식은 태토와 소성도, 접합방식, 와당 뒷면의 처리방식, 연결 수키와의 형식, 못구멍의 위치와 형태 등에서 명확한 차이가 있다. 이런 차이는 1형식 내부의 세부 형식 사이에 어떤 차이를 반영하는가. 보통 태토나 소성도의 차이는 생산지의 차이로 인식되는 경우가 많고, 접합방식이나 와당 뒷면의 처리방식, 수키와 못구멍의 위치와 형태 등의 차이는 제작 공인의 차이를 반영한

121 1형식의 상한이 언제까지 소급되는지는 공반유물의 상대편년을 통해 좀 더 검토할 필요가 있지만, 중국제청자편과 벼루편 등 능산리사지 최하층 출토 유물을 볼 때 6세기 중엽인 550년 전후였을 것으로 생각된다(제3부 제1장 참조).

다는 것으로 이해된다. 따라서 두 그룹 사이에는 조와집단 내부의 공인차는 물론 생산지의 차이, 즉 공방차가 존재하는 것으로 볼 수 있다.

이러한 공방차와 공인차는 연대차를 반영하는가. 능산리 요지 전체가 발굴되지 않았기 때문에 속단하기 어렵지만 결론부터 말하면 그 가능성이 높다고 생각한다. 능산리 요지는 1차 발굴 조사에서 남회랑지 인접 구간에서 회구부가 발견되었고 6·7차 조사에서 요지로부터 남쪽 30여 미터 떨어진 동석교 부근 구릉에서 요지로 추정되는 흔적이 확인되었다. 이런 상황을 고려할 때 능산리사지 인근의 요지는 대규모적이고 장기간에 걸쳐 조업되었으리라 추정된다. 1형식 와당이 비교적 장기간에 걸쳐 생산되고, 그 내부에서 태토와 소성도, 수키와의 형식의 차이가 발견되는 것은 1형식을 생산하는 공인 집단이 최소 두 개 이상 존재했다는 것을 보여주며, 그 제작 시기나 공급 시기에 시차가 있었음을 알려주는 것은 아닐까 한다.

또 남회랑지 인접 지역의 요지에서 1a식 와당만 출토된 사실에도 주목할 필요가 있다. 남회랑지 부근 요지는 건물지에서 불과 수십 미터밖에 떨어지지 않았다. 화재에 취약한 목조 건물의 특성을 고려할 때 이 지역의 요지가 지속적으로 조업했다고 생각하기는 어렵다.[122] 적어도 남회랑지가 건립될 당시에는 초기의 요지가 폐쇄되어 남쪽으로 이동하거나 전혀 별개의 요지에서 기와를 공급받았을 가능성이 있다. 능산리사지 인근의 요지들은 남회랑지 인접 구간에서 점차 남쪽으로 이동하면서 운영되었으리라 짐작되고, 그런 점에서 1a식은 1형식 내부에서도 가장 고식 와당이었을 것으로 추정된다.[123]

1a식과 1b식~1e식 그룹 사이의 선후 관계는 와당 문양을 통해서도 어느 정도 유추할 수 있다. 필자는 양자 사이에 존재하는 목재 와범의 손상이나 와범의 변형 흔적을 아직 명확하게 파악하지는 못했다. 하지만 연판과 주연 사이의 처리방식만 보면 전자가 후자보다 늦게 출현했을 가능성은 확실히 낮아진다. 전자는 연

122 清水昭博, 2005, 「기와의 전래 - 백제와 일본의 초기 기와생산체제의 비교」, 『百濟研究』 41, 185쪽.

123 1b형식을 1a형식보다 빠른 것으로 보는 견해(花谷浩, 2010, 「飛鳥の瓦と百濟の瓦」, 『古代東アジアの造瓦技術』, 奈良文化財研究所)도 있지만, 와당과 연결된 수키와의 형식차가 근거가 되기는 어렵다. 필자는 기와 가마터의 위치 등 유적 전반의 상황에서 볼 때 1a형식이 약간 더 빨랐을 것으로 생각한다.

판 1개소 또는 2개소에서 반드시 주연과 직접 맞닿아 지저분하게 처리된 경우가 확인되는 데 반해 후자는 간판과 주연 사이를 와도로 정연하게 다듬었기 때문이다. 중방은 후자가 전자보다 약간 더 튀어나온 철형이고, 연자의 배치도 약간 더 선명한 느낌을 준다. 또 전자는 중방의 일부가 연판 1개소에서 약간 삐져나와 부정형을 이루지만 후자에서 그러한 흔적을 관찰할 수 없다. 하지만 양자의 구별을 계량적 속성으로는 설명할 수 없다는 점에서 두 그룹 사이의 공인차와 공방차, 생산지의 차이는 그리 크지 않았던 것으로 보인다. 즉, 1a식은 1b식보다 약간 먼저 제작·사용되었지만 점차 1b식~1e식과 공존하면서 대체된 것으로 생각된다. 1형식 와당 중에서 1a식보다 1b식 와당이 상대적으로 다수를 차지하는 이유도 이러한 상황과 관련이 있지 않을까 한다.

창건기 와당 이외에 비교적 이른 단계로 설정할 수 있는 것이 3·4형식과 9형식 와당이다. 그중 3·4형식은 1형식처럼 능산리사지 이외에는 발견되지 않아 상대편년을 설정하는 데 많은 어려움이 따르지만,[124] 사비시기 와당 연판 문양의 흐름과 비교할 때 비교적 이른 단계에 속하는 것은 분명하다. 또한 3·4형식의 태토나 C2식의 접합방식, 와당과 연결된 수키와의 기왓등 문양이나 그 내면의 마포흔이 매우 유사한 점은 두 형식이 거의 동일한 생산지에서 제작되었음을 시사한다. 이는 3·4형식과 1형식 와당을 비교할 때 더욱 선명하게 드러나며 이 와당들이 적어도 1형식 와당과는 전혀 별개의 공방지에서 제작되었음을 보여준다.

한편 1b식 와당의 출현 과정에서 설명했듯이 남회랑지 인접 구간에 존재하던 능산리 요지의 폐쇄 시점은 단순히 1형식 와당 내부의 공인차나 공방차·연대차뿐만 아니라 능산리사지 전체의 기와 생산과 공급 체계의 변화가 수반되었으리라 생각된다. 즉, 능산리 요지 내부에서 1a식이 1b식~1e식 와당의 생산을 초래한 것과는 별개로 전혀 다른 불명요지에서 3형식과 4형식 와당이 새롭게 생산되어 능산리사지에 공급되었을 것으로 추정된다. 그리고 바로 그 시점에 능산리사지 가람

124 金鍾萬의 경우 3형식은 공주 대통사지나 서혈사지 출토품이 변화된 것으로 보았고, 4형식은 정동리 요지나 용정리사지 출토품과 비교하여 6세기 중엽으로 보았다. 그러나 그가 근거로든 승석문이 타날된 암키와가 반드시 4형식 와당과 관련된다는 근거는 없다.

중심부의 건립이 최고조에 달했으리라 추측된다. 3형식과 4형식 중에서는 4형식이 약간 이른 시기에 제작되었으리라 생각된다. 사비시기 와당의 경우 연판의 끝이 약간 융기하는 연판 문양은 점주상보다 늦은 시기에 출현하며, 3형식 와당은 6·7·11·12형식 등 그 후 단계에도 비슷한 계통의 연판 문양이 계속해서 제작되지만 4형식 와당은 단절되었기 때문이다. 이러한 논의를 종합해볼 때 3형식과 4형식 와당의 제작 시기는 567년 이후로 추정된다.

9형식 와당은 대통사식 와당으로 특히 9b형식은 서천 금덕리(金德里) 요지 출토품과 동범품이다. 서천 금덕리 요지 출토품의 제작 연대는 사비 천도 이후부터 6세기 후반까지로 그 폭이 매우 넓고, 그 중심 시기에 대해서는 능산리사지 출토품을 근거 자료로 활용하는 경우가 있었다.[125] 즉, 9b형식 와당이 중문지 부근에서 출토되기 때문에 그 제작 시기를 567년 전후로 상정한 것이다. 하지만 능산리사지 가람 중심부 내부에서도 각 건물의 건립 시기에 차이가 있어 9형식 와당의 공급 시기는 적어도 567년 이후로 보아야 할 것이다. 따라서 9형식은 창건기 와당인 1형식보다 약간 늦은 시기에 제작·공급된 것으로 보이며, 3·4형식과 거의 같은 시기이거나 약간 늦은 시기로 상대편년할 수 있다. 9a식과 9b식의 상대적인 순서는 부여 지역에서 출토되는 대통사식 와당의 출현 양상을 보았을 때 연판 끝 반전 정도가 큰 9a식이 약간 이르다. 하지만 이 두 형식의 와당이 능산리사지에 공급된 시기는 거의 같은 것으로 보아야 할 것이다.

이상의 검토 결과, 능산리사지 가람 중심부의 창건기 건물에 적용된 기와의 공급 체계는 다음과 같이 정리할 수 있다. 먼저 능산리사지 창건 당시에는 능산리 요지를 중심으로 한 사원 전용 가마에서 소규모로 기와를 생산한다(1a식 와당의 생산). 그 후 가마가 남쪽으로 이동하면서 대규모로 장기간 기와를 생산한다(1b식~1e식 와당의 생산). 그와 거의 같은 시기나 직후 또 다른 불명 가마(3·4형식 와당의 생산)와 서천 금덕리 가마(9형식 와당의 생산)를 편입시켜 기와를 공급받는다.[126]

125 清水昭博, 2003, 「百濟 大通寺式 수막새의 성립과 전개」, 67~68쪽.

126 이는 1와요-1사원형에서 복수 와요-1사원형으로 변화한 것을 가리킨다. 龜田修一, 2006, 「熊津·泗沘時代の瓦」, 『日韓古代瓦の硏究』, 155쪽.

이러한 과정은 가람 중심부 건축 공사의 진행 과정과 관련이 있으며 남회랑지 동쪽 인접부의 능산리 요지가 폐기되는 시점과 관련이 있을 것이다. 초창기 와당들은 최초의 제작 시기에는 선후가 있지만 어느 단계에서는 동시에 제작되어 공급되었으리라 생각된다.

초기의 와당보다 약간 늦은 시기에 제작된 것이 5형식 와당이다. 5형식은 와당과 수키와의 접합 효과를 높이기 위해 별도의 보강토를 사용했는데 이는 부여 정암리 요지 생산품의 특징이다. 그런데 5형식은 지금까지 발견된 정암리 요지군에서 출토된 것과는 다르다.[127] 가장 큰 차이는 와당 뒷면의 하단부와 주연부의 외곽을 수차례 와도로 다듬은 점과 태선문이 있는 무단식 수키와와 접합된 점이다. 정암리 8호 요지와 9호 요지 출토품 중에는 와당 주연의 외곽을 와도로 다듬은 사례가 확인되고, 특히 9호 요지에서 태선문이 있는 무단식 수키와가 발견되었다.[128]

그러나 와당의 소성도와 두께, 수키와의 등문양, 두께 등에서 많은 차이점이 발견되어 양자를 동범품으로 단정하기는 어렵다.[129] 즉, 5형식 와당이 9호 요지를 비롯한 정암리 요지 출토품들과 관계가 긴밀하지만 반드시 그곳에서 생산된 것이라고 단정하기는 어려운 실정이다. 특히 정암리 요지는 넓은 지역이 미발굴인 채로 남아 있어 5형식의 생산지로 다른 가마터를 상정하기도 어렵다. 정암리 요지 생산품의 제작 시기에 대해서는 연판문양과 A · B지구에서 인각와가 전혀 출토되지 않은 점 등을 고려할 때 6세기 중엽에서 후반 무렵이 중심적인 조업 연대로 추정되며, C지구는 그보다 늦은 7세기 전반 무렵으로 추정된다.[130]

한편 능산리사지에서 출토된 정암리 요지 계통의 5형식 와당은 공방지I에서만 출토된 것으로 알려졌고, 그런 까닭에 1형식보다 한 단계 늦은 6세기 후반을

127 淸水昭博은 5형식을 정암리 B지구 2 · 3 · 5 · 6호 가마터 출토품과 같은 것으로 파악하고 있다. 淸水昭博, 2008, 「百濟 泗沘時代の瓦生産」, 『帝塚山大學考古學研究所研究報告』X, 98~101쪽.

128 國立扶餘博物館, 1992, 『扶餘 亭岩里窯址』II, 110~111쪽.

129 한편 군수리사지와 서천 신산리 출토품의 경우 정암리 요지 출토 와당에 유단식과 무단식 수키와가 모두 연결될 수 있음을 보여주고 있다. 그러나 무단식 수키와가 연결된 서천 신산리 유적 출토품의 경우 연판 문양과 와당 뒷면의 처리방식, 수키와의 기왓등 문양, 소성도 등이 능산리사지 출토품과 다른 점에 유의할 필요가 있다(淸水昭博, 2006, 「軍守里廢寺出土軒丸瓦の檢討」, 24~39쪽).

130 淸水昭博, 2005, 「기와의 전래 - 백제와 일본의 초기 기와생산체제의 비교」, 176~177쪽.

공급 연대로 추정했다. 그러나 〈표 3-3〉에서 알 수 있듯이 5형식 와당은 금당지나 목탑지에서 더 많은 수량이 발견되었기 때문에 이것만을 근거로 삼기에는 부족하다. 다만 공방지I에서는 5형식이 1점밖에 출토되지 않았지만 5형식의 수키와부와 동일한 수키와 완형들이 다수 발견되었다.[131] 또 능산리사지의 공방지II(도판134-1~4), 불명건물지I(도판135-3·4, 도판136-1~5, 도판137-1~3), 서배수로(도판171-1, 3-5, 도판172-1) 등지에서 이와 동일한 형식의 수키와들이 출토되었다. 그런 점에서 5형식에 접합된 수키와와 같은 형식의 수키와들은 대부분 건물 하부의 도랑에서 배수용으로 사용되었던 것으로 추정할 수 있다. 즉, 5형식 와당이 각 건물의 지붕을 장식했다 하더라도 5형식의 수키와부와 같은 형식의 수키와들은 배수용의 도관(陶管)으로 사용되었던 것이다.

이 점은 5형식이 창건기에 사용된 것이라기보다 보수용 와당이었음을 시사한다고 생각된다.[132] 와당의 뒷면과 주연부를 와도로 다듬는 제작기법은 6세기 중엽에는 확인되지 않으며 현재까지 발굴된 정암리 요지에서도 소수에 불과하다. 따라서 능산리사지에서 발견된 5형식 와당의 공급 시기는 1형식이나 3·4형식, 9형식보다 한 단계 늦은 6세기 말에서 7세기 초로 추정된다. 5형식은 보수용 와당 중에서 가장 이른 단계에 해당하며, 그런 점에서 5형식이 공급되는 단계에는 가람 중심부의 건물 대부분이 완비되었다고 추정된다.

5형식과 더불어 2형식, 6·7형식, 8형식, 10~13형식, 파문와당, 소문와당 등은 창건 당시인 567년보다 한 단계 또는 두 단계 늦게 만들어진 보수용 와당들이다. 이 형식의 와당들은 중방이 상대적으로 넓어지거나 좁아지면서 평면화하거나 돌출되고 권선이 있는 경우가 많다. 연판의 형태는 초기 와당들과 계통상 연결되면서도 변형이 이루어지고, 연판이 각지거나 그 수가 많아지며 파문이나 소문 등 전

131 보고서 도면60-1(도판94-1), 도면61-1(도판94-3), 도면61-2와 62-1·2(도판95-1·2·3), 도면63-1·2(도판96-1·2) 등은 공방지I에서 출토된 수키와로 모두 5형식의 수키와부와 같은 형식이다.

132 金鍾萬은 정암리 요지의 경영을 국가 시설물에 대한 補修의 성격을 갖고 축조된 생산시설로 추정한 바 있다(金鍾萬, 2002, 「泗沘時代 瓦에 나타난 社會相 小考」, 『國立公州博物館紀要』 2, 176쪽). 군수리사지는 와당뿐 아니라 평와, 전 등 거의 대부분을 정암리 요지에서 공급받은 점 등을 볼 때 이를 일반화시킬 수는 없지만 능산리사지의 경우는 충분히 상정할 수 있다고 생각된다.

혀 새로운 문양이 등장하기도 한다. 이 와당들은 제작 시기가 늦고 출토량이 적으며, 어떤 형식은 특정 건물에 집중 분포하는 경향을 보인다.

각 형식별 특징을 간략히 살펴보자. 2형식 와당은 1형식 와당과 연판 문양이 유사하지만 중방의 형태, 접합방식 등이 전혀 다르다. 6·7형식과 11·12형식 와당은 연판 끝이 융기하는 점이 3형식 와당과 유사하지만 중방의 형태와 접합방식은 다르다. 8형식 와당은 전혀 새로운 연판 문양과 접합방식을 보이며, 13형식 와당은 5형식과 유사하면서도 연판 수나 중방이 전혀 다르다. 부여 동남리 유적과 정림사지, 중정리 유적에서 13형식과 동범품이 확인된다. 10형식 와당은 청양 본의리 요지에서 생산된 것으로 군수리사지, 정림사지, 금성산건물지 등지에서 동범품이 확인된다. 파문 1식은 정동리 요지(C지구)에서 동범품이 출토되었고, 소문와당은 청양 왕진리 요지에서 동계품(同系品)이 출토된 적이 있어 어느 정도 상대편년이 가능하다.[133] 이처럼 동범품이 출토된 10형식, 13형식, 파문 1식 와당들은 부여 지역의 출토 사례를 보아 대체로 7세기 전반에서 중엽으로 추정된다. 파문 2식과 소문와당은 와당부와 수키와부 모두를 2회 조정한 점과 부여 지역에서 발견된 동범품의 출토 양상에서 볼 때 그보다 더 늦은 7세기 중엽 이후로 비정된다.

그 밖의 와당들은 연판 문양이나 중방의 형태를 중심으로 제작 시기를 추정할 수밖에 없다. 8형식 와당은 연판에 각이 있고, 주연부 외곽을 수차례 깎은 점이 5형식 와당과 유사하기 때문에 그와 비슷한 6세기 말에서 7세기 초로 생각된다. 와당 연판이 융기하는 6·7·11·12형식 중에서 연판 문양의 형식 변화를 고려할 때 7형식 와당이 가장 이른 것으로 생각된다. 7형식 와당은 3형식과 연판의 형태가 가장 유사하고 1형식 와당과 중방의 비율이 유사하기 때문에 7세기 전반으로 비정할 수 있다. 11형식은 연판의 형태는 7형식보다 앞선다고 볼 수도 있지만 와당 주연 상단부를 음각해 수키와를 접합시키고 와당 뒷면을 와도로 깎은 방식은 후기적인 요소이므로 7형식과 유사한 7세기 전반이라고 생각된다.

12형식 와당은 11형식과 연판 문양이 유사하지만 연판 끝의 표현이 거칠고

133 국립부여박물관, 2006, 『百濟의 工房』, 143쪽 및 147쪽.

〈표 3-3〉 능산리사지 출토 보수용 와당의 건물지별 분포 양상

구분	2형식	5형식	6형식	7형식	8형식		10형식	11형식	12형식	13형식	파문	소문
					8a	8b						
공방지II	1	1		1		2						
강당지와 동·서 익사	3		1	12	3	2						
불명건물지III	3			2	1							
금당지	25	20		1	2					2		
목탑지	3	5	19	1			1	4				4
중문지							2					
회랑지·동·서배수로 등	13			1	2	2		1	2		2	2
알 수 없음	4	3	1	1			1	1				1
합계	48	26	20	18	8	6	3	5	2	2	2	6

중방의 형태나 연자도 치졸하기 때문에 11형식보다 더 늦은 7세기 전반에서 중엽으로 생각된다. 6형식 와당은 연판의 끝이 융기되었지만 중방이 평면적이고 권선이 배치된 점에서 11형식이나 7형식보다 약간 늦은 7세기 전반에서 중엽일 것이다. 2형식 와당은 마땅히 비교할 자료가 없지만 창건기 와당인 1형식과 연판의 형태에서 연속성이 확인된다. 하지만 중방이 낮고 평평하며 권선이 배치된 점에서 1형식보다 한 단계 늦은 것으로 생각된다. 또 보수용 와당 중에서 가장 많은 수량이 출토된 점을 고려할 때 5형식 와당과 비슷한 6세기 말에서 7세기 초반 정도에 제작된 것으로 볼 수 있다.

이상의 검토를 통해 추정한 능산리사지 보수용 와당의 제작 또는 공급 시기를 정리하면 다음과 같다. 가람 중심부의 일차적인 완비 이후 6세기 말기에서 7세기 초반에는 2형식과 5·8형식 와당이 새롭게 제작되고, 7세기 전반에는 7형식과 11형식 와당이 다시 제작된다. 7세기 전반에서 중엽에는 6형식을 비롯한 10·12·13형식 및 파문 1식이 제작되고, 7세기 중엽 이후에는 파문 2식과 소문와당이 제작되어 사용한 것으로 보인다.[134]

그런데 보수용 와당 중 일부는 〈표 3-3〉에서처럼 특정 건물지에 집중되는 경

134 창건기 와당 중 9형식의 경우도 출토 수량이 6점에 지나지 않아 보수와일 가능성을 배제하기 어렵다.

향을 보인다.[135] 5형식은 금당지에서 69퍼센트, 6형식은 목탑지에서 90퍼센트, 7형식은 강당지와 그 주변에서 63퍼센트가 집중적으로 출토되었다. 이런 출토 양상에서 볼 때 5형식은 금당지, 6형식은 목탑지, 7형식은 강당지를 보수하기 위해 특별히 제작·공급되었다고 생각된다. 즉, 이 와당들은 특정 건물의 보수를 위한 전용 와당이라 할 수 있다.

하지만 8형식 와당은 각 건물지에서 매우 산발적으로 발견되므로 특정 건물의 보수를 위한 와당으로는 생각되지 않는다. 다만 8형식 와당이 다른 보수용 기와들보다 약간 이른 시기에 제작된 점을 감안하면 지붕을 대규모로 보수하기 전 단계에 임시로 수리한 사정을 반영하는 것은 아닐까 한다. 또한 2형식은 금당지에서 48퍼센트가 집중적으로 분포하기 때문에 금당지 보수 전용 와당으로 이해할 수도 있지만 다른 건물지에서도 소수이나마 출토되기 때문에 단정하기는 어렵다. 10~13형식과 파문와당·소문와당은 출토량이 적고 목탑지, 금당지, 중문지 등에서 산발적으로 발견되므로 특별한 의미를 부여하기는 어렵다. 파문 2식과 소문와당은 능산리사지 폐사 직전에도 지속적인 지붕의 보수가 있었음을 보여준다.

끝으로 보수용 와당들이 어떤 방식으로 생산·공급되었는지를 살펴보자. 능산리사지의 5형식, 10형식, 13형식, 파문와당, 소문와당은 부여 지역의 다른 유적에서 동범품이 출토된 사례가 있고, 13형식을 제외하면 생산 요지도 어느 정도 추정할 수 있다. 즉, 5형식은 정암리 요지(추정), 10형식은 본의리 요지, 파문은 정동리 요지(C지구), 소문은 왕진리 요지(추정)에서 생산된 것으로 보인다. 그러나 2형식, 6~8형식, 11·12형식 와당은 사비시기의 다른 건물지나 요지에서 동범품이 발견되지 않았기 때문에 능산리사지 전용의 요지가 일정 기간 지속적으로 유지되었을 가능성이 있다. 다만 요지의 운영이 단속적이고 소규모라 초창기와는 상당한 차이가 있었으리라 생각된다.

이처럼 능산리사지에서는 생산지가 다른 보수용 와당들이 시기적으로 중복되고 지속적으로 출토되기 때문에 1b식 와당이나 3·4·9형식 와당이 공급될 무렵에

135 가람중심부에서 출토된 와당 전체의 건물지별 분포 양상은 이 책의 제3부 제3장에서 검토했다.

성립된 복수 와요-1사원형 공급 체계가 멸망기까지 계속 이어진 것으로 추정된다. 즉, 능산리사지의 기와 공급 체계는 1a식 와당이 생산되던 초기의 1와요-1사원형 단계를 제외하면, 사원 전용의 가마와 별도의 외부 가마에서 기와를 생산해 공급받는 복수 와요-1사원형 체계였다고 할 수 있다.

3. 부여 능산리사지의 가람 중심부의 변천과 그 의미

1) 와당의 분포 양상과 건물의 건립 순서

제2장에서 능산리사지 가람 중심부의 정비와 변천 과정을 밝히기 위한 기초 연구로 이곳에서 출토된 500여 점의 와당에 관한 형식 분류와 상대편년안을 제시했다. 이를 바탕으로 여기에서는 각 건물지별 와당의 분포 양상을 살펴보면서 각 건물의 건립 순서를 파악하고자 한다. 그 과정에서 567년 목탑 건립 이전에 강당지를 중심으로 한 초기 건물군이 기능하던 것을 확인하고, 그러한 시설의 성격이나 변천 과정의 분석을 통해 능산리사지 건립의 의의를 함께 파악하고자 한다.

부여 능산리사지는 중문지-목탑지-금당지-강당지가 남북 일직선상에 배치되고, 동·서·남쪽에 회랑이 둘러진 전형적인 일탑일금당식 가람배치를 이룬다(〈도3-1〉). 능산리사지에서 출토된 와당들은 각 형식별로 어떤 분포 양상을 보일까. 또 가람 중심부의 건물지들에는 어떤 형식의 와당이 분포할까. 이러한 분석 작업은 가람 중심부 건물의 건립 과정을 해명하는 중요한 근거가 될 것이다.[136] 〈표3-4〉는 능산리사지 가람 중심부에서 출토된 와당의 형식별 출토 위치를 정리한

136 와당의 형식 분류와 분포 양상을 통해 건물의 건립 순서를 파악한 사례는 다음을 참고. 中島正, 1989, 「軒瓦からみた高麗寺の沿革」, 『高麗寺跡』, 山城町教育委員會; 奈良文化財研究所, 2002, 『山田寺發掘調査報告』; 栗田薫, 2005, 『新堂廢寺·オガンジ池瓦窯出土瓦の研究』, 京都大博物館.

〈표 3-4〉 능산리사지 출토 와당의 출토 위치와 수량

출토지 / 형식	서회랑지	서회랑지밖 소형건물지	공방지 I	서대배수로	공방지 II	공방지 II와 강당지 사이	강당지 서실	강당지 동실	강당지	강당지와 불명건물 I 사이	불명건물지 I	불명건물지 II	동회랑지	동대배수로	금당지	금당지와 목탑지 사이	목탑지	중문지	남회랑지 동쪽	남회랑지 서쪽	남회랑지	통계처리 곤란	알수 없음	합계
1a식			2	3	5	7	17	7	23	1	2	7	1	1	4		5	1	5	1	3		2	97
1b식	2			2	4	1	3	10	13	3	3	10	1	2	9	4	44	1	2	4	2	4	7	131
1c식	1		1	1			1	1	3			1			1		9					2		21
1d식				1								2	1		1		12	1			1		1	20
1e식																							1	1
2식			1	2	1			1			1	3	2	2	25		3		4	2	1	2	2	52
3식	1			3			1				1	2			26		2	1		1		1	2	41
4식				3			2		1			2		1	12			2			1		3	27
5식			1	1											20	1	4						2	29
6식								1									19						1	21
7식		1	1		1		1	2	6	1	1	2			1		1						1	19
8a식							2		1			1		2	2									8
8b식			2		1				1										1	1				6
9a식																	1	2					1	4
9b식																		1			1			2
10식																	1	2					1	4
11식				1													4						1	6
12식		1		1																				2
13식															2									2
파문	1			1																				2
소문																	4				2		1	7
합계	5	2	8	19	12	8	27	22	48	5	8	30	5	8	103	5	109	11	12	9	11	9	26	502

것이다.[137]

137 능산리사지의 가람중심부에 관한 발굴보고서(國立扶餘博物館, 2000, 『陵寺 - 扶餘 陵山里寺址 發掘調査 進展報告書』)에는 와당의 출토위치가 대부분 누락되어 있다. 이에 필자는 2006년과 2007년 국립부여박물관에 근무하면서 수장고에 소장된 와당의 뒷면에 기록된 注記와 유물 채집카드, 발굴 야장 등을

〈표 3-4〉를 중심으로 각 형식별 분포 양상을 살펴보기로 하자. 1형식 와당은 모두 270점이 출토되었는데 강당지(78점), 목탑지(70점), 불명건물지II(20점)에서 가장 높은 빈도수를 보인다. 익사(翼舍)로 생각되는 공방지II와 불명건물지I 사이에서 12점이 출토된 것을 포함하면 강당지에서의 출토 비율은 더욱 높아지며 특히 1a식 와당의 48퍼센트가 분포하는 점이 주목된다. 필자는 1형식 와당 중 1a식이 1b식~1e식보다 고식(古式)으로 추정하기 때문이다.

목탑지에서는 강당지만큼 많은 수량이 출토되었지만 1a식보다 1b·1c·1d식이 집중된 점이 다르다. 불명건물지II에서는 1형식이 금당지보다 많은 수량이 출토되었다. 남회랑지에서는 1형식 와당의 출토 비율이 높은 편이지만 가람 중심부의 지형이 북고남저인 점, 중문지에서 50여 미터 떨어진 남쪽 일대에서도 1형식 와당이 출토된 점, 동쪽 인근에 창건기 기와를 생산하던 가마가 운영된 점 등을 감안하면 큰 의미를 부여하기 어렵다. 창건기 와당인 1형식 와당이 가람 중심부의 거의 모든 건물지에서 발견된 것을 보면 장기간에 걸쳐 대규모적으로 제작·사용되었음을 짐작할 수 있다.

3형식 와당은 모두 41점이 출토되었는데 금당지에서 26점이 출토되었다. 3형식 전체의 63퍼센트가 금당지에서 출토되었다는 점에서 금당이 가장 중요한 사용처였음을 알 수 있다. 이 점은 4·5형식 와당에서도 확인되는 현상이다. 4형식 와당의 44퍼센트(12점), 5형식 와당의 69퍼센트(20점)가 금당지에서 발견되었기 때문이다. 이러한 현상을 고려할 때 3~5형식 와당들은 일차적으로 금당에 사용할 목적으로 생산·공급된 것으로 추정된다.

9형식 와당은 중문지(3점), 목탑지(1점), 남회랑지(1점)에서 소량이 출토되어 분포상 특별한 의미를 부여하기는 어렵다. 그 밖의 와당들은 보수용 와당으로 5형식은 금당, 6형식은 목탑, 7형식은 강당 전용 보수 와당이라 할 수 있다.

그렇다면 가람 중심부 각 건물지에서는 어떤 형식의 와당들이 출토되었는지 검토해보자. 먼저 강당지에서는 모두 97점의 와당이 발견되었는데 1형식 78점, 7

확인하고, 발굴보고서와 대조하여 〈표3-4〉를 작성하였다.

형식 9점, 8형식 4점, 4형식 3점, 2형식 · 3형식 · 6형식 각 1점이 출토되었다. 1형식 와당은 강당지에서 출토된 전체 와당의 80퍼센트를 차지하고 있어 이 형식이 강당의 창건기 와당이라 할 수 있다. 1형식 와당 중 특히 1a식 와당이 강당지에 집중 분포하는 현상은 이 건물이 가람 중심부의 다른 건물보다 더 이른 단계에 건립되었음을 반영한다고 생각된다.

또 7형식이 강당지에 상대적으로 집중 분포하는 현상을 보면 이 형식이 강당 보수를 위한 전용 와당으로 생각된다. 물론 시기를 달리하는 다른 형식의 와당들도 강당의 지붕 보수를 위해 사용되었다. 한편 강당지의 익사라 할 수 있는 공방지II와 불명건물지I에서 1형식 와당이 각각 9점과 5점 출토되었고, 강당지와 연접한 구역에서도 12점이 발견되었다. 그런 점에서 이 익사 건물들도 강당과 거의 같은 시기에 건립했다고 보아도 무리가 없을 것이다.

목탑지에서는 모두 109점의 와당이 발견되었는데 1형식 70점, 6형식 19점, 5 · 11형식과 소문 4점, 2형식 3점, 3형식 2점, 7 · 9 · 10형식 각 1점이 출토되었다. 1형식 와당은 목탑지 출토 와당의 64퍼센트를 차지하고 있어 목탑의 창건기 와당으로 생각된다. 이 점에서 목탑과 강당은 거의 같은 단계에 건립되었다고 생각되지만 목탑지에서는 1a식이 5점밖에 출토되지 않았고 1b식 44점, 1c식 9점, 1d식 12점 등 1b식~1e식의 비율이 월등하게 높다. 필자는 1형식 와당 중 1a식과 1b · c · d식이 생산지나 공인 집단의 차이뿐만 아니라 연대차가 있다고 파악한다. 따라서 1a식이 집중 분포하는 강당지와 1b식이 집중 분포하는 목탑지 사이에 약간의 연대차가 있으며, 강당이 목탑보다 조금 더 이른 단계에 건립된 것으로 추정한다. 6형식 와당은 목탑지 이외에서는 거의 발견되지 않기 때문에 목탑 보수를 위한 전용 와당으로 생각된다.

금당지에서는 모두 103점이 발견되었는데 1형식 15점, 2형식 25점, 3형식 26점, 4형식 12점, 5형식 20점, 7형식 1점, 8형식 2점, 13형식 2점이 출토되었다. 금당지는 강당지나 목탑지와 달리 1형식을 비롯한 3 · 4 · 5형식 등 초기의 와당들이 분산적으로 분포하는 것이 특징이다. 또 능산리사지 창건기 와당의 중심적인 위치를 차지하는 1형식의 출토 비율이 강당지와 목탑지에 비해 매우 낮다.

제2장에서 1b~1e식 와당과 3·4·9형식 와당이 공급되던 단계에 능산리사지의 기와 공급 체계에 일정한 변화가 있었으며 그 배경에는 능산리 요지의 배치 문제가 관련되었다고 지적했다. 따라서 1b식~1e식 와당과 별개로 3·4형식이라는 전혀 새로운 와당이 외부에서 공급된 배경에는 금당의 건립 문제가 개재되어 있음을 유추할 수 있다. 그런 점에서 볼 때 금당의 창건기 와당은 1·3·4형식 모두라고 할 수 있다. 5형식을 비롯한 기타 형식의 와당들은 금당의 보수용 와당으로 생각된다.

불명건물지II에서는 30점의 와당이 출토되었는데 1형식이 20점, 2형식 3점, 3형식 2점, 4형식 2점, 7형식 2점, 8형식 1점이었다. 불명건물지II는 강당지나 목탑지, 금당지처럼 규모가 큰 중층건물이 아닌데도 비교적 많은 수량의 와당이 발견되고, 특히 1형식 와당이 67퍼센트를 차지한 점은 이 건물이 비교적 이른 시기에 건립되고 중요한 역할을 했음을 보여준다. 불명건물지II의 창건기 와당은 1형식 와당이며 적어도 목탑나 금당 이전 단계에 건립되었을 것으로 추정된다.

불명건물지II의 성격에 대해서는 이 건물과 그 동쪽을 지나는 동대배수로 사이에 목책 비슷한 흔적이 발견된 점, 이러한 목책시설이 중문지 동남쪽 초기 자연배수로 부근에서 발견된 책상 유구와 유사한 점(6·7차 조사), 특히 중문지 동남쪽의 초기 자연배수로 구간에서 299호 목간과 2001-8호 목간 등 제사 의례나 불교와 관련된 목간이 출토된 점 등으로 보아 목탑 건립 이전부터 어떤 의례를 준비하던 곳이 아닐까 추정한다(제3부 제2장 참조).

그런데 제2부 제1장에서 설명한 것처럼 2008년도 정림사지 발굴 조사에서는 강당지 동·서쪽에 별도의 부속건물지가 동·서회랑지까지 이어지도록 배치된 사실이 새롭게 확인되었다. 정림사지의 강당은 북회랑으로 연결된 것이 아니라 그 좌우에 별도의 독립건물을 배치한 다음 동·서회랑으로 연결되어 있었던 것이다. 이때의 부속건물지는 그 배치가 능산리사지의 불명건물지II나 공방지I과 유사한데, 왕흥사지 발굴 조사에서도 동일한 부속건물지 2기가 확인되었다. 능산리사지의 불명건물지II와 공방지I은 당초 정림사지나 왕흥사지 및 군수리사지의 회랑지 북단의 부속건물지와 동일한 기능을 한 것으로 추정된다. 그 구체적인 성격은 미륵사지의 강당지 좌우에 연결된 부속건물지를 '승방지(僧房址)'로 명명한 것을 참고할 수 있다. 하지만 능산리사지에서는 9차 조사에서 승방지로 추정되는 시설이 확인되었기 때문에, 이러한 부속건물지가 승려의 숙박이나 침식이 이루어지는 생활공간으로서의 승방이라기보다는 공식적인 접견이나 의례 준비 등 공적 사무가 이루어지는 공간이었으리라고 보는 것이 타당할 것이다.

불명건물지II와 대칭을 이루는 공방지I에서는 8점의 와당밖에 발견되지 않았다. 1형식 3점, 2형식 1점, 5형식 1점, 7형식 1점, 8형식 2점이 출토되었다. 와당 출토량이 적어 통계 처리에 한계가 있지만 불명건물지II가 금당보다 이른 단계에 건립되었다고 볼 때 그와 대칭을 이루는 이 건물 또한 그와 비슷한 시기에 건립된 것이 아닐까 추정된다. 다만 공방지I이 창건 당시부터 공방으로 기능했는지에 대해서는 건축 구조상 의문이 제기되고 있어[138] 건물 자체의 기능 변화를 함께 고려할 필요가 있다.

중문지에서는 모두 11점의 와당이 발견되었는데, 1형식 3점, 3형식 1점, 4형식 2점, 9형식 3점, 10형식 2점이었다. 중문지는 비록 출토량이 많지 않지만 금당지처럼 1형식이 적고 3·4형식과 9형식이 출토된 점에 유의해야 한다. 이러한 와당의 출토 양상은 금당 건립 과정에서 나타난 능산리사지의 기와 공급 체계의 변화를 반영한다고 생각되기 때문이다. 중문지에서는 다른 건물지와 달리 9형식 와당이 출토되었는데, 필자의 상대편년안처럼 9형식 와당이 3·4형식 와당보다 약간 늦게 이곳에 공급되었다면 중문의 건립은 금당 바로 다음 단계에 시작한 것으로 볼 수 있을 것이다.

회랑지에서 출토된 와당은 극히 적어 건립 시기를 추정하는 데 어려움이 있다. 동회랑지에서는 1형식 3점, 2형식 2점이 출토되었고, 서회랑지에서는 1형식 3점, 3형식 1점, 파문 1점이 출토되었다. 남회랑지에서는 1형식 18점, 2형식 7점, 3

138 趙源昌, 2006, 「扶餘 陵寺 第3建物址(일명 工房址I)의 建築考古學的 檢討」, 『先史와 古代』 24, 402~408쪽. 그러나 佛法을 숭상하는 승려 계층과 장인 집단이 하나의 회랑 내에서 공동 생활했다고 보기는 어렵다고 말한 점은 동의할 수 없다. 백제를 비롯한 고대 사원의 공방지에 관해서는 다음을 참고. 金姸秀, 2006, 「한국 고대의 사찰 공방지시설에 대하여」, 『미술사의 정립과 확산2』; 국립부여박물관, 2007, 『백제의 공방』(특별전 도록).

형식 1점, 4형식 1점, 8형식 2점, 9형식 1점, 소문 2점이 출토되었지만 폐사 이후 목탑이나 금당에 사용했던 기와가 물에 쓸려 내려왔을 가능성을 배제할 수 없어 큰 의미를 부여하기 어렵다. 나아가 이러한 와당의 분포 양상에서 볼 때 회랑의 지붕에 와당이 사용되었을지 의문이 든다.

회랑지의 건립 시기는 동·서회랑지와 남회랑지가 만나는 지점에서 발견된 암거시설 등 배수시설의 정비 과정을 고려할 때 다른 건물들이 어느 정도 완비된 후 가장 늦은 단계에 건립되었다고 생각된다. 서회랑지 밖 소형건물지에서는 12형식 와당 1점만이 발견되었기 때문에 이 건물 또한 와당으로 장식된 건물은 아니었을 것으로 보이며, 가람 중심부가 완비된 후 한 단계 늦게 건립된 것으로 보인다.

이상에서 능산리사지 가람 중심부의 건물 건립 순서를 출토 와당의 분포 양상을 통해 살펴보았다. 그 결과 가람 중심부의 건물들 중에서 강당과 그 부속건물이 먼저 건립되고 목탑과 불명건물지II, 공방지I이 그 후에 건립된 것으로 추정된다. 목탑과 불명건물지II, 공방지I의 선후 관계는 출토 와당만으로는 판단하기 어렵다. 하지만 불명건물지II를 필자처럼 초기 강당과 연관된 어떤 시설로 파악한다면 정황상 목탑보다 먼저 건립되었다고 생각된다.

나중에서 서술하겠지만, 강당지 본채와 불명건물지I, 공방지II, 불명건물지II, 공방지I 등은 공통적으로 툇간이나 마당을 갖추고 있고 2실 또는 3실로 나누어져 있다. 이러한 건물 구조는 이 건물지들이 같은 시기에 건립되었음을 시사한다고 생각한다. 목탑 건립 이후 금당이 건립되고 그 후 중문이 건립되며 회랑은 가장 마지막 단계에 건립된 것으로 보인다.[139]

가람 중심부의 건물 건립 순서에서 주목되는 사실은 강당과 그 부속건물들이 목탑이나 금당보다 더 이른 단계에 건립된 점이다. 일반적인 고대 사원의 건립 과정에서는 목탑이나 금당이 먼저 축조되고 그 후 중문과 회랑이 만들어지며, 강당

139 이상의 검토 결과는 造營尺에 근거하여 건물의 건립 순서를 파악한 신광섭의 견해와 유사하다(申光燮, 2006, 「百濟 泗沘時代 陵寺 硏究」, 중앙대 박사학위논문, 27~35쪽). 다만 필자는 목탑지를 금당지보다 더 이른 단계에 건립한 것으로 보고 있다.

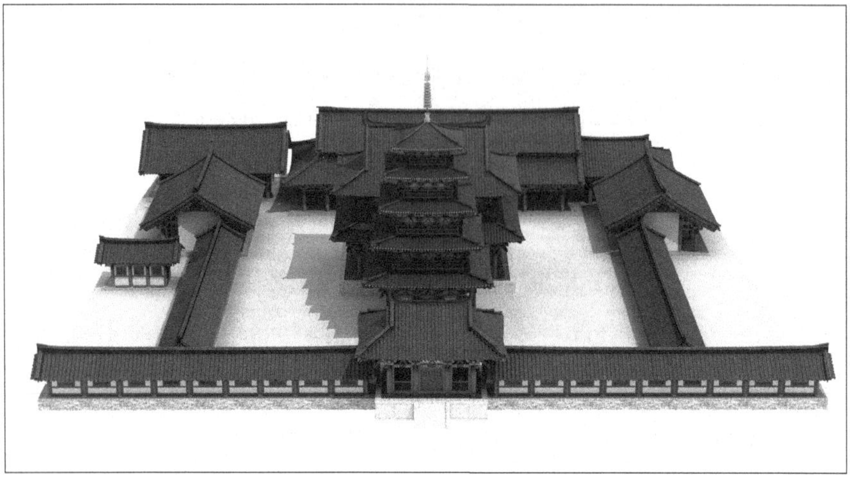

도3-17 부여 능산리사지의 복원조감도

이 가장 늦게 만들어진다.[140] 588년부터 건립이 시작된 아스카데라는 590년 건립에 필요한 재료를 가져와 592년 금당과 회랑 공사를 시작하고 593년 불사리를 목탑 심초석에 안치했다. 그리고 596년 가람의 대부분이 완성되어 승려가 주석하고 606년(또는 609) 장육불을 완성해 금당에 안치했다.[141]

그러나 능산리사지에서는 강당을 비롯한 공방지I·II, 불명건물지I·II가 먼저 건립되고, 그 후 목탑과 금당, 중문, 회랑이 건립된 것으로 드러났다. 이것은 강당을 중심으로 한 초기 건물군이 목탑이나 금당을 중심으로 한 불교 사원과는 성격이 다른 특수한 목적을 수행했음을 시사한다. 다만 강당지와 목탑지의 주류 와당 형식인 1a식과 1b식 와당이 거의 동일한 문양이기 때문에 연대차가 크지 않았으리라 생각되며, 초기 건물군과 목탑을 비롯한 사원 건축물의 시기차는 그리 크지 않았을 것으로 추정된다. 〈도3-17〉은 이러한 능산리사지 가람 중심부의 주요 전각들을 복원한 조감도이다.[142]

140 田邊征夫·森郁夫, 1986, 「寺院の造營」, 『日本歷史考古學を學ぶ』中, 有斐閣, 36~37쪽.

141 大橋一章, 2009, 「飛鳥寺の創立と本尊」, 『奈良美術成立史論』, 中央公論美術出版, 82~86쪽.

142 이 복원도는 충남 부여군 백제역사재현단지에 재현된 능산리사지의 조감도(삼부토건 제작)이다.

2) 초기 건물군의 성격

능산리사지 가람 중심부 건물 건립의 절대연대 파악에 가장 중요한 자료는 목탑지 지하 심초석에서 드러난 창왕명 석조사리감이다. 하지만 각 건물의 건립 순서에 관한 분석 결과는 사리감을 지하에 매립한 567년 이전에 이미 강당을 비롯한 초기 건물군이 기능했다고 생각되기 때문에 그 초축 상한과 성격에 관한 문제를 검토할 필요가 있다.[143]

발굴 보고서에는 "강당지에서 남쪽으로 약 43미터 떨어진 곳에서 이 소택지상의 토층 상부에서 일련의 유물이 출토되었는데, 이 유물들은 중국 도자기편, 토기편, 각종 목제 등이 굴껍질과 각종 패각 등의 자연유물과 함께 출토되었다. 이로 보면 절터가 들어서기 전에도 이 지역은 어떤 생활공간으로 이용되었던 듯하다"[144]라고 하여 능산리사지 창건 이전에 이미 인위적인 사용 흔적이 있었음을 보여준다.

능산리사지는 북고남저의 지형으로 원래 저습지라 대지 조성과 배수에 상당한 노력을 기울였는데 초기의 배수로나 최하층 유구에서 비교적 이른 시기의 유물들이 출토되었다. 그중 청자첩화인물문준편, 청자잔편, 흑갈유도연대족편 같은 중국청자편이나 각종 벼루편들은 상대편년이 가능한데 필자의 검토 결과 대체로 6세기 중엽으로 편년된다(〈도 3-6과 7〉 참조). 또 능산리사지 최하층에서 출토된 삼족토기, 개배, 기대 등의 토기류에 대한 검토 결과 사비 천도 이후부터 6세기 중엽에 걸친 유물들이 다수 포함되어 있음이 확인되었다.[145]

이러한 유물 출토 상황은 초기 건물군과 어떤 관계가 있을까. 부여 능산리사지 초기 건물의 건립 과정을 검토할 때 고려할 수 있는 중요한 사건으로 538년 사

143 이 글에서 말하는 초기 건물군은 강당지와 동서쪽의 불명건물지I, 공방지II를 비롯하여 불명건물지II와 공방지I를 가리킨다. 강당지의 경우 초기에는 강당이라고 부를 수 없고, 공방지의 경우도 창건 당시부터 공방으로 기능한 것으로 보지 않지만 혼동을 피하기 위해 발굴보고서의 명칭을 따랐다.

144 국립부여박물관, 2000, 『陵寺 - 扶餘 陵山里寺址 發掘調査 進展報告書』, 20~21쪽.

145 金鍾萬, 2007, 「성왕시대 백제 생활토기」, 『백제 성왕과 그의 시대』, 부여군, 127~156쪽.

비 천도와 동라성의 축조,[146] 554년 관산성 전투에서의 성왕의 죽음과 능산리 왕릉의 조영, 567년 창왕명 석조사리감의 매립 등을 들 수 있다. 능산리사지 최하층에서 발견된 유물들은 6세기 중엽 능산리 일대에서 활동하던 사람들의 흔적으로 생각되기 때문에 동라성의 축조, 왕릉의 조영, 사원의 건립 등과 관련해 검토할 필요가 있다.

그러나 중국청자편들이나 벼루편 등은 그 상한이 538년 단계까지 소급되지 않음을 보여주어 사비 천도 문제와 연결하기는 어렵다. 또한 이 유물들이 목탑지 심초석의 매립 연대보다 약간 이르기 때문에 불교 사원의 창건 문제로 단정하기도 어렵다. 그런 점에서 강당을 중심으로 한 초기 건물군은 동라성이나 성왕릉의 축조, 능산리사지의 초기적 형태라는 관점에서 파악하는 것이 더 적절하다고 생각한다.

능산리사지 중문지 남서쪽과 동서쪽의 초기 자연배수로에서 다수의 목간이 출토되어 이 문제에 접근할 여지를 마련해준다. 그곳에서 출토된 목간들은 기재 내용상 불교나 의례와 관련된 목간, 이동에 따른 정보 전달 관련 목간, 기록 관리 관련 목간 등으로 크게 나눌 수 있다.[147] 능산리 목간들은 출토 위치에 따라 폐기 연대나 기재 내용에 약간의 차이가 있지만 대부분은 목탑의 심초석 매립 이전이나 전후에 폐기된 것으로 목간의 폐기 시기와 출토 맥락, 기재 내용을 종합해 볼 때 554년 성왕의 죽음을 전후하여 능산리 일대에서 행해진 각종 불교 행사와 의례, 물품의 이동, 행정 행위와 관련 있다고 생각된다.

필자의 이러한 견해에 대해 곤도 고이치는 나성 축조와 관련한 목간설을 재차 주장했다.[148] 곤도 고이치가 집중적으로 비판한 능산리 목간 출토 유구 상황에 대해서는 제3부 제1장에서 상세하게 재검토했다. 곤도 고이치가 말하는 나성 축조

146 동라성은 정황상 사비 천도 전후에 완비된 것으로 보고 있다(朴淳發, 2000, 「사비 도성의 구조에 대하여」, 『百濟研究』 31, 110쪽). 필자는 538년 나성 완비설은 더 많은 자료 증가가 필요하며 적어도 554년 이전에 완비된 것으로 보고 있다(李炳鎬, 2008, 「泗沘 都城과 慶州 王京의 比較 試論」, 『동아시아 도성과 신라왕경의 비교 연구』, 新羅文化祭學術論文集29, 8~10쪽).

147 近藤浩一, 2004, 「扶餘 陵山里 羅城築造 木簡의 研究」, 93~98쪽; 尹善泰, 2004, 「扶餘 陵山里 出土 百濟 木簡의 再檢討」, 60~66쪽.

148 近藤浩一, 2008, 「扶餘 陵山里 羅城築造 木簡 再論」, 358쪽.

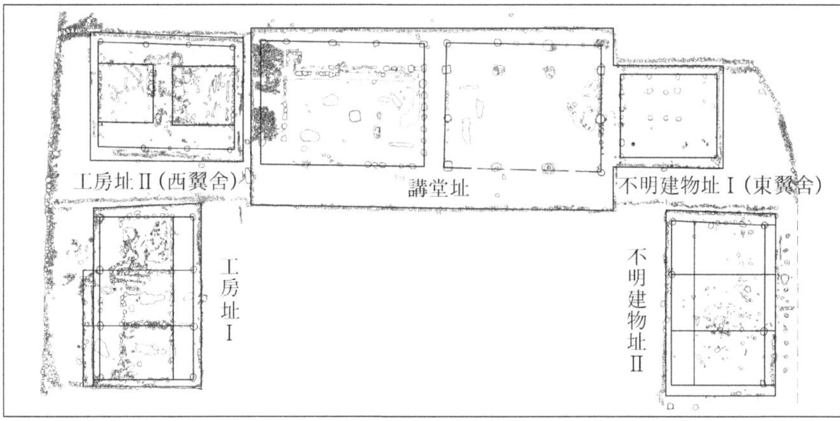

도3-18 부여 능산리사지의 초기건물군

목간설의 가장 큰 문제는 이 일대에 사원 건립 이전에 기와를 사용한 시설이 존재했다면 그러한 수준의 시설은 단순히 나성 축조를 목적으로 한 임시적인 시설이라고 보기 어렵다는 점이다. 또 출토 목간의 기재 내용에서도 불교나 제사 의례와 관련한 목간이 함께 출토된 것을 나성 축조라는 문제로 한정하기는 어렵다.

현재까지 11차에 걸쳐 조사된 능산리사지 중심부와 주변부에서 출토된 토기류, 기와류, 각종 금속공예품, 목재품, 중국제 유물 등은 모두 능산리사지와 불가분의 관계가 있으며 목간 또한 그러한 관점에서 파악되어야 할 것이다. 윤선태는 능산리 목간 중에 불교, 즉 능산리사원을 작성 주체로 볼 수밖에 없는 목간이 존재한다는 것을 인정했다.[149] 능산리 출토 목간은 동라성보다는 능산리사지, 그중에서도 특히 초기 건물군과 밀접한 관련이 있을 것이다. 이러한 관점에서 초기 건물군의 성격 문제는 성왕의 죽음, 왕릉의 축조, 능사로서의 능산리사원의 건립 과정 등과 관련 있다고 할 수 있다.

강당을 비롯한 초기 건물들은 모두 공통적으로 툇간이나 마당을 갖추고 있고 2실 또는 3실로 나누어져 있음이 확인된다. 따라서 초기 건물군의 성격을 명확히 하려면 이 건물들의 구조를 좀 더 살펴볼 필요가 있다(〈도3-18〉). 강당은 동서

149 尹善泰, 2007, 『木簡이 들려주는 백제 이야기』, 157~159쪽.

도3-19 부여 능산리사지 출토 목제칠기편

37.4미터, 남북 18.0미터로 가람 중심부 북쪽 가장 높은 곳에 자리하는 가장 큰 건물로 중층으로 복원되었다.[150] 강당의 기단은 목탑이나 금당과 달리 잡석과 와편을 이용해 쌓았다. 한 지붕 아래 격벽을 두고 구조가 다른 방이 두 개 마련되어 있는데(이른바 1동 2실) 두 방 사이에는 2.2미터의 통로가 있다. 또 본채의 동실(東室)은 정면 3칸 측면 2칸인데 내부에 초석이 없는 통간 구조이며 동·서·북쪽에 벽체가 있어 남쪽에서만 내부를 볼 수 있다.[151] 서실(西室)은 동벽 중앙에 아궁이가 있고 동벽 북쪽과 북벽에 걸쳐 온돌 시설이 마련되어 있었다. 중앙에는 방형 화강암이 놓여 있었고 그 동남쪽에는 장방형의 석곽형 시설과 장타원형 시설 등이 확인되었다. 이곳에서는 3개소에서 2~3센티미터 정도의 소토층이 발견되었는데 화재가 아닌 장기간 불을 피워 형성된 것이라고 한다. 또 서실의 내부에서는 목제칠기편(〈도3-19〉)이 발견되었는데,[152] 화려한 꽃무늬가 있는 칠기라는 점에서 이곳이

150 강당지 서쪽 지붕은 거의 그대로 내려앉아 있는 것처럼 보존상태가 양호했는데, 와당이 약 1.7m 간격을 두고 2열을 이루고 있어(국립부여박물관, 2000, 『陵寺-扶餘 陵山里寺址 發掘調査 進展報告書』, 29쪽) 〈도3-17〉처럼 중층으로 복원할 수 있다.

151 국립부여박물관, 2000, 『陵寺-扶餘 陵山里寺址 發掘調査 進展報告書』, 34쪽.

152 국립부여박물관, 2010, 『백제 중흥을 꿈꾸다-陵山里寺址』, 172쪽. 〈도3-19〉의 칠기의 문양은 고구려 내리1호분 현실 남벽의 천정 고임(持送) 벽화의 장식 문양(朝鮮古蹟硏究會, 1937, 『昭和11年度 古蹟調査報告書』, 도판20 및 23 참조)과 가장 유사하고, 쌍영총의 현실 천정과 진파리1호분의 천정, 중국 남경지역의 塼 등에 표현된 장식 문양과도 상통한다. 하지만 무령왕릉의 왕이나 왕비 冠飾, 〈도7-2〉의 능산리 고분 출토의 冠장식이나 은화관식, 부여 하황리 출토 은제유리공의 문양과도 상통하는 점이 있기 때문에 백제적인 문양으로 볼 수 있다고도 생각된다.

매우 위상이 높은 장소임을 짐작할 수 있다.

강당의 동·서쪽에는 익사가 자리하는데 동쪽과 서쪽의 구조가 다르다. 공방지II인 서쪽 익사는 중앙에 통로형 공간이 있어 두 개의 방으로 나뉘어 있다. 남쪽 기단 앞에는 마당이 있고, 마당의 서쪽 끝에서 서배수로로 연결된 다리 시설이 확인된다. 불명건물지I인 동쪽 익사는 방 하나로 구성되었는데 공방지II보다 약간 작다. 공방지II와 불명건물지I 모두 익사라 부를 수 있지만 불명건물지I이 보다 사전적인 의미에 가깝고 약간 비대칭을 이룬다.

그 남쪽에 불명건물지II와 공방지I이 배치되어 있다. 공방지I에는 툇간이 있고 방이 세 개인데 배연시설, 화로시설, 배수시설, 각종 금속품과 유리제품, 슬래그가 출토되었다. 공방지I 본채의 남실과 북실 입구 등지에서 와적기단(瓦積基壇)이 확인되었다.[153] 불명건물지II는 파괴가 심하지만 현존 유구로 볼 때 공방지I과 동일한 구조이며 서로 대칭을 이루었던 것으로 추정된다. 그 건물 동쪽 기단 외곽에서 12개 정도의 목책렬이 확인되었는데 보고자는 이를 담장과 같은 것으로 보았다.

초기 건물군 가운데 강당은 백제는 물론 고구려·신라의 고대 사원에서 확인되는 일반적인 강당 건축과 매우 다르다. 이러한 독특한 건물 구조는 고구려의 집안 동대자 유적과 유사한데, 한 지붕 아래 격벽을 한 방 두 개가 있는 점, 온돌시설, 용도 미상의 대형 판석재 등이 공통적으로 확인된다(〈도3-20〉). 그중 동대자 유적의 동쪽 방 중앙에 있는 장방형거석(長方形巨石 또는 石座)은 일상생활이나 관원들의 활동과는 거리가 있다. 혹자는 이것을 제사와 관련된 신주(神主)와 비슷하며 『삼국사기』 고국양왕 9년(392) 춘3월조에 나오는 "사직(社稷)을 세우고 종묘(宗廟)를 수리하게 했다"는 기록을 반영한다고 했다.[154] 따라서 능산리사지 강당도

153 조원창은 이곳이 공방으로 기능한 것은 7세기 중엽 이후, 특히 인화문토기를 볼 때 멸망기 이후라고 보았다(趙源昌, 2006, 「扶餘 陵寺 第3建物址(일명 工房址I)의 建築考古學的 檢討」, 413쪽). 그러나 출토 유물에서 볼 때 늦어도 7세기 전반 이후로 생각된다.

154 方起東, 1999, 「集安 東台子 高句麗 建築遺址의 性質과 年代」, 『고구려 유적과 유물 연구』, 백산자료원, 44~55쪽. 집안 동대자유적의 건물지가 위상이 높다는 것은 분명하지만 와당의 상대편년 결과 5세기 말 이전으로 소급되지 않기 때문에 國社와 같은 것으로 단정할 수 없다는 반론도 있다(姜賢淑, 2010, 「中國 吉林省 東台子遺蹟 再考」, 『韓國考古學報』 75, 191~196쪽).

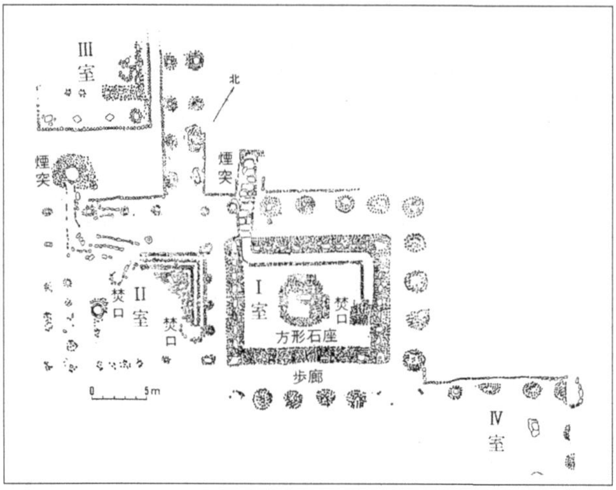

도3-20 集安 東台子遺蹟의 건물지군

불교 사원 본래의 강당이 아니라 신궁(神宮)이나 제당(祭堂)이라는 견해,[155] 또는 평상시에는 조왕(祖王)을 제사하는 신묘(神廟)로, 왕실의 상장의례(喪葬儀禮) 때에는 빈궁(殯宮)으로 사용했다는 견해가 제기되었다.[156]

그런 관점에서 능산리 고분군의 중하총(中下塚)이 성왕릉(聖王陵)으로 추정된다는 점[157]에 주목할 필요가 있다. 능산리사지가 성왕을 추복하고 성왕릉을 수호하기 위해 창건한 공덕분사(功德墳寺)였다는 사실은 석조사리감 명문을 통해 유추할 수 있다. 그러나 건물 건립 과정을 분석하면서 드러났듯이 554년 단계부터 능산리사지가 원찰이나 능사로 기능한 것은 아니었다. 기존 연구자들은 567년을 목탑 건립의 완성 또는 사원 건립의 완성으로 보고 그 이전부터 능산리사지가 능사로 기능한 것으로 보았다. 하지만 567년은 사리감을 지하에 묻은 해이기 때문에 목탑 건립이 시작한 것으로 한정해 보아야 한다.

능산리사지가 능사로 기능한 시점은 적어도 567년 이후부터이며, 목탑 건립 이전과 이후에는 건물 규모와 기능, 성격에 차이가 있다고 할 수 있다. 그런 점에서 567년 이전 강당을 비롯한 초기 건물군은 사원의 부속건물이 아니라 왕릉 제

155 張慶浩, 2004, 『아름다운 백제 건축』, 주류성, 152~159쪽.

156 申光燮, 2006, 「百濟 泗沘時代 陵寺 硏究」, 113쪽.

157 姜仁求, 1997, 『百濟古墳硏究』, 一志社, 87쪽.

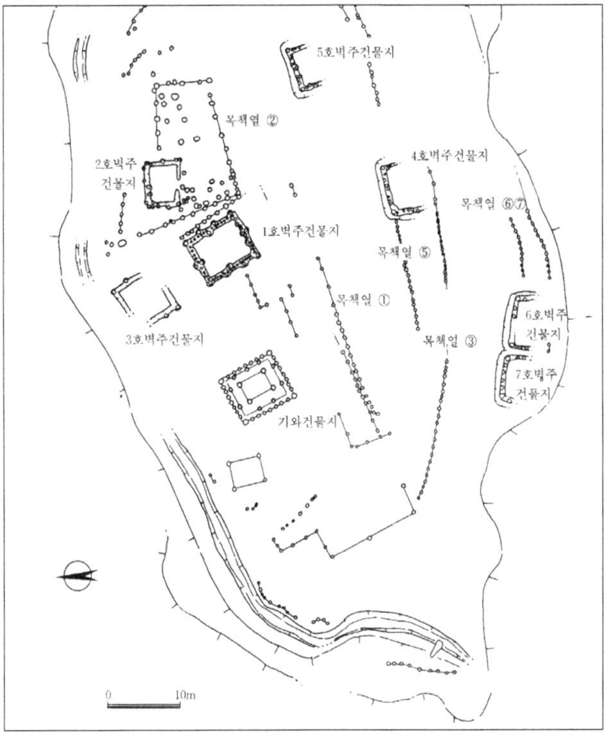

도3-21 공주 정지산유적의 유구배치도

사와 관련된 독립적인 시설로 설계되었을 가능성이 있다. 그 상한은 554년 성왕의 죽음이 중요한 기점이 되겠지만 공반 유물의 출토 상황에서 보면 그보다 좀 더 소급될 가능성이 있다.

초기 건물군과 고분의 관련성을 좀 더 검토하기 위해 백제 왕실의 상장의례를 검토할 필요가 있다. 이때 무령왕릉과 정지산 유적이 주목되는데 정지산 유적은 무령왕릉의 빈전(殯殿)으로 추정되는 곳이다.[158] 무령왕릉의 지석에서 27개월의 빈기(殯期)가 확인되는데,[159] 정지산 유적에서 빈전 관련 시설로 거론되는 곳은 기와건물지를 비롯한 1·3호 벽주건물지이다(〈도3-21〉).[160] 그중 기와건물지는 핵심

158 李漢祥, 1998, 「公州 艇止山遺蹟의 編年과 性格」, 『백제의 왕실제사유적 "공주 정지산" 학술발표회』; 權五榮, 1999, 「艇止山遺蹟과 百濟의 喪葬儀禮」, 『艇止山』, 국립공주박물관; 金吉植, 2001, 「氷庫를 통해 본 公州 艇止山遺蹟의 性格」, 『考古學誌』 12.

159 權五榮, 2000, 「고대 한국의 喪葬儀禮」, 『韓國古代史硏究』 20, 14~16쪽.

160 金吉植, 2001, 「氷庫를 통해 본 公州 艇止山遺蹟의 性格」, 63~69쪽.

적인 곳으로 빙반(氷盤)이 놓였던 곳이라고 한다. 그 밖에도 대형 수혈이 확인되며 그 동쪽과 북쪽에는 넓은 마당이 자리한다. 또 이 건물지를 중심으로 다중의 목책렬이 배치되었고 1·3호 벽주건물지가 '品(품)'자형으로 배치되었다.[161]

서로 대응되는 것처럼 보이는 '무령왕릉과 정지산 유적의 관계'와 '능산리 고분군 중하총과 능산리사지 초기 건물군의 관계'의 연관성을 좀 더 검토할 필요가 있다. 정지산 유적의 기와건물지는 강당 본채에 대응되고, 1호와 3호 벽주건물지는 본채 좌우의 익사에 대응되며, 2호 벽주건물지는 불명건물지II와 공방지I에 각각 대응되는 것으로 볼 수 있기 때문이다(〈도3-18〉과 〈도3-20〉). 이렇게 정지산 유적의 기와건물지는 능산리사지 강당 본채의 서실과 관련될 수 있지만,[162] 난방 시설이 갖추어진 점에서 전혀 다른 시설이었을 가능성을 배제하기 어렵다.

강당지 본채 동실은 앞서 서술했듯이 내부에 초석이 없는 통간 구조이며 동·서·북쪽에는 벽체가 있어 남쪽에서만 내부를 볼 수 있는 구조였다.[163] 이러한 시설은 정지산 유적에는 확인되지 않는 전혀 새로운 것이다. 특히 남쪽에서만 내부를 볼 수 있는 건물 구조와 동실 동서쪽에서 발견된 대형 수혈에서 두꺼운 재층이 발견된 사실에서 제사와의 관련성을 추정할 수 있다.

능산리사지의 강당지를 중심으로 한 초기 건물군은 정지산 유적과 일정한 공통성이 있으면서도 차별성이 있다. 강당지를 정지산 유적의 빈전과 동일한 시설로 확정하려면 몇 가지 문제가 선결되어야 한다. 정지산 유적에서 기와건물지를 빈전으로 추론하게 된 결정적인 계기는 다수의 수혈 유구를 빙고(氷庫)로 인식하면서부터였다. 그러나 능산리사지에서는 빙고 관련 유구를 전혀 찾을 수 없다. 본채 서실에 온돌 시설이 있는 점도 유의할 필요가 있다. 이 건물지를 빈전과 같은 것으로

161 李漢祥, 2007, 「백제의 葬禮風習」, 『百濟의 生活과 文化』(백제문화사대계12), 466~467쪽.

162 본채 서실의 화강암제 방형초석과 온돌은 고구려 동대자 유적과 비교할 때 제사와 관련된 어떤 시설 및 거주에 필요한 시설로 짐작된다. 또 장방형시설과 석곽형시설, 장타원형시설과 소토층은 정지산유적 기와건물지의 대형수혈과 대응되는 측면이 있다. 한편 김길식은 정지산 유적의 대형 수혈을 시신의 부패를 방지하기 위하여 얼음을 담은 氷盤이 놓인 것으로 추정한 바 있다(金吉植, 2001, 「氷庫를 통해 본 公州 艇止山遺蹟의 性格」, 66~68쪽).

163 국립부여박물관, 2000, 『陵寺-扶餘 陵山里寺址 發掘調査 進展報告書』, 34쪽.

본다면 난방에 따른 시신의 부패를 설명하기 어렵다. 또 『주서』나 『북사』 고구려전에 보이는 빈(殯)은 매장할 때까지 유체를 소옥(小屋)에 안치하거나 가매장하는 임시시설이라는 성격이 강한데 이곳은 대형의 중층 기와건물이다. 따라서 강당지를 비롯한 초기 건물군은 정지산 유적과 비슷한 맥락의 제사 관련 시설이지만 이를 빈전이라고 단정하기는 어렵다.

한편 남조에서는 황제가 생전에 미리 수릉을 준비하고 능의 부속건물로 침전(寢殿)을 만들었는데, 침전을 침묘(寢廟)라고 부르는 경우도 많았다. 제릉(帝陵)에는 침묘 이외에 이를 관리하는 사람들이 묵는 이사(吏舍) 등의 건축물이 있었고, 불교가 성행하자 능묘 옆에 불교 사원을 세우기도 했다.[164] 『건강실록(建康實錄)』에는 다음과 같은 기록이 있다.

> (544년) 3월 갑오(甲午)에 난릉(蘭陵)으로 행차했다. 경자(庚子)에 건릉(建陵)을 배알하는데 능 위에 자줏빛 구름이 덮여 한참이 지나서야 흩어졌다. 황제가 능을 바라보며 눈물을 흘리니 초목이 색깔이 바뀌었다. 능 옆에 그 전에 있던 마른 샘에서 이때 향기로운 물이 흘렀다. 신축(辛丑)에 황제가 수릉(修陵)에 곡(哭)했다. 또 황기사(皇基寺)에서 법회를 열어 난릉의 노소(老少)에게 각 위(位)를 한 계급씩 주고, 현읍(縣邑)을 경영하게 하고 그 해의 조조(租調)를 면제해 주었다.[165]

『남사(南史)』「무제기(武帝紀)」 중에도 이와 유사한 내용이 전하는데, 건릉은 양 무제의 아버지 소순지(蕭順之) 문제(文帝), 수릉은 무제의 능으로 추정된다.[166] 544년 3월 무제는 자신이 태어난 난릉에 가고, 16일에는 아버지의 능인 건릉에 배(拜)하고, 17일에는 자신의 분묘인 수릉에 갔다. 그리고 18일에는 가까이에 건립

164 張寅成, 2000, 「南朝의 喪禮 研究」, 『百濟研究』 32, 155쪽; 王志高, 1999, 「南朝帝王陵寢初探」, 『南方文物』 1999-4期, 68~69쪽; 王志高, 2004, 「六朝帝王陵寢述論」, 『南京曉庄學院學報』 20卷2期, 28~29쪽.

165 三月甲午, 幸蘭陵. 庚子謁建陵, 陵上有紫雲覆, 久而乃散. 帝望陵流涕, 所沾草木變色, 陵旁先有枯泉, 是時流水香潔. 辛丑, 帝哭於修陵. 又於皇基寺設法會, 賜蘭陵老少位各一階, 所經縣邑, 放今年租調. (『建康實錄』권17 高祖武皇帝 大同 10年條)

166 朱偰, 1936, 『金陵古蹟圖考』, 中華書局, 135~137쪽.

된 황기사에서 법회를 열었다.[167] 『양서(梁書)』「임효공전(任孝恭傳)」에는 그가 무제의 명에 의해 '건릉사찰하명(建陵寺刹下銘)'을 지었다는 기록이 있는데, 황기사가 건릉사(建陵寺)로도 불렸을 가능성이 있다고 한다.[168] 그런 점에서 황기사는 건릉사로 건릉의 능사였으리라 생각되며, 적어도 544년 단계에는 유지되었다고 할 수 있다. 양 무제는 돌아가신 부모를 위해 대애경사(大愛敬寺)와 대지도사(大智度寺)를 건립하기도 했고 건릉 옆에 별도로 황기사를 건립했던 것이다.

고대 동아시아에서 능묘와 사원의 결합을 가장 풍부하게 보여주는 것은 북위 방산 영고릉(永固陵)과 사원불사(思遠佛寺)에 관한 자료이다. 방산에는 태화(太和) 연간에 영천궁지(靈泉宮池), 사원불사, 영고릉 등 능원이 조영되었는데 산서성 대동시 북방(北方)에는 현재 북위 문명황후(文明皇后) 풍씨(馮氏)의 무덤인 영고릉과 효문제(孝文帝)의 수릉(壽陵)이 남아 있다. 효문제의 수릉은 문명태후의 무덤 동북 1리에 있는데 매장되지 않은 허궁(虛宮)으로 만년당(萬年堂)으로 불렸다. 수릉의 남쪽에는 문명태후의 무덤인 영고릉과 영고당, 사원불사, 영천궁지 등이 거의 남북 일직선 상에 배치되어 있다(〈도3-22〉).

〈도3-22〉의 A지점을 풍태후의 무덤인 영고릉으로 보는 데는 이견이 없다. 영고릉은 전실(塼室)을 봉토한 것으로 하방상원형(下方上圓形)을 하고 있는데 하방부는 동서124미터, 남북 117미터, 잔존 높이 약 23미터에 달한다.[169] 영고당의 위치에 대해서는 C지점인 백불대 유적(白佛臺遺蹟)으로 비정하기도 하지만 B지점, 또는 A와 C지점의 넓은 지역을 영고당으로 추정하기도 한다. 『수경주(水經注)』의 기록을 보면, 영고당은 제사 의례 등이 이루어지는 장소로 풍태후의 묘(廟)와 같은 성격을 갖는다.[170] D지점인 초당산 유적(草堂山遺蹟)은 사원불사 유적으로 비정되

167 皇基寺는 江蘇省 丹陽市에 있는 建陵의 북쪽 약 2km 부근에 있다. 梁銀景, 2009, 「中國佛敎寺刹의 검토를 통해 본 百濟泗沘期 佛敎寺刹의 諸問題」, 『百濟研究』 50, 168~169쪽.

168 諏訪義純, 1997, 「梁武帝佛敎關係史蹟年譜考」, 『中國南朝佛敎史の研究』, 169~170쪽.

169 大同市博物館·山西省文物工作委員會, 1978, 「大同方山北魏永固陵」, 『文物』 1978-7期.

170 羊水又東注于如渾水, 亂流逕方山南, 嶺上有文明太皇太后陵, 陵之東北有高祖陵. 二陵之南有永固堂, 堂之四周隅, 雉列榭, 階, 欄, 檻 , 及扉, 戶, 梁, 壁, 椽, 瓦 , 悉文石也. 檐前四柱 , 採洛陽之八風谷黑石爲之 , 雕鏤隱起 , 以金銀間雲矩 , 有若錦焉. 堂之內外 , 四側結兩石趺 , 張青石屛風 , 以文石爲緣 , 竝隱起忠孝之容 , 題刻貞順之名. 廟前鐫石爲碑獸 , 碑石至佳 , 左右列柏 , 四周迷禽闇日. 院外西側 , 有思遠靈圖 , 圖之西有

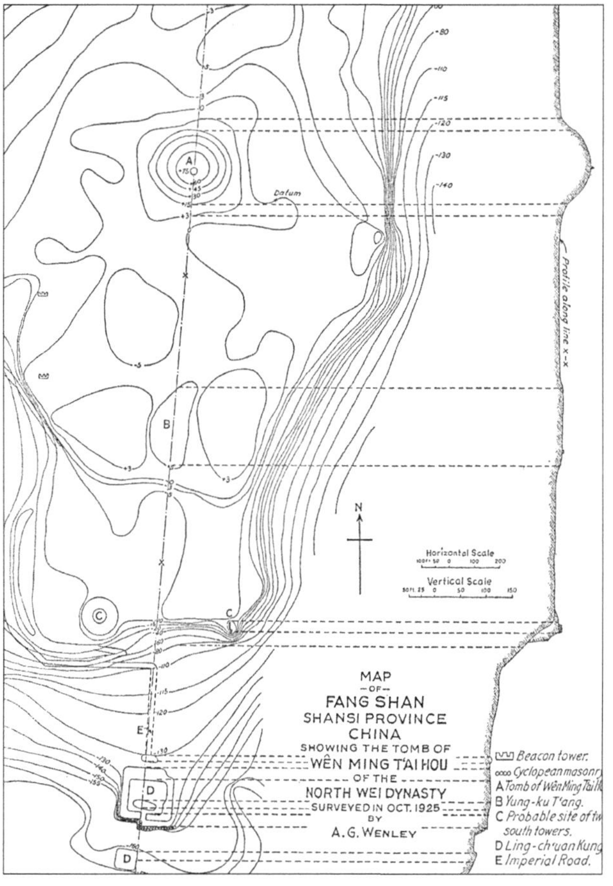

도3-22 大同 北魏方山의 永固堂과 思遠佛寺의 配置圖(1947년 Wenley 조사 도면)

는데 1981년 이 일대에 대한 발굴 결과가 최근에 공표되었다.[171] 이곳에서는 북위 시대의 소조상과 문양전, 정방형의 목탑지 흔적과 탑심실체 등이 확인되었다.

다만 논란이 되는 것은 C지점인 백불대 유적의 성격에 관한 것으로, 백불대 유적과 D지점의 초당산 유적 두 곳 모두를 사원불사로 보아야 한다는 견해가 제기되었다.[172] 백불대 유적(C지점)에서도 한 변 20미터에 달하는 토대(土臺)와 소조

齋堂, 南門表二石闕, 闕下斬山, 累結御路. 下望靈泉宮池, 皎若圓鏡矣.(『水經注』卷十三 㶟水) 대동 방산 영고릉과 영고당에 관한 최근의 연구는 다음을 참고. 燕睿, 2009, 「北魏陵寢制度的基本特徵」, 『南都學壇(人文社會科學學報)』 29-1, 41~42쪽; 박순발, 2010, 「北魏 平城 斷想」, 『百濟學報』 3, 78~81쪽.

171 大同市博物館, 2007, 「大同北魏方山思遠佛寺遺址發掘報告」, 『文物』 2007-4期.

172 岡村秀典·向井佑介 編, 2007, 「北魏方山永固陵の硏究」, 『東方學報』 80, 65~66쪽.

상이 발견되었기 때문이다. 하지만 〈도3-22〉에서 잘 알 수 있는 것처럼 백불대 유적으로 알려진 C지점은 한 곳이 아니라 두 곳으로 동서쪽에 대칭을 이루고 배치되어 있다. 따라서 이 견해를 따르게 되면 하나의 단위 유적 안 3개소의 목탑이 있었다는 얘기가 된다. 특히 C지점이 있는 백불대 유적과 사원불사에 해당하는 D지점 사이는 50미터 이상의 고도차가 있다. 따라서 C지점에서 소조상이 출토되었다고 하더라도 그것을 D지점과 동일하게 목탑을 장엄한 것으로 판단하는 것은 무리가 있다. 이에 필자는 백불대 유적으로 명명한 C지점을 『수경주(水經注)』에서 말하는 남문(南門) 동서쪽에 위치하는 석궐(石闕)로 보는 것이 적절하다고 생각한다. 『수경주』에서는 석궐 아래 산을 잘라 어로(御路)를 연결했다고 하였다. 〈도3-22〉의 서쪽 C지점과 D지점의 사이에는 지그재그 형태의 길이 보이는데, 그것이 바로 어로였을 것으로 생각되기 때문이다. 어쨌든 방산 일대에는 사원불사라는 사원이 먼저 건립된 다음 수릉인 영고릉이 만들어지고, 그 후 영고릉의 청묘(淸廟)인 영고당이 만들어진 모습은 능묘와 사원의 결합이 진행되는 과정을 잘 보여주는 사례라 할 것이다.

고구려 정릉사(定陵寺)는 전(傳) 동명왕릉(東明王陵)에서 남쪽으로 120미터가량 떨어진 곳에 위치하며, '定陵(정릉)', '陵寺(능사)' 등의 명문이 있는 토기편으로 볼 때 전 동명왕릉의 능사로 추정된다(〈도3-23〉).[173] 전 동명왕릉의 묘주에 대해서는 이장한 동명왕릉,[174] 장수왕릉,[175] 또는 정치·사회적 권위의 상징물이거나 허묘일 가능성[176] 등 여러 견해가 제기되었다. 하지만 고분의 축조 시기는 입지, 배후 봉토분과의 분포 관계, 구조 형태, 벽화의 내용 등으로 볼 때 427년 평양 천도 이후인 5세기 후반대의 고분임에 분명하다.[177] 정릉사지와 전 동명왕릉의 선후 문제

173 김일성대학, 1976 『동명왕릉과 그 부근의 고구려유적』, 김일성대학출판부; 田中俊明, 1995, 「高句麗の寺院」, 『高句麗の歴史と遺蹟』, 中央公論社.

174 전제헌, 1994, 『동명왕릉에 대한 연구』, 평양(조선).

175 永島暉臣愼, 1981, 「高句麗都城建築」, 『難波宮址硏究』 7(論考篇), (財)大阪市文化財協會; 魏存成, 2002, 『高句麗考古』, 文物出版社; 曺永鉉, 2004, 「傳東明王陵의 墓主 比定」, 『科技考古硏究』 10, 亞洲大學校博物館.

176 姜賢淑, 2008, 「전 동명왕릉과 진파리 고분군의 성격 검토」, 『湖西考古學』 18.

177 고구려에서 壽陵制가 있었는지 근거가 부족하고, 금제관장식이나 관못이 출토된 것을 볼 때 墟墓일 가

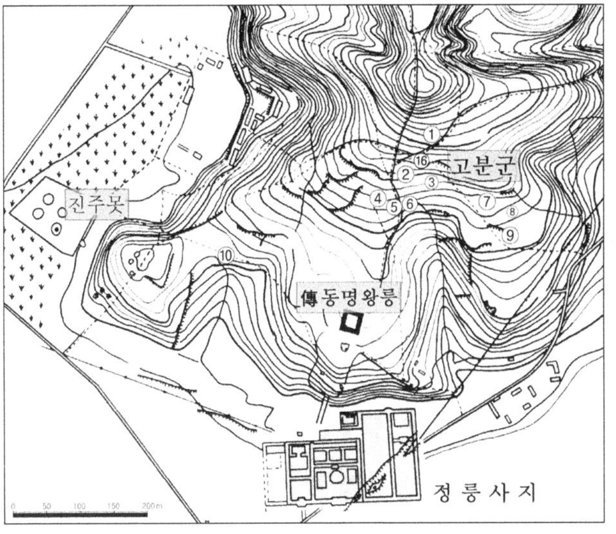

도3-23 평양 傳 동명왕릉과 정릉사지의 배치

는 지금까지 공표된 자료만으로는 판단하기 어렵지만, 적어도 6세기 전반 이전에는 능묘와 사원이 결합된 경관이 연출되었던 것은 분명하다.[178]

이처럼 중국 남북조시대와 고구려의 사례에서 능묘 부근에 능의 수리와 관리는 물론 각종 제사를 지내는 데 필요한 건축물이 있었고, 그것이 불교 사원과 결합된 사례가 확인되는데 백제의 능산리사지 일대에 그러한 양상이 동일하게 전개된 것이 아닐까 한다.

중국 문헌에 따르면 왕릉 부근의 제사 관련 시설 가운데 양쪽에 익사를 갖춘 건물은 '묘(廟)'라고 불렀다. 중국의 능침 제도에서 침(寢)과 묘는 위치와 기능, 건물 구조가 달랐는데 『이아(爾雅)』「석궁(釋宮)」에서는 "실(室)의 동쪽과 서쪽에 상(廂, 副室)이 있는 것을 묘라 하고, 동쪽과 서쪽에 상이 없고 실만 있는 것을 침이라고 한다"[179]고 했다. 묘에 곁칸이 있었던 것은 조(朝)를 본떠 묘를 건축했기 때문인데, 조에 있는 동·서쪽의 상(廂)은 신하들이 군주의 정무 처리를 기다리거나 조견

능성은 낮다고 생각된다(鄭浩燮, 2010, 「高句麗 壁畵古墳의 銘文과 被葬者에 관한 諸問題」, 『高句麗渤海研究』 36, 59~60쪽).

178 삼국 및 통일신라의 陵寺에 대해서는 田中俊明, 2011, 「朝鮮三國の陵寺について」, 『東アジア都城の比較研究』(橋本義則 編), 京都大學學術出版會에서 정리된 논고 참고.

179 室有東西廂曰廟, 無東西廂有室曰寢. (『爾雅』「釋宮」)

(朝見)을 준비하는 곳이었다.[180]

『이아』「석궁」에서 말하는 묘는 동서 익사를 가진 강당지 전체 구조와 부합하며, 남쪽만 개방된 강당 본채 동실의 구조와도 연결된다. 강당 동서쪽의 불명건물지I과 공방지II는 분명히 익랑(翼廊)이 아니라 익사 건물이기 때문이다. 다만 〈도 3-18〉에서 알 수 있듯이 동쪽 익사는 1실인데 비해 서쪽 익사는 2실로 구성되어 있고, 강당과 접한 위치 또한 정확하게 좌우대칭을 이루지 않는다. 따라서 이러한 건물 배치와 구조를 묘라고 단정하기 어렵고, 군수리사지의 동북기단과 서북기단으로 알려진 유구와 유사한 배치를 이루고 있어 능산리사지 특유의 독특한 가람배치라고 단정하기가 주저된다. 나아가 그것을 종묘(宗廟)나 구태묘(仇台廟)[181] 또는 신궁(神宮)[182] 중 어느 하나로 추정하는 것은 아직 무리가 있다고 생각한다.

이에 필자는 강당을 비롯한 초기 건물의 건물 구조와 배치, 불교 관련 내용은 물론 각종 제사 관련 기록이 함께 있는 목간의 기재 내용, 초기 건물군이 결과적으로 567년 이후 불교 사원으로 기능하게 된 점 등을 종합적으로 고려할 때 능산리 고분군, 특히 성왕릉의 사묘(祠廟) 또는 사당(祠堂) 시설로 정의하고자 한다. 그것을 종묘나 구태묘 같은 국가 제사시설로 단정하기 어려운 이유는 그러한 국가 제사시설들이 과연 왕실 세력에 의해 불교 사원으로 바뀔 수 있었을지 의문이며, 능산리 출토 목간의 기재 내용과 해석을 고려할 필요가 있기 때문이다. 초기 건물군을 비롯한 목탑과 금당 등의 배치는 불교 사원, 특히 능사나 원찰의 건립이라는 거시적인 기본 계획 속에서 그 필요성과 중요도에 따라 순차적으로 건립된 것으로 이해해야 할 것이다.

한편 능산리 일대에 성왕릉의 사묘 시설이 건립된 배경에 대해서는 고구려의

180 楊寬, 2001, 『中國古代陵寢制度史研究』, 上海人民出版社, 18쪽.

181 金吉植, 2008, 「百濟始祖 仇台廟와 陵山里寺址 - 仇台廟에서 寺廟로」, 『韓國考古學報』 69. 이러한 仇台廟說에 대한 비판은 다음에서 정리한 바 있다(李炳鎬, 2008, 「扶餘陵山里寺址 伽藍中心部의 變遷過程」, 『韓國史研究』 143, 58~59쪽).

182 필자는 초기 시설물이 『日本書紀』 欽命紀 16년 2월조의 祖上神 제사와 관련된 神宮일 가능성을 언급한 바 있지만(李炳鎬, 2008, 「扶餘 陵山里 出土 瓦當의 性格」, 『木簡과 文字』창간호, 66쪽) 그것을 祠廟와 같은 것으로 정정하고자 한다.

영향이 주로 강조되었다. 동대자 유적(〈도3-20〉)이나 정릉사(〈도3-23〉)에서 확인되는 독특한 건물 구조와 판석조로 된 이중굴절형 구들시설, 연통형토기를 비롯하여 부여 지역에서 발견되는 고구려계 토기 등이 중요한 근거가 될 수 있다.[183] 하지만 능묘와 불교 사원의 결합 양상은 고구려뿐만 아니라 북위와 양에서도 확인되는 현상이다. 또 제2부 제1장에서 검토한 것처럼 사비시기의 불교 사원에는 고구려와 남조의 영향이 함께 확인되기 때문에 남조의 영향에 대해서도 주의가 필요하다고 생각한다.

이에 필자는 강예박사(講禮博士) 육후(陸詡)의 활동이나 양 무제의 영향을 고구려의 영향과 함께 주목할 필요가 있다고 생각한다. 육후는 최영은(崔靈恩)에게서 『삼례의종(三禮義宗)』을 배웠고 541년부터 552년 사이에 백제에서 활동한 인물이다.[184] 백제에서는 사비 천도를 전후해 남조 양으로부터 사전(祀典)을 비롯한 각종 제도를 수용하는데, 주례(周禮) 이념에 입각한 정치 질서의 확립에 육후의 영향이 컸다고 생각된다.[185] 육후는 천도 이후 10여 년 동안 강예박사로 활동하면서 국왕과 군신들에게 많은 영향을 미쳤을 것이며, 제의 체계는 물론 구체적인 제장(祭場)의 선정이나 의례 절차에도 관여했을 것이다. 그러한 맥락에서 능산리 일대에서 웅진시기와 다른 사묘 시설을 설립한 배경에는 육후의 영향이 있었다고 생각한다.[186]

양 무제의 영향은 더 직접적인 것으로 보인다. 그는 부모에 대한 효도를 표현하기 위해 대애경사를 창건했는데 애경(愛敬)이란 『효경』의 핵심적 어구이다. 『효경』에 의거하면서 명효도(明孝道)와 건사(建寺)·강독(講讀)이 함께 이루어지는 것

183 金圭東, 2002, 「百濟 土製 煙筒 試論」, 『科技考古硏究』 8, 59~61쪽; 柳基正, 2003, 「泗沘期 구들시설 建物址에 대한 一考察」, 『國立公州博物館紀要』 3, 169~173쪽; 朴淳發, 2005, 「高句麗와 百濟-泗沘樣式 百濟土器의 形成 背景을 中心으로」, 『고구려와 동아시아』, 고려대박물관, 36~37쪽.

184 趙景徹, 2000, 「百濟 聖王代 儒佛政治理念-陸詡와 謙益을 중심으로」, 『韓國思想史學』 15, 10~14쪽.

185 李基東, 1990, 「百濟國의 政治理念에 對한 一考察」, 『震檀學報』 69, 12~13쪽.

186 新川登龜男는 講禮博士 陸詡가 毛詩博士인지는 알 수 없지만 능산리사지에서의 사리 공양은 釋尊의 사리를 공양하는 것뿐만 아니라 죽은 아버지의 遺形을 석존의 그것과 중첩시키거나 석존의 사리를 내세워 공양하는 우회적인 방법을 상정할 수 있으며 이것은 모시박사의 활동과 관련이 있을 것이라고 했다. 新川登龜男, 2011, 「百濟と日本の飛鳥·奈良における佛敎文化」, 『忠淸學과 忠淸文化』 13, 105쪽.

은 양나라에서 새롭게 전개된 효사상의 모습이다.[187] 능산리사지 일대에서 유교적인 상장례와 관련된 초기 시설이 불교 사원인 원찰이나 능사로 전환될 수 있었던 배경에는 양나라에서 수용된 효사상과 유불의 사상적 융합이라는 바탕이 있었을 것이다.[188]

양 무제의 영향은 위덕왕의 사신(捨身) 관련 발언에서도 찾을 수 있다. 위덕왕은 비명에 전사한 성왕의 명복을 빌기 위해 출가수도를 선포하지만 신하들의 만류로 출가를 포기하고 왕위에 올랐다. 위덕왕이 사신 발언을 통해 소기의 정치적 목적을 달성하고자 한 배경에는 양 무제의 사신 관련 행적을 크게 참고했을 것이다.

위덕왕은 자신이 출가수도하는 것을 포기하는 대신 100명을 출가시키자는 여러 신하들의 건의를 수용한다. 이에 신하들은 상의하여 100명을 출가시켜 많은 번개(幡蓋)를 만들고 여러 가지 공덕을 닦았다고 하니 이는 곧 부왕의 추복을 위한 국가적인 사업의 전개라 할 수 있다.[189] 이때 출가한 100명의 도승은 실추된 위덕왕의 왕권을 회복하는 기반이 되었을 것이며, 결과적으로 능산리사지 창건의 주역이 되었을 것이다.[190] 그때가 555년 8월의 일이니 567년 사리감 매립과는 13년의 시차가 있다. 그리고 바로 그 무렵 강당을 중심으로 한 초기 건물군이 모종의 역할을 수행한 것으로 보인다. 그것은 성왕릉의 축조나 성왕을 추복하기 위한 각종 제사를 담당하던 사묘(祠廟)와 같은 것이었다고 추정된다.[191] 이러한 위덕왕의 행적

187 近藤浩一, 2005, 「百濟 時期의 孝思想 수용과 그 意義」, 『百濟研究』 42, 121~123쪽.

188 이 글에서 필자는 능산리사지의 성격 변화에 고구려나 양의 영향이 있었다고 주장하지만, 유교와 불교의 喪葬儀禮는 본질적으로 다른 것이기 때문에 건조물의 변화와 의례의 변화에 대해서 보다 구체적으로 검토할 필요성이 지적된 바 있다(李成市, 2010, 「王興寺の成立と百濟佛教 - 高句麗·新羅佛教との關係を中心に」, 『古代東アジアの佛教と王權』, 勉誠出版). 이에 대해 필자는 능산리사지와 능산리고분군 일대는 천도 당시부터 왕실의 陵園과 陵寺가 기획되어 있었기 때문에 그러한 변화가 가능했던 것이 아닐까 추정하고 있다. 능산리사지의 강당을 비롯한 초기 건물군과 그 남쪽의 탑과 금당 등의 가람 중심부는 하나의 일관된 계획을 가지고 배치되고, 순차적으로 조영된 것으로 생각하기 때문이다. 554년 성왕의 갑작스런 죽음이 그러한 건물의 건립 순서나 기능에 영향을 미쳐 祠廟에서 陵寺로 변화한 것이 아닐까 생각한다.

189 金相鉉, 1999, 「百濟 威德王의 父王을 위한 追福과 夢殿觀音」, 『韓國古代史研究』 15, 56쪽.

190 吉基泰, 2006, 『백제 사비시대의 불교신앙 연구』, 서경, 78~79쪽.

191 趙源昌은 군수리사지를 555~567년 사이 위덕왕에 의해 창건한 사찰로 파악했다(조원창, 2008, 「백제

은 고구려를 비롯해 양 무제나 육후의 영향으로 생각된다. 다만 사비 천도 이후 백제의 사전 체제에 영향을 미친 육후의 스승인 최영은이 원래 북조에서 벼슬을 하다가 514년 양으로 들어온 인물이라는 점을 고려할 때,[192] 왕릉의 인근에 불사를 축조하는 것이 어느 한 나라만의 계통이나 영향이라기보다는 당시의 사조였을 가능성도 고려할 수 있을 것이다.

3) 사원의 변천 과정과 그 의의

능산리사지 강당은 건물 구조뿐만 아니라 건립 순서에서 독특한 위치를 차지하기 때문에 일반적인 불교 사원과 다른 특수한 목적을 수행한 것으로 생각된다. 그리고 강당을 비롯한 초기 건물군은 554년 비명에 죽은 성왕을 추복하기 위한 제사를 담당하던 사묘와 같은 것으로 추정된다. 이처럼 강당을 중심으로 한 초기 건물군이 일찍부터 건립된 배경에는 성왕의 비정상적인 죽음이라는 역사적인 사건이 게재되어 있다. 이제 능산리 일대에서 성왕릉이 축조된 경위와 가람 중심부 건물의 정비 과정 및 사원 건립의 의의에 대해 살펴보자.

능산리사지 최하층에서 출토된 중국제청자편이나 벼루편, 토기편 등의 상한은 6세기 중엽 정도라고 생각된다. 하지만 6세기 중엽이라는 연대는 지극히 상대적어서 554년이라는 절대연대와 어떤 관계를 갖는지 잠시 검토할 필요가 있다. 능산리 고분군 중하총의 석실 구조나 출토 유물 등 고고학적 자료로는 그것이 성왕이 죽기 이전에 만들어졌는지 사후에 만들어졌는지는 확정하기 어렵다.

군수리사원의 축조기법과 조영주체의 검토」, 『韓國古代史硏究』 51, 180~185쪽). 그러나 편년 자료로 제시한 대통사식 와당과 정암리 요지 출토품은 능산리사지 출토 창건기 와당보다 한 단계 늦은 것으로 보인다(淸水昭博, 2012, 『古代日韓造瓦技術の交流史』). 전자의 경우 대통사지 출토품과 태토가 문양이 다르고, 와당 자체가 두꺼우며, 접합기법이 다르기 때문에 6세기 중후반으로 편년된다. 정암리 요지의 경우 적어도 567년 이후인 6세기 중후반부터 조업한 것으로 생각되고 있다. 따라서 그의 가설은 성립하기 어렵다.

192 新川登龜男, 1994, 『日本古代文化史の構想』, 名著刊行會, 132~133쪽.

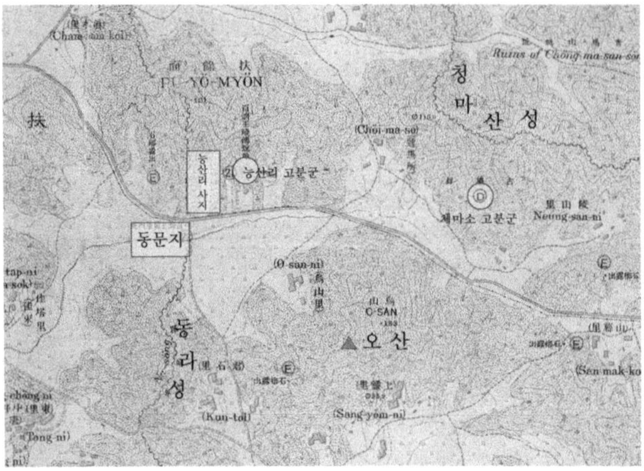

도3-24 부여 능산리사지와 주변 유적의 분포도

다만 능산리고분군 주변에 능산리사지뿐만 아니라 방어시설인 동라성과 나성 동문, 삼산(三山)의 하나인 오산(吳山) 등이 배치된 것은 매우 의도적이라고 생각한다(〈도3-24〉). 능산리 일대는 중국이나 일본의 도성제에 보이는 나성문과 비슷한 경관이 연출되는 등 매우 중요한 지역이었다고 할 수 있고,[193] 그런 점에서 538년 천도 당시부터 그러한 배치 계획안이 마련되었을 가능성이 있다. 즉, 능산리 일대는 성왕의 수릉 여부와 무관하게 왕실의 매장지로서 성왕 사전부터 이미 지정되었을 가능성이 있다.[194]

554년 7월 성왕의 죽음은 매우 이례적인 사건이었고, 그의 시신 또한 매우 특수한 상황에 처해 있었다. 『일본서기』에는 관산성 전투의 전개 과정과 성왕의 전사 과정을 상세하게 묘사했는데 성왕의 시신 처리에 관한 다음 대목이 주목된다.

193 李炳鎬, 2007, 「泗沘都城의 構造와 築造過程」, 『百濟의 建築과 土木』(백제문화사대계15), 122쪽.

194 金吉植은 능산리사지에서 출토된 고구려계 토기 중에 538년 전후까지 소급되는 것이 포함되어 있다고 본다(金吉植, 2008, 「百濟 始祖 仇台廟와 陵山里寺址」, 『韓國考古學報』 69, 59~64쪽). 하지만 부여 일대에서 출토되는 高句麗系 土器의 경우 동일한 시점의 서울 아차산보루군이나 연천 호로고루 등에서 출토되는 고구려 토기가 아니라 5세기대의 토기 제작 전통을 따르고 있기 때문에(梁時恩, 2011, 「南韓에서 확인되는 高句麗의 時·空間的 正體性」, 『고고학』 10권2호, 121~122쪽), 두 유적의 토기를 동일한 수준에서 비교하는 것은 무리가 있다. 필자는 1형식 와당의 전개 과정이나 목간의 기재 내용을 볼 때 그러한 고구려계 생활용 토기가 출토되는 것과 별개로 중심 건물의 초축 시기는 567년 목탑 건립 연대를 크게 소급하지 않는 550년대 무렵이었을 것으로 보고 있다.

> 고도(苦都)는 참수하여 죽인 후에 구덩이를 파고 묻었다. 일서(一書)에 말하기를 신라는 명왕(明王)의 두골을 수습하여 두고, 예로써 나머지 뼈를 백제에 보냈다. 신라왕이 명왕의 뼈는 북청(北廳)의 계하(階下)에 묻었다. 이 청(廳)을 남당(南堂)이라고 한다.[195]

『일본서기』에는 사마(飼馬)의 노(奴) 고도(苦都)가 성왕을 참수한 다음 그 시신을 구덩이에 묻었다는 설과 두골은 신라 경주로 보내고 뼈는 백제로 보냈다는 설을 함께 기록하고 있다. 그런데 창왕명 석조사리감의 명문을 통해 능산리 고분군에 성왕의 무덤이 있고, 중하총이 그에 해당하는 것이라 추정되므로 후자일 가능성이 더 크다. 전자라고 해도 능산리 일대에 가묘를 만든 것으로 보아야 할 것이다.

성왕의 시신은 어떤 과정을 거쳐 중하총에 묻히게 되었을까. 백제의 삼년복상(三年服喪) 제도는 중국의 기록뿐만 아니라 무령왕릉의 지석을 통해서 27개월 3년상이 증명되었다.[196] 물론 무령왕릉이 죽기 전에 만들어진 수릉이었는지의 문제는 남아 있지만,[197] 성왕이야말로 무령왕릉의 최종 완성자인 점에 주목하면 위덕왕도 3년상의 전통을 계승했을 것으로 생각된다. 만약 성왕이 554년 7월에 정상적인 죽음을 맞았다고 가정하면, 그는 556년 10월 전후에 중하총에 본 매장되었을 것이다. 그러나 관산성 전투 과정에서 파생된 비정상적인 상황에서 언제 어떤 절차로 국장이 치러졌는지를 추정하기는 거의 불가능하다.[198]

195 (前略)苦都斬首而殺. 掘坎而埋. 一本云, 新羅留理明王頭骨, 而以禮送餘骨於百濟. 今新羅王埋明王骨於北廳階下. 名此廳曰都堂. (『日本書紀』권19 欽明 15年 冬12月條)

196 李漢祥, 2007, 「백제의 葬禮風習」, 449~453쪽.

197 武寧王陵을 壽陵으로 보는 결정적인 자료는 '士 壬申年作' 명문전 때문이다. 그러나 그것은 무령왕릉 선문의 폐쇄를 위해 사용된 것이기 때문에 송산리 6호분에서 전용되었을 가능성이 남아 있다. 사실 입구 폐쇄용 전은 무령왕릉에서 주로 사용된 연화문전 이외에도 6호분에 주로 사용된 전문전 등 다른 곳에서 전용된 것이 다수 포함되어 있다(井內潔, 2007, 「南朝梁と熊津期百濟文化 - 宋山里6號墳と大通寺に係わる新思考から」, 『朝鮮古代研究』 8, 4~5쪽).

198 성왕의 3년상에 관한 자료가 없어 위덕왕의 즉위 과정을 통해 이를 복원한 연구가 있다. 그에 따르면 『일본서기』에는 위덕왕의 즉위를 성왕이 전사한 3년 뒤인 557년 3월이라 기록하고 있다. 성왕이 전사한 시기는 『삼국사기』에는 554년 7월, 『일본서기』에는 554년 12월로 차이를 보인다. 『일본서기』의 554년 12월은 성왕의 유해가 돌아온 사정을 반영한 것으로 볼 수 있기 때문에, 위덕왕은 27개월 3년상을

다만 성왕 사후 장례 절차와 관련시킬 수 있는 사건이 555년 8월 위덕왕의 출가 발언이 아닐까 한다. 위덕왕은 '봉위고왕(奉爲考王)'을 명분으로 출가수도하겠다고 말하고 그 결과 100명의 도승과 번개를 만드는 등 여러 가지 공덕을 닦았다. 이때 봉위(奉爲)가 갖는 의미나 효사상이 불교와 결합되는 양상에 대해서는 이미 깊이 있는 천착이 있고,[199] 번개와 공덕의 구체적인 모습에 대한 추정도 있다.[200]

그런데 이 사건의 이면에는 555년 8월 무렵 이미 성왕의 명복을 빌기 위해 출가수도 할 여건이 성숙되었다는 사실이 내포되어 있다. 그 시점에는 이미 성왕의 주검을 일정한 시설에 모셨을 가능성을 유추할 수 있다. 그런 점에서 강당을 비롯한 초기 건물군을 빈전 관련 시설로 파악하는 것은 논리적으로 무리가 있고, 필자처럼 왕릉과 관련된 사묘 시설로 이해하는 것이 타당하다고 생각한다.

능산리사지 가람의 변천과 정비 과정은 크게 3단계로 구분할 수 있다(〈도 3-25〉). 1단계는 강당과 동서 익사, 불명건물지II, 공방지I 이외에 목탑지 서쪽의 암거와 중문지 동남쪽과 남서쪽의 초기 자연배수로, 책상 유구, 서배수로 부근에서 발견된 목교, 요지 등이 기능했다. 강당을 비롯한 초기 건물군은 남쪽 일대가 트여 있는 구조인데, 강당 앞마당은 광장과 같은 형태였으리라 생각된다. 이러한 광장은 사묘 시설로 추정되는 강당과 함께 제사 의식을 수행하기 위해 고려한 것으로 생각된다.

2단계는 567년 목탑의 심초석 매립을 기점으로 목탑과 금당 등 사원 관련 시설이 들어선다. 이 단계에는 목탑과 금당, 중문, 회랑 등이 차례로 건립되어 가람 중심부 건물이 완성된다. 그 과정에서 북쪽과 동쪽 암거, 동·서대배수로를 비롯해서 중문지 남쪽 일대에 대한 대대적인 정비 작업이 단행된다. 이 단계는 강당 남쪽의 광장에 목탑을 시작으로 금당 등의 중심 건물이 들어서면서 능산리사지가 본격적으로 사원으로 기능한다. 그리고 창왕명 석조사리감을 통해 567년이 그러한

치르고 27개월 뒤에 왕위에 오른 것이라고 한다(趙景徹, 2008, 「百濟王室의 三年喪 - 武寧王과 聖王을 중심으로」, 『東方學志』 145).

199 近藤浩一, 2005, 「百濟 時期의 孝思想 수용과 그 意義」, 128~131쪽.

200 金相鉉, 1999, 「百濟 威德王의 父王을 위한 追福과 夢殿觀音」, 58~62쪽.

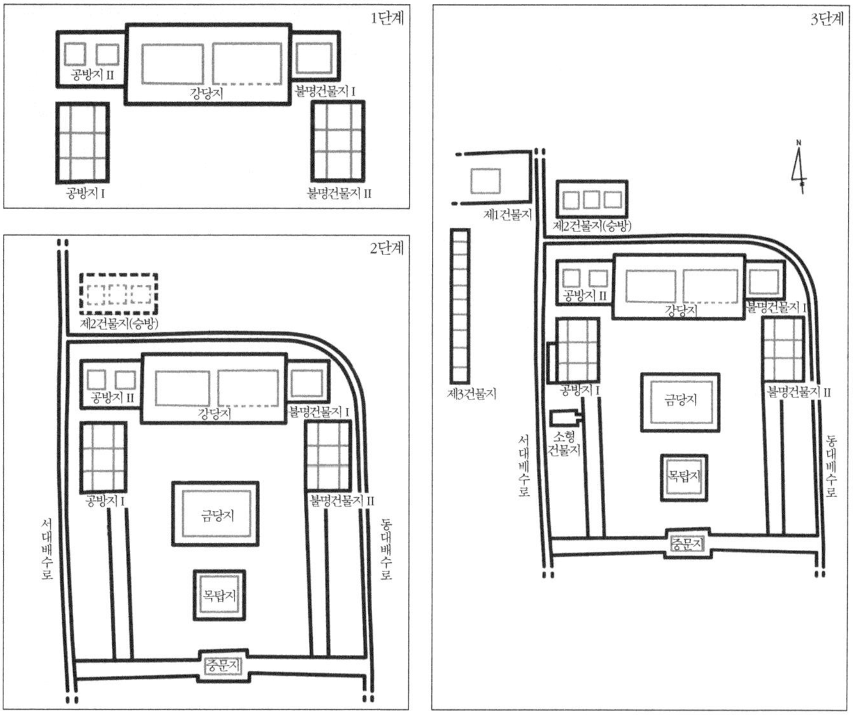

도3-25 부여 능산리사지의 변천 과정

공사의 분기점이 되었고 사원은 왕릉의 능사였음을 추정할 수 있다.

3단계는 가람 주변부, 특히 강당 북쪽과 서회랑 서쪽 일대에 대한 개발이 이루어졌다. 능산리사지 9~10차 조사에서는 몇 기의 건물지와 수로, 작업장 및 폐기장, 우물지 등이 발견되었다. 출토 유물로는 1b형식과 11형식의 와당과 소문와당, 서까래기와, '巳毛(사모)'명을 비롯한 각종 인각와, 다량의 암키와와 수키와, 등잔과 더불어 금동제교구, 소조상편, 기대편, 벼루편, 화살촉과 철 슬래그, 인화문토기편 등이 출토되었다.[201] 가람 주변부의 건물지에서 다량의 암키와와 수키와가 출토되었지만 와당의 출토량은 매우 적고 일부는 기단토 내부에서 발견되었다. 그런 점에서 가람 주변부의 기와집들은 와당으로 장식되지 않은 것으로 보인다.

201 國立扶餘文化財硏究所, 2008, 『陵寺 - 부여 능산리사지 10차 발굴조사보고서』; 韓國傳統文化學校, 2010, 『扶餘 陵山里寺址 - 제9차 발굴조사보고서』.

가람 주변부의 시설들은 사원에서 생활하던 승려들의 생활공간이나 사무를 담당하던 부속시설로 추정되는데, 공반 유물을 참고할 때 6세기 후반에서 7세기 전반 무렵부터 멸망기까지로 보인다.[202] 이 시기는 출토 와당에 관한 분석에서 밝혔듯이 가람 중심부 주요 전각들의 대대적인 보수가 이루어졌다. 또 서회랑 외곽에 소형 건물이 부가되거나 공방지I이 기능하는 등 가람 중심부 각 건물의 성격이나 기능이 다시 한 번 바뀌었다고 생각된다.[203]

능산리사지 초기 건물군이 567년 목탑 건립을 기점으로 본격적인 불교 사원으로 기능하게 된 배경과 의미에 대해 살펴보자. 능산리 고분군의 사묘라 할 수 있는 초기 건물군은 567년 이후에 사원의 부속건물로 기능하게 된다. 강당은 초기 건물군의 핵심 시설이었음에도 목탑 건립 이후 사비시기 일탑일금당식 가람배치에서 흔히 나타나는 강당과 동일한 배치를 보인다. 즉, 3단계 이전까지 통간이 아닌 격벽 구조와 좌우 익사 형식을 유지하고 있었다. 그런 점에서 초기 건물군은 목탑 건립 이후에도 일정 기간 기존의 제사 기능을 계속 수행했을 것으로 추정되며, 이는 능산리사지의 능사로서의 성격을 더욱 더 분명하게 보여준다.

도성의 운영과 관련해 567년 사묘 시설의 불교 사원으로의 성격 변화는 나성 내부에 한정되었던 귀족의 거주지가 외곽으로 확대되는 시점과 결부되어 있다. 필자는 부여 관북리 도로 유적, 쌍북리 현내들 도로 유적, 능산리·가탑리 도로 유적 등 현재까지 부여 지역에서 발견된 도로 유적의 대부분이 6세기 중·후반 이후에 정비된 것으로 파악하는데, 그런 점에서 567년은 도성 내외 도로의 개설과 정비 같은 대규모 토목공사의 시작을 알리는 해가 아니었을까 한다.[204]

567년은 위덕왕이 대내적으로 체제를 정비하고 북조와의 교섭을 재개하는 등

202 가람 주변부 건물지 중 한국전통문화학교에서 발굴한 제2건물지의 경우 3실로 나누어졌고 각 실마다 온돌이 확인되었다. 그런 점에서 제2건물지는 승방지였을 가능성이 큰데 가람 중심부의 전개 과정과 연관시켜 볼 때 2단계부터 기능하였을 가능성이 있다.

203 최근 김종만은 능산리사지 건물군의 건물지의 구조적 특징을 검토하면서 크게 5단계의 변천과정을 상정했다. 그러나 이 글의 1단계와 3단계를 세분한 정도의 차이에 지나지 않는다(金鍾萬, 2011, 「扶餘 陵山里建物群의 性格과 變遷」, 『考古學誌』 17).

204 李炳鎬, 2008, 「扶餘 陵山里 出土 瓦當의 性格」, 32~33쪽.

왕권강화 작업을 본격화한 해로 평가된다.[205] 그런데 567년 사리 공양의 주체는 매형공주(妹兄公主)로 기록되어 있는데, 매형공주는 위덕왕의 '맏누이동생' 정도로 해석된다.[206] 이것을 볼 때 이 단계에는 왕과 왕실, 귀족 세력 사이에 세력 균형이 유지되고 있었다고 추정된다. 577년에 제작된 왕흥사지 목탑지 출토 사리함에 '창왕(昌王)'이 사리 공양의 주체로 명시된 것과 대비되기 때문이다. 따라서 567년 사리감의 매립과 목탑의 건립은 '사리'가 갖는 상징성을 적극 활용해 능산리 고분군과 능산리사지의 신성성(神聖性)을 고양하는 한편, 귀족과의 세력 균형 속에서 사비 도성의 대규모적인 정비 사업을 대내외적으로 선포하는 기념비적인 사건이었다고 하겠다.

이처럼 능산리사지의 정비와 변천 과정은 왕릉의 제사와 관련된 사묘 시설이 불교 사원으로 대치되는 과정을 잘 보여주는데[207] 제3부 제1장에서 검토한 능산리 출토 목간은 이를 더욱 더 보완하고 증명하는 자료라고 할 수 있다.

295호 남근형 목간을 일본의 도향제와 도조신과 관련짓기도 하고,[208] 토착신앙이나 도교사상과 관련짓기도 한다.[209] 295호나 2002-1호 목간을 주금사의 활동과 관련짓는 견해가 있다.[210] 주금사는 주문과 기도로써 병자를 치료하는 사람으로 554년 억울하게 전사한 성왕과 그 후 위덕왕의 행적과 연관 있는 것으로 생각할

205 梁起錫, 1990, 「百濟 威德王代 王權의 存在形態와 性格」, 『百濟研究』 21; 梁起錫, 2003, 「百濟 威德王代의 對外關係」, 『先史와 古代』 19; 朴胤善, 2006, 「위덕왕대 백제와 남북조의 관계」, 『역사와 현실』 61.

206 申光燮, 2003, 「陵山里寺址 發掘調査와 伽藍의 特徵」, 50쪽.

207 최근 集安 高句麗碑의 발견으로 고구려의 守墓制에 관해 다양한 논의가 진행되고 있다. 특히 '四時祭祀'나 '(各於先王墓上)立碑, 銘其烟戶頭卄人名' 등의 銘文은 백제의 守墓制나 왕릉의 공간 구성 및 운영, 나아가 陵寢制度의 변화상을 추정하는 데도 많은 시사점을 주고 있어 향후 연구가 기대된다. 고구려의 왕릉 수묘제에 대한 연구동향 및 최근의 성과는 다음을 참고. 공석구, 2011, 「광개토왕릉비에 나타난 광개토왕의 왕릉관리」, 『高句麗渤海研究』 39; 정호섭, 2012, 「광개토왕비의 성격과 5세기 고구려의 수묘제 개편」, 『先史와 古代』 37; 여호규, 2013, 「신발견 〈集安 高句麗碑〉의 구성과 내용 고찰」, 『韓國古代史研究』 70; 정호섭, 2013, 「集安 高句麗碑의 性格과 주변의 高句麗 古墳」, 『韓國古代史研究』 70.

208 尹善泰, 2004, 「扶餘 陵山里 出土 百濟木簡의 再檢討」; 平川南, 2005, 「百濟と古代日本における道の祭祀」.

209 李鎔賢, 2007, 「木簡」, 『百濟의 文化와 生活』(백제문화사대계12), 270~276쪽.

210 이용현은 295호 목간을 주금사와 관련시켜 보았다(李鎔賢, 2007, 「木簡」, 275쪽). 이에 반해 필자는 2002-1호 支藥兒食米記 목간이 주금사와 관련될 가능성이 있다고 본다.

수 있다. 이러한 목간들이 304호 석가탄신일 관련 목간이나 313호 사원 명칭을 기록한 목간과 함께 출토된다. 이러한 현상은 567년을 사원의 완성 시점으로 파악한 기존 연구로는 이해하기 어렵다. 그러나 초기 건물군을 필자와 같이 파악하면 목탑 건립 전후에 성왕릉에 대한 제사와 불교 행사가 서로 긴밀하게 연결되었음을 알려주는 자료로 평가할 수 있다.

305호 목간은 숙세가(宿世歌)가 기록된 서간(書簡)[211] 또는 혼서(婚書)와 관련된 것[212]으로 논의되어 왔다. 그런데 조해숙은 305호 목간이 장례 절차를 노래에 실어 엄숙히 마련한 의식을 행하면서 망자의 넋을 위로하고 예를 갖추어 경의를 다해 절하면서 화자의 바람을 알리는 내용이라고 했다.[213] 특히 시비상문(是非相問)의 '시비(是非)'는 정확과 착오로, 『예기』에서 유래하여 의례에서 시비를 분명히 하는 것, '상문(相問)'은 '서로 보내는 예의(互相贈送)'로 봉분을 만든 다음에 물러나는 의례의 한 방법이라고 파악한다.[214]

이러한 해석은 능산리사지 초기 건물군을 능산리 고분군의 사묘 시설로 파악한 필자의 견해와 잘 부합한다. 그곳에 왕릉 축조와 관련된 사묘 시설이 운영되었다는 필자의 견해가 인정된다면 305호 목간의 숙세결업가(宿世結業歌)는 단순한 서정시라기보다 왕릉 축조와 관련된 장례 절차를 따지고 그에 따른 의식을 수행하면서 예를 갖추어 부왕을 애도한 구체적인 정황에 기초한 기록으로서의 성격도 함께 가진다고 할 것이다.[215] 향후 능산리 출토 목간의 기재 내용에 관한 분석을 통해 능산리사지 초기 건물군의 기능과 운영에 관한 더욱 구체적인 측면에 접근할

211 金永旭, 2003, 「百濟 吏讀에 대하여」, 『口訣硏究』 11, 143쪽.

212 金完鎭, 2005, 「국어학 10년의 앞날을 바라본다」, 『국어국문학 미래의 길을 묻다』, 태학사, 25~27쪽.

213 조해숙, 2006, 「백제 목간기록 "宿世結業…"에 대하여」, 『관악어문연구』 31, 170쪽.

214 조해숙, 2006, 「백제 목간기록 "宿世結業…"에 대하여」, 167~168쪽.

215 305호 목간은 전면을 「慧暉 前」으로 판독하여 書簡으로 단정하는 경향이 있었다. 그러나 '前'자의 마지막 획은 오른쪽으로 휘어져 '苑'자에 가깝기 때문에 따르기 어렵다. 慧暉는 人名으로 능산리사지 초기 시설에 거주한 승려일 가능성이 높다고 생각한다(尹善泰, 2004, 「扶餘 陵山里 出土 百濟木簡의 再檢討」, 64쪽). 7차 조사에서는 '會暉'라는 명문이 음각된 토기편이 발견되었는데(국립부여박물관, 2007, 『陵寺-扶餘 陵山里寺址 6~8次 發掘調査報告書』, 140쪽) 이때의 '會暉'가 목간의 '慧暉'와 音相似한 것으로 볼 수 있다면 동일인일 가능성이 있다. 會暉는 토기의 소유자를 표기하기 위한 것이다.

수 있을 것이다.

나오는 말

제3부에서는 부여 능산리사지의 중문지 남쪽에서 출토된 목간을 비롯한 출토된 와당의 분석을 통해 가람 중심부의 변천 과정을 파악하고, 그곳에 원래 사묘와 같은 시설이 있었지만 567년 목탑이 건립된 것을 계기로 하여 능사로 성격이 바뀌었다는 것을 논했다.

제1장에서는 그곳에서 출토된 목간의 성격을 검토했다. 중문지 남쪽에서 다량으로 발견된 목간들은 554년 관산성 전투에서 성왕이 죽은 사건 이후부터 567년 목탑이 건립되던 단계에 주로 제작·사용·폐기되었지만, 일부 목간은 6세기 후반까지 제작·사용되다가 폐기되었음을 확인했다. 그곳에서 출토된 목간의 대부분이 567년 목탑 건립을 전후한 시기에 폐기된 사실은 이 목간들이 능산리사지 초기 강당에 있었던 어떤 시설과 밀접하게 관련 있음을 보여준다. 또 목간에 기록된 내용이 불교나 죽은 사람의 의례와 관련된 것, 물품의 생산지와 이동, 장부와 같은 것이 망라되어 있는 점을 고려할 때 능산리 출토 목간들은 능산리사지의 조영이나 운영 과정에서 파생된 것이라 할 수 있다. 8차 조사에서 발견된 2002-1호 4면 목간은 능산리사지의 건립에 동원된 사람들에게 식미를 지급한 내역을 기록한 중간 장부와 같은데, 300호, 306호, 310호 목간 등을 종합해볼 때 능산리사지 일대에는 쌀과 같은 물품의 이동과 관련된 창고시설이나 행정조직이 존재했던 것으로 추정할 수 있었다.

제2장과 제3장에서는 능산리사지에서 출토된 와당의 형식 분류와 상대편년, 건물지별 분포 양상에 주목해 가람 중심부 건물의 건립 순서를 파악했다. 이 절터에서는 502점의 와당이 출토되었는데, 형식 분류 결과 13종류의 연화문와당, 2종류의 파문와당, 1종류의 소문와당이 확인되었다. 각 형식별 와당의 형식 분류를 통

해 1형식과 3·4·9형식을 창건기 와당으로 설정하고, 특히 1a형식이 가장 이른 단계에 해당하는 것으로 추정했다. 이 사원에서는 1a형식이 생산된 초기 단계에는 1요지-1사원형이던 것이, 점차 1b식~1e식 와당이 생산되고 3·4·9형식이 생산·공급되던 단계에서 복수 요지-1사원형으로 변화했다고 파악했다. 또한 시기적으로 늦고 소량 출토되는 와당들은 보수용 와당으로 추정했는데, 5형식은 금당지, 6형식은 목탑지, 7형식은 강당지에서 집중적으로 출토되기 때문에 각 건물의 보수를 위해 특별히 제작·공급된 와당으로 파악했다.

각 형식별 와당의 건물지별 분포 양상과 더불어 암거 등 배수시설의 축조 과정, 건물지의 구조, 목간 등의 공반 유물 등을 종합적으로 고려해 가람 중심부의 건물들의 건립 순서를 파악했다. 능산리사지의 가람 중심부는 강당과 그 부속건물인 불명건물지I, 공방지II, 그리고 불명건물지II, 공방지I 등이 먼저 건립되고, 목탑과 금당, 중문, 회랑 순으로 건립된 것으로 보인다. 강당을 중심으로 한 초기 건물군이 목탑이나 금당보다 먼저 건립된 사실은 이 건물들이 불교 사원과 다른 어떤 특수한 목적을 가졌음을 시사한다.

능산리사지의 창건 시기에 대해 지금까지 창왕명 석조사리감의 매립 연대인 567년을 완공 연대로 이해하는 경향이 없지 않았다. 하지만 대지 조성이나 초기 배수시설의 정비와 관련된 최하층 유구에서 중국제청자편과 벼루편, 토기편 등이 출토되었다. 이러한 유물들은 567년보다 약간 이른 550년 전후로 상대편년된다. 따라서 초기 건물군은 목탑 건립 이전부터 기능하면서 성왕릉의 축조와 같은 문제에 더욱 연관되어 있다고 할 수 있다. 초기 건물군은 모두 툇간이나 마당을 갖추었고 2실 또는 3실로 나누어져 있는데, 강당은 한 지붕 아래 두 개의 방이 마련된 1동 2실 건물이고, 동·서쪽에 익사가 있는 독특한 구조이다. 강당의 이러한 구조는 집안의 동대자 유적과 유사한 것으로, 원래 사원의 강당이 아니라 제사와 관련된 시설이었음을 알려주고 있다.

중국에서는 황제릉을 축조한 다음 그 부속시설로서 침전을 만들었는데, 불교가 성행한 양이나 북위에서는 능묘 옆에 불교 사원을 건립했다. 고구려에서도 전 동명왕릉과 정릉사의 관계에서 능묘와 사원이 결합된 사례를 확인할 수 있다. 백제에서는 이러한 전개 양상이 능산리 고분군과 능산리사지의 관계에서 확인된다. 능산리사지의 초기 건물군을 종묘나 시조묘, 신궁 등 특정한 국가 제사시설로 단정하기 어렵지만, 건물 구조와 배치, 출토 목간을 비롯한 공반 유물과의 관련성, 567년 이후의 전개 양상 등을 고려할 때 능산리 고분군 특히 성왕릉의 축조나 성왕을 추복하기 위한 각종 제사를 담당하던 사묘 또는 사당 시설로 추정했다.

554년 관산성 전투에서 전사한 성왕의 죽음은 매우 갑작스럽고 이례적인 사건이었다. 하지만 계획적인 사비 천도 과정과 능산리 일대 중요 유적의 배치 상황 등을 고려하면 왕실의 매장지는 이미 지정되었을 가능성이 있고, 그런 점에서 초기 건물군의 상한이 554년 이전까지 소급될 여지가 있다. 능산리사지는 크게 3단계로 변화한 것으로 보인다. 1단계는 550년대부터 567년 목탑 건립 이전까지로 강당을 비롯한 초기 건물군이 왕릉의 사묘로서 기능하던 단계이다. 2단계는 567년 목탑의 심초석 매립을 기점으로 목탑과 금당 등 사원 관련 시설이 들어서는 시기로 가람 중심부 건물이 완성되었다. 이 과정에서 외곽의 배수로와 중문지 남쪽 일대에 대대적인 정비 작업이 단행되었다. 3단계는 6세기 후반 또는 7세기 전반부터 멸망기까지로 이때 강당 북쪽과 서회랑 서쪽 일대에 개발과 정비가 이루어졌다. 이 단계는 공방지I이 공방으로 기능하는 등 가람 중심부 각 건물의 기능이 변화한 것으로 생각된다. 또한 출토 와당에 관한 분석에서 밝혔듯이 가람 중심부 주요 전각들의 보수가 이루어졌다.

강당을 중심으로 한 초기 건물군은 사원 성립 이후에도 계속 가람의 부속시설로 기능했다. 이는 사원 건립 이후에도 왕릉에 대한 제사 기능이 계속되었음을 시사하고, 능산리사지의 능사로서의 성격을 더욱 선명하게 보여준다. 567년은 위덕왕이 대내적인 체제 정비를 바탕으로 북조와의 교섭을 재개한 시점으로, 나성 내부로 한정했던 귀족 거주지의 확대와 더불어 도로 정비 등 사비 도성의 대규모적인 토목사업이 시작된 해로 평가된다. 567년 사리 공양과 목탑 건립은 '사리'가 갖는 상징성을 활용해 능산리 일대의 신성성을 고양하는 기념비적인 사건이었다. 이처럼 능산리사지의 정비와 변천 과정은 왕릉의 제사와 관련된 사묘 시설이 불교 사원인 능사로 대치되는 과정을 잘 보여준다.

IV

사비시기 백제 사원의 여러 양상

들어가는 말

최근 부여와 익산 지역을 중심으로 진행되는 백제 폐사지에 관한 발굴에서는 기존에 알지 못했던 새로운 유물과 유구, 편년자료들이 그 실체를 드러내면서 국내외적으로 백제 불교문화에 대한 관심을 고조시키고 있다. 특히 정림사지, 능산리사지, 군수리사지, 왕흥사지, 제석사지, 미륵사지 등에 대한 발굴 성과는 식민지 시기를 비롯한 과거의 조사에서 간과되었던 백제의 가람배치에 관한 중요한 사실들을 새롭게 인식하고 재검토하는 계기를 마련해 주었다.

제4부에서는 사비시기의 주요 사원을 대상으로 기존에 알려진 발굴 자료와 최근 재조사된 성과를 정리해 백제 사원의 다양한 양상을 살펴보고자 한다. 제1장에서는 주요 사원지의 가람배치를 대상으로 그 전개 과정을 '정림사식 가람배치'라는 측면에서 정리해 보았다. 그 과정에서 사비 천도 이후 최초로 성립된 백제식 사원인 정림사지의 가람배치에 대한 기본형을 추출하고, 이후 그것이 어떻게 변화되었는지를 확인할 것이다. 제2장에서는 기존에 단편적으로 알려진 소조상이라는 유물에 초점을 맞추었다. 제2부 제1장에서 부분적으로 검토했던 것처럼 백제 고지에서 발견된 소조상은 현재 파편으로밖에 남아 있지 않지만 목탑이나 금당에 봉안된 주요한 불교 조상임에 틀림없다. 이에 기존에 알려진 자료들을 종합적으로 취합하고 정리한 다음 그 제작기법의 특징이나 봉안장소, 계통에 관한 문제를 좀 더 상세하게 검토할 것이다. 제3장에서는 백제 불교 사원에서 드러난 유물이나 유구들이 고대 동아시아 문화 교류사에서 차지하는 위치를 확인하고, 그러한 문화 교류를 주도적으로 시행한 백제 불교문화의 특성이나 백제 사찰이 갖는 역사적 위치를 종합적으로 정리할 것이다.

1. 정림사식 가람배치의 전개 과정

1) 주요 사원의 가람배치

현재까지 백제의 사원지로 알려지거나 추정되는 곳은 웅진시기의 대통사지를 제외하면 대부분 사비시기에 속한다. 사비시기 사원의 대부분은 부여 지역에 위치하는데, 현재의 부여읍, 규암면, 은산면 일대에는 모두 25개소의 백제시대 사원지가 있다(〈도2-1〉). 또 익산의 제석사지와 미륵사지, 보령의 성주사지, 예산 수덕사 등에서 백제 사원지가 발견되거나 백제시대의 유물이 출토되었다. 그 밖에도 예산 화전리 사면석불, 태안 마애삼존불, 서산 마애삼존불, 익산 연동리 석불좌상, 정읍 보화리 석불입상, 청양 본의리 요지에서 발견된 도제불상대좌 등이 백제의 지방에서 발견된 불교 관련 유적이라 할 수 있다.

사비시기의 불교 관련 유적은 부여, 공주, 익산 지역을 제외하면 대부분 충청남도 북서부 지역에 다수 분포하는 것이 특징이다. 이는 이 지역이 중국과의 교류에서 중요한 교통로였기 때문일 것이다.[1] 아울러 노령산맥 이남의 전라북도 남부 지역과 전라남도 지역에서 불교 관련 유물이나 유적이 거의 발견되지 않는 것은 영산강 유역에 오랫동안 백제 중앙과 구분되는 옹관고분이 지속된 점과 관련 있을지도 모른다.[2]

백제 사비시기의 사원지 가운데 가람배치의 형식을 알 수 있는 곳은 부여에

1 北野耕平, 1978, 「百濟時代寺院址の分布と立地」, 『百濟文化と飛鳥文化』(黃壽永· 田村圓澄 編), 吉川弘文館; 선유이, 2013, 「백제 사비시기 태안반도지역의 불교미술 연구」, 서울대 석사학위논문.

2 영산강 유역이 백제 중앙으로 완전하게 편입된 것은 백제가 웅진으로 천도한 이후였고, 실제로 백제중앙의 문화가 본격적으로 나타나는 것은 사비시기 이후의 현상이다. 영산강 유역에서는 나주 신촌리 9호분의 금동관이나 나주 복암리 3호분의 卍字銘 토기를 제외하면 한성~웅진시기의 불교 관련 유물이나 유적이 발견되지 않는다. 하지만 최근 고려시대의 폐사지로 알려진 강진 월남사지에서 7세기대로 추정되는 백제의 연화문와당과 다량의 평와가 발견되었다(민족문화유산연구원, 2012, 「강진 월남사지 진각국사비 주변 문화재 정밀발굴조사」 현장설명회자료). 그런 점에서 전라남도 지역에도 사비 천도 이후 일정 기간이 지난 7세기대에 백제 중앙과 관련되는 사원이 건립되었던 것은 분명하다.

있는 정림사지, 능산리사지, 군수리사지, 왕흥사지, 동남리사지, 부소산폐사지, 익산에 있는 제석사지, 미륵사지, 은산에 있는 금강사지 정도이다. 최근의 발굴 성과를 중심으로 이러한 백제 사원의 가람배치에 대해 간략하게 살펴보자.

(1) 부여 정림사지

사비 천도 직후 특히 541년 이후 본격적으로 건립된 것으로 보이는 정림사지는 1942년과 1943년 후지사와 가즈오에 의해 조사되었고, 1979년 충남대박물관과 2005~2010년 국립부여문화재연구소에 의해 재조사되는 등 모두 3회에 걸쳐 대규모로 발굴되었다(〈도2-22〉). 정림사지의 가람 중심부에 대해서는 제2부 제1장에서 검토했으므로 최근의 발굴 성과만 간략히 소개한다.[3]

먼저 대지 조성과 관련해 높은 곳은 깎아내고 낮은 곳은 성토했다. 대지 조성을 위한 성토는 북쪽에서 남쪽으로 45~50도 정도로 경사지게 했다. 사역 서쪽과 남쪽은 중심 건물이 들어선 성토대지보다 1.5~2미터 낮은데, 이는 가람 중심부의 경관이나 위용을 더욱 두드러지게 하려는 의도였을 것이다.[4] 강당지는 장변 39.1미터, 단변 16.3미터의 장방형으로 북면은 합장식(合掌式), 다른 곳은 평적식(平積式)으로 쌓은 와적기단이다. 동·서 부속건물지 역시 와적기단으로 돌을 일부 섞은 평적식이며, 동쪽 부속건물지는 남북 39.3미터, 동서 12.1미터의 세장형으로, 보고서에서는 단일 건물로 추정하고 있다. 강당지 북쪽에서 동서 방향의 와적기단 건물지가 확인되었는데 승방으로 추정된다. 동·서회랑지와 남회랑지의 연결은 'L'자형으로 곧바로 연결되지 않고 석축배수로로 구분되었다. 남회랑지 서쪽 석축배수로의 서편에서 3.6미터 정도의 동서 석렬 유구와 소형 노지 등 공방의 흔적이 확인되었다.

한편 동·서회랑지 북단의 부속건물지가 강당지 부근에서 단절되는지의 여부, 즉 강당지 동·서쪽에 군수리사지나 동남리사지의 동북기단·서북기단과 같은 별

3 국립부여문화재연구소, 2011, 『부여 정림사지 발굴조사 보고서』.

4 金洛中, 2010, 「부여 泗沘都城에 대한 연구성과와 과제」, 『韓國의 都城: 三國~朝鮮, 發掘調査와 成果』, 국립·경주·부여·가야문화재연구소 개소 20주년 기념 국제심포지엄, 18~19쪽.

도건물지가 있었는지는 잔존 유구의 파괴로 인해 확인하지 못했다. 하지만 후지사와 가즈오가 작성한 도면이나 부여 지역의 다른 사원 유적의 사례를 참고할 때 현재 부속건물지라고 명명한 건물지는 남북 39.1미터로 길게 연속된 건물이라기보다는 강당지 남쪽 기단 부근에서 단절된 두 동의 건물이었을 가능성이 더 높다.

(2) 부여 능산리사지

백제 금동대향로와 창왕명 석조사리감이 출토된 곳으로 유명한 능산리사지는 567년 목탑의 심초석이 매립되지만, 그보다 약간 앞서 6세기 중엽에 건립되기 시작한 것으로 보인다. 이 사원은 곡간에 위치해 있어 대지 조성을 위한 대규모적인 성토와 배수시설을 만드는 데 많은 노력을 기울였다. 대지 조성 작업은 마사토와 점토를 번갈아가며 경사지게 성토했는데 북쪽에서 남쪽으로 나아가면서 이루어졌다. 성토층의 높이는 가장 얕은 강당 남쪽 기단 부분이 0.1미터, 가장 깊은 남회랑 부근이 약 2.3미터에 이르는 등 남저북고라는 지형을 충실하게 보완했다. 성토대지 속에는 석축암거가 설치되어 배수가 원활하게 이루어질 수 있도록 했다.

가람배치는 남문이 없는 상태에서 중문, 목탑, 금당, 강당이 남북 일직선상에 배치되었는데(〈도3-1〉) 동·서회랑지 북단에는 공방지I과 불명건물지II로 명명된 부속건물이 있고, 강당지 동·서쪽에도 공방지II와 불명건물지I로 명명된 별도의 건물이 있다. 강당지 북쪽에는 건물지2로 명명된 승방이 확인되었는데 본체가 3개의 방으로 구분되어 있고 각 실마다 온돌시설이 마련되어 있었다. 또 건물지2 서편에 있는 건물지1의 전체 규모는 확인하지 못했지만 내부에서 구들과 배수시설이 확인되었다. 건물지3은 초석 간격이 일정하지 않고 쪽구들 2기가 별도로 위치한 점으로 볼 때 적어도 두 동의 건물이 존재한 것으로 추정된다.[5] 단 그 내부에서 토기류, 옥제품과 더불어 80여 점의 등잔이 출토되는 것으로 보아 필자는 이 건물이 능산리 출토 목간에 관한 논의(제3부 제1장 참조)에서 설명했던 창고와 같은 시설에 해당하지 않았을까 추정한다.

5 국립부여문화재연구소, 2008, 『능사-부여 능산리사지 10차 발굴조사보고서』.

(3) 부여 군수리사지

1935·1936년 이시다 모사쿠와 사이토 다다시(齋藤忠)의 발굴 조사가 있었고, 2005~2007년 국립부여문화재연구소의 재발굴이 있었다. 식민지 시기의 조사에서는 탑·금당·강당이 남북의 일직선상에 배치되어 가람배치가 일본 오사카 시텐노지와 같고, 중문지·탑지·금당지·강당지의 중심 간 거리가 시텐노지·야마다데라 등과 유사하다는 점을 확인했다(〈도4-1〉의 1). 또 출토 유물 중 납석제여래좌상과 금동보살입상은 호류지나 기타 아스카시대 유물과 유사한 점이 발견되었다.[6]

2005~2007년의 조사에서는 금당지, 목탑지, 동회랑지 일대에 대한 재발굴을 실시했다(〈도4-1〉의 2).[7] 그 결과 목탑지 조사에서 말각장방형의 굴립주 흔적과 16개소의 주공, 심초석의 안치 및 심주의 설치를 위한 경사로(474×180센티미터)가 확인되었고, 금당지 조사에서 남·북·서쪽의 계단지를 비롯해 하층 와적기단의 안쪽에서 또 다른 와적기단의 흔적을 찾아 이중기단 건물이었음을 알게 되었다. 금당지 동쪽 20미터 지점에서는 동서 폭 6미터의 동회랑지와 그 동쪽으로 2미터 떨어진 곳에서 동방기단 건물지의 흔적을 확인했지만, 건물지의 규모나 와적기단의 흔적은 후대의 경작에 따른 삭평으로 말미암아 확인할 수 없었다.

군수리사지에서는 강당지에 대한 재조사가 실시되지 않아 건물지 내부 초석의 배치 상태를 알 수 없었다. 하지만 1935·1936년의 조사 결과를 보면 강당지 기단에서 약 5미터 떨어진 곳에 경장지(經藏址)와 종루지로 추정되는 동북기단과 서북기단이 있었던 것으로 보인다. 동·서회랑지 북단의 부속건물지(이른바 동당·서당)는 실체가 명확치 않지만 1938년 보고서에는 서회랑지 북단에 2실로 추정할 수 있는 유구의 흔적이 분명하게 남아 있다(〈도4-1〉의 1). 또한 동회랑과 동방기단에 대한 재조사에서는 동회랑지 동편에 2미터 간격을 두고 동방기단 건물지가 있

6 石田茂作, 1937, 「扶餘軍守里廢寺址發掘調査(概報)」, 『昭和十一年度古蹟調査報告』, 朝鮮古蹟硏究會; 石田茂作, 1953, 「百濟寺院と法隆寺」, 『朝鮮學報』 5: 1969 『法隆寺雜記帖』, 學生社; 齋藤忠, 1978, 「扶餘軍守里廃寺跡に見られる伽藍配置とその源流」, 『百済文化と飛鳥文化』, 吉川弘文館; 國立扶餘博物館, 2012, 『扶餘 軍守里寺址』.

7 국립부여문화재연구소, 2010, 『부여 군수리사지1 - 목탑지·금당지 발굴조사보고서』; 국립부여문화재연구소, 2013, 『부여 군수리사지II』.

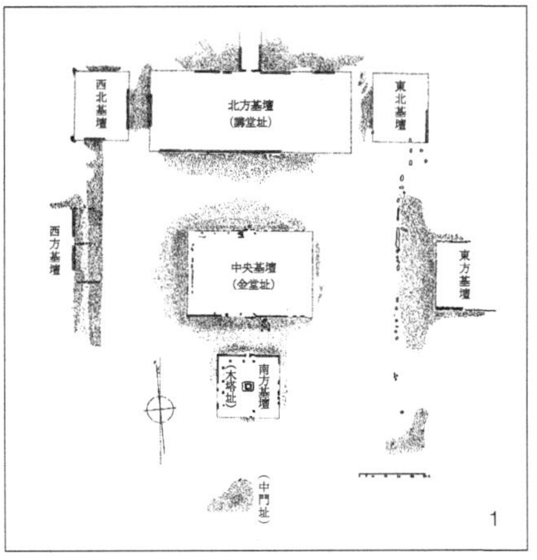

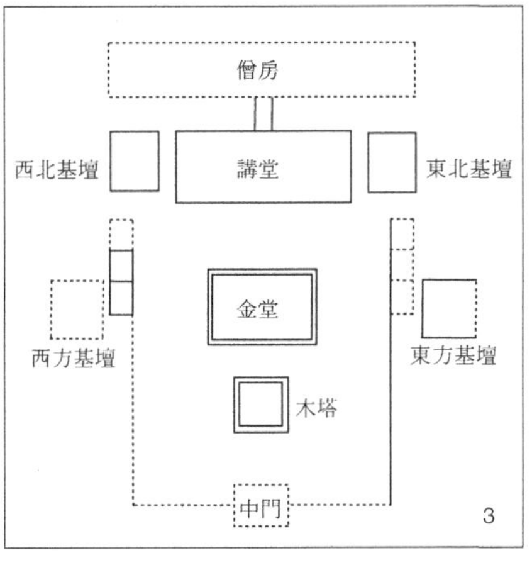

도4-1 부여 군수리사지의 가람배치도(1.石田茂作, 2.국립부여문화재연구소, 3. 필자 수정안)

었던 것을 다시 한 번 알게 되었다(〈도4-1〉의 2). 이것을 볼 때 군수리사지는 동·서회랑지 북단에 동당과 서당, 그 외곽에 또 다른 동방기단 건물지로 불리는 별도의 건물지가 있었다고 볼 수 있다. 즉, 군수리사지는 사비 천도 이후 정림사지의 건립 과정에서 성립된 정림사식 가람배치를 기본형으로 하면서도 동·서회랑지의 외곽에 새로운 기능을 가진 건물들이 부가되는 새로운 변화를 보인다.

(4) 부여 왕흥사지

부여 왕흥사지는 백마강 서쪽 왕흥사잠성(王興寺岑城, 현 울성산성)이 있는 드무재산 남쪽 능선 사이의 계곡부에 위치한다. 『삼국사기』와 『삼국유사』에는 법왕

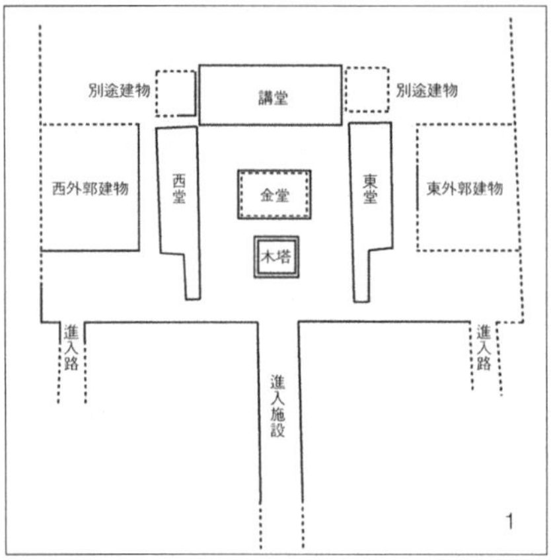

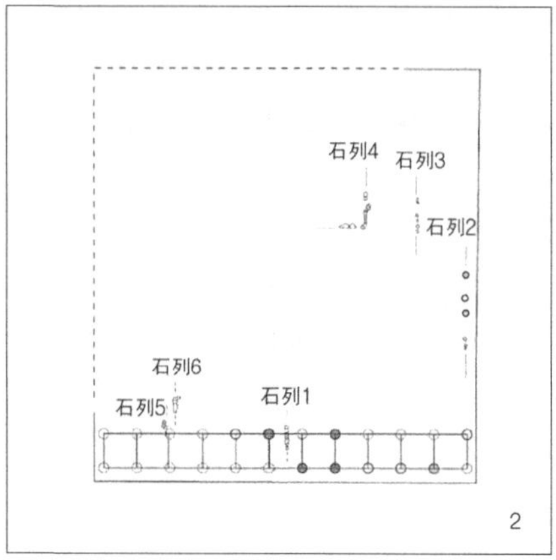

도4-2 부여 왕흥사지의 가람배치도와 서쪽 외곽건물지군

2년(600)에 창건되어 무왕 35년(634)에 완성된 것으로 추정할 수 있는 기록이 남아 있다. 또 백제 무왕이 매번 배를 타고 절에 들어가서 향을 피웠다고 한다. 1934년 '王興(왕흥)'이라고 찍힌 고려시대 문자와편이 수집되어 일찍부터 왕흥사지로 비정되었는데 2000년부터 국립부여문화재연구소에서 연차적인 발굴 조사를 실시하여 점차 사원의 전모가 드러나고 있다.[8]

목탑·금당·강당이 남북 일직선상에 배치되어 있고, 통상적으로 중문이 위치하는 장소에 T자형의 석축이 있으며, 사역의 서쪽 경계로 생각되는 지점에서 배수로와 별도의 진입시설이 확인되기도 했다(〈도4-2〉). 목탑지는 14×14미터의 정방형 건물지로 이중기단으로 추정된다. 그 중앙에 심초석이 남아 있었는데 현재 남아 있는 기단토 상면에서 50센티미터 지하에 위치한다. 이 심초석의 남쪽 중앙에 사리공(16×12×16)을 마련해 사리기를 봉안했으며, 주칠(朱漆)로 문양을 그린 우진각지붕 모양의 화강암 뚜껑을 덮었다. 석재의 남쪽에는 다량의 사리공양구들이 흩어져 있다.

금당지는 동서 22.7미터, 남북 16.6미터의 장방형 건물지로 고려시대에 재이용되었기 때문에 바깥쪽 기단은 백제시대, 안쪽 기단은 고려시대의 것으로 추정된

8 國立扶餘文化財硏究所, 2007, 『王興寺址II－기와가마터 발굴조사보고서』; 國立扶餘文化財硏究所, 2009·2012, 『王興寺址III·IV』.

다. 강당지는 금당지 북쪽 기단에서 16미터 떨어진 곳에 위치하며 동서 46.8미터, 남북 19.2미터로 남쪽 기단은 가구식기단이지만 나머지는 할석을 이용하여 쌓은 석축기단이다. 내부 조사가 실시되지 않아 1동 2실 건물이었는지 확인되지 않았지만 가능성은 매우 높다. 또 그 동·서쪽에 별도의 건물지가 대칭을 이루어 배치되어 있다. 동·서회랑의 북쪽 끝에 2동의 부속건물지(동당·서당)가 대칭을 이루고 있는데 너비 13.2미터, 길이 48.0미터이다.

이 사원은 계곡부에 사역을 조성했기 때문에 동서축대와 그것에 직각을 이루는 남북축대를 쌓아 진입시설로 활용했다. 동서석축의 북쪽인 사역 중심부의 경우 최대 4.8미터 정도의 성토층이 확인되었는데 목탑지 남쪽 기단 부근을 경계로 시공방식이 조금 다른 것이 확인되었다.[9] 진입로는 현재 동서축대의 중앙과 서쪽 두 개소에서 확인되었는데, 동쪽에도 대칭되는 위치에 진입시설이 있었을 것으로 추정된다. 이를 통해 복원한 중심사역의 동서 규모는 약 150미터 정도이다. 중앙의 진입시설은 현재 63.4미터가 확인되었는데 너비 13미터이고, 금강 쪽으로 가면서 점차 낮아진다. 서쪽 진입시설은 중앙 진입로에서 약 61미터 떨어져 있으며 너비는 8미터이다. 한편 왕흥사에 공급된 기와를 생산하던 와요지가 중심 사역에서 동쪽으로 약 150미터 떨어진 구릉에 위치했는데 지금까지 백제시대 와요지 16기, 고려시대 와요지 1기가 발굴되었다.

왕흥사지에서는 청동·은·금제 사리용기가 발견되었고, 청동제 사리합의 외면에는 탑의 축조연대와 건립 연유를 기록한 명문이 확인되었다.

> 丁酉年二月 十五日百濟 王昌爲亡王 子立刹本舍 利二枚葬時 神化爲三
>
> (정유년이월 십오일백제 왕창위망왕 자립찰본사 리이매장시 신화위삼)

이 명문을 통해 577년에 위덕왕이 죽은 왕자를 위해 이곳에 목탑을 건립했음

9 목탑지 남쪽 기단의 북쪽으로는 자갈과 사질이 섞여 배수가 용이한 연갈색 마사토 성토층이 비교적 수평하게 쌓여 있는데 반해 그 남쪽부터는 갈색자갈층과 갈색사질층이 30~40도 경사를 이루면서 성토되어 있었다.

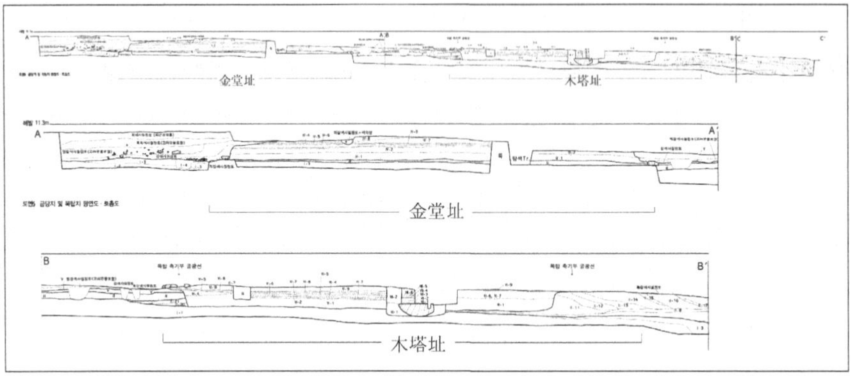

도4-3 부여 왕흥사지 금당지와 목탑지 구간의 토층도

이 밝혀졌다.[10] 또한 주변에서 금·은·옥으로 만든 귀걸이와 목걸이 등의 장신구, 북제(北齊)와의 교류를 보여주는 상평오수전, 화형운모장식, 철제관식 등이 출토되었다.

그런데 577년이라는 연대는 『삼국사기』나 『삼국유사』의 왕흥사 창건 기록과 달라 논란이 되었다. 즉, 사리기의 명문에 보이는 '立刹(입찰)'을 목탑의 건립으로만 한정해 볼 수 있다는 지적이다.[11] 이 견해는 북위나 양대의 찰(刹)이 탑기표시(塔基表示)의 '찰'을 뜻하는 사례가 있다는 점[12]에서 검토의 여지가 있다. 그에 따라 2008년 조사에서는 금당과 목탑의 선후관계를 밝히기 위한 토층 조사를 실시했다. 그 결과 금당은 성토층을 기단토로 해서 구축했지만 목탑은 대지 조성층을 굴광하고 구축한 것이 드러났다(〈도4-3〉). 목탑은 중층건물의 구조적 특성상 축기부를 굴광하고 기단토를 구축할 필요가 있었지만 금당의 기단토와 동일한 토층을 다시 한 번 더 굴광한 것에서 볼 때 금당이 목탑보다 약간 먼저 건립되거나 거의

10 扶餘 王興寺址 出土 舍利函의 銘文의 文字나 用語의 解析은 다음을 참고. 新川登龜男, 2010, 「古代朝鮮半島の舍利と舍利銘文 - 飛鳥寺再考の準備として」, 『古代東アジアの佛教と王權 - 王興寺から飛鳥寺へ』, 勉誠出版, 49~53쪽.

11 李道學, 2008, 「王興寺址 舍利器 銘文分析을 통해 본 百濟 威德王代의 政治와 佛教」, 『韓國史硏究』 142, 9~10쪽.

12 小杉一雄, 1980, 「六朝及び隋代に於ける塔基表示」, 『中國佛教美術史の硏究』, 新樹社, 20~34쪽.

같은 시기에 축조되었음을 추정할 수 있다.[13] 목탑과 금당 주변에 동일한 와범형의 와당이 출토되어 이를 뒷받침해주고 있다. 따라서 왕흥사지는 사역 전체가 일정한 기획 아래 단계적으로 공사가 실시되었다고 할 수 있다.

한편 최근의 조사에서는 가람 중추부 외곽에서 또 다른 건물지, 즉 동서 외곽 건물지가 대칭을 이루면서 배치된 새로운 변화도 함께 확인되었다(〈도4-2〉의 2). 이 건물지들은 아직 정확한 규모나 구조를 알 수 없지만 회랑 안쪽의 건물들보다 격이 낮으면서도 동서 경계 축대의 안쪽에 독립적으로 위치하고 있다. 이러한 동서 외곽 건물지의 성격이나 기능에 대해서는 발굴 조사의 진전을 기다려야 하지만 공간 배치라는 측면에서 볼 때 익산 미륵사지의 삼원병렬식 가람배치의 초보적인 형태로서 '별원(別院)' 같은 것이 아니었을까 추정할 수 있다.[14]

(5) 부여 동남리사지

1938년 이시다 모사쿠와 사이토 다다시에 의해 조사되었고, 1993·1994년 충남대박물관, 2005년 충남역사문화원의 재발굴과 추가 조사가 있었다. 식민지 시기의 조사에서는 탑이 확인되지 않은 가운데 중문지·금당지·강당지가 남북 일직선상에 배치되고, 중문과 강당 좌우의 건물지를 연결하는 회랑지가 확인되었다(〈도4-4〉의 1).[15] 1993·1994년의 충남대박물관 재발굴에서는 금당지로 추정되는 곳에서 방형 적심토(한 변 160~180센티미터)를 초석으로 한 동서 5칸, 남북 3칸 크기의 건물지(금당지)를 확인했을 뿐 목탑이나 중문, 남문, 회랑의 흔적은 찾을 수 없었다(〈도4-4〉의 2). 다만 동회랑지 동쪽에서 3기의 굴립주건물지 흔적을 확인하고 1기의 벽주건물지를 발견했다. 이 건물지들의 동쪽에서 동서 폭 1~1.5미터, 남북 길이 100미터의 기와열이 확인되었는데 사원의 동쪽 경계선이나 담장 같은 것으로 추정된다.[16] 2005년의 추가조사에서는 유적의 북동쪽 10미터 지점에서 우물지

13 국립부여문화재연구소, 2009, 『王興寺址III』, 143~145쪽

14 李炳鎬, 2013, 「百濟寺院과 日本 飛鳥寺 三金堂의 源流」, 『百濟研究』 57, 144쪽.

15 石田茂作·齋藤忠, 1940, 「扶餘に於ける百濟寺址の調查(概報)」, 『昭和十三年度古蹟調查報告』, 朝鮮古蹟研究會.

16 (재)부여군문화재보존센터, 2007, 『扶餘 東南里寺址 整備基本計劃』, 부여군; 충남대박물관, 2013, 『扶

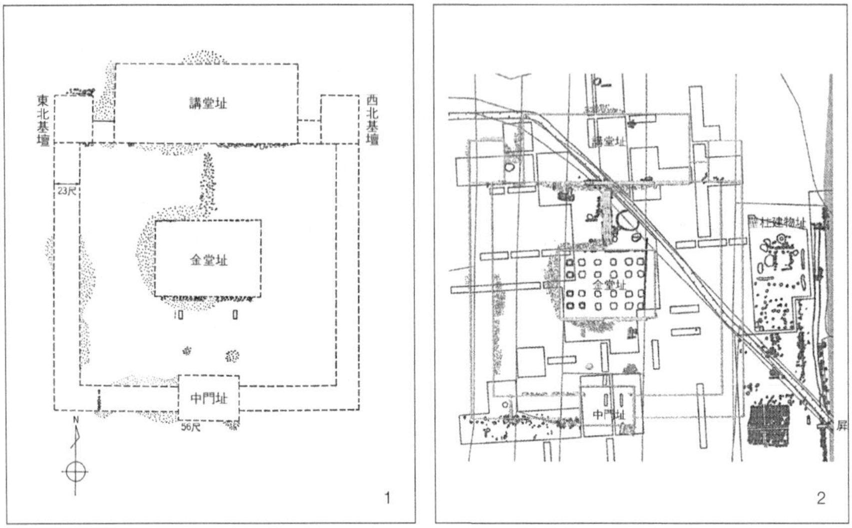

도4-4 부여 동남리사지의 가람배치도(1.石田茂作, 2. 충남대박물관)

가 발견되었는데 내부에서 동완, 편병, 목간 1점이 출토되었다.[17] 목간은 우물지 안에서 백제와 통일신라시대 유물이 함께 섞여 나온 탓에 출토 양상만으로 연대를 판단하기는 어려웠다.

동남리사지와 관련해 탑이 없는 가람인지 금당의 남쪽 좌우에 쌍탑이 있었는지에 대해 논란이 있었지만 최근의 재조사에서는 어떤 흔적도 찾을 수 없었다. 강당지 동·서쪽에서는 경장지와 종루지로 추정되는 동북기단과 서북기단이 확인되었는데, 이 건물지들은 강당지 기단과 평행하게 기단을 구축했고 그 규모가 작아졌다. 금당지는 적심토를 기단의 초석으로 사용했는데, 이러한 사례는 부여 관북리 유적과 익산 왕궁리 유적의 동서 35미터, 남북 19미터 크기의 대형 전각건물지에서도 확인된다.[18] 동회랑지 외곽의 벽주건물지를 비롯한 굴립주건물지는 가람의 건립과 함께 폐기된 것으로 볼 수 있어 사원에 선행하는 유구로 생각된다.

餘 東南里遺蹟』.

17 忠南歷史文化院, 2007, 『扶餘 東南里 216-7番地 遺蹟』; 姜鍾元, 2009, 「扶餘 東南里와 錦山 栢嶺山城 出土 文字資料」, 『木簡과 文字』 3, 한국목간학회.

18 國立扶餘文化財硏究所, 2008, 『王宮里 發掘調査 中間報告VI』; 國立扶餘文化財硏究所, 2009, 『扶餘 官北里 百濟遺蹟 發掘報告III』.

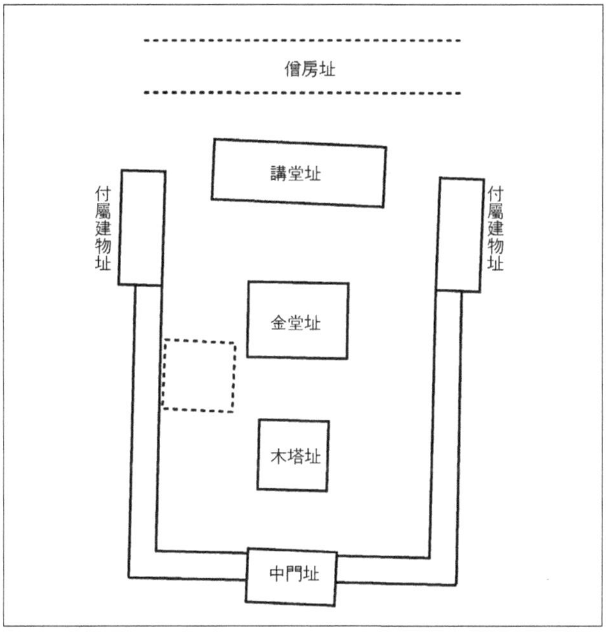

도4-5 익산 제석사지의 가람배치도

(6) 익산 제석사지

익산 제석사지는 『관세음응험기(觀世音應驗記)』에 백제 무강왕(武康王, 무왕)이 지모밀지(枳慕密地)로 천도하여 제석정사(帝釋精舍)를 지었는데 정관 13년(639) 뇌우(雷雨)로 인하여 불당(佛堂)과 칠급부도(七級浮圖) 및 낭방(廊房)이 모두 불탔다는 기록[19]이 남아 있어 639년 이전인 7세기 초반에는 7층의 목탑, 불전, 회랑 및 승방 등을 갖춘 대규모 왕실 사원이었다는 견해가 일찍부터 제기되었다.[20] 이 사원은 북동-남서쪽으로 완만하게 경사진 지형을 성토해 평탄 대지를 조성한 후 자북(磁北)에서 동쪽으로 약 6도 편향된 남북 중심축 선상에 중문, 목탑, 금당, 강당이 배치되어 있다(〈도4-5〉). 1993년 원광대학교 마한백제문화연구소에 의해

19 百濟武康王, 遷都枳慕蜜地. 新營精舍, 以貞觀十三年歲次, 己亥冬十一月, 天大雷雨. 遂災帝釋精舍, 佛堂七級浮圖乃至廊房, 一皆燒. 塔下礎石中有種種七寶, 亦有佛舍利彩水晶瓶. 又銅作紙寫, 金剛波若經, 貯以木柒函. 發礎石開視, 悉皆燒盡. 唯佛舍利瓶及波若經漆函如故. 牧田諦亮, 1970, 『觀世音應驗記研究』, 平樂寺書店.

20 黃壽永, 1973, 「百濟帝釋寺址研究」, 『百濟研究』 4.

처음 시굴 조사가 이루어졌고, 2003~2004년 조사에서는 7세기 전반의 와당과 소조상편, 벽체편 등 건축용 폐기물이 버려진 폐기장 유적이 발굴되었다.[21] 2007년에는 국립부여문화재연구소에서 가람 중심부에 관한 조사를 전면적으로 실시해 목탑지, 금당지, 강당지, 동회랑, 동쪽 부속건물지, 승방지 등이 확인되었다.[22]

목탑지는 한 변 21.2미터인 정방형의 기단이 이중으로 되어 있어 결과적으로 3중기단으로 구성되었는데, 심초석은 지상에 놓여 있었다. 금당지는 하층기단이 동서 31.8미터, 남북 23.6미터이고, 상층기단은 동서 29.6미터, 남북 20.8미터이다. 남쪽과 북쪽 기단의 중앙에서 계단의 흔적이 확인되었다. 강당지는 삭평이 심해 명확하지 않지만 동서 52.7미터, 남북 18.4미터로 추정된다. 한편 목탑지와 금당지 사이에서 동서 21.5미터, 남북 20.8미터인 방형의 건물 기초부가 확인되었는데 목탑지의 기초부 규모와 축조기법이 동일하다. 하지만 그 성격에 대해서는 아직 별다른 의견이 제시되지 않아 과제로 남아 있다. 제석사지는 동·서회랑 사이가 약 100미터이고, 중문에서 강당 사이의 거리가 약 140미터에 달하여 백제 사비시기 사원 중에서는 최대급에 속한다. 강당지 좌우에 별도건물지의 흔적이 보이지 않는 것도 이전 시기의 백제 사원과는 다른 점이다.

이곳에서는 다량의 기와류와 토기류가 출토되었는데, 암막새와 수막새가 한 쌍을 이루면서 발견된 것은 특기할 만하다. 유려한 인동당초문이 베풀어진 암막새 및 자방과 연판에 테두리 선이 있는 독특한 모양의 수막새는 그런 점에서 제석사식 암막새와 수막새라 부를 수 있을 것이다.

한편 제석사지의 위치는 별궁(別宮)이나 이궁(離宮)으로 추정되는 왕궁리 유적과의 관계에서 주목된다. 왕궁리 유적에서는 6세기 말 이후, 늦어도 7세기 전반에 운영된 궁성과 공방 관련 시설이 발굴되었는데,[23] 그와 거의 같은 시기에 왕궁

21 圓光大學校 馬韓百濟文化硏究所, 1994, 『益山帝釋寺址試掘調査報告書』; 圓光大學校博物館, 2006, 『益山王宮里傳瓦窯址(帝釋寺廢棄場)試掘調査報告書』.

22 國立扶餘文化財硏究所, 2011, 『帝釋寺址-發掘調査報告書I』; 國立扶餘文化財硏究所, 2013, 『帝釋寺址-發掘調査報告書II』.

23 田庸昊 2009, 「王宮里遺蹟의 最近 發掘成果」, 『益山 王宮里遺蹟의 調査成果와 意義』, 國立扶餘文化財硏究所.

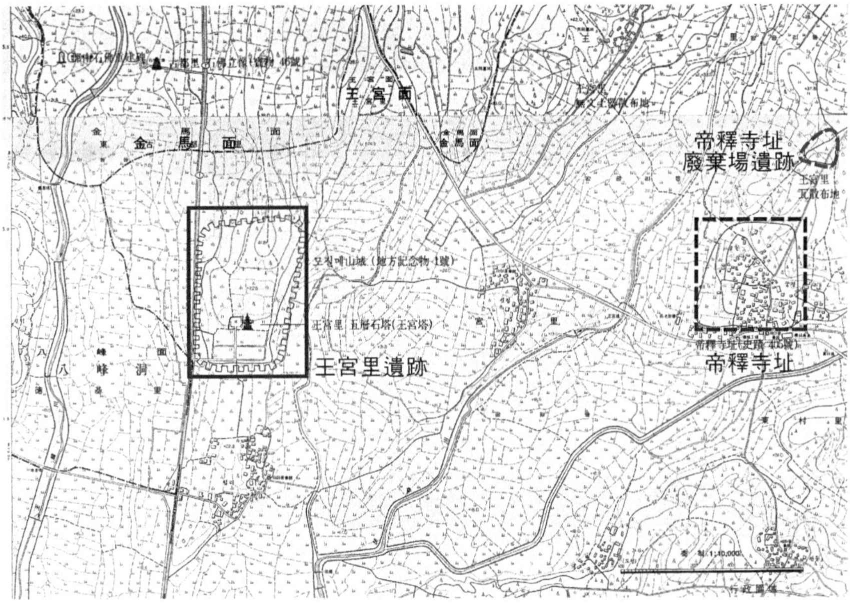

도4-6 익산 왕궁리 유적과 제석사지의 위치 관계

리 유적의 동쪽에 나란하게 제석사지가 조영되어 운영되었기 때문이다(〈도4-6〉). 이처럼 왕궁과 사원이 한 쌍을 이룬 모습은 사비 도성의 왕궁과 정림사지 관계의 재현이라 할 수 있으며, 시기적으로 가까운 일본의 구다라노미야과 구다라오데라의 관계, 나니와노미야과 시텐노지의 관계 등과도 관련 있을 것으로 보인다.

(7) 익산 미륵사지

1920년대 후반 후지시마 가이지로는 익산 미륵사지에 관한 지표 조사를 실시한 후 가람배치와 석탑 복원에 관한 중요한 가설을 제시했다(〈도4-7〉의 1).[24] 그는 가람배치에 대해 서탑원(西塔院)과 동탑원(東塔院)의 후방에 중탑원(中塔院)을 상정한 품(品)자형 가람배치안을 제시했는데, 그가 제시한 가설은 1981년 중원 목탑지와 금당지가 확인되기 전까지는 『삼국유사』의 "殿塔廊廡各三所創之(전탑랑무각

24 藤島亥治郎, 1930 「朝鮮建築史論 其三」, 『建築雜誌』 2: 1969 『朝鮮建築史論』.

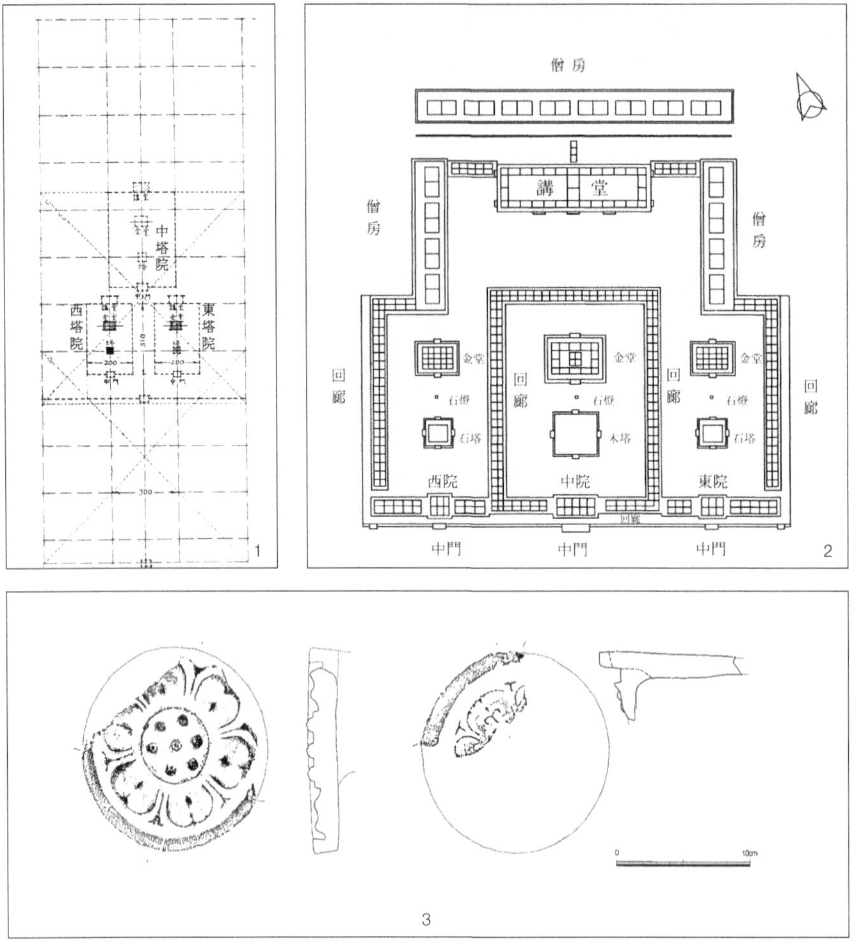

도4-7 익산 미륵사지의 가람배치도(1.藤島亥治郎, 2. 문화재연구소)와 서석탑 출토 와당(3)

삼소창지)"라는 기록을 가장 합리적으로 해석한 것으로 평가되었다. 하지만 1970년대 중반부터 2000년대 초반까지 수차례의 발굴 조사를 통해 이 사지는 삼원병렬식(三院竝列式) 가람배치를 이루고 있음이 확인되었다(〈도4-7〉의 2).[25] 미륵사지의 중축선은 중원 목탑지를 중심으로 보았을 때 진북(眞北) 방향에 있지 않고 N26°46′00″으로 약간 서남향으로 배치되어 있다. 이것은 삼원식으로 미륵삼존을

25 미륵사지 발굴과정 및 성과에 대한 연구사는 梁正錫, 2009, 「彌勒寺址 塔址의 調査過程에 대한 檢討」, 『韓國史學報』 36 참고.

배치한 특이한 가람배치와 남향으로 트인 지형적인 조건 때문으로 이해된다.[26]

그런데 미륵사지의 가람배치를 삼원병렬식이라고 단정하는 것은 좀 더 검토가 필요하다. 〈도4-7〉의 2 배치도를 보면, 중문과 탑, 금당을 기준으로 하면 삼원으로 구분된다고 할 수 있지만, 강당과 동서 승방은 중원의 북쪽에만 존재하므로 중원 영역과 더욱 밀접한 관계의 배치로 보이기 때문이다. 남북조시대의 다원식사원(多院式寺院)은 불탑과 불전과 강당이 각 원의 중심을 이루고 그 부속요소로서 승방이나 회랑이 추가되는 양상이 일반적이다.[27] 특히 동승방의 건물 중심축과 동원 중문-동탑-동금당의 축이 서로 일치하지 않는 것도 동·서승방이 각각의 원을 구성하는 요소가 아님을 반증한다. 즉, 미륵사지의 가람배치는 탑과 금당이 동등하게 배열된 삼원이 아니라 목탑과 중금당, 그 북쪽의 강당과 동서승방이 하나의 완결된 사찰 배치를 구성하고, 동서로 다시 탑과 금당을 추가(또는 확장) 배치한 다음 동·서회랑으로 전체 사역을 감싸면서 경계를 형성한 것으로 볼 수 있다.[28]

강당지는 좌우측의 구조가 다른 좌우 이형(異形)의 평면인데, 서쪽은 벽체를 이용해 내부 공간을 구성하고, 동쪽은 기둥을 세워 개방된 공간을 형성한 것으로 추정되며, 동·서승방지도 1동 2실 형식의 단위 공간을 병렬시켜 구성한 형식이라는 것이 새롭게 밝혀졌다.[29] 또 강당지 남쪽의 동방지도 1동 2실 형식의 단위 공간이 병렬된 구조이다. 그런데 강당지 남쪽에 있는 동·서승방지 중 동승방지에 관한 조사에서 난방을 위한 온돌시설과 더불어 기단토에서 지름 31센티미터, 높이 75센티미터로 복원되는 대형 토기 5점이 발견되었고,[30] 주변에서 탄화된 쌀과 보리, 콩이 수습되고 등잔이나 도끼와 같은 생활유물이 함께 발견되었다. 이것을 보면 강당지 남쪽의 동·서승방지는 북쪽에 있는 생활공간으로서의 승방과 매우 유

26 國立扶餘文化財硏究所, 1996, 『彌勒寺遺蹟發掘調査報告書II』, 526쪽.

27 李裕群, 2009, 「중국 伽藍配置의 變化 및 百濟에 미친 影響」, 『동아시아의 佛敎文化와 百濟』, 한얼문화유산연구원 개원 5주년기념 국제학술대회, 45~46쪽.

28 국립문화재연구소·익산시, 2010, 「彌勒寺의 寺刹配置」, 『미륵사복원고증기초조사연구보고서2』, 134~138쪽

29 裵秉宣, 2010, 「彌勒寺의 配置와 建築遺構를 통해본 百濟造營技術」, 『百濟佛敎文化의 寶庫, 彌勒寺』, 학술심포지엄논문집, 307~309쪽.

30 文化財管理局 文化財硏究所, 1987, 『彌勒寺』, 120쪽.

사한 성격을 가지면서도 그 기능이 약간 달랐을 가능성을 보여준다.

한편 2009년 1월 서석탑의 보수·정비 과정에서 심주석 상면 중앙에서 사리공이 발견되고 내부에서 사리봉안기를 비롯한 다양한 사리장엄구가 발견되었다. 그 후 한국 학계에서는 7회에 걸친 학술대회를 개최하는 등 다양한 방면의 검토가 진행되었다.[31] 가람배치와 관련해서는 사리봉안기의 기해년(己亥年, 639) '伽藍造立(가람조립)'을 어떻게 이해할지에 대한 문제가 중요한 논점이 되었다.[32] 필자는 현재까지의 연구 성과를 참고할 때 미륵사지의 조영은 기본적으로 동일한 계획 아래 순차적으로 조영되었을 것으로 생각한다. 중원의 서회랑지와 서석탑의 토층 조사 결과는 중원 회랑이 먼저 조영된 이후 서탑지에서 대지성토 및 굴광기단의 축조가 이루어졌음이 밝혀졌다.[33] 동탑과 서탑의 경우 잔존 석탑 부재를 비교한 결과 서탑이 먼저 만들어지고 동탑이 만들어진 것으로 보인다.[34]

또한 최근의 서석탑 하부에 관한 조사에서 석탑의 기단 성토층에서 단판육엽연화문와당 2점과 더불어 다량의 암키와와 수키와가 출토된 것이 주목된다(〈도 4-7〉의 3).[35] 이곳에서 출토된 단판육엽연화문와당은 미륵사지에서만 발견되는 특징적인 창건와로 '미륵사식 와당'이라 할 수 있는 것들이고, 평기와들도 미륵사지

31 미륵사지에 관한 최근의 연구성과는 다음에서 종합적으로 정리되어 있다. 국립문화재연구소·익산시, 2010, 『미륵사복원연구학술자료총서I~IV』; 新川登龜男篇, 2013, 『佛教文明の東方移動-百濟彌勒寺西塔の舍利莊嚴』, 汲古書院.

32 竊以 法王出世 隨機赴感 應物現身 如水中月. 是以 託生王宮 示滅雙樹 遺形八斛 利益三千. 遂使 光耀五色 行遶七遍 神通變化 不可思議. 我百濟王后 佐平沙宅積德女 種善因於曠劫 受勝報於今生 撫育萬民 棟梁三寶. 故能謹捨淨財 造立伽藍 以己亥年正月廿九日 奉迎舍利. 願使 世世供養 劫劫無盡. 用此善根 仰資 大王陛下 年壽與山岳齊固 寶歷共天地同久 上弘正法 下化蒼生. 又願王后卽身 心同水鏡 照法界而恒明 身若金剛 等虛空而不滅. 七世久遠 並蒙福利 凡是有心 俱成佛道.
익산 미륵사지의 사리봉안기에 관한 명문 판독과 석문은 다음을 참고. 金相鉉, 2009, 「百濟 武王代 佛教界의 動向과 彌勒寺」, 『韓國史學報』 37; 최연식, 2012, 「彌勒寺 創建의 歷史的 背景」, 『韓國史研究』 159.

33 國國立扶餘文化財研究所, 2001, 『彌勒寺址西塔 周邊發掘調查報告書』, 28~30쪽.

34 탑신부의 결구 방법에서 양 탑 모두 1층에서는 초석과 우주석, 면석을 별석으로 만들었지만 동탑에서는 2층 이상의 탑신석에서는 우주석과 면석을 동일 부재로 하여 탑신에 우주를 模刻하는 형식을 취하고 있다. 扶餘文化財研究所, 1992, 『益山 彌勒寺址 東塔址 基壇 및 下部 調查報告書』, 59쪽.

35 國立文化財研究所, 2012, 『彌勒寺址 石塔-基壇部發掘調查報告書』.

의 주요 건물지에서 발견된 것과 동일하다. 따라서 미륵사의 서석탑은 가람 중심부의 주요 목조건물이 건립된 이후 좀 더 늦은 단계에 순차적으로 조영된 것임을 더욱 명확하게 파악할 수 있게 되었다.

그런 점에서 639년 서석탑의 조성은 중원의 조영과 동원 석탑 축조의 중간 단계로 위치 지을 수 있을 것으로 보인다. 그 상한은 '丁亥(정해)·己丑(기축)'명 인각와를 볼 때 620년대 후반까지 소급할 수 있으며, 하한은 서석탑의 건립 연대와 그리 멀지 않을 것으로 생각한다. 그리고 중원의 목탑과 금당, 그 북쪽의 승방과 동·서승방이 가람의 완결성을 가지고 구성되었다는 필자의 추정도 그것이 먼저 건립된 뒤에 서원과 동원이 순차적으로 건립되었을 것으로 추정한 기존의 견해와도 일치한다.

미륵사의 창건은 그 명칭에서 알 수 있듯이 미륵사상과 깊은 관련이 있다.[36] 백제의 미륵신앙은 570년경 중국에 유학한 현광(玄光)을 통해 혜사(慧思)의 미륵신앙을 수용하면서 활발해졌다. 백제 왕실은 이러한 미륵사상을 적극적으로 후원하는 한편, 미륵사상에 입각해 왕권의 정당화와 신성화를 시도했다. 그런 점에서 익산 미륵사의 창건은 미륵의 출현을 기원하는 한편 미륵이 출현했을 때 정법을 펼칠 수 있도록 준비된 도량이고, 동시에 미륵과 미륵 성불의 본질에 대해 수행하고 깨닫기 위한 공간으로 창건된 것이라 할 수 있다. 익산 미륵사지의 삼원은 미래에 미륵이 출현했을 때의 삼회설법을 위해 준비한 공간이고, 하나의 강당은 현재 이곳에 머무는 수행자들이 미륵불과 그의 성불의 본질에 대해 공부하고 수행하는 공간이라 할 수 있다.

(8) 부여 은산 금강사지

금강사지는 백제의 여느 사원과 달리 동향(東向)으로 배치되어 있다.[37] 이 사원은 중문과 탑, 탑과 금당의 거리가 동일하고, 금당과 강당의 거리는 두 배 정도 떨어져 있다(〈도4-8〉). 금당지는 동서 21.2미터, 남북 17.9미터로, 초석은 남아 있

36 崔鉛植, 2011, 「百濟後期 彌勒思想의 展開過程과 特性」, 『韓國思想史學』 37, 19~20쪽.

37 國立博物館, 1969, 『金剛寺』.

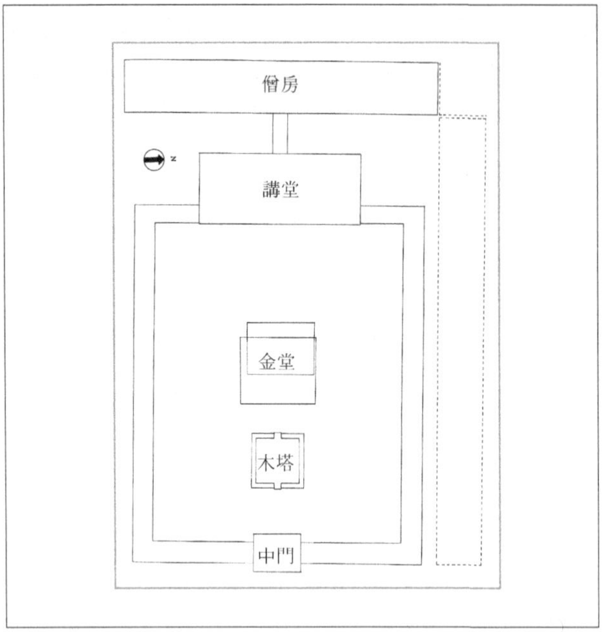

도4-8 부여 은산 금강사지의 가람배치도

지 않지만 석조 단층기단으로 추정할 수 있는 기단부 유구들이 확인되었다. 목탑지는 판축의 규모를 근거로 14.24미터 정도의 정방형으로 추정되며 이층의 석조 기단으로 추정된다. 강당지는 동서 45.45미터, 동서 19.09미터이다. 강당지 북쪽은 동서 88.48미터, 남북 13.94미터 규모의 장방형으로 추정된다. 금강사지는 백제의 여느 사원과 달리 강당과 회랑이 북회랑으로 연결된 것으로 보고되었다. 하지만 기단석의 형식이나 기단 축토로 미루어볼 때 창건 당시의 것이 아니라 후대의 것으로 생각되기 때문에 북회랑의 존재를 인정하기는 어렵다.[38]

(9) 부여 부소산폐사지

부소산폐사지는 1942년 후지사와 가즈오와 요네다 미요지에 의해 발굴되었지만 가람배치도가 공개되지 않다가 1976년에야 가람배치 복원도가 공개되었다

38 裵秉宣, 2008, 「扶餘地域 百濟建物址의 構造」, 『定林寺 - 역사문화적 가치와 연구현황』, 국립문화재연구소, 154쪽.

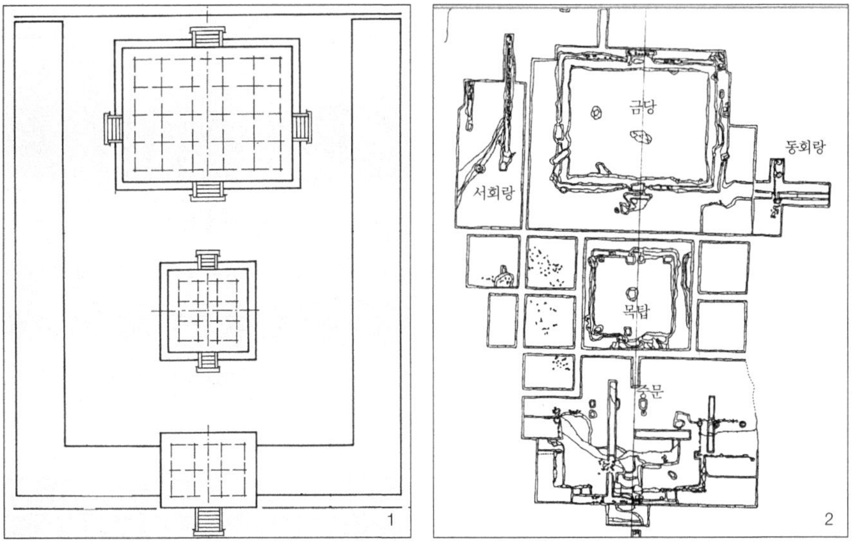

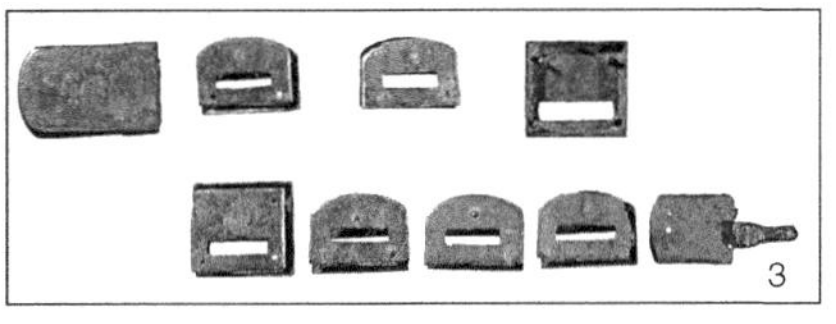

도4-9 부여 부소산폐사지의 가람배치도(1.藤澤一夫, 2.국립부여박물관)와 唐式帶金具(3)

(〈도4-9〉의 1).[39] 하지만 1980년에는 이 복원도를 알지 못한 채 재발굴이 실시되었던 것 같다(〈도4-9〉의 2). 이때의 재조사에서는 기존의 발굴 유구를 재확인하고 목탑지 중앙 부근에서 공양품의 성격을 갖는 당식대금구(唐式帶金具)를 수습했다(〈도4-9〉의 3).[40] 이 대금구와 관련해 『삼국사기』「백제본기」 무왕 38년(637)조에 당 태종이 백제 사신에게 금포(錦袍)와 채백(彩帛) 3,000단을 주었다는 기록에 주목해 조영 시기를 그 이후로 비정한 연구가 있다.[41] 이 유적은 왕궁의 배후산성으로 추정되는 부소산성 내부에 위치하는 입지적인 특성과 더불어 강당이 확인되지 않았다는 점에서 주목된다.

39 古代を考える會, 1976, 『古代を考える』 5(古代の日本と朝鮮I), 28쪽.

40 申光燮, 1994, 「扶餘 扶蘇山廢寺址考」, 『百濟研究』 24.

41 梁銀景, 2010, 「百濟 扶蘇山寺址 出土品의 再檢討와 寺刹의 性格」, 『百濟研究』 52.

2) 정림사식 가람배치의 변천

사비시기 부여와 익산 지역의 사원은 중문·탑·금당·강당이 일직선상에 배치되고, 사원 중심부를 회랑이 둘러싼 일탑일금당식 가람배치가 주류를 이룬다. 동남리사지, 미륵사지, 부소산폐사지는 탑이나 강당의 유무, 다원식가람 등으로 변형이 이루어진 것으로 보인다. 2008년 정림사지 재발굴 조사를 기점으로 일탑일금당식 가람배치의 세부 문제들, 특히 강당지와 회랑지의 연결방식, 강당지 동서쪽의 별도건물지, 강당의 내부 구조 등이 검토되기 시작했다. 이제 사비시기 주요 사원 가람배치의 기본형을 '정림사식 가람배치'로 설정하고 그것이 어떻게 전개되었는지 주요 사원의 가람배치 변천을 중심으로 검토해보자. 정림사식 가람배치는 제2부 제2장에서 검토했지만 논지 전개상 필요하므로 중복을 무릅쓰고 다시 소개하고자 한다.

먼저 정림사식 가람배치의 원형은 중문·탑·금당·강당이 남북 일직선상에 배치되고 이를 회랑이 감싸는 형식이다(〈도2-22〉). 일본 오사카의 시텐노지식 가람배치와 매우 비슷하지만 강당과 회랑의 연결방식이 북회랑으로 연결되는 것이 아니라 동·서회랑지 북단의 부속건물(이하 동당과 서당이라는 명칭을 혼용)이나 강당지 동·서쪽의 별도건물로 연결되는 방식을 취하고 있다. 그런데 정림사지를 재조사한 결과 강당지 좌우에는 별도건물이 없이 동당·서당이 길게 배치된 형식이었을 것으로 추정한 견해가 대두되어,[42] 이를 좀 더 검토할 필요가 있다.

정림사지에 대한 최초의 발굴자인 후지사와 가즈오가 작성한 도면(〈도2-22〉의 1)을 보면 금당지와 강당지 서쪽에 각각 별개의 건물지 흔적이 확인된다. 2차 발굴자인 윤무병이 작성한 도면(〈도2-22〉의 2)을 보면 강당지 동쪽과 동회랑을 중심으로 발굴이 진행된 것을 알 수 있다. 이는 1차 조사가 가람 중심부의 서쪽 일

42 鄭子英, 2010, 「6~7세기 백제 사찰 내 강당 좌우 건물지의 변천과정 고찰」, 『建築歷史硏究』 73; 金洛中, 2011, 「百濟 泗沘期 사찰의 伽藍配置와 運營의 특징」, 『韓國上古史學報』 74; 鄭子英, 2012, 「부여 정림사지 가람배치와 편년적 검토」, 『韓國上古史學報』 76; 金洛中, 2012, 「百濟 定林寺의 創建年代」, 『文化財』 45-4.

대를 중심으로 실시되었기 때문일 것이다. 2차 조사에서 확인된 동회랑 북쪽 지역에 대한 조사 구역은 3차 조사의 동쪽 부속건물의 범위와 거의 일치한다(〈도2-22〉의 3). 즉, 최근의 3차 조사는 1·2차 발굴 조사 지역에 관한 재조사이므로 많은 선행 유구들이 이미 삭평되었을 가능성이 매우 높다. 〈도2-22〉의 1을 보면 강당지 동쪽과 서쪽, 금당지 서쪽에 각각 별개의 건물지 흔적이 표현되어 있다. 최근 조사된 〈도2-22〉의 3에도 강당지 남서쪽 모서리 서쪽 부근에서 배수시설 흔적이 발견되었다. 이에 필자는 이러한 유구 상황과 그 후에 출현한 백제 사원의 동당·서당의 사례를 참고해 복원도(〈도2-22〉의 4)를 작성했다. 이 도면에서처럼 정림사지는 회랑 북단에 두 동의 건물이 배치된 것으로 보는 것이 더 적절하다고 생각되는데,[43] 6세기대의 여느 사원과 달리 회랑지 북단의 동당·서당의 규모가 커진 것은 목탑 대신 석탑이 건립되는 중건기에 제석사지(〈도4-5〉)와 비슷한 형태로 변형되었던 것이 아닐까 추정된다.

한편 정림사지의 동·서회랑 북단의 건물지를 한 동의 건물로 상정하고 〈도2-22〉의 3과 같이 복원한 연구들은 공통적으로 정림사지의 창건 시기를 사비 천도 이후가 아니라 6세기 후반에서 7세기 전반으로 추정한다.[44] 하지만 이러한 주장을 펼치는 연구자들은 소상을 비롯한 중국제청자편 등 6세기 중엽 이전으로 소급되는 중요한 상대편년 자료에 대해서는 침묵한다. 이러한 주장을 펼친 당사자들이 직접 참여해 발굴한 독특한 형태의 인물상편〈도2-13〉은 그 형태가 〈양직공도〉에서 '노국'으로 명명한 인물들과 도상적으로 일치한다. 따라서 6세기 후반 정림사지의 본격적인 조영 이전에 사비 도성의 중심부인 현재의 정림사지의 위치에 노지(爐址)를 비롯한 소규모의 공방 관련 시설만 존재했다고 주장하는 것은 논리적으로 무리가 있다. 오히려 〈도2-22〉의 3과 같이 남북으로 긴 동당·서당 건물은 중건된 정림

43 창건 시 강당과 별도건물은 현재의 복원도와는 달랐을 것으로 생각되지만 현재 보호각이 있어 내부구조를 조사하기 어려운 실정이다.

44 그 주요한 근거는 성토층 하부 爐址의 고지자기 측정치인 A.D.625±20년이라는 분석 결과이다(성형미, 2011, 「부여 정림사지 9차 조사 지역에 대한 고고지자기학적 연구」, 『부여 정림사지』, 국립부여문화재연구소). 하지만 동일한 연구자가 한국전통문화학교의 의뢰를 받아 실시한 능산리사지의 고지자기 측정치를 보면 발굴 조사 내용과 상이점이 많기 때문에 그대로 따르기 어렵다고 생각한다.

사지의 모습을 보여주는 것으로 이해하는 것이 더 타당하며, 그것은 639년에 소실된, 즉 7세기 전반에 건립된 제석사지의 동당·서당과 대단히 유사하기 때문에 7세기대 이후 창건기의 정림사지의 원형이 일부 변형된 것으로 보아야 할 것이다.

한편 정림사지에 대한 최근의 재조사에서는 동·서회랑지와 남회랑지의 연결방식이 L자형으로 곧바로 연결되지 않고 석축배수로로 구분되어 있는 것을 확인했다(〈도2-22의 3). 이것은 지붕의 높낮이를 이용해 회랑을 연결하는 방식으로 그 후 능산리사지나 신라의 황룡사지에서도 확인된다. 또 남회랑지 서쪽 일대에 대한 조사에서 동서 석렬 유구와 함께 공방의 흔적이 확인되었는데 이러한 유구들은 중심부보다 1.8미터 정도 낮았다. 이는 정림사지 건립을 위해 대규모 성토작업을 실시한 결과 가람 중심부는 시각적으로도 훨씬 더 권위적인 건축물로서의 위용을 과시했던 것으로 보인다.[45]

정림사지는 유구의 파괴가 심해 가람배치의 기본형이나 각 건물지의 기능을 파악하는 데 한계가 있다. 현 단계에는 정림사지를 가장 충실하게 따르면서 시기적으로도 가까운 능산리사지(〈도3-1〉)를 함께 참고할 필요가 있다. 이에 양자를 함께 비교하면서 정림사식 가람배치를 정의해보면 이 사원은 남문이 없는 상태에서 중문·탑·금당·강당이 일직선상에 배치되고 이를 회랑이 감싸는 형식이었다.[46] 강당과 회랑의 연결방식은 회랑지 북단의 동당과 서당, 강당지 동·서쪽의 별도건물로 연결되는 형식이었다. 그 밖에 동·서회랑과 남회랑은 L자형으로 곧바로 연결되지 않고 단절되었으며, 남회랑은 동·서회랑보다 좀 더 길게 돌출되었다.

군수리사지는 와당을 비롯한 출토유물, 심초석과 사리의 안치방식, 건물지의 배치 등에서 볼 때 능산리사지와 왕흥사지의 중간 단계로 자리매김할 수 있을 것 같다.[47] 이 유적에 대한 식민지 시기의 조사에서는 탑·금당·강당이 남북 일직선상

45 중문지 남쪽에 대한 발굴에서는 남문지가 확인되지 않은 대신 연지가 확인되었다. 이 연지는 가람 중심부와 중심축을 달리하고 있기 때문에 창건기가 아닌 7세기대에 만들어진 것으로 생각된다.

46 정림사지에서는 강당지 북쪽에서 승방지가 확인되었는데 배치가 능산리사지와는 약간 다르다. 능산리사지의 경우 강당지 북쪽 승방지가 중심축에서 약간 서쪽에 위치하는데 지형적으로 그 동쪽에 구릉이 있었기 때문일 것이다.

47 군수리사지의 창건와는 크게 두 종류로 대통사식과 정암리요지식이다. 그중 정암리 요지식은 능산리

에 배치되어 그 가람배치가 오사카의 시텐노지와 같고, 중문지와 탑지, 금당지, 강당지의 중심 간 거리가 시텐노지, 야마다데라 등과 유사한 점을 확인했다(〈도4-1〉의 1). 또 최근의 목탑지에 대한 재조사에서는 16개소의 주공, 심초석의 안치 및 심주의 설치를 위한 경사로가 확인되었고, 금당지의 조사에서는 이중기단과 하성초석을 확인했다(〈도4-1〉의 2). 금당지 동쪽의 동방기단 건물지는 흔적은 확인했지만 규모 등에 대해서는 알 수 없다.

군수리사지는 강당지에 대한 재조사가 실시되지 않아 건물지 내부 초석의 배치상태를 알 수 없다. 하지만 1935·1936년 조사 결과를 보면 강당지 기단에서 약 5미터 떨어진 곳에서 동북기단과 서북기단이 확인되었고, 서회랑지 북단에 서실로 추정할 수 있는 유구 흔적이 남아 있었다. 또 동회랑과 동방기단에 대한 재조사에서는 동회랑지 동편에 2미터 간격을 두고 동방기단 건물지가 있었음을 알 수 있다. 이에 능산리사지와 왕홍사지의 사례를 참고해 복원도(〈도4-1〉의 3)를 작성했다. 이 도면이 〈도4-1〉의 1과 2와 다른 것은 두 곳이다. 먼저 서회랑지 북단에 서당의 반대쪽에 동당이 있었을 것으로 추정했다. 동당과 서당의 건물 규모는 동회랑지의 안쪽 석렬이 강당지 동쪽의 동북기단 부근까지 이어지고 있으므로 능산리사지의 동당·서당을 참고해 3칸으로 추정했다. 또한 동회랑지 외곽에서 금당지와 평행하게 배치된 동방기단 건물지를 참고해 서쪽에도 같은 크기의 건물을 복원했다. 〈도4-1〉의 1의 서방기단은 동방기단과 크기나 위치가 달라 좌우대칭을 이루지 않는다. 따라서 〈도4-2〉의 왕홍사지의 가람배치를 참고해 동방기단에 대칭되는 건물이 서쪽에도 있었을 것으로 추정했다.

577년 위덕왕이 발원한 왕홍사지는 목탑지에서 사리용기와 사리장엄구가 발굴된 것을 계기로 발굴 성과가 소개되었다. 그 후 연차적인 발굴을 통해 가람배치의 전모가 서서히 드러났는데 기본적으로 정림사식 가람배치를 따르면서도 몇 가지 다른 점이 발견된다(〈도4-2〉). 먼저 목탑지 남쪽에서는 T자형의 동서석축이 배

사지에서는 보수용 와당으로 사용되었기 때문에 이보다 약간 늦은 6세기 중엽으로 편년된다. 군수리사지 출토 와당에 대해서는 다음 논문을 참고. 清水昭博, 2006, 「軍守里廢寺出土軒丸瓦の檢討」, 『MUSEUM』 596: 2012, 『古代日韓造瓦技術の交流史』.

치된 점이다. 동서석축은 북쪽의 사역을 조성하기 위해 축조한 것으로 다른 사원의 중문지가 설치되는 부근에 시설되었고, 남북석축은 『삼국사기』나 『삼국유사』에 기록된 왕의 행차와 관련된 어도(御道) 같은 진입시설로 생각된다. 2010년의 조사에서는 사역의 중심부에서 약 61미터 떨어진 지점에서 너비 8미터 정도의 또 다른 진입시설을 확인했다.

가람 중심부는 목탑·금당·강당이 남북 축선상에 배치되었는데 동·서회랑지 북단에서 남북 길이 약 48미터의 부속건물지가 확인되었다. 강당지에서는 동서쪽에서 별도건물지가 확인되었는데 규모나 내부 구조는 알 수 없지만 전반적인 배치 양상은 능산리사지와 매우 유사하다. 한편 동·서회랑지의 외곽에서는 동당과 서당의 외곽에서 실체를 알 수 없는 또 다른 외곽 건물지의 기단이 확인되었다. 회랑지 외곽의 동서 부속건물지들은 군수리사지의 동방기단과 유사한 성격의 건물로 추정되므로 향후 조사 결과가 기대된다. 이처럼 군수리사지와 왕흥사지는 정림사식 가람배치를 기본으로 하면서도 새로운 기능을 가진 건물이 증축된 것을 확인할 수 있다.'

6세기 후반에는 동남리사지가 건립되었다. 이 유적에 대해서는 초기의 발굴조사부터 탑이 없는 가람인지 금당의 남쪽 좌우에 쌍탑이 존재했을지에 대해 논란이 있었지만(〈도4-4〉의 1), 최근의 재조사에서는 어떤 흔적도 찾을 수 없었다. 강당지 동서쪽에서 경장지와 종루지로 추정되는 동북기단과 서북기단을 확인했는데, 이 건물지들은 강당지 기단과 평행하게 기단이 구축되었지만 규모는 작아졌다(〈도4-4〉의 2). 최근 재조사한 금당지는 방형 적심토를 기단의 초석으로 사용했는데, 이러한 사례는 부여 관북리유적과 익산 왕궁리 유적의 대형 전각건물지의 기단과 유사하다. 낙양 영녕사 목탑지와 남문지나 업성(鄴城) 조팽성폐사지(趙彭城廢寺址)의 목탑지에서 유사한 흔적이 발견되어 북조의 초석 설치 방식과의 관련성이 상정된다.[48] 이 사원에는 탑이 건립되지 않았으며,[49] 강당 동·서쪽의 별도건물이

48 金洛中, 2011, 「百濟 泗沘期 寺刹의 伽藍配置와 운영의 특징」, 『韓國上古史學報』 74, 224쪽.

49 이에 대해 洛陽 建中寺처럼 귀족의 저택을 사찰로 재활용 했기 때문이라는 견해가 있다(梁銀景, 2009, 「中國 佛敎寺刹의 檢討를 통해 본 百濟 泗沘期 佛敎寺刹의 諸問題」, 『百濟硏究』 50, 170~171쪽). 하지만

축소되었고, 회랑 북단의 동당·서당도 건립되지 않은 변화가 나타난다.

익산 제석사지는 『관세음응험기』에 639년 화재로 소실되었다는 기록과 출토 유물로 볼 때 7세기 전반에 건립된 사찰로 생각된다. 사역의 북쪽으로 약 300미터 떨어진 곳에 불에 탄 기와편, 소상편, 벽체편 등이 출토된 폐기장이 확인되어 이 기록의 신빙성을 높여준다. 현재까지의 조사 결과 강당지 동·서쪽에서 별도건물지가 확인되지 않았고, 그 대신 동·서회랑지 북단의 동당·서당의 건물이 대형화되었다(〈도4-5〉). 제석사지에서는 강당지 동·서쪽의 별도건물이 사라지는 변화가 나타난 것으로 볼 수 있다.

미륵사지는 삼원병렬식 가람배치를 이루지만 기본적으로는 정림사식 가람배치를 따른다(〈도4-7〉의 2). 미륵사지의 가람배치는 탑과 금당이 동등하게 배열된 삼원이 아니라 정림사지처럼 목탑과 중금당, 그 북쪽의 강당과 동·서승방이 완결된 하나의 사찰 배치를 구성한 이후 동·서쪽에 다시 탑과 금당을 추가(또는 확장)로 배치해 동·서회랑으로 전체 사역을 감싸면서 경계를 형성한 것으로 볼 수 있다.[50] 특히 정림사식 가람배치에서 공통적으로 확인되는 동당과 서당이 이곳에서는 강당지 남쪽의 동·서승방지로 변형되고, 강당지 동·서쪽의 별도건물지가 사라진 대신 북회랑으로 연결되는 모습이 처음으로 확인된다.[51] 〈도4-5〉와 〈도4-7〉의 2를 비교해보면 제석사지의 동당과 서당이 미륵사지에서는 승방지로 바뀌고, 미륵사지에서는 강당과 동·서당의 연결이 북회랑으로 변형된 것을 확인할 수 있다. 따라서 미륵사지의 삼원병렬식 가람배치는 정림사식 가람배치를 토대로 한 백제 내부의 변화·발전이라는 연속성을 띤다고 할 수 있다. 삼원식(三院式)이라는 요소는 남조의 대애경사나 동위·북제의 조팽성폐사지 등에서 시작되어,[52] 수·당대에

일본의 國分尼寺에는 탑이 건립되지 않은 것을 참고하면 '尼寺'였을 가능성도 함께 고려해야 할 것이다.

50 國立文化財硏究所·益山市, 2010, 「彌勒寺의 寺刹配置」, 『彌勒寺復原考證基礎調査硏究報告書2』(미륵사복원연구학술자료총서III), 134~138쪽.

51 전술한 것처럼 〈도4-8〉의 은산 금강사지에서 강당과 접속되는 북회랑지가 확인되었지만 창건 당시의 유구로 보기 어렵기 때문에 백제 사원에서 북회랑은 미륵사지에서 처음으로 상정될 수 있을 것이다.

52 中國社會科學院考古硏究所·河北省文物硏究所鄴城考古隊, 2010, 「河北臨漳縣 鄴城遺址 趙彭城北朝佛寺遺址的勘査與發掘」, 『考古』 2010-7期.

본격적으로 유행하는 다원탑(多院落) 다불전(多佛殿)의 대형 원락식(院落式) 사원[53]의 영향이 있었다고 보아야 할 것이다.[54]

7세기 중엽에는 부소산폐사지와 같이 강당이 생략된 형식이 출현하기도 한다(〈도4-9〉의 1). 이 유적은 왕궁의 배후산성이자 후원의 기능을 수행한 부소산성 내부에 위치하는 입지적인 특성으로 말미암아 내불당과 같은 성격의 사찰이었을 가능성이 있으며 가람배치에서 강당이 확인되지 않는 변화가 나타난다.[55]

이상의 검토를 종합하면 정림사식 가람배치의 전통은 기본적으로 백제 멸망기까지 계속되지만, 군수리사지나 왕흥사지가 조영되는 6세기 중·후반 무렵부터 일정한 변화가 생겨났고 6세기말 이후에는 부속건물이나 별도건물, 강당 같은 시설이 생략되는 사례가 증가한다. 7세기 전반에 나타난 미륵사지의 삼원병렬식 가람배치는 정림사식 가람배치를 토대로 한 백제 자체의 변형이라 할 수 있지만 중국 대형 원락식 사원의 영향이 있었을 것으로 보인다. 아울러 이러한 분위기 속에서 6세기 후반 황룡사지 중건 가람이나 아스카데라에 보이는 삼금당과 같은 것이 조영될 수 있었다고 생각된다. 백제에서는 사비 천도 초기부터 멸망기까지 계속해서 정림사식 가람배치가 조영되었다. 따라서 이러한 양식의 가람배치는 넓은 의미에서 '백제식 가람배치'라고 불러도 좋을 것이다. 다만 이러한 검토는 가람배치의 외형에 대한 형태적 분석에만 의존했으므로 향후 건물의 기단구조나 규모, 건물간 중심거리를 비롯한 조영 계획의 분석, 건물지의 기능에 관한 검토 등을 통해 보완할 필요가 있고, 중국이나 신라 및 일본의 사원들과의 비교도 필요하다.

한편 백제 가람의 건물지 가운데 능산리사지 강당지에서 확인된 '1동 2실 건물

53 河利群 2010, 「北朝 및 隋唐代 寺院의 考古學的 考察」, 『東아시아 古代寺址 比較研究II－金堂址 篇』, 국립부여문화재연구소.

54 李炳鎬, 2013, 「百濟寺院과 日本 飛鳥寺 三金堂의 源流」, 144~147쪽.

55 부소산폐사지는 지형적인 이유로 강당이 없는 것으로 이해되어 왔다. 하지만 최근에는 금당지 북면의 넓은 평탄면이 후대의 삭평으로 없어졌기 때문에 그 존재 가능성을 인정하는 견해가 제기되었다(趙源昌, 2011, 「百濟 泗沘期 扶餘 扶蘇山寺址의 築造技法과 伽藍配置 檢討」, 『역사와 담론』 59). 부소산폐사지처럼 강당이 없는 사례로는 부여 임강사지가 있고, 경주 분황사의 경우도 금당 뒤쪽이 현저하게 낮아지는 지형을 이루고 있어 강당이 좀더 늦은 시기에 중심축을 달리하여 건립되고 있는 것을 보면, 강당이 존재한다고 해도 일정한 변형 속에서 존재했을 가능성이 높다고 생각한다.

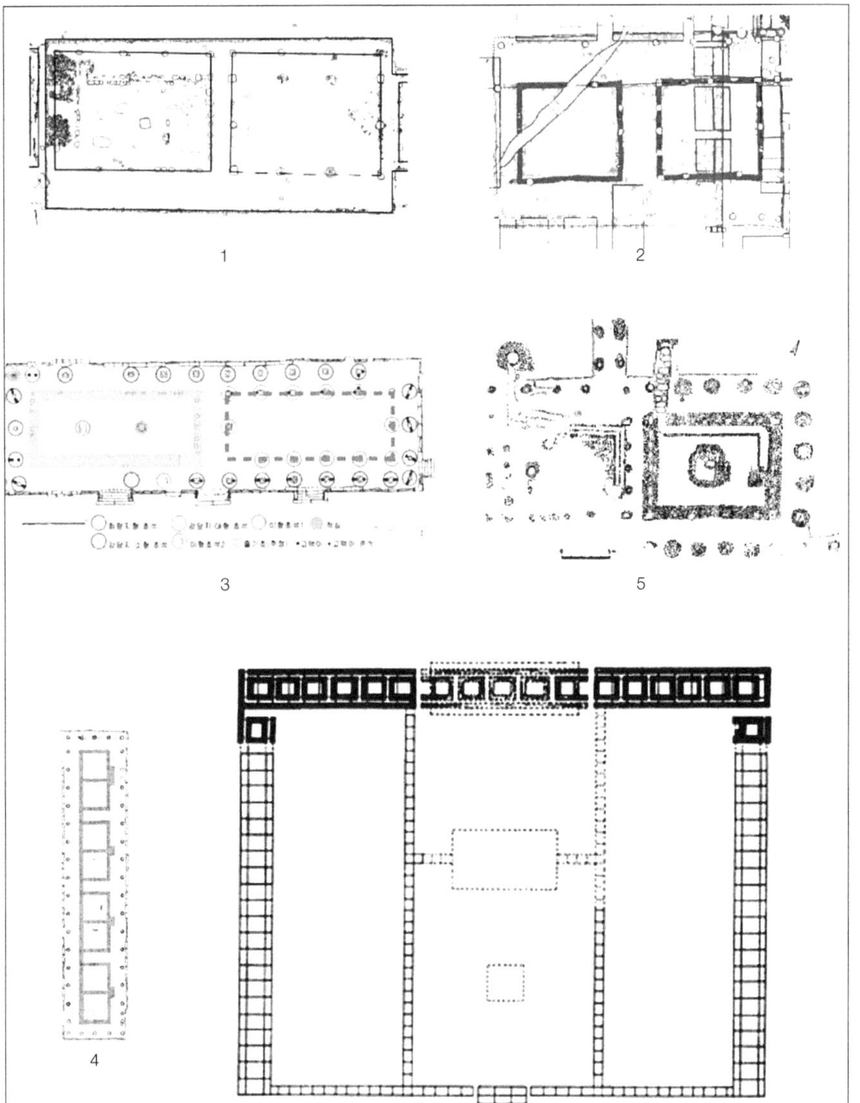

도4-10 소위 1棟2室 建物址(1.능산리사지, 2.왕궁리유적, 3.미륵사지 강당지, 4.미륵사지 동승방지, 5.集安東台子유적, 6. 황룡사지 창건가람)

지'도 주목할 필요가 있다. 이 건물지는 고구려의 집안 동대자 유적에서 처음 확인되었지만 최근에는 익산 왕궁리 유적의 제1건물지, 미륵사지 강당지와 승방지에서도 확인되기 때문이다(〈도4-10〉).[56] 미륵사지 강당지(〈도4-10〉의 3)를 보면 동실은 초석 위에 기둥을 세워 공간을 만들었지만 서실은 벽체를 이용해 내부 공간을 구성한 특이한 구조인데 이것은 능산리사지 강당지(〈도4-10〉의 1)와 매우 유사하다. 또한 미륵사지 승방지(〈도4-10〉의 4)는 1동 2실 형식의 건물을 병렬시킨 것으로 볼 수 있는데, 이러한 구조는 경주 황룡사지 창건 가람의 강당지 하부 유구와 매우 유사하다(〈도4-10〉의 6). 아울러 경주 감은사지 공방지에서도 1동 2실 건물지가 확인되는 등 그 사례가 증가하고 있다. 그런 점에서 1동 2실 건물은 백제 건축의 전유물이라고 단정하기는 어렵지만, 사원의 운영이나 생활과 관련된 백제 건축의 특징으로서 고대 사원의 기능과 성격을 이해할 때 중요하게 다뤄야 할 것이다.

2. 사비시기 소조상의 전개 과정

1) 소조상의 출토 상황

지금까지 부여와 익산을 중심으로 한 백제 고지의 많은 유적에서 소조상편이 출토되었다. 백제 고지에서 처음으로 소조상이 출토된 유적은 부여 부소산폐사지이다. 1942년 8월 하순 요네다 미요지, 후지사와 가즈오 등은 이곳에서 벽화편(壁畵片), 소조상편, 풍탁설 등을 발굴했다. 그 후 1942년 9월과 1943년 11월 후지사와 가즈오가 부여 구아리 일대의 사원 유적을 조사할 때 다량의 소조상편이 출토되었다. 당시 부소산폐사지 출토품에 대해서는 호류지 목탑과 같이 목탑의 내부를

56 배병선은 1동 2실 건물에 대해 기둥과 보를 결구한 일반적인 건축결구와 달리 보를 사용하지 않고 기둥이 직접 도리를 받치는 穿斗式 구조라고 명명하고 이를 중국 남조의 영향이라고 보았다(배병선, 2010, 「미륵사의 배치와 건축유구를 통해본 백제 조영기술」, 『백제 불교문화의 보고, 彌勒寺』, 309쪽).

장엄하던 탑내소상으로 추정하는 견해가 제시되기도 했다.[57]

해방 이후에는 1964년 3월 부여군 은산면 금강사지에서, 1964년 10월 부여 임강사지에서, 1971년 5월 청양 왕진리 요지에서 소조상편이 출토되었으나 그동안 별다른 주목을 받지 못했다. 그 후 1979년 10월부터 진행된 부여 정림사지에서 다량의 소조상이 출토되어 연구자들의 이목을 집중시켰지만 본격적인 연구로는 나아가지 못했다. 1980년 익산 미륵사지에서 채색한 소조상편과 전불편이 발굴되었고, 1986년 청양 본의리 요지에서 소조로 만든 대형 불상대좌가 발견되었다. 1990년대 이후 부여 능산리사지와 익산 제석사지 폐기장 유적에서 다량의 소조상편이 발굴되었고, 최근에는 익산 왕궁리 유적과 미륵사지 서석탑에서 소조나발이 발견되었다.[58]

백제 고지에서 출토된 소조상들은 대부분 형체를 알 수 없을 정도로 파괴된 상태로 출토된 탓에 별다른 관심을 끌지 못했다. 소조상들은 발굴 조사나 지표 조사를 통해 발견되지만 소조상이 미술사의 연구 대상이라는 인식 때문에 고고학 분야에서는 등한시되었고 미술사 분야에서는 두상이나 상호, 수인, 옷자락 등을 알 수 없는 파편이 대부분이라 그다지 관심을 두지 않았다. 백제 소조상 발굴에서 획기적인 전환점을 이루는 정림사지 출토품은 '도용'으로 명명된 탓에 분묘에 부장하는 명기(明器)로 오인되어 이 분야 연구를 지연시킨 또 다른 원인을 제공했다.

그러나 필자는 정림사지 출토 소조상을 재검토하면서 백제 고지에서 출토된 소조상들의 양상과 중국이나 일본의 소조상 출토 사례를 비교한 결과 그것이 원래 목탑을 장엄하던 탑내소상이었음을 추정하게 되었다(제2부 제1장 참조). 그 과정에서 그동안 단편적으로 알려진 백제 고지 출토 소조상을 종합적으로 정리·소

57 杉三郎, 1943「百濟山懷精舍址」,『古美術』13卷5號, 寶雲社; 輕部慈恩, 1946,「扶蘇山南側中腹廢寺址出土の塑像」,『百濟美術』, 寶雲社.

58 백제의 소조상을 소개하는 도록이나 자료집은 다음과 같다. 忠南大學校博物館, 1983,『忠南大學校博物館圖錄』; 飛鳥資料館, 1985,『日本と韓國の塑像』(飛鳥資料館圖錄第14冊); (財)百濟文化開發硏究院, 1992,『百濟工藝·彫刻圖錄』(百濟遺物圖錄3); 國立扶餘博物館, 997『國立扶餘博物館圖錄』; 彌勒寺址遺物展示館, 2005,『特別展 全北의 옛 절터 出土遺物』; 東國大慶州캠퍼스博物館, 2006,『來如哀反多羅-東國大學校 建學100週年 紀念 塑造佛 特別展』; 國立扶餘博物館·佛敎中央博物館, 2009,『百濟伽藍에 담긴 佛敎文化』; 경희대중앙박물관, 2012,『백제기와-문양과 기술로 남은 瓦工의 자취』.

개할 필요성이 대두되었다. 이에 백제 고지에서 출토된 소조상들의 전개 과정과 특징을 정리하고자 한다. 먼저 부여와 익산 등 백제 고지에서 확인된 소조상의 출토 양상을 살펴보고, 그 다음 변천 과정과 봉안장소, 제작기법의 특징, 계통에 관한 문제 등을 검토한 후 고구려나 신라·일본에서 출토된 소조상과의 관련성을 간략히 언급할 것이다.

지금까지 백제 고지에서는 모두 12개 유적에서 소조상이 출토되었다. 이러한 사례를 출토 위치와 제작기법을 중심으로 소개하고 공반 유물과의 상대편년을 통해 제작 시기를 추정해 볼 것이다. 제작기법에 관한 서술은 태토, 성형방식, 소성 여부 등을 주로 검토하면서 특히 성형 방식에서 범형의 사용 여부, 심목의 사용 흔적, 목과 몸통의 결합방식 등에 주목했다.

(1) 부여 정림사지

정림사지 출토 소조상들은 대부분 서회랑지와 남회랑지가 만나는 남쪽 귀퉁이의 대형 구덩이에서 적색의 소토(燒土), 기와편들과 함께 출토되었다. 현재까지 160여 점이 출토되었으며, 대형소상, 중형소상, 소형소상, 정경소상 등 다양한 크기와 형태의 소조상편이 출토되었다. 정림사지에서 출토된 소조상은 사비시기의 소조상 가운데 가장 이른 단계에 속한다. 제작 시기는 사비 천도 직후, 구체적으로는 『양서』, 『남사』, 『삼국사기』 등에 기록된 541년 '양 무제의 공장(工匠)과 화사(畵師) 파견'을 계기로 제작되었을 것으로 보인다. 이곳에서 출토된 소조상에 관해서는 제2부 제1장을 참조하기 바란다.

(2) 부여 능산리사지

능산리사지에서는 목탑지의 심초석 하층기단 부근에서 20여 점, 중문지 남쪽에서 2점, 강당지 북쪽 추정 승방지(제2건물지) 서쪽에서 1점이 출토되었는데,[59] 남아 있는 소조상의 크기를 볼 때 정경소상과 장식상의 파편으로 생각된다. 그중 소

59 國立扶餘博物館, 2000, 『陵寺 - 扶餘陵山里寺址發掘調查進展報告書』; 韓國傳統文化學校, 2010, 『扶餘陵山里寺址 - 제9차 발굴조사보고서』.

1

2

도4-11 부여 능산리사지 각종 소조상(1.소조좌상편, 2.각종 소조상편)(축척부동)

조좌상 2점은 잔존고 22센티미터 정도의 좌상으로 머리 부분이 없고 손 모습만 다를 뿐 거의 같은 형태이다(〈도4-11〉). 목에는 끝이 뾰족한 목걸이가 표현되어 있고 의문(衣文)은 음각선으로 표현되어 있다. 두 점 모두 목 부분에는 별도로 제작한 머리를 끼울 수 있는 홈이 뚫려 있다. 뒷면의 등 부분은 평평하지만 다리 부분은 어딘가에 고정할 수 있도록 'ㄱ'자형으로 꺾여 있다. 한 점은 천의(天衣)가 바람에 날리듯 유려하고 합(盒)과 같은 지물을 받들고 있으며, 다른 한 점은 두 손에 긴 천이 드리워져 있다. 형태상 여래상이라기보다는 보살상이나 공양자상으로 생각된다.

두상(頭像)은 머리에 모자를 쓴 것과 체발을 한 것 두 점이 출토되었는데 모두 목 부분에 구멍이 뚫려 있다. 후자는 정림사지와 낙양 영녕사에서 출토된 승려상(僧侶像)과 매우 유사하다. 신상(身像)은 대부분 의문편(衣文片)이지만 보살장(菩薩裝)의 하반신편과 속인장(俗人裝)의 상반신편이 포함되어 있다. 전자는 X형으로 크게 교차하는 천의와 오른쪽 대퇴부에 Ω자형의 의문이 남아 있다. 후자는 문관이나 시자(侍者)의 동체편으로 생각된다. 장식상으로는 두 종류의 목엽장식(木葉裝飾)이 출토되었다.

능산리사지 소조상들은 모두 머리와 몸통을 별도로 만들어 접합한 두체별제식으로 제작되었고 심목을 사용한 흔적이 잘 남아 있다. 소조상의 성형에는 수날법과 범발이 동시에 사용된 것으로 보인다. 즉, 2점의 좌상은 손으로 빚어서 만든 수날법이, 두상이나 신상, 목엽과 같은 소상은 범발을 사용한 것으로 생각된다. 범발은 뒷면이 평평하여 편면범을 이용한 것으로 생각된다. 소조상들은 기본적으로 소성한 것으로 보이지만 소조좌상은 뒷면의 형태가 'ㄱ'자형으로 꺾여 있고 골조로 사용한 유기물의 흔적이 남아 있어 어딘가에 상을 고정한 다음 수날법으로 성형해 건조한 건조식(乾燥式)으로 제작되었을 가능성이 높다. 소조상들은 최종적으로 백색 계통의 회칠로 마감했는데, 그 후 추가적인 채색이 있었을 것으로 생각되지만 현재는 거의 남아 있지 않다. 소조상의 제작 시기는 목탑지 심초석 내부에서 출토된 창왕명 석조사리감의 명문에 보이는 창왕 13년인 567년 이후일 것이다.

(3) 부여 구아리사지

구아리사지는 부소산성 남쪽, 관북리 추정왕궁지의 서쪽에 위치하며, 1942년과 1943년 후지사와 가즈오에 의해 조사되었다. 보고서는 간행되지 않았지만 후지사와 가즈오에 따르면 1942년 9월 구아리 대지 남쪽의 채토장에서 방형의 사리공이 있는 심초석과 함께 다량의 연화문와당, '丁巳(정사)'명 인각와, 고려시대의 '天王(천왕)'명 명문와 등이 발견되었다고 한다. 그는 '丁巳'를 위덕왕 44년인 597년으로 파악하고, 고려시대의 천왕명 문자와는 『삼국사기』 의자왕 20년조에 나오는 천왕사(天王寺)와 관련 있는 것으로 이해했다.[60] 1943년 11월에는 구아리의 부여경찰서 안마당에서 여러 가지 형식의 와당, 시유된 도제불상편(陶製佛像片), 도

60 藤澤一夫, 1971, 「古代寺院の遺構に見る韓日の關係」, 『アジア文化』 8권2호, 61쪽.

도4-12 부여 구아리사지 각종 소조상(1.두상편, 2.신상편, 3.각종 소조상편)(축척부동)

가니 등을 수습했다고 한다.[61] 그 후 이 일대에 관한 재조사가 있었고,[62] 필자의 종합적인 재검토가 있었다. 그 결과 1942년과 1943년의 두 구아리 유적은 동일한 유적으로 구아리사지(舊衙里寺址)로 명명하는 것이 적절하다고 추정하게 되었다.[63] 나아가 이곳에서 출토된 소조상편들은 소조상편에 '塔址 北(탑지 북)'이라는 기록이 있고, 목탑의 심초석이 남아 있어 탑내소상의 일부로 추정했다.

61 藤澤一夫, 1946, 「百濟佛教遺蹟の硏究」, 『人文』 3권 1호, 129~130쪽.

62 구아리 일대에 관한 재조사 내용은 다음을 참고. 扶餘文化財硏究所, 1993, 『扶餘 舊衙里 百濟遺蹟 發掘調査報告書』; 扶餘文化財硏究所, 1993, 『扶餘 傳天王寺址 文化財保存地區 發掘調査報告書』; 申鍾國, 2005, 「泗沘都城 發掘調査 成果와 意義」, 『百濟 泗沘時期 文化의 再照明』, 國立扶餘文化財硏究所; 國立扶餘文化財硏究所, 2009, 『扶餘 官北里 百濟遺蹟 發掘報告III』.

63 李炳鎬, 2007, 「扶餘 舊衙里 出土 塑造像과 그 遺蹟의 性格」, 『百濟文化』 36.

구아리사지에서는 대형소상은 발견되지 않았지만 소형소상과 정경소상 40여 점이 출토되었다. 중형소상으로 분류할 수 있는 의습편(衣褶片)이 출토되었지만 원형은 알 수 없다. 소형소상에는 불두를 비롯한 두상편이 포함되어 있다(〈도 4-12〉). 대부분은 정경소상으로 두상과 신상, 의습편이고, 동물장식도 함께 출토되었다. 불두편은 얼굴의 1/4밖에 남아 있지 않지만 단정한 모습의 코와 입을 확인할 수 있다. 두상편 1·2는 파손되었으나 입을 크게 벌리고 비탄에 젖어 흐느끼고 있는 불제자의 두상으로 호류지의 목탑 탑내소상의 열반 장면에 묘사된 불제자 모습이 연상된다. 두상편 9는 고깔 모양의 상투(髻)를 묶은 인물의 두상으로 낙양 영녕사의 소형 및 정경소상의 발식(髮飾)과 유사하다.[64]

정경소상에는 체발의 두상편과 인물상편이 대부분이다. 인물상편 중 두상이 없지만 완형을 이루는 인물상이 남아 있는데 잔존고 15.7센티미터로 속인상으로 생각된다. 그 밖에도 홀두리(笏頭履)를 신은 하반신편, 합장하는 공양자상으로 보이는 좌상편, 시위하는 모습의 무사상편 등이 함께 발견되었다. 동물장식은 곰으로 소개되었지만,[65] 뒤에서 서술할 부소산폐사지 출토 코끼리상이나 사천성 성도에서 출토된 불교 조상의 사례를 참고하면 사자상일 가능성이 높다.

구아리 소조상의 제작기법을 살펴보면 중형소상은 명확치 않지만 소형소상과 정경소상은 모두 머리와 몸통을 별도로 제작한 다음 접합시킨 두체별제식으로 확인된다. 두상편과 신상편에서는 심목을 사용한 흔적이 확인되고 목과 몸통에 작은 구멍과 홈[凹處]이 남아 있다. 성형방식을 보면 중형소상은 크기가 큰 탓에 수날법이 사용되었을 가능성이 있지만, 소형 및 정경소상의 정림사지의 그것과 같아 범을 사용했으리라 생각된다.

구아리 소조상의 제작 시기는 명확치 않지만, 구아리 일대의 대지 조성에 따른 성토 양상이나 연화문와당 등 공반 유물 특히 우물지의 최하층 출토 '정사'명 인각와를 597년으로 파악할 때 적어도 그전에 제작된 것으로 보인다. 또 구아리 일대에서는 일본 아스카데라 창건와 중 성조·화조 계열의 와당이 모두 출토되었

64 奈良國立文化財研究所, 1998, 『北魏洛陽永寧寺』, 50쪽 도33-7·8, 61쪽 도40-1.

65 國立扶餘博物館, 1997, 『國立扶餘博物館圖錄』, 42쪽.

도4-13 부여 임강사지 각종 소조상(축척부동)

으므로 그보다 약간 앞선 6세기 중·후반 무렵에 제작된 것으로 생각된다.[66]

(4) 부여 임강사지

임강사지는 동라성 동남쪽 외곽 금강 북쪽에 위치하며 동국대박물관에 의해 시굴 조사되었다. 조사 결과 정면 5칸, 측면 4칸의 건물지 주변에서 와당과 소조상편이 출토되었지만 약식 보고서만 출간되었다.[67] 다만 최근 이 절터에 관한 정밀 지표 조사와 발굴 조사가 실시되어 향후 성과가 기대된다.[68] 이곳에서 출토된 소조상들은 1964년 시굴 조사에서 출토된 것들로, 지금까지 한 점밖에 공개되지 않았지만 필자의 재조사 결과 소조인물상편을 비롯하여 30여 점의 파편이 함께 출토된 것이 확인되었다.[69]

임강사지 소조상은 소조인물상편, 의습편, 족편(足片), 장식파편 등을 제외하면 모두 형태를 알 수 없는 파편이다(〈도4-13〉). 소조인물상편은 잔존고 11.7센티

66 李炳鎬, 2007, 「扶餘舊衙里出土塑像과 그 遺蹟의 性格」, 『百濟文化』 36, 92~95쪽.

67 申榮勳, 1964, 「扶餘 臨江寺址 發掘參加記」, 『考古美術』 5권 11호; 曺永祿, 1965 「扶餘 臨江寺址 發掘記」, 『東國史學』 8.

68 忠淸大學博物館·扶餘郡, 2007, 『扶餘 臨江寺址』; 尹龍熙, 2011, 「扶餘 臨江寺址 發掘調査槪報」, 『考古學誌』 17.

69 李炳鎬, 2007, 「扶餘 臨江寺址 出土 塑造像에 대하여」, 『扶餘 臨江寺址』, 忠淸大學博物館.

미터로 목에 구멍이 남아 있고 무릎까지 내려오는 상의를 걸쳤는데 목 부분에는 U자형의 옷주름이 간략하게 표현되어 있다. 뒷면에 음각선으로 의문이 간략하게 표현되어 있고, 좌우 다리 뒷부분에는 심목을 사용한 흔적이 남아 있다. 왼쪽다리를 약간 앞으로 내민 보행 자세는 정림사지에서 출토된 하반신N과 유사하다. 오른쪽 신발편은 발등에 흑색으로 줄무늬가 장식되어 있다. 왼발편은 발가락까지 매우 정교하게 표현되어 있는데 발바닥에 받침이 있다. 장식파편은 동물의 눈, 코, 이가 표현되어 있고 몸통에는 발 흔적이 남아 있다. 뒷면에는 어떤 곳에 부착했던 흔적이 남아 있는데 갈대와 같은 재료를 심목으로 사용했으리라 생각된다. 그 밖에도 연화대좌의 일부로 생각되는 연화문장식편이 있고, 최근 국립부여박물관의 발굴 조사에서 적색과 흑색으로 장식한 벽체편이 수습되었다.

소조상의 제작기법은 수날법으로 머리와 몸통을 한 번에 제작한 일체식일 가능성이 없지 않지만, 소조인물상편의 심목 흔적으로 볼 때 범발과 두체별제식일 가능성도 있다.[70] 일부 소조상에서는 사비시기 백제의 소조상에서 공통적으로 확인되는 심목을 사용한 흔적과 채색흔이 관찰된다. 소조상의 제작 시기는 공반된 와당을 통해 어느 정도 추정할 수 있다. 즉, 이곳에서 출토된 연화문와당은 부여 정암리 요지와 동범품인데, 정암리 요지 출토품은 와당면과 수키와를 접합할 때 별도의 백색 점토를 사용하는 것이 특징이라 동범 여부를 쉽게 판정할 수 있다. 정암리 요지 B지구의 조업 시기는 6세기 중·후반으로 추정된다.[71] 따라서 필자는 공반 유물과 소조상의 양식을 통해 임강사지 소조상들이 구아리사지 소조상들보다 약간 늦은 6세기 후반 무렵에 제작된 것으로 추정한다.

(5) 청양 왕진리 요지

청양 왕진리 요지는 부여 시가지에서 약 5.5킬로미터 떨어진 금강 북안에 위

70 필자는 임강사지 소조상을 수날법을 이용하여 일체식으로 성형한 것으로 보고한 바 있지만 출토 사례가 적어 판단하기가 쉽지 않았다. 향후 발굴조사를 통해 수정될 여지가 있다고 생각한다. 李炳鎬, 2007, 「扶餘 臨江寺址 出土 塑像에 대하여」, 『扶餘 臨江寺址』, 126~127쪽.

71 國立扶餘博物館, 1992, 『扶餘 亭岩里가마터』II; 清水昭博, 2008, 「百濟泗沘時代の瓦生産」, 『帝塚山大學考古學研究所研究報告』X: 2012, 『古代日韓造瓦技術の交流史』, 清文堂.

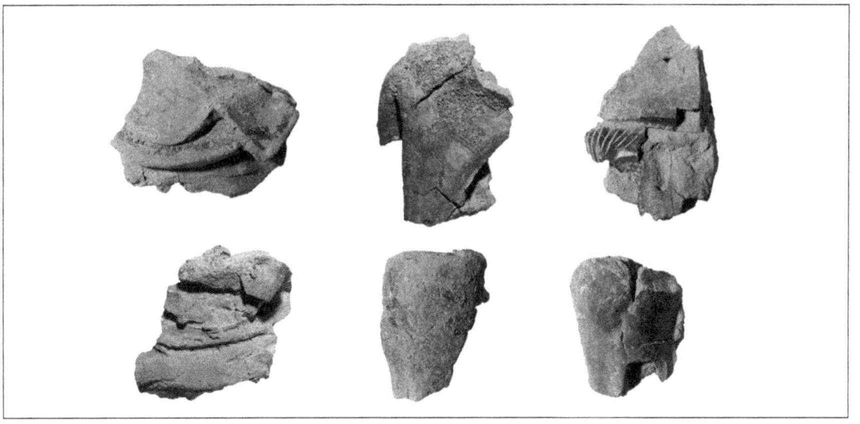

도4-14 청양 왕진리 요지 각종 소조상

치한다. 모두 6기가 조사되었는데 5기의 등요, 1기의 평요가 확인되었다.[72] 소조상은 평요인 4호 요지에서 와전류, 토기와 함께 출토되었다. 소조상은 12점이 출토되었는데 모두 적갈색 경질로 10센티미터 내외의 잔편에 불과하다. 형태상 신상으로 추정되는 것이 있고, 의문(衣文)이 간략하게 표현된 것이 남아 있다(〈도4-14〉). 왕진리 요지의 소조상 중 제작기법이나 형태를 추정할 만한 것은 없지만, 사비시기 소조상이 부여 인근 지역에서 자체적으로 생산되었음을 보여주므로 매우 중요한 의미를 갖는다. 왕진리 요지의 조업 시기는 연화문와당이나 인각와 등의 공반유물로 볼 때 6세기 말에서 7세기 초반으로 추정된다.[73] 따라서 소조상도 이와 비슷한 시기에 제작된 것으로 추정되며 구아리사지나 임강사지보다 약간 늦은 시기였을 것이다.

(6) 청양 본의리 요지

청양 본의리 요지는 공주시 서쪽으로 약 10킬로미터, 부여읍 북북동으로 약 20킬로미터에 위치하는 반지하식 등요로 1986년 국립공주박물관에서 조사했다.[74]

72 金誠龜·金鍾萬·尹龍熙, 2008, 『青陽 汪津里 가마터』, 국립중앙박물관.

73 龜田修一, 1996, 『日韓古代瓦の硏究』, 吉川弘文館, 132~133쪽.

74 朴永福, 1992, 「青陽陶製佛像臺座 調査報告」, 『美術資料』 49.

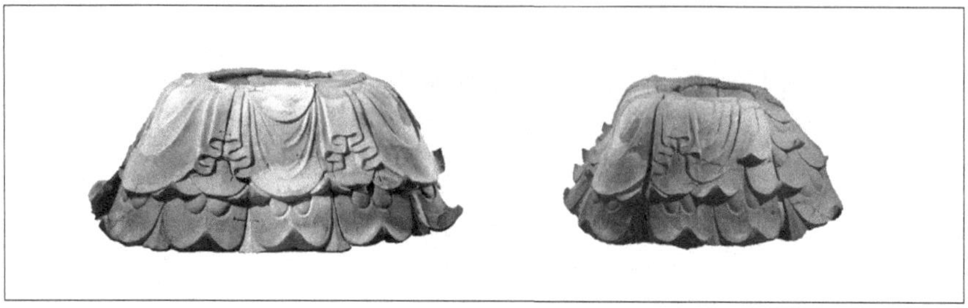

도4-15 청양 본의리요지 대형불상대좌

이곳에서는 소조로 만든 대형 불상대좌가 출토되었는데 모두 7개 조각으로 분리되었지만 전면 3개, 측면 1개, 후면 2개로 조합되었다(〈도4-15〉). 하단의 가로 폭 250센티미터, 높이 90센티미터 크기로 원래는 대형 소조불상을 그 위에 올려놓았을 것으로 보인다. 대좌에 늘어진 옷주름은 가운데의 U형 주름을 중심으로 양쪽에 맞주름으로 두세 번 겹쳐져 늘어졌고, 좌우편에도 비슷한 형태의 주름이 대좌를 덮고 있다. 전체 대좌는 커다란 연판으로 이루어진 연화대좌 위에 놓여 있다. 이러한 상현좌(裳懸座)는 부여 군수리사지에서 출토된 납석제여래좌상에서도 나타나는데 이 대좌는 중국의 사례들보다 훨씬 단순한 형태로 변화한 것으로 평가된다.[75]

불상대좌의 제작기법은 정선된 점토로 기본 골격을 만든 다음 그 위에 덧씌워 문양을 조각하는 수날법으로 성형되었다. 1차 성형의 두께는 2~3센티미터이고, 그 위에 2차로 의습(衣褶), 연화문 등의 문양을 2~3센티미터 덧붙여 성형하고 7조각으로 분할했는데, 크기가 커서 가마에서 한 번에 소성하기 어려웠기 때문일 것이다. 7개로 분할된 상들에는 지름 1.5센티미터 정도의 구멍이 4~5개씩 뚫려 있고 뒷면에는 꺾쇠 모양의 고리가 3개씩 붙어 있다. 이는 소성 후에 각 상들을 접합하기 위해 고안된 것이며 꺾쇠는 운반의 편의를 도모하기 위함이었으리라 생각된다. 불상대좌의 제작 시기는 대좌의 양식과 공반된 연화문와당의 상대편년[76] 등을 볼 때 7세기 초반에서 중엽으로 생각된다.

75 金理那, 2007, 「7世紀 百濟의 佛教彫刻」, 『百濟의 美術』(백제문화사대계14), 116~117쪽.

76 淸水昭博, 2004, 「瓦の傳來－百濟と日本の初期瓦生産體制の比較」, 『考古學論攷』 27, 24~25쪽.

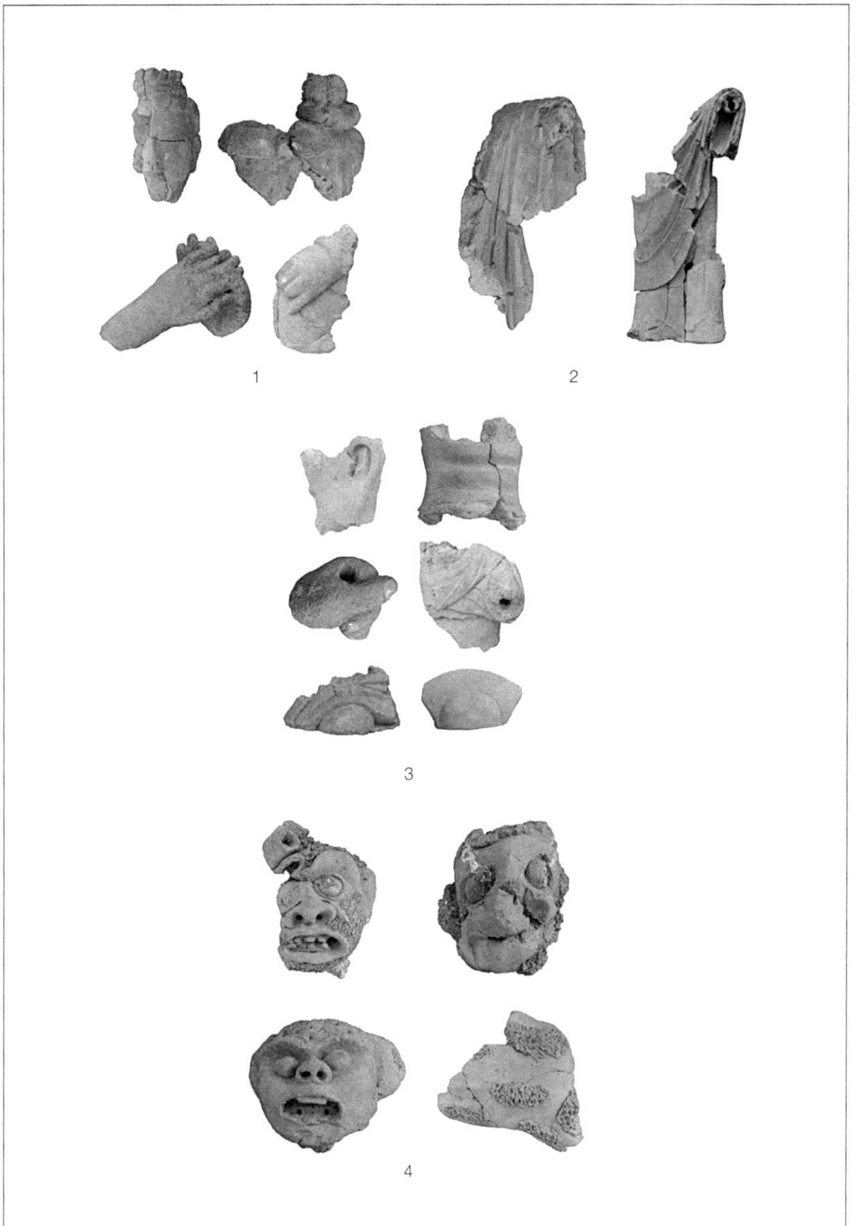

도4-16 익산 제석사지폐기장의 각종 소조상(축척부동)

(7) 익산 제석사지와 폐기장 유적

익산 제석사지의 폐기장 유적은 가람 중심부에서 북쪽으로 300미터 떨어진 곳에 위치하며 일본 가와라데라(川原寺) 뒷산(裏山) 유적과 매우 유사하다.[77] 익산 제석사지에는 최근까지만 해도 목탑 심초석만 남아 있어 목탑과 소조상의 관계를 전혀 알 수 없었다. 그러나 최근 원광대박물관과 국립부여문화재연구소의 재조사를 통해 가람배치가 확인되고, 와당을 비롯한 다양한 유물이 수습되었다.[78] 제석사지는 『관세음응험기』에 639년 화재로 소실되었다는 기록이 남아 있어 제석사지 폐기장에서 출토된 유물들은 당시의 화재로 인한 폐기물로 생각된다.

제석사지 폐기장 유적에서 파편을 포함해 모두 346점의 소조상이 출토되었는데, 보고자에 따르면 불(佛)·보살(菩薩)·천부상(天部像)류 282점, 신장상(神將像)류 8점, 악귀(惡鬼) 및 동물상류 14점, 기타 등으로 분류할 수 있다.[79] 불·보살·천부상류으로는 두상을 비롯해 이마[額], 귀[耳], 머리카락[髮]이 있고, 동체 상반신으로는 가슴[胸], 어깨[肩], 허리[腰], 팔뚝[腕], 손[手] 등이 있으며, 하반신으로는 다리[脚], 무릎[膝], 발[足] 등과 대의(大衣)나 군의(裙衣)의 의습편이 다량으로 출토되었다. 신장류에는 두상의 파편(눈, 이마, 코)들과 동체(다리, 발)가 포함되어 있다. 악귀 및 동물상류은 두부와 동체편이 함께 발견된다.

이곳에서는 대형소상은 발견되지 않았지만 중형소상이 포함되어 있다(〈도 4-16〉). 동체하반신편은 4점의 파편이 접합 복원되었는데 잔존고가 29.3센티미터라 실제로는 50센티미터 이상의 중형소상이었을 것으로 추정된다. 대부분의 소조상은 소형이나 정경소상으로 생각되는데 그중에서 쌍발(雙髮)을 한 천부상의 두상편, 악귀상의 두상편, 동물상의 두상편 등은 양식적으로 매우 뛰어난 작품들이다.

77 網干善教, 1974, 「飛鳥川原寺裏山遺蹟と出土遺物」, 『佛教藝術』 99; 松下隆章 編, 1977, 『研究發表と座談會: 川原寺裏山遺蹟出土品について』, 佛教美術研究上野記念財團助成研究會; 関西大學文學部考古學研究室, 2012, 『飛鳥·川原寺裏山遺跡と東アジア－資料集』, 國際シンポジウム實行委員會.

78 圓光大學校 馬韓百 濟文化研究所, 1994, 『益山帝釋寺址試掘調査報告書』; 圓光大學校博物館, 2006, 『益山王宮里傳瓦窯址(帝釋寺廢棄場)試掘調査報告書』; 國立扶餘文化財研究所, 2011, 『帝釋寺址－發掘調査報告書I』; 國立扶餘文化財研究所, 2013, 『帝釋寺址 發掘調査報告書II』.

79 圓光大學校博物館, 2006, 『益山王宮里傳瓦窯址(帝釋寺廢棄場)試掘調査報告書』, 230~231쪽; 梁銀景, 2010, 「百濟 帝釋寺址 出土 塑造像의 分析과 木塔址를 통한 奉安原形 推定」, 『湖西考古學』 23.

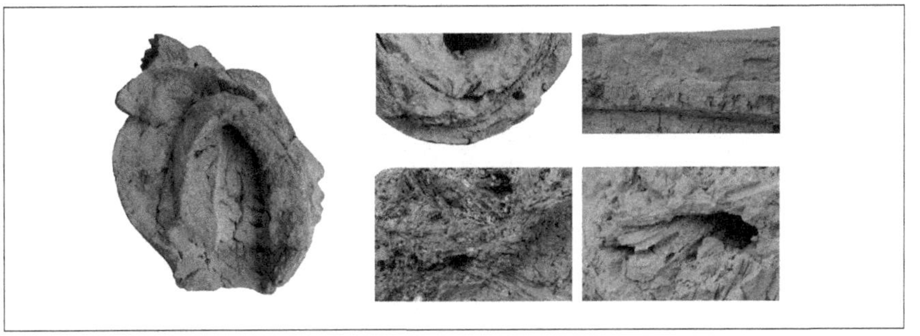

도4-17 익산 제석사지폐기장의 소조상 배면과 각종 태토

손 파편들은 불보살의 수인이라기보다는 공양자나 시자의 손으로 생각되며, 홀두리와 같이 속인상에서 자주 나타나는 복식들도 확인된다.

악귀 두상편의 눈, 코, 이빨, 털 등은 매우 입체적이고 생동감 있게 표현되어 있는데 오른쪽 부분은 평평하다. 이것은 그 위에 어떤 입상이 밟고 설 수 있을 정도의 넓이인데 잔존 형태를 통해 그러한 흔적을 확인할 수 있다. 이러한 소조상과 함께 62점의 벽체편이 출토되었는데, 포(包) 벽체, 일반벽체, 특수벽체로 구분할 수 있고 표면 처리방식에 따라 회벽체(灰壁體), 벽화벽체(壁畵壁體), 사벽체(砂壁體)로 세분된다. 채색 흔적이 남아 있는 벽체는 표면을 회칠하고 그 위에 벽화를 그린 것으로 보이지만 워낙 파편이라 구체적인 내용은 알 수 없다.[80]

소조상의 제작에 사용된 점토는 볏짚과 같은 초본류가 섞인 거친 점토[荒土], 사립이 많이 섞인 점토, 정선된 미세점토 등 세 종류가 확인된다(〈도4-17〉). 대부분의 소조상에는 심목흔이 남아 있는데 각목이나 원형, 각목과 원형을 함께 사용한 것 등이 있다. 소조상의 태토와 심목의 관계는 양감이 필요한 부분은 가장 안쪽에 짚이 섞인 태토를 사용했는데, '심목+볏짚이 섞인 점토, 사립+미세점토', '심목+미세점토+마포+미세점토', '심목+미세점토' 등 필요에 따라 매우 탄력적으로 사용했다. 성형은 수날법이 사용되었고, 머리와 몸통을 별도로 만들어 접합한 두체별

80 제석사지폐기장에서 출토된 소조상의 존명에 대해, 제석사지 목탑의 탑내소상에는 天王像 또는 神將像, 天部像 등이 봉안되었을 것으로 파악한 견해가 있다. 梁銀景, 2010, 「百濟 帝釋寺址 出土 塑造像의 分析과 木塔址를 통한 奉安原形 推定」, 50~58쪽.

도4-18 익산 미륵사지 소조상과 전불(축척부동)

제식이 이용되었을 것으로 생각되며, 마무리 단계에는 채색 공정이 있었으리라 생각되지만 현재는 거의 남아 있지 않다.

제석사지 폐기장의 소조상들은 가와라데라 뒷산 유적의 예를 보아 당초 7층 목탑에 봉안되었던 것이 폐기되었으리라 생각하기 때문에 제작의 하한은 대형 화재가 있었던 639년으로 보인다. 최근 제석사지 목탑지 북쪽 5미터 지점에서 동서 10.3미터 크기의 폐기 수혈이 발견되었는데 이곳에서도 다량의 기와편과 함께 소조상편이 출토되었기 때문이다.[81] 또한 공반된 와당의 연대나 본의리 요지 불상대좌와 제작기법이 유사한 점 등에서 7세기 전반이 중심 시기로 생각된다.

(8) 익산 미륵사지

미륵사지에서는 중원 금당지, 서원 금당지, 중원 목탑지, 동원 석탑지 주변에서 채색된 소조상편이 출토되었다(〈도4-18〉).[82] 그러나 워낙 넓은 지역에서 단편적으로 출토되었고 발굴 보고서에서도 도판으로만 소개되었으므로 실상을 파악하는데 한계가 있다. 다만 서원 금당지의 비교적 안정된 층위에서 나발편과 소조상편

81 國立扶餘文化財硏究所, 2011, 『帝釋寺址 - 發掘調査報告書I』, 99~101쪽.

82 文化財管理局 文化財硏究所, 1982, 『彌勒寺址 - 發掘調査中間略報告』; 文化財管理局 文化財硏究所, 1987, 『彌勒寺 - 發掘發掘調査報告書I(圖版編)』.

도4-19 익산 미륵사지 서석탑 하부 출토 나발

이 출토되었고, 중원 금당지 내부에서 다량의 소조상이 출토되었기 때문에 두 금당지에는 소조상이 함께 봉안되었을 가능성이 높다. 슬상단편(膝狀斷片)은 의문(衣文)의 일부에 채색 흔적이 남아 있는데 적갈색의 색깔이나 경도가 제석사지 폐기장 출토품과 유사하다. 한편 중원의 서회랑지에서는 전불편(塼佛片)이 출토되었는데 보살상의 불두로 보이며, 제작 시기는 통일신라시대로 추정되었다.[83] 하지만 전불이 사원의 당탑 내부를 장엄하는 장식으로 사용되었을 가능성이 높은 점에서,[84] 이 전불도 다른 소조상과 함께 백제시대에 속하는 것으로 보는 것이 더 타당하다.[85] 한편 최근 서석탑의 해체 수리 과정에서 남쪽 통로의 하부에서 89점의 소형 나발이 추가로 발견되었다(〈도4-19〉).[86] 미륵사지 소조상의 제작 시기는 서석탑 출토 사리봉안기의 639년에 가람이 건립된 것으로 기록되어 그 전후에 제작된 것으로 보인다.

(9) 부여 은산 금강사지

부여군 은산면 금공리에 위치하는 금강사지는 1964년과 1966년 두 차례에

83 山田隆文, 1999, 「韓國の塼佛」, 『朝鮮古代硏究』 1, 52쪽.

84 일본의 塼佛의 사용 방법에 대한 연구는 다음을 참고. 清水昭博, 1995, 「出土狀況からみた塼佛用法の檢討」, 『考古學論攷』 19; 白井陽子, 2011, 「日本出土の三尊塼佛 - その製作のはじまり」, 『考古學論攷』 34.

85 이 전불편을 미륵사지 창건기의 것으로 파악하고, 출토된 나발을 통해 볼 때 금당이나 목탑에는 소조상이 봉안되었을 것이라는 견해가 있다. 崔聖銀, 2010, 「동아시아 佛敎彫刻을 통해 본 百濟彌勒寺의 佛像」, 『百濟文化』 43.

86 國立文化財硏究所, 2012, 『彌勒寺址 石塔 - 基壇部 發掘調查報告書』, 익산시.

도4-20 부여 은산 금강사지 출토 각종 소조상(축척부동)

걸쳐 국립박물관에 의해 조사되어, 동서 방향을 중심축으로 한 일탑일금당식 가람 배치가 확인되었다.[87] 이곳에서 출토된 소조상은 세 종류로 인물상의 하반신편, 족편, 나발 등이 남아 있다(〈도4-20〉). 하반신편과 족편은 발견 신고품이지만 나발은 금당지 일대의 발굴을 통해 수습되었다.[88] 족편은 오른발의 일부와 수판(受板)밖에 남아 있지 않지만 발톱까지 매우 정교하게 표현되어 있다. 두 점의 신고품은 수날법으로 제작되었으며 마무리 단계에 백색 칠을 한 흔적이 남아 있다. 원추형의 나발은 3.5~5.5센티미터 크기로 범을 이용해 제작한 것으로 생각된다.

금강사지에서는 이중기단의 목탑지가 함께 발굴되었지만 그 주변에서는 소조상이 수습되지 않았다. 그런 점에서 금강사지와 미륵사지의 사례는 금당지와 소조상의 조합을 알려주는 것으로 볼 수 있다. 금강사지 소조상의 제작 시기는 자세히 알 수 없지만 공반된 와당 중에 왕진리 요지에서 출토된 것과 동범품이 있고, 부여 지역 출토 와당들의 상대편년안에 비춰볼 때 7세기 전반에서 중엽으로 보인다.

87 國立博物館, 1969, 『金剛寺 - 扶餘郡 恩山面 琴公里 百濟寺址 發掘報告』.

88 국립부여박물관·불교중앙박물관, 2009, 『백제가람에 담긴 불교문화』, 115쪽; 경희대중앙박물관, 2012, 『백제기와 - 문양과 기술로 남은 瓦工의 자취』, 124~129쪽.

도4-21 부여 구교리사지 출토 소조두상편

(10) 부여 구교리사지

구교리사지는 추정 서라성 외곽 금강변에 위치하는 절터로 후지사와 가즈오에 의해 조사되었다고 하지만 기록은 남아 있지 않다. 하지만 한국전쟁 이후 이 일대에서 소조불두편 1점이 발견되어 현재 국립부여박물관에 보관되어 있다. 소조불두편은 잔존고 5.7센티미터로 황갈색을 띠며 머리 위에 작은 구멍이 뚫려 있다(〈도4-21〉). 목에는 구멍이 없고 흑색 칠흔이 남아 있으며 코는 파손되었지만 눈과 입술, 육계가 남아 있다. 뒷면은 평평하지만 마무리 방식으로 보아 범발로 성형되었을 가능성이 있다. 두체별제식의 제작기법에서 공통적으로 확인되는 목 부분의 심목 흔적이 보이지 않는 것이 특징이다. 후지사와 가즈오에 따르면 이곳에서 '己丑(기축)'명 인각와가 발견되었다고 하는데,[89] 기축년은 629년에 해당한다. 소조불두편의 양식적 특징과 공반된 연화문와당의 상대편년안에 비춰볼 때 그 시기를 전후한 7세기 전반에서 중엽에 제작되었으리라 생각된다.

(11) 부여 부소산폐사지

부소산폐사지는 부소산 서남쪽에 위치하며, 1942년 조사 당시 목탑지 주변에서 소조상이, 금당지 주변에서 벽화편이 출토되었다. 1980년 국립부여박물관에

89 藤澤一夫, 1946, 「百濟佛教遺蹟の硏究」, 『人文』 3권 1호, 129쪽.

도4-22 부여 부소산폐사지 각종 소조상(축척부동)

서 재조사했다.[90] 현재 국립부여박물관에 두상편 4점, 동물상편 1점, 상반신편 1점이 있다(〈도4-22〉). 두상편은 불보살상으로 추정할 수 있는 것과 인물상편이 함께 남아 있는데, 두 점은 동범품으로 볼 여지가 있다. 동물상은 코끼리의 머리 부분만 남아 있으며, 주존불의 주위에 배치된 장식이었을 것으로 생각된다. 부소산폐사지 소조상에서는 심목, 두체별제식, 저화도 소성, 채색흔 등이 확인된다. 성형방식이 범발인지 수날법인지 판단하기 쉽지 않지만 동범품의 존재로 보아 두 방식이 병용되었을 가능성이 있다고 생각한다.

부소산폐사지 소조상의 제작 시기와 관련해서는 1980년 재조사 때 목탑지 심초석에서 동남쪽 1.5미터 떨어진 곳에서 출토된 당식대금구의 연대가 주목된다. 이 대금구와 관련해서 『삼국사기』 백제본기 무왕 38년(637)조에 당 태종이 백제 사신에게 금포(錦袍)와 채백(彩帛) 3,000단을 주었다는 기록[91]에 주목하여 그 이후로 비정한 연구가 있다.[92] 이와 함께 공반된 연화문와당의 상대편년안에 비춰볼 때

90 申光燮, 1996, 「扶蘇山城 - 廢寺址發掘調査報告(1980年)」, 『扶蘇山城 發掘調査報告書』, 國立文化財研究所.

91 冬十二月 遣使入唐獻鐵甲雕斧 太宗優勞之 賜錦袍并彩帛三千段. 『三國史記』百濟本紀5 武王37年條

92 山本孝文, 2004, 「韓半島의 唐式銙帶와 그 歷史的 意義」, 『嶺南考古學』 34; 梁銀景, 2010, 「百濟 扶蘇山寺址 出土品의 再檢討와 寺刹의 性格」, 『百濟硏究』 52.

소조상들은 637년 이후인 7세기 중엽 이후에 제작되었을 것으로 보인다.

도4-23 익산 왕궁리유적 출토 나발

(12) 익산 왕궁리 유적

익산 왕궁리 유적의 요지에서 채취한 흙을 물채질하는 과정에서 한 점의 나발이 출토되었다(〈도4-23〉).[93] 이 유구는 백제 말기의 가마터지만 금속용 도가니, 금·은·유리 제품, 개원통보(開元通寶) 등이 함께 뒤섞여 있었다. 유구의 성격과 반출 유물을 볼 때 백제 말기에 해당하는 것으로 생각된다.

2) 소조상의 변천과 특징

백제의 소조상들은 사비시기 부여와 익산 지역의 절터나 가마터에서만 발견되는데, 그중 정림사지, 능산리사지, 제석사지 폐기장 유적에서 출토된 소조상들은 문헌 기록이나 금석문 등 절대편년의 기준이 될 만한 자료가 있기 때문에 제작 시기를 추정하는 데 도움을 준다. 먼저 소조상이 출토된 각 유적들의 상대순서를 추정해 보자.

(1) 소조상의 제작 시기

먼저, 부여 정림사지는 541년 양 무제의 공장과 화사 파견 기사와 연관한 것으로 이해할 수 있으므로 그 소조상은 그 이후의 어느 시점에 제작되었다고 생각한다. 정림사지는 백제 고지의 소조상 출토 유적 가운데 가장 이른 시기에 속하기 때문에 그 계통을 논의할 때 매우 주목되는 유적이다. 능산리사지는 창왕명 석조사리감에 창왕 13년이라는 연대가 나오므로 567년 이후의 어느 시점에 소조장이 제작

93 國立扶餘文化財硏究所, 2008, 『王宮里VI』, 399쪽.

된 것으로 보인다. 이 유적은 소조상의 절대연대를 알려줄 뿐만 아니라 목탑과 소조상의 관련성을 가장 잘 보여주는 유적이다. 제석사지 폐기장 유적은『관세음응험기』에 639년 제석사가 소실된 기록이 있으므로 그보다 이른 7세기 전반에 소조상이 제작되었으리라 생각된다. 제석사지는 소조상의 제작 시기, 봉안장소는 물론 폐기 양상을 알려주는 유적이며, 7세기대 소조상의 기준 자료라는 점에서 주목된다.

백제 고지에서 출토된 다른 소조상들은 이 세 유적에서 출토된 소조상들과의 비교나 와당 등의 공반 유물을 통해 어느 정도 상대편년이나 제작 시기를 추정할 수 있다. 그중 구아리사지의 소조상들은 형태나 제작기법에서 능산리사지의 것들보다 훨씬 더 정제되고 인물상이 훨씬 더 생동감 있게 표현되었다. 또 구아리정지에서 출토된 '정사'명 인각와를 597년으로 이해하고 공반된 연화문와당의 문양이 아스카데라 창건기 와당과 관련된 점을 볼 때 6세기 중·후반 무렵으로 능산리사지 다음 단계에 위치할 수 있을 것이다.

임강사지는 소조상만 놓고 보면 구아리사지와 비슷한 시기에 제작되었으리라 생각되지만, 창건기 와당으로 생각되는 연화문와당이 정암리 요지 출토품이라는 점에 유의해야 한다. 정암리 요지의 조업은 6세기 중·후반이 중심 시기이기 때문에 구아리사지와의 선후관계를 판단하기가 쉽지 않다. 다만 구아리와 관북리 일대에서 정암리 요지에서 생산된 연화문와당이 출토되는 사례가 적고, '정사'명 인각와가 출토된 우물지에서 동일한 형식의 와당이 출토되지 않았으며, 구아리사지 다음 단계에 축조된 관북리 대형 전각건물의 성토층에서 이 형식의 와당이 출토된 점 등으로 미루어볼 때 구아리사지에서 정암리 요지 생산품들은 보수용 와당으로 사용되었을 가능성이 있다.[94] 그런 점에서 임강사지는 구아리사지 다음 단계에 위치할 수 있을 것이다.

7세기대 유적은 지금까지 부여와 익산 지역 와당의 교차편년 작업이 완전하지 않아 엄밀한 순서를 말하기는 어렵다. 그중 익산 제석사지 폐기장 유적은 출토유물의 질이나 양에서 다른 유적의 상대편년의 기준이 된다. 제석사지는 상한이

94 부여 정암리 요지를 사비시기 국가시설물에 대한 보수의 성격을 갖고 축조된 생산시설로 추정한 견해는 金鍾萬, 2002, 「泗沘時代 瓦에 나타난 社會相 小考」, 『國立公州博物館紀要』 2, 54쪽 참고.

명확치 않지만 출토 와당을 비롯한 반출 유물의 상대편년안과 인근 유적인 익산 왕궁리 유적의 발굴 성과를 고려할 때[95] 무왕대 초기인 7세기 전반을 건립의 중심 시기로 보아도 무리가 없을 것이다.

청양 왕진리 요지에서 소조상이 출토된 4호 요지는 평요로 그 구조가 왕흥사지 3호 와 요지와 매우 유사하다. 두 요지는 2개의 아궁이와 2개의 굴뚝, 온돌식 소성실을 갖춘 독특한 구조로 이루어져 있다.[96] 왕흥사지의 3호 와요지에서 출토된 연화문와당은 중방의 연자가 1+8이며 하트형 연판인데, 577년 창건된 왕흥사지 창건와 중에는 약간 늦은 단계에 속하는 것으로 보인다. 이러한 점을 고려할 때 청양 왕진리 4호 요지는 왕흥사 요지보다 약간 더 늦은 6세기 말을 상한으로 하며 7세기 전반을 중심 시기로 비정할 수 있다. 청양 왕진리 요지와 익산 제석사지 출토 소조상의 제작 순서는 전자가 거의 대부분 파편으로 출토되어 직접적인 비교가 어렵지만, 반출 유물과 가마의 구조 등을 볼 때 전자가 약간 선행하거나 병존했을 것으로 생각된다. 한편 청양 본의리 요지 출토 소조불상대좌는 그 자체만으로는 상대편년이 어렵고, 반출된 연화문와당의 편년을 감안할 때 제석사지 폐기장보다 약간 늦은 7세기 전반에서 중엽에 위치시킬 수 있을 것이다.

미륵사지 출토품은 서석탑 출토 사리봉안기의 639년이라는 연대를 참고할 때 그 시기를 전후한 7세기 중엽으로 생각되며, 그런 점에서 제석사지 폐기장 출토품보다 한 단계 더 늦은 시기에 제작된 것으로 생각된다. 금강사지, 구교리사지, 부소산폐사지의 소조상은 제석사지 폐기장 출토품과 비교할 때 엄밀한 상대순서를 확정하는 것은 쉽지 않다. 그중 금강사지와 구교리사지의 소조상은 제석사지 소조상과 거의 비슷한 시기에 병존했을 가능성도 없지 않다. 다만 부소산폐사지는 반출 유물이나 문헌 기록과의 비교·검토 결과 7세기 중엽 이후로 추정할 수 있으므로 현재까지 발견된 백제 소조상 가운데 익산 왕궁리 유적 출토품과 더불어 가장 늦

95 金善基, 2002, 「益山 帝釋寺址 一考察」, 『文物硏究』 6; 金善基, 2007, 「益山 帝釋寺 百濟 기와에 대하여」, 『기와학회논문집』 3; 朴淳發, 2007, 「泗沘都城과 益山 王宮城」, 『馬韓百濟文化』 17; 田庸昊, 2009, 「王宮里遺蹟의 最近 發掘成果」, 『益山王宮里遺蹟의 調査成果와 意義』.

96 嚴基日, 2010, 「泗沘期 百濟瓦窯의 構造變化硏究」, 『百濟文化』 43, 111~112쪽.

은 시기에 해당하는 것으로 생각된다.

이상의 논의 내용을 정리하면 백제 고지에서 출토된 소조상 제작의 상대서열은 정림사지 - 능산리사지 - 구아리사지 - 임강사지 - 왕진리 요지 - 제석사지 폐기장, 본의리 요지, 금강사지, 구교리사지 - 미륵사지 - 부소산폐사지 - 익산 왕궁리 유적 정도로 정리할 수 있다.

(2) 제작기법의 변화

소조상의 제작 시기를 고려하면서 소조상의 제작기법상의 변화 과정을 살펴보자. 먼저 태토를 보면, 가장 앞선 시기에 속하는 정림사지의 모든 소조상들은 불순물이 섞이지 않은 고운 태토를 이용하고 있다. 그러나 능산리사지와 제석사지 폐기장 유적의 소조상들은 소형·중형소상에는 볏짚이 섞인 황토, 모래가 다량 함유된 거친 점토, 정선된 미세 점토 등이 필요에 따라 탄력적으로 이용된다. 다만 정밀한 세부 표현이 필요한 신체나 장식 표현, 소형의 소조상 제작에는 공통적으로 정선된 태토를 이용하고 있다.

소조상의 제작은 기본적으로 심목을 사용했다. 소형이나 정경소상은 목재나 대나무, 갈대와 같은 것을 사용했고, 중형소상 이상은 볏짚이나 갈대를 묶거나 목재에 새끼를 감싸 골조로 사용하고 있다. 한편 청양 왕진리 요지나 제석사지 폐기장 유적의 소조상에서는 성형 과정에 마포를 활용해 보강한 흔적이 확인되기도 한다.

소조상의 성형방식은 수날법, 범발, 또는 양자를 혼합해 사용한 경우가 모두 확인된다. 수날법은 정림사지의 중형·대형소상부터 제석사지 폐기장과 부소산폐사지의 소조상 등 전 시기에 걸쳐서 확인되는데, 범발이 어려운 중형 이상의 소조상 제작에 사용된 것으로 보인다. 제석사지 폐기장의 악귀상은 수날법을 이용해 세밀하고 생동감 넘치는 단계로까지 성숙했다. 범발은 두 종류가 있는데 편면의 범형을 이용한 단모제(單模製)와 양면의 범형을 이용한 합모제(合模製)가 모두 확인된다. 단모제는 정림사지, 능산리사지, 구아리사지 등에서 출토된 6세기대의 소형이나 정경소상들에서 주류를 차지한다. 그러나 제석사지 폐기장과 부소산폐사지 같은 7세기대 유적의 소조상은 뒷면에도 의문(衣文)이 표현되는 등 합모제를 이용했을 가능성이 높다. 이러한 현상은 6세기대 금동불상과 달리 7세기대 금동불상의 뒷면에 옷자락이나 신체의 모습이 표현되는 것과 궤를 같이한다. 한편 정림사지 대형소상은 기본적으로 수날법을 사용해 성형하면서 영락이나 장식 표현에 범발을 함께 이용했을 가능성이 엿보인다.

범발을 이용한 경우 기본적으로 머리와 몸통을 별도로 제작한 다음 결합시킨 두체별제식이 활용되었다. 이것은 정림사지, 능산리사지, 구아리사지, 제석사지 폐기장, 부소산폐사지 등에서 출토된 소조상에서 전 시기에 걸쳐 확인되는 현상이다. 다만 임강사지나 구교리사지처럼 목 부분에 홈이 없거나 목에 구멍이 뚫린 흔적이 없는 사례가 발견되듯이 크기가 작은 정경소상 중에는 머리와 몸통을 한 번에 제작한 일체식도 공존했을 가능성은 남아 있다.

성형이 끝난 소조상들은 소성을 거친다. 그러나 정림사지 중형소상은 태토가 손에 묻어날 정도로 연하기 때문에 소성을 거치지 않은 건조식으로 제작되지 않았을까 하는 의문이 제기될 수 있다. 그러나 중국의 건조식 소조상과 달리 표토와 내부토가 동일한 태토를 사용했고, 표토와 내부토의 색깔이 균일한 점, 양파껍질 같은 단층이 보이지 않는 점, 건조식이라면 땅속에서 발견된 것이 현재와 같은 형태를 유지하기 힘들었을 것이라는 점, 유약을 바른 소형소상(〈도2-6〉과 〈도2-9〉)과 색깔이 같은 점 등을 고려할 때 저화도로 소성했을 가능성이 높다.[97]

다만 능산리사지에서 출토된 두 점의 소조좌상은 회백색을 띠며 뒷면이 'ㄱ' 자형으로 꺾여 있고, 뒷면에 갈대와 같은 것을 사용한 골조 흔적이 고스란히 남아 있다(〈도4-11〉의 1). 이는 어딘가에 상을 고정한 다음 손으로 빚어 성형하고 건조 후 곧바로 안치시킨 건조식의 제작방식을 보여준다고 할 수 있다. 이런 점을 볼 때 6세기대 소조상의 제작에 소성식과 건조식이 일정하게 병존했을 가능성이 있다. 그러나 왕진리 요지, 제석사지 폐기장 등 7세기대에 속하는 소조상들은 모두 매우

97 지금까지 일본의 고대 사원에서 출토된 소조상들은 기본적으로 소성하지 않은 것으로 인식되었으며 이것이 塼佛과의 차이로 알려져 있다(西川杏太郎, 1987, 『塑像』(日本の美術255), 至文堂, 18쪽). 하지만 백제의 사례로 볼 때 재검토할 필요가 있다고 생각한다. 일본의 소조상 자료에 대해서는 다음을 참고. 寺島典人, 2006, 「日本塑像分布一覽表(日本國內)」, 『石山寺境內遺跡發掘調查報告書』, 大津市埋藏文化財調查報告 제39집; 寺島典人, 2007, 「研究ノート 大津市內の塑像について」, 『大津市歷史博物館 研究紀要』 14.

단단하게 경질화되어 기본적으로 소성을 거쳤을 것이다.

백제 고지에서 출토된 소조상들은 최종적으로 채색으로 마감한 것으로 보인다. 마감재로 어떤 안료를 사용했는지는 알 수 없지만 백색, 회색, 자색, 흑색 등이 관찰된다. 정림사지 출토 소형소상 중 불두에서 황갈색의 유약을 시유한 흔적이 보이는데, 이러한 시유 공정은 다른 소조상의 채색 과정과 동일한 공정의 또 다른 형식으로 볼 수 있을 것이다. 한편 부소산폐사지 출토 소조상에서 발굴 당시 "풍모단려(風貌端麗)한 소소불상에 금니(金泥)를 도말(塗抹)한 것처럼 곳곳에 금색(金色)의 잔영(殘影)을 발견했다"[98]고 한다. 현존 자료 중에 그러한 흔적은 관찰되지 않지만, 향후 보존과학적인 분석을 통해 이러한 현상을 추출할 수 있는 여지는 남아 있다.

(3) 봉안장소

백제의 소조상들은 절터나 가마터에 발견된다. 그런데 절터에서 발견된 위치를 좀 더 구체적으로 검토하면 흥미로운 점이 확인되는데 이는 소조상의 봉안장소와 연관이 있다. 다만 발굴 조사를 통해 발견된 소조상의 출토 위치는 소조상이 폐기된 결과라는 점을 함께 고려하면서 봉안장소의 문제에 접근할 필요가 있다.

먼저 정림사지에서는 서회랑지와 남회랑지가 접하는 지점의 대형 기와 폐기 수혈과 금당지 부근에서 소조상이 발견되었다. 그런데 금당지 부근에서 발견된 소조상과 대형 수혈에서 발견된 소조상들은 약간의 차이가 있다. 전자에서는 회백색을 띠며 대형소상만 발견되는 데 반해, 후자에서는 적갈색의 중형소상 이하만 발견되기 때문이다. 이러한 차이는 양자의 봉안장소가 달랐을 가능성을 보여준다. 그런 점에서 전자는 금당, 후자는 목탑에 안치되었을 것으로 추정된다.[99] 즉, 정림사지의 소조상들은 목탑의 탑내소상뿐만 아니라 금당의 주존불로도 제작되었을 가능성이 있다.

능산리사지에서는 목탑지의 심초석 부근과 중문지 남쪽, 강당지 북쪽의 추정 승방지 일대에서 소조상이 발견되었다. 중문지나 추정 승방지에서 발견된 소조상

98 杉三郎, 1943 「百濟山懷精舍址」, 『古美術』 13卷5號, 寶雲舍, 87쪽.

99 이병호, 2007, 「부여 정림사지의 창건배경과 도성 내 위상」, 『백제와 금강』, 서경.

들은 목탑지에서 발견된 것과 제작기법이 동일하므로 폐사 과정에서 이동한 것으로 생각된다. 발굴 조사자에 따르면 능산리사지는 660년 백제 멸망기에 폐사되었고, 창왕명석조사리감 또한 이 무렵에 훼손된 것으로 추정된다.[100] 이런 점을 고려할 때 능산리사지 소조상들은 목탑지에 봉안된 탑내소상이라는 것을 보여주는 가장 확실한 유적이라고 할 수 있다.

구아리사지는 보고서 미간으로 불명확한 점이 있지만 현재도 목탑의 심초석이 남아 있고 잔존 소조상에 '塔址(탑지)'나 '塔址 北(탑지 북)' 같은 기록이 있으며, 최근의 관북리·구아리 일대에 대한 발굴 성과를 종합적으로 검토한 결과 목탑지의 탑내소상의 일부일 것으로 추정할 수 있다.[101]

익산 제석사지 폐기장은 중추 가람의 화재로 인한 폐기장으로 생각되지만, 『관세음응험기』의 기록과 최근의 심초석 주변에 관한 발굴 조사를 통해 이러한 소조상들이 원래 목탑을 장엄하던 탑내소상이었을 가능성이 제기되었다. 제석사지와 같은 폐기 양상은 일본 가와라데라 뒷산 유적뿐만 아니라 나말여초로 추정되는 남원 실상사의 사역 외곽 수혈에서 크기와 형태가 같은 몇 점의 소조불두편들이 발견된 사례에서 확인된다.[102] 한편 제석사지와 같이 목탑이 소실된 이후 소조상이나 와전류를 사원의 외곽으로 폐기한 다음 다시 가람 중심부를 재건하거나, 정림사지처럼 탑내소상의 잔해물들을 서회랑 부근에 매몰한 다음 기존 목탑지에 석탑을 재건하는 양상[103]은 선행하는 목탑의 잔해물을 제거하는 작업이 그다지 어렵지 않았음을 시사한다. 부소산폐사지에서도 목탑지 주변에서 소조상이 출토되어 탑내소상의 일부였을 가능성이 있다. 구교리사지의 소조상은 발견품인 탓에 정확한 출토 정황을 알 수 없다.

한편 임강사지, 미륵사지, 금강사지 출토 소조상은 목탑이 아닌 금당에 봉안되었을 가능성이 있다. 임강사지에서는 최근의 재조사에서 벽화가 그려진 벽체편 한

100 신광섭, 2006, 「백제 사비시대 陵寺 연구」, 중앙대 박사학위논문, 36~40쪽.

101 李炳鎬, 2007, 「扶餘舊衙里出土塑像과 그 遺蹟의 性格」, 『百濟文化』 36, 82~84쪽.

102 國立中央博物館, 2004, 「博物館新聞」(2004年10月, 398號), 4面.

103 김정기는 석탑 하부에서 발견된 판축토층을 근거로 창건기 목탑건립설을 최초로 제기했다. 金正基, 1984, 「彌勒寺塔과 定林寺塔 - 그 先後問題에 關하여」, 『考古美術』 164, 1984, 2~8쪽.

점이 출토되었는데,[104] 이러한 유물들은 금당지 부근에서 수습된 것이라 금당에 안치되었을 가능성이 있다. 미륵사지에서는 중원 금당지, 서원 금당지, 중원 목탑지, 동원 석탑지 주변에서 소조상이 발견되었는데, 금당지의 경우 중원과 서원 두 장소의 비교적 안정된 층위에서 발견되었다. 미륵사지의 서석탑 하부에서 나발이 발견되어 탑내소상의 존재를 배제할 수 없지만, 적어도 두 금당에는 소조상이 봉안되었으리라 생각된다. 금강사지 출토 소조상 중 두 점의 수집품은 알 수 없지만 나발은 금당지에서 발굴되었다. 정림사지 금당지를 비롯한 임강사지, 미륵사지, 금강사지의 사례는 백제의 소조상들이 목탑을 장엄하는 탑내소상뿐만 아니라 금당의 주존불로 활용되었음을 보여주는 것이라 생각된다.

(4) 소조상의 계통

사비시기의 소조상들은 어떤 배경과 계통에서 제작되었을까. 백제 소조상 가운데 가장 이른 정림사지나 능산리사지 소조상에 대해 지금까지는 북조 분묘에서 출토된 도용이나 낙양 영녕사 출토 소조상과의 유사성으로 말미암아 북조 계통의 영향이 있었을 것으로 파악되었다. 그러나 5세기 후반부터 567년까지 북조와 백제 사이에는 공식적인 사신 왕래가 전무했고, 최근 남경 영산묘 같은 분묘에서도 농관을 쓴 도용이 출토되었으며, 정림사지에는 봉보주보살상과 같은 남조 특유의 불교 조상이 포함되어 있고, 정림사지 창건기 와당은 남경의 양대 유적 출토 와당과 매우 유사하므로 남조와 백제의 문물 교류 결과로 보아야 할 것이다. 특히 『양서』 등에 기록된 공장·화사의 파견을 정림사지와 연관된 것으로 파악한다면 사비시기 초기의 불교 사원은 북조가 아닌 남조의 불교 사원과 더욱 더 직접적으로 연결되었다고 할 수 있다.[105]

104 尹龍熙, 2011, 「扶餘 臨江寺址 發掘調査概報」, 『考古學誌』 17. 부여 부소산폐사지, 임강사지, 익산 미륵사지 등지에서는 벽화편이 출토되었다. 이러한 벽화편들은 堂內를 장엄하는 장식의 일부였을 것으로 생각되며, 일본 고대사원의 사례들과 함께 검토할 필요가 있다. 百橋明穗, 1991, 「古代寺院における堂內壁畫莊嚴の系譜」, 『秋山光和博士古稀記念美術史論文集』, 便利堂.

105 북조 지역의 소조상 출토 사례는 北魏 方山 思遠佛寺址, 洛陽 永寧寺址, 朝陽 北塔(思燕佛圖)遺蹟, 東魏北齊時期의 趙彭城廢寺址 등이 있으며 이에 관해서는 다음에 정리되어 있다. 梁銀景, 2007, 「遼寧省 朝

그런 점에서 상정림사로 추정되는 남경 종산2호사지(鍾山二號寺址),[106] 연흥사(延興寺)로 추정되는 남경 홍토교(紅土橋)에서 출토된 소조상의 제작기법이 주목된다(〈도2-10〉).[107] 즉, 최근 남경 지역 불교 사원지에서 출토된 소조상들은 편면범(片面范)을 이용한 두체별제식의 제작방식, 심목의 활용방식, 채색 흔적과 색채, 일부 두상에 황갈색의 유약이 사용된 점 등 그 제작기법이 정림사지를 비롯한 사비시기의 소조상과 정확히 일치한다. 그중 유약을 사용한 소조상의 제작 사례가 북조의 불교 사원지에서는 아직까지 확인되지 않았다는 점에서 주목된다. 따라서 문헌 기록과 백제와 남경 지역 출토 소조상의 제작기법의 일치는 백제 소조상의 제작에 남조 기술 공인의 적극적인 참여와 지도가 있었음을 증명하는 것이라 하겠다.[108]

한편 남조 사원에 대한 발굴 조사 사례는 전무하지만 백제와 북조 불교 사원의 차이점에 대해서도 주목할 필요가 있다. 그 중 하나는 낙양 영녕사에서 강당지가 확인되지 않는다는 점이고, 다른 하나는 백제의 목탑지에서는 탑심실체(塔心實體) 또는 항토탑심체(夯土塔心體)라 부르는 유구가 확인되지 않는다는 점이다.

우선 강당지와 관련된 것을 살펴보자. 낙양 영녕사로 대표되는 북조의 가람배치는 불탑을 중심으로 불전이 일직선상에 배치되지만 불전 뒤에 강당은 확인되지 않았다. 이는 남조의 영향을 받은 것으로 생각되는 정림사지를 비롯한 백제의 가람배치에서 공통적으로 강당지가 확인되는 점과 대조를 이룬다. 이러한 현상에 대해 양홍은 "남조 불교가 현학의리(玄學義理)를 중시한 반면 북방 불교는 종교행위를 중시한 것과 관련이 있을 것"[109]이라고 설명했다. 북조 불교 사원 유적에 관한

陽 北塔 出土 塑像 硏究」, 『美術史學硏究』 256; 向井佑介, 2011, 「北魏平城時代の佛教寺院と塑像」, 『佛教藝術』 316.

106 賀云翱, 2007, 「南京鍾山二號寺遺址出土南朝瓦當及與南朝定林寺關係硏究」, 『考古與文物』 2007-1期.

107 王志高·王光明, 2010, 「南京紅土橋出土的南朝泥塑像及相關問題硏討」, 『東南文化』 2010-3期; 梁銀景, 2013, 「南京 出土 南朝 塑造像의 生産體系」, 『百濟硏究』 58.

108 최근 南京 市內에서 출토된 불상 자료에 대한 정리는 梁銀景, 2011, 「南京地域 南朝 金銅佛像에 대한 一考察」, 『CHINA硏究』 11 참고.

109 楊泓, 2002, 「百濟定林寺遺址初論」, 『宿白先生八秩華誕紀念文集』, 文物; 2007, 『中國古兵與美術考古論集』, 文物; 楊泓, 2008, 「百濟 佛教文化에 대한 南朝의 影向」, 『扶餘 王興寺址 出土 舍利器의 意義』, 國立扶餘文化財硏究所 國際學術大會, 132~133쪽.

발굴 사례가 많지 않아 단정하기는 어렵지만 가람배치에서도 남조와 북조 불교 사원의 차이가 존재했을 가능성을 언급한 것은 주목할 만하다. 특히 그러한 차이점으로 최근 백제 가람배치에서 공통적으로 확인되는 동·서회랑지 북쪽의 부속 건물지(동당·서당)과 같은 건물지의 존재도 주목해야 할 것으로 생각된다.[110]

두 번째로 목탑지를 살펴보자. 북조 목탑지에는 그 내부에 소조상을 설치하기 위해 탑의 중앙에 흙(土. 日干煉瓦)과 나무(木. 柱)로 혼성된 방형의 탑심실체 또는 항토탑심체라는 유구가 남아 있는 점이 주목된다.[111] 북위 방산 사원불사지,[112] 낙양 영녕사지, 동위·북제 시기의 조팽성폐사지[113] 등에서는 1.25~3.7미터 높이의 탑심실체가 확인되었다. 그중 낙양 영녕사의 일간연와를 쌓아올린 방형 탑심실체는 한 변이 약 19.8미터, 잔존고 3.7미터이다. 이러한 방형 탑심실체는 한 벽면에 각각 5개의 호형(弧形)을 이루는 오목한 벽감(壁龕)이지만 모두 붕괴되었다. 이 벽감들은 모두 2개의 기둥 사이에 있는데 불상을 봉안하는 불감(佛龕)으로 생각된다. 그리고 탑기단을 발굴할 때 출토된 대량의 불·보살·제자의 소조상과 다양한 정경소상은 감내(龕內)와 감내(龕外)의 벽면에 조소되었으리라 생각된다.[114]

그런데 백제 고지의 목탑지가 조사된 유적 중에는 탑심실체 또는 항토탑심체라 할 수 있는 유구가 전혀 확인되지 않는다. 정림사지 소조상이 출토된 서회랑지의 대형 수혈에서는 중소형의 소조상과 함께 소토덩어리가 출토되었지만, 이것들은 사천주(四天柱)의 벽면에 사용되었던 것으로 보인다. 제석사지 폐기장에서도

110 李炳鎬, 2011, 「百濟 定林寺式伽藍配置의 展開와 日本의 初期寺院」, 『百濟研究』 54.

111 中國社會科學院考古研究所에서는 "以土坯砌成的形實心體"로, 奈良國立文化財研究所에서는 "土(日干煉瓦)와 木(柱)로 혼성한 방형의 塔心實體"로, 양은경은 "나무 기둥과 흙으로 구성된 夯土塔心體"로 설명하고 있다. 中國社會科學院考古研究所, 1996, 『北魏洛陽永寧寺-1979~1994年考古發掘報告』, 中國大百科全書出版社, 16~17쪽; 奈良國立文化財研究所, 1998, 『北魏洛陽永寧寺-中國社會科學院考古研究所發掘報告』, 19쪽; 梁銀景, 2009, 「中國佛教寺刹의 檢討를 통해 본 百濟 泗沘期 佛教寺刹의 諸問題」, 『百濟研究』 50, 162쪽.

112 岡村秀典·向井佑介 編, 2007, 「北魏方山永固陵の研究」, 『東方學報』 80.

113 朱岩石, 2006, 「鄴城遺跡趙彭城東魏北齊佛寺跡の調査と發掘」, 『東北學院大學論集: 歷史と文化』 40.

114 奈良國立文化財研究所, 1998, 『北魏洛陽永寧寺-中國社會科學院考古研究所發掘報告』, 19쪽; 錢國祥, 2006, 「洛陽永寧寺と塔基壇の發掘と研究」, 『東北學院大學論集: 歷史と文化』 40, 23쪽.

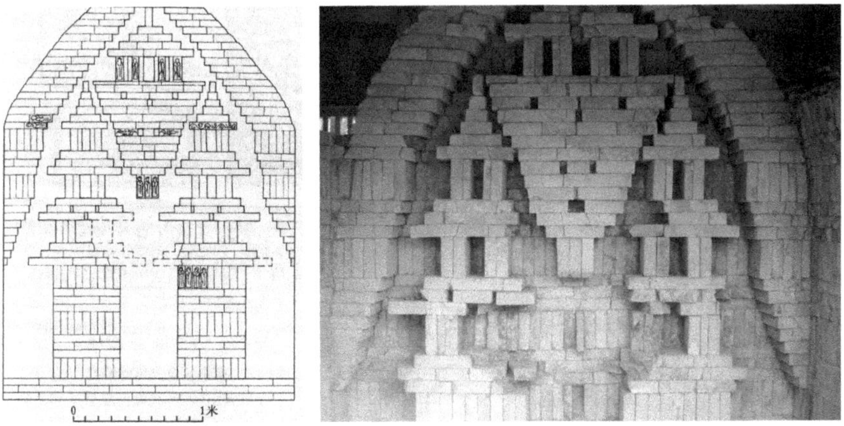

도4-24 南京市 江寧區 胡村 남조묘 후벽의 塔型裝飾

와전류, 토기류와 함께 벽체류가 출토되었지만 건축 부재의 일부로 벽체에 사용되었으리라 생각된다.

『고승전(高僧傳)』 등의 문헌 기록을 보면 남조의 목탑은 찰주(刹柱)를 가장 먼저 세운 다음 중심 찰주에 의지해 한 층 한 층 쌓아 올라가거나 또는 1층을 먼저 건립한 이후 위층을 쌓아 올라가는 방식이었다고 한다.[115] 남조 지역의 불교 사원에 관한 고고학적 자료는 전무하지만,[116] 일본 아스카 지역 목탑의 결구를 참고할 때 남조의 목탑들도 내부에 항토탑심체가 설치되지 않고 심주를 중심으로 목재를 가구하는 구조였을 것으로 생각된다.[117] 이처럼 백제의 목탑지나 아스카의 현존 목탑에서 탑심실체 또는 항토탑심체라고 할 만한 구조가 남아 있지 않은 것은 이러한 목탑 기단부의 구조가 북조가 아닌 남조에서 연원했음을 시사하는 것으로 볼 수 있다.

한편 남조 전축분(塼築墳) 가운데 묘실의 후벽(後壁)에 삼층탑을 형상화한 것

115 鍾曉靑, 1998, 「北魏洛陽永寧寺塔復原探討」, 『文物』 1998-5期, 57~58쪽.

116 江蘇省文物工作隊·鎭江市博物館, 1961 「江蘇鎭江甘露寺鐵塔塔基發掘記」, 『考古』 1961-6期; 張贊初, 2000, 「南京六處六朝佛寺遺址考」, 『長江中下流 歷史考古論文集』, 科學出版社; 張贊初. 2000, 「關於金陵長干寺與禪衆寺之舍利」, 『長江中下流 歷史考古論文集』, 科學出版社.

117 梁銀景, 2009, 「中國佛敎寺刹의 檢討를 통해 본 百濟 泗沘期 佛敎寺刹의 諸問題」, 『百濟硏究』 50, 163쪽.

으로 추정되는 새로운 자료가 소개되어 주목된다(〈도4-24〉).[118] 남경시 강녕구(江寧區) 호촌(胡村)에서 발견된 전축분의 후벽 중앙에서 화상전(畫像塼)과 화문전(花文塼)을 이용한 '品'자형 배열의 탑형 결구가 확인되었다. 아래쪽 두 기는 3층으로 높이 1.44미터이고, 두 탑 사이의 정부(頂部)에 있는 작은 탑은 단층으로 높이는 0.58미터이다. 묘실 후벽에 이러한 특수한 장식이 만들어진 사례는 하남성(河南省) 등현(鄧縣) 화상전묘(畫像塼墓)와 남경 서선교 남조묘(西善橋南朝墓)에서 확인되며,[119] 남조 말기의 불교 성행이라는 시대적 배경과 관련 있을 것이다. 이러한 사례들은 북조의 대형 목탑과 구별되는 남조적인 불탑의 구체적인 형상을 추정할 수 있는 간접적인 자료라는 점에서 의미가 크다.

이상을 통해 볼 때 남북조시대 목탑의 기단과 결구 방식은 '북토남목(北土南木)', 즉 북조에서는 흙을 이용해 축조된 항토적심을 기초로 목탑이 건립된 데 반해, 남조에서는 심초석 위에 찰주를 세운 다음 목가구를 한 목탑이 건립되었다고 그 기술적인 차이를 개념화해볼 가능성도 없지 않다. 이러한 목탑 구조의 차이는 소조상의 안치방식의 차이를 수반했을 것이고, 남조나 백제 고지의 소조상 수량이 북조 지역에 비해 빈약한 점을 설명해줄 수 있을지도 모르겠다. 이 문제는 향후 목탑의 평면 형태나 사리의 매납 방식을 비롯한 다양한 방면의 검토를 통해 보완할 필요가 있을 것이다.

3) 주변 국가 소조상과의 관계

백제 고지에서 출토된 소조상들은 정림사지를 비롯하여 12개소에 달한다. 소조상의 출토 위치와 제작기법의 분석, 중국의 사례 등을 종합적으로 검토한 결과 봉안장소가 목탑과 연관되는 경우가 많고 계통도 남조에서 연원했을 가능성이 높

118 南京市博物館, 2008, 「南京市江寧區胡村南朝墓」, 『考古』 2008-6期.

119 河南省文化局文物工作隊, 1959 『鄧縣彩色畫像塼墓』, 文物科學出版社; 南京博物院, 1997, 「南京西善橋南朝墓」, 『東南文化』 1997-1期.

도4-25 원오리사지 소조불좌상과 소조보살입상, 평양 토성리 陶范(축적부동)

다는 것을 확인할 수 있었다. 최근 남경 지역의 종산2호사지나 홍토교 유적에서 출토된 소조상은 그러한 추론을 뒷받침한다. 그런 점에서 백제 고지에서 출토된 소조상들은 남조-백제-왜로 연결되는 불교문화의 전파 경로를 증명하는 새로운 자료로 평가될 수 있을 것이다. 이제, 백제의 소조상과 고구려·신라·일본 소조상의 상관관계를 간략히 살펴보자.

고구려 고지에서는 평안남도 평원군 덕포리 만덕산 부근의 원오리사지(元五里寺址) 출토 소조상[120]과 평양시 낙랑구역 토성리에서 출토된 도범(陶范)[121]이 알려져 있다(〈도4-25〉). 전자는 100여 점의 선정인불좌상(禪定印佛坐像)과 200여 점의 보살입상(菩薩立像) 등이다. 조각 수법이 부드럽고 옷주름이 단정하게 정리되어 있으

120 小泉顯夫, 1938「泥佛出土地元五里廢寺址の調査」,『昭和十二年度古蹟調査報告』, 朝鮮古蹟研究會; 小泉顯夫, 1986,『朝鮮古代遺蹟の遍歷-發掘調査三十年の回想』, 六興出版.

121 梅原末治·藤田亮策, 1947『朝鮮古文化綜鑑』4, 養德社, 32쪽.

도4-26 경주 사천왕사지 녹유전편

며 둥근 입체감을 느낄 수 있어 동위의 불상 양식과 유사한 점을 보인다.[122] 또한 범(笵)을 이용해 똑같은 틀에서 찍어낸 점에서 연가칠년명금동불입상(延嘉七年銘金銅佛立像)의 명문에도 보이는 천불조성(千佛造成) 신앙이 유행한 당시 신앙 형태의 일부로 해석되기도 한다.[123] 후자는 상현좌(裳懸座) 밑에 복연의 연잎이 받치고 있는데, 이러한 형식은 청양 도제불상의 상현대좌(裳懸臺座)나 남경 서하사(栖霞寺)의 남제(南齊)시기 석조여래좌상(石造如來坐像)의 상현좌와 더 유사하기 때문에 고구려의 불상 양식에도 북위뿐만 아니라 남조의 영향이 있었다는 견해가 제기된다.[124]

원오리사지 소조상의 제작기법과 봉안장소에 관한 연구에서는 그곳에서 출토된 소조상들에 심목을 사용한 흔적이 남아 있지만 머리와 몸을 한 번에 찍어낸 일체식이며 성형 후 소성을 거친 것으로 파악되었다.[125] 일체식의 성형 방식은 요녕성 사연불도(思燕佛圖)에서 출토된 사례가 있지만 북위의 소조상들에서는 아직까

122 金理那, 1996, 「高句麗 佛教彫刻 樣式의 展開와 中國佛教彫刻」, 『高句麗 美術의 對外交涉』,: 2003, 『韓國古代佛教彫刻比較研究』, 文藝出版社, 80~82쪽.

123 文明大, 1981, 「元五里寺址 塑像의 研究」, 『考古美術』 150: 2003, 『觀佛과 古拙美 - 三國時代佛教彫刻史研究』, 禮耕, 174~176쪽.

124 金理那, 1993, 「百濟初期 佛像樣式의 成立과 中國佛教」, 『百濟史의 比較研究』: 2003, 『韓國古代佛教彫刻比較研究』, 114~116쪽.

125 梁銀景, 2009, 「高句麗 塑造佛像과 中國 塑造佛像의 關係」, 『東北亞歷史論叢』 24, 329~338쪽.

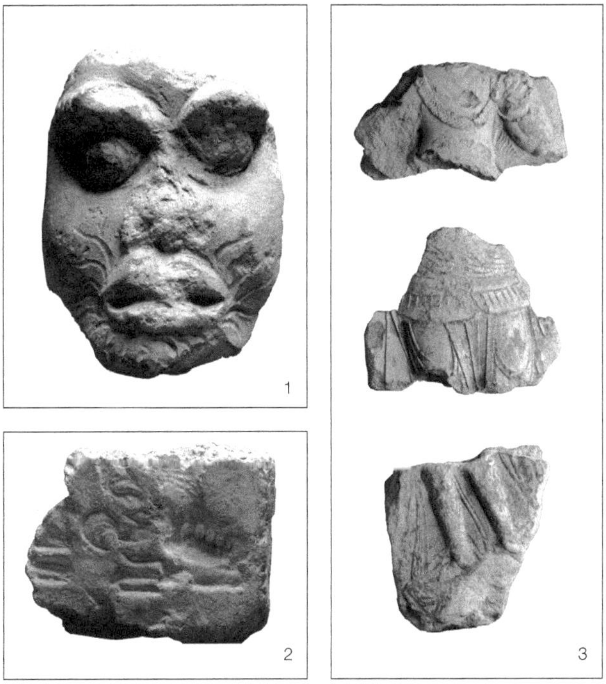

도4-27 경주 석장사지 출토 소조신장상편(1), 陶笵片(2), 各種塼佛片(3)(축적부동)

지 소성의 흔적이 확인되지 않는다. 앞서 말한 대로 소조상의 소성은 남조나 백제 소조상의 특징적 요소라 할 수 있다. 그런 점에서 원오리사지 소조상들은 봉안방식이나 제작기법의 측면에서 북위 소조상과 관련성을 갖지만 '소성'이라는 요소나 불상 양식의 측면에서 남조나 백제와의 관련성을 함께 고려하지 않으면 안 될 것으로 보인다.

신라 소조상으로 영묘사(靈廟寺) 장육삼존을 비롯한 10개 사례가 있고 조각승 양지(良志)에 관한 기록이 『삼국유사』에 남아 있다. 경주 사천왕사지에서 출토된 녹유소상(綠釉塑像)과 석장사지 출토 소조상이 그의 작품으로 알려져 있다(〈도4-26〉과 〈도4-27〉).[126] 『삼국유사』를 보면 양지의 출자는 불분명하지만 선덕왕대(632~646)에 두각을 나타냈으며, 소조에 능통하고 전탑(殿塔)의 기와를 만들고

126 동국대경주캠퍼스박물관, 2006, 『來如哀反多羅 - 동국대학교 건학 100주년 기념 소조불 특별전』; 국립경주박물관·국립경주문화재연구소, 2009, 『특별전 四天王寺』, 예맥; 국립경주문화재연구소, 2012, 『사천왕사 녹유소상벽전』.

필찰(筆札)에도 능했다고 한다. 사천왕사지는 670년 착공되어 679년 건립이 완성되었고, 그의 작품으로 "천왕사(天王寺) 탑하(塔下) 팔부신장(八部神將)"이 기록된 것으로 보아 문무왕대까지도 활동했으리라 생각된다. 그런데 국내 미술사학계에서는 경주 사천왕사지 녹유소상을 '사천왕상(四天王像)'으로 불러야 할지 '팔부신중(八部神衆)'으로 불러야 할지에 관해 논란이 분분하며, 최근의 재발굴 이후에는 『관정경(灌頂經)』에 나오는 신왕(神王)으로 '호탑선신(護塔善神)'으로 불러야 한다는 견해가 제기되기도 했다.[127]

필자는 이에 관한 지견을 갖지 못하지만 백제 소조상과 관련해 제기될 수 있는 시사점을 지적하고자 한다.[128] 먼저, 양지가 소조뿐만 아니라 기와와 서예에 능통했다는 점이다. 이는 양지 또는 양지로 표상된 공인 집단이 소조상과 기와의 제작, 서예에 능통했음을 말하는 것으로 청양 왕진리 요지나 본의리 요지의 출토 소조상들처럼 백제의 소조상은 와도겸업요(瓦陶兼業窯)에서 소성되었다는 점과 관련해 검토할 필요가 있다고 생각한다.

둘째, 사천왕사지 녹유소상의 제작기법에서 단면에 세 겹의 태토층이 발견된 점이나 유약을 시유하고 있는 점이다.[129] 경주 지역에서 발견된 통일신라시대 녹유 제품 가운데 사천왕사지 출토품은 가장 이른 단계에 속한다. 따라서 통일신라의 녹유 발생을 백제와의 관련성 속에서 파악할 필요가 있다.[130] 청양 본의리 불상대좌나 익산 제석사지 폐기장에서 출토된 소조상들에서 2층 또는 3층의 단면이 확인되며, 백제 고지에서 미륵사지 녹유연목와 등 다양한 녹유 제품이 확인되었기

127 林玲愛, 2008, 「四天王寺址 塑像의 尊名」, 『美術史論壇』 27.

128 그간의 연구성과에 대해서는 최성은, 2012, 「綠油塑造神將像과 四天王寺의 佛敎彫刻」, 『사천왕사 녹유소상벽전』에 정리된 것을 참고.

129 姜友邦, 1980, 「四天王寺址 出土 彩釉四天王浮彫像의 復元的考察」, 『美術資料』 25; 2000, 『圓融과 調和-韓國古代彫刻史硏究』, 悅話堂, 187~190쪽.

130 金英媛, 1999, 「統一新羅時代 鉛釉의 發達과 磁器의 出現」, 『美術資料』 62, 7~13쪽. 다만 충남 당진 九龍里窯址에서 출토된 綠釉甁의 경우 통일신라 초기의 것으로 보고되었지만(李浩炯, 1992, 「唐津 九龍里窯址 收拾調査槪要」, 『考古學誌』 4, 최근의 백제 지역의 발굴자료를 통해 볼 때 백제 말기의 것으로 보아야 할 것이다.

때문이다.[131] 또한 통일신라의 초기에 속하는 경주 능지탑(陵只塔) 출토 소조상은 대형소상임에도 불구하고 소성이 이루어진 것이 분명하므로,[132] 백제 고지에서 출토된 소조상과의 기술적인 연관성을 함께 고려해야 할 것이다.

셋째, 사천왕사지 녹유소상의 도상과 관련된 문제이다. 익산 제석사지 폐기장에서 출토된 악귀상에는 그 위에 입상이 설 수 있도록 고안된 흔적이 남아 있다. 익산 제석사지 폐기장 출토품에서 두상이나 지물로 추정할 수 있는 유품이 매우 적지만, 현재까지 무인상으로 추정할 만한 파편이 전혀 확인되지 않는 점도 함께 고려해야 할 것이다. 악귀두부편(惡鬼頭部片)도 사천왕사지 녹유소상의 악귀들과 유사성이 있어 향후 비교할 여지가 있다.

그 밖에 임강사지 출토 장식파편은 사천왕사지 소조상의 감형(龕形) 주연부 장식과 유사한 위치에 부착되어 장식된 것으로 짐작된다. 이러한 점에서 볼 때 사천왕사지 녹유소상의 기술 계통이나 존명(尊名), 양지의 출자 등을 비롯한 통일신라 소조상의 문제는 백제 멸망 전후 백제 유민의 동향과 관련해 파악할 필요가 있다.[133]

끝으로 일본에서 출토된 소조상과의 관계를 살펴보자. 일본에서 소조상과 관련된 가장 오랜 기록은 시텐노지와 관련된 다음의 기록이다.

> 아베(阿倍) 대신이 사중(四衆)을 시텐노지에 청하여 불상 4구를 모시고 탑 내에 안치했다. 영취산상(靈鷲山像)을 만들었는데, 북을 쌓아놓은 듯했다.[134]

이것은 다이카개신(大化改新)의 주역이었던 좌대신(左大臣) 아베노 우치마로

131 필자는 백제 사비시기 녹유제품의 제작 계기를 정림사지와 마찬가지로 541년 공장·화사의 파견과 관련된 것으로 파악한다. 李炳鎬, 2006, 「扶餘 定林寺址 出土 塑造像의 製作時期와 系統」, 『美術資料』 74.

132 姜友邦, 1996, 「陵旨塔 四方佛 塑造像의 考察」, 『新羅文化』 17; 2002, 『法空과 莊嚴 - 韓國古代彫刻史의 原理II』, 悅話堂, 178～179쪽.

133 崔聖銀, 2012, 「百濟塑像の樣相とその傳播 - 新羅と白鳳の塑像と關聯して」, 『飛鳥·川原寺裏山遺跡と東アジア - 資料集』, 関西大學文學部考古學硏究室, 95~96쪽; 崔聖銀, 2013, 「百濟 7세기 塑造像의 樣相과 傳播」, 『百濟文化』 49, 17~22쪽.

134 阿倍大臣, 請四重於四天王寺, 迎佛像四軀, 使坐于塔內, 造靈鷲山像, 累積鼓爲之. (『日本書紀)』권25 孝德天皇 大化四年(648) 二月條)

(阿倍內麻呂)가 시텐노지의 탑 안에 불상 4구를 안치하고 또 탑 안에 북을 쌓아놓은 것 같은 영취산상을 만든 것에 관한 기록이다. 이 기록에서 말하는 소조상들은 현존하는 호류지 오중탑 초층의 탑본소상과 매우 유사한 형태였으리라 추정된다.[135] 오사카 시텐노지의 가람배치가 백제 사원의 가람배치와 가장 유사하고[136] 7세기 중엽의 건물이라는 점을 고려할 때 이 소조상의 제작은 중국이나 한반도의 다른 나라가 아닌 백제와의 관련성에서 고려할 수 있을 것이다.[137]

한편 일본에 현존하는 가장 오래된 소조상은 가와라데라 뒷산 유적에서 출토된 소조상군이다. 1974년 3월부터 2개월에 걸쳐 실시된 이 유적에 대한 발굴 조사에서 다량의 방형삼존전불, 소조상편, 방형녹유전, 동 제품, 화전(貨錢), 토기편, 기와편이 검출되었다(〈도4-28〉). 조사 결과 이 유적은 소실된 사원의 불상, 장엄구 등을 뒷산 구릉 끝에 장경(長徑) 약 4.5미터, 단경(短徑) 2.6미터, 저경(底徑) 약 1.5미터, 깊이 약 3미터의 구덩이를 파서 그 안에 매납한 유구라는 것이 판명되었다.[138] 그런데 이러한 폐기 양상은 익산 제석사지의 폐기장 유적과 매우 유사하여 주목을 끈다.

그곳에서 출토된 소조상들은 두상과 몸통을 별도로 만들어 접합한 두체별제식으로 제작되었고, 다양한 형태의 심목을 사용한 흔적을 잘 보여주었다. 나발이나 귀는 범을 이용해 제작한 것으로 보이지만 다른 소조상은 대체로 수날법을 사용해 성형한 것으로 보인다. 크기가 큰 소조상들은 황토와 사립이 많이 섞인 점토, 정선된 미세 점토 등을 사용해 성형되어 여러 개의 층을 이루는 것이 확인되었다. 또 소조상의 단편 중에는 당초문(唐草文)이나 화문(花文) 등을 채색한 흔적이 선명하게 남아 있었고, 일부에는 금박(金箔)을 입힌 것이 확인되었다. 이러한 성형 기

135 大橋一章, 2009, 「四天王寺の發願と造營」, 『奈良美術成立史論』, 156~160쪽.

136 李炳鎬, 2011, 「百濟 定林寺式伽藍配置의 展開와 日本의 初期寺院」, 『百濟研究』 54.

137 일본에서 처음으로 造山 造庭이 출현한 것을 『日本書紀』 推古天皇12년(612)의 백제의 路子工에서 찾고 있는 小杉一雄의 견해는 매우 시사적이다. 小杉一雄, 1979, 『中國文樣史の研究』, 新樹社, 142~146쪽.

138 綱干善教, 1974, 「飛鳥川原寺裏山遺蹟と出土遺物」, 『佛敎藝術』 99; 松下隆章 編, 1977, 『研究發表と座談會: 川原寺裏山遺蹟出土品について』; 関西大學文學部考古學研究室, 2012, 『飛鳥·川原寺裏山遺跡と東アジア-資料集』.

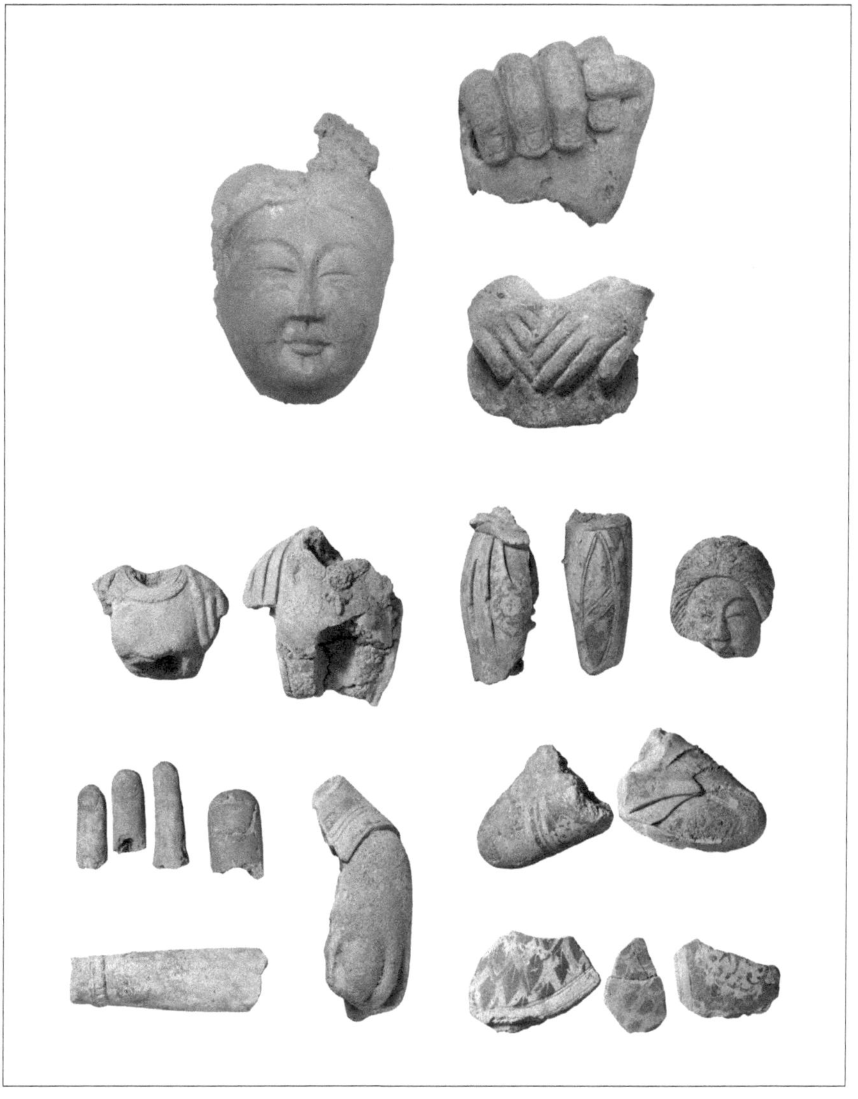

도4-28 일본 川原寺 裏山遺跡의 各種塑像(축적부동)

법은 백제 지역의 소조상들에서 확인되는 점과 공통되며, 특히 익산 제석사지 폐기장 유적 출토품과 가장 유사하다고 할 수 있다.

가와라데라 뒷산 유적에서 출토된 소조상들을 비롯한 일본의 초기 소조상과 백제와의 관련성을 고려할 때 가장 중요한 것은 '소성 여부'라고 할 수 있다. 하지

도4-29 일본 川原寺 裏山遺跡의 12지신장상의 말과 닭 두상편

도4-30 일본 川原寺 裏山遺跡의 녹유전편

만 가와라데라 뒷산 유적은 화재로 소실된 것을 폐기한 곳이기 때문에 이를 확인하는 것이 쉽지 않다. 예를 들어 십이지신장상의 일부로 생각되는 말이나 닭의 머리편에는 분명하게 유리질의 유약(釉藥) 성분이 확인되지만(〈도4-29〉), 눈에 박아 넣었던 유리와 같은 물질이 화재로 녹아서 흘러내린 것으로 볼 수 있으므로 이 자료를 통해 가와라데라 뒷산 유적의 소조상이 소성되었다고 말하기는 어렵다.[139]

139 이러한 자료들은 7세기 후반 川原寺가 창건되던 당시의 것이라기보다는 그 후에 추가로 제작된 것으로 생각된다. 川原寺 裏山遺跡 출토 소조상 내부에 시기차가 존재할 것으로 상정한 연구는 市元壘·輪田慧,

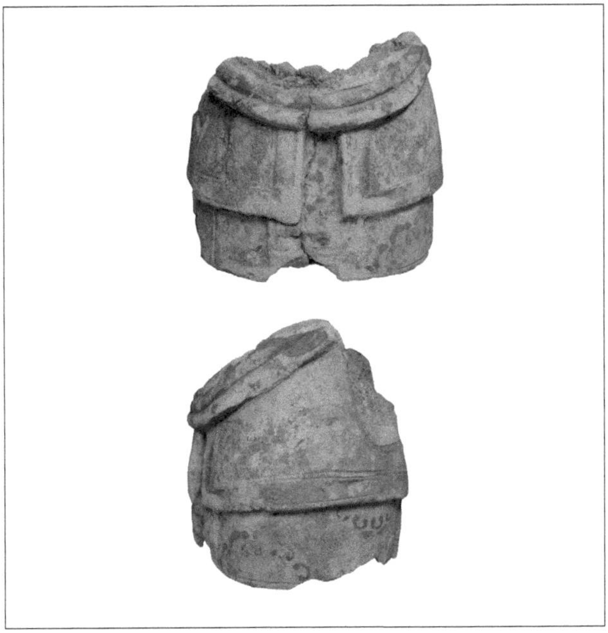

도4-31 일본 川原寺 裏山遺跡의 武裝天部像의 腰部

그런데 그곳에서 녹유수파문전(綠釉水波文塼)이 함께 발견되었다. 이것은 쓰가마와리 고분(塚廻古墳) 출토 녹유관대(綠釉棺台), 후지와라쿄(藤原京) 출토 녹유연(綠釉硯), 아스카이케(飛鳥池) 출토 녹유호(綠釉壺) 등과 같이 하쿠호(白鳳) 시대의 녹유 제품으로 일본에서 발견된 가장 이른 시기의 녹유 제품 중 하나이다. 가와라데라 뒷산 유적에서는 반부조 문양을 한 녹유전과 선조 문양의 녹유전 등 두 종류가 확인되었는데, 전자는 창건 초기의 것으로 생각된다(〈도4-30〉).[140] 일본에 이러한 연유 기술이 유입된 계기를 백촌강 전투 이후 일본으로 건너간 백제 유민의 영향이라고 파악한 견해가 주목된다.[141] 백제 지역에서는 부여 정림사지 창건 이후 다양한 방면에서 녹유를 사용했다.[142] 이것을 보면 가와라데라가 창건되던 7세기

2012, 「X線CTキャナによる川原寺裏山遺跡出土塑像の基礎調査」, 『飛鳥·川原寺裏山遺跡と東アジア－資料集』 참고.

140 田中塚, 1979, 「三彩·綠釉」, 『世界陶磁全集』 2, 小學館.

141 高橋照彦, 2002, 「日本古代における三彩·綠釉陶の歷史的特質」, 『國立歷史民俗博物館研究報告』 94; 高橋照彦, 2006, 「綠釉陶器－その變遷と特質」, 『列島の古代史6－專門技能と技術』, 岩波書店.

142 백제 지역에서 발견된 수입 도자와 그것을 倣製한 녹유제품에 대해서는 金英媛, 1998, 「百濟時代 中國

후반에 이 사원의 건립에 백제의 기술이 활용되었을 가능성이 있고, 이는 녹유전 뿐만 아니라 소조상에도 해당될 가능성이 있다. 가와라데라 뒷산 유적에서 확인된 무장천부상 요부(武裝天部像腰部)[143]의 하부에서 금박이나 채색흔과 더불어 녹유로 추정할 수 있는 흔적이 관찰되어 그 가능성을 전혀 배제하기 어렵다고 생각한다(〈도4-31〉). 즉, 녹유수파문전이나 소조상의 제작기술은 중국이나 고구려·신라가 아니라 백제에서 연원했을 가능성이 높고, 그러한 제작기술의 수입 계기가 백제 멸망 이후의 유민 활동과 관련 있을 가능성이 높다. 다만 시텐노지의 기록을 참고하면 소조상은 그 이전부터 백제로부터 기술적인 영향을 받았을 가능성도 있다.

3. 문화 교류의 관점에서 본 백제 사원의 위상

1) 출토 유물에 관한 검토: 기와와 소조상

고대 동아시아의 문화 교류라는 관점에서 백제 불교 사원이나 불교문화가 어떤 위치를 점하고 있는지 정리하고자 한다. 백제는 382년 침류왕대에 동진에서 불교를 처음으로 수용했다. 당시 백제는 내부적으로 역사서를 편찬하고 중국과 사신이 왕래하는 등 한자나 한문에 관한 이해가 상당한 수준에 있었다. 백제의 불교 수용은 대외적인 측면에서는 고구려가 불교를 통해 전진과 협력을 강화하는 것에 대응해 불교를 신봉하던 동진의 효무제와 유대를 강화하기 위해 받아들인 측면이 있다.[144] 한성시기의 불교와 관련된 유물은 연화문을 모티프로 하는 금속기나 자기, 와당 정도밖에는 남아 있지 않다(〈도1-3-6〉). 하지만 웅진시기 초기에 활동하던 승려 발정의 사례를 보면 한성시기 말기나 웅진시기 초기 백제의 불교 자체

陶磁의 輸入과 倣製」, 『百濟文化』 27 참고.

143 網干善教, 1976, 『川原寺裏山出土の塼佛と塑像』, 奈良縣高市郡明日香村飛鳥古京顯彰會, 18쪽(圖54).

144 趙景徵, 2006, 「百濟佛教史의 展開와 政治變動」, 韓國學中央研究院 博士學位論文.

를 부정하기는 어렵다. 서울 풍납토성에서 출토된 수면문와당이나 연화문와당(〈도1-7〉)은 백제가 낙랑이나 고구려뿐만 아니라 중국 남북조의 여러 국가와 폭넓게 교류하고 불교문화를 수입했을 가능성을 유추할 수 있어 그 가능성이 더욱 높다.

웅진시기가 되면 무령왕릉에서 출토된 다양한 유물들 속에서 남조 불교의 요소들을 구체적으로 확인할 수 있다. 특히 왕비의 두침 표면에 묘사된 도상(〈도1-2〉)은 남조계 천인탄생도에 해당하기 때문에 무령왕릉의 축조 단계에 남조에서 창안된 불교 도상들이 직접적으로 백제에 전해졌음을 확인할 수 있다.

무령왕릉을 완성시킨 장본인인 성왕에 의해 건립된 대통사는 백제의 본격적인 불교 사원이라 할 수 있지만 그와 관련한 유구가 전혀 발견되지 않았다. 따라서 출토 와당을 중심으로 기술 계통을 추정할 수밖에 없다. 공주 대통사지 출토 와당들에서는 중국 남경 지역에서 발견된 특징적인 기와 제작기술이 확인되고 송산리 고분군에서 출토된 '梁官瓦爲師矣(양관와위사의)'명 전(塼)을 통해 남조 양나라의 영향을 분명하게 확인할 수 있다.

공주 대통사지의 창건기 기와는 '대통사식 와당'으로 부를 수 있는데,[145] 이 와당들은 소판연화문으로 중방이 연판보다 낮고 1+6과의 연자가 배치되었으며 연판 끝이 반전하면서 돌기 형태로 되어 있다(〈도1-12〉의 8). 또한 와당 뒷면을 회전물손질하여 성형했고, 와당부와 수키와부를 결합시킬 때 와당 뒷면의 일부와 수키와 선단부의 일부를 비스듬하게 잘라낸 다음 접합시켰다(II2a기법). 대통사지에서 이러한 양식의 연화문와당이 가장 많이 확인되었으며, 공주시 중동이나 반죽동 등 대통사지 주변 지역과 부여 구아리사지와 동남리 유적에서 동범품이 발견되었다. 또한 공주 정지산 유적, 부여 부소산성, 동남리 유적, 금덕리 요지, 능산리사지, 군수리사지, 관북리 유적, 금성산와적기단 건물지, 가탑리사지 등지에서 동범·동계품이 발견되었다.[146] 이처럼 연판 문양이나 제작기법 등 와당 관찰을 통해 확인할

145 朴容塡, 1978, 「백제 와당의 체계적 분류」, 『百濟文化』 9; 清水昭博, 2012, 『古代日韓造瓦技術の交流史』, 清文堂.

146 정림사지의 창건와는 남조계 연판 문양에 뒷면의 회전 물손질 흔적, 와당과 연결된 수키와 선단부의 2회 조정 등에서 대통사식 와당과 同樣이다. 梁 南平王 蕭偉墓闕와 南京 鍾山 2호 사원 유적 출토품과 가장 유사하지만 그 제작시기에 대해서는 정림사지의 창건을 언제로 보느냐에 따라 견해가 엇갈린다.

수 있는 대통사식 와당의 속성들이 남조의 와당과 매우 유사하여 남조계 조와집단의 직접적인 영향이 있었을 것으로 생각되며,[147] 그러한 기와를 얹어 완성된 건물에도 남조계 사원 조영 기술이 반영되었을 가능성이 있다고 할 수 있다.

대통사식 와당은 사비 천도 이후 부여 지역의 왕궁이나 관청, 사원 등의 가장 중심적인 와당으로 사용되는 등 주류적인 위치를 차지할 뿐만 아니라 신라나 일본 최초의 사원인 흥륜사와 아스카데라의 창건와에도 지대한 영향을 미쳤다.[148] 흥륜사지로 비정되는 경주공업고등학교에서 출토된 기와들을 살펴보면 연판의 문양과 뒷면의 회전 물손질 흔적, 와당과 수키와의 접합기법 등 연판과 제작기술이 모두 대통사지식 와당과 같은 것을 확인할 수 있다(〈도1-12〉의 11). 함께 출토된 암키와도 백제 특유의 통쪽와당을 사용해 제작되었고 수키와도 유단식 수키와의 미구 부분을 별도로 제작해 덧붙인 다음 회전 물손질로 마무리했다(〈도4-32〉). 이러한 암키와와 수키와의 제작기술은 남조에서도 확인되지만 공주 정지산 유적에서도 확인되었다.

따라서 흥륜사지의 기와는 남조에서 연원했지만 백제를 매개 주체로 신라에 전해진 것이라 할 수 있다.[149] 특히 대통사식 와당의 연판형이 남조에는 없는 백제적인 연판형이고, 흥륜사지에서 출토된 연판 문양이 남조가 아닌 백제의 연판 문양과 동일한 것을 보면, 흥륜사지는 남조의 직접적인 영향보다는 남조의 영향을 받아 성립한 백제 조와술의 직접적인 영향으로 성립되었다고 할 수 있다.

일본 최초의 사원으로 백제계 기술 공인들에 의해 완성된 아스카데라도 마찬가지이다. 아스카데라의 창건와들은 문양과 제작기법, 암키와·수키와의 조합을 기준으로 화조(花組)와 성조(星組)라는 두 종류로 대별된다(〈도4-33〉의 3·4).[150] 최

147 北朝와 대조되는 南朝 와당의 특징으로는 와당 裏面의 회전 물손질 조정, 수키와 접합시에 와당 이면에 새김 자국이 없는 것, 와당의 주연이 높은 것, 연화문이 평판적이며 外區 內緣에 珠文이 없는 것 등이 지적된다(佐川正敏, 2011, 「南北朝時代から明時代まで造瓦技術の變遷と變革」, 『古代』 129·130합병호).

148 필자는 그러한 배경으로 대통사식 와당의 성립 과정에 백제 官營造瓦工房 체제의 성립이라는 문제가 게재되어 있는 것으로 파악한다(이 책의 제1부 제1장).

149 이병호, 2013, 「경주 출토 백제계 기와 제작기술의 도입과정」, 『韓國古代史硏究』 69.

150 花谷浩, 2000, 「飛鳥寺·豊浦寺の創建瓦」, 『古代瓦硏究』I, 奈良文化財硏究所.

도4-32 경주공고(傳 흥륜사지) 암키와편과 수키와편

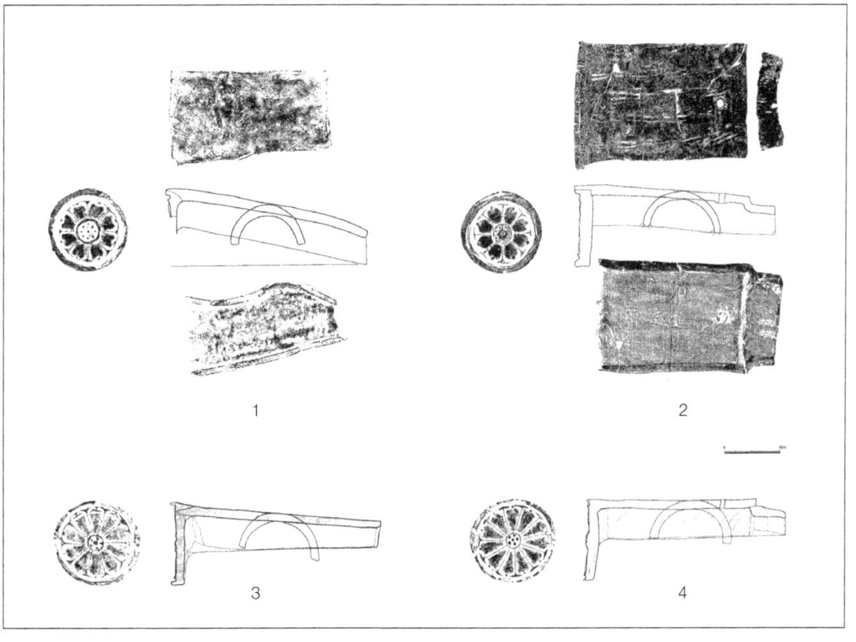

도4-33 부여 왕흥사지 창건와(1·2)와 飛鳥寺 창건와(3·4)

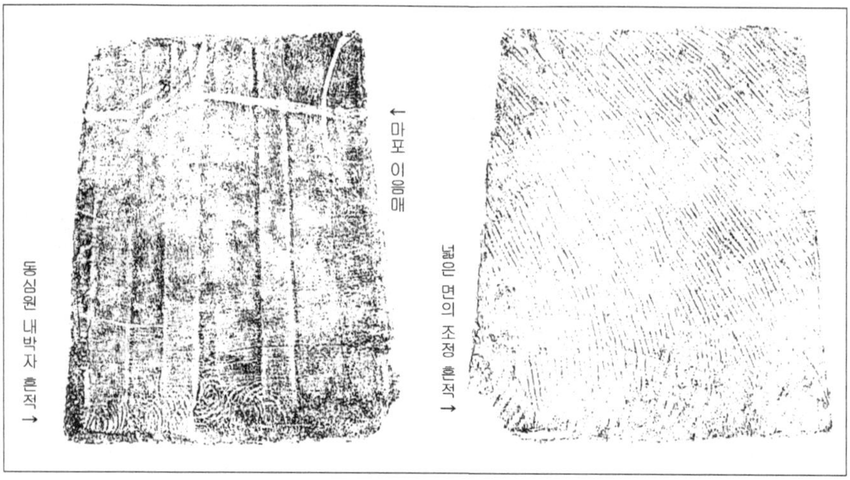

도4-34 일본 飛鳥寺 암키와의 조정흔

근 왕흥사지에서는 이러한 두 종류와 대응되는 와당의 조합이 발견되기도 했다(〈도4-33〉의 1·2).[151] 성조는 대통사식 와당에서 확인되는 연판 문양과 회전 물손질 흔적, 선단을 2회 조정한 수키와를 부착하는 것이 확인되어 대통사식 와당을 제작하던 공인들이 이주해 기술을 전수한 것으로 보인다.

아스카데라의 암키와 내면에 보이는 조정흔[補足痕](〈도4-34〉)은 백제에서 파견한 와박사들이 현지의 토기 제작 공인에게 기술을 전수한 구체적인 흔적으로 생각되는데, 경주 흥륜사지에서도 그와 유사한 암키와편(〈도4-32〉의 1)이 출토되었다. 따라서 공주 대통사지를 건립하면서 창안된 백제의 기와 제작기술은 신라와 일본의 조와술 성립에 매우 결정적인 역할을 했으며, 그것이 비록 남조에서 연원했지만 백제에서 이미 성립된 조와술이었던 점을 감안하면 매우 주체적인 백제의 행위였다고 평가할 수 있다. 그리고 기와가 사원을 건립하는 중요한 건축부재라는 점에서 볼 때 그러한 영향이 단순한 기와 제작기술의 전파에 한정되지 않고 사원 조영 기술 전반이나 사상적인 측면에도 미쳤을 가능성을 짐작할 수 있다. 백제는 흥륜사나 아스카데라의 조영에 기술자 집단을 파견함으로써 주변 국가에 대한 외

151 〈도4-33〉의 2는 부여 왕흥사지에서 실제 출토된 것이 아니라 동쪽 가마터와 가람 중심부에서 출토된 와당을 조합하여 도시한 것이다.

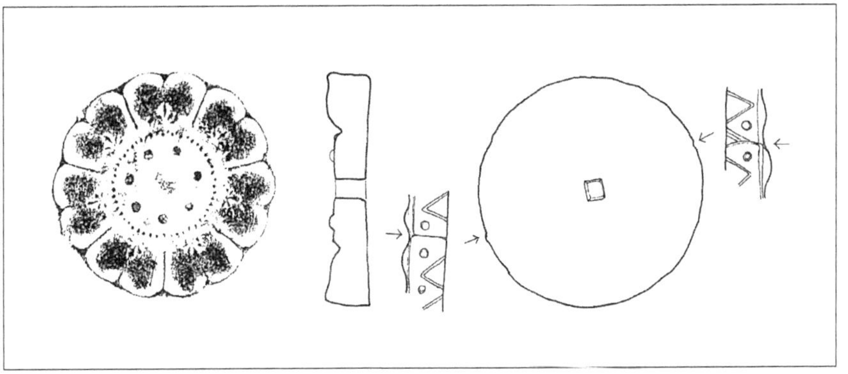

도4-35 익산 미륵사지 녹유서까래기와의 枷型의 흔적

교적 영향력을 유지하거나 강화했다고 생각된다.

6세기대 기와에 보이는 이러한 교류의 흔적은 7세기대 유적에서 출토된 유물에서도 계속해서 확인된다.[152] 특히 미륵사지에서 출토된 녹유서까래기와(〈도4-35〉)는 기와의 표면에 녹유를 입힌 점이나 가형(枷型)의 사용 흔적이 남아 있어 주목된다. 녹유기와는 경주의 월성, 안압지, 사천왕사지 등지에서도 출토되고 일본의 헤이안큐(平安宮) 유적에서도 확인된다.[153] 가형은 기와를 성형할 때 바깥쪽에 틀을 별도로 만들어 기와 테두리를 장식한 것으로, 7세기 후반 이후 신라와 일본의 고대 사원 유적에서 종종 발견된다.[154] 익산 미륵사지에서는 이러한 녹유서까래기와뿐만 아니라 연화문수막새에서 무문의 목제가형(木製枷型) 흔적이 명확하게 관찰된다.[155] 이러한 익산 미륵사지 창건와들은 일본 가와치(河內)의 젠슈지식(善正寺式) 와당과 문양 속성이 유사하기 때문에 백제 멸망 이후 유민의 활동과 연관 있다는 지적이 있다.[156] 그런 점에서 백제의 기와 제작기술은 백제 멸망 이후에도 신

152 이병호, 2014, 「7세기대 백제 기와의 전개 양상과 특징」, 『百濟文化』 50.

153 일본에서 가장 빠른 단계에 속하는 녹유제품은 塚廻古墳 출토의 綠釉棺台, 藤原京 출토의 綠釉硯, 飛鳥池 출토의 綠釉壺, 川原寺 裏山遺跡 출토의 綠釉塼을 들 수 있다. 녹유제품들은 소위 '白鳳綠釉'로 부르는데 그러한 기술 유입의 계기는 白村江 전투 이후 일본에 건너간 百濟遺民의 영향으로 생각된다. 高橋照彦, 2002, 「日本古代における三彩·綠釉陶の歷史的特質」, 『國立歷史民俗博物館硏究報告』 94.

154 毛利光俊彦, 1990, 「軒丸瓦の製作技術に關する一考察 - 笵型と枷型」, 『畿內と東國の瓦』, 京都國立博物館.

155 花谷浩, 2000, 「飛鳥の瓦と百濟の瓦」, 『古代東アジアの造瓦技術』, 奈良文化財硏究所.

156 上田睦, 1997, 「いわゆる善正寺式軒瓦について」, 『攝河泉古代寺院論纂』, 攝河川古代寺院硏究會.

라와 일본에 지속적으로 영향을 미쳤다고 할 수 있다.

다음으로 부여 정림사지에서 출토된 소조상을 중심으로 살펴보자. 정림사지 출토 소조상들은 대부분 서회랑지와 남회랑지가 만나는 남서쪽 귀퉁이의 대형 구덩이에서 적색의 소토(燒土), 기와편들과 함께 출토되었고, 일부는 금당지 부근에서 발견되었다.[157] 이곳에서 출토된 소조상들은 불순물이 거의 섞이지 않은 고운 태토를 이용했고, 대부분 머리 부분과 몸 부분을 별도로 제작해 접합한 두체별제식으로 만들었다. 소형소상이나 정경소상은 목질의 심목을 사용한 흔적이 남아 있지만, 중형소상은 갈대나 볏짚 또는 새끼를 감싼 각목을 골조로 하여 점토를 덧붙이는 방식을 취했다. 소조상의 대부분에는 흑색, 백색, 자색 등의 칠흔이 남아 있고, 일부 불두에는 황갈색의 유약이 시유된 것을 명확하게 관찰할 수 있다(〈도2-3·4·6-9〉). 소조상의 성형 방식으로 대형이나 중형소상은 수날법을 사용하지만 소형·정경소상은 범형을 활용했다. 범형을 이용한 성형은 정면과 배면을 전후로 접합시킨 합모제(合模製)는 보이지 않고, 편면의 범형을 이용한 단모제(單模製)가 주류를 이룬다.

이러한 소조상은 경도가 약해서 파손되기 쉬운 재료적 특성, 와도겸업요인 청양 왕진리 요지나 본의리 요지에서 소조상편과 소조대좌편이 출토된 점(〈도4-14〉와 〈도4-15〉) 등을 고려하면 사비 도성 인근의 가마에서 제작되었다고 생각된다. 다만 소조상이라는 새로운 기술과 양식의 소개는 외부에서 그것을 전문적으로 제작할 수 있는 기술자 집단의 이주를 상정하는 것이 적절하며, 기술적으로는 와공과 같은 현지 공인을 동원했을 가능성도 없지 않다.

정림사지 소조상들은 창건기 목탑에 봉안되었으리라 생각된다. 북위 낙양 영녕사나 일본 호류지 오중탑 초층의 탑본소상 사례와 사비시기 목탑 관련 유적에 소조상편들이 공반되는 점이 가장 중요한 근거이다. 그 제작 시기는 강당지 주변에서 수습된 연화문청자호의 동체편이 남경 대문산 남조묘(對文山南朝墓)에서 출토된 청자연화문호나 공주 무령왕릉에서 출토된 청자육이호와 유사한 점, 농관을

157 李炳鎬, 2005, 「扶餘 定林寺址 出土 塑像의 製作技法과 奉安場所」, 『美術資料』 72·73합집.

쓴 두상을 비롯한 정경소상이 북위 말에서 동위 초에 해당하는 도용과 유사한 점[158] 등으로 미루어보아 사비 천도를 전후한 시점으로 생각된다. 이때 『삼국사기』 성왕 19년(541)조의 기록이 주목된다.

> 19년에 왕이 사신을 양에 보내어 조공하고, 동시에 표(表)로써 모시박사, 열반 등의 경의(經義) 및 공장, 화사 등을 청하니 이를 허락했다.[159]

이 기록은 『주서(周書)』, 『남사』 등에도 나오는데, 541년 양 무제가 백제의 요청에 의해 『열반경』 등의 주석서와 유교 전문가인 모시박사, 공장과 화사 등의 기술 공인을 파견한 사실을 알려주고 있다. 성왕은 사비 천도 이후 도성을 정비하면서 국가적인 상징물을 건립하는 데 필요한 전문 기술자를 양 무제에게 요청했고, 불교 경전과 모시박사, 공장, 화사 등은 이에 필요한 전문 지식과 기술 자문, 기술 전수자의 역할을 한 것으로 보인다. 이때 양에서 건너온 공장과 화사의 활동 결과가 정림사지의 건립으로 나타났고, 특히 목탑의 건립과 탑내소상의 제작은 그들의 직접적인 관여와 기술 지도가 있었던 것으로 생각된다.[160] 당시 양 무제가 보낸 인물들은 백제에서 일본에 파견한 여러 박사처럼 고도의 전문 기술자나 지식인이었을 것이다.

양나라의 수도였던 남경의 종산2호사지에서도 소조상편이 출토되었는데 편면범(片面笵)을 이용한 두체별제식 제작방식, 채색 흔적과 색채, 일부 두상에 황갈색의 유약이 사용된 점 등 제작기법이 정림사지 소조상과 일치한다(〈도2-10〉의 1). 또한 홍토교(연홍사라고 전한다) 출토 소조상에서도 유약의 흔적이 관찰되는데(〈도2-10〉의 2), 이처럼 소조상의 제작에 유약이 확인되는 것은 그것을 소성했다는 반증이다. 지금까지 북조 계통의 소조상들은 소성하지 않은 것이 보편적인 현상이

158 朴淳發, 2008, 「百濟 籠冠俑硏究」, 『百濟硏究』 48.

159 十九年, 王遣使入中梁朝貢, 兼表請毛詩博士, 涅槃等經義, 并工匠畫師等, 從之. (『三國史記』卷26 百濟 聖王 十九年條)

160 이에 대해 567년 이후 북조와의 교류를 통한 영향으로 상정한 견해가 있지만(이다운, 2012, 「百濟 定林寺 創建을 통해 본 對中關係」, 『中國史硏究』 81), 소조상의 양식적인 상대편년과 봉보주보살상과 같은 남조적인 도상의 존재에서 볼 때 따르기 어렵다.

라 소수이기는 하지만 남경 출토 소조상의 사례는 부여 정림사지 소조상의 제작에 남조계 기술 공인의 적극적인 참여와 지도의 가능성을 다시 한 번 확인해준다.

국립부여문화재연구소의 정림사지에 대한 최근의 재조사에서 양팔을 벌리고 서 있는 인물과 좌우에서 그것을 시위(侍衛)하는 인물상의 파편이 발견되었다(〈도2-13〉). 이러한 인물상의 자세와 복식은 〈양직공도〉에 묘사된 인물 가운데 맨 앞쪽에 등장하는 '노국'의 사신과 매우 유사하다(〈도2-15〉). 〈도2-13〉을 통해 정림사지의 소조상 중에는 무사상이나 시위상, 승려상이나 문인상 이외에도 훨씬 격이 높은 인물상들이 포함되어 있었음을 알 수 있는데, 이는 〈도2-11·12〉와 같이 예불도나 행렬도 장면의 일부였음을 짐작할 수 있다. 〈양직공도〉의 제작 시기가 540년 또는 520~540년간에 단계적으로 제작되었을 것이라는 견해를 참고하면,[161] 541년 양나라의 기술자 파견을 계기로 이러한 도상의 소조상들이 제작되었음을 다시 한 번 더 확인할 수 있다.

한편 정림사지 소조상 중에는 봉보주보살상편이 섞여 있다(〈도2-4〉의 1). 봉보주보살상은 남조 양과 백제 사비시기, 일본의 아스카 시기에 유행한 불교 조상의 양식으로 관음보살일 가능성이 일찍부터 제시되었고,[162] 최근에는 봉보주보살상이 원래는 사리공양 도상을 나타낸 것이라는 견해가 제기되었다.[163] 봉보주보살상의 지물이 사리와 관련 있는지의 여부는 알 수 없지만, 정림사지 목탑의 한쪽 면에 봉보주보살상과 관련한 어떤 도상이 표현되었을 가능성이 있고, 납석제삼존불편(〈도2-5〉)에도 봉보주보살상이 표현되어 있는 것을 보면 정림사지의 소조상은 남조의 불교 조상과 밀접하게 관련된 것이 분명하다. 따라서 정림사지 기와 구덩이에서 출토된 소조상들은 일본 호류지 오중탑과 유사한 형태로 초층 탑신을 장식하던 것으로 그중 한쪽 벽면에는 사천성 성도 지역에서 발견된 남조 계통의 불교 조상들과 유사한 장면들이 입체적으로 시각화되었을 가능성이 높다고 할 수 있다.

161 金鍾完, 2001, 「梁職貢圖의 성립 배경」, 『魏晉隋唐史硏究』 8.

162 金理那, 1989, 「三國時代의 捧持寶珠形菩薩立像 硏究」, 『韓國古代佛敎彫刻史硏究』; 金理那, 1990, 「寶珠捧持形菩薩の系譜」, 『法隆寺から藥師寺へ』.

163 大西修也, 2002, 「寶珠捧持形菩薩の成立過程について」, 『日韓古代彫刻史論』, 中國書店; 車侖貞, 2004, 「三國時代 菩薩像에 대한 一考察: 持物을 중심으로」, 『佛敎美術史學』 2.

백제 지역에서는 정림사지뿐만 아니라 능산리사지, 구아리사지, 금강사지, 제석사지, 미륵사지 등의 사원지, 청양 왕진리와 본의리 요지에서 소조상편이 발견되었다(제4부 제2장 참조). 그중 제석사지 폐기장 유적에서 출토된 소조상들은 639년에 소실되었다는 『관세음응험기』의 기록을 증명하는 자료라 할 수 있다. 미륵사지에서는 보살상의 전불(塼佛)과 함께 채색이 가미된 소조상의 파편과 다량의 나발이 출토되었다.[164] 6세기 중엽에 시작된 백제의 소조상들은 점차 다양화되고 대형화되는 과정을 거쳤고, 그 후 신라와 일본에 영향을 미쳤던 것을 짐작할 수 있다.

신라에서는 황룡사지에서 소조상편, 사천왕사지에서 녹유전불편, 능지탑에서 소조상편 등이 출토되었고, 일본에는 가와라데라 뒷산 유적을 비롯해 오미(近江)의 미나미시가 폐사(南滋賀廢寺), 가모우군(蒲生郡)의 미야이 폐사(宮井廢寺) 에서 출토된 소조상들이 있다. 이러한 소조상들은 백제의 제석사지에서 발견된 소조상들과 제작기법이 매우 유사하다.[165] 특히 가와라데라 뒷산 유적 출토품(〈도4-28〉)은 폐기 양상뿐만 아니라 제작기법이 익산 제석사지 폐기장과 매우 유사하고, 소조상과 함께 발견된 녹유전도 백제 유민에 의한 기술의 전파 가능성이 있다. 이처럼 남조의 영향을 받아 출현한 백제의 소조상 제작은 백제 자체의 기술적인 변형과 발전을 거쳐 멸망 이후에까지 지속적으로 주변 국가에 영향을 주었다고 할 수 있다.

2) 유적과 유구에 관한 검토: 가람배치와 사리 안치 방식

부여 시내 한가운데 위치한 정림사지는 매우 중요한 사원이다. 앞의 소조상에 관한 논의에서 그곳에는 원래 목탑이 있었고 그것을 대신해 현재의 오층석탑이 건립되었으며, 정림사지에서 발견된 소조상들은 창건기 목탑에 안치된 것이라고 보았다. 그리고 이 사원의 건립 시기는 사비 천도 전후, 특히 541년 양나라 기술자들의 기술적인 지원을 받아서 성립된 것으로 추정했다. 다만 최근 국립부여문

164 崔聖銀, 2010, 「동아시아 佛敎彫刻을 통해 본 百濟彌勒寺의 佛像」, 『百濟文化』 43.

165 崔聖銀, 2013, 「百濟 7세기 塑造像의 樣相과 傳播」, 『百濟文化』 49.

화재연구소의 재조사에서 사원을 건립할 때 매립한 토층에서 출토된 유물이나 고지자기 분석 결과 6세기 말이나 7세기 전반에 건립되었을 가능성이 제기되었다.[166] 어느 쪽인지는 단정하기 어렵지만, 정림사지를 건립하면서 성립된 가람배치나 건물 유구는 현재까지 자료가 전무한 남조의 불교 사원 형태를 추정하고 그 영향관계를 검토하는 데 중요한 자료인 것은 분명하다.

정림사지를 중심으로 한 백제 사원의 가람배치에 보이는 특징을 정리하면 다음과 같다(〈도2-22〉). 우선, 남문이 없는 상태에서 중문·탑·금당·강당이 남북 일직선상으로 배치되고 이를 회랑이 감싸고 있다. 또한 강당과 회랑이 회랑 북단의 부속건물이나 강당 동·서쪽의 별도건물로 연결된다. 회랑 북단에서 공통적으로 발견되는 부속건물은 금당보다 격이 낮은 건물로 승방과 같은 것으로 추정되며, 다만 침식(寢食)이 이루어지는 생활공간인 강당 북쪽의 승방보다는 좀 더 공적(公的)인 성격이 강해 이를 구분하기 위해 '동당·서당' 같은 용어가 제시되기도 했다. 그 밖에 동·서회랑과 남회랑은 L자형으로 곧바로 연결되지 않고 단절되었으며, 남회랑은 동·서회랑보다 좀 더 길게 돌출된 것이 확인되었다.

이러한 특징을 가진 가람배치는 군수리사지나 왕흥사지가 건립된 6세기 중·후반에 이르러 외곽에 또 다른 건물이 증축되는 변화를 보이는데(〈도4-1과 2〉), 신라 황룡사지 중건 가람이나 일본 아스카데라 삼금당은 이러한 분위기 속에서 건립되었으리라 생각할 수 있다.[167] 또한 6세기말 이후에는 부속건물이나 별도건물, 강당 같은 시설이 생략되는 사례가 증가하고 있다(제4부 제1장 참조). 한편 미륵사지에서는 기존의 동당과 서당이 강당지 남쪽의 동·서승방지로 변형되고 강당 동·서쪽의 별도건물이 사라진다(〈도4-7〉의 2). 특히 미륵사지의 가람배치는 탑과 금당이 동등하게 배열된 삼원이 아니라 목탑과 중금당(中金堂), 그 북쪽의 강당과 동·서승방이 하나의 완결된 사찰 배치를 구성하고 동·서로 다시 탑과 금당을 추

166 國立扶餘文化財硏究所, 2011, 『扶餘 定林寺址 發掘調査報告書』; 金洛中, 2011, 「百濟 泗沘期 寺刹의 伽藍配置와 造營의 特徵」, 『韓國上古史學報』 74; 鄭子英, 2012, 「扶餘 定林寺址 伽藍配置와 編年的 檢討」, 『韓國上古史學報』 76; 金洛中, 2012, 「百濟 定林寺의 創建年代」, 『文化財』 45-4.

167 李炳鎬, 2013, 「百濟寺院과 日本飛鳥寺 三金堂의 源流」, 『百濟硏究』 57.

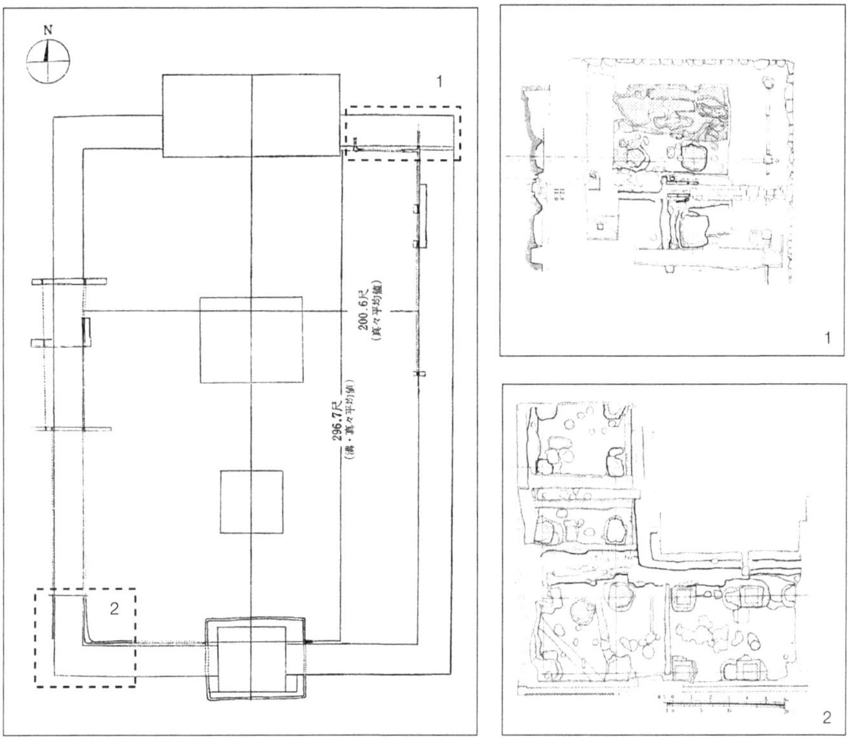

도4-36 大阪 四天王寺의 周溝實測圖와 동회랑 동북구역 유구도(1) 및 회랑 서남부의 실측도(2)

가(또는 확장)로 배치한 다음 동·서회랑으로 전체 사역을 감싸면서 경계를 형성한 것으로 볼 수 있다.[168] 그중 동·서승방지는 1동 2실 형식의 단위 공간을 병렬로 구성한 것으로 기존의 정림사식 가람배치와 연속성을 가진다. 따라서 미륵사지의 삼원병렬식 가람배치는 중국의 수·당대에 유행한 대형 원락식 사원의 영향을 받으면서도 백제적인 사원형을 바탕으로 변형된 독자적인 것이라고 평가할 수 있다.

정림사지를 건립하면서 성립된 백제 사원의 가람배치는 일본의 초기 고대 사원에 관한 연구에도 많은 기여를 하고 있다. 그중 백제 사원과 가장 유사한 가람배치를 한 오사카의 시텐노지는 강당 동·서쪽에 별도건물과 같은 시설이 있었을 가능성이 있고(〈도4-36〉),[169] 하당(夏堂)과 동당(冬堂)으로 이루어진 강당도 백제 사

168 國立文化財硏究所·益山市, 2010, 「彌勒寺의 寺刹配置」, 『彌勒寺復原考證基礎調査硏究報告書2』.

169 綱伸也, 2014, 「古代の難波と四天王寺–飛鳥時代の寺院關聯遺跡を中心に」, 『大阪春秋(季刊)』 41-4(通卷

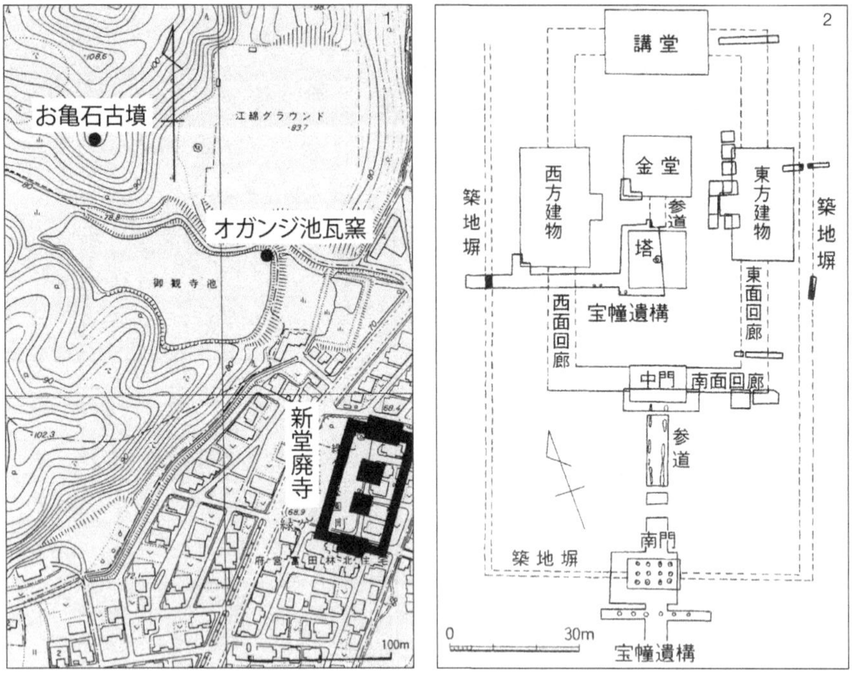

도4-37 新堂廢寺와 오간지 이케 瓦窯, 龜石古墳의 위치도(1) 및 가람배치도(2)

원의 1동 2실의 건물지와 유사하다. 또한 신도 폐사(新堂廢寺)와 가메이시 고분(龜石古墳)의 관계(〈도4-37〉)는 고분과 사원이 결합된 좋은 사례로 능산리사지와 능산리 고분군의 관계(〈도3-24〉)와 같다고 할 수 있다.[170] 그리고 신도 폐사의 동·서 회랑 북쪽에서 동방건물·서방건물이라는 특징적인 건물지가 발견되었는데, 이 건물은 정림사지를 비롯한 백제 사원의 회랑지 북단의 부속건물지에 해당한다. 이처럼 백제의 절터에서 새롭게 조사된 건물 유구들은 백제뿐만 아니라 일본의 초기 사원을 연구하고 기존의 견해를 재검토하는 데 중요한 자료가 되고 있다. 아울러 비록 소수이기는 하지만 정림사지에서 확인되는 가람배치가 일본의 초기 고대 사

153).

170 新堂廢寺는 그 북쪽에 오간지이케 瓦窯가 위치하고 있는데 '오간지(オガンジ)'라는 지명은 보령 성주사지의 전신인 烏含寺와 발음이 비슷하다. 따라서 이 사원은 일찍부터 백제의 영향을 받은 도래계 씨족과 관련된 사원으로 추정되어 왔다(藤澤一夫, 1961 「新堂廢寺の性格」, 『河內·新堂烏含寺の調査』).

원에 직접적인 영향을 미쳤다는 것이 구체적으로 확인된다.

정림사지에서 확인되는 가람배치는 소조상이나 제와술이 남조의 그것과 유사한 점에서 남조의 불교 사원과 관련 있을 가능성이 높다. 그렇다고 백제 사원의 모든 것이 남조의 것을 그대로 옮겨놓은 것으로 생각하기는 어렵다. 이중기단 건물지의 상층기단과 하층기단 사이에 발견되는 하성초석(下成礎石)이나 강당지 좌·우측의 별도건물지는 남조가 아니라 고구려의 영향으로 성립되었을 가능성이 있기 때문이다.

이중기단은 5~7세기 사원의 금당이나 목탑에 주로 이용되는 기단 형식으로 초기의 이중기단에는 상층기단과 하층기단의 사이에 초석(이하 하성초석)이 있는 사례들이 발견되어 주목된다.[171] 이러한 하성초석은 고구려의 청암리사지 팔각건물지(추정 목탑)를 필두로 백제의 정림사지 금당지, 신라의 황룡사지 금당지, 사천왕사지 금당지, 일본의 아스카데라 동·서금당지 등에서 확인된다. 백제의 군수리사지 금당지, 금성산건물지, 부소산폐사지 등에서도 하성초석이 확인되었다. 그런데 백제 사원에서 발견되는 하성초석은 시기적으로 약간 이른 고구려의 영향을 받아 출현한 것으로 생각되며, 일본의 아스카데라 동·서금당지는 고구려로부터 직접 전해진 것이 아니라 백제를 통해 전해진 것으로 생각된다.[172]

강당지 좌·우측의 별도건물지도 마찬가지이다. 이 건물지는 능산리사지에서는 비대칭적인 형태를 띠다가 군수리사지나 왕흥사지 단계에서 대칭을 이루게 된다. 그런데 이러한 건물지 중 가장 이른 시기의 것이 고구려 청암리사지에서 확인된다. 목탑으로 추정되는 팔각건물지와 금당지 북쪽에서 확인된 건물지군은 백제나 신라 사원의 가람배치를 기준으로 보면 강당지와 그 동·서쪽의 별도건물지 및 북쪽의 승방지로 볼 수 있다. 따라서 고구려 사원의 강당지들은 매우 이른 시기부터 좌·우측에 별도건물지가 있었다고 할 수 있고, 이러한 특징은 백제나 신라에

171 趙源昌, 2002, 「百濟 二重基壇 築造術의 日本 飛鳥寺 傳播」, 『百濟研究』 35; 清水重敦·山下秀樹, 2009, 「古代寺院建築における特異な基壇·平面とその構造」, 『奈良文化財研究所紀要2008』; 裵秉宣, 2008, 「扶餘地域 百濟建物址의 構造」, 『定林寺 - 역사문화적 가치와 연구현황』.

172 淺野淸, 1958 「飛鳥寺の建築」, 『佛教藝術』 33.

영향을 미쳤을 가능성이 크다.[173]

1동 2실 건물지는 약간 다르다(〈도4-10〉). 이러한 건물지는 능산리사지 강당지를 비롯해 익산 왕궁리 유적, 미륵사지 강당지와 승방지, 경주 황룡사지 창건 가람의 강당지 하부 유구, 경주 감은사지 공방지 등에서 발견되는데 현재까지 발견된 것 중 가장 오래된 유적은 집안 동대자 유적 제1건물지이다(〈도4-10〉의 1). 동대자 유적 제1건물지는 평면 형태와 규모, 내부에 시설된 온돌 구조 및 서실 중앙부에 배치된 대석(臺石), 벽체 구조 등이 능산리사지 강당지와 매우 유사하여 백제의 1동 2실 건물지가 고구려의 영향을 받아 성립된 것으로 파악할 여지가 있다.

다만 1동 2실 건물에 대해 이 건물은 기둥과 보를 결구한 일반적인 건축 결구와 달리 보를 사용하지 않고 기둥이 직접 도리를 받치는 천두식(穿斗式) 구조로서 중국의 남방 지역에서 다수 발견되기 때문에 남조의 영향으로 파악하는 견해도 있다.[174] 남조의 불교 사원이나 고구려의 불교 사원에 관한 발굴 조사가 극히 미미한 수준이라 백제 사원에서 발견되는 특정 유구들이 어디에서 연원했는지 확정하기는 어렵다. 하지만 이중기단과 하성초석, 강당지 양쪽의 별도건물지의 존재는 백제의 사원이 남조나 고구려와 활발하게 교류한 증거라는 점에는 의심이 없다.

한편 1동 2실 건물의 성격에 대해 일본의 사례를 통해 그 기능을 추정할 수 있는 실마리가 확인되기도 한다. 백제 사원의 가람배치와 가장 유사한 오사카의 시텐노지는 비록 헤이안 시대의 자료이기는 하지만 강당과 관련된 매우 흥미로운 기록을 간직하고 있다. 그곳 강당은 8칸인데 서쪽 4칸은 하당(夏堂), 동쪽 4칸은 동당(冬堂)으로 부르면서 각기 다른 불상을 안치했다고 한다.[175] 이러한 하당과 동당의 내부 구조가 어떠했는지는 알 수 없지만 능산리사지 강당지에서 서실에 온돌이 설치되고 동실에는 설치되지 않은 점이 이와 유사하다. 양자를 서로 대응해보

173 백제의 강당 좌우 건물지는 승방과 같은 것이지만, 신라의 경우는 예배 공간으로 약간 차이가 있었다는 견해가 있다(한나래, 2012, 「신라 사찰 강당 좌우 건물지의 유형과 성격-백제와의 비교를 중심으로」, 『韓國古代史探究』 12).

174 裵秉宣, 2010, 「미륵사의 조영과 동아시아 건축」, 『백제 불교문화의 寶庫, 彌勒寺』.

175 講法堂一宇 瓦葺八間 夏堂四間 金色阿彌陀佛像一軀丈六 冬堂四間 色觀音像一體丈六. 『四天王寺御手印緣起』.

면 능산리사지의 온돌이 설치된 서실은 시텐노지의 동당과 같이 겨울에 주로 사용되던 곳이고, 동실은 하당과 같이 여름에 주로 사용되던 곳으로 추정할 수 있다(〈도3-18〉). 백제 사원에서 종종 발견되는 1동 2실 건물은 건물의 기능이라는 측면에서는 계절에 따라 공간을 다르게 활용하기 위해 고안되었을 가능성이 있다.

나아가 시텐노지, 아스카데라, 야마다데라, 호류지 등 일본의 초기 사원에서 강당의 칸 수가 홀수가 아닌 짝수로 된 경우가 종종 발견된다. 이것도 백제 사원의 강당지에서 주로 발견되는 1동 2실 건물 구조와 연관 있는 것은 아닐까 한다. 이처럼 백제 사원에서 발견된 독특한 형식의 건물 유구나 배치는 동아시아 고대 사원의 문화 전파 경로나 건물의 기능에 대한 비교사적인 연구에 더없이 중요한 1차 자료이다.

도성 내 사원의 입지적 특성에도 주목할 필요가 있다. 정림사지는 사비 도성의 왕궁 남쪽, 제석사지는 왕궁리 유적의 동쪽에 위치하는 등 왕궁과 사원이 매우 유기적 관계에서 의도적으로 배치된 것을 확인할 수 있기 때문이다(〈도2-35〉, 〈도4-6〉). 고대 도성에서 주요 사원을 의도적으로 배치한 사례는 중국 남경의 대성(臺城)과 동태사, 낙양성의 왕궁과 영녕사가 있고, 신라의 황룡사지와 월성의 관계에서 일정한 흐름을 확인할 수 있다. 일본의 오하리다노미야와 아스카데라, 이카루가노미야와 와카쿠사가람, 구다라노미야와 구다라오데라, 나니와노미야와 시텐노지, 오쓰노미야(大津宮)와 미나미시가 폐사 등지에서도 확인된다.[176] 이러한 사원들은 발원자의 신앙심을 드러내는 동시에 그곳이 세계의 중심이고 불교의 도성이라는 것을 상징적으로 보여주며 도성의 랜드마크 역할을 했다.[177] 그런 점에서 정림사지나 제석사지 같은 주요 사원은 왕궁과 밀접하게 연관되어 운영된 사찰로서 백제 왕권을 수식하는 중요한 무대장치였다고 할 수 있다.[178]

한편 정림사지에서는 확인되지 않지만 능산리사지, 군수리사지, 왕흥사지의

176 山中章, 2001,「古代宮都成立期の都市性」,『新體系日本史6 都市社會史』, 山川出版社; 清水昭博, 2007,「斑鳩からみた飛鳥」,『都城 - 古代日本のシンボリズム』, 青木書店; 古市晃, 2009,「統合中樞の成立と變遷」,『日本古代王權の支配論理』, 塙書房.

177 下倉涉, 2006,「南北朝の帝都と寺院」,『東北學院大學論集: 歷史と文化』40, 207쪽.

178 李炳鎬, 2013,「百濟 泗沘時期 都城의 儀禮空間과 王權」,『韓國古代史硏究』71.

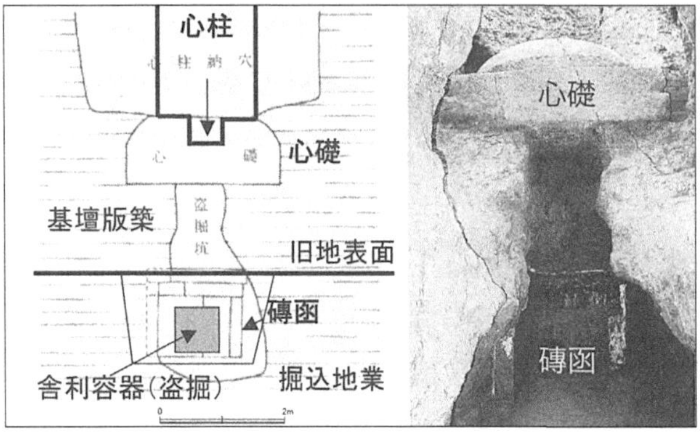

도4-38 河北省 鄴南城 趙彭城廢寺址 목탑의 반지하식심초

사리 안치 방식에 주목할 필요가 있다. 중국 남조의 사리 안치 방식과 관련해 현존 유물이나 유구가 확인되지 않지만 문헌 기록을 통한 연구가 있다. 이에 따르면, 중국 육조시대에 사리를 직접 담는 용기는 일반적으로 황금으로 만들었고, 다음에 은제 용기, 그다음에 동제나 철제 용기, 그리고 가장 바깥의 용기로 석제함(石製函)을 사용했으며, 이와 같은 사리기는 땅속의 심초석보다 더 아래에 사리탑 명문을 새긴 방형이나 원형의 돌을 석함 위에 놓고 매장했다고 한다. 경우에 따라서는 유리병에 사리를 넣을 때도 있고, 가장 바깥의 석함을 대신해 전함(塼函)을 사용할 때도 있었다고 한다.[179]

중국 하북성 업성의 조팽성폐사지에서 목탑 기단이 발굴되었는데, 기단 잔존 부분에서 3.5미터의 구멍 밑에서 방좌(方座)의 한 변이 약 1.2미터인 심초석이 발견되었고, 심초석에서 약 1.0미터 밑에 전함이 놓여 있었다(〈도4-38〉).[180] 이것은 중국에서 처음으로 발견된 반지하식 심초라고 할 수 있다. 백제에서는 6세기 중·후반에서 7세기 초엽에, 일본에서는 6세기 말에서 7세기에 많이 확인되는 지하식 심초의 원류가 중국에서 비롯되었을 가능성이 커진 것이다. 다만 문헌 기록으로 볼 때 남조에도 지하식 심초가 있었던 것이 분명하므로 백제와 밀접한 관계가 있던 건

179 小杉一雄, 1934「六朝時代の佛塔に於ける佛舍利の安置に就いて」,『東洋學報』21-3: 1980,『中國佛敎美術史の硏究』, 新樹社.

180 中國社會科學院考古硏究所等, 2003,「河北臨障縣鄴城遺址東魏北齊佛寺塔期的發現與發掘」,『考古』2003年 10其; 朱岩石, 2010,「南北朝寺院遺跡と出土遺物」,『古代東アジアの佛敎と王權-王興寺から飛鳥寺へ』, 勉誠出版.

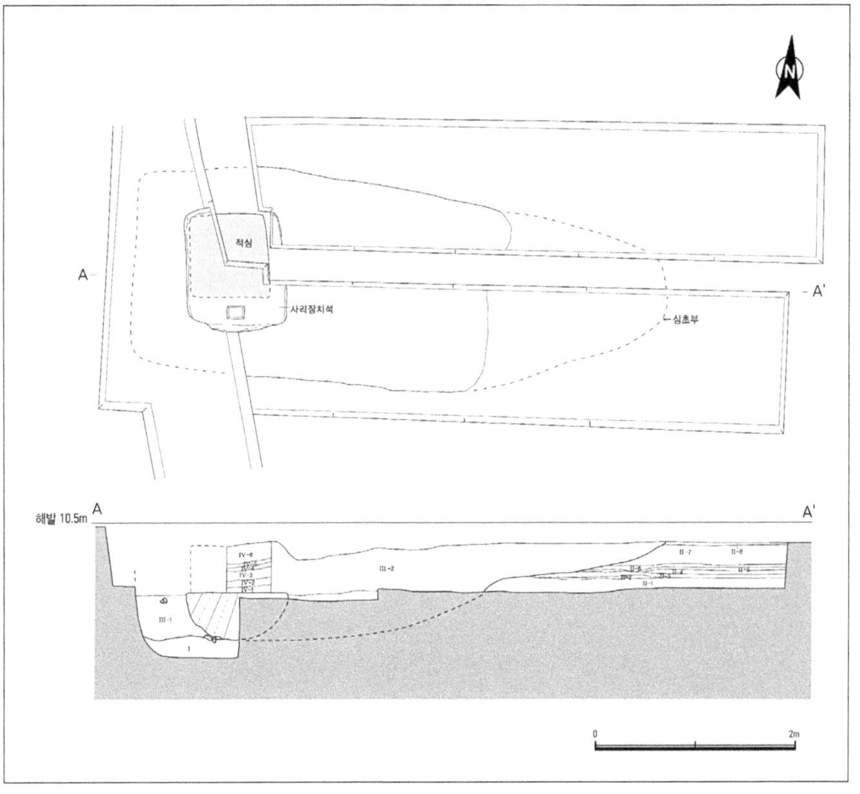

도4-39 부여 왕흥사지 목탑의 지하식 심초

강(建康, 현재의 남경)에서도 (반)지하식 심초의 사례가 발견될 가능성이 높다.[181]

백제에서의 가장 확실한 지하식 심초의 사례는, 사리공이 없는 형식의 심초와 그 위에 별도로 안치한 석제 사리감이 발견된 능산리사지를 들 수 있다. 능산리사지의 창왕명 석제사리감은 문헌 기록에 보이는 남조의 사리 안치 방법 중 가장 바깥 용기인 석제함에 해당되지만 형태나 크기가 전혀 다르다. 사리감의 형태는 공주 무령왕릉 등 웅진시기 전축묘의 아치형 구조와 매우 유사하다. 육조시대 사람들은 자신들의 전통적인 매장 방법에 따라 사리의 안치 방법을 창안했고 백제 사

181 佐川正敏, 2006, 「일본고대 목탑기단의 구축기술 복원과 심초설치형식의 변천에 관한 연구」, 『百濟研究』 44; 大橋一章, 2012, 「六世紀後半の百濟寺院の舍利安置について」, 『早稲田大學大學院文學研究紀要』 56(2013, 『百濟文化』 48에 번역 수록됨).

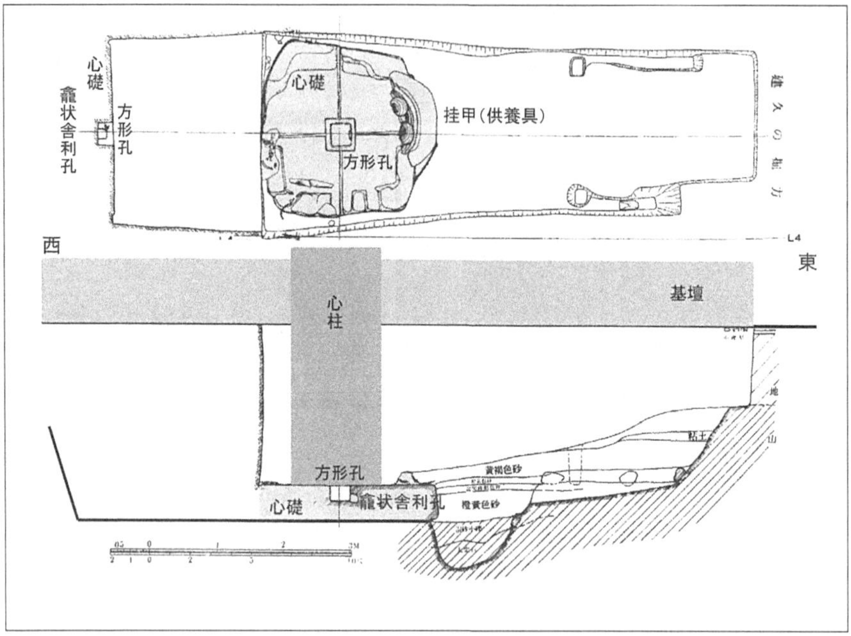

도4-40 일본 飛鳥寺 목탑의 지하식 심초와 사리공

람들은 육조시대 사리 안치의 원리를 이해한 바탕에서 당시 백제 왕릉인 전축분의 구조를 모방한 석함, 즉 석조 사리감의 내부에 사리를 안치했다.[182]

군수리사지에서도 목탑 심초석이 발견되었지만 사리공이 없어 사리장엄구의 안치는 능산리사지와 같거나 심초 아래 또는 심주에 사리구를 안치했을 가능성이 제기되었다. 577년 사리를 매납한 왕흥사지에서는 지하 심초 구조가 명확히 확인되고, 특히 심초석에 사리를 봉안하는 형식이 처음으로 나타난다(〈도4-39〉). 다만 사리공의 뚜껑이 각추대형(角錐台形)으로 중국 사리석함의 뚜껑을 모델로 한 것으로 생각되며, 그런 의미에서 사리공은 사리용기의 가장 바깥 용기인 석함의 기능을 가지고 있다고 할 수 있다. 즉, 왕흥사지의 목탑에서는 심초와 사리 안치 시설을 결합한 사리공이 출현했는데, 그것은 593년 일본의 아스카데라의 목탑에 사리를 안치하는 방식과 상통한다(〈도4-40〉).[183] 일본 최초의 사원인 아스카데라에서는 심초

182 金姸秀, 2006, 「6~7世紀韓國の佛塔と舍利莊嚴」, 『歷史と文化』 40.

183 佐川正敏, 2010, 「王興寺と飛鳥寺の伽藍配置·木塔心礎施設·舍利奉安形式の系譜」, 『古代東アジアの佛教

석 한가운데에 방형의 사리공을 두고 그 안쪽에 사리기를 안치한 것으로 생각되어 왕흥사의 심초석과 약간 차이를 보이지만, 부여 구아리사지에서 발견된 심초석에서 그와 가장 유사한 형식이 발견되므로 백제의 영향을 받아 성립된 것은 부정할 수 없다.[184] 특히 왕흥사지의 사리공 주변에서 발견된 각종 사리장엄구와 아스카데라의 사리공 주변에서 발견된 괘갑(挂甲)이나 사행상철기(蛇行狀鐵器) 등은 사리 봉안 의식과 공양품의 봉납 의식에서의 공통성을 확인시켜 준다고 할 수 있다.

백제에서는 639년에 소실된 제석사지 단계에 이르러 지상식 심초석과 사리공이 나타나고, 639년 무렵에 건립된 미륵사지 서석탑에서 석탑의 1층 중심주에 구멍을 뚫는 사리공이 나타난다. 미륵사지 석탑은 1층 탑신 사방에 문을 내고 탑 내부에 십자형 통로를 만든 다음 한가운데 심주석을 세워 사방으로 출입할 수 있도록 했다. 이 심주석에 사리공을 설치한 것은 이전 목탑에서 보이던 사리의 매납 방식과는 그 위치가 달라졌지만 지하식 심초 구조가 지상식 심초로 바뀌면서도 여전히 목탑의 찰주 기능을 답습했음을 반영한 것으로 볼 수 있다.[185] 즉, 미륵사지의 사리 안치 방식은 목탑이 석탑으로 변형되는 과정에서 백제적인 사리 안치 방식으로 재창조된 것이라 할 수 있다. 일본 최초의 지상식 심초의 사례는 620년경에 조영된 호류지 와카쿠사 가람의 탑으로 추정된다. 따라서 아스카데라의 사리 안치 방식이 와카쿠사 가람과 같이 지상식으로 바뀐 것에서 백제 사원에 관한 정보가 지속적으로 영향을 미쳤음을 짐작할 수 있다. 이처럼 백제 사원에서 발견되는 심초석은 지하식의 지상화 과정을 이해하고 중국과 일본의 사리 안치 방식의 변화상을 충실하게 보여주는 중요한 자료이다.

と王權』, 勉誠出版.

184 구아리사지에서는 소조상편 뿐 아니라 심초석이 함께 발견되었는데 사리공의 돌 뚜껑 뒷면에는 朱漆이 되어 있다(李炳鎬, 2007, 「부여 구아리 출토 소조상과 그 유적의 성격」, 『百濟文化』 36.). 이러한 주칠은 왕흥사지의 뚜껑, 飛鳥寺의 뚜껑에서도 공통적으로 확인되는 요소로서 삼자의 밀접한 관계를 엿볼 수 있다.

185 이귀영·박대남, 2010, 「미륵사지 석탑 사리장엄의 의의」, 『백제 불교문화의 보고, 미륵사』.

나오는 말

부여와 익산 지역을 중심으로 백제 사원지에 대한 발굴 조사의 진전은 기존의 당탑(堂塔)을 위주로 한 배치론에서 벗어나 각 건물지의 기능이나 성격에 관한 문제까지 논의를 확대시켰다.

제1장에서는 가람배치를 중심으로 사비시기 백제 사원의 전개 양상을 검토했다. 정림사식 가람배치는 일본의 시텐노지식 가람배치와 비슷하지만 강당과 회랑이 북회랑으로 연결된 것이 아니라 동·서회랑 북단의 부속건물, 강당지 동·서쪽의 별도건물로 연결되는 방식을 취한 점이 다르다. 동·서회랑 북단의 부속건물은 승방과 같은 것으로 생각되지만 좀 더 공적인 성격이 강하기 때문에 '동당과 서당'으로 부르는 것이 좋다고 생각한다. 이러한 양식의 가람배치는 소조상을 비롯한 반출 유물과 문헌 기록 등으로 볼 때 사비 천도(538) 이후 중국 남조의 영향을 받아 성립되었지만, 부분적으로 고구려의 영향을 함께 받은 것으로 보인다.

6세기 중·후반 군수리사지나 왕흥사지가 건립되는 단계부터 동·서회랑의 외곽에 건물이 증축되는가 하면, 6세기 말 이후에는 일부 전각이 건립되지 않는 등의 변화가 나타난다. 7세기 전반에 건립된 미륵사지는 삼원병렬식 가람배치를 보이지만, 이것은 정림사식 가람배치를 토대로 중국의 대형 원락식 사원과 미륵사상의 영향을 받아 건립된 것으로 생각된다. 백제의 사원은 사비 천도 이후부터 멸망기까지 기본적으로 정림사식 가람배치로 건립되었기 때문에 이를 광의의 '백제식 가람배치'라고 불러도 좋을 것이다.

제2장에서는 백제 고지에서 자주 출토되는 소조상의 전개 과정 및 주변국 소조상과의 관련성을 검토했다. 백제의 소조상은 지금까지 폐사지나 요지 등 12개소에서 발견되었는데, 주로 사원의 목탑이나 금당에 안치되었을 것으로 생각된다. 그 성형 방식으로 수날법, 범발 두 가지가 모두 확인되며, 성형 후 소성을 거치기도 하고 건조시키기도 했다. 유약이 시유된 소조상이나 요지에서 소조상이 출토된 사례는 백제에서 부분적이지만 소성 과정을 거쳤다는 것을 명확하게 보여준다. 이

것은 중국의 남경에서 발견된 소조상에서도 확인되는 부분이어서 기술적인 계통이 남조와 관련되었을 가능성을 더욱 높여준다.

백제 소조상에 보이는 제작기술의 특징은 고구려의 원오리사지 출토 소조상, 신라 사천왕사의 녹유전 등에서도 부분적인 연관성이 확인된다. 또한 일본의 시텐노지에 관한 문헌 기록이나 가와라데라 뒷산 유적에서 출토된 소조상들을 볼 때 백제의 영향이 있었을 가능성이 있다. 특히 가와라데라 뒷산 유적 출토품은 폐기 양상뿐만 아니라 제작기법이 익산 제석사지 폐기장과 매우 유사하고, 녹유전은 백제 멸망 이후 유민에 의한 기술의 전파 가능성을 보여주는 것으로 생각된다.

제3장에서는 백제 사원이 고대 동아시아의 문화 교류에서 갖는 역사적 위치를 검토했다. 4세기 후반 동진으로부터 불교를 수용한 백제는 6세기 전반 양과의 적극적인 교류를 통해 본격적인 사원인 대통사를 건립했다. 그 경험을 바탕으로 신라의 흥륜사 건립에 기술을 전수할 수 있었다. 538년 사비 천도 이후에는 양나라에서 온 공장과 화사의 기술 지원을 통해 도성의 랜드마크로서 정림사지를 건립하여 백제적인 사원형을 완성했다. 이후 왕릉과 사원이 결합된 능사로서의 능산리사지, 관사(官寺)로 추정되는 군수리사지, 국왕이 발원한 왕흥사지를 건립하면서 백제적인 사원형을 더욱더 발전시켰다. 이를 바탕으로 백제는 588년 일본의 아스카데라에 기술자 집단을 파견하는데, 아스카데라는 순연히 백제의 기술에 의해 완성된 것이라 할 수 있다. 7세기에 들어와서는 이궁 또는 별도로서 익산 왕궁리 유적을 조영하면서 제석사지나 미륵사지를 건립했다. 6세기 후반 이후 백제는 남조뿐만 아니라 고구려, 북조, 수·당의 사원 조영 기술을 지속적으로 폭넓게 수용하면서 백제적인 사원형을 더욱 발전시켜 나갔다고 할 수 있다.

백제는 이렇게 내재화된 불교 사원과 관련된 기술을 이용해 신라와 일본에 영향을 줌으로써 자국의 이득을 실현시켰다. 이러한 모습은 고대 동아시아의 문화교류에서 백제가 끼친 영향이나 불교가 미친 구체적인 역할이 무엇이었는지를 보여준다. 고대 한반도는 불교를 매개로 점차 문화공동체로서의 모습을 만들어갔다고 평가할 수 있다.

결 론

이 책은 백제가 불교를 수용한 4세기 후반부터 멸망기까지 부여·공주·익산의 주요 절터에서 발굴된 유물과 유구에 관한 사례 분석을 바탕으로 백제 사원의 구체적인 모습을 밝히고, 그 전개 과정을 고대 동아시아사라는 거시적인 관점에서 해명했다. 이 책에서 다룬 내용을 정리하고 향후 과제를 제시하면 다음과 같다.

제1부에서는 백제 한성시기의 불교 수용 과정과 초기 사원의 모습에 대해 분석했다. 백제는 4세기 후반 침류왕대에 동진으로부터 불교를 처음으로 수용했다. 당시 백제는 내부적으로는 역사서를 편찬하고 중국과 사신이 왕래하는 등 한자나 한문에 관한 이해가 상당한 수준에 있었다. 백제의 불교 수용은 대외적인 측면에서는 고구려가 불교를 통해 전진과 협력을 강화하는 것에 대응하여, 불교를 신봉하던 동진 효무제와의 유대 강화를 위해 수용하였을 가능성이 있다.

한성시기 불교와 관련된 유물들은 연화문을 모티프로 하는 금속기나 도자기, 와당 정도밖에는 남아 있지 않지만 웅진시기 초기에 활동하던 발정(發正)의 사례를 보면 한성시기 말기나 웅진시기 초기 백제의 불교 활동을 인정하지 않을 수 없다. 서울 풍납토성에서 출토된 수면문와당이나 연화문와당은 백제에서 낙랑이나 고구려 이외에도 중국 남북조의 여러 국가와 폭넓게 교류하고, 그것을 통해 불교문화를 수입했을 가능성을 유추할 수 있기 때문에 그 가능성이 높다.

웅진시기가 되면 무령왕릉에서 출토된 다양한 유물들 속에서 남조 불교의 요소들을 구체적으로 확인할 수 있다. 무령왕릉을 완성시킨 성왕에 의해 건립된 대통사는 백제의 본격적인 불교 사원이라 할 수 있지만 그와 관련된 유구가 전혀 발견되지 않았다. 따라서 출토 와당을 중심으로 그 기술적인 계통에 대해 추정할 수 밖에 없다.

이곳에서 출토된 와당들은 중국 남경 지역에서 발견된 특징적인 기와 제작기술이 확인되고, 梁官瓦爲師矣(양관와위사의)명 전을 근거로 남조 양의 영향을 분명하게 확인할 수 있다. 대통사지 보다 빠른 단계의 와당, 특히 왕궁인 공산성에서 발견된 와당의 경우 문헌기록을 검토해 볼 때 남제와의 관련성을 유추할 수 있다. 또한 사비 도성이나 경주 흥륜사지에서 대통사식 와당과 동일한 문양과 제작기술이 다수 확인되는 것을 보면 백제에서는 대통사를 조영하는 과정에서 관영 조와공방과 같은 관영 수공업 체제가 성립되었을 가능성이 크다고 생각된다.

제2부에서는 사비 도성의 한 가운데 건립된 정림사지에서 출토된 유물과 가람배치의 특징을 분석하여 백제식 사원의 성립 과정과 사비 도성에서 정림사지가 갖는 위상을 분석했다. 먼저 이곳에서 출토된 소조상들의 봉안장소와 제작시기, 계통과 가람배치의 특징을 살펴보았다. 정림사지에서 출토된 소조상들은 공반유물과 문헌기록에서 볼 때 541년 양의 공장·화사와 같은 기술자들의 직접적인 도움을 받아 제작된 것으로 창건 당초에는 목탑의 탑내소상(塔內塑像)이었다고 보았다.

이러한 탑내소상의 제작이나 조와기술, 녹유 제작 기술, 목탑의 건립을 비롯하여 동당과 서당과 같은 가람배치에 이르기까지 남조의 영향을 지대하게 받았다. 하지만 이중기단의 하성초석(下成礎石)이나 강당지 동서측의 별도건물지와 같은 요소는 고구려의 영향으로 생각된다. 따라서 정림사지는 남조 문화를 위주로 하면서도 고구려 문화를 부분적으로 수용하여 성립된 것이라 할 수 있다.

정림사지를 조영하면서 성립된 소위 '정림사식 가람배치'는 강당과 회랑이 북회랑으로 연결되는 것이 아니라 회랑 북단의 부속건물이나 강당 동서쪽의 별도건물로 연결되는 형식이었다. 이러한 부속건물은 금당보다는 격이 낮은 건물로 승방과 같은 것으로 추정된다. 다만 침식이 이루어지는 생활공간인 강당 북쪽의 승방보다는 좀 더 공적인 성격이 강하기 때문에 이를 구분하기 위해 '동당·서당'과 같은 용어를 사용할 것을 제안하였다.

정림사지에서 출토된 소조상들을 보면 창건기의 목탑에 봉안된 탑내소상에는 예불도 장면과 같은 것이 포함된 것으로 추정했는데, 이것은 속세의 지배자를 넘어 불교계의 지배자를 지향한 성왕의 의도가 배어 있다고 생각된다. 양 무제가 파견한 공장·화사의 존재는 정림사지의 건립에 양의 전문기술과 백제 왕실의 절대적인 뒷받침이 있었음을 확인시켜준다. 나아가 정림사지는 『일본서기』의 장륙존상 조성 기록과도 연관이 있다. 이 기록은 백제 당시의 사정을 반영한 신빙성이 있는 것으로, 이를 바탕으로 정림사지의 건립 배경이나 목적, 나아가 백제 성왕의 조상(造像)을 통해 공덕을 실천하는 모습을 확인할 수 있다.

또 사비 도성 내부에서 정림사지가 갖는 위상을 검토하기 위해 사비 도성 내부에서 발견된 도로 유적들의 개설 시기와 왕궁의 위치에 대해 검토했다. 사비 도성에서 발굴된 도로 유구들은 대부분 6세기 후반 무렵에야 개설된 것을 확인할 수 있다. 식민지 시기에 제작된 지적도와 멸망기의 '대당'명 와당, 출토 목간 등을 통해 사비시기의 왕궁이나 왕궁 구역을 추정해 본 결과 구아리 정방형구획을 중심으로 한 왕궁 구역과 정림사지가 매우 밀접한 관련성을 가지고 유기적으로 배치되어 있었음을 유추할 수 있다. 이러한 정림사지의 배치는 낙양 영녕사나 남경 동태사처럼 왕궁의 남쪽에 일정한 의도를 가지고 조영된 것으로 그 자체 왕궁과 더불어 도성의 가장 두드러진 랜드마크였다고 할 수 있다.

제3부에서는 사비시기의 왕릉군인 부여 능산리고분군에 연접하여 건립된 능산리사지의 성격에 대해 분석했다. 능산리사지 중문지 남쪽에서는 다량의 목간이 출토되었는데, 그 성격에 대해서는 논란이 있다. 이에 목간의 기재 내용뿐 아니라 출토 맥락을 재검토하여 능산리 목간의 사용 및 폐기 시점을 파악하고 그 성격에 대해서도 새롭게 접근해 보았다. 그 결과 능산리 목간은 554년 관산성 전투에서 성왕이 죽은 사건 이후부터 567년 목탑이 건립되던 단계에 주로 제작·사용·폐기되었지만, 일부 목간은 6세기 후반까지 제작·사용되다가 폐기된 것을 확인할 수 있다.

이곳에서 출토된 목간의 대부분이 567년 목탑 건립을 전후한 시기에 폐기된 사실은 이 목간들이 능산리사지 초기 강당지에 있었던 어떤 시설과 밀접하게 관련됨을 알려주고 있다. 또 목간에 기록된 내용이 불교나 죽은 사람의 의례와 관련된 것, 물품의 생산지와 이동, 장부와 같은 것이 망라되어 있는 점을 고려할 때 능산리 목간은 '능산리사지의 건립 및 운영 과정'에서 제작되어 사용되다가 폐기된 것이라 할 수 있다. 8차 조사에서 발견된 2002-1호 4면 목간은 능산리사지의 건립에 동원된 사람들에게 식미(食米)를 지급한 내역을 기록한 중간 장부와 같은 것인데 함께 발견된 다른 목간들을 감안할 때 능산리사지 일대에는 쌀과 같은 물품의 저장·관리와 관련한 창고시설이나 행정 조직이 있었던 것을 짐작할 수 있다.

능산리 목간의 성격을 명확히 하기 위해 북쪽 가람 중심부의 변천과정을 분석했다. 이에 가람 중심부에서 출토된 와당의 형식분류와 상대편년, 건물지별 분포 양상에 주목하여 가람 중심부 건물의 건립 순서를 파악했다. 이곳에서는 502점의 와당이 출토되었는데, 형식 분류 결과 13종류의 연화문와당과 2종류의 파문와당, 1종류의 소문와당이 확인된다. 각 형식별 와당의 형식분류를 통해 1형식과 3·4·9형식을 창건기 와당으로 설정하고, 그중 1a형식이 가장 이른 단계에 해당하는 것으로 보았다.

이후 각 형식별 와당의 건물지별 분포 양상과 더불어 암거 등 배수시설의 축조 과정, 건물지의 구조, 목간 등의 공반유물 등을 종합적으로 고려하여 가람 중심부 건물들의 건립 순서를 파악했다. 능산리사지의 가람 중심부는 강당지와 그 부속 건물인 불명건물지Ⅰ, 공방지Ⅱ, 그리고 불명건물지Ⅱ, 공방지Ⅰ 등이 먼저 건립되고, 목탑지와 금당지, 중문지, 회랑지 순으로 건립된 것으로 생각된다. 강당지를 중심으로 한 초기 건물군이 목탑지나 금당지 보다 먼저 건립된 사실은 이 건물들이 불교 사원과 다른 어떤 특수한 목적을 가지고 있었음을 시사한다.

능산리사지의 초기 건물군은 목탑 건립 이전부터 건립되어 기능하면서 성왕릉의 축조와 같은 문제에 연관되어 있다. 초기 건물군 가운데 중심을 이루는 강당지는 한 지붕 아래 두개의 방이 마련된 소위 1동 2실 건물이고, 동서쪽에 익사가 있는 독특한 구조를 하고 있다. 이러한 건물 구조는 집안 동대자 유적과 유사한 것으로 이곳이 원래 사원 본래의 강당이 아니라 제사 관련 시설이었음을 알려준다. 불교가 성행한 양이나 북위에서는 능묘 옆에 불교 사원을 세우고, 고구려의 경우도 전 동명왕릉과 정릉사의 관계에서 능묘와 사원이 결합된 사례를 확인할 수 있다.

백제에서는 이러한 전개 양상이 능산리고분군과 능산리사지에서 확인된다. 능산리사지의 초기 건물군은 건물의 구조와 배치순서, 출토 목간을 비롯한 공반 유물과의 관계, 567년 이후의 전개 양상 등을 고려할 때 능산리고분군, 특히 성왕릉의 축조나 추복을 위한 제사를 담당하던 사묘 혹은 사당 시설이었다. 다만 강당지를 중심으로 한 초기 건물군은 사원 성립 이후, 가람의 부속시설로 기능한다. 이것은 사원 건립 이후에도 기존의 능묘에 대한 제사 기능이 계속되었음을 시사하고, 능산리사지의 능사로서의 성격을 보다 더 선명하게 보여준다.

제4부에서는 부여와 익산 지역을 중심으로 한 백제 사원의 가람배치와 소조상 등의 출토유물에 대해 분석했다. 사비 천도 이후 성립된 정림사식 가람배치는 일본의 시텐노지식 가람배치와 비슷하지만 강당과 회랑의 연결 방식이 북회랑으로 연결되는 것이 아니라 동·서회랑 북단의 부속건물, 강당 동서쪽의 별도건물로 연결되는 방식을 취하고 있는 점에서 차이가 있다. 이러한 양식의 가람배치는 소조상을 비롯한 반출유물과 문헌기록 등을 통해 볼 때 사비 천도(538년) 이후 중국 남조의 영향을 받아 성립되었지만 부분적으로 고구려의 영향도 함께 받은 것으로 생각된다.

정림사식 가람배치는 6세기 중후반인 군수리사지나 왕흥사지가 건립되는 단계부터는 동·서회랑의 외곽에 건물이 증축되는가 하면 6세기말 이후에는 일부 전각이 건립되지 않는 등의 변화가 나타난다. 7세기 전반에 건립된 미륵사지는 삼원병열식 가람배치를 보이지만 이것은 정림사식 가람배치를 토대로 하여 중국의 다원식 사원이나 미륵사상의 영향을 받아 건립된 것으로 생각된다. 백제에서는 사비 천도 이후부터 멸망기까지 기본적으로 정림사식 가람배치가 건립되었기 때문에 이를 넓은 의미의 백제식 가람배치라고 부를 수 있다.

다음으로 백제 고지의 폐사지에서 자주 출토되는 소조상의 전개 과정과 주변 국가의 소조상과의 관련성을 검토했다. 백제의 소조상은 지금까지 폐사지나 가마터 등 12개소에서 발견되었는데 주로 사원의 목탑이나 금당에 안치되었을 것으로 생각된다. 그 성형 방식은 수날법, 범발 두 가지가 모두 확인되며, 성형 후 소성을 거치기도 하고 건조시키기도 한다. 유약이 시유된 소조상이나 가마터에서 소조상이 출토되는 사례는 백제에서 부분적이지만 소성 과정을 거쳤다는 것을 보여준다. 이것은 중국의 남경에서 발견된 소조상에서도 확인되는 것이어서 그 기술적인 계통이 남조와 관련되었을 가능성을 더욱 높여준다.

백제 소조상에 보이는 제작기술의 특징은 고구려의 원오리사지 출토 소조상이나 신라 사천왕사의 녹유전 등과도 부분적인 연관성이 있다. 특히 일본의 경우 시텐노지 목탑에 관한 문헌기록이나 가와라데라 뒷산 유적에서 출토된 소조상을 볼 때 백제의 영향이 있었을 가능성이 있다. 가와라데라 뒷산 유적 출토품은 폐기 양상뿐 아니라 제작기법이 익산 제석사지 폐기장과 매우 유사하고, 녹유전 등을 함께 고려할 때 백제 멸망 이후 유민들에 의해 기술이 전파되었을 가능성이 높다.

백제가 외부로부터 기술을 전수받고 전수하는 양상은 일정한 패턴을 가지면서 유기적인 관련성을 갖는다. 백제의 대통사나 정림사지에서 양의 기술을 수입하는 모습이나, 신라의 흥륜사나 일본의 아스카데라에서 백제의 기술을 전수받는 양상은 유사한 측면이 있기 때문이다. 선진의 전문 기술을 가진 소수의 외부 전문가들이 토기 공인과 같은 현지 기술자들을 동원해 기술을 전수하는 것이다. 그 과정에서 선진적인 기술의 전수와 그것을 전수받는 측의 기술적인 상호작용이 일어났고 그 결과물은 일부 변형된 형태로 나타나게 되었을 것이다.

백제는 중국의 남조나 북조, 수·당은 물론 고구려의 영향을 받아 사원 조영기술을 발전시켜 나갔다. 하지만 그것을 곧바로 내재화하고 조직화 해 그 기술을 전수할 수 있을 정도로 자신의 문화를 발전시켜 나갔다. 그런 점에서 백제는 고대 동아시아 세계에서 단순한 문화의 전달자나 경유지가 아니라 가장 중요한 매개자였다고 할 수 있다.

백제의 불교 사원에는 다양한 계통의 문화가 공존하며, 당시의 가장 선진적인 문화가 반영된 국제성을 특징으로 한다. 대통사식 와당을 비롯하여 부여 정림사지나 그 이후에 건립된 백제의 사원에는 외부로부터 수입된 새로운 요소들이 유기적으로 공존한다. 다른 나라의 선진적인 문화 요소를 신속하게 입수해 세련된 문화를 구현한 것이야말로 백제의 불교 사원, 나아가 백제 문화 전반의 특성이라 할 수 있다.

백제는 그 과정에서 불교나 불교 사원의 조영 기술을 매개로 활발한 외교 활동을 벌임으로써 현실적인 이득을 얻을 수 있었다. 바로 이 점이 백제의 대외 교섭에서 불교가 가진 구체적인 역할이라고 할 수 있다. 이러한 백제 문화의 특성은 이 책에서 검토하지 못한 다른 불교 관련 유물이나 유구, 6~7세기대의 다른 출토 유물을 통해 점차 드러나게 될 것이라 기대한다.

불교는 인도에서 기원하여 중국을 거쳐 한반도에 전해졌으므로 백제의 불교 사원이 어떻게 전개되고 전파되었는지는 중국이나 고구려 등 주변 국가와의 국제 관계 속에서 보다 더 명확해질 수 있다. 하지만 백제 불교 사원에 영향을 미친 중국 남조나 고구려의 불교 사원에 대한 정보가 극히 부족한 것이 현실이다. 따라서 향후 주변 국가들의 새로운 정보나 연구에 따라 이 책의 내용 수정은 불가피할 것이다.

다만 이 책에서는 그간 한국의 학계에서 소홀하게 다룬 소조상이나 와당 같은 자료를 재가공하여 새로운 역사 해석의 기초자료로서 활용해 보았다. 또 점차 세분화되는 분야사 연구의 방법론이나 문제의식에 얽매이지 않고 가람배치나 건물지와 같이 발굴 조사를 통해 새롭게 드러난 성과를 공반 유물과 함께 좀 더 거시적이고 종합적인 관점에서 파악해 보았다. 그런 점에서 이 책은 백제 사원에 관한 연구의 쟁점을 부각시키고 향후 연구에 필요한 관점이나 방법론을 모색한 것이라고 하는 편이 더 적절할지 모르겠다.

불교나 불교 사원을 매개로 이루어진 백제의 주변 국가와의 교류·협력의 모습은 현대 사회의 동아시아 국가들이 나아가야 할 방향을 구체적으로 보여준다는 점에서 매우 시사적이다. 정치·경제·군사적 경쟁과 갈등 관계에 있는 현대 동아시아의 외교 관계에서, 백제 불교 사원의 전개와 그 영향에 관한 논의는 '문화'를 통한 교류·협력의 중요성과 가능성을 구체적으로 보여준다는 점에서 교훈을 얻을 수 있으리라 생각한다.

후기

국립중앙박물관에 입사한 것은 1998년 연말이다. 이듬해 첫 전시로 '백제' 특별전을 맡게 되었다. 백제사 전체를 대상으로 한 최초의 특별전이어서 그런지 전시 기간 중 도록이 절판되는 등 성황을 이루었다. 당시 나는 대학원 석사과정을 겨우 수료한 신출내기로 특별전이나 박물관 업무가 무엇인지 알지 못했지만 박물관 선배들의 따뜻한 가르침과 도움을 받아 무사히 전시회를 마칠 수 있었다.

그런데 전시회가 끝나갈 무렵 대학원의 지도교수인 노태돈 선생님과 대학원의 선후배들이 찾아와 전시회를 안내할 기회가 있었다. 그 당시 발굴이 막 시작된 서울 풍납토성을 비롯한 많은 새로운 자료들를 상세하게 설명했다. 설명이 끝나자 노태돈 선생님께서 한 가지 질문을 하셨다.

"그래, 이군, 이렇게 많은 백제 관련 자료들을 모아서 전시회를 준비하느라 고생이 많았네. 그렇다면 이군이 백제 유물들을 다 모아놓고 정리해보니까 백제사나 백제 문화가 어떻게 보이던가?"

전시회를 준비하면서 그다지 진지하게 고민하지 않았고 전혀 예상하지 못한 질문이라 진땀 흘린 것을 지금도 선명하게 기억하고 있다.

박물관에 입사하기 전까지 나는 문헌사 위주로 공부했기에 유물 명칭이나 유적 이름조차 잘 알지 못했던 것이 사실이다. 하지만 특별전을 준비하면서 백제의 주요 유적이나 유물에 대해 처음으로 조사하고 많은 유물을 손으로 직접 만져볼 수 있었다. 특히 전시도록을 제작할 때 원고나 사진 설명을 작성하고 그것을 편집하면서 여러 날 밤을 새웠던 것은 기억에도 새롭다. 지금 생각해보면 그런 과정에서 나도 모르는 사이에 학예연구사의 기본적인 소양을 배웠고, 유적과 유물을 다루면서 백제사 전반에 관한 연구사 정리가 이루어졌던 것 같다.

그 과정에서 몇 가지 중요한 사실을 알게 되었다. 먼저 교과서에서 배운 백제 문화의 특징, 즉 화려하며 귀족적이고 세련된 문화라는 것이 사실은 사비시기의 유물을 가리키는 한정된 표현이라는 점이었다. 또 한성시기나 웅진시기에 비해 사비시기에 관한 연구는 매우 제한된 분야에서 단편적으로만 이루어졌다는 점이었다. 아울러 내가 이미 박물관에 입사한 마당에 문헌 사료 위주로 논문을 작성하는 것보다 박물관의 소장품을 활용한 연구를 진행하는 것이 좋겠다는 생각도 하게 되었다. 이런 과정을 거쳐 나는 백제의 사비시기를 중심으로 그리고 고고학이나 미술사 분야에서 거의 다루지 않은 기와라는 유물을 활용해 사비 도성에 관한 주제로 석사학위논문을 제출했다.

그 후 나는 사비 도성이라는 공간에 대해 좀 더 구체적인 이미지를 제시하고 싶어졌다. 하지만 부여 지역의 도로나 성곽 유적에 관한 발굴 조사는 소수에 지나지 않았고, 발굴 보고서를 기다리는 것도 많은 시간과 인내를 필요로 했다. 그래서 선택한 것이 도성 내외에 산재하는 불교 사원에 관한 사례 분석이었다. 사비 도성의 왕궁 위치조차 확정하지 못한 상황에서 도성의 경관을 추정할 수 있는 가장 좋은 소재가 바로 불교 사원과 그곳에서 출토된 유물이라고 판단했기 때문이다.

이런 고민 속에서 처음으로 만난 것이 부여 정림사지에서 출토된 소조상이었다. 1979년 충남대박물관에서 발굴한 정림사지의 출토 유물 전체가 국립부여박물관에 보관되어 있었다. 나는 특별전을 준비하면서 정림사지에서 발굴된 유물 중에는 미보고된 유물이 상당수 있음을 알게 되었다. 또 지금까지 '도용'으로 부른 유물들이 절터에서 출토되었으므로 적절한 명칭이 아니라는 것을 깨닫게 되었다. 그 후 정림사지 소조상의 성격이나 봉안 장소에 대해 연구했고, 그 결과 정림사지의 소조상들이 창건기의 목탑에 안치된 탑내소상이라는 것을 추정했으며, 나아가 사비 도성 내에서 정림사지가 가진 위상에 대해서도 새로운 견해를 제시할 수 있었다.

2006년 초 한국목간학회의 창립에 즈음하여 부여 능산리에서 출토된 목간들을 정리해 발표할 기회가 생겼다. 부여 능산리 출토 목간의 성격에 대해서는 지금도 논란이 있지만, 목간에 기재된 문자의 판독과 해석에만 천착하는 것은 경계할 필요가 있다. 따라서 나는 목간이 출토된 유적 전체의 상황을 함께 출토된 다른 유물들을 통해 설명하고자 했다. 그 과정에서 내가 주목한 것이 가람 중심부에서 출토된 500여 점의 와당이었다. 국립부여박물관에서 간행한 보고서에는 와당의 일부만 간략히 소개되었을 뿐이어서 근무시간을 쪼개어 출토 유물 전체를 재조사했다. 매우 많은 노동과 인내가 필요한 일이었다. 재조사 과정에서 500여 점의 와당에 관한 형식 분류와 상대편년, 출토 위치를 확인했고, 그러한 자료조사를 기반으로 능산리사지의 변천 과정이나 성격에 관해 나름의 견해를 제시할 수 있었다.

부여 정림사지와 능산리사지에 관한 논문은 내가 국립부여박물관에 근무하면서 전시실이나 수장고의 유물들을 직접 다룰 수 있었기에 가능했다. 그런 점에서 약 2년 동안의 부여 생활은 나의 연구에서 기초자료를 확보하는 행복한 시간이었다고 할 수 있다.

2007년 말 학예연구관으로 승진하면서 다시 서울 생활이 시작되었다. 약간 무료하고 따분한 시간이 이어졌지만 부여에서 확보한 자료들을 차분히 정리해 공개할 수 있는 계기가 되었다. 그 후 부여 왕흥사지와 익산 미륵사지 사리기에 관한 발굴이 있었고, 2010년 가을에는 일본으로 연수할 기회가 주어졌다.

그 무렵 이루어진 부여 왕흥사지와 익산 미륵사지 사리기의 발굴은 국내 연구자들뿐만 아니라 일본 연구자들에게도 큰 관심을 불러 일으켰다. 특히 왕흥사지 사리기의 명문에 보이는 577년이라는 제작 연대는 588년에 파견된 백제 기술자들이 건립한 일본 최초의 사원인 아스카데라와 밀접한 관계가 있음을 시사한다. 왕흥사지는 각종 사리장엄구뿐만 아니라 가람배치에도 매우 독특한 모습을 보여주고 있어 일본 아스카데라 삼금당의 원류라는 측면에서 주목을 받았다. 하지만 일본학계에서 아스카데라 삼금당과 관련 있을 것이라고 지목한 동·서회랑지 북쪽의 부속건물지는 부여 지역의 다른 사례를 볼 때 금당이라기보다는 승방과 같은 것으로 보아야 한다고 생각했다.

우연한 기회에 나의 생각을 듣게 된 와세다 대학의 이성시 선생은 그 내용을 일본 고쿠가쿠인 대학에서 주최한 학술대회에 인용하여 공표했다. 나의 견해에 흥미를 가진 같은 대학의 오오하시 가츠아키(大橋一章) 선생은 나라미술연구소의 학술대회에 나를 초대해 발표의 기회를 마련해 주었다. 2009년 여름의 일이다. 그 후 나는 다섯 차례에 걸쳐 나라미술연구소에서 백제의 절터에서 출토된 유물과 가람 배치에 관해 발표했다. 한국인 연구자만 대상으로 글을 쓰던 나에게 일본학계의 문제의식이나 연구 시각, 방법론이 어떤 것인지를 알게 해 준 중요한 계기였다.

2010년 가을부터 2011년 여름까지 나는 (재)일한문화교류기금의 지원을 받아 일본 나라현에 있는 나라현립가시하라고고학연구소에서 연수할 수 있는 기회를 얻었다. 도쿄에 있는 큰 박물관이나 대학이 아닌 간사이의 조그마한 연구소를 선택한 것은 몇 가지 이유가 있다. 먼저, 해당 연구소가 바로 아스카 문화의 고향인 가시하라에 위치해 있기 때문이다. 주말이나 휴일에 언제라도 아스카의 조그만 절터나 도성 유적을 자유롭게 다닐 수 있었다. 둘째, 나의 기와 연구에서 가장 중요한 상담자인 시미즈 아키히로(淸水昭博) 선생이 그곳에서 근무하고 있었기 때문이다. 내가 연수를 시작할 즈음 시미즈 선생이 데츠카야마 대학으로 근무지를 옮겼지만 연구소의 다른 직원들과 교류의 폭을 넓힐 수 있는 기회였다. 또 데츠카야마 대학을 중심으로 한 다양한 학술 활동뿐만 아니라 개인적인 자리에서 일본의 연구자들과 폭넓게 교류할 수 있었다. 한적한 전원 풍경의 아스카는 지금도 부여와 함께 내 마음 속 또 다른 고향으로 남아 있다.

짧은 일본 유학생활에서 빼놓을 수 없는 것이 오사카 시립 대학의 사카에하라 토와오(榮原永遠男) 선생이 진행하는 정창원문서 세미나에 참석한 것이다. 나는 부여 능산리 출토 목간을 연구하는 과정에서 일본의 정창원문서에 그와 유사한 내용이 포함되어 있을 가능성을 알게 되었다. 내가 가시하라고고학연구소에서 연수를 시작할 무렵 우연한 기회에 사카에하라 선생의 강연을 들었고 그 후 정창원문서 세미나에 참석해도 좋다는 허락을 받았다. 이 일을 계기로 사카에하라 선생이 쓴 『정창원문서 입문』(2012, 태학사)을 번역해 한국에 소개했던 것은 나에게 더없이 영광스러웠으며 선생과도 좋은 인연을 이어갈 수 있는 끈이 되었다. 가시하라고고학연구소에서 연수하는 동안 얻은 성과는 비록 이 책에 포함되지 않았지만 박사학위논문의 중요한 부분이 되었다.

이 책은 2013년 일본 와세다 대학에 제출했던 박사학위논문 「백제 불교 사원의 특성 형성과 주변국가에 미친 영향—와당·소상·가람배치를 중심으로」의 제1부를 중심으로 재구성한 것이다(제2부 내용은 일본에서 출간할 예정이다).

나는 부여 지역에서 출토된 유물과 유적을 중심으로, 특히 도성과 사원을 중심으로 논의를 전개시켜 왔다. 하지만 이러한 주제들은 특정 분야의 학문에서 전론할 수 없다. 그러다 보니 고고학이나 미술사 분야의 자료들을 직접 재가공하여 역사 해석의 자료로 활용하게 되었다. 점차 세분화되고 전문화되는 분야사 연구와는 정반대로 나아간다고 할지도 모르겠다. 하지만 동일한 유적에서 출토된 유물들을 특정 학문 분야에서만 다루는 것은 합리적인 역사 해석을 기약할 수 없다. 그런 점에서 기존의 학문적 패러다임에서 도외시한 기와나 소조상과 같은 자료들을 적극적으로 재가공하여 역사적인 관점에서 재해석한 것이다. 너무 많은 수량이 출토되어 가치 없어 보이거나 산산이 부서져 형체조차 알 수 없는 유물들, 그래서 박물관 수장고의 한 귀퉁이에서 잠자던 유물의 일부를 꺼내어 먼지를 털어내고 살짝 뒤집어보았다. 그런 점에서 이 책은 연구의 종착지가 아니라 다양한 방면에서 연구가 활성화되는 시발점이 되었으면 하는 바람이다.

나는 박물관 큐레이터로 일하면서 '유물과 유적을 중심으로 한 한국 고대사상의 재구축'이라는 큰 목표를 설정해 보았다. 이제 그 첫발을 조심스럽게 내딛었다. 지금까지 내가 검토한 유물과 유적만으로는 백제 불교 사원에 관한 제한된 측면만 언급할 수밖에 없다. 그런 점에서 이 책은 백제의 불교 사원에 관한 연구 시각과 연구 방법에 관한 모색이라고 볼 수 있다. 앞으로 10년 뒤, 그리고 그 후에도 새로운 자료의 발견에 잠 못 이루고 흥분하면서 연구에 전념할 수 있는 열정이 남아 있도록 노력하리라 다짐한다.

이 책이 나오기까지 많은 사람들의 도움과 격려가 있었다. 먼저, 내가 고대사 연구를 시작하고 지속할 수 있도록 격려하고 지도해주신 여러 선생님께 감사드린다. 서울대학교 대학원에서 처음으로 고대사라는 학문의 세계에 빠져들도록 인도해주신 노태돈 선생님은 소재주의에 빠지기 쉬운 나에게 항상 거시적인 관점과 문제의식을 일깨워 주셨다. 또한 서울대학교의 송기호 선생님과 남동신 선생님,

한국교원대학교의 김은숙 선생님은 항상 따뜻한 조언과 격려를 아끼지 않으셨다. 박사학위논문의 지도교수이신 일본 와세다 대학의 이성시 선생님은 내가 나태해질 때마다 격려와 자극을 주시면서 비교사적인 관점을 계도해 주셨다. 아울러 부족한 나의 학위논문을 심사해주신 와세다 대학의 오오하시 가츠아키, 신카와 토키오(新川登龜男), 가와지리 아키오(川尻秋生) 선생님께도 감사드린다.

서울대학교 대학원의 고대사팀 선·후배들은 항상 진지하고 열띤 토론 속에서 나의 부족함과 잘못을 바로잡아 주었다. 그러한 선·후배들이 있어 연구의 끈을 놓지 않고 오류를 수정해 갈 수 있었다고 생각한다. 그중에서도 박물관 생활의 시작부터 최근까지 동고동락한 김재홍 선배와 나의 논문 초고를 읽고 불교사에 대한 이해를 넓혀 준 최연식 선배, 또 미술사에 관한 상담자로 영문초록을 맡아 준 김혜원 연구관에게 특별히 고마움을 표하고 싶다.

아울러 박물관에서 함께 일하면서 공부할 수 있도록 배려해 준 여러 관우들에게 감사드린다. 공무원 신분이지만 연구자라는 것을 잊지 않도록 항상 자극하고 격려하며, 때로는 나의 일과 고민을 함께 나누어 준 많은 선·후배와 동료들이 있어 이 책을 출간할 수 있었다고 믿는다. 특히 박물관에 입사할 때 면접을 맡으셨던 이건무 선생님은 박물관에서 일하면서 공부하는 모델을 제시해 주시고 항상 따뜻한 말로 격려해 주셨다. 존경과 감사를 드린다.

이 책은 (사)한국고고미술연구소의 재정적인 지원이 있었기에 나올 수 있었다. 후의에 감사드린다. 또한 나의 난삽한 문장과 도면들을 깔끔하게 정리해 주신 사회평론의 김천희 주간을 비롯한 관계자 여러분께도 감사드린다.

마지막으로 공부하는 나를 묵묵히 지켜보며 지원해 주신 고향의 아버지와 어머니, 외손자들의 뒷바라지에 헌신하시는 장인장모님께 감사드린다. 항상 가족을 위해 애쓰는 아내 정세정과 건강하고 밝게 자라고 있는 운교, 현교, 예교 세 아들에게도 고마운 마음을 전한다.

2014년 5월
용산의 박물관에서

참고문헌

1. 사료

『三國志』, 『晋書』, 『宋書』, 『南齊書』, 『梁書』, 『魏書』, 『周書』, 『南史』, 『北史』, 『隋書』, 『舊唐書』, 『新唐書』(以上, 中華書局刊)

坂本太郎 等 校注, 1986, 『日本書紀』, 岩波書店

全溶新 譯, 1989, 『完譯 日本書紀』, 一志社

韓國精神文化研究院 編, 1996~1998, 『譯註 三國史記』 1~5

李載浩 譯, 1975, 『三國遺事』上·中·下, 明知大學校出版部

『大正新修大藏經』

『集神州三寶感通錄』

『法苑珠林』

『四天王寺御手印緣起』

藤田經世 編, 1972, 『校刊 美術史料二』(寺院篇上卷), 中央公論美術出版

楊衒之, 入矢義高 譯, 1974, 『洛陽伽藍記』(中國古典文學大系21), 平凡社

許嵩, 張忱石 点校, 1986, 『建康實錄』, 中華書局

國史編纂委員會 編, 1986, 『譯註 中國正史朝鮮傳』I·II

韓國古代社會研究所, 1992, 『譯註 韓國古代金石文』, 駕洛國史蹟開發研究院

扶餘文化院, 1999·2000, 『扶餘의 地理志·邑誌』I·II

國立昌原文化財研究所, 2004, 『韓國의 古代木簡』, 예맥출판사

國立伽倻文化財研究所·早稻田大學 朝鮮文化研究所, 2009, 『日韓共同研究資料集-咸安 城山山城 木簡』, 雄山閣

이근우 역, 2012, 『속일본기』 1, 지식을 만드는 지식

연민수 외, 2013, 『역주 일본서기』 1·2·3, 동북아역사재단

2. 발굴보고서 및 전시 도록

한국어 보고서(가나다 순)

公州師範大學博物館, 1987, 『公山城 百濟 推定王宮址 發掘調査報告書』

國立慶州文化財研究所, 2002, 『新羅王京 發掘調査報告書I』, 學術研究叢書 第32集

國立慶州博物館, 2012, 『慶州工業高等學校內遺構收拾調査』, 學術調査報告 第23冊

國立文化財研究所, 2012, 『彌勒寺址 石塔-基壇部 發掘調査報告書』, 益山市

國立博物館, 1969, 『金剛寺-扶餘郡 恩山面 琴公里 百濟寺址發掘報告』, 古蹟調査報告 第7集

國立扶餘文化財研究所, 1996, 『彌勒寺 發掘調査報告書II』, 學術研究叢書 第13集

國立扶餘文化財研究所, 2001, 『彌勒寺址 西塔周邊 發掘調査報告書』, 學術研究叢書 第28集

國立扶餘文化財研究所, 2001, 『宮南池II-現 宮南池 서북편 일대』, 學術研究叢書 第29集

國立扶餘文化財研究所, 2007, 『王興寺址II-기와 가마 발굴조사보고서』, 學術研究叢書 第41集

國立扶餘文化財研究所, 2008, 『陵寺-扶餘 陵山里寺址 10次 發掘調査報告書』, 學術研究叢書 第45集

國立扶餘文化財研究所, 2008, 『扶餘 王興寺址 出土 舍利器의 意味』, 국제학술심포지엄자료집

國立扶餘文化財研究所, 2008, 『王宮里 發掘調査 中間報告VI』, 學術研究叢書 第47集

國立扶餘文化財研究所, 2008, 『百濟廢寺址-學術調査報告書』, 學術研究叢書 第48集

國立扶餘文化財研究所, 2009, 『韓中日古代寺址比較研究(I)-木塔址編』, 學術研究叢書 第49集

國立扶餘文化財研究所, 2009, 『扶餘 官北里 百濟遺蹟 發掘報告III』, 學術研究叢書 第50集

國立扶餘文化財研究所, 2009, 『扶餘 官北里 百濟遺蹟 發掘報告IV』, 學術研究叢書 第51集

國立扶餘文化財研究所, 2009, 『王興寺址III-木塔址·金堂址 發掘調査報告書』, 學術研究叢書 第52集

國立扶餘文化財研究所, 2010, 『扶餘 軍守里寺址I』, 學術研究叢書 第53集

國立扶餘文化財研究所, 2010, 『韓中日古代寺址比較研究(II)-金堂址編』, 學術研究叢書 第54集

國立扶餘文化財研究所, 2010, 『백제 사비기 기와 연구II』, 學術研究叢書 第56集

國立扶餘文化財研究所, 2011, 『帝釋寺址 發掘調査報告書I』, 學術研究叢書 第58集

國立扶餘文化財研究所, 2011, 『백제 사비기 기와 연구III』, 學術研究叢書 第60集

國立扶餘文化財研究所, 2011, 『扶餘 定林寺址 發掘調査報告書』, 學術研究叢書 第61集

國立扶餘文化財研究所, 2011, 『扶餘 官北里 百濟遺蹟 發掘報告V』, 學術研究叢書 第62集

國立扶餘文化財研究所, 2011, 「扶餘 王興寺址-第11次 發掘調査」『2010 백제문화를 찾아서』

國立扶餘文化財研究所, 2012, 『王興寺址IV』, 學術研究叢書 第63集

國立扶餘文化財研究所, 2012, 『韓中日古代寺址比較研究(III)』, 學術研究叢書 第66集

國立扶餘文化財研究所, 2012, 『백제 사비기 기와 연구IV』, 學術研究叢書 第67集

國立扶餘文化財研究所, 2012, 「扶餘 王興寺址 第13次 발굴조사 자문위원회의자료」

國立扶餘文化財研究所, 2013, 『帝釋寺址 發掘調査報告書II』, 學術研究叢書 第69集

國立扶餘文化財研究所, 2013, 『扶餘 軍守里寺址II』, 學術研究叢書 第70集

國立扶餘文化財研究所, 2013, 『百濟 寺刹 研究』, 學術研究叢書 第71集

國立扶餘文化財研究所, 2013, 『백제 사비기 기와 연구V』, 學術研究叢書 第72集

國立扶餘博物館, 1992, 『扶餘 亭岩里窯址II』, 遺蹟調査報告 第4冊

國立扶餘博物館, 2000, 『陵寺 - 扶餘 陵山里寺址 發掘調査 進展報告書』, 遺蹟調査報告 第8冊
國立扶餘博物館, 2007, 『陵寺 - 扶餘 陵山里寺址 6~8次 發掘調査報告書』, 遺蹟調査報告 第13冊
國立扶餘博物館, 2012, 『扶餘軍守里寺址』, ㈜지엔에이커뮤니케이션
국립중앙박물관, 2009, 『불국사 석가탑 유물2 - 중수문서』, 대한불교조계종
權五榮·權度希, 2003, 「社倉里 山10-1番地 出土遺物의 소개」, 『吉城里土城』, 한신대학교박물관
錦江文化遺産研究院, 2012, 『扶餘 佳塔里 가탑들 遺蹟』, 發掘調査報告 第8冊
金誠龜·金鍾萬·尹龍熙, 2008, 『青陽 汪津里窯址』, 국립중앙박물관
김일성대학, 1976, 『동명왕릉과 그 부근의 고구려유적』, 김일성대학출판부
동방문화재연구원, 2013, 『부여 사비 119안전센터 신축부지 내 쌍북리 173-8번지 유적』.
文化財管理局 文化財研究所, 1973, 『武寧王陵 - 發掘調査報告書』
文化財管理局 文化財研究所, 1982, 『彌勒寺址 發掘調査 中間略報告』
文化財管理局 文化財研究所, 1984, 『皇龍寺』
文化財管理局 文化財研究所, 1987, 『彌勒寺 - 發掘發掘調査報告書I』
文化財管理局, 1979, 『百濟古都文化圈 文化遺蹟 整備計劃(案)』
민족문화유산연구원, 2012, 「강진 月南寺址 眞覺國師碑 주변 문화재 정밀발굴조사 현장설명회자료」
박경도, 2002, 「扶餘 陵山里寺址 8次 發掘調査概要」, 『東垣學術論文集』 5
백제고도문화재단, 2014, 『사비 왕궁지구 유적 - 부여 사비왕궁지구 발굴조사』, 부여군
부여군, 2004, 『2011부여 도시계획 재정비 용역결과보고서』
扶餘郡文化財保存센터, 2007, 『扶餘 東南里寺址 정비 기본계획』, 扶餘郡
扶餘郡文化財保存센터, 2010, 『扶餘 佳塔里 百濟遺蹟』, 發掘調査報告 第4冊
扶餘郡文化財保存센터, 2013, 『扶餘羅城 - 北羅城 I』, 發掘調査報告 第23冊
부여군문화재보존센터, 2013, 「부여나성 능사구간 발굴조사 2차 학술자문회의 자료집」
扶餘文化財研究所, 1992, 『益山 彌勒寺址 東塔址 基壇 및 下部 調査報告書』, 學術研究叢書 第2集
扶餘文化財研究所, 1993, 『龍井里寺址』, 學術研究叢書 第5集
扶餘文化財研究所, 1993, 『扶餘 舊衙里 百濟遺蹟 發掘調査報告書』, 學術研究叢書 第7集
서울大博物館, 2001, 『龍院里遺蹟 C지구 발굴조사보고서』, 서울대 인문학연구소
宋義政·尹炯元, 2000, 『法泉里I』, 國立中央博物館 古蹟調査報告 第31集
申光燮, 1996, 「扶蘇山城 - 廢寺址發掘調査報告(一九八〇)」, 『扶蘇山城 發掘調査報告書』, 國立文化財研究所
圓光大學校 馬韓百濟文化研究所, 1994, 『益山 帝釋寺址 試掘調査報告書』, 遺蹟調査報告 第36集
圓光大學校 馬韓百濟文化研究所, 2013, 『益山 蓮洞里遺蹟』, 遺蹟調査報告 第77集
圓光大學校博物館, 2006, 『益山 王宮里 傳瓦窯址(帝釋寺廢棄場) 試掘調査報告書』, 博物館學術叢書 第23冊
尹武炳, 1981, 『定林寺 - 定林寺址 發掘調査 報告書』, 충남대박물관
尹武炳, 1982, 「扶餘 雙北里遺蹟 發掘調査報告書」, 『百濟研究』 13, 충남대 백제연구소
尹武炳, 1985, 『扶餘 官北里 百濟遺蹟 發掘報告』I, 忠南大博物館
尹武炳, 1987, 「扶餘 定林寺址 蓮池遺蹟 發掘報告書」, 『百濟研究』 18, 충남대백제연구소

尹武炳, 1999, 『扶餘 官北里 百濟遺蹟 發掘報告』II, 충남대박물관
李南奭·徐程錫, 2001, 『大通寺址』, 公州大博物館
鄭海濬·尹智熙, 2011, 『扶餘 雙北里 280-5遺蹟』, (재)百濟文化財硏究院
충남대박물관, 2013, 『扶餘 雙北里遺蹟II』, 충남대박물관총서 제31집
충남대박물관, 2013, 『扶餘 東南里遺蹟』, 충남대박물관총서 제33집
忠南大百濟硏究所, 2003, 『泗沘都城-陵山里 및 軍守里地点 發掘調査報告書』
忠清南道 歷史文化硏究院, 2007, 『扶餘 東南里 216-7번지 유적』, 遺跡調査報告 第35冊
忠淸大學博物館·扶餘郡, 2007, 『扶餘 臨江寺址』, 學術硏究叢書 第22集
忠淸文化財硏究院, 2006, 『扶餘 陵山里 東羅城 內·外部 百濟遺蹟』, 文化遺跡調査報告 第58-1集
忠淸文化財硏究院, 2009, 『扶餘 雙北里 현내들·北浦遺蹟』, 文化遺跡調査報告 第94集
韓國傳統文化學校, 2010, 『扶餘 陵山里寺址-第9次 發掘調査報告書』, 고고학연구소총서 제1책
韓國傳統文化學校, 2011, 『扶餘 陵山里寺址-第11次 發掘調査報告書』, 고고학연구소총서 제2책

한국어 도록

국립경주박물관 2000, 『아름다운 신라기와-新羅瓦塼』, 시티파트너
國立慶州博物館·國立慶州文化財硏究所, 2009, 『특별전 四天王寺』, 예맥
국립공주박물관, 2011, 『武寧王陵을 格物하다-무령왕릉 발굴 40주년기념특별전』, 안그라픽스
國立文化財硏究所, 2013 『미륵사지 석탑 사리장엄』, 전라북도
國立扶餘博物館, 1989, 『百濟의 瓦塼』, 반도식자인쇄사
國立扶餘博物館, 1997, 『국립부여박물관도록』, 三和出版社
국립부여박물관, 2002, 『백제의 문자』, 하이센스
국립부여박물관, 2006, 『백제의 공방』, 예맥
國立扶餘博物館, 2008, 『百濟木簡』, 學硏文化社
국립부여박물관, 2009, 『나무 속 암호, 木簡』, 예맥,
국립부여박물관·불교중앙박물관, 2009, 『백제 가람에 꽃핀 불교문화』, 위너지
국립부여박물관, 2010, 『백제 중흥을 꿈꾸다-陵山里寺址』, 예맥
국립부여박물관, 2010, 『百濟瓦塼』, 시티파트너
국립부여박물관·국립부여문화재연구소, 2008, 『百濟 王興寺』, 예맥
國立中央博物館, 1990, 『三國時代佛敎彫刻』, 三和出版社
국립중앙박물관, 1999, 『특별전 백제』, 통천문화사
동국대 경주캠퍼스박물관, 2006, 『來如哀反多羅-東國大學校 건학 100주년 기념 塑造佛 특별전』
미륵사지유물전시관, 2005, 『전북의 절터 출토 유물 』, 전라북도 익산지구문화유적지관리사무소
백제문화개발연구원, 1983, 『百濟瓦塼圖錄』, 百濟遺物圖錄2
백제문화개발연구원, 1992, 『百濟工藝·彫刻圖錄』, 百濟遺物圖錄3
충남대학교박물관, 1983, 『忠南大學校 博物館圖錄』

日本語

綱干善敎, 1976, 『川原寺裏山出土の塼佛と塑像』, 奈良県高市郡明日香村飛鳥古京顯彰會

關西大學文學部考古學硏究室, 2012, 「飛鳥·川原寺裏山遺跡と東アジア資料集」,
　　國際シンポジウム実行委員會

國民精神總動員朝鮮連盟, 1939, 『內鮮一体の靈地扶餘』

群馬県立歷史博物館, 1996, 『迷の大寺－飛鳥·川原寺: 白鳳の佛』

奈良國立文化財硏究所, 1958, 『飛鳥寺發掘調査報告』, 奈良國立文化財硏究所學報 第5冊

奈良國立文化財硏究所, 1978, 「定林寺調査」, 『飛鳥藤原宮發掘調査概報』8

奈良國立文化財硏究所, 1987, 『藥師寺發掘調査報告』, 奈良國立文化財硏究所學報 第45冊

奈良國立文化財硏究所, 1998, 『北魏洛陽永寧寺－中國社會科學院考古硏究所發掘報告』,
　　奈良國立文化財硏究所史料 第47冊

奈良文化財硏究所, 2002, 『山田寺發掘調査報告』, 奈良文化財硏究所學報 第63冊

奈良文化財硏究所, 2007, 『法隆寺若草伽藍跡發掘調査報告』, 奈良文化財硏究所學報 第76冊

奈良県立橿原考古學硏究所附屬博物館, 1999, 『蓮華百相－瓦からみた初期寺院の成立と展開』

大阪府立近つ飛鳥博物館, 2001, 『莊嚴－飛鳥·白鳳佛のインテリア』

藤澤一夫, 1961, 「新堂廢寺の性格」, 『河內新堂·烏含寺の調査』, 大阪府文化財調査報告 第12集

明日香村敎育委員會, 1983, 『飛鳥寺瓦窯の調査』(明日香村埋藏文化財發掘調査報告 第1集)

文化財保護委員會, 1967, 『四天王寺』

富田林市敎育委員會, 2003, 『新堂廢寺跡·オガンジ池瓦窯跡·お龜石古墳』, 富田林市敎育委員會調査報告
　　第35集

飛鳥資料館, 1985, 『日本と韓國の塑像』(飛鳥資料館圖錄第14冊)

飛鳥資料館, 1985, 『飛鳥寺』(飛鳥資料館圖錄 第15冊)

飛鳥資料館, 1992, 『飛鳥の工房』(飛鳥資料館圖錄 第26冊)

飛鳥資料館, 2000, 『飛鳥池遺跡』(飛鳥資料館圖錄 第36冊)

石田茂作, 1937, 「扶餘軍守里廢寺址發掘調査(概報)」, 『昭和十一度古蹟調査報告』, 朝鮮古蹟硏究會

石田茂作·齋藤忠, 1940, 「扶餘に於ける百濟寺址の調査(概報)」, 『昭和十三度古蹟調査報告』, 鮮古蹟硏究會

小泉顯夫, 1924, 「扶餘發見の遺物の二三」, 『大正十一度古蹟調査報告書(1冊)』, 朝鮮總督府

小泉顯夫, 1938, 「泥佛出土地元五里廢寺址の調査」, 『昭和十二度古蹟調査報告』, 朝鮮古蹟硏究會

小泉顯夫, 1940, 「平壤淸岩里廢寺址の調査」, 『昭和十三度古蹟調査報告』, 朝鮮古蹟硏究會

粟田薰, 2005, 『新堂廢寺·オガンジ池瓦窯出土瓦の硏究』, 京都大博物館

五島美術館, 1998, 『天平に咲くした華－日本の三彩と綠釉』

井內潔, 2012, 『井內古文化硏究室所藏 中國六朝瓦圖譜』, 井內古文化硏究室

井內古文化硏究室 編, 1978, 『朝鮮瓦塼圖譜III』(百濟·新羅1), 眞陽社

河南省文物硏究所·文物出版社, 1983, 『鞏県石窟寺』, 平凡社

中國語

江蘇省文物工作隊·鎭江市博物館, 1961, 「江蘇鎭江甘露寺鐵塔塔基發掘記」, 『考古』6期

南京博物院, 1980, 「江蕭丹陽県胡橋建山兩座南朝墓葬」, 『文物』 2期
南京博物院, 1997, 「南京西善橋南朝墓」, 『東南文化』 1期
南京市文物保存委員會, 1980, 「南京郊區兩座南朝墓淸理簡報」, 『文物』 2期
南京市文物硏究所·南京栖霞區文化局, 2002, 「南京梁南平王蕭偉墓闕發掘簡報」, 『文物』 7期
南京市博物館, 2004, 『六朝風采』, 文物出版社
南京市博物館, 2008, 「南京市江寧區胡村南朝墓」, 『考古』 6期
南京市博物館, 2012, 「南京市靈山南朝墓發掘簡報」, 『考古』 11期
大同市博物館, 2007, 「大同北魏方山思遠佛寺遺址發掘報告」, 『文物』 4期
大同市博物館·山西省文物工作委員會, 1978, 「大同方山北魏永固陵」, 『文物』 7期
成都市文物考古工作隊·成都市文物考古硏究所, 1998, 「成都市西安路南朝石刻造像淸理簡報」, 『文物』 2期
安家瑤, 2000, 「唐長安西明寺遺址的考古發現」, 『唐硏究』 6
袁曙光, 2001, 「四川省博物館所藏万佛寺石刻造像整理簡報」, 『文物』 10期
中國社會科學院考古所西安唐城隊, 1989, 「唐長安靑龍寺遺址」, 『考古學報』 2期
中國社會科學院考古硏究所, 1996, 『北魏洛陽永寧寺 - 1979~1994,考古發掘報告』, 中國大百科全書出版社
中國社會科學院考古硏究所·河北省文物硏究所鄴城考古隊, 2010,
「河北臨漳県鄴城遺址趙彭城北朝佛寺遺址的勘査與發掘」, 『考古』 7期
中國社會科學院考古硏究所西安唐城工作隊, 1990, 「唐長安西明寺遺址發掘簡報」, 『考古』 1期
鎭江古城考古所·鎭江博物館, 2010, 「鎭江鐵甕城南門遺址發掘報告」, 『考古學報』 4期

3 . 단행본

한국어

姜友邦, 2000, 『圓融と調和 - 韓國古代彫刻史硏究』, 悅話堂
姜友邦, 2002, 『法空と莊嚴 - 韓國古代彫刻史の原理II』, 悅話堂
姜仁求, 1997, 『百濟古墳硏究』, 一志社
國立文化財硏究所, 2001, 『全國文化遺跡發掘調査表 - 增補版II』
국립문화재연구소, 2010, 『백제 불교문화의 보고, 彌勒寺』, 국제학술심포지엄 논문집
國立文化財硏究所·益山市, 2010, 『미륵사 복원연구 학술자료총서I~Ⅳ』
國立扶餘文化財硏究所, 2008, 『扶餘 王興寺址 出土 舍利器의 意味』, 국제학술심포지엄자료집
국립부여박물관, 2008, 『고대 동아시아 상의 백제 금속공예 - 향로 발굴 15주년 국제학술심포지엄』
吉基泰, 2006, 『百濟 泗沘時代의 佛敎信仰硏究』, 서경
金東旭, 1985, 『百濟의 服飾』, 百濟文化開發硏究院
金理那, 1989, 『韓國古代佛敎彫刻史硏究』, 一潮閣
金理那, 2003, 『韓國古代佛敎彫刻比較硏究』, 문예출판사
金誠龜, 2004, 『百濟의 瓦塼 예술』, 주류성
金榮晃, 1994, 『中世語辭典』, 과학백과사전종합출판사

金鍾萬, 2007, 『百濟土器의 新研究』, 서경문화사
金哲埈, 1990, 『韓國古代社會研究』, 서울대출판부
金善基, 2012, 『益山 金馬渚의 百濟 文化』, 서경문화사
盧明鎬 외, 2004, 『韓國 古代·中世 地方制度의 諸問題』, 集文堂
盧重國, 1988, 『百濟政治史研究』, 一潮閣
盧重國, 2010, 『百濟社會思想史』, 지식산업사
盧重國, 2012, 『백제의 대외 교섭과 교류』, 지식산업사
盧泰敦, 1998, 『한국사를 통해 본 우리와 세계에 대한 인식』, 풀빛
睦楨培, 1989, 『三國時代의 佛教』, 東國大出版部
文東錫, 2007, 『百濟 支配勢力 研究』, 혜안
文明大, 2003, 『觀佛과 古拙美 - 三國時代佛教彫刻史研究』, 예경
朴南守, 1996, 『新羅手工業史研究』, 신서원
박순발, 2010, 『백제의 도성』, 충남대출판부
山本孝文, 2006, 『三國時代 律令의 考古學的 研究』, 서경
徐程錫, 2002, 『백제의 성곽 - 웅진·사비시대를 중심으로』, 학연문화사
辛鍾遠, 1992, 『新羅初期佛教史研究』, 民族社
梁起錫, 2013, 『百濟의 國際關係』, 서경문화사
梁起錫, 2013, 『百濟 政治史의 展開過程』, 서경문화사
윤선태, 2007, 『목간이 들려주는 백제 이야기』, 주류성
李基東, 1996, 『百濟史研究』, 一潮閣
李基白, 1986, 『新羅思想史研究』, 一潮閣
李基白, 1996, 『韓國古代政治社會史研究』, 一潮閣
이도학, 2003, 『살아 있는 백제사』, 휴머니스트
이순자, 2009, 『일제강점기 고적조사사업 연구』, 경인문화사
李成市, 2001, 『만들어진 고대』, 삼인
李王基, 2006, 『백제 사찰건축의 조형과 기술』, 주류성
李龍範, 1989, 『韓滿交流史研究』, 同和出版公社
李漢祥, 2009, 『장신구 사여체제로 본 백제의 지방지배』, 서경문화사
張慶浩, 1990, 『百濟寺刹建築』, 藝耕產業社
張慶浩, 2004, 『아름다운 백제건축』, 주류성
전제헌, 1994, 『동명왕릉에 대한 연구』, 평양
정동준, 2013, 『동아시아 속의 백제 정치제도』, 지식산업사
趙源昌, 2004, 『百濟建築技術의 對日傳播』, 서경
趙源昌, 2010, 『한국고대와당과 제와술의 교류』, 서경
조원창, 2011, 『백제의 토목 건축』, 서경문화사
周炅美, 2002, 『中國古代佛舍利莊嚴研究』, 一志社
崔孟植, 1999, 『백제 평기와의 신연구』, 학연문화사

日本語

鎌田茂雄, 1983, 『中國佛教史2 - 受容期の佛教』, 東京大學出版會

輕部慈恩, 1946, 『百濟美術』, 寶雲舍

關野貞, 1928, 『瓦』(考古學講座), 雄山閣

關野貞, 1941, 『朝鮮の建築と藝術』, 岩波書店

龜田修一, 2006, 『日韓古代瓦の研究』, 吉川弘文館

吉村怜, 1983, 『中國佛教圖像の研究』, 東方書店

大橋一章, 1997, 『飛鳥の文明開化』, 吉川弘文館

大橋一章, 2009, 『奈良美術成立史論』, 中央公論美術出版

大西修也, 2002, 『日韓古代彫刻史論』, 中國書店

藤島亥治郎, 1967, 『朝鮮建築史論』, 景仁文化社

鈴木靖民 編, 2010, 『古代東アジアの佛教と王權 - 王興寺から飛鳥寺へ』, 勉誠出版

牧田諦亮, 1970, 『觀世音應驗記研究』, 平樂寺書店

米田美代治, 1944, 『朝鮮上代建築の研究』, 秋田屋

山崎信二, 2011, 『古代造瓦史 - 東アジアと日本』, 雄山閣

森三樹三郎, 1956, 『梁武帝 - 佛教王朝の悲劇』, 平樂寺書店

森郁夫, 1998, 『日本古代寺院造營の研究』, 法政大學出版部

上原眞人, 1996, 『蓮華文』(日本の美術359), 至文堂

上原眞人, 1997, 『瓦を讀む』(歷史發掘11), 講談社

西川杏太郎, 1987, 『塑像』(日本の美術255), 至文堂

石田茂作, 1936, 『飛鳥時代寺院址の研究』, (財)聖德太子奉讚會

石田茂作, 1969, 『法隆寺雜記帖』, 學生社

小杉一雄, 1979, 『中國文樣史の研究』, 新樹社

小杉一雄, 1980, 『中國佛教美術史の研究』, 新樹社

小泉顯夫, 1986, 『朝鮮古代遺跡の遍歷 - 發掘調査三十の回想』, 六興出版

松下隆章 編, 1977, 『研究發表と座談會: 川原寺裏山遺跡出土品について』, 佛教美術研究上野記念財團助成研究會

新川登龜男 編, 2013, 『佛教文明の東方移動 - 百濟彌勒寺西塔の舍利莊嚴』, 汲古書院

李成市, 1998, 『古代東アジアの民族と國家』, 岩波書店

李成市, 2000, 『東アジア文化圈の形成』, 山川出版社

田中史生, 2005, 『倭國と渡来人』, 吉川弘文館

田中俊明·東潮, 1987, 『韓國の古代遺跡2 - 百濟·伽耶編』, 中央公論社

田中俊明·東潮, 1995, 『高句麗の歷史と遺跡』, 中央公論社

田村圓澄, 1980, 『古代朝鮮佛教と日本佛教』, 吉川弘文館

朝鮮文化研究所 編, 2007, 『韓國出土木簡の世界』, 雄山閣

朝鮮文化研究所 編, 2009, 『東アジア古代出土文字資料の研究』, 雄山閣

佐藤武敏, 1962, 『中國古代工業史の研究』, 吉川弘文館

淸水昭博, 2012, 『古代日韓造瓦技術の交流史』, 淸文堂
淸水昭博, 2013, 『古代朝鮮の造瓦と佛敎』, 帝塚山大學出版會
諏訪義純, 1997, 『中國南朝佛敎史の硏究』, 法藏館
河上麻由子, 2011, 『古代アジア世界の對外交涉と佛敎』, 山川出版社
黃壽永·田村圓澄 編, 1978, 『百濟文化と飛鳥文化』, 吉川弘文館

中國語
高敏, 1996, 『魏晋南北朝経濟史』下, 上海人民出版社
申云艶, 2006, 『中國古代瓦當硏究』, 文物出版社
宿白, 2011, 『魏晋南北朝唐宋考古文稿輯叢』, 文物出版社
楊寬, 2001, 『中國古代陵寢制度史硏究』, 上海人民出版社
楊泓, 2007, 『中國古兵與美術考古論集』, 文物
王靖憲, 2002, 『古硯拾零』, 湖北美術出版社
朱偰, 2006, 『金陵古蹟圖考』, 中華書局
河南省文化局文物工作隊, 1959, 『鄧県彩色畵像塼墓』, 文物科學出版社
賀云翱, 2005, 『六朝瓦當與六朝都城』, 文物出版社

4. 논문

한국어 논문

姜友邦, 1980, 「四天王寺址 出土 彩釉四天王浮彫像의 復元的 考察」, 『美術資料』 25, 국립중앙박물관
姜友邦, 1996, 「陵旨塔 四方佛 塑造像의 考察」, 『新羅文化』 17, 동국대 신라문화연구소
姜友邦, 2011, 「武寧王妃 頭枕과 足座의 靈氣化生의 造形解釋과 圖像解釋」, 『武寧王陵을 格物하다-무령왕릉 발굴 40주년 기념 특별전』, 국립공주박물관
姜鍾元, 2009, 「扶餘 東南里와 錦山 栢嶺山城 出土 文字資料」, 『木簡과 文字』 3, 한국목간학회
姜賢淑, 2008, 「傳 동명왕릉과 진파리고분군의 성격 검토」, 『湖西考古學』 18, 호서고고학회
姜賢淑, 2010, 「中國 吉林省 東台子遺蹟 再考」, 『韓國考古學報』 75, 한국고고학보
공석구, 2011, 「광개토왕릉비에 나타난 광개토왕의 왕릉관리」, 『高句麗渤海硏究』 39, 고구려발해학회
郭東錫, 2005, 「百濟 泗沘期의 佛像의 特徵과 日本 飛鳥彫刻과의 關係」, 『百濟 泗沘期 文化의 再照明』, 국립부여문화재연구소
구기종·이판섭, 2005, 「부여 가탑리 장구먹들 백제유적 조사개보」, 『호서지역 문화유적 발굴성과』 (제12회 호서고고학회학술대회발표집)
權五榮, 1998, 「考古資料를 통해 본 百濟와 中國의 文物交涉」, 『震檀學報』 66, 진단학회
權五榮, 1999, 「艇止山遺蹟과 百濟의 喪葬儀禮」, 『艇止山』, 국립공주박물관
權五榮, 2000, 「古代 韓國의 喪葬儀禮」, 『韓國古代史硏究』 20, 한국고대사학회
權五榮, 2002, 「喪葬制를 중심으로 한 武寧王陵과 南朝墓의 比較」, 『百濟文化』 31, 공주대

백제문화연구소
權五榮, 2003, 「漢城期 백제 기와의 製作傳統과 發展의 劃期」, 『百濟硏究』 38, 충남대 백제연구소
權五榮, 2008, 「성스러운 우물 제사」, 『지방사와 지방문화』 11-2, 역사문화학회
權兌遠, 1984, 「百濟의 籠冠考」, 『尹武炳博士回甲紀念論叢』, 통천문화사
近藤浩一, 2004, 「扶餘 陵山里 羅城築造 木簡의 硏究」, 『百濟硏究』 39, 충남대 백제연구소
近藤浩一, 2005, 「百濟時期의 孝思想 受容과 그 意義」, 『百濟硏究』 42, 충남대 백제연구소
近藤浩一, 2008, 「扶餘 陵山里 羅城築造 木簡再論」, 『韓國古代史硏究』 49, 한국고대사학회
길기태, 2007, 「水源寺 彌勒思想의 性格」, 『百濟文化』 36, 공주대 백제문화연구소
吉基泰, 2012, 「漢城百濟의 對外交流와 佛敎」, 『百濟硏究』 55, 충남대 백제연구소
金圭東, 2002, 「百濟土製煙筒試論」, 『科技考古硏究』 8, 아주대학교박물관
金吉植, 2001, 「氷庫를 통해 본 公州 艇止山遺蹟의 性格」, 『考古學誌』 12, 국립중앙박물관
金吉植, 2008, 「百濟 始祖 仇台廟와 陵山里寺址」, 『韓國考古學報』 69, 한국고고학회
金理那, 1985, 「三國時代의 捧持寶珠形 菩薩立像 硏究」, 『美術資料』 37, 국립중앙박물관
金理那, 1993, 「百濟 初期佛像 樣式의 成立과 中國佛敎」, 『百濟史의 比較硏究』, 충남대 백제연구소
金理那, 1996, 「高句麗 佛敎彫刻 樣式의 展開와 中國佛敎彫刻」, 『高句麗 美術의 對外交涉』, 예경
金理那, 2007, 「七世紀 百濟의 佛敎彫刻」, 『百濟의 美術』(백제문화사대계14), 충청남도역사문화연구원
金洛中, 2010, 「扶餘 泗沘都城에 대한 硏究成果와 課題」, 『韓國의 都城: 三國~朝鮮, 發掘調査와成果』, 국립경주·부여·가야문화재연구소 개소 20주년 기념국제심포지엄
金洛中, 2011, 「百濟 泗沘期 寺刹의 伽藍配置와 造營의 特徵」, 『韓國上古史學報』 74, 한국상고사학회
金洛中, 2012, 「百濟 定林寺의 創建 年代」, 『文化財』 45-4, 국립문화재연구소
金相鉉, 1999, 「百濟 威德王의 父王을 위한 追福과 夢殿觀音」, 『韓國古代史硏究』 15, 한국고대사학회
金相鉉, 2005, 「中國文獻 所載 高句麗 佛敎史 記錄의 檢討」, 『고구려의 사상과 문화』, 고구려연구재단
金相鉉, 2009, 「百濟 武王代 佛敎界의 動向과 彌勒寺」, 『韓國史學報』 37, 고려사학회
金善基, 2002, 「益山 帝釋寺址 一考察」, 『文物硏究』 6, 동아시아문물연구학술재단
金善基, 2007, 「익산 제석사의 백제 기와에 대하여」, 『기와학회논문집』 3, 한국기와학회
金誠龜, 1981, 「安鴨池 出土 古式瓦當의 形式的 考察」, 『美術資料』 29, 국립중앙박물관
金誠龜, 1991, 「扶餘의 百濟窯址와 出土遺物에 대하여」, 『百濟硏究』 21, 충남대 백제연구소
金誠龜, 2000, 「新羅 기와의 성립과 그 변천」, 『新羅瓦塼』, 국립경주박물관
金成南, 2007, 「백제 사비왕궁의 확대와 변모 과정 시론」, 제57회 충남대 백제연구소 공개강좌발표문
金壽泰, 1997, 「百濟의 地方統治와 道使」, 『百濟의 中央과 地方』, 충남대 백제연구소
金壽泰, 1998, 「百濟 威德王代 扶餘 陵山里寺院의 創建」, 『百濟文化』 27, 공주대 백제문화연구소
金壽泰, 2002, 「百濟 聖王代의 郡令과 城主」, 『百濟文化』 31, 공주대 백제문화연구소
김수태, 2014, 「웅진시대 백제 사원과 도성의 관계」, 『百濟文化』 50, 공주대 백제문화연구소
金姸秀, 2006, 「韓國古代의 寺刹工房 施設에 대하여」, 『미술사의 정립과 확산2』, 사회평론
金英心, 1997, 「百濟 地方統治体制 硏究」, 서울대 박사학위논문
金英心, 2007, 「百濟의 地方統治에 관한 몇 가지 再檢討」, 『韓國古代史硏究』 48, 한국고대사학회
金永旭, 2003, 「百濟 吏讀에 대하여」, 『口訣硏究』 11, 구결학회

金英媛, 1998, 「百濟時代 中國陶磁의 輸入과 倣製」, 『百濟文化』 27, 공주대 백제문화연구소
金英媛, 1999, 「統一新羅時代 鉛釉의 發達과 磁器의 出現」, 『美術資料』 62, 국립중앙박물관
金完鎭, 2005, 「국어학 10년의 앞날을 바라본다」, 『국어국문학 미래의 길을 묻다』, 태학사
金容民, 2005, 「益山 王宮城의 造營과 空間區劃에 대한 考察」, 『古代都市와 王權』, 충남대 백제연구소
金正基, 1984, 「彌勒寺塔과 定林寺塔-建立時期의 先後에 關하여」, 『考古美術』 164, 고고미술동호회
金正基, 1984, 「皇龍寺 伽藍變遷에 관한 考察」, 『皇龍寺』, 문화재관리국
金正基, 1988, 「韓國古代 伽藍의 實態와 考察」, 『蕉雨黃壽永博士古稀紀念 美術史學論叢』, 通文館
金鍾萬, 2000, 「扶餘 陵山里寺址에 대한 小考」, 『新羅文化』 17·18合集, 동국대 신라문화연구소
金鍾萬, 2002, 「泗沘時代 瓦에 나타난 社會相 小考」, 『國立公州博物館紀要』 2, 국립공주박물관
金鍾萬, 2007, 「聖王時代 百濟生活 土器」, 『백제 성왕과 그의 시대』, 부여군
金鍾萬, 2011, 「扶餘 陵山里 建物群의 性格과 變遷」, 『考古學誌』 17, 국립중앙박물관
金泰植, 1997, 「百濟의 加耶地域 關係史: 交涉과 征服」, 『百濟의 中央과 地方』, 충남대 백제연구소
金賢晶, 2002, 「陵山里寺址 出土 印花文土器에 대한 檢討」, 『國立公州博物館紀要』 2, 국립공주박물관
金惠瑗, 2006, 「敦煌 莫高窟 唐代 〈維摩經變〉에 보이는 世俗人 聽衆의 圖像과 意味」, 『미술사의 정립과 확산2』, 사회평론
吉基泰, 2006, 「呪噤師와 藥師信仰」, 『百濟 泗沘時代의 佛教信仰 研究』, 서경
吉基泰, 2007, 「水源寺 彌勒信仰의 性格」, 『百濟文化』 36, 공주대 백제문화연구소
吉基泰, 2009, 「王興寺址 舍利函 銘文을 통해 본 百濟佛教」, 『韓國史市民講座』 44, 일조각
南浩鉉, 2011, 「扶餘 官北里 百濟遺蹟의 性格과 時間的 位置」, 『百濟研究』 51, 충남대 백제연구소
盧明鎬·李承宰, 2007, 「高麗 顯宗·靖宗代 釋迦塔重修記錄의 判讀·譯註」, 『釋迦塔 發見 遺物調査 中間報告』, 국립중앙박물관
盧重國, 2005, 「百濟의 度量衡과 그 運用」, 『韓國古代史研究』 40, 한국고대사학회
盧重國, 2010, 「醫·藥 技術의 發展과 醫療活動」, 『百濟社會思想史』, 지식산업사
盧泰敦, 1982, 「三韓에 대한 認識의 變遷」, 『韓國史研究』 38, 한국사연구회
文東錫, 2006, 「梁武帝의 佛教政策에 대하여」, 『東亞考古論壇』 2, 충청문화재연구원
文東錫, 2012, 「漢城百濟의 茶文化와 茶碾」, 『百濟研究』 56, 충남대 백제연구소
文明大, 1981, 「元五里寺址 塑造像의 研究」, 『考古美術』 150, 고고미술동호회
文明大, 1981, 「扶餘 定林寺址에서 출토된 佛像과 陶俑」, 『季刊美術』(겨울호), 중앙일보사
文玉賢, 2011, 「百濟 王興寺의 기와 供給에 대한 一考察」, 『韓國傳統文化研究』 9, 한국전통문화학교
朴光烈, 2007, 「新羅 積石木槨墳 出土 黃金遺物과 初傳佛教」, 『文化史學』 27, 문화사학회
朴南守, 1992, 「新羅 宮中手工業의 成立과 整備」, 『東國史學』 26, 동국사학회
朴南守, 1996, 「中·下代 工人의 分化와 社會經濟的 地位變動」, 『新羅手工業史』, 신서원
朴南守, 2010, 「益山 彌勒寺址 出土 金鋌과 百濟의 衡制」, 『韓國史研究』 149, 한국사연구회
朴普鉉, 1998, 「金銅冠에서 본 羅州 新村里 九號墳 乙棺의 年代」, 『百濟研究』 28, 충남대 백제연구소
朴淳發, 2000, 「泗沘都城의 構造에 대하여」, 『百濟研究』 31, 충남대 백제연구소
朴淳發, 2003, 「泗沘都城 空間區劃 豫察」, 『湖西地方史研究』, 湖雲崔槿默教授定記念論叢刊行委員會
朴淳發, 2004, 「漢城期 百濟의 對中交涉 一例」, 『湖西考古學』 11, 호서고고학회

朴淳發, 2005, 「高句麗와 百濟 - 泗沘樣式 百濟土器의 形成背景을 중심으로」, 『高句麗와 동아시아』, 고려대박물관
朴淳發, 2005, 「公州 水村里古墳群 出土 中國磁器와 交差年代 問題」, 『충청학과 충청문화』 4, 충청남도 역사문화연구원
朴淳發, 2005, 「泗沘都城 研究의 現況과 課題」, 『百濟 泗沘時期 文化의 再照明』, 국립부여문화재연구소
朴淳發, 2007, 「泗沘都城과 益山 王宮城」, 『馬韓百濟文化』 17, 원광대 마한백제문화연구소
朴淳發, 2008, 「百濟 籠冠俑 研究」, 『百濟研究』 48, 충남대 백제연구소
박순발, 2010, 「北魏 平城 斷想」, 『百濟學報』 3, 백제학회
朴永福, 1992, 「青陽 陶製佛像台座 調査報告」, 『美術資料』 49, 국립중앙박물관
朴容塡, 1974, 「公州 大通寺址 出土 瓦當研究」, 『考古美術』 121 · 122합집, 고고미술동호회
朴容塡, 1976, 「百濟 瓦當의 体系的 分類」, 『百濟文化』 9, 공주대 백제문화연구소
朴原志, 2011, 「王興寺 出土 수막새의 製作技術과 系統」, 『百濟 泗沘期 기와研究III』, 국립부여문화재연구소
朴胤善, 2006, 「威德王代 百濟와 南北朝의 關係」, 『역사와 현실』 61, 한국역사연구회
朴仲煥, 2002, 「扶餘 陵山里 發掘 木簡 豫報」, 『韓國古代史研究』 28, 한국고대사학회
朴泰祐, 2010, 「木簡資料를 통해 본 泗沘都城의 空間構造」, 『百濟學報』創刊號, 백제학회
朴泰祐·鄭海濬·尹智熙, 2008, 「扶餘 雙北里 280-5番地 出土 木簡報告」, 『木簡과 文字』 2, 한국목간학회
朴賢淑, 2011, 「百濟 熊津時期의 政局과 大通寺 創建」, 『韓國史研究』 155, 한국사연구회
박현정, 2001, 「扶餘 定林寺址 陶俑 復元을 위한 籠冠 服飾 研究」, 『服飾』 51-6, 한국복식학회
方國花, 2010, 「扶餘 陵山里 出土 二九九號 木簡」, 『木簡과 文字』 6, 한국목간학회
方起東, 1999, 「集安 東台子 高句麗建築遺址의 性質과 年代」, 『고구려유적과 유물연구』, 白山資料院
裵秉宣, 2008, 「扶餘地域 百濟建物址의 構造」, 『定林寺 - 역사문화적 가치와 연구현황』, 국립문화재연구소
裵秉宣, 2010, 「彌勒寺의 配置와 建築遺構를 통해 본 百濟의 造營技術」, 『백제 불교문화의 寶庫, 彌勒寺』, 학술심포지엄자료집, 국립문화재연구소
山本孝文, 2002, 「百濟 泗沘期 石室墳의 階層性과 政治制度」, 『韓國考古學報』 47, 한국고고학회
山本孝文, 2003, 「百濟 泗沘期의 陶硯」, 『百濟研究』 38, 충남대 백제연구소
山本孝文, 2004, 「韓半島의 唐式銙帶와 그 歷史的意義」, 『嶺南考古學』 34, 영남고고학회
山本孝文, 2005, 「百濟 泗沘時期 土器樣式의 成立과 展開」, 『百濟 泗沘時期 文化의 再照明』, 국립부여문화재연구소
徐五善, 1985, 「韓國 平瓦 文樣의 時代的 變遷에 대한 研究」, 충남대 석사학위논문
서정석, 2011, 「百濟 熊津王都와 大通寺址」, 『韓國史研究』 155, 한국사연구회
成正鏞, 1998, 「기와」, 『聖住寺』, 충남대박물관
成正鏞, 2003, 「百濟와 中國의 貿易陶磁」, 『百濟研究』 38, 충남대 백제연구소
成亨美, 2011, 「扶餘 定林寺址 9次 調査地域에 대한 고고지자기학적 연구」, 『扶餘 定林寺址 發掘調查報告書』, 국립부여문화재연구소
蘇哉潤, 2010, 「百濟 수막새 製作技法과 生産体制의 變化」, 『百濟學報』 4, 백제학회
蘇鉉淑, 2010, 「梁武帝와 同泰寺」, 『佛教學報』 54, 동국대 불교문화연구원

孫浩成, 2011, 「扶餘 雙北里 119안전센터 부지 出土 木簡의 內容과 判讀」, 『木簡과文字』 7, 한국목간학회
申光燮, 1994, 「扶餘扶蘇山廢寺址考」, 『百濟硏究』 24, 충남대 백제연구소
申光燮, 2003, 「陵山里寺址의 發掘調査와 伽藍의 特徵」, 『百濟金銅大香爐와 古代東亞世亞』, 국립부여박물관
申光燮, 2006, 「百濟 泗沘時代 陵寺 硏究」, 중앙대 박사학위논문
申榮勳, 1964, 「扶餘 臨江寺址 發掘 參加記」, 『考古美術』 5-11, 고고미술동호회
申鍾國, 2005, 「泗沘都城 發掘調査의 成果와 意義」, 『百濟 泗沘時期 文化의 再照明』, 국립부여문화재연구소
辛鍾遠, 2002, 「三國佛敎와 中國의 南朝文化」, 『講座 韓國古代史9 - 文化의 受容과 傳播』, 한국고대사회연구소
辛鍾遠, 2006, 「三國의 佛敎初傳者와 初期佛敎의 性格」, 『韓國古代史硏究』 44, 한국고대사학회
新川登龜男, 2011, 「百濟와 日本의 飛鳥·奈良의 佛敎文化」, 『충청학과 충청문화』 13, 충청남도 역사문화연구원
심광주, 2010, 「漢城百濟의 '烝土築城'에 대한 硏究」, 『鄕土서울』 76, 서울특별시사편찬위원회
심상육·이미현·이효중, 2011, 「부여 중앙성결교회 유적 및 뒷개 유적 출토 목간보고」, 『木簡과 文字』 7, 한국목간학회
安啓賢, 1994, 「百濟佛敎에 관한 諸問題」, 『百濟 佛敎文化의 硏究』, 충남대 백제연구소
安輝濬, 2007, 「백제의 회화」, 『百濟의 美術』(백제문화사대계14), 충청남도 역사문화연구원
梁起錫, 1990, 「百濟 威德王代 王權의 存在形態와 性格」, 『百濟硏究』 21, 충남대 백제연구소
梁起錫, 2003, 「百濟 威德王代의 對外關係」, 『先史와 古代』 19, 韓國古代學會
梁時恩, 2011, 「南韓에서 확인된 高句麗의 時·空間的 正体性」, 『考古學』 10-2, 중부고고학회
梁銀景, 2007, 「遼寧省 朝陽北塔 出土 塑造像 硏究」, 『美術史學硏究』 256, 한국미술사학회
梁銀景, 2009, 「高句麗 塑造佛像과 中國 塑造佛像의 關係」, 『東北亞歷史論叢』 24, 동북아역사재단
梁銀景, 2009, 「梁武帝時期의 佛敎寺刹, 佛敎彫刻과 社會變化」, 『美術史學』 23, 한국미술사교육학회
梁銀景, 2009, 「中國 佛敎寺刹의 검토를 통해 본 百濟 泗沘期 佛敎寺刹의 諸問題」, 『百濟硏究』 50, 충남대 백제연구소
梁銀景, 2010, 「百濟 扶蘇山寺址 出土品의 再檢討와 寺刹의 性格」, 『百濟硏究』 52, 충남대 백제연구소
梁銀景, 2010, 「百濟 帝釋寺址 出土 塑造像의 分析과 木塔址를 통한 奉安原形推定」, 『湖西考古學』 23, 호서고고학회
梁銀景, 2011, 「南京地域 南朝 金銅佛像에 대한 一考察」, 『CHINA硏究』 11, 부산대 중국연구소
梁銀景, 2013, 「南京 出土 南朝 塑造像의 生産體系」, 『百濟硏究』 58, 충남대 백제연구소
梁正錫, 2001, 「皇龍寺 伽藍變遷 過程에 대한 再檢討」, 『韓國古代史硏究』 24, 한국고대사학회
梁正錫, 2009, 「彌勒寺址 塔址의 調査過程에 대한 檢討」, 『韓國史學報』 36, 고려사학회
楊泓, 2008, 「百濟 佛敎文化에 대한 南朝의 影向」, 『扶餘 王興寺址 出土 舍利器의 意義』, 국립부여문화재연구소
嚴基日, 2010, 「泗沘期 百濟瓦窯의 構造 變化 硏究」, 『百濟文化』 43, 공주대 백제문화연구소
嚴基杓, 2001, 「百濟石塔의 先後에 대한 考察」, 『文化史學』 16, 문화사학회

余昊奎, 2000, 「四世紀 동아시아 國際秩序와 高句麗 對外政策의 變化」, 『역사와 현실』 36, 한국역사연구회

余昊奎, 2002, 「漢城時期 百濟의 都城制와 防御体系」, 『百濟硏究』 36, 충남대 백제연구소

여호규, 2013, 「신발견 〈集安 高句麗碑〉의 구성과 내용 고찰」, 『韓國古代史硏究』 70, 한국고대사학회

延敏洙, 1990, 「六世紀 前半의 加耶諸國을 둘러싼 百濟·新羅의 動向」, 『新羅文化』 7, 동국대 신라문화연구소

王志高, 2011, 「六朝 建康城遺蹟 出土 陶瓦의 觀察과 硏究」, 『기와의 생산과 유통』, 한국기와학회 제8회 정기학술대회발표문

尹武炳, 1991, 「扶餘 定林寺址 發掘記」, 『佛敎美術』 10, 東國大博物館

尹武炳, 1994, 「百濟 王都 泗沘城 硏究」, 『學術院硏究論文集(人文·社會編)』 33, 대한민국학술원

尹善泰, 2004, 「扶餘 陵山里 出土 百濟木簡의 再檢討」, 『東國史學』 40, 동국사학회

尹善泰, 2006, 「百濟 泗沘都城과 嵎夷 - 木簡에서 본 泗沘都城의 안과 밖」, 『東亞考古論壇』 2, 충청문화재연구원

尹善泰, 2007, 「百濟의 文書行政과 木簡」, 『韓國古代史硏究』 48, 한국고대사학회

尹善泰, 2013, 「新出資料로 본 百濟의 方과 郡」, 『韓國史硏究』 163, 한국사연구회

尹龍九, 2007, 「中國系 官僚와 그 活動」, 『百濟의 對外交涉』(백제문화사대계9), 충청남도 역사문화연구원

尹龍熙, 2011, 「扶餘 臨江寺址 發掘調査 槪報」, 『考古學誌』 17, 국립중앙박물관

李康承, 2000, 「百濟時代의 尺에 대한 硏究」, 『韓國考古學報』 43, 한국고고학회

李基東, 1990, 「百濟國의 政治理念에 대한 一考察」, 『震檀學報』 69, 진단학회

李基白, 1991, 「百濟 佛敎受容 年代의 檢討」, 『震檀學報』 71·72합집, 진단학회

李基白, 1999, 「三國時代 佛敎受容의 實際」, 『百濟硏究』 29, 충남대 백제연구소

李南奭, 1988, 「百濟 蓮華文瓦當의 一硏究」, 『古文化』 32, 한국대학박물관협회

이다운, 2004, 「百濟 瓦博士考」, 『湖南考古學報』 20, 호남고고학회

이다운, 2007, 「印刻瓦를 통해 본 益山의 기와에 대한 硏究」, 『古文化』 70, 한국대학박물관협회

이다운, 2012, 「百濟 定林寺 創建을 통해 본 對中關係」, 『中國史硏究』 81, 중국사학회

李道學, 1985, 「漢城末 熊津時代 百濟 王位繼承과 王權의 性格」, 『韓國史硏究』 50·51합집, 한국사연구회

李道學, 1997, 「定林寺址 五層塔 碑銘과 그 作成背景」, 『先史와 古代』 8, 한국고대학회

李道學, 1997, 「抱川 半月山城 出土 「高句麗」기와 銘文의 再檢討」, 『高句麗硏究』 3, 고구려연구회

李道學, 2008, 「王興寺址 舍利器 銘文 分析을 통해 본 百濟 威德王代의 政治와 佛敎」, 『韓國史硏究』 143, 한국사연구회

李炳鎬, 2002, 「百濟 泗沘都城의 造營過程」, 『韓國史論』 47, 서울대 국사학과

李炳鎬, 2003, 「百濟 泗沘都城의 構造와 運營」, 『韓國의 都城 - 都城造營의 傳統』, 서울학연구소

李炳鎬, 2005, 「扶餘 定林寺址 出土 塑造像의 製作技法과 奉安場所」, 『美術資料』 72·73합집, 국립중앙박물관

李炳鎬, 2006, 「扶餘 定林寺址 出土 塑造像의 製作時期와 系統」, 『美術資料』 74, 국립중앙박물관

李炳鎬, 2007, 「扶餘 臨江寺址 出土 塑造像에 대하여」, 『扶餘 臨江寺址』, 충청대박물관

李炳鎬, 2007, 「扶餘 舊衙里 出土 塑造像과 그 遺蹟의 性格」, 『百濟文化』 36, 공주대 백제문화연구소

李炳鎬, 2007,「泗沘都城의 構造와 築造過程」,『百濟의 建築과 土木』(백제문화사대계15), 충청남도 역사문화연구원
李炳鎬, 2008,「泗沘都城과 慶州王京의 比較試論」,『동아시아 都城과 新羅王京의 比較研究』(新羅文化祭學術論文集29), 신라문화선양회
李炳鎬, 2011,「百濟故地에 관한 古蹟調査事業」,『韓國古代史研究』61, 한국고대사학회
李炳鎬, 2013,「百濟寺院과 日本 飛鳥寺 三金堂의 源流」,『百濟研究』57, 충남대 백제연구소
李炳鎬, 2013,「경주 출토 백제계 기와 제작기술의 도입과정」,『韓國古代史研究』69, 한국고대사학회
李炳鎬, 2013,「飛鳥寺에 파견된 百濟 瓦博士의 性格」,『韓國上古史學報』81, 한국상고사학회
李炳鎬, 2013,「백제 사비시기 도성의 의례공간과 왕권」,『韓國古代史研究』71, 한국고대사학회
李炳鎬, 2014,「7세기대 백제 기와의 전개 양상과 특징」,『百濟文化』50, 공주대 백제문화연구소
李善姬, 2009,「月城垓字 出土 古式수막새의 製作技法과 編年研究」,『韓國考古學報』70, 한국고고학회
李成珪, 2003,「韓國古代國家의 形成과 漢字受容」,『韓國古代史研究』32, 한국고대사학회
李星培, 2004,「百濟書藝와 木簡의 書風」,『百濟研究』40, 충남대 백제연구소
李永植, 1995,「百濟의 加耶 進出 過程」,『韓國古代史論叢』7, 한국고대사회연구소
李龍範, 1973,「北朝 前·後期 佛敎의 高句麗傳來」,『論文集』12, 동국대학교
李鎔賢, 2007,「木簡」,『百濟의 文化와生活』(백제문화사대계12), 충청남도 역사문화연구원
李裕群, 2009,「中國 伽藍配置의 變化 및 百濟에 미친 影響」,『東아시아의 佛敎文化와 百濟』, 한얼문화유산연구원 개원 5주년 기념국제학술대회
李販燮·尹善泰, 2008,「扶餘 雙北里 현내들·北浦遺蹟의 調査成果」,『木簡と文字』創刊號, 한국목간학회
李漢祥, 1998,「公州 艇止山遺蹟의 編年과 性格」,『百濟의 王室祭祀遺蹟 '公州 艇止山' 學術發表會』, 국립공주박물관
李漢祥, 2000,「艇止山 出土 土器 및 기와의 檢討」,『艇止山』, 국립공주박물관
李漢祥, 2007,「百濟의 葬禮風習」,『百濟의 生活과 文化』(백제문화사대계12), 충청남도 역사문화연구원
이한상, 2013,「허리띠 분배에 반영된 고대 동북아시아의 교류양상」,『東北亞歷史論叢』33, 동북아역사재단
李亨源, 2003,「泗沘都城 內 軍守里地点의 空間區劃畵 및 性格」,『湖西考古學』8, 호서고고학회
林起煥, 2008,「熊津時期 百濟와 高句麗 對外關係 記事의 再檢討」,『百濟文化』37, 공주대 백제문화연구소
林玲愛, 2008,「四天王寺址 塑造像의 尊名」,『美術史論壇』27, 한국미술연구소
林永珍, 2012,「中國六朝磁器의 百濟導入 背景」,『韓國考古學報』83, 한국고고학회
張寅成, 2000,「古代 韓國人의 疾病觀과 醫療」,『韓國古代史研究』20, 한국고대사학회
張寅成, 2000,「南朝의 喪禮研究」,『百濟研究』32, 충남대 백제연구소
張寅成, 2010,「百濟의 醫藥과 道敎文化」,『百濟研究』52, 충남대 백제연구소
錢國祥, 2000,「中國 魏晋南北朝時代의 瓦當」,『古代 東아시아 三國의 對外交涉』, 국립경주박물관
田庸昊, 2009,「王宮里遺蹟의 最近 發掘成果」,『益山 王宮里遺蹟의 調査成果와 意義』, 국립부여문화재연구소
田中俊明, 1990,「王都로서의 泗沘城에 대한 豫備的考察」,『百濟研究』21, 충남대 백제연구소

全虎兌, 1992, 「伽倻古墳壁畵에 관한 一考察」, 『韓國古代史論叢』 4, 한국고대사회연구소
鄭珖鎬, 1983, 「高句麗 佛敎受容의 國際 社會的 背景」, 『人文硏究』 9, 인하대 인문과학연구소
鄭子英, 2010, 「六~七世紀 百濟寺刹 內 講堂 左右 建物址의 變遷過程 考察」, 『건축역사연구』 73, 한국건축역사학회
鄭子英, 2012, 「扶餘 定林寺址 伽藍配置와 編年的 檢討」, 『韓國上古史學報』 76, 한국상고사학회
鄭治泳, 2007, 「漢城期 百濟 기와 製作技術의 展開樣相」, 『韓國考古學報』 63, 한국고고학회
鄭治泳, 2009, 「百濟 漢城期 瓦當의 形成과 系統」, 『韓國上古史學報』 64, 한국상고사학회
鄭治泳, 2011, 「百濟·高句麗와 魏晋南北朝 製瓦術 比較硏究」, 『中央考古硏究』 8, 중앙문화재연구원
鄭浩燮, 2010, 「高句麗 壁畵古墳의 銘文과 被葬者에 관한 諸問題」, 『高句麗渤海硏究』 36, 고구려연구회
정호섭, 2012, 「광개토왕비의 성격과 5세기 고구려의 수묘제 개편」, 『先史와 古代』 37, 한국고대학회
정호섭, 2013, 「集安 高句麗碑의 性格과 주변의 高句麗 古墳」, 『韓國古代史硏究』 70, 한국고대사학회
趙景徹, 2000, 「百濟 聖王代 儒佛政治理念」, 『韓國思想史學』 15, 한국사상사학회
趙景徹, 2002, 「百濟 聖王代 大通寺 創建의 思想的 背景」, 『國史館論叢』 98, 국사편찬위원회
趙景徹, 2006, 「東아시아 佛敎式 王號 比較」, 『韓國古代史硏究』 43, 한국고대사학회
趙景徹, 2006, 「百濟佛敎史의 展開와 政治變動」, 한국학중앙연구원 박사학위논문
趙景徹, 2008, 「百濟王室의 三年喪」, 『東方學志』 145, 연세대 국학연구원
曺永祿, 1965, 「扶餘 臨江寺址 發掘記」, 『東國史學』 8, 동국사학회
曺永鉉, 2004, 「傳東明王陵の墓主比定」, 『科技考古硏究』 10, 아주대학교박물관
趙源昌, 1999, 「公州地域 寺址硏究」, 『百濟文化』 28, 공주대 백제문화연구소
趙源昌, 2003, 「百濟 熊津期 龍井里下層 寺院의 性格」, 『韓國上古史學報』 42, 한국상고사학회
趙源昌, 2003, 「法泉里 四號墳 出土 靑銅蓋 蓮花突帶文의 意味」, 『百濟文化』 33, 공주대 백제문화연구소
趙源昌, 2006, 「扶餘 陵寺 第三建物址(別名工房址I)의 建築考古學的 檢討」, 『先史와 古代』 24, 한국고대학회
趙源昌, 2008, 「夢村土城 出土 傳百濟 瓦當의 製作主体 檢討」, 『先史와 古代』 29, 한국고대학회
趙源昌, 2008, 「百濟 軍守里寺址의 築造技法과 造營主體의 檢討」, 『韓國古代史硏究』 51, 한국고대사학회
趙源昌, 2008, 「熊津~泗沘期 瓦當에서 본 高句麗 製瓦術의 百濟傳播」, 『白山學報』 81, 白山學會
趙源昌, 2011, 「百濟 泗沘期 扶餘 扶蘇山寺址의 築造技法과 伽藍配置 檢討」, 『역사와 담론』 59, 호서사학회
趙胤宰, 2008, 「公州 宋山里 六號墳 銘文塼 判讀에 대한 管見」, 『湖西考古學』 19, 호서고고학회
趙胤宰, 2011, 「扶餘 定林寺 寺名의 由來와 意味에 대한 檢討」, 『韓國史學報』 45, 고려사학회
조윤재, 2011, 「百濟와 梁의 교섭과 大通寺」, 『韓國史硏究』 155, 한국사연구회
趙恩慶, 2011, 「彌勒寺址 石塔의 構造體系와 築造解析」, 홍익대 박사학위논문
조해숙, 2006, 「百濟木簡 記錄 「宿世結業…」에 대하여」, 『관악어문연구』 31, 서울대 국어국문학과
佐川正敏, 2006, 「日本 古代木塔基壇의 構築技術 復原과 心礎 設置形式의 變遷에 관한 硏究」, 『百濟硏究』 44, 충남대 백제연구소
周炅美, 2009, 「百濟 佛敎金屬工藝의 樣相과 特徵」, 『人文社會科學硏究』 10-1, 부경대 인문사회과학소
秦弘燮, 1971, 「百濟寺院의 伽藍制度」, 『百濟硏究』 2, 충남대 백제연구소

車侖貞, 2004, 「三國時代 菩薩像에 대한 一考察 - 持物을 中心으로」, 『佛敎美術史學』 2, 통도사성보박물관
千寬宇, 1979, 「馬韓諸國의 位置試論」, 『東洋學』 9; 1989, 『古朝鮮史·三韓史研究』, 一潮閣
清水昭博, 2003, 「百濟 大通寺式수막새의 成立과 展開」, 『百濟研究』 38, 충남대 백제연구소
崔卿煥, 2010, 「錦江流域 百濟土器窯址의 構造와 生産体制에 대한 一研究」, 『韓國考古學報』 76, 한국고고학회
崔聖銀, 2010, 「東아시아 佛敎彫刻을 통해 본 百濟 彌勒寺의 佛像」, 『百濟文化』 43, 공주대 백제문화연구소
崔聖銀, 2013, 「百濟 7세기 塑造像의 樣相과 傳播」, 『百濟文化』 49, 공주대 백제문화연구소
崔鈆植, 2010, 「三國時代 彌勒信仰과 來世意識」, 『講座 韓國古代史8 - 古代人의 精神世界』, 한국고대사회연구소
崔鈆植, 2007, 「百濟 撰述文獻로서의 『大乘四論玄義記』」, 『韓國史研究』 136, 한국사연구회
崔鈆植, 2007, 「『大乘四論玄義記』 百濟撰述 再論」, 『韓國史研究』 138, 한국사연구회
崔鈆植, 2008, 「佛國寺 西石塔 重修形止記의 再構成을 통한 佛國寺 石塔重修 關連 內容의 再檢討」, 『震檀學報』 105, 진단학회
崔鈆植, 2010, 「百濟後期 佛敎敎學의 變遷과 彌勒思想의 性格」, 『백제 불교문화의 寶庫, 彌勒寺』, 국립문화재연구소
崔鈆植, 2011, 「六世紀 東아시아 地域의 佛敎擴散過程에 대한 再檢討」, 『충청학과 충청문화』 13, 충청남도 역사문화연구원
崔鈆植, 2011, 「百濟後期 彌勒思想의 展開過程과 特性」, 『韓國思想史學』 37, 한국사상사학회
崔英姬, 2010, 「新羅 古式수막새의 製作技法과 系統」, 『韓國上古史學報』 70, 한국상고사학회
崔鍾圭, 1992, 「濟羅耶의 文物交流 - 百濟金工II」, 『百濟研究』 23, 충남대 백제연구소
卓京柏, 2010, 「百濟 泗沘期 佛塔의 造形技術 研究」, 명지대 박사학위논문
土田純子, 2004, 「百濟 有蓋三足器의 編年研究」, 『韓國考古學報』 52, 한국고고학회
平川南, 2005, 「百濟와 古代日本에서의 道祭祀」, 『百濟 泗沘時期 文化의 再照明』, 국립부여문화재연구소
河利群, 2010, 「北朝 및 隋唐代寺院의 考古學的 考察」, 『東아시아 古代寺址比較研究II』, 국립부여문화재연구소
賀云翱, 2003, 「南朝時代 建康地域 蓮華文瓦當의 變遷過程 및 關連 問題의 研究」, 『漢城期 百濟의 物流시스템과 對外交涉』, 한신대학술원
賀云翱, 2005, 「南京鍾山二號寺遺址出土瓦當初探」, 『東亞考古論壇』創刊號, 충청문화재연구원
韓郁, 2008, 「遺構를 통한 6·7世紀 百濟 伽藍建物의 復原的 研究」, 홍익대 박사학위논문
韓芝守, 2010, 「百濟 風納土城 出土 施釉陶器 研究」, 『百濟研究』 51, 충남대 백제연구소
戶田有二, 2005, 「百濟泗沘時代における造瓦集團の一端」, 『百濟 泗沘時期 文化의再照明』, 국립부여문화재연구소
홍승우, 2013, 「扶餘 지역 출토 백제 목간의 연구 현황과 전망」, 『木簡과 文字』 10, 한국목간학회
黃壽永, 1973, 「百濟 帝釋寺址 研究」, 『百濟研究』 4, 충남대 백제연구소

日本語 論文

網干善教, 1974,「飛鳥川原寺裏山遺跡と出土遺物」,『佛教藝術』99, 每日新聞社

網伸也, 2014,「古代の難波と四天王寺-飛鳥時代の寺院關聯遺跡を中心に」,『大阪春秋(季刊)』41-4(通巻153), 新風書房

岡村秀典·向井佑介 編, 2007,「北魏方山永固陵の研究」,『東方學報』80, 京都大學人文科學研究所

高橋照彦, 2002,「日本古代における三彩·綠釉陶の歷史的特質」,『國立歷史民俗博物館研究報告』94, 國立歷史民俗博物館

高橋照彦, 2006,「綠釉陶器-その變遷と特質」,『列島の古代史6-專門技能と技術』, 岩波書店

古市晃, 2009,「統合中樞の成立と變遷」,『日本古代王權の支配論理』, 塙書房

高正龍, 2004,「扶餘時代の藤澤先生」,『朝鮮古代研究』5, 朝鮮古代研究刊行會

龜田修一, 1981,「百濟古瓦考」,『百濟研究』12, 忠南大百濟研究所

龜田修一, 2000,「百濟軒丸瓦の製作技法」,『古代瓦研究I-飛鳥寺の創建から百濟大寺の成立まで』, 奈良文化財研究所

龜田修一, 2004,「扶餘「大唐」銘軒丸瓦の語るもの」,『古代文化』56-11(통권550호), 古代學協會

今泉隆雄, 1998,「但馬國分寺木簡と國分寺の創建」,『古代木簡の研究』, 吉川弘文館

吉村怜, 1977,「百濟武寧王妃木枕に畵かれた佛教圖像について」,『美術史研究』14, 早稻田大學美術史學會

吉村怜, 1996,「佛教美術の東アジアへの傳播」,『東アジア社會と佛教文化』, 春秋社

金理那, 1990,「寶珠捧持形菩薩の系譜」,『法隆寺から藥師寺へ』, 講談社

金誠龜, 1993,「百濟·新羅の瓦窯」,『佛教藝術』209, 每日新聞社

金容民, 2010,「王興寺跡と舍利器·莊嚴具の發掘調査成果」,『古代東アジアの佛教と王權』, 勉誠出版

金正基, 1971,「韓國の寺院遺跡について」,『佛教藝術』83, 每日新聞社

金正基, 1993,「韓國から見た日本古代寺院跡」,『佛教藝術』209, 每日新聞社

金鍾萬, 2000,「扶餘陵山里寺址出土瓦當文樣の形式と代觀」,『帝塚山大學考古學研究所研究報告』II, 帝塚山大學考古學研究所

大江篤, 1986,「天曆期の御願寺-『新儀式』の記載のもつ意味」,『人文論究』35-4, 關西學院大學人文學會

大岡實, 1976,「興福寺」,『南都七大寺の研究』, 中央公論美術出版

大橋一章, 1976,「飛鳥寺の創立に關する問題」,『佛教藝術』107, 每日新聞社

大橋一章, 1995,「飛鳥寺の發願と造營組織」,『早稻田大學大學院文學研究科紀要』41-3, 早稻田大學大學院文學研究科

大橋一章, 2010,「古代文化史のなかの飛鳥寺」,『古代東アジアの佛教と王權-王興寺から飛鳥寺へ』, 勉誠出版

大橋一章, 2010,「六世紀後半の百濟寺院の舍利安置について」,『早稻田大學大學院文學研究科紀要』56, 早稻田大學文學研究科

大西修也, 1976,「百濟の石佛坐像-蓮洞里石造如來像をめぐって」,『佛教藝術』107, 每日新聞社

大西修也, 1977,「百濟佛立像と一光三尊形式」,『MUSEUM』315, 東京國立博物館

大西修也, 1985,「百濟半跏像の系譜について」,『佛教藝術』158, 每日新聞社

大川清, 1972,「扶餘の百濟時代寺院跡」,『百濟の考古學』(考古學選書5), 雄山閣

大脇潔, 1996, 「飛鳥時代初期の同笵軒丸瓦」, 『古代』 97, 早稻田大學考古學會
大脇潔, 2010, 「飛鳥·藤原京の寺院」(『飛鳥から藤原京へ』(古代の都1), 吉川弘文館
渡邊昭人·關廣尙世·佐竹昭, 2004, 「釋文の修正と追加－廣島安藝國分寺跡」, 『木簡硏究』 26, 日本木簡學會
稻田奈津子, 2011, 「百濟彌勒寺の舍利奉安記について」, 『朱』 55, 伏見稻荷大社
藤島亥治郞, 1930, 「朝鮮建築史論其三」, 『建築雜誌』 2, 日本建築學會
藤澤一夫, 1946, 「百濟佛敎遺跡の硏究」, 『人文』 3-1, 人文科學委員會
藤澤一夫, 1961, 「日鮮古代屋瓦の系譜」, 『世界美術全集』 2, 角川書店
藤澤一夫, 1971, 「古代寺院の遺構に見る韓日の關係」, 『アジア文化』 8-2, アジア文化硏究所
藤澤一夫, 1995, 「百濟國都泗沘城と日本攝河國百濟郡」, 『激動の古代東アジア』, 帝塚山考古學硏究所
鈴木智大, 2012, 「三面僧房小考」, 『文化財論叢Ⅳ』, 奈良文化財硏究所創立60周年記念論文集
梁正錫, 2006, 「新羅皇龍寺九層木塔の造成に關する比較史的檢討」, 『東北學院大學論集: 歷史と文化』 40, 東北學院大學學術硏究會
鈴木靖民, 1983, 「石上神宮七支刀銘についての一試論」, 『坂本太郞博士頌壽記念 日本史學論集』上, 吉川弘文館
瀨間正之, 2011, 「百濟彌勒寺「金製舍利奉安記」と〈聖德太子〉」, 『日本書紀の迷と聖德太子』, 平凡社
末松保和, 1954, 「新羅佛敎傳來傳說考」, 『新羅史の諸問題』, 東洋文庫
妹尾周三·佐竹昭, 2002, 「2001,出土の木簡－廣島安藝國分寺跡」, 『木簡硏究』 24, 日本木簡學會
木村宣彰, 1980, 「曇始と高句麗佛敎」, 『佛敎學セミナ』 31, 大谷大學佛敎學會
武田幸男, 1980, 「六世紀における朝鮮三國の國家体制」, 『東アジア世界における日本古代史講座』 4, 學生社
門田誠一, 2006, 「三國史記百濟本紀所載の築城用語考」, 『古代東アジア地域相の考古學的硏究』, 學生社
米田美代治, 1944, 「扶餘百濟五層石塔の意匠計畫」, 『韓國上代建築の硏究』, 秋田屋
朴淳發, 2011, 「泗沘都城硏究の現段階」, 『東アジア都城の比較硏究』, 京都大學學術出版會
百橋明穗, 1991, 「古代寺院における堂內壁畵莊嚴の系譜」, 『秋山光和博士古稀記念美術史論文集』, 便利堂
白石太一郞, 2007, 「古墳の終末と寺院造營の始まり」, 『河內古代寺院巡禮』, 大阪市立近つ飛鳥博物館
白井克也, 2000, 「東京國立博物館物保管靑磁獸脚硯」, 『MUSEUM』 568, 東京國立博物館
白井陽子, 2011, 「日本出土の三尊塼佛－その製作のはじまり」, 『考古學論攷』 34, 奈良県立橿原考古學硏究所
富谷至, 1996, 「漢代穀倉制度－エチナ川流域の食糧支給より－」, 『東方學報』 68, 京都大學人文科學硏究所
北野耕平, 1978, 「百濟時代寺院址の分布と立地」, 『百濟文化と飛鳥文化』, 吉川弘文館
寺崎保廣, 2004, 「帳簿」, 『文字と古代日本1－支配と文字』, 吉川弘文館
寺島典人, 2006, 「日本塑像分布一覽表(日本國內)」, 『石山寺境內遺跡發掘調査報告書』, 大津市埋蔵文化財調査報告 第39集
寺島典人, 2007, 「硏究ノ－ト大津市內の塑像について」, 『大津市歷史博物館硏究紀要』 14, 大津市歷史博物館
山口英男, 2000, 「帳簿と木簡－正倉院文書の帳簿·繼文と木簡」, 『木簡硏究』 22, 日本木簡學會
山崎信二, 2011, 「百濟の瓦生産」, 『古代造瓦史－東アジアと日本』, 雄山閣

山崎隆之, 1998, 「永寧寺塔内塑像の製作技法について」, 『北魏洛陽永寧寺』, 奈良國立文化財研究所
山尾幸久, 1989, 「ヤマト國家の形成と日朝關係」, 『古代の日朝關係』, 塙書房
山田隆文, 1999, 「韓國の塼佛」, 『朝鮮古代硏究』 1, 朝鮮古代硏究刊行會
山中章, 2001, 「古代宮都成立期の都市性」, 『新体系日本史6 - 都市社會史』, 山川出版社
三上喜孝, 2013, 「古代東アジア出擧制度試論」, 『日本古代の文字と地方社會』, 吉川弘文館
杉山信三, 1938, 「大唐平百濟塔の比例に就いて」, 『考古學』 8권6호, 東京考古學會
杉三郎, 1941, 「軍守里寺址發掘」, 『趣味の扶餘』, 迎月堂
杉三郎, 1943, 「百濟山懷精舍址」, 『古美術』 13권5호, 寶雲舍
森郁夫, 1994, 「わが國における初期寺院の成立」, 『學叢』 16, 京都國立博物館
上原眞人, 1984, 「瓦の見方について」, 『富山市考古學資料館紀要』 3, 富山市考古學資料館
上原眞人, 1986, 「佛教」, 『岩波講座日本考古學4 - 集落と祭祀』, 岩波書店
上原眞人, 2006, 「寺院造營と生産」, 『記念的建造物の成立』(鈴木博之·山岸常人 編), 東京大學出版會
西山良平, 1997, 「陵寺の誕生 - 嘉祥寺再考」, 『日本國家の史的特質(古代·中世)』, 大山喬平教授退官記念會
石田茂作, 1963, 「橘寺·定林寺の發掘」, 『飛鳥』, 近畿日本叢書3
船山徹, 2002, 「捨身の思想 - 六朝佛教史の一斷面」, 『東方學報』 74, 京都大學人文科學研究所
小杉一雄, 1980, 「六朝及び隋代に於ける塔基表示」, 『中國佛教美術史の研究』, 新樹社
小玉大圓, 1985, 「求法僧謙益とその周邊(上)」, 『馬韓百濟文化』 8, 圓光大馬韓百濟文化研究所
小玉大圓, 1987, 「求法僧謙益とその周邊(下)」, 『馬韓百濟文化』 10, 圓光大馬韓百濟文化研究所
小泉顯夫, 1958, 「高句麗淸岩里廢寺跡の調査」, 『佛教藝術』 33, 每日新聞社
粟田熏, 2002, 「お龜石古墳の築造代 - 新堂廢寺出土平瓦との比較をとおして」,
『藤澤一夫先生卒壽記念論文集』, 藤澤一夫先生卒壽記念論文集刊行會
粟田熏, 2007, 「新堂廢寺の創建代」, 『志學台考古』 7, 大阪大谷大學文化財學科
宿白, 2000, 「五·六世紀, 北中國における人物造形上の變化と諸問題」, 『中國國寶展』, 東京國立博物館
勝浦令子, 1999, 「長屋王家の米支給關係木簡」, 『木簡研究』 21, 日本木簡學會
申光燮·洪性彬, 1993, 「扶蘇山廢寺跡の發掘」, 『佛教藝術』 20, 每日新聞社
新川登龜男, 2010, 「古代朝鮮半島の舍利と舍利銘文 - 飛鳥寺再考の準備として」,
『古代東アジアの佛教と王權 - 王興寺から飛鳥寺へ』, 勉誠出版
永島暉臣愼, 1981, 「高句麗の都城と建築」, 『難波宮址の研究(論考篇)』 7, 大阪市文化財協會
窪添慶文, 2010, 「南北朝時期の國際關係と佛教」, 『古代東アジアの佛教と王權』, 勉誠出版
薗田香融, 1989, 「東アジアにおける佛教の傳來と受容」, 『關西大學東西學術研究所紀要』 22,
關西大學東西學術研究所
有働智奘, 2011, 「六世紀における佛教受容の問題」, 『國學院雜誌』 112-7
伊達宗泰, 1967, 「古墳·寺·氏族」, 『末永先生古稀記念古代學論叢』; 1973, 『論集終末期古墳』, 塙書房
李炳鎬, 2011, 「植民地期における扶餘地域の寺址調査に對する再檢討」, 『奈良美術研究』 11,
早稻田大學奈良美術研究所
李タウン, 1999, 「百濟の瓦からみた飛鳥時代初期の瓦について」, 『飛鳥·白鳳の瓦と土器 - 年代論』,
帝塚山大學考古學研究所

李タウン. 2002, 「百濟の瓦生産 - 熊津時代·泗沘時代を中心として」, 『韓半島考古學論叢』, すずさわ書店
李成市, 1998, 「高句麗と日隋外交」, 『古代東アジアの民族と國家』, 岩波書店
李成市, 2010, 「東アジアの木簡文化 - 傳播の過程を讀みとく」, 『木簡から古代がみえる』, 岩波書店
李成市, 2010, 「王興寺の成立と百濟佛敎 - 高句麗·新羅佛敎との關係を中心に」, 『古代東アジアの佛敎と王權』, 勉誠出版
李成市, 2014, 「古代日朝文化交流史」, 『古代日本と古代朝鮮の文字文化交流』, 大修館書店
張慶浩, 1993, 「彌勒寺跡の發掘」, 『佛敎藝術』 2007, 每日新聞社
張慶浩, 1993, 「韓國古代寺院跡の發掘」, 『佛敎藝術』 2007, 每日新聞社
齋藤忠, 1978, 「扶餘軍守里廢寺跡に見られる伽藍配置とその源流」, 『百濟文化と飛鳥文化』(黃壽永·田村圓澄 編), 吉川弘文館
錢國祥, 2006, 「洛陽永寧寺と塔基壇の發掘と研究」, 『東北學院大學論集: 歷史と文化』 40, 東北學院大學學術研究會
田邊征夫·森郁夫, 1986, 「寺院の造營」, 『日本歷史考古學を學ぶ』中, 有斐閣
田中史生, 2010, 「飛鳥寺建立と渡來工人·僧侶たち - 倭國における技術傳習の新局面」, 『古代東アジアの佛敎と王權』, 勉誠出版
田中俊明, 1997, 「百濟漢城時代における王都の變遷」, 『朝鮮古代研究』 1, 朝鮮古代研究刊行會
田中俊明, 2011, 「朝鮮三國の陵寺について」, 『東アジア都城の比較研究』, 京都大學學術出版會
田村圓澄, 1978, 「百濟佛敎史序說」, 『百濟文化と日本文化』, 吉川弘文館
田村圓澄, 1980, 「漢譯佛敎圈の佛敎傳來」, 『古代朝鮮佛敎と日本佛敎』, 吉川弘文館
井內潔, 2007, 「南朝梁と熊津期百濟文化 - 宋山里六號墳と大通寺に係わる新思考から」, 『朝鮮古代研究』 8, 朝鮮古代研究刊行會
早稻田大學大學院東洋美術史 編, 2009, 「美術史料として讀む『集神州三寶通錄』- 釋讀と研究(二)東晉金陵長干塔緣二」, 『奈良美術研究』 8, 早稻田大學奈良美術研究所
佐川正敏, 2006, 「日本古代木塔基壇の構築技法と地下式心礎, およびその東アジア的考察」, 『東北學院大學論集: 歷史と文化』 40, 東北學院大學學術研究會
佐川正敏, 2006, 「日本古代木塔基壇の構築技術復原と心礎設置形式の變遷に關する研究」, 『百濟研究』 44, 忠南大 百濟研究所
佐川正敏, 2010, 「飛鳥寺木塔心礎考」, 『坪井清足先生卒壽記念論文集』, 坪井清足先生の卒壽をお祝いする會
佐川正敏, 2010, 「王興寺と飛鳥寺の伽藍配置·木塔心礎施設·舍利奉安形式の系譜」, 『古代東アジアの佛敎と王權』, 勉誠出版
佐川正敏, 2011, 「南北朝時代から明時代まで造瓦技術の變遷と變革」, 『古代』 129 · 130合倂號, 早稻田大學考古學會
朱岩石, 2006, 「鄴城遺跡趙彭城東魏北齊佛寺跡の調査と發掘」, 『東北學院大學論集: 歷史と文化』 40, 東北學院大學學術研究會
朱岩石, 2010, 「南北朝寺院遺跡と出土遺物」, 『古代東アジアの佛敎と王權 - 王興寺から飛鳥寺へ』, 勉誠出版

中島正, 1989, 「軒瓦からみた高麗寺の沿革」, 『高麗寺跡』, 山城町教育委員會
池內宏, 1970, 「安羅におけるわが官家の沒落」, 『日本上代史の一研究』, 中央公論美術出版
川尻秋生, 2014, 「飛鳥·白鳳文化」, 『岩波講座 日本歷史』 2, 岩波書店
淸水昭博, 1995, 「出土狀況からみた塼佛用法の檢討」, 『考古學論攷』 19, 奈良県立橿原考古學硏究所
淸水昭博, 2004, 「百濟「大通寺式」軒丸瓦の成立と展開」, 『日本考古學』 17, 日本考古學協會
淸水昭博, 2004, 「瓦の傳來－百濟と日本の初期瓦生産体制の比較」, 『考古學論攷』 27,
奈良県立橿原考古學硏究所
淸水昭博, 2006, 「軍守里廢寺出土軒丸瓦の檢討」, 『MUSEUM』 596, 東京國立博物館
淸水昭博, 2007, 「斑鳩からみた飛鳥」, 『都城－古代日本のシンボリズム』, 靑木書店
淸水昭博, 2008, 「百濟泗沘時代の瓦生産－扶餘亭岩里窯の檢討」, 『帝塚山大學考古學硏究所硏究報告』X,
帝塚山大學考古學硏究所
淸水重敦·山下秀樹, 2009, 「古代寺院建築における特異な基壇·平面とその構造」,
『奈良文化財硏究所紀要2008』, 奈良文化財硏究所
崔英姬, 2009, 「新羅における平瓦·丸瓦製作技術の展開」, 『東アジア瓦硏究』 1, 東アジア瓦硏究會
諏訪義純, 1997, 「梁武帝佛敎關係史蹟譜考」, 『中國南朝佛敎史の硏究』, 法藏館
樋口隆康, 1972, 「百濟武寧王陵出土鏡と七子鏡」, 『史林』 55-4, 史學硏究會
平川南, 2006, 「道祖神信仰の源流」, 『國立歷史民俗博物館硏究報告』 133, 國立歷史民俗博物館
平川南, 2009, 「百濟の都出土の連公木簡」, 『國立歷史民俗博物館硏究報告』 153, 國立歷史民俗博物館
平川南, 2010, 「正倉院佐波理加盤附屬文書の再檢討」, 『日本歷史』 750, 日本歷史學會
河上麻由子, 2008, 「遣隋使と佛敎」, 『日本歷史』 717, 日本歷史硏究會
河上麻由子, 2008, 「中國南朝の對外關係において佛敎が果たした役割について」, 『史學雜誌』 117-12,
史學會
賀云翱, 2010, 「南朝瓦總論」, 『古代東アジアの造瓦技術』, 奈良文化財硏究所
下倉涉, 2006, 「南北朝の帝都と寺院」, 『東北學院大學論集: 歷史と文化』 40, 東北學院大學學術硏究會
向井佑介, 2004, 「中國北朝における瓦生産の展開」, 『史林』 87-5, 史學硏究會
向井佑介, 2010, 「魏の洛陽城建設と文字瓦」, 『待兼山考古學論集II』, 大阪大學考古學硏究室
向井佑介, 2011, 「北魏平城時代の佛敎寺院と塑像」, 『佛敎藝術』 316, 每日新聞社
向井佑介, 2014, 「北魏平城の瓦工房」, 『洛北史學－大同西冊田遺址採集瓦の硏究』 16, 洛北史學會
戶田有二, 2007, 「百濟の鐙瓦製作技法について(Ⅳ)」, 『百濟文化』 37, 公州大 百濟文化硏究所
戶田有二. 2001, 「百濟の鐙瓦製作技法について(I)」, 『百濟文化』 30, 公州大 百濟文化硏究所
花谷浩, 2000, 「飛鳥寺·豊浦寺の創建瓦」, 『古代瓦硏究』I, 奈良文化財硏究所
花谷浩, 2010, 「飛鳥の瓦と百濟の瓦」, 『古代東アジアの造瓦技術』, 奈良文化財硏究所
和田萃, 1995, 「飛鳥·奈良時代の喪葬儀禮」, 『日本古代の儀禮と祭祀·信仰』上, 塙書房
喜田貞吉, 1925, 「大唐平百濟國碑に關する疑問」, 『考古學雜誌』 15卷5號, 日本考古學會

中國語 論文

孫華, 2000, 「四川綿陽平楊府君闕闕身造像」, 『漢唐之間的宗敎藝術與考古』(巫泓 主編), 文物出版社

楊泓, 2000, 「百濟定林寺遺址初論」, 『宿白先生八秩華誕紀念文集』, 文物
燕睿, 2009, 「北魏陵寢制度的基本特徵」, 『南都學壇(人文社會科學學報)』 29 - 1, 南陽師範學院
王志高, 1999, 「南朝帝王陵寢初探」, 『南方文物』 4期, 江西省文化廳
王志高, 2004, 「六朝帝王陵寢述論」, 『南京曉庄學院學報』 20 - 2期, 南京曉庄學院學報編集部
王志高·王光明, 2010, 「南京紅土橋出土的南朝泥塑像及相關問題硏討」『東南文化』 3期, 江蘇古籍出版社
李梅田, 2000, 「長江中游地區六朝隋唐青瓷分期硏究」, 『華夏考古』 4期
錢國祥, 1996, 「漢魏洛陽城出土瓦當的分期與硏究」, 『考古』 10期
趙燦鵬, 2011, 「南朝梁元帝職貢圖題記佚文續拾」, 『文史』 4, 中華書局
鍾曉青, 1998, 「北魏洛陽永寧寺塔復原探討」, 『文物』 5期
河上麻由子, 2006, 「佛敎與朝貢的關係 - 以南北朝時期爲中心」, 『傳統中國硏究集刊』 1, 上海人民出版社
賀云翱, 2007, 「南京鍾山二號寺遺址出土南朝瓦當及與南朝定林寺關係硏究」, 『考古與文物』 1期, 陝西省考古硏究所

초출 일람

제1장 제2절: 2012, 「瓦當からみた熊津時期百濟寺院の斷面」, 『奈良美術研究』 13, 早稻田大學 奈良美術研究所

제2장 제1절: 2011, 「百濟 定林寺式伽藍配置의 展開와 日本의 初期寺院」, 『百濟研究』 54, 충남대 백제연구소(단 제3장과 제4장은 제외)

제2절: 2012, 「扶餘·定林寺址よりみた百濟聖王代の佛教と王權」, 『佛教文明の受容と君主權の構築』, 大橋一章·新川登龜男 編, 勉誠出版

제3장 제1절: 2008, 「扶餘 陵山里 出土 木簡의 性格」, 『木簡과 文字』창간호, 한국목간학회

제2절: 2008, 「扶餘 陵山里寺址 出土 瓦當의 再檢討」, 『韓國古代史研究』 51, 한국고대사학회

제3절: 2008, 「扶餘 陵山里寺址 伽藍中心部의 變遷 過程」, 『韓國史研究』 143, 한국사연구회

제4장 제1절: 2011, 「植民地期における扶餘地域の寺址調査に對する再檢討」, 『奈良美術研究』 11, 早稻田大學 奈良美術研究所 및 『百濟研究』 54의 제3장

제2절: 2010, 「百濟泗沘時期塑像の展開過程」, 『奈良美術研究』 10, 早稻田大學 奈良美術研究所

제3절: 2013, 「문화교류 상에서 본 백제 사찰의 위치」, 『백제 사찰과 주변국 사찰과의 비교연구』, 백제역사유적지구 세계유산등재추진단

※ 기 발표 논문을 재수록하면서 이 책의 체재에 맞게 수정하거나 조정하였으며, 새로운 知見을 통해 수정·보완하였음을 밝힌다.

도면 · 도판 출전

도1-1 朴淳發, 2011, 『東アジア都城の比較研究』, 京都大學學術出版會

도1-2 문화재관리국 문화재연구소, 1973, 『무령왕릉 발굴조사보고서』

도1-3 국립중앙박물관, 1990, 『삼국시대 불교조각』

도1-4 국립중앙박물관, 1999, 『특별전 백제』

도1-5 ① 국립중앙박물관, 1999, 『특별전 백제』
②③ 국립광주박물관, 1988, 『羅州 潘南 古墳群』

도1-6 ① 서울대박물관, 2001, 『용원리유적 C지구』
② 국립문화재연구소, 2012, 『풍납토성XIV』

도1-7 서울대박물관, 2007, 『서울대학교박물관 소장품 도록』
龜田修一, 2006, 『日韓古代瓦の研究』, 吉川弘文館

도1-8 국립부여박물관, 2010, 『특별전 백제와전』

도1-9 輕部慈恩, 1946, 『百濟美術』, 寶雲舍

도1-10 최영희, 2010, 「신라 고식 수막새의 제작기법과 계통」, 『한국상고사학보』 70

도1-11 朴淳發, 2011, 『東アジア都城の比較研究』, 京都大學學術出版會

도1-12 ①② 국립문화재연구소, 2012, 『풍납토성XIV』
③④⑤⑥ 공주사범대학박물관, 1987, 『공산성백제추정왕궁지발굴조사보고서』
⑦ 戶田有二, 2007, 「百濟の鐙瓦製作技法について(IV)」, 『백제문화』 37
⑧ 淸水昭博, 2012, 『古代日韓造瓦技術の交流史』, 淸文堂
⑨ 국립공주박물관, 2000, 『정지산』
⑩ 국립부여박물관, 2010, 『특별전 백제와전』
⑪ 국립경주박물관, 2012, 『경주공업고등학교내유구수습조사』

도2-1 필자 작성

도2-2 윤무병, 1981, 『정림사지 발굴조사보고서』, 충남대학교박물관

도2-3 필자 촬영

도2-4 ①②③ 국립부여박물관, 2009, 『백제 가람에 꽃핀 불교문화』
④ 필자 촬영

도2-5 국립부여박물관, 2007, 『국립부여박물관』

도2-6 국립부여박물관, 2009, 『백제 가람에 꽃핀 불교문화』

도2-7 국립부여박물관, 2009, 『백제 가람에 꽃핀 불교문화』

도2-8 필자 촬영

도2-9 필자 촬영

도2-10 ① 필자 촬영

② 王志高·王光明, 2010, 「南京紅土橋出土的南朝泥塑像及相關問題研討」, 『東南文化』 3期

도2-11 孫華, 2000, 「四川綿陽平楊府君闕闕身造像」, 『漢唐之間的宗教藝術與考古』, 文物出版社

도2-12 ① 河南省文物硏究所·文物出版社, 1983, 『鞏県石窟寺』, 平凡社

② 奈良國立文化財硏究所, 1998, 『北魏 洛陽 永寧寺』

도2-13 국립부여문화재연구소, 2011, 『부여 정림사지 발굴조사보고서』

도2-14 필자 촬영

도2-15 국립공주박물관, 2010, 『국립공주박물관』(臺灣古宮博物院 소장)

도2-16 필자 촬영

도2-17 국립부여박물관, 2010, 『특별전 백제와전』

도2-18 ① 필자 촬영

② 南京市文物保存委員會, 1980, 「南京郊區兩座南朝墓淸理簡報」 『文物』 2期

도2-19 南京市博物館, 2004, 『六朝風采』, 文物出版社

도2-20 ①②③ 국립부여문화재연구소, 2011, 『부여 정림사지 발굴조사보고서』

④⑤ 南京市文物硏究所, 2002, 「南京梁南平王蕭偉墓闕發掘簡報」 『文物』 7期

도2-21 국립중앙박물관, 1999, 『특별전 백제』

도2-22 ① 藤澤一夫, 1971, 「古代寺院の遺構に見る韓日の關係」, 『アジア文化』 8卷2號

② 윤무병, 1981, 『정림사지 발굴조사보고서』, 충남대학교박물관

③ 국립부여문화재연구소, 2011, 『부여 정림사지 발굴조사보고서』

④ 필자 작성

도2-23 국립부여박물관, 2007, 『국립부여박물관』

도2-24 ① 필자 작성

② 신종국, 2005, 「사비도성 발굴조사 성과와 의의」, 『백제 사비시기 문화의 재조명』

도2-25 국립부여박물관, 2006, 『백제의 공방』

도2-26 국립부여문화재연구소, 2009, 『부여관북리 백제유적발굴보고III』

도2-27 국립부여문화재연구소, 2009, 『부여관북리 백제유적발굴보고IV』

도2-28 필자 작성

도2-29 국립중앙박물관 제공

도2-30 국립부여문화재연구소, 2001, 『궁남지II』

도2-31 충남대 백제연구소, 2003, 『사비도성』

도2-32 충청문화재연구원, 2006, 『부여 능산리 동나성 내·외부 백제유적』

도2-33 충청문화재연구원, 2009, 『부여 쌍북리 현내들·북포유적』

도2-34 필자 작성

도2-35 필자 작성
도3-1 국립부여박물관, 2010, 『백제 중흥을 꿈꾸다 - 능산리사지』
도3-2 필자 작성
도3-3 국립부여박물관, 2000, 『능사 - 부여 능산리사지 발굴조사 진전보고서』
도3-4 국립부여박물관 제공
도3-5 박경도 학예연구관 제공
도3-6 ① 국립부여박물관, 2000, 『능사 - 부여 능산리사지 발굴조사 진전보고서』
②③ 국립부여박물관, 2000, 『능사 - 부여 능산리사지 6~8차 발굴조사보고서』
도3-7 ①공주사범대학박물관, 1987, 『공산성백제추정왕궁지발굴조사보고서』
②③④ 국립부여박물관, 2000, 『능사 - 부여 능산리사지 6~8차 발굴조사보고서』
도3-8 국립부여박물관 제공
도3-9 국립부여박물관 제공
도3-10 필자 작성
도3-11 필자 작성
도3-12 국립부여박물관, 2000, 『능사 - 부여 능산리사지 발굴조사 진전보고서』
도3-13 국립부여박물관, 2000, 『능사 - 부여 능산리사지 발굴조사 진전보고서』
도3-14 국립부여박물관, 2000, 『능사 - 부여 능산리사지 발굴조사 진전보고서』(일부 필자 촬영)
도3-15 국립부여박물관, 2000, 『능사 - 부여 능산리사지 발굴조사 진전보고서』
도3-16 필자 작성
도3-17 삼부토건 제공
도3-18 국립부여박물관, 2000, 『능사 - 부여 능산리사지 발굴조사 진전보고서』
도3-19 국립부여박물관, 2010, 『백제 중흥을 꿈꾸다 - 능산리사지』
도3-20 方起東, 1999, 「集安 東台子 高句麗 建築遺址의 性質과 年代」, 『고구려 유적과 유물 연구』
도3-21 국립공주박물관, 2000, 『정지산』
도3-22 岡村秀典·向井佑介 編, 2007, 「北魏方山永固陵の研究」, 『東方學報』 80
도3-23 田中俊明, 1995, 『高句麗の歴史と遺蹟』, 中央公論社
도3-24 필자 작성
도3-25 필자 작성

도4-1 ① 石田茂作, 1937, 『昭和十一年度古蹟調査報告』, 朝鮮古蹟硏究會
② 국립부여문화재연구소, 2010, 『부여 군수리사지I』
③ 필자 작성
도4-2 국립부여문화재연구소, 2012, 『왕흥사지IV』
도4-3 국립부여문화재연구소, 2009, 『왕흥사지III』
도4-4 ① 石田茂作·齋藤忠, 1940, 『昭和十三年度古蹟調査報告』, 朝鮮古蹟硏究會
②충남대박물관, 2013, 『부여 동남리유적』
도4-5 국립부여문화재연구소, 2011, 『제석사지 발굴조사보고서I』

도4-6　필자 작성

도4-7　① 藤島亥治郞, 1969,『朝鮮建築史論』

② 국립부여문화재연구소, 1996,『미륵사유적발굴조사보고서II』

③ 국립문화재연구소, 2012,『미륵사지 석탑-기단부 발굴조사보고서』

도4-8　국립박물관, 1969,『금강사』

도4-9　① 古代を考える會, 1976,『古代を考える』5(古代の日本と朝鮮I)

② 신광섭, 1994,「부여 부소산폐사지고」,『백제연구』24

③ 국립부여박물관, 2007,『국립부여박물관』

도4-10　배병선, 2010,「미륵사의 조영과 동아시아 건축」,『백제 불교문화의 보고, 미륵사』

도4-11　국립부여박물관, 2010,『백제 중흥을 꿈꾸다-능산리사지』(일부 필자 촬영)

도4-12　국립부여박물관, 2010,『백제 중흥을 꿈꾸다-능산리사지』(일부 필자 촬영)

도4-13　국립부여박물관, 2010,『백제 중흥을 꿈꾸다-능산리사지』(일부 필자 촬영)

도4-14　국립중앙박물관, 2008,『청양 왕진리 가마터』

도4-15　국립공주박물관, 2010,『국립공주박물관』

도4-16　원광대학교박물관, 2006,『익산 왕궁리 전 와요지(제석사폐기장)』

도4-17　원광대학교박물관, 2006,『익산 왕궁리 전 와요지(제석사폐기장)』

도4-18　문화재관리국 문화재연구소, 1987,『미륵사I(도판편)』및 飛鳥資料館, 1985,『日本と韓國の塑像』

도4-19　국립문화재연구소, 2012,『미륵사지 석탑-기단부 발굴조사보고서』

도4-20　국립부여박물관, 2010,『백제 중흥을 꿈꾸다-능산리사지』(일부 필자 촬영)

도4-21　필자 촬영

도4-22　국립부여박물관, 2010,『백제 중흥을 꿈꾸다-능산리사지』(일부 필자 촬영)

도4-23　국립부여문화재연구소, 2008,『왕궁리 발굴조사 중간보고VI』

도4-24　南京市博物館, 2008,「南京市江寧區胡村南朝墓」,『考古』6期(사진은 필자 촬영)

도4-25　국립중앙박물관, 1990,『삼국시대 불교조각』

도4-26　국립경주박물관, 2009,『특별전 사천왕사』

도4-27　동국대경주캠퍼스박물관, 2006,『래여애반다라(소조상 특별전)』

도4-28　飛鳥資料館, 1985,『日本と韓國の塑像』

도4-29　필자 촬영

도4-30　필자 촬영

도4-31　飛鳥資料館, 1985,『日本と韓國の塑像』

도4-32　국립경주박물관, 2012,『경주공업고등학교내유구수습조사』

도4-33　①②국립부여문화재연구소, 2012,『왕흥사지IV』

③④花谷浩, 2000,「飛鳥寺·豊浦寺の創建瓦」,『古代瓦研究』I, 奈良文化財研究所

도4-34　花谷浩, 2000,「飛鳥寺·豊浦寺の創建瓦」『古代瓦研究』I, 奈良文化財研究所

도4-35　千田剛道, 2007,「백제 및 일본의 서까래기와에 관한 두 세가지 고찰」,『한일문화재논집』I

도4-36　文化財保護委員會, 1967,『四天王寺』

도4-37 富田林市教育委員會, 2003,『新堂廢寺跡· オガンジ池瓦窯跡· お龜石古墳』

도4-38 佐川正敏, 2010,「王興寺と飛鳥寺の伽藍配置· 木塔心礎施設· 舍利奉安形式の系譜」,『古代東アジアの佛教と王權』, 勉誠出版

도4-39 국립부여문화재연구소, 2009,『왕흥사지III』

도4-40 佐川正敏, 2010,「王興寺と飛鳥寺の伽藍配置· 木塔心礎施設· 舍利奉安形式の系譜」,『古代東アジアの佛教と王權』, 勉誠出版

※ 도면과 도판 중에는 일부 필자의 수정과 보완이 더해진 것이 있음.

Abstract

A Study of Buddhist Temples in the Baekje Kingdom

This study examines Buddhist temples of Baekje (18 BCE-600 CE) from the transmission of Buddhism in the fourth century to the fall of the kingdom in the seventh century. It looks into major temple sites in Buyeo, Gongju, and Iksan and intends to draw a more comprehensive picture of Baekje Buddhist temples and to explain their characteristics in a broader context of East Asia.

Chapter 1 discusses the transmission of Buddhism and early Buddhist temples during the Hanseong period (18 BCE-475 CE). It was during the reign of King Chimryu (r. 384-385) in the late fourth century that Buddhism was officially introduced to the Baekje court through the Eastern Jin (317-418) in China. At that time, the elite class of Baekje was familiar with Chinese texts as they compiled historical texts and exchanged envoys with China. In the context of foreign politics, it is highly likely that Baekje supported Buddhism in order to consolidate the relation with King Xiaowu (r. 373-396) of the Eastern Jin, who was a pious Buddhist, and eventually to defense against the coalition between Goguryeo (37 BCE-668 CE) and the Former Jin (334-394). The Buddhist artifacts from the Hanseong period are limited to metal ware, ceramic, roof-tiles with lotus pattern, but the religious achievement of prominent monks such as Baljeong in the early Ung-jin period (475-538) shows the existence of Buddhist activities in the late Hanseong and early Ungjin periods. The roof tiles decorated with animal-face or lotus patterns discovered from Pungnap Fortress in Seoul demonstrate that Baekje had cultural exchange with not only Nangnang (108 BCE-313 CE) and Goguryeo but also with several states of the Northern and Southern Dynasties in China and imported their Buddhist cultures.

Various artifacts unearthed from King Muryeong's (r. 501-523) tomb in the Ungjin period show the influence of the Buddhist culture of the Southern Dynasties. King Seong (r 523-554), who constructed King Muryeong's tomb also built Daetongsa Temple. It is arguably the first major temple in Baekje, yet its architectural site remains unknown. Roof-tiles, which serve as key materials in the study of the temple, share similar techniques with the roof tiles discovered in the Nanjing area in China. Moreover, the tiles with the inscription of "(These roof tiles) were modeled after the roof tiles of the official buildings of the Liang" reveal the influence of the Liang (520-557) of the Southern Dynasties. Based on textual records, the roof tiles that are earlier than Daetongsa, especially those found in Gongju Fortress, the seat of the royal palace, are presumably related to the Qi (479-502) of the Southern Dynasties. A number of roof tiles with patterns and techniques identical to the Daetongsa-style roof tiles were found in Sabi and the Heungryunsa Temple site in Gyeongju. It is highly likely that state workshops such as roof-tile workshops were set up for the construction of Daetongsa Temple.

Chapter 2 discusses the formation of the Baekje-style temples in the Sabi period(538-660) in relation to the artifacts and architectural plan of Jeongnimsa Temple and the temple's special location in the city planning of Sabi. It focuses on several issues such as the date, original location of the clay figures found at the site and the distinctive features of the temple layout. Based on archaeological finds and textual sources, it is argued that the clay figures, which were enshrined in a wooden pagoda, were created in 541 with the the assistance of Liang artisans and painters. Along with clay figures, the techniques for making roof tiles and green-glazed ware, construction of the wooden pagoda, and temple layout with subsidiary buildings were largely influenced by the Southern Dynasties. However, some of the features, such as small cornerstones between the upper and lower foundations and additional buildings flanking the lecture hall appear to have been derived from Goguryeo. In this sense, it is argued that while the Southern Dynasties culture were the main source of influence in the construction of Jeongnimsa, some elements from Goguryeo culture were also employed.

The layout of Jeongnimsa, which can be referred to as "Jeongnimsa-style temple plan" is unique in that the east and west corridors and lecture hall are linked to subsidiary buildings and separate buildings flanking the lecture hall, instead of the north corridor. These separate buildings were presumably minor structures and were used by monks. However, compared with the monks' living quarters located to the north of the lecture hall, they were of a more official nature, and this study proposes terms "East Hall" and "West Hall" to indicate them.

An analysis of the clay figures show that some of them formed a scene of a royal procession in which a king pays homage to the Buddha. It is probable that it represented King Seong's procession and the scene embodies his wish to present himself as the ruler of both secular and Buddhist worlds. The fact that artisans and painters Emperor Wudi (r. 502-549) of the Liang sent participated in the construction of the temple confirms that the advanced skills of the Liang along with Baekje court's support were provided when Jeongnimsa was established. Furthermore, it is likely that the temple is related to the records of creating a "six-*zhang* (foot) Buddha image" preserved in *Nihon Shoki* (The Chronicles of Japan). This reliable text reflects the historical circumstances of the Baekje kingdom of that time, and enables us to draw a more comprehensive picture of the political and religious context of the temple construction.

In order to define the status of Jeongnimsa Temple within the city of Sabi, ancient roads and royal palace were investigated in terms of their construction date and arrangement. Most of the roads excavated within the old city of Sabi were most likely constructed in the late sixth century. The palace district were determined based on several materials including maps drawn during the Japanese Colonial Period (1910-1945), roof tiles with the inscription of "Dae Dang (Great Tang dynasty)" and wooden slips excavated at the sites. It is concluded that the arrangement of the square-shaped palace district in Guari and Jeongnimsa Temple reveal that the temple's location was carefully planned to function as a religious and political symbol of the Baekje kingdom. As in the case of Yongningsi Temple in Luoyang and Tongtaisi temple in Nanjing, Jeongnimsa was located to the south of the palace and was the most outstanding landmark of the Sabi city along with the palace.

Chapter 3 deals with the Neungsanri Temple site, which is located next to the Neungsanri royal tomb site built in the Sabi period. The area south to the main gate yielded a large amount of wooden slips, and their characteristics have not been clearly determined. Therefore, the inscriptions and excavation sites are re-examined in order to explain their usage, disposal, and historical significance. It is argued most of the wooden slips were made between 554 and 567, which is between the death of King Seong at the Gwansanseong Battle and the construction of a wooden pagoda in Neungsanri Temple. Some were made, used, and disposed between 567 and the end of the sixth century. These evidences lead one to think that the wooden slips are associated with a certain structure located in the early lecture hall site. Considering that of the inscriptions describe Buddhist or funeral rites, production and transfer of items, and ledger, it is presumed that these wooden slips were used during the construction and administration of Neungsanri Temple. The wooden slip no. 2002-1 discovered during the eighth season of excavation is a ledger that records provision of rice to the people mobilized for the temple construction. The wooden slips nos. 300, 306, and 310 inform that there was a storage or administrative office in the Neungsanri area that deals with the supervision of items such as rice.

In addition, the changes in the central part of the northern area of the temple are important in understanding the nature of the wooden slips. The order that the temple buildings were constructed can be determined based on the classification of the roof tiles and the location of buildings. Sixteen different types of roof tiles are identifiable, among which thirteen have lotus patterns, two windmill patterns, and one no patterns. Moreover, the Types I, III, IV, IX are determined as the early group of roof tiles used when the temple was first established, and among them Type Ia is regarded as the earliest.

Then, the chronological order of the buildings is reconstructed based on a comprehensive study of archaeological evidences, including the excavated locations of each type of roof tiles, construction process of drainage system, structures of buildings, excavated artifacts including the wooden slips. As for the main part of the temple, the buildings were built probably in the order of lecture hall, unidentified building no. 1, workshop no. 2, unidentified building no. 2, workshop no. 1, and it was followed by the wooden pagoda, Golden Hall, main gate, and corridors. The fact that the early group was built before the wooden pagoda and Golden Hall suggests that its function was different from most of the buildings in a Buddhist temple.

It is probable that the early group of architecture was related to the projects such as the construction of the King Seong's mausoleum. The lecture hall in this group has a distinct structure that consists of two rooms and east and west wings. This particular formation is similar to that in the Dongtaeja site in Jian, and the lecture hall in the Neungsanri Temple site originally served a funerary function. The combination of royal tombs and Buddhist temples existed in the Liang and the Northern Wei (386-534), where Buddhism flourished. The case of the royal tumulus known as the tomb of King Dongmyeong and Jeongreungsa Temple serves another such example. In the case of the Neungsanri site, the early architectural group appears to have functioned as a facility related to the construction of King Seong's tomb, or as a funerary shrine or hall for sacrificial ceremonies. However, when the Buddhist temple was established, the structures of this early group became part of the temple. It appears that the early buildings maintained their funerary functions and that Neungsanri Temple functioned as a "royal tomb temple."

Chapter 4 looks into other Buddhist temples during the Sabi period focusing on the sites in Buyeo and Iksan. The overall layout of the Jeongnimsa-style temple is similar to that of Shitennoji Temple, but differs in the way that lecture hall is connected to corridors. Instead of north corridors, the lecture hall is linked to subsidiary buildings located on the north side of the east and west corridors and separate buildings flanking the lecture hall. The temple layout, archaeological finds including the clay figures, and textual records indicate that the temple was established after the transfer of the capital from Ungjin to Sabi in 538, and was largely influenced by the Southern Dynasties culture and partly by Goguryeo culture.

Some changes occurred in the Jeongnimsa-style layout as can be seen in the Gunsurisa and Wangheungsa Temple sites established in the mid- and late sixth century. Additional buildings were constructed beyond the east and west corridors, or some structures ceased to be built in the late sixth century. Mireuksa Temple founded in the early half of the seventh century shows a layout that consists of three parallel compounds, presumably resulted from the adoption of the multi-compounds temple style in China and from Maitreya worship. As for the temples during the Sabi period, the Jeongnimsa-style layout was dominant, and thus in a broader sense this can be referred to as the "Baekje-style temple plan".

The clay figures found in twelve temple and kiln sites in the Baekje region are investigated in relation to the clay figures found in the neighboring states. In the case of the Baekje examples, most of them were installed in the wooden pagoda or Golden Hall. As for the techniques, they were modeled either by hands or by molds. After modeling, some were fired while others were simply dried. Clay figures with glazed surface and those discovered at the kiln sites are not many in Baekje, but they evince that firing was definitely involved in their production. Similar clay figures were discovered in Nanjing, proposing that in terms of technique the Baekje examples are related to the Southern Dynasties.

It is notable that the techniques observed in the Baekje clay figures are found in the clay figures from the Wonorisa Temple site in Goguryeo and the green-glazed tiles found in the Sacheonwangsa Temple site in Silla. Moreover, when examining textual records on the wooden pagoda of Shitennoji Temple and clay figures excavated from the Urayama site in Kawaradera, it is most likely that the clay figures discovered in Japanese temples were created under the Baekje influence. The finds from the Urayama site are particularly similar to those from the Jeseoksa Temple site in Iksan in terms of modeling techniques and the way that they were abandoned. In addition, the Urayama site yielded green-glazed figures, and it suggests that the Baekje immigrants transmitted the techniques to Japan.

A variety of cultural elements coexisted in the Buddhist temples of Baekje and they represented the most advanced and international culture of East Asia. These cultural elements, which derived from the Southern Dynasties, Goguryeo, the Northern Dynasties, the Sui, and the Tang, were combined in Jeongnimsa, Neugsanri Temples and later temples of Baekje. Creating refined and distinctive cultures by employing various elements of the neighboring cultures was characteristic feature of Baekje temples, and furthermore, Baekje culture. The techniques for building Buddhist temples along with Buddhist doctrines were important tools for Baejke's foreign politics.

찾아보기

ㄱ
가람 주변부 238
가람 중심부 23, 160, 215
가로 구획 113
가메다 슈이치 47, 68
가메이시 고분(龜石古墳) 326
가와라데라 100
가와라데라(川原寺) 뒷산(裏山) 유적 86, 286, 310, 323
가타호조 형 52
가탑리사지 53
가형(枷型) 319
강예박사(講禮博士) 105
개로왕 38, 58
개원통보(開元通寶) 128, 293
건강(建康) 37
건강실록(建康實錄) 225
건릉(乾陵) 225
건릉사(建陵寺) 226
건릉사찰하명(建陵寺刹下銘) 226
건조식 297
건춘문(建春門) 46
견관서(甄官署) 95
겸익(謙益) 39
경주 감은사지 101, 274
경주공업고등학교 316
경주 능지탑(陵只塔) 309
경주 사천왕사지 101, 307, 323, 327
경주 월성 57, 319, 329
경주 황룡사지 100, 272, 274, 323, 324, 327
경현(景縣) 봉씨묘군 164
고개지(顧愷之) 79
고구려계 와당 61
고구려계 토기 231, 234
고국원왕 31, 32
고승전(高僧傳) 303
고창국(高昌國) 106
고후쿠지(興福寺) 100
고홍(高興) 33
곤도 고이치(近藤浩一) 140, 144, 218
공덕부(功德部) 58
공산성 14, 55, 63, 165, 166
공산성식(公山城式) 와당 56
공산성 추정 왕궁지 55
공수(拱手) 74
공장 90, 94, 293
공주 수촌리 고분군 35
공현석굴(鞏縣石窟) 80, 82, 105
관륵(觀勒) 29
관북리 장방형 구획 113, 114
관북리 추정왕궁지 14
관산성 전투 98, 218, 234
관세음응험기(觀世音應驗記) 257, 271, 286, 294, 323
관영 공방 59, 115
관영 수공업 63, 95

관영 조와 공방 22, 58, 63
관음신앙 18
광개토왕 38
구교리사지 291, 295
구다라노미야(百濟宮) 134, 259
구다라오데라(百濟大寺) 134, 259
구상(溝狀) 유구 151
구아리사지 15, 278, 294
구아리 정방형 구획 125, 131
구족계 30
구태묘(仇台廟) 230
국립공주박물관 283
국립부여문화재연구소 81, 96, 115
국립부여박물관 16, 71, 149, 185, 186, 282, 291, 292, 345
국립창원문화재연구소 146
군령·성주 110
군수리사지 12, 20, 213, 250, 268, 324
군수리 지점 121
궁남지 동서도로 120
권발(卷髮) 74
궐신조상(闕身造像) 80
근구수왕 31, 35
근초고왕 31, 35
금강사지 13, 263, 289, 295
금광명최승왕경(金光明最勝王經) 109
금덕리(金德里) 요지 203
금덕리 요지 53
금동관(金銅冠) 41
금동대향로 140, 249
금동보살입상 250
금성산 와적기단 건물지 15
금위 144, 153
기념비적 시설물 21, 105
기술계 관료 95
기와 공급 체계 209, 213
기와 폐기 수혈 72
기타노 코헤이(北野耕平) 13, 14
기타 사타키치(喜田貞吉) 66
긴메이(欽明) 천황 107
김리나 68,
김상현 140
김수태 140
김정기 13, 15, 68, 85
김종만 181, 186

ㄴ

나니와노미야(難破宮[小郡宮·豊碕宮]) 134, 259
나발 323
나성 140
나성 금위(禁衛) 140
나성 동문 234
나성 축조 목간설 144
那尒波連公(나이파연공) 128, 129
나주 신촌리9호분 41, 43
낙랑군 33, 34, 35, 62
낙랑 유민 34
낙신부도(洛神賦圖) 79
낙양성(洛陽城) 46
낙양(洛陽) 영녕사(永寧寺) 70, 77, 90, 300, 301, 302
난릉(蘭陵) 225
남근형 목간 144, 239
남문 268
남사(南史) 225
남제(南齊) 55, 56, 61, 63
남제서(南齊書) 34
남조계 조와집단 316
남평왕(南平王) 소위묘궐(蕭偉墓闕) 92
납석제삼존불편 68, 72, 84, 322
납석제여래좌상 250
내몽골 고양현(固陽縣) 북위성지(北魏城址) 77
노국(魯國) 82
녹유서까래기와 319

녹유 제품 94, 313
농관(籠冠) 69, 74, 88
능사(陵寺) 142, 157, 161, 222, 230
능산리·가탑리 지점 122
능산리 고분군 23, 140, 176
능산리 목간 142
능산리사지 20, 23, 249, 276
능산리 요지 201, 213
능지탑 323
니미방 179

ㄷ
다무라 엔초(田村圓澄) 30
다원식사원(多院式寺院) 261
다지마 고쿠분지(但馬國分寺) 180
단모제(單模製) 73, 296
단판육엽연화문와당 262
단판칠엽연화문와당 86
당간지주 51
당나라식 와요 130
당식대금구(唐式帶金具) 265, 292
'대당(大唐)'명 와당 126, 130
대당평백제국비명 66, 134
대문산(對文山) 남조묘(南朝墓) 86
대방군 33, 35
대승사론현의기(大乘四論玄義記) 18
대애경사(大愛敬寺) 226, 231, 271
대장당초 102
대지도사(大智度寺) 226
대통문(大通門) 133
대통불(大通佛) 49
대통사(大通寺) 22, 38, 40, 49, 315
대통사식(大通寺式) 와당 22, 55, 203, 315
대통사지 19, 45, 49
대통전(大通錢) 49
대형 불상대좌 284
대형소상 72
대형 원락식(院落式) 사원 272, 325
대형 전각건물 115, 132, 256
대홍수 기록 130
도관(陶管) 205
도다이지(東大寺) 100
도래인(渡來人) 34
도로 유적 113, 120
도림(道琳) 38, 39
도사(道使) 144, 145, 170, 177, 178
도승(度僧) 30, 36, 157, 232, 236
도용(陶俑) 68, 70, 275
도제(道祭) 144, 176
도향제(道饗祭) 145, 176
돈황석굴(敦煌石窟) 82
동계품(同系品) 206
동국대박물관 281, 307, 352, 376
동궁(東宮) 130
동나성 170
동남리사지 12, 255, 270
동당(冬堂) 325, 328
동당(東堂) 99
동당·서당 266, 324
동대배수로 151
동대자 유적 156, 221, 231, 274
동라성 143, 144, 218, 234
동방기단 250, 251, 269
동범품 19, 183, 204
동석교 201
동성왕 34
동실(東室) 99
동진 29, 31, 62
동태사(同泰寺) 105, 329
두체별제식(頭體別製式) 76, 81, 278, 297, 310, 320

ㄹ
랜드마크 23, 133, 329

ㅁ
마라난타(摩羅難陀) 28, 29, 30, 33
만년당(萬年堂) 226
매형공주 239
모대 34
모시박사 90, 105, 321
모용복 32
모용평 32
목간부스러기 148
목교 149, 150
목제칠기편 220
목책시설 151
몽촌토성 35, 36, 46, 47, 56
무강왕(武康王) 257
무구정광탑형지기 180
무령왕 10, 39
무령왕릉 14, 40, 44, 62, 94, 331
무왕 18, 252
무차대회(無遮大會) 133
문명대 68,
문심조룡(文心雕龍) 103
문주왕 55
미나미시가 폐사(南滋賀廢寺) 323
미륵사상 263
미륵사식 와당 262
미륵사지 11, 13, 14, 20, 213, 259, 271, 288, 295, 324
미륵사지 서석탑 333
미륵신앙 18, 263
미야이 폐사(宮井廢寺) 323
彌移居(미야케) 109, 110

ㅂ
박사(博士) 33, 90
박중환 140, 143
발원문 111
발정(發正) 38, 39, 62
배수시설 143, 160
배전(配殿) 99
배치형식론 13, 14
백가(苩加) 56
백불대(白佛臺) 유적 46
백제식 가람배치 272
백제식 사원 69, 95, 135
백제 연유(鉛釉) 93
백제 유민 313, 323
백촌강 전투 313
번개(幡蓋) 232, 236
범발 296
범발(笵拔) 73
범형(笵型) 73
법왕 251
법원주림(法苑珠林) 77
법화경(法華經) 49
법화신앙 18
법흥왕 49
벽주건물지 223, 224, 255
별궁(別宮) 36, 258
별도건물 101, 258, 271, 272, 324, 327
별원(別院) 255
보령 성주사지 13, 15
보수용 와당 205, 207, 208, 213
보희사(寶憙寺) 145, 160
伏願(복원) 167
봉보주보살상편 68, 72, 83, 322
봉안장소 23, 24, 298
봉자회묘[封子繪墓] 164
부견 32
부소산성 14, 265
부소산폐사지 14, 264, 274, 291, 295
부속건물 96, 99, 213, 248, 250, 266, 272, 324
부안 죽막동 35
부여시가지계획평면도 118
부여신궁(扶餘神宮) 119

부적(符籍) 158
북성 38
북위 48
북위 도용 88
북위 방산 사원불사지 302
북제 254
북조계 46
불교적 조공 10
불자(拂子) 74
빈궁(殯宮) 156, 222
빈전(殯殿) 61, 223
빙고(氷庫) 224

ㅅ

사가와 마사토시(佐川正敏) 96
사공(寺工) 95
사공부(司空部) 58
사당(祠堂) 230
사리공 252, 331
사리공양구 252
사리기 254
사리봉안기 18, 262, 295
사리 안치 방식 330, 333
사리용기 253
4면목간 144, 145, 146, 149, 169
사묘(祠廟) 99, 161, 230, 232
사비 천도 22, 113, 217
사신(捨身) 105, 133, 232
사연불도(思燕佛圖) 306
사원불사(思遠佛寺) 46, 77, 226
사이류지(西隆寺) 180
사이토 다다시(齋藤忠) 250, 255
사직(社稷) 221
사천성 성도 85
사천왕사지 녹유소상 308
사천주(四天柱) 79, 302
삼국사기 30, 37, 38, 56
삼국유사(三國遺事) 49, 60, 259
삼국지 173
삼나무 129
삼례의종(三禮義宗) 231
삼론학(三論學) 18
삼면승방(三面僧房) 100
삼원병렬식 가람배치 15, 255, 260, 271, 272, 325
삼회설법 263
상방 94, 95
상정림사 78, 91, 103
상평오수전 123, 254
상현좌(裳懸座) 284, 306
상호 호혜적 21
서기(書記) 33
서당(西堂) 99
서대배수로 150, 151
서산 마애삼존불 13
서석교 150
서석탑 300
서석탑중수형지기 180
서실(西室) 99
서오선 68
서 외곽 건물지 255
서혈사지 13, 55
석가탄신일 240
석로지(釋老志) 133
석용(石俑) 89
석장사지 307
석조 51
석촌동4호분 47, 48
석촌동 고분군 35, 46
성문사(省門寺) 36
성실열반학(成實涅槃學) 18
성왕 10, 18, 29, 39, 105
성왕릉 161, 222
성조(星組) 19, 57

성형방식 296
세키노 타다시(關野貞) 11
소문와당 198
소벽(塑壁) 70
소부 95
소성 297
소수림왕 31, 32, 36
소정방 134
소택지 144
소판팔엽연화문와당 91
소형나발 289
소형소상 72
손빗기 72
송산리6호분 58
쇼토쿠(聖德) 태자 103
수날법(手捏法) 72, 296
수릉(修陵) 225
수릉(壽陵) 226
수면문와당 37, 45, 46, 55, 62, 315
수서(隋書) 34
수적형다족연(水滴形多足硯) 165
순도(順道) 32, 36
스기야마 노부조(杉山信三) 66
스에키 파편 129
스이코(推古) 천황 29
습서(習書) 177
승랑(僧朗) 39
승문 타날 191
승방 99, 214, 248, 324
시미즈 아키히로(淸水昭博) 19, 52
시유도기 35
시텐노지(四天王寺) 134, 250, 259, 269, 309, 325, 328, 329
시텐노지식 가람배치 12, 95, 266
식미(食米) 144, 145, 167, 178
식점(式占) 106
신궁(神宮) 222, 230
신도 폐사(新堂廢寺) 326
신묘(神廟) 156, 222
신왕(神王) 308
신원사지 55
심목 296
심초석 252, 332, 333
십이지신장상 312
쌍북리 현내들과 북포 유적 123
쌍탑 256, 270

ㅇ

아도(阿道) 36
아소카왕 137
아스카데라(飛鳥寺) 11, 52, 57, 216, 272, 280, 316, 318, 327, 329
아스카데라 삼금당 98, 324
아스카데라식 가람배치 95
아스카 문화 12
아신왕 38, 48
아육왕(阿育王) 137
아키 고쿠분지(安藝國分寺) 180
안라왜신관(安羅倭臣館) 110
암거시설 145
암막새 258
야마다데라(山田寺) 250, 269, 329
야마모토 다카후미(山本孝文) 164, 166
야쿠시지(藥師寺) 70
약부(藥部) 170, 174
양각연판문수족연 165
梁官瓦爲師矣명 전 58, 63, 315
양노령(養老令) 175
양 무제 10, 49, 100, 231, 232, 233, 293, 321
양서(梁書) 31, 89, 226
양지(良志) 307, 308
양직공도 82, 105, 267, 322
어도(御道) 270
어제열반 반야금광명경소 106

에다후나야마(江田船山) 34
여창(餘昌) 50
역림(易林) 106
연동리 석조여래좌상 14
연화문전 59
연흥사(延興寺) 78, 301
열반경 321
열반경등의소(涅槃經等義疏) 105
염립본(閻立本) 82
영고당(永固堂) 226, 227
영고릉(永固陵) 226
영묘사(靈廟寺) 307
영산대묘(靈山大墓) 89, 164, 300
영소상(影塑像) 70
예기 240
예불도(禮佛圖) 80, 83, 105
5방제 178, 179
오산(吳山) 234
오수전(五銖錢) 123
오인리산성 55
오재(吳財) 107, 112
오카와 키요시(大川淸) 13
오하리다노미야(小墾田宮) 134
오행대포전 165
오호와케노 오호키미노데라(大別王寺) 175
와공 77, 95
와도 197
와도겸업요(瓦陶兼業窯) 308, 320
와박사 52, 95, 116, 318
와범(瓦笵) 183
와적기단 221, 248, 250
와제불신파편 72, 109
와제불이파편 72, 108
와카쿠사가람(若草伽藍) 134, 333
왕궁리 유적 14, 134
왕회도(王會圖) 82
왕흥사잠성 251
왕흥사지 20, 213, 239, 251, 269, 318, 324
외경부 128
외곽 건물지 270
외리사지 12
요네다 미요지(米田美代治) 66, 264, 274
용문석굴(龍門石窟) 80, 105
용원리 고분군 35
용정리사지 15, 55, 61
우두방 179
웅진성 59
원소묘(元邵墓) 88
원오리사지 305, 306
원주 법천리4호분 41, 42
원주 법천리 고분군 35
원찰(願刹) 157, 230
원통분할후접합법 47
월주요(越州窯) 44
위덕왕 39, 232, 253
위패(位牌) 158
유송(劉宋) 55, 61
유협 103
육후(陸詡) 105, 231, 233
윤무병 15, 66, 68, 95, 96, 118
윤선태 140, 144, 158, 219
의자왕 85, 86, 278
이궁(離宮) 258
이남석 60
이다운 321, 362
이두(吏讀) 145
이불란사(伊弗蘭寺) 36
이시다 모사쿠(石田茂作) 12, 250, 255
22부사(部司) 58
이아(爾雅) 229
이중기단 100, 250, 252, 269, 327
2002-1호 목간 161, 162
2001-8호 목간 158, 159
이카루가노미야(斑鳩宮) 134

익산 입점리 고분군 35
인각와 204, 237, 278, 280, 283, 291, 294
인화문토기 124, 181, 221, 237
일광삼존불(一光三尊佛) 14
일급(日給) 179
일당 178
1동 2실 건물 157, 261, 272, 328
일본서기 29, 52, 69, 107
일탑일금당식 가람배치 51, 266
임강사지 13, 281, 294, 309
임나부흥회의 90, 112

ㅈ

子基寺(자기사) 160
장간사(長干寺) 86
장륙존상 69, 108, 133
장방형 구획 113
장부 144
장사사(長沙寺) 77
장작대장(將作大匠) 59, 95
적심토 256, 270
전(傳) 동명왕릉(東明王陵) 228
전륜성왕 137
전문 55
전문와당 47
전연 32
전진 32
전축분 332
절대다수의 논리 199
정경소상 72
정동리 요지 59, 206
정릉사 231
정림사식 가람배치 24, 95, 266, 268, 272
정림사지 14, 248, 276
정암리 요지 15, 116, 204, 294
정지산 유적 55, 60, 61, 223, 224, 316
제1석축 배수시설 152, 156
제2석축 배수시설 152, 163
제석사지 134, 257, 268, 271, 333
제석사지와 폐기장 유적 286
제석사지 폐기장 유적 275, 294
제석정사(帝釋精舍) 257
제왕도권(帝王圖卷) 82
제지열반경강소(制旨涅槃經講疏) 105
제첨축 128, 129
젠슈지식(善正寺式) 와당 319
조감도 216
조불(造佛)·공덕(功德) 111
조불공(造佛工) 37, 175
조사공(造寺工) 37, 175
조선고적연구회(朝鮮古蹟研究會) 12
조양시(朝陽市) 북탑(北塔) 77
조와 집단 61, 190
조원창 47, 221, 232, 355
조팽성폐사지 77, 270, 271, 302, 330
조해숙 240
종묘(宗廟) 221, 230
종산(鍾山)2호사지 78, 91, 92, 301, 305, 321
좌관대식기(佐官貸食記) 124, 129
죠린지(定林寺) 103
주금사 175, 239
주례(周禮) 231
주부(呪符) 158
仲椋(중경) 173
중국계 유민 35
중국제 청자 35
중국제 청자호편 86
중앙 행정관서 130
중하총 222, 224, 235
중형소상 72
증여설(贈與說) 30
증토(蒸土) 38
지게발채 150
지모밀지(枳慕密地) 257

지상식 심초 333
支藥兒食米記(지약아식미기) 169, 170
지적도 23, 119
지하식 심초 330
진서(晉書) 31
진식(晉式) 대금구 35
진입시설 252
진홍섭 13
집안(集安) 태왕릉(太王陵) 47

ㅊ

창건와(創建瓦) 19
창고(倉庫) 167, 174
창왕명 석조사리감 140, 154, 157, 159, 167, 181, 199, 218, 235, 249, 278, 293
책상(柵狀) 유구 151, 158
천군리사지 101
천두식(穿斗式) 328
천안 용원리 44
천안 화성리 고분군 35
천왕사(天王寺) 278
천인탄생도 14, 40, 315
청동개 41, 42
청암리사지 100, 327
청양궁(青羊宮) 요지 165
청양 본의리 15
청양 본의리 요지 206, 283, 295
청양 왕진리 요지 206, 282, 295
청자관편(青瓷罐片) 117
청자다족연 128
청자연화문완 42, 44
청자잔편 164, 217
청자첩화인물문준편 164, 217
체발(剃髮) 74
초기 건물군 99, 160, 216, 217, 218, 219, 232
초기 자연배수로 149, 150, 151, 152, 163, 218
초당산(草堂山) 유적 46
초화문 55
최소 단위구획 122
최영은 231, 233
출거 128
출토 빈도 183
출행도(出行圖) 80
충남대박물관 66
충남역사문화원 255
칠급부도(七級浮圖) 257
칠지도(七支刀) 34
침류왕 28, 31, 48, 62
침묘(寢廟) 225
침전(寢殿) 225

ㅌ

탄야방 170, 177, 178, 179
탑내소상 15, 78, 83, 133, 275, 298, 300, 321
탑본소상 70, 77, 310, 320
태극전 132
태세기년법 159
태안 마애삼존불 13
토층도 161
통쪽와당 316

ㅍ

파문와당 197
팔각건물지 100, 327
편면범 73, 81
평양부군궐(平楊府君闕) 80
평양 토성리 305
평제탑 66
풍납토성 35, 44, 46, 47, 56, 315

ㅎ

하남왕(河南王) 106
하당(夏堂) 325, 328

하사설(下賜說) 30
하성초석(下成礎石) 100, 269, 327
하정림사 103
하쿠호(白鳳) 녹유 313
한산(漢山) 29, 36, 37
한성 38
할석형 집수조 153, 163
합모제 77, 296, 320
항토적심(夯土積心) 86
허윈아오(賀云翺) 45
현광(玄光) 18, 263
혜사(慧思) 18, 263
호류지(法隆寺) 11, 70, 250, 274, 320, 329
호류지식 가람배치 95
호류지 오중탑 85, 322
홀두리(笏頭履) 280
홍성 신금성 35
홍주요(洪州窯) 165
홍토교 유적 305, 321
화사(畫師) 90, 94, 95, 293
화상전묘(畵像塼墓) 304
화성 사창리 35
화조(花組) 115
환도성 32
황기사(皇基寺) 225, 226
황제·황후 예불도 82
회전 물손질 흔적 61, 316
효경 231
효무제(孝武帝) 31, 33, 62
효문제(孝文帝) 226
후지사와 가즈오(藤澤一夫) 12, 66, 95, 248, 264, 266, 274, 278
후지시마 가이지로(藤島亥治郎) 11, 13, 259
흑갈유도연대족편(黑褐釉陶硯臺足片) 151, 164, 217
흥륜사 49, 63, 316
흥륜사식 와당 60

지은이_ 이병호(李炳鎬)

1971년 전남 순천 출생
한국교원대 역사교육과 졸업
서울대대학원 국사학과 문학석사
서울대대학원 국사학과 박사과정 수료
일본 와세다대학 문학연구과 문학박사
1998년~2007년 국립중앙·부여박물관 학예연구사
2007년~2015년 국립중앙박물관 학예연구관
2010년~2011년 일본 나라현립가시하라고고학연구소 연구원
2015년~2019년 국립미륵사지유물전시관장
2019년~현재 국립중앙박물관 전시과장

저서 및 논문
『百濟寺院の展開と古代日本』(塙書房, 2015) 저서
『백제와 금강』(서경, 2007) 공저
『백제의 토목과 건축』(충청남도역사문화원, 2007) 공저
『한국의 도성 - 도성조영의 전통』(서울학연구소, 2003) 공저
『아스카의 목간』(주류성, 2014) 번역서
『정창원문서 입문』(태학사, 2012) 번역서
「일제강점기 백제고지에 대한 고적조사사업」(『韓國古代史研究』 61, 2011)
「飛鳥寺에 파견된 백제 와박사의 성격」(『韓國上古史學報』 81, 2013)
「백제 사비시기 도성의 의례공간과 왕권」(『韓國古代史研究』 71, 2013)
「7세기대 백제 기와의 전개 양상과 특징」(『百濟文化』 50, 2014) 등 다수